ドイツ資本主義と観光

山田徹雄

日本経済評論社

目　次

序　1
 1　問題意識　1
 2　先行研究　1
  2.1　都市観光　2
  2.2　農村観光　2

序　章　ヨーロッパにおける旅行者移動マトリックス──ヨーロッパ大陸における旅行者の動き── …………………………… 7
 1　欧州委員会『ヨーロッパ人の観光に対する姿勢』報告書　8
 2　ヨーロッパ大陸諸国における外国人旅行者の動向　9
 3　世界の居住地域別宿泊者の比率　9
 4　ヨーロッパ地域間旅行者マトリックス　12
  4.1　中央・東ヨーロッパ諸国　12
  4.2　北ヨーロッパ諸国　13
  4.3　南ヨーロッパ諸国　13
  4.4　西ヨーロッパ諸国　14
  4.5　東地中海ヨーロッパ諸国　15
 5　西ヨーロッパ内の旅行者マトリックス　15
 6　小括　17

第1部　ヨーロッパにおける都市観光

第1章　イタリアにおける外国人観光事情──ローマ観光を中心として── ……21

    1　イタリアにおける外国人観光　22

    2　ローマ観光　25

        2.1　ローマ観光客の類型　25

        2.2　ローマ観光客の旅行形態　26

        2.3　ローマ観光における移動と期間　28

            2.3.1　ローマ観光と時間　28

            2.3.2　ローマ観光における空間　30

    3　外国人によるローマ観光と起点地域　31

        3.1　ローマ観光客の国籍　31

        3.2　外国人による宿泊ホテルの等級　34

            3.2.1　ホテルの等級と宿泊客　34

            3.2.2　旅行者国籍別宿泊ホテル　36

    4　小括　39

第2章　オーストリアと観光──ウィーン観光を中心として── ……41

    1　ウィーン市と観光客　41

        1.1　ウィーン観光に関するアンケート調査　41

        1.2　観光空間ウィーン　43

    2　ウィーンと交通　45

        2.1　ウィーン空港と市内交通　45

        2.2　ウィーン空港と空間的輸送関係　46

            2.2.1　ドイツとウィーンの航空路　47

            2.2.2　ウィーンと国内線航空路　47

         2.2.3　ウィーンとイタリア航空路　48
         2.2.4　ウィーンとフランス航空路　48
         2.2.5　ウィーンとイギリス航空路　48
         2.2.6　ウィーンとロシア航空路　49
         2.2.7　ウィーンとスペイン航空路　50
   3　ウィーン旅行者の居住地　50
   4　国別観光客の類型　51
      4.1　ドイツ人観光客　51
      4.2　オーストリア人観光客　53
      4.3　イタリア人観光客　54
      4.4　イギリス人観光客　55
      4.5　アメリカ人観光客　57
      4.6　スペイン人観光客　59
      4.7　フランス人旅行者　60
      4.8　日本人観光客　60
      4.9　各国旅行者の特徴　62
   5　ウィーンと会議　63
   6　小括　65

第3章　都市観光の定量比較──ベルリン・ミュンヘン・ハンブルクとの比較におけるパリ──……………………………………69

   1　パリ観光　69
      1.1　パリ旅行者に関するアンケート調査（2008年度）　69
      1.2　ヨーロッパ・フランスにおける観光空間パリ　72
      1.3　交通とパリ　73
      1.4　パリの外国人旅行者　75
   2　ベルリン観光　76

2.1　観光空間ベルリン　76
　　　　2.1.1　ベルリンとブランデンブルク　76
　　　　2.1.2　ベルリン市内の宿泊状況　77
　　2.2　交通とベルリン　78
　　　　2.2.1　ベルリン・ブランデンブルク空港へのアクセス　79
　　　　2.2.2　ベルリン市内交通機関　79
　　2.3　ベルリンの外国人旅行者　80
　3　ミュンヘン観光　81
　　3.1　『ドイツ観光品質モニター』におけるミュンヘン観光客アンケート　81
　　3.2　観光空間ミュンヘン　81
　　3.3　ミュンヘンにおける宿泊者数　82
　4　ハンブルク観光　82
　　4.1　観光空間ハンブルク　82
　5　小括　85

第2部　ドイツと観光

第1章　ドイツにおける観光の概観 …………………………… 93

　1　ドイツの宿泊施設　93
　2　ドイツの都市別宿泊者　97
　3　ドイツ観光の地帯構造への展望　97
　4　ドイツ人観光客と外国人観光客　99

第2章　ドイツ人の旅行行動 …………………………… 101

　1　ドイツ人と旅行　101
　2　ドイツ人の休暇旅行　101

        2.1　休暇旅行期間と目的地　103
            2.1.1　長期休暇旅行　104
            2.1.2　短期休暇旅行　104
        2.2　休暇旅行における移動手段　107
    3　ドイツ人のビジネス旅行　108
    4　ドイツの旅行業　109
        4.1　ドイツの旅行業の理念形　109
        4.2　旅行企画業と旅行販売チェーン　110
        4.3　旅行代理店　112
        4.4　オンライン予約　113
            4.4.1　ラスト・ミニトゥ旅行（Last Minute Reisen）　115
    5　ドイツの旅行収支　117
    6　小括　119

第3章　ドイツにおける外国人旅行者　123

1　ドイツ政府観光局の空間的マーケティング・セグメンテーション　124
2　外国人観光客の動向　126
    2.1　西北ヨーロッパ地域からの旅行者　126
        2.1.1　オランダ人旅行者　127
        2.1.2　ベルギー人旅行者　129
        2.1.3　イギリス人旅行者　130
    2.2　東北ヨーロッパ地域からの旅行者　131
        2.2.1　デンマーク人旅行者　132
        2.2.2　スウェーデン人旅行者　133
        2.2.3　ロシア人旅行者　134
        2.2.4　ポーランド人旅行者　136

2.3　西南ヨーロッパからの旅行者　137
　　　　2.3.1　スイス人旅行者　137
　　　　2.3.2　イタリア人旅行者　139
　　　　2.3.3　フランス人旅行者　140
　　　　2.3.4　スペイン人旅行者　141
　　2.4　東南ヨーロッパからの旅行者　143
　　　　2.4.1　オーストリア人旅行者　143
　　2.5　アメリカ／イスラエルからの旅行者　145
　　　　2.5.1　アメリカ人旅行者　145
　　2.6　アジア／オーストラリアからの旅行者　147
　　　　2.6.1　中国人旅行者　147
　　　　2.6.2　日本人旅行者　149
3　ローカル・サイト広報　151
　　3.1　ルクセンブルクのドイツ観光局サイト「観光街道」　152
　　3.2　オランダのドイツ観光局サイト「観光街道」　153
　　3.3　スイスのドイツ観光局サイト「観光街道」　153
　　3.4　デンマークのドイツ観光局サイト「観光街道」　154
　　3.5　オーストリアのドイツ観光局サイト「観光街道」　154
　　3.6　ベルギーのドイツ観光局サイト「観光街道」　155
　　3.7　スウェーデンのドイツ観光局サイト「観光街道」　156
　　3.8　ノルウェーのドイツ観光局サイト「観光街道」　157
4　小括　158

第3部　バーデン＝ヴュルテンベルク

第1章　バーデン＝ヴュルテンベルク州における観光の定量分析
　　　　　　　　　　　　　　　　　　　　　　　　　　165

1　バーデン＝ヴュルテンベルク州における旅行者の宿泊　166
2　外国からの旅行者の動向　169
　2.1　ベルギーからの旅行者　169
　2.2　オランダからの旅行者　169
　2.3　フランスからの旅行者　170
　2.4　オーストリアからの旅行者　170
　2.5　イギリスからの旅行者　170
　2.6　スウェーデンからの旅行者　171
　2.7　イタリアからの旅行者　171
　2.8　スイスからの旅行者　171
　2.9　日本からの旅行者　172
　2.10　アメリカからの旅行者　173
　2.11　外国からの旅行者の全体像　173
3　バーデン＝ヴュルテンベルクにおける旅行者の季節変動　174
4　バーデン＝ヴュルテンベルク観光の空間的分析　175
　4.1　シュトゥットガルト県　179
　4.2　カールスルーエ県　180
　4.3　フライブルク県　181
　4.4　テュービンゲン県　182
5　バーデン＝ヴュルテンベルクにおけるゲマインデ別旅行者　183
6　小括　184

第2章　バーデン＝ヴュルテンベルク州と観光インフラストラクチャー――「コンツェルン州」の観光助成――　…………189

1　バーデン＝ヴュルテンベルク州持分参加有限会社（Beteiligungsgesellschaft des Landes Baden-Württemberg mbH, Stuttgart）　189

2 交通と州政府 190
2.1 軌道交通 190
2.1.1 バーデン=ヴュルテンベルク近距離交通有限会社 191
2.1.2 シュトゥットガルト交通運賃連合 191
2.1.3 州立ホーエンツォレルン鉄道株式会社 192
2.1.4 西南ドイツ交通株式会社 192
2.2 空港 195
2.2.1 シュトゥットガルト空港有限会社（Flughafen Stuttgart GmbH, Stuttgart） 195
2.2.2 フリードリヒスハーフェン空港有限会社（Flughafen Friedrichshafen GmbH） 196
2.2.3 ライン=ネッカー飛行場有限会社（Rhien-Neckar Flugplatz GmbH, Mannheim） 199
2.3 水運 199
2.4 駐車場 200
2.4.1 バーデン=ヴュルテンベルク駐車場有限会社（PMW-Parkraumgesellschaft Baden-Württemberg mbH, Stuttgart） 200

3 メッセ 201
3.1 ランデスメッセ・シュトゥットガルト有限会社（Landesmesse Stuttgart GmbH, Stuttgart） 201
3.1.1 ノイエ・メッセ有限合資プロジェクトカンパニー（Projektgesellschaft Neue Messe GmbH & Co. KG, Stuttgart） 202
3.1.2 ノイエ・メッセ管理有限プロジェクトカンパニー（Projektgesellschaft Neue Messe Verwaltungs- GmbH, Stuttgart） 204

4　庭園　205
　　4.1　ルートヴィヒスブルク花咲くバロック庭園展示有限会社（Blühendes Barock Gartenschau Ludwigsburg GmbH, Ludwigsburg 以下、（有）バロック庭園と略記）　205
5　博物館、美術館　206
　　5.1　ドイツ騎士団博物館有限会社（Deutschordensmuseum Bad Mergentheim GmbH, Bad Mergentheim）　207
　　5.2　軍事史博物館（Wehrgeschichtliches Museum Rastatt GmbH, Rastatt）　208
6　温泉および付属施設　209
　　6.1　カジノ　209
　　　　6.1.1　バーデン＝ヴュルテンベルク・カジノ有限合資会社（Baden-Württembergische Spielbanken GmbH & Co. KG, Baden-Baden）　209
　　6.2　温泉　211
　　　　6.2.1　バーデン＝ヴュルテンベルク湯治場・保養所管理公社（BKV-Bäder- und Kurverwaltung Baden-Württemberg）　211
7　その他　211
8　小括　212

第4部　バイエルンと観光

第1章　バイエルン観光の定量分析 …………………… 219

1　連邦とバイエルン　220
　　1.1　連邦とバイエルン社会　220
　　1.2　バイエルンと自然　221

2　バイエルン経済 222
　　3　バイエルン観光の定量把握 225
　　　3.1　時系列の変化 225
　　　3.2　地域分析 228
　　　　3.2.1　宿泊施設の分布、収容ベッド数、年間稼働率 229
　　　3.3　宿泊施設の利用状況 231
　　　3.4　観光地域と観光客 232
　　　　3.4.1　フランケン観光圏 232
　　　　3.4.2　バイエルン東部観光圏 233
　　　　3.4.3　アルゴイ＝シュヴァーベン観光圏 233
　　　　3.4.4　ミュンヘン＝オーバーバイエルン観光圏 233

第2章　バイエルン政府と観光 ………………………………………239

　　1　観光インフラストラクチャーとバイエルン政府 239
　　　1.1　企業への持分参加 239
　　　　1.1.1　船舶航行 239
　　　　1.1.2　港湾 240
　　　　1.1.3　空港 240
　　　　1.1.4　メッセ 241
　　　　1.1.5　鉄道・都市交通 241
　　　　1.1.6　温泉 241
　　　　1.1.7　芸術 243
　　　1.2　州政府直接経営 244
　　　　1.2.1　カジノ経営 244
　　　　1.2.2　醸造所 245
　　　　1.2.3　温泉 245
　　　　1.2.4　ビアホール 245

1.3 州政府所有管理 245
2 バイエルンにおける観光事業助成 246
  2.1 1996年〜2006年におけるバイエルン政府による観光事業助成 246
  2.2 バイエルン観光マーケティング有限会社 247
    2.2.1 バイエルン観光マーケティング有限会社の持分保有者 248
    2.2.2 バイエルン観光マーケティング有限会社の組織 249
3 EU、バイエルンと観光助成 252
  3.1 INTERREG Ⅴ A 254
    3.1.1. INTERREG Ⅴ A「アルペンライン・ボーデンゼー・ホッホライン」(Alpenrhein Bodensee Hochrhein) 254
    3.1.2 INTERREG Ⅴ A「バイエルン・オーストリア」(Bayern Österreich) 254
    3.1.3 INTERREG Ⅴ A「バイエルン・チェコ」(Bayern Tschechische Republik) 254
  3.2 INTERREG Ⅴ B 255
    3.2.1 INTERREG Ⅴ B Alpenraum「アルプス領域」255
    3.2.2 INTERREG Ⅴ B「ドナウ領域」(Donauraum) 256
    3.2.3 INTERREG Ⅴ B「中央ヨーロッパ」(Mitteleuropa) 256
    3.2.4 INTERREG Ⅴ B「西北ヨーロッパ」(Nordwesteuropa) 257

第3章 コンツェルン都市ミュンヘンと観光事業——観光関連事業への持分参加を中心に—— …………………………………261

1 持分参加 262
  1.1 ミュンヘン・連邦園芸展有限会社（Bundesgartenschau München 2005 GmbH i. L.）262
  1.2 オリンピック公園・ミュンヘン有限会社（Olympiapark

　　　　　　　München GmbH）およびガシュタイク・ミュンヘン有限
　　　　　　　会社（Gasteig München GmbH）と市の持分所有　262
　　　　1．3　メッセ・ミュンヘン有限会社（Messe München GmbH）
　　　　　　　と市の持分所有　265
　　　　1．4　ミュンヘン空港有限会社（Flughafen München GmbH）
　　　　　　　と市の持分所有　267
　　　　1．5　ドイツ劇場・ミュンヘンと市の持分所有　267
　　　　1．6　ミュンヘン民衆劇場と市の持分所有　269
　　　　1．7　ミュンヘン動物園と市の持分所有　269
　　　　1．8　国際ミュンヘン映画週間と市の持分所有　271
　　　　1．9　市内・近郊交通に関わる市の持分所有　273
　　2　ミュンヘン市の直営事業　274
　　　　2．1　建設局（Baureferat）　275
　　　　2．2　文化局（Kulturreferat）　275
　　　　2．3　労働経済局（Referat für Arbeit und Wirtschaft）　276
　　3　ミュンヘン市の独立行政法人　276
　　4　小括　276

第4章　コンツェルン都市ニュルンベルクと観光インフラスト
　　　　ラクチャー……………………………………………………279

　　1　「ニュルンベルク・モデル」の形成過程　279
　　2　ニュルンベルク近距離交通　281
　　3　ニュルンベルク・メッセ　288
　　4　ニュルンベルク空港　290
　　5　小括　293

第 5 部　ガルミッシュ゠パルテンキルヘンと観光

第 1 章　農村地域における経済と観光―― ガルミッシュ゠パルテンキルヘン郡の場合 ――……………………………299

　　1　ガルミッシュ゠パルテンキルヘン郡の地理　299
　　2　ガルミッシュ゠パルテンキルヘン郡の歴史　300
　　3　ガルミッシュ゠パルテンキルヘン郡開発計画　301
　　4　ガルミッシュ゠パルテンキルヘン郡開発有限会社（Kreisentwicklungsgesellschaft Garmisch-Partenkirchen mbH、略称、KEG）　303
　　5　ガルミッシュ゠パルテンキルヘン郡の政治と行政　306
　　　5.1　ガルミッシュ゠パルテンキルヘン郡の政治　306
　　　5.2　ガルミッシュ゠パルテンキルヘン郡の郡庁　308
　　6　ガルミッシュ゠パルテンキルヘン郡の人口動態　310
　　7　ガルミッシュ゠パルテンキルヘン郡の経済力　312
　　8　ガルミッシュ゠パルテンキルヘン郡の観光　316
　　9　小括　319

第 2 章　冬季オリンピック「ガルミッシュ゠パルテンキルヘン大会」……………………………………………………323

　　1　第 4 回冬季オリンピック開催地の決定　323
　　2　オリンピックの予算　325
　　3　第 9 回冬季オリンピックの組織　327
　　4　交通と宿泊状況　331
　　5　小括　334

第 3 章　マルクト・ガルミッシュ゠パルテンキルヘンと観光 ……337

1　ガルミッシュ＝パルテンキルヘンの地勢　337

2　マルクト・ガルミッシュ＝パルテンキルヘン成立に至る歴史　338

3　マルクト・ガルミッシュ＝パルテンキルヘンの人口と雇用　340

4　マルクト・ガルミッシュ＝パルテンキルヘンの政治　341

5　マルクト財政と観光による財源　346

　5.1　観光税　346

　5.2　別荘税　347

　5.3　観光者税　347

6　ガルミッシュ＝パルテンキルヘン観光協会　351

　6.1　ガルミッシュ＝パルテンキルヘン観光協会の利害　351

　6.2　ガルミッシュ＝パルテンキルヘン観光協会の活動成果　352

7　ガルミッシュ＝パルテンキルヘンの観光客　353

　7.1　マルクト・ガルミッシュ＝パルテンキルヘンの観光客　353

　7.2　ガルミッシュ＝パルテンキルヘン郡内自治体とマルクト・ガルミッシュ＝パルテンキルヘン　354

8　小括　358

第4章　オーバーアマーガウと観光——受難劇と観光——　363

1　オーバーバイエルンのフレスコ壁画　364

2　キリスト受難劇　365

　2.1　オーバーアマーガウと受難劇　365

　2.2　キリスト受難劇の歴史　367

3　エッタール修道院　369

4　オーバーアマーガウ社会の解析　371

5　小括　374

目　次　xv

第5章　マルクト・ムールナウと観光 …………………………… 379

1　マルクト・ムールナウ　379
　1.1　マルクト・ムールナウの歴史　379
　1.2　マルクト・ムールナウの人口　380
　1.3　マルクト・ムールナウの政治　381
　1.4　マルクト・ムールナウにおける雇用と産業構造　382
2　「青い大地」とムールナウ　384
3　医療とムールナウ　385
4　ムールナウにおける宿泊状況　388
5　ムールナウにおける景観規制　389
6　小括　389

第6章　マルクト・ミッテンヴァルトと観光 …………………… 395

1　観光地ミッテンヴァルトの背景　395
　1.1　ミッテンヴァルトの歴史とバイオリン製作　395
　1.2　ミッテンヴァルトにおけるボーツナーマルクト（der Bozner Markt in Mittenwald）　398
　1.3　ミッテンヴァルトのフレスコ壁画　399
2　ミッテンヴァルトの社会　400
3　ミッテンヴァルトの観光　401
4　ミッテンヴァルトにおける建造物規制　403
　4.1　建造物規制の趣旨　403
　4.2　ファッサードに対する規制　404
　4.3　屋根の形状に対する規制　405
　4.4　垣根に対する規制　406
　4.5　庭と進入路に対する規制　407

5 マルクト・ミッテンヴァルトにおける広告規制 407
  5.1 広告設備に対する規制 408
  5.2 ショーケース、ショーウィンドウ、自動販売機に対する規制 409
  5.3 ネオンサインに対する規制 410
  5.4 ガソリンスタンドの広告に対する規制 410
  5.5 その他の景観規制 411
6 小括 412

第7章 ガルミッシュ＝パルテンキルヘン郡ファーハント村と観光 415

1 ファーハント村と交通 415
2 ファーハント村社会の解析 417
3 ファーハント村の観光 420
  3.1 観光広報活動 420
  3.2 宿泊施設の格付け 421
  3.3 ファーハント村宿泊者の動向 422
4 ファーハント村における「まち」の景観と静穏の維持 423
5 小括 425

第8章 ガルミッシュ＝パルテンキルヘン郡グライナウ村と観光 429

1 グライナウの歴史 429
2 グライナウ村の人口 431
3 グライナウ村と政治 432
4 グライナウ村の経済 433
5 グライナウ村と観光 434

        6　グライナウの景観規制　436
          6.1　「掲示物通達」　436
          6.2　「まちの形成条例1」　437
        7　小括　440

第9章　国境を跨いだ観光地域──ツークシュピッツェ観光空間── 443

        1　バイエルンのツークシュピッツェ観光空間　444
          1.1　オーバーバイエルンにおける観光地域　444
          1.2　ツークシュピッツ地域観光共同体（Tourismusgemeinschaft Zugspitz-region）　445
          1.3　ガルミッシュ゠パルテンキルヘン郡　445
        2　ティロルのツークシュピッツェ観光空間　450
          2.1　ティロル州の観光　450
          2.2　ティロル・ツークシュピッツ・アリーナ（Tiroler Zugspitz-arena）　453
        3　エウレギオ　454
          3.1　エウレギオ・ツークシュピッツ゠ヴェッターシュタイン゠カルヴェンデル（Euregio Zugspitz-Wetterstein-Karwendel）　455
          3.2　エウレギオ・ツークシュピッツ゠ヴェッターシュタイン゠カルヴェンデルのプロジェクトとヨーロッパ地域開発資金　457
        4　バイエリッシェ・ツークシュピッツ鉄道　459
          4.1　バイエルンからツークシュピッツェへの公共交通手段　459
          4.2　バイエルン・ツークシュピッツ観光空間における山岳軌道建設の歴史　460
          4.3　バイエリッシェ・ツークシュピッツ鉄道・登山鉄道株式

　　　　　　　会社（Bayerische Zugspitzbahn Bergbahn Aktiengesell-schaft Garmisch-Partenkirchen）　462
　　5　ティローラー・ツークシュピッツ鉄道　463
　　6　小括　464
参考文献　467
あとがき　505

序

1 問題意識

 本書は、ドイツ資本主義の空間的構成分析の一環として、ドイツにおける観光のあり方を定量的に扱うことを目的とする。

 具体的には、拙著（2001年）[1]および拙著（2009年）[2]において一貫して持ち続けてきた問題意識である3つの論点、すなわち、
  (1) ドイツ資本主義はいかなる空間的構成を有しているか
  (2) 地域の経済圏を基盤とする官民一体の地域間競争がどのように組織されているか
  (3) 観光圏が国境を跨いで存在しているか
を、観光客の動向から検証することにある。

 拙著（2001年）においては、この問題を虚構としてのドイツ帝国と実体としての領邦・地域圏を構想しつつ、鉄道ネットワークの線を手掛かりにアプローチし、拙著（2009年）においては、連邦のなかに存在する都市空港というネットワークの結節点から都市国家の集合体としてのドイツ資本主義像を模索した。

 本書は、これを面へと広げることにより、ドイツ資本主義の構成が、より立体化しうると考えている。

2 先行研究

 観光を経済学的な視点から扱った古典は、フライヤー『観光経済学入門』[3]である。同書は、版を重ねるごとに、最新の研究成果を取り入れてきた。

わが国においては、大橋昭一がドイツ語圏における観光概念について学術的に整理を行った[4]。また、大橋は渡辺朗とともにクリスターラーの観光地変遷論、バトラーの観光地ライフサイクル論を紹介した[5]。

2.1 都市観光

1980年代にアッシュワースは、都市観光が二重の意味で無視されている、観光研究者が都市を無視していると同時に、都市研究者が観光を無視していると語った[6]。しかし、この状況は90年代以降、一変している。デベロッパーや政策立案者にとって、都市観光は現在では主流となった。以前の工業都市は変貌する世界にあって、生活の糧を得なければならない重要な手段の一つと捉えるようになったのである[7]。

工業の衰退によって都市は新しい経済活動の必要性を求め、観光によって生じる経済成長のために観光の資本化（the capitalization of tourism）を進めた[8]。言い換えると、非工業化（deindustrialization）と経済的な再構築（economic restructuring）が都市観光に貢献することになることから[9]、競争力を強化するために多くの都市がその文化や遺産を資本化した[10]。

オーバーラッピング都市（Overlapping Cities）理論によれば、「多面的価値を持った都市」（polyvalent city）は、歴史都市、文化都市、ナイトライフ都市、ショッピング都市のすべての要素を備えている[11]。ETC（European Travel Commission）は、過去から受け継いだ遺産、芸術、クリエイティヴな産業を持った大都市（Metropolis with Heritage + The Arts + Creative Industries）としてベルリン、イスタンブール、ロンドン、マドリード、パリ、ローマを挙げている[12]。

なお、わが国においては大陸ヨーロッパの都市観光を扱った先行研究は、極めて乏しい点に鑑み[13]、本書では、パリ、ローマ、ウィーンなどの大都市との比較を踏まえて、ドイツの都市観光を論じる。

2.2 農村観光

本書のフィールドとするもうひとつの対象は農村地域である。

第2次大戦後における所得の向上によって、地中海地域は、ヨーロッパのリ

ゾート地として多数の観光客を集め、観光業の発展を通じてマクロ経済に大きなインパクトを与えてきた[14]。特に近年では、LCCによるチャーター便運航によって、安価なリゾート地として地中海地域が選好されている[15]。

これに対して、観光対象として農村地域が認識されるのは、比較的最近のことである。

農村地域の自然資源（natural resources）や文化資源（cultural resources）は、伝統的に非経済的価値をもったもの（traditionally non-economic values）とされてきたが、近年では、商品化されて、経済的交換価値（economic exchange value）を有すると再解釈されている。農村地域に広範に存在する資源を「里の資本」（countryside capital）と呼ぶ[16]。

ドイツ、特にバイエルンの農村地域に関するわが国の研究者の意識は、旧来、「条件不利地域対策」というネガティヴな視点を払拭できなかった[17]。

21世紀に入ると、農家民宿、グリーン・ツーリズムをキーワードに農村における観光の役割を積極的に紹介する傾向が現れた。

山﨑光博は、主としてバイエルン州における「農家で休暇を」（Urlaub auf dem Bauernhof）事業を採りあげつつ、全国的視野からドイツの農村民宿を展望した[18]。小原規宏は、Unterjoch im Allgäu における多就業経営の実現を分析し、観光業（民宿）と共存する農村システムを紹介した[19]。鈴江惠子は、イギリス、フランス、ドイツのグリーン・ツーリズムを概観し、バーデン・ヴュルテンベルク州に関するフィールド・ワークを含めドイツにおけるグリーン・ツーリズムのあり方を分析している[20]。

とりわけ、富川久美子は、ドイツ語圏（および日本）における農村観光地域に関する先行研究を網羅的・体系的に整理し、それを踏まえて自らアンケート調査を実施し、政策とマーケット状況を考慮しつつ空間的かつ時系列的な視点から農家民宿の発展過程を解明した[21]。さらに菊池俊夫、山本充は、バイエルンにおける農家民宿について、観光、農業・農業開発、景観・環境保全を関連させることによって、農村空間の商品化が実現したことを論証した[22]。

先行研究の渉猟範囲を広げると、オーストリア冬半期宿泊者数において、出発地がドイツであるものが40％を占めていること[23]、ティロル州フィス村における

冬季観光客において、ドイツ国籍が50％以上に達していること[24]、また、スイス、サンモリッツにおいて外国人観光客のナンバー・プレートにおいてドイツ・ナンバーの車が60％以上であることが確認されている[25]。これらの研究は、ドイツ人の旅行行動を知る上で、興味深いデータである。

本書においては、農村地域としてガルミッシュ＝パルテンキルヘン郡に焦点をあて、観光地としての背景を探り、あわせて、国境を挟んだオーストリア、ティロル州の近接地帯との連関にも言及する。

1） 山田徹雄『ドイツ資本主義と鉄道』日本経済評論社、2001年。
2） 山田徹雄『ドイツ資本主義と空港』日本経済評論社、2009年。
3） Freyer, W., *Tourismus, Einführung in die Fremdenverkehrsökonomie*, 8. Auflage, München, 2006.
4） 大橋昭一「ドイツ語圏における観光概念の形成過程」『大阪明浄大学紀要』第1号、2001年。
5） 大橋昭一・渡辺朗『サービスと観光の経営学』同文舘、2001年、152〜156頁。
6） Ashworth, G., Urban tourism: an imbalance in attention, in: Cooper, C. P. (ed.), *Hospitality in Tourism, Recreation and Hospitality Management*, London, 1989.
7） Maitland, R., Introduction: National Capitals and City Tourism, in Maitland, R. & Ritchie, B. R. (ed.), *City Tourism: Natioinal Capital Perspective*, London, 2009.
8） Law, C. M., *Urban Tourism: Attracting Visitors to Large Cities*, London, 1993.
9） BĂDIŢĂ, Amalia, Approaches to the Analysis and Evaluation of Urban Tourism System within Urban Destinations, *Journal of Tourism – Studies and Research in Tourism*, 16.
10） Ashworth & Tunbridge, *The Tourist-Historic City*, London, 1990.
11） Burtenshaw, D. et al., *The European City*, Filton, 1991.
12） European Travel Commission, *City Tourism and Culture*, Brussels, 2005, p. 7. 同書には、著書134件、論文43件にのぼる膨大な文献リストが掲載されている（European Travel Commission, *City Tourism and Culture*, Brussels, 2005, pp. 62-75）。
13） 友原嘉彦は、バルト海沿岸地方の歴史都市における近年の観光の現状を紹介している（友原嘉彦「ドイツ新連邦州におけるバルト海沿岸地方の歴史観光都市とリゾート」『日本国際観光学会論文集』第20号、2013年）。
14） Segreto, L. et al. (ed.), *Europe at the Seaside: The Economic History of Mass Tourism in the Mediterranean*, New York, 2009.

15) 前掲『ドイツ資本主義と空港』。
16) Garrod et al., Re-conceptualising rural resources as countryside capital: the case of tourism, *Journal of Rural Studies*, 22, 2006, pp. 117-128.
17) 『農村工学研究』第49号、1989年、は、「ドイツ連邦共和国の条件不利地域対策――いわゆる山岳農民プログラム――」のテーマのもとに、石井研一「ドイツ連邦共和国における条件不利地域対策の系譜」、中林吉幸「ドイツ連邦共和国に見るEC共通農業政策の条件不利地域対策」、中林吉幸「バイエルン州に見る条件不利地域対策」の3論文を掲載した。
18) 山﨑光博『ドイツのグリーンツーリズム』農林統計協会、2005年、同『グリーン・ツーリズムの現状と課題』筑摩書房ブックレット、2004年。
19) 小原規宏「ドイツバイエルン州における農村の再編とその持続性」『地学雑誌』第114巻第4号、2005年。ウンターヨッホの観光客の受け入れについては、Urlaub in Bad Hindelang im Allgäu, Unterjoch-Urlaub & Ferien auf dem Bauernhof, in inter-rete sub: http://www.badhindelang.de/urlaub-in-bad-hindelang/ferienregion-allgaeu-ortsteile/unterjoch-1013m.html, 18. 08. 2015を参照。
20) 鈴江惠子『ドイツ　グリーン・ツーリズム考』東京農大出版会、2008年
21) 富川久美子『ドイツの農村政策と農家民宿』農林統計協会、2007年。同書に先立ち、富川は「ドイツ・バイエルン州・南部バート・ヒンデラングにおける農家民宿の経営の文化」『地理学評論』第78巻第14号、2005年、において「農家で民宿を」政策の実施から30年を経過し、成熟期を迎えた地域としてオーバー・アルゴイ郡 Marktgemeinde Bad Hindelang を研究対象として、貸部屋、貸別荘、その両者の併設という3類型を析出した。同論文は、農家民宿に関する先行研究を簡潔に整理している。氏は近年では、北海のジュルト島、旧DDRのバルト海のリューゲン島、ドイツ人観光客の多いマリョルカ島について観光地のライフサイクルのなかにその観光形態の変化を位置づけ、「ドイツ本土」との比較を試みた（同「ドイツの観光市場における島嶼の発展と観光形態の変遷」『地理科学』第68巻第4号、2013年）。
22) 菊池俊夫・山本充「ドイツ・バイエルン州におけるルーラルツーリズムの発展と農村空間の商品化」『観光科学研究』第4号、2011年。
23) 呉羽正昭「オーストリアアルプスにおけるスキーリゾートの継続的発展」『地理空間』第7巻第2号、2014年、152頁。
24) 池永正人「オーストリア・チロル州における山岳観光地の動向」『駒澤地理』第38号、2002年、59頁。
25) 池永正人「スイスアルプスの自然環境保全と多様なアクティビティ」『地理空間』第7巻第2号、2014年、180頁。

序　章　ヨーロッパにおける旅行者移動マトリックス
——ヨーロッパ大陸における旅行者の動き——

　ドイツにおける観光客の動向を考察するに先立ち、ヨーロッパ大陸における旅行者の相互移動を解明する。その際、イギリスも含めたヨーロッパ諸国の外国人旅行者のインバウンドを概観し、国境を越えた宿泊者の動向を観察する。これを踏まえて、西ヨーロッパ諸国に焦点を絞って、分析を進める。

　ヨーロッパについて、以下の地域区分をここでは用いる。この地域区分の名称は、必ずしも一般的な名称ではなく、旅行者の動向を分析する上での便宜的な用語である。

(1)　イギリス
　　　UK、アイルランド
(2)　北ヨーロッパ
　　　デンマーク、フィンランド、アイスランド、アイルランド、ノルウェー、スウェーデン
(3)　中央・東ヨーロッパ
　　　チェコ、スロバキア、ハンガリー、ポーランド、ロシア、バルト諸国
(4)　南ヨーロッパ
　　　ギリシャ、イタリア、ポルトガル、スペイン
(5)　西ヨーロッパ
　　　オーストリア、フランス、ドイツ、オランダ、スイス、ベルギー、ルクセンブルク
(6)　東地中海
　　　キプロス、トルコ

　利用する資料は、The World Tourism Organization, *Yearbook of Tourism, Data 2004-2008*, 2010 Edition, Madrid である。

この資料に収められたデータのうち、「ホテルおよびこれに類する施設に到着した非居住者に関する、居住国別のデータ」(Arrivals of non-resident tourists in hotels and similar establishments, by country of residence) を利用する。このデータが得られない国は除外した。対象とした年度は、2008年である。

　ただし、イギリスについては、ここで分析をする根拠となる資料が得られないので、インバウンドについては、これに替えて、「すべての宿泊施設における非居住者による宿泊件数に関する、居住国別のデータ」(Overnight stays of non-resident tourists in all types of accommodation establishment, by country of residence) を用いる。またアウトバウンドについては、受入国のデータを用いた。

　依拠するデータは、観光客とビジネス旅行客を区別していない、という限界があることをあらかじめ述べておく。

1　欧州委員会『ヨーロッパ人の観光に対する姿勢』報告書

　欧州委員会は、2012年1月にEU27カ国および7つの周辺国において、2011年度における休暇旅行（4泊以上）に関する大規模なアンケート調査を行った。

　アンケートの回答は、56％が自国で休暇を過ごし、44％がEU内で休暇を過ごしているという結果であった。

　休暇の目的地では、スペインが最も多く（11％）、これに次いでイタリア（9％）、フランス（8％）、ドイツ（5％）、オーストリア（5％）ギリシャ（4％）であったが、自国以外で休暇を過ごしたものについてみると、スペイン（17％）、イタリア（17％）、フランス（16％）、ドイツ（13％）、イギリス（10％）の順であった[1]。

　とはいえ、自国内で休暇を過ごす人が多いトルコ（91％）、ギリシャ（80％）、ブルガリア（77％）、イタリア（74％）、クロアチア（73％）などと、自国内ではとんど休暇を過ごさないルクセンブルク（2％）では、あまりに差が大きい[2]。

　また、ドイツ人はその14％が休暇目的地としてオーストリアを選んでいるが、国外からのインバウンドは少ないと報告されている[3]。

　これらのアンケート結果によって、ヨーロッパ諸国の旅行者の動向を一般化す

ることは、困難であるように思える。

同報告書の示す一般的傾向は、高齢者および教育水準の低いものが自国内で休暇を過ごす傾向があるということである[4]。

この結果を踏まえつつ、実際に宿泊施設で把握された数値によって、定量的に旅行者の動きを以下において分析する。

2　ヨーロッパ大陸諸国における外国人旅行者の動向

年間ホテル宿泊外国人旅行者が3,000万人を超えているのは、スペイン、イタリア、フランスであり、2,000万人を超えているのはドイツであった。こ

表序-1　ヨーロッパ諸国における外国居住者による宿泊者数

ヨーロッパ内の地域区分	国名	2008年度における宿泊者数
中央・東ヨーロッパ	チェコ	6,134,720
	ハンガリー	3,196,784
	ポーランド	3,565,828
北ヨーロッパ	デンマーク	2,056,909
	アイスランド	806,163
	スウェーデン	2,944,161
南ヨーロッパ	ギリシャ	8,657,775
	イタリア	33,666,586
	スペイン	35,757,721
	ポルトガル	6,421,762
西ヨーロッパ	オーストリア	16,091,160
	フランス	32,137,170
	ドイツ	22,131,203
	オランダ	8,035,200
	スイス	8,608,337
	ベルギー	1,184,708
	ルクセンブルク	674,604
東地中海ヨーロッパ	トルコ	13,629,454
	キプロス	1,753,561

典拠：The World Tourism Organization, *Yearbook of Tourism, Data 2004-2008*, 2010 Edition, Madrid, ab omni loco.

れに次いで、オーストリア、トルコが1,000万人を超えた水準にある。概して、西ヨーロッパおよび南ヨーロッパが外国人旅行者の受け皿となっているといえよう。

3　世界の居住地域別宿泊者の比率

西ヨーロッパにおける外国人旅行者は、全体的に、ヨーロッパ内での移動が基本である。特に、オーストリアとルクセンブルクへの旅行者は9割がヨーロッパを起点としている。

フランス、ドイツ、オランダ、スイスに関しては、アメリカ大陸からの旅行者が10％以上である。アジア・太平洋地域からの旅行者が多いのは、スイス、ドイ

表序-2 西ヨーロッパにおける世界の居住地域別宿泊者の比率

(単位:%)

起点＼目的地	オーストリア	フランス	ドイツ	オランダ	スイス	ベルギー	ルクセンブルク
アフリカ	0.22	1.30	0.65	1.01	1.03	1.01	
アメリカ	3.73	11.22	10.93	13.18	10.20	6.13	4.32
東アジア・太平洋	3.99	7.87	8.35	6.86	10.00	4.11	
ヨーロッパ	89.18	78.35	75.45	78.33	75.75	84.61	90.61
中東	0.59	1.26	1.06		1.45	0.37	
合計	100.00	100.00	100.00	100.00	100.00	100.00	100.00

典拠:The World Tourism Organization, *Yearbook of Tourism, Data 2004-2008*, 2010 Edition, Madrid, pp. 33-34, pp. 76-79, pp. 276-278, pp. 288-289, p. 462, pp. 555-556, pp. 772-773, より作成。

表序-3 北ヨーロッパにおける世界の居住地域別宿泊者の比率

(単位:%)

起点＼目的地	デンマーク	スウェーデン	アイスランド
アフリカ			0.23
アメリカ	6.66	7.68	9.12
東アジア・太平洋	4.34	6.68	3.17
ヨーロッパ	88.03	77.73	80.25
中東			
合計	100.00	100.00	100.00

典拠:The World Tourism Organization, *Yearbook of Tourism, Data 2004-2008*, 2010 Edition, Madrid, p. 211, p. 357, p. 764より作成。

表序-4 中央・東ヨーロッパにおける世界の居住地域別宿泊者の比率

(単位:%)

起点＼目的地	チェコ	ハンガリー	ポーランド
アフリカ	0.35	0.27	0.16
アメリカ	6.72	7.34	5.24
東アジア・太平洋	7.82	3.11	3.15
ヨーロッパ	85.12	85.52	89.80
中東			0.13
合計	100.00	100.00	100.00

典拠:The World Tourism Organization, *Yearbook of Tourism, Data 2004-2008*, 2010 Edition, Madrid, p. 202, pp. 621-622より作成。

ツ、フランス、オランダであった。

北ヨーロッパ、中央ヨーロッパ、南ヨーロッパにおいても、ヨーロッパ内からの旅行者が8割程度を占めている。これらのなかで、アメリカからの旅行者が1割を上回っているのは、イタリア、ポルトガルであり、ギリシャ、スペインもそれに匹敵する割合を示している。イタリアの場合、東アジア・太平洋地域からの旅行者も1割近くを占めている。

東地中海のキプロス、トルコは圧倒的にヨーロッパを起点とする旅行者

表序-5　南ヨーロッパにおける世界の居住地域別宿泊者の比率

(単位：％)

起点＼目的地	ギリシャ	イタリア	ポルトガル	スペイン
アフリカ	0.45	0.75	1.03	0.99
アメリカ	9.65	15.86	10.25	9.11
東アジア・太平洋	5.83	9.44	2.97	1.66
ヨーロッパ	84.06	71.49	85.76	84.03
中東		0.56		
合計	100.00	100.00	100.00	100.00

典拠：The World Tourism Organization, *Yearbook of Tourism, Data 2004-2008*, 2010 Edition, Madrid, p. 300. pp. 392-393, p. 642, pp. 743-744より作成。

表序-6　東地中海における世界の居住地域別宿泊者の比率

(単位：％)

起点＼目的地	キプロス	トルコ
アフリカ	0.06	0.50
アメリカ	0.90	4.14
東アジア・太平洋	0.42	6.47
ヨーロッパ	93.41	83.59
中東		3.20
南アジア		1.75
合計	100.00	100.00

典拠：The World Tourism Organization, *Yearbook of Tourism, Data 2004-2008*, 2010 Edition, Madrid, p. 189-189, pp. 829-831より作成。

表序-7　イギリスにおける世界の居住地域別宿泊者の比率

(単位：％)

起点＼目的地	UK	アイルランド
アフリカ	4.75	
アメリカ	15.71	14.51
東アジア・太平洋	11.99	2.81
ヨーロッパ	59.34	76.87
中東	2.95	
南アジア	5.26	
合計	100.00	100.00

典拠：The World Tourism Organization, *Yearbook of Tourism, Data 2004-2008*, 2010 Edition, Madrid, p. 373, pp. 853-854より作成。

が多い。

　イギリスについては、ここで分析をする根拠となる資料が得られないので、これに替えて、「すべての宿泊施設における非居住者による宿泊件数に関する、居住国別のデータ」(Overnight stays of non-resident tourists in all types of accommodation establishment, by country of residence) を用いる。

　UKについては、ヨーロッパ居住者による宿泊件数が最大である点では大陸諸国と同じであるが、その比率は60％を下回っている。またアメリカからの宿泊件数、東アジアからのそれも1割を超えている。あわせて旧植民地であったインド

表序-8 ヨーロッパ地域間マトリックス

起点＼目的地	中央・東ヨーロッパ	北ヨーロッパ	南ヨーロッパ	西ヨーロッパ	東地中海
中央・東ヨーロッパ	2,673,348	200,531	4,635,434	6,650,619	16,954,586
北ヨーロッパ	793,257	1,946,680	4,051,505	5,761,869	1,992,809
イギリス	1,187,331	614,583	13,718,035	21,312,543	5,283,785
南ヨーロッパ	1,525,568	367,999	8,952,540	20,298,791	2,648,613
西ヨーロッパ	4,343,024	1,339,640	31,108,998	46,408,353	25,800,369
東地中海	283,789	283,789	679,521	907,132	1,092,391

典拠：The World Tourism Organization, *Yearbook of Tourism, Data 2004-2008*, 2010 Edition, Madrid, ab omni loco より作成。

を含む南アジアを起点とする宿泊者も、相対的に多い。

このように、ヨーロッパ諸国における旅行者は、ヨーロッパを起点とするものが、大多数を占めていることから、ヨーロッパをさらに区分して起点地域を確定する。

4 ヨーロッパ地域間旅行者マトリックス

ヨーロッパを大きな地域に区分して、旅行者移動を示すマトリックスを表序-8に掲げた。なお、データの統一性の観点から、イギリスについては、受入国のインバウンドデータを用いている。

この表を基に、ヨーロッパ内の旅行者の移動を概観すると、西ヨーロッパ内での移動が最も多く、4,600万人を超え、これに次いで西ヨーロッパから南ヨーロッパへの移動（3,100万人）、西ヨーロッパから東地中海への移動（2,580万人）となっている。

これらに次いで規模が大きいのは、イギリスから西ヨーロッパへの移動（2,100万人）、南ヨーロッパから西ヨーロッパへの移動（2,000万人）であり、インバウンドもアウトバウンドも西ヨーロッパを軸に展開されている。

4.1 中央・東ヨーロッパ諸国

チェコ、ハンガリー、ポーランドへの外国人旅行者では、西ヨーロッパを起点

とするものが最大であり、これに次いで、中央・東ヨーロッパを起点とする旅行者が多い。また、北ヨーロッパからの旅行者が10%を超えているのはポーランドであり、イギリスからの旅行者が10%を超えている国はチェコ、ポーランドである。

4.2 北ヨーロッパ諸国

北ヨーロッパにおいては、北ヨーロッパ内からの旅行者が多いデンマーク（約53%）、スウェーデン（約38%）に対して、アイスランドは、西ヨーロッパを起点とするもの（約46%）が最大ある。いずれの国においてもイギリスを起点とする旅行者が1割を超えている。

表序-9 中央・東ヨーロッパ諸国への外国人旅行者内訳

（単位：%）

目的地 起点	チェコ	ハンガリー	ポーランド
中央・東ヨーロッパ	24.91	24.93	22.03
北ヨーロッパ	5.79	6.06	11.52
イギリス	10.04	9.01	12.99
南ヨーロッパ	14.97	15.55	9.55
西ヨーロッパ	38.91	36.23	41.24
東地中海ヨーロッパ	1.90	41.24	3.62
合計	100.00	100.00	100.00

典拠：The World Tourism Organization, *Yearbook of Tourism, Data 2004-2008*, 2010 Edition, Madrid, pp. 202-203, pp. 349-350, pp. 618-622より作成。

表序-10 北ヨーロッパ諸国への外国人旅行者内訳

（単位：%）

目的地 起点	デンマーク	アイスランド	スウェーデン
中央・東ヨーロッパ	0.95		8.00
北ヨーロッパ	52.87	20.16	37.68
イギリス	11.04	16.50	13.25
南ヨーロッパ	5.25	11.55	8.66
西ヨーロッパ	20.94	45.96	28.97
東地中海ヨーロッパ			0.43
合計	100.00	100.00	100.00

典拠：The World Tourism Organization, *Yearbook of Tourism, Data 2004-2008*, 2010 Edition, Madrid, p. 211, p. 357, pp. 764-765より作成。

4.3 南ヨーロッパ諸国

南ヨーロッパへの外国人旅行者の動きを特徴付けているのは、西ヨーロッパからの旅行者の多さであろう。特にイタリア（約54%）、スペイン（約46%）は西ヨーロッパ観光客に選好されている。ポルトガルは、西ヨーロッパからの移動が最大ではあるが（約33%）、南ヨーロッパを起点とする旅行者もそれに匹敵する数値（約29%）を占めている。また、イギリスからの旅行者が2割を超えている

表序-11 南ヨーロッパ諸国への外国人旅行者内訳

(単位:%)

起点＼目的地	ギリシャ	イタリア	スペイン	ポルトガル
中央・東ヨーロッパ	13.42	10.11	3.43	3.50
北ヨーロッパ	9.41	5.66	5.44	6.32
イギリス	15.17	12.56	27.36	22.14
南ヨーロッパ	11.77	10.46	13.20	29.21
西ヨーロッパ	38.66	54.34	46.49	33.40
東地中海ヨーロッパ	3.39	1.76		0.13
合　計	100.00	100.00	100.00	100.00

典拠：The World Tourism Organization, *Yearbook of Tourism, Data 2004-2008*, 2010 Edition, Madrid, pp. 300-301, pp. 392-392, pp. 642-643, pp. 743-744より作成。

表序-12 西ヨーロッパ諸国への外国人旅行者内訳

(単位:%)

起点＼目的地	オーストリア	フランス	ドイツ	オランダ	スイス	ベルギー	ルクセンブルク
中央・東ヨーロッパ	11.38	3.59	9.42	3.99	5.71	6.03	2.46
北ヨーロッパ	4.00	3.95	14.47	7.82	3.69	3.85	2.88
イギリス	4.92	27.64	10.67	24.48	13.25	20.20	8.70
南ヨーロッパ	10.29	23.96	13.91	12.41	13.87	11.98	7.73
西ヨーロッパ	68.67	37.27	45.59	44.28	60.08	56.71	74.02
東地中海ヨーロッパ	0.01	1.61	1.80	1.01	1.56	1.21	0.06
合　計	100.00	100.00	100.00	100.00	100.00	100.00	100.00

典拠：The World Tourism Organization, *Yearbook of Tourism, Data 2004-2008*, 2010 Edition, Madrid, pp. 33-34, p. 81, pp. 276-278, pp. 288-289, pp. 392-393, p. 462, pp. 555-556, pp. 772-773より作成。

のはスペイン（約27％）、ポルトガル（約22％）である。

4.4　西ヨーロッパ諸国

　西ヨーロッパ諸国を訪れる宿泊者は、基本的には起点国も西ヨーロッパである。特にルクセンブルク、オーストリア、スイスにおいてはその比率が高い。一方、フランス、ドイツ、オランダにおいては西ヨーロッパを起点とする旅行者は5割を下回っている。
　フランスにおいては、南ヨーロッパ、イギリスを起点とする旅行者が2割を超えている。ドイツに関しては、北ヨーロッパ、南ヨーロッパ、イギリス、中央・

東ヨーロッパからも1割前後の旅行者が見られる。なお、中央・東ヨーロッパを起点とする旅行者が最も高い比率を示しているのはオーストリアであった。イギリスからの旅行者比率ではフランス、オランダ、ベルギーの順である。

これらを総合して考えると、いずれの国においても近隣諸国を起点とする旅行者が多数を占めている。

表序-13 東地中海ヨーロッパ諸国への外国人旅行者内訳

(単位：％)

起点＼目的地	キプロス	トルコ
中央・東ヨーロッパ	13.64	30.19
北ヨーロッパ	12.70	3.10
イギリス	50.66	8.03
南ヨーロッパ	6.00	9.03
西ヨーロッパ	16.97	46.19
東地中海ヨーロッパ		3.35
合　計	100.00	100.00

典拠：The World Tourism Organization, *Yearbook of Tourism, Data 2004-2008*, 2010 Edition, Madrid, pp. 194-195, pp. 829-831より作成。

4.5 東地中海ヨーロッパ諸国

東地中海においては、イギリスからの旅行者が大半を占めるキプロス（約51％）と、西ヨーロッパを起点とする旅行者が多数を占めるトルコ（約46％）とは異なった様相を示している。トルコは西ヨーロッパ以外に、中央・東ヨーロッパ（約30％）との結び付きも強い。

5　西ヨーロッパ内の旅行者マトリックス

次に、最も旅行者が多数を占める西ヨーロッパ内での移動を表序-14で確認しよう。旅行者が多い順に整理すると、

　　　ドイツ→オーストリア　　（約734万人）
　　　ドイツ→フランス　　　　（約323万人）
　　　ベルギー→フランス　　　（約273万人）
　　　オランダ→ドイツ　　　　（約272万人）
　　　ドイツ→スイス　　　　　（約234万人）
　　　オランダ→フランス　　　（約195万人）
　　　スイス→ドイツ　　　　　（約160万人）
　　　ドイツ→オランダ　　　　（約135万人）
　　　スイス→フランス　　　　（約118万人）

表序-14　西ヨーロッパ内の旅行者マトリックス

起点＼目的地	オーストリア	フランス	ドイツ	オランダ	スイス	ベルギー	ルクセンブルク
オーストリア		188,392	1,112,266	73,800	189,159	32,886	4,835
フランス	395,148		1,086,649	498,900	670,663	903,081	99,980
ドイツ	7,341,427	3,230,890		1,353,500	2,344,337	621,934	99,568
オランダ	888,748	1,947,591	2,720,042		412,559	1,102,665	81,334
スイス	831,715	1,181,452	1,599,635	136,300		63,203	17,295
ベルギー	354,566	2,732,157	922,531	692,800	246,741		149,481
ルクセンブルク	43,338	105,667		32,100	41,344	65,182	

典拠：The World Tourism Organization, *Yearbook of Tourism, Data 2004-2008*, 2010 Edition, Madrid, ab omni loco より作成。

表序-15　西ヨーロッパ諸国間旅行者収支（Outbound/Inbound）

	オーストリア	フランス	ドイツ	オランダ	スイス	ベルギー	ルクセンブルク
オーストリア		0.47	0.15	0.08	0.22	0.09	0.11
フランス	2.10		0.33	0.25	0.56	0.03	2.30
ドイツ	6.60	2.97		0.49	1.46	0.67	
オランダ	12.04	3.90	2.00		3.02	4.46	2.53
スイス	4.39	1.76	0.68	0.33		0.25	0.41
ベルギー	10.78	3.02	1.48	0.62	3.90		2.29
ルクセンブルク	8.96	1.05		0.39	2.39	0.43	

典拠：表序-14をもとに作成。

　　　オーストリア→ドイツ　　（約111万人）
　　　オランダ→ベルギー　　　（約110万人）
の移動が年間100万人を超えている。

　そのほとんどが国境を接する国間の移動であり、大半が言語的な障壁が低い地域間の移動である。

　実数ベースで表示した表序-14を加工して、旅行者収支（Outbound/Inbound）を算出した。ここでは、縦系列に示した国を基準に、横系列の各国に対して1以下の数値は、インバウンドがアウトバウンドを上回っており、観光客受入超過を示す。逆に1以上の値は、他国に対して観光客流出超過を示す。

　この結果

　(1)　西ヨーロッパにおける外国人旅行者の最大の受入国はオーストリアであり、西ヨーロッパすべての国に対して受入超過となっていること、

(2) フランスは、オーストリア、ルクセンブルク以外の国に対して、受入超過となっていること、

　　(3) スイスは、オーストリア、フランス以外の国に対して、受入超過となっていること、

逆に、

　　(4) オランダは、すべての西ヨーロッパ諸国に対して流出超過となっていること、

　　(5) ベルギーは、オランダ以外の西ヨーロッパ諸国に対して流出超過となっていること、

　　(6) ドイツは、オランダ、ベルギー以外の国に対して流出超過となっていること、

　　(7) ベルギーはオランダ以外の国に対して流出超過となっていること

がわかった。

6　小括

　ヨーロッパにおける旅行者の移動は、西ヨーロッパ内での移動が最も規模が大きく、西ヨーロッパから南ヨーロッパへの移動がこれに次いでいる。西ヨーロッパ内部においては、ドイツを起点としたオーストリアへの移動が最大で、同じくドイツからフランスへの移動がそれに次ぐ規模となっている。旅行者収支(アウトバウンド／インバウンド)を算出したところ、西ヨーロッパ内のすべての国に対して受入超過となっているのは、オーストリアであり、逆にすべての国に対して流出超過となっているのがオランダであることがわかった。

1) European Commission, *Flash Eurobarometer 334: Attitudes of Europeans Towards Tourism*, 2012, pp. 26-27.
2) European Commission, *Flash Eurobarometer 334: Attitudes of Europeans Towards Tourism*, 2012, p. 27.
3) European Commission, *Flash Eurobarometer 334: Attitudes of Europeans Towards Tourism*, 2012, p. 31.

4) European Commission, *Flash Eurobarometer 334: Attitudes of Europeans Towards Tourism*, 2012, p. 34.

第1部　ヨーロッパにおける都市観光

第1章　イタリアにおける外国人観光事情
——ローマ観光を中心として——

　「ヨーロッパ観光委員会」ETC（European Tourism Commission）が東京、大阪で行った日本人観光客のアウトバウンドに関するアンケート調査によると、最も頻繁に訪れるヨーロッパの都市がローマであり、かつ将来最も訪れたい都市がローマであった[1]。

　しかしながら、世界経済フォーラム（World Economic Forum）による『旅行・観光競争力レポート』（World Economic Forum, *The Travel & Tourism Competitiveness Report 2009*, Geneva, 2009）において、イタリアの観光競争力の総合評価は世界で28位であった。個々の項目においては、世界文化遺産の数（1位）、レンタカー会社の存在（1位）、ホテルの客室（8位）、空港数（5位）など上位にランクされたものもある[2]。

　本章では、「永遠の都」（la città eterna）、ローマ市における外国人観光客の特性、観光行動について、イタリア人観光客のそれと比較を試みる[3]。

　イタリアの外国人観光客に関するデータは、イタリア政府観光局（ENIT）によって公表されている「イタリアにおける国際観光」（Il turismo internazionale in Italia）によった[4]。

　ローマ市およびローマ県の観光客に関しては「ラツィオ州の観光のための相互会社」（Ente bilateral per il turismo della regione Lazio）（略称EBTL）[5]が刊行する『ローマのヴァカンス　2009年』（*Vacanze Romane 2009*）および、『観光客ホテル年次報告　2009年』（*Rapporto annuale turisti albergi 2009*）を利用した。

　なお、文中単に「ローマ」と記す場合は、ローマ市を指す。

表1-1-1　外国人観光客到着数（2008年度）

順位	目的国	外国人観光客到着数（人）
1	フランス	79,220,000
2	アメリカ	57,937,451
3	スペイン	57,192,027
4	中国	(130,027,393)*
5	イタリア	42,733,683
6	イギリス	31,888,118
7	トルコ	24,994,007
8	メキシコ	22,637,405
9	ドイツ	22,131,203
10	マレーシア	22,052,488

＊表1-1-1は外国人観光客（Arrivals of non-resident tourists at national borders）に関するデータであるが、中国に関する統計は「外国人訪問者」（Arrival of non-resident visitors at national borders）の数値となっている。中国における外国人観光客はDati UNWTO, giugno 2010によると50.9百万人である。同統計では、スペインの52.2百万人とイタリアの43.2百万人の中間に位置する（ENIT, Il turismo internazionale in italia, in interrete sub: http://www.enit.it/index.php/it/studi-ricerche.html, 22.06.2011）。
典拠：World Tourism Organization, *Yearbook of Tourism Statistics, Data 2004-2008*, 2010 Edition, Madrid をもとに作成。

表1-1-2　外国人観光客と宿泊数の推移

年度	宿泊者数（人）	宿泊件数（件）	1人あたり平均宿泊数（泊）
1998	30,799,940	120,875,293	3.9
1999	31,718,538	126,314,241	4.0
2000	35,194,735	140,362,488	4.0
2001	35,805,335	146,789,945	4.1
2002	36,355,046	145,559,930	4.0
2003	35,006,124	139,653,425	4.0
2004	36,715,739	141,169,236	3.8
2005	38,126,691	148,501,052	3.9
2006	41,193,827	156,861,341	3.8
2007	42,873,122	163,465,680	3.8
2008	41,796,724	161,797,434	3.9
2009	41,124,722	159,493,866	3.9

典拠：ENIT, Il turismo internazionale in italia, in interrete sub: http://www.enit.it/index.php/it/studi-ricerche.html, 22.06.2011.

1　イタリアにおける外国人観光

　外国人観光客が多数を占めている国について、「世界観光機関」UNWTO（World Tourism Organization）によって公表されている統計を表1-1-1に示した[6]。

　同表において中国についての統計は、「外国人観光客」ではなく、「外国人訪問者」である。別の統計資料を根拠として、外国人観光客はスペインより少なく、イタリアより多いことが確認されている。このことから、外国人観光客が最も多いのはフランスであり、以下アメリカ、スペイン、中国と並び、イタリアが5位に顔を出す。

　表1-1-2は、イタリアを訪れる外国人の宿泊者数（arrive）と宿泊件数（pre-

第1章　イタリアにおける外国人観光事情　23

表1-1-3　イタリアにおける州別外国人観光客

州（Regione）	宿泊者数 （人）	宿泊件数 （件）	1人あたり平均 宿泊数（泊）
ヴェネト（Veneto）	8,381,464	35,904,121	4.3
ラツィオ（Lazio）	6,630,858	20,366,603	3.1
ロンバルディア（Lombardia）	5,250,133	15,443,697	2.9
トスカーナ（Toscana）	5,237,588	19,031,859	3.6
トレンティーノ＝アルト・アディゲ（Trentino-Alto Adige）	4,533,111	23,256,196	5.1
エミリア＝ロマーニャ（Emilia-Romagna）	1,973,585	8,702,363	4.4
シチリア（Sicilia）	1,529,114	5,378,455	3.5
カンパニア（Campania）	1,518,520	6,976,320	4.6
リグーリア（Liguria）	1,240,032	4,089,970	3.3
ピエモンテ（Piemonte）	1,133,218	3,815,154	3.4
サルデーニャ（Sardegna）	883,130	4,066,558	4.6
フリウリ＝ヴェネツァ・ジュリア（Friuli-Venezia Giulia）	850,200	3,845,666	4.5
ウンブリア（Umbria）	521,081	1,881,528	3.6
プッリャ（Puglia）	418,703	1,646,751	3.9
マルケ（Marche）	314,430	1,595,043	5.1
ヴァッレ・ダオスタ（Valle d'Aosta）	280,701	984,505	3.5
カラブリア Calabria	220,191	1,472,171	6.7
アブルッツォ（Abruzzo）	148,648	831,818	5.6
バジリカータ（Basilicata）	47,384	158,262	3.3
モーリゼ（Molise）	12,631	46,826	3.7

典拠：ENIT, Il tourismo internazionale in italia, in interrete sub: http://www.enit.it/index.php/it/studi-ricerche.html, 22.06.2011.

senze）および1人あたりの平均宿泊数（permanenza media）の推移を表している。これによると、イタリアに滞在する外国人旅行者は、2006年度以降4,000万人の大台を超え、2007年には4,287万人を記録し、それ以降も高い水準を維持している。一方、1人あたりの平均宿泊数は、2005年に記録した4.1泊を極大として、以後宿泊期間は短縮した（表1-1-2参照）。

　イタリアを訪れる外国人旅行者の宿泊地を州別に見ると、ヴェネト州、ラツィオ州、ロンバルディア州、トスカーナ州、トレンティーノ＝アルト・アディゲ州、エミリア＝ロマーニャ州が上位に並び、すべて首都ローマを含むヴェネト州以北に集中している。特に、上位4州には、ヴェネツィア、ローマ、ミラノ、フィレンツェなどの文化芸術遺産を有する大都市が存在し、これら北イタリアの都市が外国人旅行者を吸引していることがわかる（表1-1-3参照）。

　外国人観光客の宿泊先を観光の関心を基準とする地域特性（Località di Inter-

表1-1-4　外国人観光客の滞在地域類型（2009年度）

観光の関心による地域	宿泊者数（人）	宿泊件数（件）	1人あたり平均宿泊件数（泊）
歴史芸術都市（Città di interesse storico e artistic）	18,580,069	53,317,908	2.9
海岸地域（Località marine）	6,945,134	37,952,652	5.5
湖水地域（Località lacuali）	3,759,285	19,292,301	5.1
山岳地域（Località montane）	3,711,672	18,769,674	5.1
丘陵地域（Località collinarie di interesse vario）	1,671,864	7,820,443	4.7
温泉地域（Località termali）	1,283,506	4,914,030	3.8
その他の地域（Altre località）	5,173,192	17,426,858	3.4

典拠：ENIT, Il tourismo internazionale in italia, in interrete sub: http://www.enit.it/index.php/it/studi-ricerche.html, 22. 06. 2011.

表1-1-5　イタリアにおける起点国別観光客数

観光客の起点国	宿泊者数（人）	宿泊件数（件）	1人あたり平均宿泊件数（泊）
ドイツ	9,085,679	47,278,488	5.2
アメリカ合衆国	3,928,677	10,080,117	2.6
フランス	3,332,807	10,447,586	3.1
イギリス	2,684,392	10,469,045	3.9
オーストリア	1,948,791	8,078,701	4.1
オランダ	1,836,907	10,875,329	5.9
スペイン	1,760,924	4,833,065	2.9
スイス	1,717,083	7,309,392	4.3
日本	1,298,068	2,534,836	2.0
ベルギー	994,999	4,434,026	4.5
ロシア	894,659	3,294,957	3.7
ポーランド	811,024	3,400,700	4.2
中国	727,570	1,254,039	1.7
オーストラリア	613,799	1,572,543	2.6
カナダ	588,776	1,612,960	2.7

典拠：ENIT, Il tourismo internazionale in italia, in interrete sub: http://www.enit.it/index.php/it/studi-ricerche.html, 22. 06. 2011.

resse turistico）によって分類した表1-1-4によると、歴史芸術都市（Città di interesse storico e artistic）滞在者が年間1,858万人を超え、これは外国人宿泊者全体の45％に相当する。都市の宿泊が平均して2.9泊である一方、海岸地域（Località marine）、湖水地域（Località lacuali）、山岳地域（Località montane）、丘陵地域（Località collinarie di interesse vario）においては、1人平均5泊程度滞在しており、都市における通過型観光と自然の景勝地における滞在型観光の対

表1-1-6 ローマ市観光客の国籍構成

国籍	国籍別にみた性別比率（％）		国籍別比率（％）
	男性	女性	
イタリア人	52.83	47.17	22.10
外国人	46.04	53.96	77.90
合 計	48.70	51.30	100.00

典拠：EBTL (Ente Bilaterale Turismo del Lazio), *Vacanze Romane 2009*, p. 2.

表1-1-7 ローマ市観光客の年齢構成

（単位：％）

年齢構成	イタリア人	外国人	合 計
18歳未満	4.80	3.43	3.74
18～25歳	28.40	19.50	21.53
26～35歳	29.20	28.96	29.01
36～50歳	26.80	28.37	28.01
51～65歳	9.60	17.38	15.60
66歳以上	1.20	2.36	2.11
合 計	100.00	100.00	100.00

典拠：EBTL, *Vacanze Romane 2009*, p. 3.

照が見られた（表1-1-4参照）。

　旅行者の起点とする国（Paese di origine）を表1-1-5で確認しよう。ここではドイツ人観光客の占有率は22.1％に上り、アメリカ人のそれ（9.6％）、イギリス人のそれ（8.1％）を大きく引き離す。イタリア全体として、外国人観光はドイツ人による長期滞在によって成り立っているといえる[7]。1人あたり平均宿泊数が多いのは、オランダ、ドイツ、ベルギーなどアルプス以北の国を起点とする旅行者であり、中国、日本、アメリカなど遠隔地からの観光客の宿泊数は少ない。

2　ローマ観光

2.1　ローマ観光客の類型

　表1-1-6は、ローマ観光客を国籍（Nazionalità）によって、イタリア人と外国人に分類した。これによると、ローマの観光客を最も特徴づけているのは、外国人の多さであろう。ローマ旅行者のおよそ78％が外国人によって占められている。外国人観光客の構成比率では、パリをはるかに上回っている。性別においては、イタリア人では男性が、外国人では女性の比率がやや高い（表1-1-6参照）[8]。

　次に、ローマ観光客の年齢構成を表1-1-7によって考察する。これによると、ローマを旅する者の年齢は18～50歳が78％を占めている。イタリア人では26～35歳が最も多数を占めている。外国人の場合も同様であるが、26～35歳と36～50歳

表1-1-8 ローマ市観光客の職業構成

(単位:%)

職業	イタリア人	外国人	合計
実業家 (Imprenditore)	12.88	10.22	10.80
管理職 (Manager)	14.39	11.49	12.22
自由業 (Libero professionista)	13.26	7.27	8.37
商人 (Commerciante)	4.17	3.69	3.79
教員 (Docente)	2.27	11.91	9.81
役員 (Funzionario)	6.44	5.27	5.52
事務職 (Impiegato)	15.53	15.17	15.25
労働者 (Operaio)	7.20	2.95	3.87
学生 (Studente)	17.05	14.96	15.42
年金生活者 (Pensionato)	1.52	2.95	2.64
主婦 (Casalinga)	4.92	2.74	3.22
その他 (Altro)	0.37	11.38	8.99
合計 (Totale)	100.00	100.00	100.00

典拠:EBTL, *Vacanze Romane 2009*, p. 4.

ではほとんど差がなく、51〜65歳も17%以上にのぼっている。イタリア人旅行者より外国人旅行者のほうが幾分、高年齢であることが確認できる(表1-1-7参照)。

ローマを訪れる観光客の職業を表1-1-8でみる。イタリア人、外国人に共通して多数を占める職業は、実業家、管理職、事務職、学生であり、これらを合計すると半数を超える。一方、極端に少ないのが労働者に分類されている者の比率である。ローマが歴史文化的魅力を有することと無関係ではあるまい。また、外国人においては教員の比率がおよそ12%の高い比率となっている。総じて、ローマはインテリ好みの都市であるといえよう。

この職業における特性は表1-1-9のローマ滞在動機 (Motivazione principale del soggiorno a Roma) と密接な関係がある。イタリア人の動機では、文化的関心・文化的イベントが最も多数を占め、休暇がこれに次ぐ。一方、外国人の旅行動機は休暇が首位であるが、文化的関心・文化的イベントがこれに次いでいる。なお、会議目的でローマを訪れる外国人は極端に少ない。

2.2 ローマ観光客の旅行形態

この項では、ローマ旅行の仕方の類型 (tipologia di viaggio a Roma)、旅行形態 (modalità)、旅行の組織形態 (madalità organizativa del viaggio)、宿泊施設 (tipologia di sistemazione recettiva)、情報収集手段 (fondi d'informazione su Roma) の視点から考察する。

旅行形態においては、イタリア人と外国人では大きな相違がみられる。イタリア人の場合、友人との旅行が最も多く44%に達し、次いで一人の旅行となってい

表1-1-9 ローマ滞在の主たる動機

(単位：%)

旅行動機（Motivazione del viaggio）	イタリア人	外国人	合計
ビジネス（Affari）	6.90	9.96	9.25
休暇（Vacanza）	27.87	49.52	44.45
信仰（Religione）	1.19	2.40	2.12
会議（Congresso）	3.10	0.95	1.45
家族の都合（Motivi familiari）	1.19	0.73	0.84
健康（Salute）	0.95	0.07	0.28
文化的関心・文化的イベント（Interessi e manif. Culturali）	33.10	20.07	23.11
スポーツイベント（Manifestazionni sportive）	0.71	0.15	0.28
友人、親戚訪問（Visita amici/parent）i	10.95	5.24	6.57
芸術的魅力（Attrattive artistiche）	7.14	7.20	7.19
その他（Altro）	6.90	3.71	4.46
合計（Totale）	100.00	100.00	100.00

典拠：EBTL (Ente Bilaterale Turismo del Lazio), *Vacanze Romane 2009*, p. 5.

表1-1-10 ローマ旅行の形態

(単位：%)

旅行形態	イタリア人	外国人	合計
ツアー団体（Con un gruppo organizzato）	11.11	16.00	14.90
1人（Da solo）	26.68	19.55	21.15
家族（Con la Sua famiglia）	18.15	45.87	39.64
友人（Con amici）	44.06	18.58	24.31
合計（Totale）	100.00	100.00	100.00

典拠：EBTL (Ente Bilaterale Turismo del Lazio), *Vacanze Romane 2009*, p. 6.

る。これに対して外国人では、家族旅行がおよそ46％を占め、最も多く、次いで友人との旅行である。またツアーによる団体旅行も比較的多数を占めている。

　ローマ旅行の企画・予約状況を表1-1-11でみる。イタリア人の場合、事前予約なしで旅行するものが最も多く、次いで個人で事前予約となっている。また個人による last minute の利用者も24％を占めている[9]。

　外国人にあっては、旅行代理店を通じた予約が最も多く、次いで事前に個人で予約となっており、予約なしの旅行者は7.5％強しかいない。

　ローマ観光客が利用する宿泊施設を表1-1-12でみる。外国人宿泊者は67.5％がホテルを利用しているのに対して、イタリア人ではホテル利用者は39％にすぎず、友人・両親宅、B＆Bなどの宿泊者が比較的多く存在する。

表1-1-11 旅行の予約形態

(単位:%)

旅行の企画・予約	イタリア人	外国人	合計
事前に個人で予約（Prenotando da solo con anticipo）	28.63	28.39	28.43
last minute によって個人で予約（Prenotando da solo con last minute）	24.05	23.19	23.38
旅行代理店を通じて予約（Prenotando con adv）	7.63	30.98	25.83
旅行代理店を通じた last minute 予約（Prenotando con adv last minute）	3.82	9.86	8.52
予約なし（Senza prenotazione）	35.87	7.58	13.84
合計（Totale）	100.00	100.00	100.00

注: adv は agenzai de visaggi（旅行代理店）を表す。
典拠: EBTL (Ente Bilaterale Turismo del Lazio), *Vacanze Romane 2009*, p. 7.

表1-1-12 旅行者の利用する宿泊施設

(単位:%)

宿泊施設の種類	イタリア人	外国人	合計
ホテル	39.00	67.50	61.24
キャンプ	1.16	1.74	1.61
B&B	19.69	16.19	16.96
友人・両親宅	28.57	7.07	11.79
その他の受入施設	11.58	7.50	8.40
合計	100.00	100.00	100.00

典拠: EBTL (Ente Bilaterale Turismo del Lazio), *Vacanze Romane 2009*, p. 8.

ローマ観光情報の入手方法においては、イタリア人、外国人を問わずインターネット利用が50％以上を占めている。外国人においては、総合旅行業者[10]、旅行代理店経由の情報入手を合計すれば、17％に達している。一方、イタリア人の場合、友人・親からの情報が25％以上に達し、この点、両者の大きな相違を形成する。

2.3　ローマ観光における移動と期間

2.3.1　ローマ観光と時間

ここではローマ観光客を時間軸と空間軸で捉えよう。

外国人がイタリアの歴史・芸術都市を訪問した場合の平均宿泊期間が2.9泊であったことはすでに確認した。ローマについてイタリア人も含めた平均滞在期間（Durata media del soggiorno a Roma）は表1-1-14のようになっている。2～3日の滞在が最も多く（約58％）、次いで4～5日（約20％）、1日（約16％）であり、6日以上は極めて少ない。滞在期間の短さという点で、都市型観光の特徴を示しているといってよかろう。

外国人、イタリア人のローマ観光の違いを鮮明に示しているのが訪問回数（frequenza del viaggio a Roma）である。外国人ではローマ訪問回数が1回（49％）、

表1-1-13　ローマに関する情報の入手方法

(単位：%)

媒　体	イタリア人	外国人	合計
雑誌・新聞（Riviste-Giornali）	5.61	5.05	5.16
テレビ・ラジオ（Tv-radio）	3.51	2.61	2.78
総合旅行業者のカタログ（cataloghi TO）	0.70	11.00	9.06
友人・両親（Amici-parenti）	25.62	16.95	18.58
旅行見本市（fiere turistiche）	0.70	1.96	1.72
インターネット（Internet）	56.50	51.35	52.32
旅行代理店（adv）	1.75	6.03	5.22
その他（Altro）	5.61	5.05	5.16
合計（Totale）	100.00	100.00	100.00

注：Cataloghi TO: dei cataloghi dei tour operator.
典拠：EBTL (Ente Bilaterale Turismo del Lazio), *Vacanze Romane 2009*, p. 9.

表1-1-14　ローマにおける平均滞在期間

(単位：%)

1日	15.91
2～3日	57.70
4～5日	20.44
6～7日	3.60
8日以上	2.35
合　計	100.00

典拠：EBTL (Ente Bilaterale Turismo del Lazio), *Vacanze Romane 2009*, p. 9.

表1-1-15　ローマへの旅行回数

(単位：%)

ローマ訪問頻度	イタリア人	外国人	合計
1回	10.63	49.32	40.08
2回	12.99	33.37	28.49
3回	14.17	7.30	8.94
4回	10.63	4.20	5.74
5回以上	51.58	5.81	16.75
合計（Totale）	100.00	100.00	100.00

典拠：EBTL (Ente Bilaterale Turismo del Lazio), *Vacanze Romane 2009*, p. 10.

2回（33％）が大多数であるが、イタリア人では5回以上がおよそ56％を占めている。

　ローマ市とローマ県におけるホテルの稼働状態（esercizi alberghieri di Roma e Provincia di Roma）について、年間の変動をみる。

　ローマ市において客室、ベッドの稼働率が最高となるのは10月である。傾向として、8月を除いて、5月から10月の期間が特に稼働率が高水準となる。

　同様の傾向はローマ県にもあてはまる。12月～2月において、ホテルの稼働率が低下している。

　ここにヴァカンス・シーズン（le vacanze estive）である8月に大きな落ち込みが見られるのはなぜであろうか。ローマと同様の歴史的・芸術都市であるウ

表1-1-16-1 ローマ市における月別ホテルの稼働率（2009年度）
(単位：%)

	客室基準	ベッド基準
1月	42.95	37.41
2月	54.18	47.56
3月	60.18	55.77
4月	65.22	61.44
5月	71.89	66.00
6月	65.47	60.11
7月	68.08	60.63
8月	59.75	56.21
9月	76.84	74.24
10月	77.13	74.95
11月	64.28	54.31
12月	52.58	45.36
年間	63.23	57.83

典拠：EBTL (Ente Bilaterale Turismo del Lazio), *Rapporto annuale turisti albergi 2009*, p. 22.

表1-1-16-2 ローマ県における月別ホテルの稼働率（2009年度）
(単位：%)

	客室基準	ベッド基準
1月	40.95	35.56
2月	48.92	43.62
3月	56.97	52.26
4月	63.17	60.28
5月	67.86	63.57
6月	61.48	57.81
7月	64.35	59.59
8月	57.06	72.86
9月	72.86	70.82
10月	71.87	69.87
11月	59.90	51.75
12月	48.96	45.17
年間	59.23	55.51

典拠：EBTL (Ente Bilaterale Turismo del Lazio), *Rapporto annuale turisti albergi 2009*, p. 22.

表1-1-17 年間最高気温の推移（℃）

	5月	6月	7月	8月	9月	10月
ローマ	22.0	25.6	28.6	28.7	26.0	22.0
ウィーン	20.5	23.4	25.6	25.4	20.3	14.2

典拠：World Weather Information Service, Weather Information for Vienna, in interrete sub: http://worldweather.wmo.int/006/c00017.htm, 30. 06. 2011 et World Weather Information Service, Weather Information for Rome, in interrete sub: http://worldweather.wmo.int/176/c00201.htm, 30. 06. 2011.

ィーンにおいては、観光客のピークは7月、8月、9月であった[11]。

試みにウィーンとローマの月別平均気温を比較しよう。表1-1-17によって8月の平均気温をみると、ローマでは28.7℃、ウィーンでは25.4℃である。ウィーンの8月はローマでは6月、9月に相当する。また、8月に次いで気温の高い7月のホテル稼働率は快適な気温である5月、9月、10月に及ばない。

気温だけによって、8月の落ち込みを説明することは難しいが、大きな要因であることは間違いないであろう。

2.3.2　ローマ観光における空間

次に、観光客の空間的移動について考察する。イタリア人のローマに至る行程は、鉄道が最も多く、それ以外では航空、自家用車の利用者が多い。これに対し

て、外国人の利用する交通手段では航空機が8割以上を占めている。

市内の主たる移動手段（Modalità prevalente di spostamento in città）においてはイタリア人では公共交通手段利用が66％を占めているが、外国人ではおよそ46％となっている。後者では徒歩によるものが38％以上に達している。

自由時間の過ごし方（Modalità prevalente d'impiego del tempo libero）を比較すると、博物館・美術館訪問、文化遺産・教会訪問のいずれにおいても、外国人のほうが積極的である。このことは、イタリア人の場合、表1－1－15で確認したようにリピーターが多数を占めていることと関係があろう。散策、買い物の項においてはイタリア人のほうが高い比率となっていることも、その裏付けとなるであろう。

表1－1－18－1　ローマに至る交通手段

(単位：％)

交通手段	イタリア人	外国人	合計
鉄道（Treno）	41.75	13.52	19.70
航空（Aereo）	28.74	81.01	69.57
自家用車など（Mezzo proprio）	20.31	2.04	6.04
バス（Autobus）	9.20	3.43	4.69
合計（Totale）	100.00	100.00	100.00

典拠：EBTL (Ente Bilaterale Turismo del Lazio), *Vacanze Romane 2009*, p. 8.

表1－1－18－2　ローマ市内の移動手段

交通手段	イタリア人	外国人	合計
公共交通手段（Mezzi pubblici）	66.03	45.68	50.20
タクシー（Taxi）	6.43	11.10	10.06
自家用車（Auto privata）	3.40	1.51	1.93
徒歩（A piedi）	23.02	38.68	35.21
観光バス（Bus gruppo）	1.13	3.03	2.60

典拠：EBTL (Ente Bilaterale Turismo del Lazio), *Vacanze Romane 2009*, p. 10.

3　外国人によるローマ観光と起点地域

3.1　ローマ観光客の国籍

ローマ市における観光客の宿泊について、すでの表1－1－6において、外国人比率が77.90％に上ることを指摘した。ここで、空間的範囲を広げローマ県について、宿泊者の内訳を考察したのが表1－1－20である。ローマ県においては、イタリア人比率が42.13％、外国人比率が57.87％となり、空間を広げることによっ

表1-1-19　自由時間の過ごし方

(単位：%)

	イタリア人	外国人	合計
博物館、美術館訪問（Visite a musei e gallerie）	17.61	20.78	20.17
文化遺産、教会などの訪問（Visite a monumenti, chiese etc.）	23.02	35.64	33.23
散策（Passeggiate）	37.25	27.65	29.48
買い物（Shopping）	18.28	14.01	14.83
その他（Altro）	3.84	1.92	2.29
合計（Totale）	100.00	100.00	100.00

典拠：EBTL (Ente Bilaterale Turismo del Lazio), *Vacanze Romane 2009*, p. 10.

表1-1-20　ローマ県における宿泊者の内訳（2009年度）

	宿泊者数（人）	宿泊件数（件）
合計	9,362,741	21,803,012
イタリア人	3,944,266	7,693,302
外国人	5,418,475	14,109,810

典拠：EBTL (Ente Bilaterale Turismo del Lazio), *Rapporto annuale turisti alberghi 2009*, p. 14.

て外国人比率が下がる。つまり、多くの外国人にとって「ローマ観光」＝「ローマ市観光」であるのだ。また、ローマ県については、イタリア人の平均宿泊期間は1.95泊であるのに対して、外国人は2.60泊であり、後者のほうが滞在期間は長い。

　ローマ県内に宿泊する外国人のなかで、圧倒的多数がヨーロッパを起点としている。ヨーロッパを起点とする旅行者のおよそ2分の1の規模が北米起点者、北米起点者の2分の1が北東アジアを起点とする旅行者である。

　国籍別にこれらの観光客をみると、アメリカ合衆国からの旅行者が年間121万人余りで、他を圧倒している。イギリス（48万人余り）、ドイツ（40万人余り）、スペイン（39万人余り）、日本（36万人余り）、フランス（30万人余り）がそれに次いで多数を占める。1人あたりの宿泊期間においては、ロシア、ドイツからの観光客がより滞在型であり、中国人旅行者が極端に通過型であることがわかる。

　ここで上位を占めている国について、イタリア全体における宿泊者数（表1-1-5参照）と比較することによって、各国旅行者のローマ志向の程度がわかるであろう。アメリカ、日本、カナダ、ロシア、中国、オーストラリアなど遠隔地域の国からのイタリア旅行者にあっては、イタリア観光におけるローマ観光の重要性を見てとることができる。これに対して、ドイツ、オランダを起点とするイタリア観光客においては、ローマの比重が著しく低位にある。彼らにとってla

表1-1-21　ローマ県における宿泊者の起点地域（2009年度）

起点となる世界の地域	宿泊者数	宿泊件数
ヨーロッパ全体（Totale Europa）	2,771,714	7,822,269
北米全体（Totale Nord America）	1,358,643	3,398,129
中南米全体（Totale Centrre-Sud America）	256,657	637,844
北東アジア全体（Totale Sud-Est Asia）	681,845	1,425,987
中東全体（Totale Medio Oriente）	102,532	253,801

典拠：EBTL (Ente Bilaterale Turismo del Lazio), *Rapporto annuale turisti alberghi 2009*, p. 14.

表1-1-22　ローマ県宿泊者の国別順位（2009年度）

国　籍	宿泊者数（人）	宿泊件数（件）	1人あたり平均宿泊数（泊）
アメリカ	1,213,762	3,048,905	2.51
イギリス	483,411	1,368,417	2.83
ドイツ	406,323	1,261,178	3.10
スペイン	392,604	1,108,418	2.82
日本	363,443	821,370	2.26
フランス	308,869	868,458	2.81
ロシア	155,415	453,805	3.50
カナダ	144,881	349,224	2.41
中国	119,075	200,552	1.68
オーストラリア	96,467	226,886	2.35
オランダ	95,671	264,428	2.76
ブラジル	81,651	211,517	2.59

典拠：EBTL (Ente Bilaterale Turismo del Lazio), *Rapporto annuale turisti alberghi 2009*, p. 14.

Chittà eterna の魅力は大きくない。

　次にローマ市における外国人宿泊者の順位を表1-1-24に示した。ローマ県では7位に挙がっていた中国人はこのリストには登場しない。その理由の一つは、中国人が宿泊料金の高いローマ市内のホテルを敬遠しているためであるかもしれない。その他の国の順位はローマ県におけるものとほぼ同じである。

　イタリア観光に占めるローマ市観光比率においても、高い比率を示しているのはアメリカ、カナダ、日本など遠隔地域の国とスペイン、イギリスなどであり、ドイツ、オランダの比率は低い。

表1-1-23 イタリア観光に占めるローマ県比率

(単位：％)

	ローマ県宿泊者／イタリア宿泊者
アメリカ合衆国	30.89
日本	27.99
カナダ	24.60
スペイン	22.29
イギリス	18.00
ロシア	17.37
中国	16.36
オーストラリア	15.71
フランス	9.26
オランダ	5.20
ドイツ	4.48

典拠：表1-1-5および表1-1-22をもとに算出。

表1-1-24 ローマ市宿泊者の国別順位（2009年度）

国籍	宿泊者数	宿泊件数	1人あたり平均宿泊数
アメリカ	1,099,886	2,882,599	2.62
イギリス	446,018	1,287,310	2.89
スペイン	371,296	1,062,591	2.86
ドイツ	358,720	1,143,180	3.19
日本	334,439	777,370	2.32
フランス	261,061	770,556	2.95
ロシア	142,109	442,086	3.11
カナダ	123,625	317,243	2.57
オーストラリア	88,814	216,993	2.44
オランダ	80,164	233,690	2.92
スイス	77,353	220,258	2.85
ブラジル	77,191	204,435	2.64

典拠：EBTL (Ente Bilaterale Turismo del Lazio), *Rapporto annuale turisti albergi 2009*, p. 16.

表1-1-25 イタリア観光に占めるローマ市観光比率

(単位：％)

	ローマ市宿泊者／イタリア宿泊者
アメリカ合衆国	27.99
日本	25.76
スペイン	21.08
カナダ	20.99
イギリス	16.61
ロシア	15.88
オーストラリア	14.46
フランス	7.83
スイス	4.50
オランダ	4.36
ドイツ	3.94

典拠：表1-1-5および表1-1-24をもとに算出。

3.2 外国人による宿泊ホテルの等級

3.2.1 ホテルの等級と宿泊客

　ローマ市内のホテルに宿泊するものについて、ホテルの格付けごとに国籍（Distribuzione degli arrivi negli esercizi alberghieri per nazionalità）を検討する。これは、供給者の側から見た分析である（表1-1-26（1）～表1-1-26（5）参照。いずれも2009年度の値）。

　これらの表を概観すると、イタリア人の比率はホテルの等級が下がるに従って、増加することがわかる。外国人のなかでは、5つ星〜3つ星まではアメリカ人比率が最も高い。1つ星と2つ星ではドイツ人比率が高い。4つ星ホテルではアメリカ人に次いで高い比率であるのは日本人である。

表1-1-26（1） ローマ市内の5つ星（5 stelle）ホテル宿泊者の内訳

(単位：%)

イタリア人	25.13
外国人	30.21
アメリカ	11.54
イギリス	6.37
フランス	5.10
ドイツ	4.38
ロシア	4.08
スペイン	3.02
日本	2.56
カナダ	1.63
ギリシャ	1.43
オランダ	1.41
スイス	74.87

典拠：EBTL（Ente Bilaterale Turismo del Lazio), *Rapporto annuale turisti albergi 2009*, p. 24.

表1-1-26（2） ローマ市内の4つ星（4 stelle）ホテル宿泊者の内訳

(単位：%)

イタリア人	32.95
外国人	25.12
アメリカ	11.24
日本	8.40
スペイン	7.88
イギリス	6.25
ドイツ	3.64
フランス	2.84
ロシア	2.64
カナダ	1.90
中国	1.65
ギリシャ	67.05

典拠：EBTL（Ente Bilaterale Turismo del Lazio), *Rapporto annuale turisti albergi 2009*, p. 24.

表1-1-26（3） ローマ市内の3つ星（3 stelle）ホテル宿泊者の内訳

(単位：%)

イタリア人	40.30
外国人	20.48
アメリカ	11.11
イギリス	8.21
ドイツ	7.96
スペイン	7.30
フランス	3.24
日本	3.18
ロシア	2.60
オーストリア	2.12
オランダ	1.29
スイス	59.70

典拠：EBTL（Ente Bilaterale Turismo del Lazio), *Rapporto annuale turisti albergi 2009*, p. 24.

表1-1-26（4） ローマ市内の2つ星（2 stelle）ホテル宿泊者の内訳

(単位：%)

イタリア人	58.83
外国人	14.63
ドイツ	11.76
アメリカ	8.33
イギリス	7.17
スペイン	7.13
フランス	4.78
デンマーク	3.25
オーストリア	2.90
ベルギー	2.68
オランダ	2.52
スイス	41.17

典拠：EBTL（Ente Bilaterale Turismo del Lazio), *Rapporto annuale turisti albergi 2009*, p. 24.

表1-1-26 (5) ローマ市内の1つ星 (1 stella) ホテルの宿泊者の内訳

(単位：%)

イタリア人	53.19
外国人	12.63
ドイツ	12.54
アメリカ	10.03
フランス	7.97
イギリス	7.76
スペイン	4.16
オランダ	2.89
オーストラリア	2.70
デンマーク	1.71
ブラジル	1.42
ノルウェー	46.81

典拠：EBTL (Ente Bilaterale Turismo del Lazio), *Rapporto annuale turisti albergi 2009*, p. 24.

3.2.2　旅行者国籍別宿泊ホテル

　ここまで、ホテルの格付けごとに宿泊者の国籍を確認した。次に国籍を基準として、ローマ市内のいかなる等級のホテルに宿泊しているかを考察する。これは、需要者の側からみた分析となる。

　3つ星ホテルの利用率はイタリア人と外国人では差が見られない。イタリア人と外国人の宿泊者の違いは、2つ星ホテルにイタリア人の16％以上が宿泊していること、4つ星ホテルに外国人の半数近くが宿泊していることに如実に表れている。

　外国人旅行者を国籍別に表1-1-28 (1) 〜表1-1-28 (6) において検討する。

　ヨーロッパ人旅行者については、その8割が4つ星ホテルと3つ星ホテルを利用している。5つ星ホテル利用者が1割を超えているのは、フランス人、イギリス人、ベルギー人、ルクセンブルク人、ギリシャ人、アイスランド人、スイス人、ロシア人、クロアチア人、トルコ人である。この中で、アイスランド人、ギリシャ人、ロシア人は1つ星ホテル利用者が皆無であるか、ほとんどいない。

　前項の分析でドイツ人が1つ星ホテル、2つ星ホテル利用者が多数である結果が出ていたが、同国人のなかの分析では必ずしも、そうとは言えない。ドイツ人旅行者の母数が大きいために、そのような印象を与えているのであろう（表1-1-28 (1) 参照）。

　北米人、特にアメリカ人は2つ星ホテル、1つ星ホテルの利用者がほとんど見られない。全体として高級ホテル志向と言ってよかろう（表1-1-28 (2) 参照）。

　これとは対照的に、中南米人は4つ星、3つ星ホテル利用者が多数を占め、外国人全体の趨勢を反映した結果となった（表1-1-28 (3) 参照）。

　日本、中国、大韓民国など北東アジア人は4つ星ホテル宿泊者が圧倒的に多数を占め、およそ4分の3に達している。一方、1つ星ホテル利用者は少ない（表

第1章 イタリアにおける外国人観光事情　37

表1-1-27　ローマ市内ホテルの宿泊者内訳（2009年度）

(単位：%)

	5つ星ホテル	4つ星ホテル	3つ星ホテル	2つ星ホテル	1つ星ホテル
合計	7.91	45.63	33.41	10.54	2.51
イタリア人	5.23	39.54	33.41	16.31	3.51
外国人	9.36	49.36	32.19	7.00	1.89

典拠：EBTL (Ente Bilaterale Turismo del Lazio), *Rapporto annuale turisti albergi 2009*, p. 26.

表1-1-28（1）　ヨーロッパ人と宿泊ホテル

(単位：%)

国　籍	5つ星ホテル	4つ星ホテル	3つ星ホテル	2つ星ホテル	1つ星ホテル
フランス	11.17	33.00	43.17	9.17	3.49
ドイツ	6.51	41.27	35.33	13.69	3.20
イギリス	11.85	41.82	38.44	6.27	1.62
ベルギー	10.44	33.55	38.73	16.16	1.12
ルクセンブルク	10.25	48.21	37.12	0.32	4.10
オランダ	8.18	34.97	40.89	11.24	4.72
オーストリア	6.30	29.29	40.45	22.27	1.69
デンマーク	7.00	20.59	41.61	26.71	4.09
アイルランド	7.05	50.45	33.08	7.33	2.09
スペイン	5.04	53.49	33.09	6.49	1.89
ポルトガル	6.89	56.92	30.52	5.22	0.45
ギリシャ	11.96	62.89	21.62	2.83	0.70
スウェーデン	8.54	37.88	41.08	10.94	1.56
フィンランド	5.87	39.63	38.81	12.95	2.74
アイスランド	18.31	46.42	35.07	0.00	0.00
スイス	12.47	36.06	38.44	10.64	2.39
ポーランド	7.09	35.84	35.96	17.04	4.07
ロシア	14.12	47.30	34.50	3.30	0.78
ノルウェー	6.60	31.48	48.17	11.67	2.08
クロアチア	10.62	36.62	32.81	18.78	1.17
チェコ	6.13	46.40	32.23	13.90	1.34
スロバキア	6.86	35.00	34.56	14.25	9.33
スロベニア	5.49	39.41	47.60	5.02	2.48
トルコ	11.12	55.01	26.66	6.13	1.08
ハンガリー	5.95	37.68	36.91	13.70	3.67
その他のヨーロッパ	5.24	41.36	38.43	9.62	5.35
ヨーロッパ計	8.66	42.16	37.13	9.55	2.55

典拠：EBTL (Ente Bilaterale Turismo del Lazio), *Rapporto annuale turisti albergi 2009*, p. 26.

表1-1-28（2） 北米人と宿泊ホテル

（単位：%）

国　籍	5つ星ホテル	4つ星ホテル	3つ星ホテル	2つ星ホテル	1つ星ホテル
アメリカ合衆国	12.58	54.04	28.75	3.59	1.04
カナダ	9.50	50.64	32.48	5.76	1.62
北米計	12.27	53.70	29.13	3.81	1.09

典拠：EBTL（Ente Bilaterale Turismo del Lazio）, *Rapporto annuale turisti albergi 2009*, p. 26.

表1-1-28（3） 中南米人と宿泊ホテル

（単位：%）

国　籍	5つ星ホテル	4つ星ホテル	3つ星ホテル	2つ星ホテル	1つ星ホテル
メキシコ	8.97	50.70	30.82	8.31	1.20
アルゼンチン	4.84	48.01	34.16	11.01	1.98
ブラジル	7.72	42.51	38.92	8.83	2.02
ベネゼーラ	8.95	50.28	31.68	8.25	0.84
その他	6.49	38.98	39.88	11.12	3.33
中南米計	7.21	44.89	36.17	9.62	2.11

典拠：EBTL（Ente Bilaterale Turismo del Lazio）, *Rapporto annuale turisti albergi 2009*, p. 26.

表1-1-28（4） アジア人と宿泊ホテル

（単位：%）

国　籍	5つ星ホテル	4つ星ホテル	3つ星ホテル	2つ星ホテル	1つ星ホテル
日本	4.14	79.53	14.97	1.14	0.22
中国	7.07	66.80	18.32	6.77	1.04
大韓民国	1.71	71.31	24.74	2.11	0.13
東南アジア	7.63	65.65	19.59	3.36	1.77
アジア計	4.94	74.60	17.14	2.71	0.61

典拠：EBTL（Ente Bilaterale Turismo del Lazio）, *Rapporto annuale turisti albergi 2009*, p. 26.

表1-1-28（5） 中東人と宿泊ホテル

（単位：%）

国　籍	5つ星ホテル	4つ星ホテル	3つ星ホテル	2つ星ホテル	1つ星ホテル
イスラエル	8.44	46.50	40.86	3.19	1.01
エジプト	17.03	53.94	23.55	4.65	0.83
その他中東	34.57	45.75	14.53	3.92	1.23
中東計	23.91	46.71	24.55	3.73	1.10

典拠：EBTL（Ente Bilaterale Turismo del Lazio）, *Rapporto annuale turisti albergi 2009*, p. 26.

表1-1-28 (6) その他

(単位:％)

国　籍	5つ星ホテル	4つ星ホテル	3つ星ホテル	2つ星ホテル	1つ星ホテル
地中海アフリカ諸国	17.47	28.87	34.56	13.24	5.86
南アフリカ	11.17	39.63	34.75	13.65	0.80
その他アフリカ	15.19	33.96	32.21	11.89	6.75
オーストラリア	6.72	40.04	45.16	5.12	2.96
ニュージーランド	3.89	39.80	44.91	6.31	5.09
その他非ヨーロッパ	20.58	63.57	11.14	2.91	1.80

典拠：EBTL (Ente Bilaterale Turismo del Lazio), *Rapporto annuale turisti albergi 2009*, p. 26.

1-1-28（4）参照）。

中東についてはエジプト人および「その他の中東人」において5つ星ホテル利用者比率が並はずれて高い（表1-1-28（5）参照）。

なお、オーストラリアからの旅行者が宿泊するホテルの格付け傾向は、ヨーロッパ人のそれとほぼ同じである（表1-1-28（6）参照）。

4　小括

イタリアを訪れる外国人観光客は、総じて北イタリアの歴史芸術都市をめざす。イタリア観光におけるドイツ人比率の高さは秀でているが、ローマ市のそれは4％に満たない。

ローマ観光においては、旅行者の8割近くが外国人であり、国際観光都市としてはパリを上回る人気を集めている。ローマ市に宿泊する外国人のなかでは、アメリカ人がずば抜けて多数を占め、以下、イギリス人、スペイン人、ドイツ人、日本人の順となっている。アメリカ、日本、スペイン、カナダを起点とするイタリア観光客にとって、ローマの重要性は大である。これに対して、ドイツ、フランス、オランダ人観光客にとっては、ローマ観光の意味は大きくない。

1) European Tourism Commission, *ETC Study on Japanese Outbound Tourism 2000*.
2) World Economic Forum, *The Travel & Tourism Competitiveness Report 2009, Geneva, 2009*, p. xv, xvii, 229, 297 et 298.

3） la città eterna の語源は、ホール・ケイン（Thomas Henry Hall Caine）が1900年に発表した連載小説『永遠の都』（The Eternal City）に由来する。この小説自体がエリオ・ヴィットリーニ（Elio Vittorini）によってイタリア語に翻訳されたのは1946年のことであったが、映画化は1915年および1923年になされ、特に1923年の映画化にあたってはイタリア版のリメイクがなされている。したがって、イタリア語としてのla città eterna の歴史は1920年代に遡ることができる（Brownlow, Kevein, *Behind the Mask of Innocence*, New York, 1990）。

4） 「イタリア政府観光局」（ENIT）の正式名称は、Ente Nazionale per il Turismo が使われていたが、2005年の法律改正に伴う組織の再編成によって、ENIT－Agenzai Nazionale del Turismo が使われるようになった（Enit, chi siamo, in interrete sub: http://www.enit.it/index.php?option=com_content&view=category&layout=blog&id=1&Itemid=7&lang=it, 26. 07. 2011）。

5） EBTL, http://www.ebtl.it/ebtl-menu.html, 26. 07. 2011. なお、文中で単にローマと記す場合はローマ市を指す。

6） UNWTO の活動については、WTO, About us, in interrete sub: http://unwto.org/en/about/unwto, 28. 07. 2011を参照。

7） ENIT, Il tourismo internazionale in italia, in interrete sub: http://www.enit.it/index.php/it/studi-ricerche.html, 22. 06. 2011より算出。なお、外国からの観光客の統計において、ドイツの統計は国籍にかかわりなく起点国（Herkunftsland）、居住地（Wohnsitz）を基準とし、フランスの統計では国籍（nationalité）を基準として分類されていた（山田徹雄「都市観光の定量比較」跡見学園女子大学『マネジメント学部紀要』第11号（2011年）、76頁）。これに対して、イタリアの統計では起点国と国籍の区別なく記載されている。本書においても、起点国と国籍を無差別に扱っている。

8） パリにおける外国人観光客比率（2009年度）は、54.8％であった（山田徹雄「都市観光の定量比較」70〜71頁）。

9） Last minute はロンドンに本社を置くオンライン旅行小売業であり、1週間に165万のアクセスがある（Last minute. com, about us, in interrete sub: http://www.lastminute.com/site/help/about_us/about-us.html, 09. 07. 2011）。イタリア語によるサイト（Last minute italiano）も開設されている（Last minute italiano, chi siamo, in interrete sub: http://www.it.lastminute.com/site/aiuto/chi_siamo.html, 09. 07. 2011）。

10） ツアー・オペレーター（tour operator）は旅行の企画・手配・販売を行うホールセラーを指すことから総合旅行業者の訳語を充てた。

11） 山田徹雄「ウィーン観光事情」跡見学園女子大学『観光マネジメント学科紀要』1号（2011年）、6頁。

第2章　オーストリアと観光
──ウィーン観光を中心として──

　ヨーロッパ大陸における都市観光は、パリ、ベルリン、ローマ、マドリード、バルセロナ、プラハ、ミュンヘンなどいくつかの中心都市が対象となっている。本章でとりあげるウィーンは観光都市としてミュンヘンと同程度の規模を有している[1]。内外からの旅行者の動向を分析し、観光都市ウィーンの特徴を明確化することを、本章の課題とした。

1　ウィーン市と観光客

1.1　ウィーン観光に関するアンケート調査

　ウィーン旅行者のおよその見取り図を描くために、「オーストリア観光モニター」によるアンケート調査『ウィーン顧客アンケート』[2]を手掛かりに、ウィーン観光を概観する。
　この調査が示しているウィーン観光客像（表1-2-1参照]）は、以下のように要約できる。
　（1）　旅行者は、ウィーンの文化的な魅力を求め、学歴水準が高く、また比較的所得水準が高い。
　（2）　所得水準の高さは、宿泊するホテルの格付けの高さに反映されている。
　（3）　この調査では、宿泊日数が比較的長期になっているが、このことは、ビジネス旅行者が調査対象に含まれていないこと[3]、と関係があるであろう。
　（4）　ウィーン旅行者のおよそ8割が、あわせて他の地域における宿泊予約をしていないことから、専らウィーンを見学する行動が読み取れる。
　（5）　ウィーンに至る交通手段に関しては、半数近くの旅行者が航空機を利

表1-2-1　ウィーン旅行アンケート結果

旅行者に対する質問項目	多回答選択肢
職業	勤め人（Angestellte）39% 自営（Selbstständig）16%
学歴	マトゥーラ（Matura）44%* 大学卒（Universität/FH）43%
旅行者1人あたり平均月収	€1,459 最多月収帯　€3,600以上　42%
ウィーン滞在頻度	初めて　40%
旅行者類型	文化・見学旅行者（Kultur-/Besichtigungsgast）26% 景観旅行者（Szenegast）23% 催し物旅行者（Anlassgast）19%** 多面的関心旅行者（Vielseitig interessierter Stadt-/Kulturgast）18% 保養旅行者（Erholungsgast）14%
旅行形態	個人旅行者（Individualtourist）68% パック旅行者（Pauschaltourist）32%
観光地ウィーンの決定理由	芸術・文化（Kunst- und Kulturangebot）71% 名所（Sehenswürdigkeiten）70%
ウィーンへの交通手段	航空機（Flugzeug）46% 自家用車（Eigenes Auto）32% 鉄道（Bahn）15% バス（Bus）4%
同行者	カップル（Paare）32% 1人（Alleine）19% 友人（Freunde）19%
ウィーンにおける宿泊日数	3〜5泊（3 bis 5 Nächte）62% 6〜9泊（6 bis 9 Nächte）18% 2泊以内（Bis zu 2 Nächte）16%
ウィーン以外の宿泊予約	なし（Nein）78%
宿泊ホテルの格付け	4つ星（4 Stern）39% 3つ星（3 Stern）30%

注：＊オーストリアでは Abitur を Matura と呼ぶ。
　　＊＊ Anlassgast の Anlass とは、標準ドイツ語では Veranstaltung にあたる。
典拠：Wiener Tourismusverband, *Wiener Gästebefragung 2004-2009*, Im Rahmen des Tourismus-Monitors Austria (T-MANA), Wien, 2009（以下 WG と略記）, pp. 3-16 より作成。

用している。そのうち、21%が低運賃航空会社の搭乗者である[4]。

(6)　バス利用者が少ないのは、バスを利用するグループ旅行者の旅行スケジュールが過密であるために、アンケート調査協力者が少なかったことが原因となっている[5]。

1.2　観光空間ウィーン

オーストリア観光において、ウィーンはどのような位置を占めているのであろうか。表1-2-2は、宿泊者数および宿泊件数におけるウィーンの占有率を示している。宿泊者数を基準でみるとウィーンはオーストリア観光のおよそ14%を占めているにすぎないが、宿泊件数においてはそれが3割以上を占めていることがわかる。特に外国からの旅行者において、ウィーン占有率はおよそ37%にのぼっている。

オーストリアの観光対象には、ティロルやザルツカンマーグートのような有力な自然の景勝地が含まれているが、ひとまず都市観光におけるウィーンの位置を確定する。宿泊者数を基準に見ると（表1-2-3（1）参照）、オーストリア都市観光におけるウィーンの占有率はおよそ58.8%であり、それに次ぐザルツブルク（15.2%）、インスブルック（8.9%）を大きく引き離している。宿泊件数による比較では、その差はさらに拡大し、ウィーンの占有率は6割を超える（表1-2-3（1）参照）。このことからオーストリア都市観光にお

表1-2-2　オーストリア観光客に占めるウィーンの割合

(単位：%)

宿泊件数を基準とするウィーンの占有率	32.56
同、オーストリア居住者の場合	18.08
同、外国居住者の場合	36.96
宿泊者数を基準とするウィーンの占有率	13.58

典拠：Österreich Werbung, *Tourismus in Österreich 2009*, および Wiener Tourismusverband, *Tourismus-Bilanz 2009*, pp. 28-29 をもとに算出。

表1-2-3（1）　オーストリアの都市観光（宿泊者数による比率）2009年

(単位：%)

都　市	比　率
ウィーン（Wien）	58.8
ザルツブルク（Saltzburg）	15.2
インスブルック（Innsbruck）	8.9
グラーツ（Graz）	5.7
リンツ（Linz）	5.7
クラーゲンフルト（Klagenfurt）	2.3
ブレーゲンツ（Bregenz）	2.3
ザンクト・ペルテン（St Pölten）	0.9
アイゼンシュタット（Eisenstadt）	0.4

典拠：Österreich Werbung, *Städtetourismus in Österreich 2009*.

表1-2-3（2）　オーストリアの都市観光（宿泊件数による比率）2009年

(単位：%)

都　市	比　率
ウィーン（Wien）	63.7
ザルツブルク（Saltzburg）	13.3
インスブルック（Innsbruck）	7.6
グラーツ（Graz）	5.1
リンツ（Linz）	4.8
クラーゲンフルト（Klagenfurt）	2.3
ブレーゲンツ（Bregenz）	1.9
ザンクト・ペルテン（St. Pölten）	0.9
アイゼンシュタット（Eisenstadt）	0.4

典拠：Österreich Werbung, *Städtetourismus in Österreich 2009*.

表1-2-4 ウィーン大都市圏 (Wien & Umlandgeminden, Greater Vienna) における宿泊件数比率

ウィーンと周辺ゲマインデ	宿泊件数	比率 (%)
ウィーン (Wien)	9,842,827	93.6
シュヴェヒャト (Schwechat)	254,044	2.4
フェーゼンドルフ (Vösendorf)	192,409	1.8
クロスターノイブルク (Klosterneuburg)	110,767	1.1
グロース・エンツェルスドルフ (Groß-Enzersdorf)	36,871	0.4
メートリンク (Mödling)	32,700	0.3
ブルン・アム・ゲビルゲ (Brunn am Gebirge)	25,533	0.2
ペルヒトルツドルフ (Perchtoldsdorf)	21,723	0.2
合計	10,516,874	100.0

典拠：Wiener Tourismusverband, *Tourismus-Bilanz 2009*, p. 28.

表1-2-5 ウィーン市観光の季節変動

月	宿泊者	宿泊件数	1人あたり平均宿泊日	宿泊施設売り上げ (100万ユーロ)
1	250,820	554,673	2.21	22.6
2	228,065	484,811	2.13	19.5
3	309,016	674,367	2.18	33.1
4	356,723	806,201	2.26	32.1
5	398,995	916,499	2.30	41.7
6	379,132	837,254	2.21	38.7
7	416,688	972,890	2.33	33.9
8	450,606	1,071,606	2.39	32.3
9	419,502	966,778	2.30	53.3
10	408,625	934,417	2.29	45.2
11	345,926	708,414	2.05	31.6
12	421,429	915,917	2.17	40.7
合計	4,385,529	9,842,827	2.24	424.7

注：宿泊施設売り上げには、朝食、暖房費、売上税を含まない。
典拠：Wiener Tourismusverband, *Tourismus-Bilanz 2009*, p. 29より作成。

表1-2-6 ウィーン市における宿泊収容能力 (ホテル、ペンション) の変化

年度	営業中の宿泊施設	ベッド数
2001	353	40,061
2002	353	39,579
2003	359	39,641
2004	367	41,682
2005	366	42,692
2006	371	43,753
2007	373	44,414
2008	386	49,005
2009	400	50,911
2010	409	53,333

典拠：Wiener Tourismusverband, *Tourismus-Bilanz 2009*, p. 31より作成。

けるウィーンへの集中度は決定的にみえる[6]。

　次にウィーン周辺を含めた広域におけるウィーン市の位置を見ると表1-2-4のようになる。ドイツ語表記Wien & Umlandgeminden、英語表記Greater Viennaを「ウィーン大都市圏」と呼ぶことにしよう。宿泊件数において、ウィーン大都市圏におけるウィーン市の占有率は93.6%に相当する。つまりウィーン市は周辺部への広がりをもたない孤立した観光空間であるといえる。

ウィーン市に宿泊する旅行者の季節変動を示すのが表1-2-5である。宿泊者数、宿泊件数において最頻値は8月である。宿泊者数が40万人以上となるのは、7〜10月およびクリスマスマーケットが開かれる12月である。宿泊件数においては、90万件を超すのは、5月、7〜10月および12月である。一方、売上の上位は、9月、10月、5月、12月であり必ずしも観光客の多い8月とは一致しない。この齟齬はどこから生じるのであろうか。ここでは「観光」目的ではないビジネス客、国際会議出席者がウィーンに滞在する可能性があることをあらかじめ指摘してきたい。

表1-2-6は過去10年間におけるウィーン市の宿泊受け入れ能力の変化を表している。ウィーンにおける宿泊者収容能力は2000年以降、およそ1万人分の増加を示し、2010年には5万3,000人分の宿泊受け入れ能力を有するに至っている。

2　ウィーンと交通

2.1　ウィーン空港と市内交通

ウィーン空港は、株式会社の企業形態を取り、株式の50％が公開されている。株主構成は、ウィーン市（Stadt Wien）が20％、ニーダーエスターライヒ州（Land Niederösterreich）が20％、従業員基金（Mitarbeiterstiftung）が10％の持分を所有する以外の50％は浮動株であり、浮動株のうち、5.07％をジルチェスター・インターナショナル・インヴェストメント・リミテッド（Silchester international Investors Limited, London）が保有している[7]。

空港から市内への交通は、30分間隔のタクト運行されているCAT（City Airport Train）によって16分でウィーン中央（Wien-Mitte）に到着できる[8]。同区間は、Sバーンを利用した場合には所要時間は24分である（2010年8月現在）[9]。

ウィーン中央（Wien-Mitte）は、Sバーンの「中央駅」であり、ÖBBの中央駅（Hauptbahnhof Wien）は、現在の南駅に隣接して建設中である[10]。

上記の鉄道と同様に、ÖBBの運行するバス路線（Vienna Airport Lines（Postbus））3系統によって、市中心部（Morzinplatz/Schwedenplatz）、西駅方面

表1-2-7 航空会社別搭乗者数（2009年度）

航空会社（IATA-Code）	搭乗者数	比率（％）
オーストリア航空グループ（OS）	8,958,264	49.5
ニキ（HG）	1,663,381	9.2
エア・ベルリン（AB）	1,365,801	7.5
ルフトハンザ（LH）	1,019,542	5.6
スカイヨーロッパ（NE）	479,598	2.6
ジャーマンウィングズ（4U）	387,808	2.1
スイス・インターナショナル（LX）	344,749	1.9
ブリティッシュ・エアウェイズ（BA）	333,063	1.8
エール・フランス（AF）	292,309	1.6
トルコ航空（TK）	219,309	1.2
その他	3,049,635	16.8
合計	18,114,103	100.0
うち、LCC	4,188,868	23.1

注：準LCCであるエア・ベルリンはLCCとして算出。
典拠：Flughafen Wien AG, Geschäftsbericht 2009, "Alles, Was Zählt", p. 25.

（Wien Meidling→Wien Westbahnhof）および市東部を経由したドナウ方面（Kaisermühlen VIC→Wien Kagran）への連絡がなされている[11]。

このようにウィーン空港から市内へのアクセスは容易であり、市内の交通はSバーン、路面電車およびバスによって有機的なネットワークが形成され、交通インフラを拡充するための積極的な投資がなお進行している[12]。

ウィーンでは、東駅（Ostbahnhof Wien）と南駅（Südbahnhof Wien）が頭端式で貫通することができなかった。これを解消するために貫通式中央駅（Hauptbahnhof Wien）を南駅構内に建設する計画が立てられた[13]。2014年10月10日、ウィーン中央駅の開業式典が行われ、12月から遠距離列車の乗り入れとウィーン空港への接続が実現することとなった[14]。

2.2 ウィーン空港と空間的輸送関係

ウィーン空港における搭乗者数を航空会社別にみると、表1-2-7のようになる。オーストリアのナショナルフラッグキャリアであるオーストリア航空が搭乗者の半数を集め、LCCのニキ（NIKI Luftfahrt）、準LCCのエア・ベルリンがそれに次いだ搭乗者を集めている。なお、表1-2-7中にあるスロバキアのLCC、スカイヨーロッパは2009年9月に経営破綻している[15]。

ウィーン空港に到着する定期直行便について、国別に集計すると、表1-2-8～表1-2-14のようになる。集計にあたり、週あたりの便数について比較し、短期的な季節便は除外した[16]。

2.2.1 ドイツとウィーンの航空路

ドイツとの連絡についてキャリア別にみると、ルフトハンザ、オーストリア航空、アドリア航空（スロベニア）などのナショナルフラッグキャリアおよび旧ナショナルフラッグキャリアと並んで、準 LCC であるエア・ベルリン、LCC のニキ、ジャーマンウィングズ、インタースカイが運行されている[17]。

ドイツとの航空路ほど、低運賃航空会社が運行されている例は他の国との航空路には見当たらない。

出発地の空港を州別に整理すると、ノルトライン＝ヴェストファーレン（115便）、ヘッセン（104便）、バイエルン（87便）、バーデン＝ヴュルテンベルク（78便）、ベルリン（58便）、ハンブルク（58便）などとなる。

2.2.2 ウィーンと国内線航空路

オーストリア国内線は、オーストリア航空による運航が大部分を占め、インスブルック便のみ、LCC であるニキが運行している。地域的にはティロル州の州都（インスブルック）、ケルンテン州の州都（クラーゲンフルト）、ザルツブルク州の州都（ザルツブルク）、シュタイアーマルク州の州都（グラーツ）などオーストリア全体との連絡が

表 1-2-8　ドイツ各地との連絡（合計 514便）

空港（IATA-Code） 航空会社（IATA-Code）	週あたり便数
フランクフルト／マイン（FRA）	104
アドリア航空（JP）	16
オーストリア航空（OS）	35
ルフトハンザ（LH）	35
ニキ（HG）	18
ミュンヘン（MUC）	70
ルフトハンザ（LH）	33
ニキ（HG）	21
オーストリア航空（OS）	26
デュッセルドルフ（DUS）	66
エア・ベルリン（AB）	36
ルフトハンザ（LH）	26
オーストリア航空（OS）	14
ベルリン（TXL）	58
オーストリア航空（OS）	20
エア・ベルリン（AB）	38
ハンブルク（HAM）	58
エア・ベルリン（AB）	20
ルフトハンザ（LH）	38
ケルン／ボン（CGN）	49
ジャーマンウィングズ（4U）	19
エア・ベルリン（AB）	12
オーストリア航空（OS）	18
シュトゥットガルト（STR）	45
オーストリア航空（OS）	26
ジャーマンウィングズ（4U）	19
ハノーファー（HAJ）	30
エア・ベルリン（AB）	18
ジャーマンウィングズ（4U）	12
フリードリヒスハーフェン（FDH）	21
インタースカイ（3L）	21
ニュルンベルク（NUE）	17
エア・ベルリン（AB）	17
カールスルーエ（FKB）	12
エア・ベルリン（AB）	12
ドレスデン（DRS）	6
エア・ベルリン（AB）	6

典拠：Flughafen Wien, *Flugplan gültig 28. 03. 2010-30. 10. 2010* をもとに作成。

表1-2-9 オーストリア国内との連絡（合計131便）

空港（IATA-Code） 航空会社（IATA-Code）	週あたり便数
インスブルック（INN）	59
オーストリア航空（OS）	41
ニキ（HG）	18
クラーゲンフルト（KLU）	34
オーストリア航空（OS）	34
ザルツブルク（SZG）	26
オーストリア航空（OS）	26
グラーツ（GRZ）	22
オーストリア航空（OS）	22

典拠：Flughafen Wien, *Flugplan gültig 28. 03. 2010-30. 10. 2010*をもとに作成。

表1-2-10 イタリアとの連絡（合計128便）

空港（IATA-Code） 航空会社（IATA-Code）	週あたり便数
ローマ（FCO）	41
アリタリア（AZ）	14
ニキ（HG）	13
オーストリア航空（OS）	14
ミラノ・マルペンサ（MXP）	38
オーストリア航空（OS）	27
ニキ（HG）	11
ミラノ・リナーテ（LIN）	6
オーストリア航空（OS）	6
ヴェネツィア（VCE）	21
オーストリア航空（OS）	21
ヴェローナ（VRN）	13
エア・ドロミティ（EN）	13
フィレンツェ（FLR）	7
オーストリア航空（OS）	7
ナポリ（NAP）	2
オーストリア航空（OS）	2

典拠：Flughafen Wien, *Flugplan gültig 28. 03. 2010-30. 10. 2010*をもとに作成。

形成されている。

2.2.3 ウィーンとイタリア航空路

イタリアとの連絡においては、オーストリアのフラッグキャリアによる運航が大半であるが、イタリアの元フラッグキャリア、アリタリア航空のローマ便のほかニキがローマおよびミラノに運行しているが、LCCの比重は大きくない。

地域的には、首都ローマ便および運行の少ないナポリ便（南部）、フィレンツェ便（中部）を除けば、北部イタリアとのネットワークが航空路の中心である。

2.2.4 ウィーンとフランス航空路

フランスとの交通は、フラッグキャリアであるエール・フランス、オーストリア航空に加えて、低運賃航空会社であるニキが運行されている。便数においては圧倒的に伝統的・フラッグキャリアのシェアが高い。

地域では、パリからの直行便が大半を占めているが、これはフランスにおける航空ネットワークの構成を反映している[18]。

2.2.5 ウィーンとイギリス航空路

イギリスとの航空路を運行するオーストリア航空、ブリティッシュ・エアウエイズ、bmi[19]、エア・リンガス[20]はすべて、伝統的航空会社の系譜を有するエアラインであ

第2章 オーストリアと観光 49

表1-2-11 フランスとの連絡（合計114便）

空港（IATA-Code） 航空会社（IATA-Code）	週あたり便数
パリ（CHD）	66
エール・フランス（AF）	28
ニキ（HG）	17
オーストリア航空（OS）	21
ニース（NCE）	28
オーストリア航空（OS）	21
ニキ（HG）	7
リヨン（LYS）	20
オーストリア航空（OS）	20

典拠：Flughafen Wien, *Flugplan gültig 28. 03. 2010-30. 10. 2010*をもとに作成。

表1-2-12 イギリスとの連絡（合計69便）

空港（IATA-Code） 航空会社（IATA-Code）	週あたり便数
ロンドン（LHR）	63
bmi（BD）	14
ブリティッシュ・エアウェイズ（BA）	28
オーストリア航空（OS）	21
ダブリン（DUB）	6
エア・リンガス（EI）	6

典拠：Flughafen Wien, *Flugplan gültig 28. 03. 2010-30. 10. 2010*をもとに作成。

表1-2-13 ロシアとの連絡（合計58便）

空港（IATA-Code） 航空会社（IATA-Code）	週あたり便数
モスクワ・ドモジェドヴォ（DME）	35
オーストリア航空（OS）	21
トランスアエロ航空（UN）	7
ニキ（HG）	7
モスクワ・シェレメーチェヴォ（SVO）	14
アエロフロート（SU）	14
サンクト・ペテルブルク（LED）	9
ロシア航空（FV）	2
ロシア航空（OS）	7

典拠：Flughafen Wien, *Flugplan gültig 28. 03. 2010-30. 10. 2010*をもとに作成。

表1-2-14 スペイン本土との連絡（合計35便）

空港（IATA-Code） 航空会社（IATA-Code）	週あたり便数
バルセロナ（BCN）	21
オーストリア航空（OS）	14
ニキ（HG）	7
マドリード（MAD）	14
イベリア航空（IB）	14

典拠：Flughafen Wien, *Flugplan gültig 28. 03. 2010-30. 10. 2010*をもとに作成。

る。

　起点となる空港はイングランドの首都ロンドンとアイルランドの首都ダブリンに限られている。

2.2.6　ウィーンとロシア航空路

　ロシアとの航空路においては、モスクワの2空港、サンクト・ペテルブルクとの連絡に限られている。ここで運行している航空会社はニキを除けば、低運賃航

空会社はない[21]。

2.2.7 ウィーンとスペイン航空路

オーストリアの旅行会社の企画で、フエルトヴェントゥラ（Fuerteventura）、ラス・パルマス（Las Palmas）、パルマ・デ・マリョルカ（Palma de Mallorca）などスペインの本土以外とチャーター便および定期便が運航されているが、こういった地域からウィーン観光を目指すものはいない[22]。

2008年秋にスペイン発のクリックエア（Clickair）[23]、スパンエア（Spanair）[24]によるウィーン便、週19便が廃止された。スイス航空によるチューリッヒ乗換、ルフトハンザによるミュンヘン、フランクフルト乗換、ブリュッセル航空によるブリュッセル乗換、ニキ／エア・ベルリンによるパルマ・デ・マリョルカ乗換によってスペインの各都市からウィーンに向かうことができるが[25]、ウィーンに向かう乗り継ぎ便の検証は困難であるので、ここではスペイン本土と結ばれる直行便のみをとりあげる。

スペイン～ウィーン間には、スペインのフラッグキャリアであるイベリア航空、オーストリアのフラッグキャリアであるオーストリア航空に加えて、ニキが運行している。

3　ウィーン旅行者の居住地

ウィーン市に宿泊する旅行者の件数をみると、ドイツ居住者が最も多く、オーストリアからの旅行者がこれに次ぎ、両者をあわせるとドイツ語圏からの宿泊者が4割を占める。以下、大幅な格差をもってイタリア、アメリカ合衆国、イギリス、スペイン、フランスと続く（表1-2-15（1）参照）。

2003年における同種の統計と比較すると、国内からの旅行者が増加したことがわかる。最も減少したのは日本人旅行者であった（表1-2-15（2）参照）。

なお、日本人の最頻値は1998年における37万7,235件であり、その後この値を上回ることはなかった[26]。

4 国別観光客の類型

ウィーン宿泊者の居住する地域の上位にあったドイツ、オーストリア、アメリカ、イギリス、スペイン、フランス居住者と日本人観光客の行動について、以下において分析する。

4.1 ドイツ人観光客

ドイツ人にとって、ウィーンはオーストリアにおいて傑出した観光地ではない。オーストリアに宿泊するドイツ人の宿泊件数を地域別に分類すると、表1-2-16のようになる。ドイツ人はむしろ自然の景勝地を好んで旅行していることがわかる。

このように、ドイツ人にとってウィーンは観光目的地としては大きな意義を有していないが、ウィーンから見るとドイツ人観光客への依存度は極めて高い。（表1-2-15 (1)、表1-2-15 (2) 参照）。ドイツのなかでは、南ドイツのバイエルン、バーデン＝ヴュルテンベルクからの来訪者のみならず、ノルトライン＝ヴェストファーレン、ベルリンからの旅行者も多くみられる。これらの居住地域と出発地の空港との対応関係が明確に見られる（表1-2-8参

表1-2-15 (1) ウィーン市における宿泊件数（2009年）

居住国	宿泊件数（Nächtigungen）	比率（％）
ドイツ	2,076,866	21.1
オーストリア	1,970,301	20.0
イタリア	560,469	5.6
アメリカ合衆国	507,905	5.2
イギリス、北アイルランド	358,630	3.6
スペイン	308,079	3.1
フランス、モナコ	284,871	2.9
スイス、リヒテンシュタイン	284,148	2.9
ロシア	283,809	2.9
ルーマニア	272,446	2.8
日本	267,749	2.7
オランダ	187,430	1.9
その他	2,480,124	25.2
合計	9,842,827	100.0

典拠：Wiener Tourismusverband, *Tourismus-Bilanz 2009*, p. 28.

表1-2-15 (2) ウィーン市における宿泊件数（2003年）

居住国	宿泊件数（Nächtigungen）	比率（％）
ドイツ	1,874,417	23.6
オーストリア	1,413,125	17.8
イタリア	688,142	8.7
アメリカ合衆国	526,133	6.6
イギリス、北アイルランド	341,972	4.3
日本	274,600	3.5
スペイン	261,405	3.3
スイス	258,162	3.2
フランス	236,222	3.0
独立国家共同体GUS（CIS）	195,815	2.5
その他	1,885,083	23.7
合計	7,955,076	100.0

典拠：Wiener Tourismusverband, *Tourismus-Bilanz 2003*, p. 14.

表1-2-16 ドイツ人宿泊件数にみるオーストリア観光空間

順位	地域（州）	地域分布（%）
1	ティロル（Tirol）	45.3
2	ザルツブルク（Salzburg）	20.0
3	フォアアールベルク（Vorarlberg）	10.1
4	ケルンテン（Kärnten）	9.8
5	シュタイアーマルク（Steiermark）	4.2
6	ウィーン（Wien）	4.2
7	オーバーエスターライヒ（Oberösterreich）	3.5
8	ニーダーエスターライヒ（Niederösterreich）	2.0
9	ブルゲンラント（Burgenland）	0.9
	合　計	100.0

典拠：Wien Tourismus, Deutschland Marktdatenblatt, in interrete sub: http://www.wien-tourismus.at/data/maerkte/deutschland.pdf, 10. 08. 2010.

表1-2-17 ドイツ人旅行者の特性

居住地域	バイエルン（22%）、ノルトライン=ヴェストファーレン（17%）、バーデン=ヴュルテンベルク（12%）、ベルリン（12%）、ヘッセン（7%）、ハンブルク（6%）
平均年齢	43.4歳
職業	勤め人（Angestellte）（38%）
学歴	アビトゥア（44%）、大学卒（39%）
月収分布	€3,600以上（24%）、€2,400〜2,999（22%）、€1,950〜2,399（20%）、€3,000〜3,599（19%）
ウィーン訪問頻度	初回（42%）
旅行形態	個人旅行（69%）、パック旅行（31%）
観光地ウィーンの決定理由	名所（81%）、芸術・文化（73%）
ウィーンへの交通手段	航空機（47%）、自家用車（28%）
航空機利用者のうち、LCC利用者	53%
同行者	カップル（40%）、単独（18%）
ウィーン以外の滞在	なし（79%）
宿泊ホテルの格付け	4つ星（40%）、3つ星（28%）

典拠：MANOVA GmbH, *Gästeprofil Deutschland*, Oktober 2008, pp. 2-18より作成。

照）。

　ウィーン旅行者全体にみられる特徴（表1-2-1参照）。を反映して、ドイツ人の場合も比較的高い学歴、年収を有するものが、比較的高級なホテルに宿泊す

表1-2-18 オーストリア人宿泊件数にみるオーストリア観光空間

順位	地域（州）	地域分布（％）
1	シュタイアーマルク（Steiermark）	19.5
2	ザルツブルク（Salzburg）	16.6
3	ケルンテン（Kärnten）	13.6
4	ニーダーエスターライヒ（Niederösterreich）	12.6
5	オーバーエスターライヒ（Oberösterreich）	11.9
6	ティロル（Tirol）	10.7
7	ブルゲンラント（Burgenland）	6.4
8	ウィーン（Wien）	5.9
9	フォアアールベルク（Vorarlberg）	2.6
合　計		100.0

典拠：Wien Tourismus, Österreich Marktdatenblatt, in interete sub: http://www.wien-tourismus.at/data/maerkte/oesterreich.pdf, 10. 08. 2010.

る傾向が見られる。

　交通手段において航空機を利用するものと並んで、多くの自家用車利用者が存在する。前者のうち、低運賃航空会社を利用しているものの比率が53％を占めている。これは他の国からの旅行者と比較して著しい特徴であるが、LCC あるいは準 LCC がドイツ各地とウィーンとの間に開設されていることの反映であろう（表1-2-8参照）。

4.2　オーストリア人観光客

　オーストリア人にとってウィーンは観光地としてどのように位置づけられるのであろうか。表1-2-18を手掛かりに検討すると、旅行目的地としてのウィーンの占有率は極めて低い。

　オーストリア人旅行者の起点をみると、国内の各地域（州）から満遍なくウィーンを訪れている。高学歴、高収入である点はドイツ人と共通するが、平均年齢ははるかに若い。また、ウィーンを訪れる動機は多岐にわたっている。交通手段は自家用車もしくは鉄道を利用している。親戚・知人を訪問することによって、宿泊費が無料となっているケースもある（表1-2-19参照）。

表1-2-19　オーストリア人旅行者の特性

居住地域	ザルツブルク（18%）、シュタイヤーマルク（15%）、ティロル（15%）、オーバーエスタライヒ（14%）、ケルンテン（14%）、ニーダーエスタライヒ（13%）
平均年齢	37.7歳
職業	勤め人（Angestellte）（39%）
学歴	マトゥーラ（54%）、大学卒（30%）
月収分布	€3,600以上（31%）、€2,400〜2,999（26%）、€3,000〜3,599（14%）、€1,950〜2,399（13%）
ウィーン訪問頻度	複数回すでに訪問し、毎年訪れる（48%）、複数回すでに訪問し、定期的ではないが訪問（40%）
旅行形態	基本的に個人旅行
観光地ウィーンの決定理由	さまざまな体験（60%）、多面的動機（58%）、催し物（54%）、芸術・文化（54%）、親戚・知人訪問（51%）
ウィーンへの交通手段	自家用車（65%）、鉄道（26%）
同行者	単独（31%）、カップル（26%）、友人（25%）
ウィーン以外の滞在	―
宿泊ホテルの格付け	4つ星（31%）、3つ星（26%）、無料宿泊（24%）

典拠：MANOVA GmbH, *Gästeprofil Österreich*, Februar 2010, pp. 2-16より作成。

表1-2-20　イタリア人宿泊件数にみるオーストリア観光空間

順位	地域（州）	地域分布（%）
1	ティロル（Tirol）	35.3
2	ウィーン（Wien）	19.3
3	ケルンテン（Kärnten）	18.5
4	ザルツブルク（Salzburg）	14.1
5	シュタイアーマルク（Steiermark）	3.9
6	ニーダーエスターライヒ（Niederösterreich）	3.8
7	オーバーエスターライヒ（Oberösterreich）	2.8
8	フォアアールベルク（Vorarlberg）	1.8
9	ブルゲンラント（Burgenland）	0.5
	合　計	100.0

典拠：Wien Tourismus, Italien Marktdatenblatt, in interete sub: http://www.wien-tourismus.at/data/maerkte/italien.pdf, 10. 08. 2010

4.3　イタリア人観光客

　イタリア人旅行者の目的地としてウィーンの重要度はティロルに次いで大きい。

表1-2-21 イタリア人旅行者の特性

居住地域	トスカーナ Toskana（18％）、ラツィオ Lazio（14％）、ロンバールディア Lombardei（13％）、エミーリア・ロマーニャ Emilia-Romagna（11％）、ヴェーネト Venetien（11％）、フリウーリ Friaul（8％）、ピエモンテ Piemont（7％）、トレンティーノ Trentino（7％）
平均年齢	38.6歳
職業	勤め人（Angestellte）（42％）
学歴	大学卒（47％）、マトゥーラ（45％）
月収分布	€3,600以上（24％）、€2,400～2,999（21％）、€1,950～2,399（20％）、€3,000～3,599（18％）
ウィーン訪問頻度	初回（47％）
旅行形態	個人旅行（67％）、パック旅行（33％）
観光地ウィーンの決定理由	名所（82％）、芸術・文化（75％）
ウィーンへの交通手段	航空機（43％）、自家用車（29％）、鉄道（17％）
航空機利用者のうち、LCC利用者	14％
同行者	カップル（33％）、友人（17％）
ウィーン以外の滞在	なし（76％）
宿泊ホテルの格付け	3つ星（39％）、4つ星（38％）

典拠：MANOVA GmbH, *Gästeprofil Italien*, Setmenber 2008, pp. 2-18より作成。

とはいえ、ティロルの占有率（35.3％）と比較すると、ウィーンのそれは19.3％にすぎず、ケルンテン（18.5％）と大差ない。

イタリア人観光客の居住地域をみるとトスカーナがイタリア中部に位置している以外は、北部イタリア居住者がウィーンを訪れていることがわかる。これは航空路の開設状況とほぼ一致している（表1-2-20参照）。

平均年齢もオーストリア人に次いで若い。学歴、収入は比較的高いにもかかわらず、宿泊ホテルはそれほど豪華とはいえない。交通手段においては航空機利用者のほか、自家用車、鉄道利用者も見られる。

なお、航空機利用者のうち、低運賃航空会社利用比率は14％である。この数値はドイツ人よりかなり低い水準である。

4.4　イギリス人観光客

イギリス人にオーストリアのイメージを尋ねると、83％が風景と自然、69％が

表1-2-22 イギリス人宿泊件数にみるオーストリア観光空間

順位	地域（州）	地域分布（％）
1	ティロル（Tirol）	49.2
2	ザルツブルク（Salzburg）	25.8
3	ウィーン（Wien）	10.2
4	フォアアールベルク（Vorarlberg）	4.6
5	オーバーエスターライヒ（Oberösterreich）	3.4
6	ケルンテン（Kärnten）	2.7
7	シュタイアーマルク（Steiermark）	2.7
8	ニーダーエスターライヒ（Niederösterreich）	1.3
9	ブルゲンラント（Burgenland）	0.1
	合　計	100.0

典拠：Wien Tourismus, Großbritanien Marktdatenblatt, in interete sub: http://www.wientourismus.at/media/files-b2b/marktdaten-grossbritanien, 28.08.2010.

表1-2-23 イギリス人旅行者の特性

居住地域	イングランド（76％）、ウェールズ（13％）、スコットランド（10％）、北アイルランド（1％）
平均年齢	41.4歳
職業	勤め人（Angestellte）（35％）、自営（selbständige）（20％）、管理職（15％）
学歴	大学卒（60％）
月収分布	€3,600以上（50％）
ウィーン訪問頻度	初回（66％）
旅行形態	パック旅行（57％）、個人旅行（43％）
観光地ウィーンの決定理由	名所（83％）、芸術・文化（80％）
ウィーンへの交通手段	航空機（91％）
航空機利用者のうち、LCC利用者	15％
同行者	カップル（38％）、友人（17％）、単独（15％）
ウィーン以外の滞在	なし（77％）
宿泊ホテルの格付け	4つ星（48％）、3つ星（22％）、5つ星（19％）

典拠：MANOVA GmbH, Gästeprofil Grossbritanien, Setmenber 2008, pp.2-18より作成。

都市の名所と回答している[27]。イギリス人にとって、観光空間としてのウィーンの位置づけは、この傾向を反映し、ティロル、ザルツブルクに次いで高いものとなっている。とはいえ、観光対象としてのティロルの重要性（占有率49.2％）と

表1-2-24　アメリカ人宿泊件数にみるオーストリア観光空間

順位	地域（州）	地域分布（％）
1	ウィーン（Wien）	43.3
2	ザルツブルク（Salzburg）	21.6
3	ティロル（Tirol）	18.6
4	ニーダーエスターライヒ（Niederösterreich）	4.4
5	シュタイアーマルク（Steiermark）	4.1
6	オーバーエスターライヒ（Oberösterreich）	3.2
7	フォアアールベルク（Vorarlberg）	2.5
8	ケルンテン（Kärntnen）	1.9
9	ブルゲンラント（Burgerland）	0.4
合　計		100.0

典拠：Wien Tourismus, USA Marktdatenblatt, in interete sub: http://www.wien-tourismus.at/data/maerkte/usa.pdf, 10.08.2010.

比較すると、ウィーンの吸引力はずっと小さい。

　イギリス人観光客の大部分はイングランドからの来訪者である。高学歴、高い社会的地位、高収入が特徴的で宿泊には高級ホテルを利用している。この点においては、他の国からの旅行者と共通している。旅行形態においてパック旅行参加者が他のヨーロッパ諸国からの旅行者より著しく多い。交通手段では航空機を利用してウィーンに到着するものが9割を占めているが、低運賃航空会社の利用率は15％である。ライアンエア、イージージェットがウィーン便を開設していないことがその大きな要因であると考える。

　これまでとりあげたヨーロッパ諸国からの旅行者は、ウィーンのみを旅行目的地とするのが通例であった。

4.5　アメリカ人観光客

　オーストリアを旅するアメリカ人にとって、ウィーンの位置は決定的に重要である。観光対象としてのウィーン占有率は、それにつぐザルツブルクの2倍となっている。

　高学歴、高い社会的地位、高収入、豪華なホテルの利用という点において、アメリカ人旅行者はイギリス人と共通している。パック旅行利用者は6割を越え、イギリス人旅行者とほぼ同水準である。ヨーロッパからの来訪者と決定的に異な

表 1-2-25 アメリカ人旅行者の特性

居住地域	ニューヨーク（17%）、カリフォルニア（12%）、テキサス（8%）、イリノイ（7%）、ワシントンD.C.（5%）
平均年齢	43.3歳
職業	勤め人（Angestellte）（26%）、自営（selbständige）（25%）、管理職（19%）
学歴	大学卒（61%）
月収分布	€3,600以上（75%）
ウィーン訪問頻度	初回（86%）
旅行形態	パック旅行（61%）、個人旅行（39%）
観光地ウィーンの決定理由	名所（91%）、芸術・文化（86%）
ウィーンへの交通手段	航空機（85%）
航空機利用者のうち、LCC利用者	1%
同行者	カップル（34%）、旅行団体（18%）
ウィーン以外の滞在	あり（60%）
宿泊ホテルの格付け	4つ星（44%）、3つ星（26%）、5つ星（22%）

典拠：MANOVA GmbH, *Gästeprofil USA*, Oktober 2008, pp. 2-18より作成。

表 1-2-26 スペイン人宿泊者にみるオーストリア観光空間

順位	地域（州）	地域分布（%）
1	ウィーン（Wien）	51.3
2	ティロル（Tirol）	23.5
3	ザルツブルク（Salzburg）	12.5
4	ニーダーエスターライヒ（Niederösterreich）	9.6
5	フォアアールベルク（Vorarlberg）	2.9
6	オーバーエスターライヒ（Oberösterreich）	2.6
7	シュタイアーマルク（Steiermark）	2.2
8	ケルンテン（Kärntnen）	1.5
9	ブルゲンラント（Burgerland）	0.2
	合　計	100.0

典拠：Wiener Tourismus, Spanien Marktdatenblatt, in interrete sub: http://b2b.wien.info/media/files-b2b/marktdaten-spanien, 31.08.2010.

るのは、ウィーン以外の訪問地をあわせて持っている点である。そのため、交通手段としての航空機の利用は85%にとどまっている。なお、低運賃航空会社の利用比率は1%にすぎない。

表1-2-27　スペイン人旅行者の特性

居住地域	マドリード（34%）、カタルーニャ（18%）、アンダルシア（16%）、バレンシア（11%）
平均年齢	39.4歳
職業	勤め人（Angestellte）（51%）、自営（selbständige）（17%）
学歴	大学卒（66%）
月収分布	€3,600以上（40%）、€3,001〜3,500（32%）
ウィーン訪問頻度	初回（75%）
旅行形態	パック旅行（68%）、個人旅行（32%）
観光地ウィーンの決定理由	名所（89%）、都市景観・建築（87%）
ウィーンへの交通手段	航空機（93%）
航空機利用者のうち、LCC利用者	19%
同行者	カップル（34%）、友人（17%）
ウィーン以外の滞在	なし（71%）
宿泊ホテルの格付け	4つ星（46%）、3つ星（34%）

典拠：MANOVA GmbH, *Gästeprofil Spanien*, Oktober 2008, pp. 2-18より作成。

表1-2-28　フランス人宿泊者にみるオーストリア観光空間

順位	地域（州）	地域分布（%）
1	ティロル（Tirol）	54.2
2	ウィーン（Wien）	16.5
3	フォアアールベルク（Vorarlberg）	10.8
4	ザルツブルク（Salzburg）	9.0
5	ニーダーエスターライヒ（Niederösterreich）	2.6
6	オーバーエスターライヒ（Oberösterreich）	2.5
7	ケルンテン（Kärtnten）	2.3
8	シュタイアーマルク（Steiermark）	1.8
9	ブルゲンラント（Burgerland）	0.3
	合　　　計	100.0

典拠：Wiener Tourismus, Frankreich Marktdatenblatt, in interrete sub: http://b2b.wien.info/media/files-b2b/marktdaten-frankreich, 31. 08. 2010

4.6　スペイン人観光客

　スペイン人のオーストリアにおける観光対象地はウィーンが過半数を占めている。この点、他のヨーロッパ諸国からの旅行者とは際立った特徴となっている。
　居住地域においては、航空路の開設されているマドリードおよびカタルーニャ

表1-2-29 フランス人旅行者の特性

居住地域	イル＝ド＝フランス（41%）、サントル（13%）、プロヴァンス＝アルプ＝コート・ダジュル（10%）、ローヌ＝アルプ（7%）
平均年齢	41.6歳
職業	勤め人（Angestellte）（40%）、管理職（18%）、自営（selbständige）（14%）、
学歴	大学卒（57%）、マトゥーラ（39%）
月収分布	€3,600以上（42%）、€3,001～3,500（18%）
ウィーン訪問頻度	初回（64%）、2回目（26%）
旅行形態	パック旅行（58%）、個人旅行（42%）
観光地ウィーンの決定理由	名所（82%）、都市景観・建築（77%）
ウィーンへの交通手段	航空機（76%）
航空機利用者のうち、LCC利用者	6%
同行者	カップル（37%）、友人（20%）
ウィーン以外の滞在	なし（67%）
宿泊ホテルの格付け	3つ星（37%）、4つ星（34%）

典拠：MANOVA GmbH, *Gästeprofil Frankreich*, September 2008, pp. 2-18より作成。

（州都バルセロナ）からの旅行者が上位を占める。ヨーロッパ国内にあっては、パック旅行利用者が多くみられるが、これはウィーンとスペインが地理的に離れているためであろう。なお、航空機利用者のおよそ2割が低運賃航空会社を利用し、この比率はドイツ居住者を除けば高い部類に属している。

4.7 フランス人旅行者

　フランス人の考えるオーストリア旅行とは、ティロルを対象とするものであり、ウィーンの比重は小さい。

　フランス人旅行者の居住地域はイル＝ド＝フランスが41％を占めていることから、旅行の起点としてのパリが想起される。宿泊ホテルの格付けでは、他の外国人よりやや格付けの低い宿泊施設を利用し、この点ではイタリア人と同様である。

4.8 日本人観光客

　日本人にとって、オーストリア旅行といえば、ウィーンであるが、むしろヨー

表1-2-30　日本人宿泊件数にみるオーストリア観光空間

順位	地域（州）	地域分布（％）
1	ウィーン（Wien）	60.8
2	ザルツブルク（Salzburg）	18.2
3	ティロル（Tirol）	7.2
4	ニーダーエスターライヒ（Niederösterreich）	5.6
5	オーバーエスターライヒ（Oberösterreich）	3.0
6	シュタイアーマルク（Steiermark）	2.8
7	ケルンテン（Kärnten）	1.1
8	フォアアールベルク（Vorarlbaerg）	1.0
9	ブルゲンラント（Burgenland）	0.3
合　計		100.0

典拠：Wien Tourismus, Japan Marktdatenblatt, in interete sub: http://www.wien-tourismus.at/data/maerkte/japan.pdf, 27. 08. 2010

表1-2-31　日本人宿泊者にみるオーストリア観光空間

居住地域	東京（42%）、大阪（19%）、沖縄（7%）、長崎（5%）、京都（3%）
平均年齢	45.4歳
職業	勤め人（29%）、管理職（23%）、自営（16%）
学歴	大学卒（77%）
月収分布	€3,600以上（75%）
ウィーン訪問頻度	初回（83%）
旅行形態	パック旅行（75%）、個人旅行（25%）
観光地ウィーンの決定理由	名所（90%）、芸術・文化（88%）
ウィーンへの交通手段	航空機（94%）
同行者	旅行団体（45%）、カップル（27%）
ウィーン以外の滞在	あり（66%）
宿泊ホテルの格付け	4つ星（59%）、3つ星（20%）、5つ星（16%）

典拠：MANOVA GmbH, *Gästeprofil Japan*, September 2008, pp. 2-18より作成。

ロッパ旅行の一環としてのウィーンであり、オーストリア旅行という認識は希薄であろう。

　日本人旅行者の類型はアメリカ人と相似的であるが、パック旅行参加者はアメリカ人以上に多く、75%に達している。また、アメリカ人以上にウィーン以外の訪問地を持っている。

　そのため、利用交通手段としての航空機は100%に達しない。なお、低運賃航

表1-2-32 ウィーン旅行者の特徴

	ウィーン以外も旅行目的地とする比率（％）	同行者の傾向	旅行形態	州別にみたウィーン選好順位（比率）	
ドイツ	21	カップル	個人	6	(4.2%)
オーストリア	—	単独	個人	8	(5.9%)
イタリア	24	カップル	個人	2	(19.3%)
イギリス	23	カップル	パック	3	(10.2%)
アメリカ	60	カップル	パック	1	(43.3%)
スペイン	29	カップル	パック	1	(51.3%)
フランス	33	カップル	パック	2	(16.5%)
日本	66	旅行団体	パック	1	(60.8%)

空会社の利用は0％である[28]。

このような日本人旅行者の特徴をウィーン観光協会は、以下のように総括する。

「日本人は以前と変わらず休暇旅行の予約に関して非常に保守的である。むろんこのことは年配者のグループにも当てはまることであるが。（日本人は）安全性を強く求めている。言葉の問題に対する心配や健康のリスクに対する不安が予約行動に影響を与えている」[29]。

「旅行者全体の50.7％がパッケージツアーを予約している。……パッケージツアーのほぼ51％が古典的なフルパッケージツアーである。一方、およそ46％がフリータイムパッケージである」[30]。

4.9　各国旅行者の特徴

以上の各国旅行者の特徴を表1-2-32にまとめた。

一般に、旅行者の居住地に関して、ウィーンからの距離が大きいほど、パック旅行を利用しウィーン以外にも目的地をもった旅行の一環としてウィーンを訪れている。オーストリアから離れた国に居住している旅行者はウィーン以外のオーストリアの魅力を未発見である。

これに対して、オーストリアに近接した国からの旅行者はウィーン以外のオーストリアの観光地を訪問する傾向が強い。彼らがウィーンを訪れる場合は、ウィーンをもっぱらの旅行目的地とし、他の目的地とあわせて旅することは少ない。

第 2 章　オーストリアと観光　63

表 1‑2‑33　都市別国際会議開催ランキング（2009年）

都　市	国際会議開催件数
ウィーン	160
バルセロナ	135
パリ	131
ベルリン	129
シンガポール	119
コペンハーゲン	103
アムステルダム	98
リスボン	98
北京	96
ブエノスアイレス	90
ソウル	90
ブダペスト	87
マドリード	87
プラハ	86
ロンドン	83
イスタンブール	80
サンパウロ	79
バンコク	76
アテネ	75

典拠：ICCA, ICCA publishes country and city rankings 2009 in: Press Release, 05 August 2010　なお、プレス・リリース配布資料のヘッドには2001年8月5日午前5時42分発表と記されているが、明らかに2010年の誤りである。

表 1‑2‑34　都市別国際会議開催ランキング（2008年）

都　市	国際会議開催件数
シンガポール	637
パリ	419
ブリュッセル	299
ウィーン	249
バルセロナ	193
東京	150
ソウル	125
ブダペスト	116
コペンハーゲン	104
ロンドン	103

典拠：Union of International Association, Press Release June 2009, International Meeting Statistics 2008, in interrete sub: http://www.uia.be/node/319227, 25. 08. 2010.

5　ウィーンと会議

　ウィーン訪問者の5分の1がビジネス旅行者（Geschäftsreisende）であり、「ウィーン観光にとって会議部門は最も重要な収入源である」（Der Kongresssektor ist der wichtigste Einnahmquelle für Wiens Tourismus.）と指摘されている。平均的ウィーン訪問者が1日あたり276ユーロ支出しているのに対して、ビジネス旅行者のそれは420ユーロに達しているからである[31]。

　ICCA（International Congress and Convention Association）によって国際会議開催数ランキングが国別および都市別に毎年、公表されている。2009年度にお

表1-2-35 ウィーンにおける会議開催状況（2008年度）

会議の種別	開催会議件数	参加者	宿泊件数
コングレス（Verbandskongress）	701	233,174	964,708
国内会議（national）	231	60,722	78,619
国際会議（international）	470	172,452	886,089
コーポレート・イヴェント（Firmenveranstaltungen）	2,556	136,720	296,786
国内会議（naiotnal）	1,027	39,004	53,891
国際会議（international）	1,529	97,716	242,895
合計（Total）	3,257	369,894	1,261,494

典拠：Vienna Convention Bureau, *Wiener Tagungsstatistik 2008*, p. 4.

表1-2-36 ウィーン宿泊者における会議参加者比率

年度	会議参加者宿泊件数／ウィーン総宿泊件数（％）
1999	9.37
2000	8.86
2001	8.87
2002	9.27
2003	10.10
2004	10.53
2005	11.79
2006	12.36
2007	14.67
2008	12.33

典拠：Vienna Convention Bureau, *Wiener Tagungsstatistik 2008*, p. 5.

いて、都市別国際会議開催数ランキングではウィーンが首位であった。

なお、客観性を期すために UIA（Union of International Association）による都市別国際会議開催ランキングを表1-2-34に示す。国際会議の定義の違いと年度の違いを考慮に入れても、ウィーンが国際会議都市として、認知を得ていることは確実である。

ウィーンにおいて開催される会議については、ウィーン・コンヴェンション・ビューローによって刊行される『ウィーン会議統計』が詳しい[32]。これによると2008年には、ウィーンにおいて3,257件の会議が催され、これによって誘発された GDP は、6億5,439万ユーロと推計されている[33]。

ウィーンにおいて開催されている「会議」には、国、各界の代表・委員が参加するコングレス（Kongress, Verbandskongress）と企業主催のコーポレート・イヴェント（Firmenveranstaltung）がある。

会議開催数においては、コーポレート・イヴェントがコングレスの3倍以上であるにもかかわらず、会議参加者および宿泊件数の点では、コングレス特に国際的コングレスのもつ意義のほうが大きい。

6　小括

　ウィーンは、文化的な魅力によって、多数の観光客を吸引しているが、一方では国際的な会議都市としての特徴をも備え、経済効果においては後者の果たす役割は多大である。ヨーロッパを起点とする旅行者が多くを占め、特にドイツ語圏を起点とするものが全体の4割以上を占めている。アメリカ、日本のようにウィーンから距離的な隔たりがある地域からの旅行者は、ヨーロッパ旅行における目的地の一つとしてウィーンを訪れているが近隣からの旅行者は、ウィーンのみを訪問する傾向が強い。また、近隣諸国からの旅行者は、オーストリア観光においてウィーンを必ずしも高い地位においていない。むしろ、ティロルのような自然の景勝地を選好する傾向がある。

　ウィーンからの距離がウィーン観光のあり方を決定しているといえる。このことはまた、「オーストリア観光におけるウィーンへの集中」イメージを相対化することになる。

　ヨーロッパを起点とするウィーン旅行者の居住地域をみると、ウィーンとの間に航空路が設置されている地域からの旅行者が圧倒的に多い。またLCC路線が設置されている国、地域からは、低運賃航空会社を利用していることも明確である。このことからヨーロッパからのウィーン旅行者にとって、航空路の存在が決定的に重要であるといえる。

1）　山田徹雄「都市観光の定量比較――パリ、ミュンヘン、ハンブルクとの比較におけるパリ――」跡見学園女子大学『マネジメント学部紀要』第11号（2011年）〔表2〕参照。
2）　Wiener Tourismusverband, *Wiener Gästebefragung 2004-2009*, Im Rahmen des Tourismus-Monitors Austria (T-MANA), Wien, 2009（以下 WG と略記）.
　　オーストリア観光モニターは、国内すべての州、および調査協力地域において統一的な調査用紙によってアンケート調査を行った。実施された時期とサンプル数は以下の通りである。2004年6月～2005年4月（サンプル数2,117）、2006年5月～2007年4月（サンプル数1,950）、2007年5月～2008年4月（サンプル数1,668）、2008

年 5 月～2009年 4 月（サンプル数1,090）(WG, p. 3) この報告書を刊行している NPO 法人「ウィーン観光協会」(Wiener Tourismusverband しばしば Wiener Tourismus と略記される) は、副市長レナーテ・ブラウナー (Mag. a. Renate Brauner) が会長職にあり、ウィーン観光に関わる広報・マーケティング支援を行っている (Wiener Tourismusverband, Fact Sheet, PR- und Marketingagentur für die Wiener Tourismusbranche, Juni 2010)。

3) WG, p. 15.
4) WG, p. 14.
5) WG, p. 14.
6) この点、フランス観光におけるパリの位置と相似的である（前掲「都市観光の定量比較——ベルリン・ミュンヘン・ハンブルクとの比較におけるパリ——」)。
7) Flughafen Wien AG, *Geschäftsbericht 2009*, "Alles, Was Zählt", p. 50.
8) Flughafen Wien, City Airport Train/CAT, in interrete sub: http://www.viennaairport.com/jart/prj3/va/main.jart?rel=de&content-id=1249344074245&reserve-mode=active, 30. 08. 2010. CAT は空港ターミナル毎時05分、35分発でウィーン中央まで片道10ユーロである (Flughafen Wien, *Flugplan gültig 28. 03. 2010-30. 10. 2010*, p. 7)。
9) Flughafen Wien, S-Bhan, in interrete sub: http://www.viennaairport.com/jart/prj3/va/main.jart?rel=de&content-id=1260752528082&reserve-mode=active, 30. 08. 2010. Sバーンも、30分間隔でタクト運行され、ウィーン中央までの料金は3.6ユーロである (Flughafen Wien, *Flugplan gültig 28. 03. 2010-30. 10. 2010*, p. 9)。
10) Hauptbahnhof Wien, Planungen, in interrete sub: http://www.hauptbahnhof-wien.at/de/Planungen/index.jsp, 11. 09. 2010.
11) Postbus, Vienna Airport Lines, in interrete sub: http://www.postbus.at/de/Regionen/Wien_-_Niederoesterreich_-_Burgenland/Vienna_AirportLines/index.jsp, 30. 08. 2010.
12) Wiener Linien GmbH & Co KG, *Jahresbericht 2009*. 2009年における路面電車乗客数は8億1,180万人、Uバーンのそれは5億1,170万人、バス利用者は1億1,470万人であった (Ibid.)。
13) Hauptbahnhof Wien, Planungen – Bahnkonzept-, in interrete sub: http://www.hauptbahnhof-wien.at/de/Planungen/Bahnkonzept/index.jsp, 01. 12. 2014.
14) Hauptbahnhof Wien, Pressemitteilung 13. 10. 2014.
15) BBC News, Airline Collapse Hits Passengers, in interrete sub: http://news.bbc.co.uk/2/hi/business/8232362.stm, 01. 09. 2009.
16) 典拠としたのは、2009年夏期スケジュールである (Flughafen Wien, *Flugplan gül-*

tig 28. 03. 2010-30. 10. 2010）。

17) オーストリアのLCC、インタースカイについては、Intersky, über uns, in interrete sub: http://www.intersky.biz/de/Ueber-uns/News/page24611.html, 31. 08. 2010. その他のキャリアについては、山田徹雄『ドイツ資本主義と空港』日本経済評論社、2009年、参照。

18) フランスにおける航空ネットワークは基本的に、パリを中心に形成されている（前掲『ドイツ資本主義と空港』321〜322頁）。

19) bmiは、ブリティッシュ・ミドランド航空（British Midland Airways）が2001年にbmi British Midlandブランドを採用し、その2年後からbmiブランドによって運行されている航空会社である。2002年には、ローコスト子会社bmi babyを立ち上げた。2009年7月以降、ルフトハンザの傘下に入っている（bmi, about us, in interrete sub: http://www.flybmi.com/bmi/en-gb/about-us/about-bmi/about-bmi.aspx, 30. 08. 2010 et bmi, our history, in interrete sub: http://www.flybmi.com/bmi/en-gb/about-us/about-bmi/our-history.aspx, 30. 08. 2010）。

20) エア・リンガス（Aer Lingus）はアイルランドの国営航空会社であるが、ローコスト・モデルを追及するキャリアである（Aer Lingus, About Us-Company Profile-, in interrete sub: http://www.aerlingus.com/aboutus/aerlingusmedia/companyprofile/, 06. 09. 2010）。

21) ロシア航空（Rossiya Airlines）は、サンクト・ペテルブルクを本拠とするロシア国営会社（Federal State Unitary Enterprise State Transport Company Rossiya）である（Rosshiya, Russian Airlines – core airline of Saint-Petersburg, in interrete sub: http://eng.pulkovo/en/about/aboutus/strcrussia/, 30. 08. 2010）。トランスアエロ航空はモスクワ・ドモジェドヴォ空港を拠点とするロシア最初の民間航空会社である。ロシアの航空会社として、最初にボーイングの機材を導入した（Transaero Airlines, Company History, in interrete sub: http://www.transaero.ru/en/company/history, 04. 09. 2010）。

22) Wiener Tourismus, Spanien Marktdatenblatt, in interrete sub: http://b2b.wien.info/media/files-b2b/marktdaten-spanien, 31. 08. 2010.

23) クリックエア（Clickair）は2008年、ヴエリング航空（IATA-Code：VY）と統合し、後者が存続会社となった（Vueling Airlines, S. A., Informe Especial requerido por el Real Decreto 1362/2007, de 19 de Octubre）。

24) スパンエア（Spanair）は、1997年以降インターコンチネンタル路線を就航し、2002年からSASグループに加わった（Spanair, Historia de Spanair, in interreete sub: http://www.spanair.com/web/es-es/Sobre-Spanair/Informacion-Corporativa/Historia-de-Spanair/, 07. 09. 2010）。

25) Wiener Tourismus, Spanien Marktdatenblatt, in interrete sub: http://b2b.wien. info/media/files-b2b/marktdaten-spanien, 31. 08. 2010.
26) この時点における居住地別順位において、日本はドイツ、オーストリア、アメリカ合衆国、イタリアに続く第5位で、イギリスを上回っていた（Wiener Tourismusverband, *Tourismus-Bilanz 2003*, p. 17 et Wiener Tourismusverband, *Tourismus-Bilanz 2003-2009*)。
27) Wien Tourismus, Länderstudie der britischen Städte-, Kultur- und Bildungsreisenden – Executive Summary, in interrete aub: http://www.2.wien.info/b2b/data/ExecutiveSummaryGBStaedtereisende.pdf, 27. 08. 2010.
28) MANOVA GmbH, *Gästeprofil Japan*, September 2008, p. 15.
29) Wien Tourismus, Japan Marktdatenblatt, p. 3, in interete sub: http://www.wien-tourismus.at/data/maerkte/japan.pdf, 27. 08. 2010.
30) Wien Tourismus, Japan Marktdatenblatt, p. 3, in interete sub: http://www.wien-tourismus.at/data/maerkte/japan.pdf, 27. 08. 2010.
31) Wiener Tourismusverband, Fact Sheet, Die Wiener Tourismusindustrie und ihre wirtshcaftliche Bedeutung. Juni 2010 (WT, Fact Sheet 2).
32) Vienna Convention Bureau, *Wiener Tagungsstatistik 2008*.
33) Vienna Convention Bureau, *Wiener Tagungsstatistik 2008*, p. 8.

第3章　都市観光の定量比較
―― ベルリン・ミュンヘン・ハンブルクとの比較におけるパリ ――

ヨーロッパにおける都市観光の代表と考えられるパリについて、「パリ観光・会議局」(Office du Tourisme et des Congrés de Pairs) が刊行する『パリ観光の経済的考察 ―― パリ観光・主要数値 ―― 』(2006～2009年)[1]および「パリ観光・会議局」の『月報』[2]に依拠して、パリ観光の状況を定量的に考察し。これを踏まえてベルリン、ミュンヘン、ハンブルクというドイツ都市観光の中心地との比較検討を行う。

1　パリ観光

さしあたり、パリ旅行者に関する既存のアンケート調査によって、パリ観光のおよその見取り図を描いた後、宿泊者の動向、交通手段を解析する。

1.1　パリ旅行者に関するアンケート調査（2008年度）

「パリ観光・会議局」は、パリを訪れるヨーロッパからの旅行者を対象に、パリの街角において対面式調査を行ってきた[3]。

この調査は、対象がヨーロッパ人であったという限定はあるが、パリ旅行者の一般的傾向を表すと考えられる。

このアンケート調査結果を集約すると、表1-3-1のようになる。

ビジネス旅行者、休暇旅行者に共通する特徴は、
- (1) パリへの旅程においては、スペイン人を除いて鉄道利用者が一般的であること
- (2) 市内を移動する交通手段においてメトロが圧倒的な比率を占めていること

表1-3-1　パリ観光客に関するアンケート調査

アンケート項目	ビジネス旅行者（les touristes Affaire）	休暇旅行者（les touristes Loisirs）
年齢層（classes d'âge）	35～54歳（65.7％）	18～24歳（35.5％）
旅行人数	単身（71％）	カップル（36.6％）
パリへの旅程	列車（80.2％） ＊スペイン人では航空（85.4％）	列車（69％） ＊スペイン人では航空（62.5％）
旅行の動機	仕事の約束（54％） セミナー（23％）	美術・博物館、建造物の訪問（65％） 買い物（45％）
旅行プランニング	自分自身（46％） 会社（46％）	自ら手配（92％）
リピーター比率	19.8％	9.3％
ホテルの等級	2星（42％）、3星（44％）	2星（54％）
1泊あたりの宿泊費	117.1ユーロ	79.8ユーロ
夕食予算額	外国人（29.1ユーロ） フランス人（24.5ユーロ）	外国人（23.7ユーロ） フランス人（20.6ユーロ）
見学・訪問地	ビジネス以外に パブ、バー（53％） 美術館・建造物（42％）	美術館・建造物（77％） パブ、バー（55％） バトー・ムシュ（22％）
見学・観光予算額	72.4ユーロ	48.9ユーロ
パリにおける移動手段	メトロ（83.3％） タクシー（38.4％）	メトロ（93.2％） タクシー（10.1％）
買い物	ディスク（des disques）・書籍（47％） 婦人物衣類・靴（30％） 同紳士物（22％）	婦人用衣類（54％） ディスク（des disques）・書籍（34％） 絵葉書（30％）
買い物の資金		114.6ユーロ ＊スペイン人（€125.4）、ベルギー人（€124.7）、フランス人（€119.7）は貢献度が高いが、オランダ人（€92.5）、ドイツ人（€69.3）は貢献度が低い

注：ディスク（des disque）と記載されているのは、CD（disque compact）、DVD（disque video）であり、レコード（disque noir）は該当しないと思われる。
典拠：Paris Office du Tourisme et des Congrès, *Enquête sur les activités et les dépenses des tourists à Paris*, Juin-Juille 2008, pp. 6-11 et p. 51より作成。

　(3)　訪問・見学場所に美術館・建造物およびバー、パブが含まれていること
　(4)　モード製品を購入していること
である。
　ビジネス旅行者に固有の特徴は

表1-3-2 (1) ヨーロッパにおける都市別宿泊件数 (2007年)

都市名	宿泊件数
パリ	35,704,450
ローマ	20,244,694
ベルリン	17,294,163
プラハ	12,200,291
バルセロナ	11,678,955
ミュンヘン	9,533,035
アムステルダム	8,844,400
ハンブルク	7,402,423
ミラノ	7,145,513
ブダペスト	6,160,708

典拠：Office du Tourisme et des Congrès de Pairs, *Observatoire économique du tourisme parisien: Le tourisme à paris: Chiffres clés 2008*, p. 19.

表1-3-2 (2) ヨーロッパにおける都市別宿泊件数 (2009年)

(単位：100万件)

都市名	宿泊件数
ロンドン	71.7
パリ	33.9
ダブリン	19.8
ベルリン	18.9
ローマ	18.6
マドリード	13.7
バルセロナ	12.3
プラハ	11.0
ミュンヘン	9.9
ウィーン	9.9
アムステルダム	8.4
エジンバラ	8.3
ハンブルク	8.2
ミラノ	7.3
ストックホルム	6.3
リスボン	5.6
ブダペスト	5.4
ブリュッセル	5.2
フィレンツエ	5.1
コペンハーゲン	4.4

典拠：Dwif, *Übernachtungszahlen europäischer Metropolen 2009*.

(1) 食事・宿泊費、観光費用に休暇旅行者を上回る支出をしていること
(2) 単身でパリを訪れ、ビジネスとともにナイトライフを楽しみ、美術館なども訪問していること
(3) 当然のことであるが、働き盛りの年齢であること

などである。

これに対して、休暇旅行者においては

(1) 年齢の若いカップルが主流であること
(2) ビジネス旅行者と比較してすべての支出が少ないこと
(3) 美術館、バトー・ムシュ、バーなど定番のパリ観光を行っていること

である[4]。

なお、買い物の予算については、スペイン人、ベルギー人の気前のよさとオラ

表1-3-3 2001〜2007年における宿泊件数の平均増加率

都市名	宿泊件数年平均増加率（%）
パリ	1.3
ローマ	5.1
ベルリン	7.3
プラハ	7.0
バルセロナ	6.1
ミュンヘン	3.9
アムステルダム	1.5
ハンブルク	7.6
ミラノ	3.2
ブダペスト	3.2

典拠：Office du Tourisme et des Congrès de Pairs, *Observatoire économique du tourisme parisien: Le tourisme à paris: Chiffres clés 2008*, p. 19.

ンダ人、ドイツ人のけちが対比され特記されている[5]。

1.2 ヨーロッパ・フランスにおける観光空間パリ

パリ観光・会議局が公表するヨーロッパの都市別宿泊件数（表1-3-2（1））を概観すると、フランスにおけるパリへの一極集中、ドイツにおけるベルリン、ミュンヘン、ハンブルクへの多極分散傾向が見られる。興味深いことにベルリン、ミュンヘン、ハンブルク宿泊件数を合計するとパリ宿泊件数に匹敵する値となる。

「パリ観光・会議局」によるこのデータ公表方法は、意図的にいくつかの都市を除外するというバイアスが看守される。dwifによって公表されたデータを参考までに掲げると表1-3-2（2）のようになる[6]。

これによるとロンドンがパリを上回る宿泊件数を示すほか、ダブリン、プラハなど表1-3-2（1）には欠落している都市が見られるが、表1-3-2（2）においてもベルリン、ミュンヘン、ハンブルクの合計がほぼパリの値と一致する傾向は変わらない。

フランスの都市観光がパリに一極集中するヴォリュームがドイツでは、ベルリン、ミュンヘン、ハンブルクに分散していると考えられる。

21世紀のこれらの都市における宿泊件数の動向を表1-3-3において観察すると、ベルリン、ハンブルク、プラハが急速に増加を示している一方、パリ宿泊者数の増加率は控えめなことがわかる。観光都市として成熟したパリと発展途上にあるベルリン、ハンブルクの対比が観察される。

フランスにおいて観光施設の生み出す雇用の地域構成は、フランス観光がパリによって成り立っていることを示す。表1-3-4によると、パリにおける雇用が全体のおよそ7割を占め、パリを含めたイール・ド・フランスで86%を形成する。観光施設自体の立地を考察すると、パリおよびイール・ド・フランスの占有率は

表 1-3-4 観光施設における雇用の地域内訳（2007年）
(repartition des emplois touristiques en france)

地　域	比率（%）
パリ（Pairs）	68.2
パリを除くイール・ド・フランス（Île-de-france hors Paris）	17.9
他の地域（Autres regions）	14.0

典拠：Office du Tourisme et des Congrès de Pairs, *Observatoire économique du tourisme parisien: Le tourisme à paris: Chiffres clés 2008*, p. 5.

表 1-3-5 観光施設の地域別内訳（公共部門を除く）
(repartition des établissemensts touristiques en france)

地　域	比率（%）
パリ（Pairs）	80.0
パリを除くイール・ド・フランス（Île-de-france hors Paris）	11.2
他の地域（Autres regions）	8.7

典拠：Office du Tourisme et des Congrès de Pairs, *Observatoire économique du tourisme parisien: Le tourisme à paris: Chiffres clés 2008*, p. 5.

さらに高まる。（表 1-3-5 参照）パリがなければフランス観光は存在しないといっても過言ではない。

1.3　交通とパリ

　パリに関する交通手段は、パリへの発着に関与する航空、鉄道（SNCF）とパリ市内交通に与るパリ交通公団（RATP）に大別できる。

　前者は「パリ空港」（Aéroports de Paris）と総称する4つの空港とSNCFのターミナルである6駅およびこれと独立して集計されているユーロスター、タリスの統計がある。

　パリにおける空港利用者は年間、8,600万人余りで、その多くはシャルル・ド・ゴール空港あるいはオルリ空港を利用している。この2つの主要空港の利用者の変遷を表 1-3-7 で見る。シャルル・ド・ゴール空港乗降客がオルリを初めて上回ったのは1993年のことであった。それ以降、シャルル・ド・ゴールは着実に利用者を増し、現在では70%近い搭乗者が同空港を利用している。

　一方、ボーヴェ空港は、「ヨーロッパ低運賃航空会社協会」（ELFAA）によって、パリにおける2つの主要空港（シャルル・ド・ゴール空港およびオルリ空港）に

表1-3-6　交通機関別乗降客数（2008年）

（単位：100万人）

パリ空港総数（Aéroports de Paris）	86.1
シャルル・ド・ゴール（Paris-CDG）	59.7
オルリ（Paris-Orly）	26.4
ル・ブルジェ（Aéroport du Bourget）	0.1
ボーヴェ（Aéroport de Paris-Beauvais-Tillé）	2.2
鉄道幹線駅（Gares de Paris, grandes lignes）	96.9
パリ・リヨン（Paris-Lyon）	29.3
パリ・モンパルナス（Paris-Montparnasse）	24.9
パリ北（Paris-Nord）	12.3
パリ・サン・ラザール（Paris-Sanit-Lazare）	11.0
パリ東（Paris-Est）	10.6
パリ・オステルリッツ（Paris-Austerlitz）	8.8
ユーロスター（Eurostar）*	8.2
タリス（Thalys）**	6.0
パリ交通公団（RATP）***	2,873.0
メトロ（Métro）	1,388.3
高速郊外鉄道（RER A-B）****	446.6
バス（Réseau d'autobus）	951.8
トラム（Tramway）	79.8
オルリヴァル等（Orlyval et voyages）	6.2

注：＊3 villes au depart de Paris (Londres, Shefford et Ebbsfleet).
　　＊＊14 villes et 1 aéroport au depart de Paris.
　　＊＊＊Stations ou poits d'arrêt en 2007 382, don't à Paris, 54 en bannlieue.
　　＊＊＊＊Les RER C, D sont gérés par la SNCF.
典拠：Office du Tourisme et des Congrès de Pairs, *Observatoire économique du tourisme parisien: Le tourisme à paris: Chiffres clés 2008*, p. 6.

対する副次的空港として位置づけられている[7]。ボーヴェ空港年間利用者は、2009年には250万人へと増加し、同空港は12カ国29都市と連絡している[8]。2010年夏期スケジュールによると[9]、直行便のほとんどがライアンエアによって運行されている。LCCと大都市の副次的空港の密接な関係は、周知の事実である[10]。

ところで、『パリ観光──主要数値──』2008年版は、パリの空港において、「ほんのここ数年で低運賃航空会社が広範な発展をした」（En seulement quelques années, les companies aériennes à bas coût se sont largement développées.）[11]と指摘して、表1-3-8の数値を記載している。

フランス航空業およびフランス司法当局は、LCCを厳しく排除してきたが[12]、現在ではパリにおいてすら、低運賃航空会社を無視できない状況であることを表1-3-8は示している。

SNCFのターミナルを利用する鉄道乗降客においては、地中海方面と連絡するリヨン、フランス西部と結ぶモンパルナスが年間2,000万以上を集め、ベネルックスやドイツと連絡する北駅、東駅は前者の半数である。ターミナルの中で、オルレアンを経由してボルドーと結ぶオステルリッツの利用者は最も少ない。ここでは、イギリスと結ぶユーロスター、北西ヨーロッパと連絡するタリスは独立し

た項目で集計されている[13]。

パリ市内交通手段はRATPが担当し、特にメトロが突出した数値を示す（表1-3-6参照）。

1.4 パリの外国人旅行者

2009年度におけるホテル宿泊者数においては、外国人がフランス人を大幅に上回っている。フランス人を上回る外国人旅行者が見られる状態は、2000年に遡っても変化はない。

外国人宿泊者の国籍別順位の変動を見ると、以下のようになる。外国人旅行者の内訳において順位の変動があり、特に日本人旅行者は、2000年における第3位から2009年には6位へと大きな低下を示した。この間の動きを絶対数において考察すると、フランス人宿泊者が微増したのに対して、外国人のそれは大幅な減少をみた。そのうち、アメリカ人と日本人の減少が際立っている[14]。

「パリ観光・会議局」の『月報』（2010年2月）においては、日本人が戻ってきたこと（la reprise des japonais）を特記している。これによると、2010年2月期の外国人宿泊者においては、イギリス人（前年同期比、-18.3％）、イタリア人（同、+10.4％）、日本人（同、+24.7％）、アメリカ人（同、-18.8％）、スペイン人（同、-6.9％）の順となっている[15]。これは、わが国発航空運賃の安い当期のみの例外的・一時的数値であろう。

表1-3-7 パリ主要空港利用者の変遷

シャルル・ド・ゴール空港およびオルリ空港、トランジットを除く（CDG＋Orly, hors transit）

	旅客数（100万人）	Roissy-CDG（％）	Orly（％）
1990	46.8	48.1	51.9
1991	45.3	48.5	51.5
1992	50.4	50.0	50.0
1993	51.5	50.7	49.3
1994	55.3	51.9	48.1
1995	55.1	51.5	48.5
1996	59.1	53.6	46.4
1997	60.4	58.4	41.6
1998	63.7	60.8	39.2
1999	69.0	63.2	36.8
2000	73.7	65.5	34.5
2001	71.0	67.6	32.4
2002	71.6	67.6	32.4
2003	70.7	68.2	31.8
2004	75.4	68.2	31.8
2005	78.3	68.3	31.7
2006	82.2	68.9	31.1
2007	86.1	69.3	30.7
2008	86.9	69.9	30.1
2009	82.9	69.7	30.3

典拠：Office du Tourisme et des Congrès de Pairs, Observatoire économique du tourisme parisien, Le tourisme à paris: Chiffres clés 2006, p. 7, Office du Tourisme et des Congrès de Pairs, Observatoire économique du tourisme parisien, Le tourisme à paris: Chiffres clés 2008, p. 7 et Office du Tourisme et des Congrès de Pairs, Observatoire économique du tourisme parisien, Le tourisme à paris: Chiffres clés 2009, p. 6をもとに作成。

表1-3-8 パリに発着する低運賃航空便数

年度	ボーヴェ空港に寄港するLCC便数
2004	47
2005	126
2006	143
2007	145
2008	178

典拠：Office du Tourisme et des Congrés de Pairs, *Observatoire économique du tourisme parisien: Le tourisme à paris: Chiffres clés 2008*, p. 7.

表1-3-9 パリにおけるホテル宿泊者の国籍別内訳

2009年		2000年	
フランス人	6,510,996	フランス人	6,386,200
外国人	7,905,399	外国人	9,013,600
アメリカ合衆国	1,224,975	アメリカ合衆国	2,134,100
イギリス連邦	1,108,017	イギリス連邦	1,384,300
イタリア	725,688	日本	861,000
スペイン	603,054	イタリア	714,200
ドイツ	567,979	ドイツ	570,200
日本	499,350	スペイン	461,300
ベルギー	290,108	オセアニア	328,000
オランダ	281,013	南米	272,000
スイス	244,513	ベルギー	257,800
中近東	214,856	オランダ	248,500

典拠：Office du Tourisme et des Congrés de Pairs, Observatoire économique du tourisme parisien, *Le tourisme à paris: Chiffres clés 2006*, p. 12 et Office du Tourisme et des Congrés de Pairs, Observatoire économique du tourisme parisien, *Le tourisme à paris: Chiffres clés 2009*, p. 18.

2 ベルリン観光

2.1 観光空間ベルリン

2.1.1 ベルリンとブランデンブルク

ベルリンとそれを取り巻くブランデンブルク州を仮にひとつの空間と想定し、ベルリンへの宿泊の集中度を考察するために、表1-3-10、表1-3-11を作成した。宿泊施設の立地を示す表1-3-10は、ベルリンへの集中が3割程度であることを伝えている。その中で、ホテル・ガルニは著しくベルリンに偏在している。宿泊件数を基準とする表1-3-11で確認すると、ホテル、ホテル・ガルニの宿泊者がベルリン市に集中的に滞在していることがわかる。

上記の視点では、「フランスにおけるパリ」に相当するのが「ベルリン・ブランデンブルクにおけるベルリン」である。

表1-3-10 ベルリンとブランデンブルクにおける宿泊施設の分布（2009年7月末）

(単位：%)

	ベルリン／ベルリン・ブランデンブルク	ブランデンブルク／ベルリン・ブランデンブルク
開業中の宿泊施設	30.99	69.00
内訳		
ホテル	29.40	70.59
ガストホフ	5.37	94.62
ペンション	28.52	71.47
ホテル・ガルニ	76.90	23.09
その他	19.40	80.59

典拠：Amt für Statistik Berlin Brandenburg, *Basisdaten*, 2009.

表1-3-11 ベルリンとブランデンブルクにおける宿泊件数の分布（2009年度）

(単位：%)

	ベルリン／ベルリン・ブランデンブルク	ブランデンブルク／ベルリン・ブランデンブルク
開業中の宿泊施設	64.79	35.20
内訳		
ホテル	70.96	29.03
ガストホフ	5.62	94.37
ペンション	46.55	53.44
ホテル・ガルニ	92.14	7.85
その他	39.71	60.28

典拠：Amt für Statistik Berlin Brandenburg, *Basisdaten*, 2009より作成。

2.1.2. ベルリン市内の宿泊状況

ベルリン市内に宿泊する旅行者は、ミッテ区、シャルロッテンブルク・ヴィルマースドルフ区、フリードリヒシャイン・クロイツベルク区など中心部への集中が見られる。この傾向は、特に外国居住者において著しい（表1-3-12参照）。

ベルリンの宿泊施設を規模別に収容能力の点からみると、ベッド数250以上の施設が半数以上の供給能力を示していることがわかる（表1-3-13参照）。

さらに表1-3-14において宿泊施設の種類を基準に考察すると、ホテル・ガルニが最も多数を占めているが、供給ベッド数においては、ホテルが全体の53％に達している。このことから、ベルリンの宿泊施設事情は、規模の大きいホテルを

表1-3-12 ベルリン市内の宿泊区域別に見た宿泊者数

Bezirk	ドイツ居住者	外国居住者
Mitte	1,778,110	1,171,431
Friedrichshain-Kreuzberg	703,172	307,543
Pankow	290,489	162,327
Charlottenburg-Wilmersdorf	1,140,782	692,162
Spandau	172,085	38,986
Steglitz-Zehlendorf	146,374	29,151
Tempelhof-Schöneberg	306,614	206,820
Neukölln	201,073	52,982
Treptow-Hellersdorf	182,921	51,467
Marzahn-Hellersdorf	52,534	10,977
Lichtenberg	218,899	97,463
Reinickendorf	189,459	59,350

典拠: Amt für Statistik Berlin-Brandenburg, *Statistischer Bericht* G IV 1-m 12/09, Dezember 2009, pp. 10-11.

表1-3-13 ベルリン宿泊施設(ホテル、ホテル・ガルニ、ガストホフ、ペンション)における規模別ベッド数

ベッド数	経営中の宿泊施設	供給ベッド
29以下	128	2,527
30〜99	221	12,557
100〜249	124	19,054
250〜499	69	23,473
500以上	42	31,635
合 計	584	89,246

典拠: Amt für Statistik Berlin-Brandenburg, *Statistischer Bericht* G IV 1-m 12/09, Dezember 2009, p. 9

表1-3-14 ベルリン宿泊施設の種類別分布

	経営中の宿泊施設	供給ベッド
ホテル	193	57,006
ホテル・ガルニ	286	29,227
ガストホフ	13	268
ペンション	92	2,745
その他	137	17,836
(内訳)		
ユースホステル等 (Jugenthergerge u. a. Betriebe)	78	12,807
療養・保養施設 (Erholungs-, Ferien-, Schulungsheime, Vorsorge- u. Rehakliniken)	29	2,191
貸別荘等 (Ferienzentrum, -häuser, -wohnungen)	30	2,838

典拠: Amt für Statistik Berlin-Brandenburg, *Statistischer Bericht* G IV 1-m 12/09, Dezember 2009, p. 9.

中心とする大都市型と判断できる。

2.2 交通とベルリン

ベルリンの玄関ともいえる空港施設においては、テンペルホフ空港が2008年に閉鎖され、シェーネフェルト空港の拡充によるベルリン・ブランデンブルク空港の開設とともにテーゲル空港の閉鎖が予定されているが、その実現は幾度となく

延期されている[16]。

また、長距離鉄道輸送においては東西、南北の結節点としてのベルリン中央駅が2006年5月26日に開業している[17]。

表1-3-15 ベルリン近距離交通乗客数（2008年）

（単位：1,000人）

交通機関	輸送乗客数
Sバーン	388,100
路面電車およびUバーン	603,605
路線バス	349,638

典拠：Amt für Statistik Berlin-Brandenburg, *Statistisches Jahrbuch Berlin 2009*, p. 382.

2.2.1 ベルリン・ブランデンブルク空港へのアクセス

2011年10月30日に予定されていたベルリン・ブランデンブルク空港の開設によってベルリン市内およびブランデンブルク州の各地からの交通改善が計画された。

(1) 空港快速（Flughafen-Express）

空港快速は、ベルリン中央駅と空港をおよそ30分で結ぶ。

(2) Sバーン

Sバーンは現在の終点シェーネフェルトから空港まで延伸し、10分間隔のタクト運転を行う。ブランケンブルク（Blankenburg）からオストクロイツ（Ostkreutz）を経由して空港（Flughafen）にいたるS9とジュドクロイツ（Südkreutz）からジュドリンク（Südring）を経由して空港ターミナル（Flughafen-Terminal）にいたるS45が運行される。

(3) RB22

ポツダムから地域列車（RB22）が1時間間隔で空港まで運行され、2011年12月からスピードアップする。

(4) 東方との連絡

2012年には空港駅から東方への接続区間が開通することによって、地域快速（RE7）および地域列車（RB14）は、現在のシェーネフェルト駅ではなく空港駅から運行されるようになる[18]。

新空港開設の遅れにもかかわらず、当初計画通りにアクセスの改善が進行している[19]。

2.2.2 ベルリン市内交通機関

ベルリン市内の交通機関は、Sバーン、Uバーン、路面電車、バスと多面的で

表1-3-16 ベルリンにおける宿泊者

2009年		2006年	
ドイツ居住者	5,382,512	ドイツ居住者	4,755,206
外国居住者	2,880,659	外国居住者	2,322,069
イギリス	288,497	イギリス	300,747
イタリア	252,211	アメリカ合衆国	215,047
オランダ	238,712	オランダ	193,278
アメリカ合衆国	238,403	イタリア	182,477
スペイン	192,305	スペイン	136,174
デンマーク	184,410	デンマーク	123,168
フランス	157,633	スイス	116,369
スイス	144,757	フランス	103,133
スウェーデン	103,725	スウェーデン	84,561
オーストリア	95,493	オーストリア	74,050
ロシア	71,412	日本	61,110
ベルギー	65,948	ノルウェー	52,370
ポーランド	67,504	ベルギー	49,325
ノルウェー	58,265	ポーランド	41,479
ギリシャ	53,505	ロシア	40,157
イスラエル	47,321	イスラエル	38,303
オーストリア	45,385	オーストリア	35,715
日本	43,144	ギリシャ	28,465

典拠：Amt für Statistik Berlin-Brandenburg, *Statistischer Bericht* G IV 1/GIV 2-m 12/06, Dezember 2006, pp. 9-11 et ibidem G IV 1-m 12/09, Dezember 2009, pp. 7-8より作成。

ある。

なお、旧西ベルリンにおいては路面電車は1970年代に廃止され、現存する路面電車はすべて旧東ベルリン地域である[20]。

2.3 ベルリンの外国人旅行者

表1-3-16によればベルリンにおける宿泊者に関して、ドイツ居住者が65%を占め、国内旅行者によってベルリン観光が成り立っていることを示している。

外国人旅行者について、2006年度と比較すると以下のことがわかる。

(1) いずれにおいても、イギリスからの旅行者が首位であることに変化はない。

(2) この間、順位の低下が見られたのは、日本とアメリカ合衆国であった。

(3) 絶対数が低下したのは、日本とイギリスのみである。

(4) 特に増加が大きかったのは、ギリシャ（188%）、ロシア（178%）、ポーランド（163%）、デンマーク（150%）、スペイン（141%）であったが、ヨーロッパ全体に増加を示した。

なお、外国からの観光客について、一般にドイツの統計においては居住地（Wohnsitz）が基準となる。すなわち、国籍にかかわりなくどの国からの（Herkunftsland）旅行者であるかで分類される。一方、フランスの統計においてはフランス人（français）であるか外国人（étranger）であるかを基準に分類されている。

表1-3-17 ミュンヘン市を「休暇目的地」(Urlaubsziel) に選んだ決定的理由 (複数回答可)

(単位:％)

芸術・文化を楽しむ Kunst- & Kulturangebot	82
名所旧跡 Sehenwürdigkeiten	81
風景・建造物 Ortsbild/Architektur	75
友人・知人の薦め Empfehlung Feunde/Bekannte	60
イメージ Image Destination	52
風土 Land & Leute	52
買い物 Einkaufsmöglichkeiten	51
各種の楽しみ Vielfalt des Angebotes	46
催し物・イベント Veranstaltungen & Events	42
独特の雰囲気 Atmosphäre & Flair	41

典拠:Landeshauptstadt München, Referat für Arbeit und Wirtschaft, Tourismusamt, *Jahresbericht 2009*, p. 11.

3 ミュンヘン観光

3.1 『ドイツ観光品質モニター』におけるミュンヘン観光客アンケート

ERV (Europäische Reiseversicherung) と DTZ (Deutsche Zentrale für Tourismus e. V.) による共同企画アンケート調査『ドイツ観光品質モニター』(Qualitätsmonitor Deutschland-Tourismus) は、2007年5月から2008年4月にかけて最初のアンケート調査が行われたが、ミュンヘン市観光局 (Das Tourismusamt München) は、これに最初から参加した[21]。

ミュンヘン市に関してこのアンケート調査が示している結果を表1-3-17～表1-3-19に集約した。これによると、ミュンヘン観光の魅力は芸術・文化、都市の景観に加えて、飲食を楽しむことが含まれている。旅行の同行者については、夫婦・カップルが圧倒的に多数を占めている。

3.2 観光空間ミュンヘン

バイエルン宿泊者の44％がオーバーバイエルンに宿泊し、オーバーバイエルン宿泊者の42％がミュンヘンに宿泊している（表1-3-20参照）。バイエルンとオー

表1-3-18 ミュンヘン市滞在中に行った行動
(単位:%)

街の散策 Flanieren/Bummeln	99
名所旧跡の訪問 Sehenwürdigkeiten besuchen	93
レストラン Restaurant	90
買い物 Shopping	88
カフェの訪問 Besuch Kaffeehaus/Café	70
ナイトライフ Nachtleben	57
美術館・展覧会 Museen/Ausstellungen	53
自然の散策 Spazieren (Natur)	48
地元の料理・飲み物 Typ. Speisen/Getränke	46
ハイキング Individuelle Ausflüge	26

典拠：Landeshauptstadt München, Referat für Arbeit und Wirtschaft, Tourismusamt, *Jahresbericht 2009*, p. 11.

表1-3-19 旅行の同行者
(単位:%)

1人 Allein	11
夫婦・カップル (Ehe-) Partner (in)	70
ツアー・グループ organisierte Reisegruppe	19
家族 Familienangehörige	14
友人・同僚 Freunde/Arbeitskollegen	32
子連れ mit Kindern (unter 14)	7

典拠：Landeshauptstadt München, Referat für Arbeit und Wirtschaft, Tourismusamt, *Jahresbericht 2009*, p. 11.

バーバイエルン、オーバーバイエルンとミュンヘンとの関係は緩やかな結びつきを持った面と考えられるであろう。この点、ベルリン＋ブランデンブルク空間におけるベルリンに見られるような集中はない。

3.3 ミュンヘンにおける宿泊者数

ミュンヘン宿泊者においては、ドイツ居住者が57.72%、外国居住者が42.28%であり、ベルリンと比較して外国からの旅行者の比率が高い。

外国居住者について2009年度の値を2002年度と比較すると、順位に大きな変動は見られない。アメリカ合衆国からの旅行者が最も多く、イタリア、イギリス、スイス、オーストリアがそれに次いでいる。そのなかで、日本からの旅行者が実数においても順位においても大幅な下落を示したことが顕著な特徴である。

4 ハンブルク観光

4.1 観光空間ハンブルク

都市州ハンブルクの観光について考察するにあたり、隣接するシュレスヴィヒ・ホルシュタイン州にも簡単に触れる。

ハンブルクにおいて開業中のホテルが303軒であり、ベッド数が3万9,709床で

表1-3-20　2009年度宿泊者にみるミュンヘン観光空間

A バイエルン宿泊者数	B オーバーバイエルン宿泊者数	C ミュンヘン宿泊者数	B/A (%)	C/B (%)
26,360,053	11,641,051	4,983,632	44.16	42.81

典拠：Bayern Tourismus Marketing GmbH, *Tourismus in Bayern Januar bis Dezember 2009* et Landeshauptstadt München, Referat für Arbeit und Wirtschaft, Tourismusamt München, *Ankünfte Januar mit Dezember 2009*より作成。

表1-3-21　ミュンヘンにおける宿泊者数

2009年		2002年	
ドイツ在住者	2,876,630	ドイツ在住者	2,030,874
外国居住者	2,107,002	外国居住者	1,417,725
アメリカ合衆国	283,934	アメリカ合衆国	232,337
イタリア	253,056	イタリア	162,847
イギリス	174,439	イギリス	150,141
スイス	159,210	スイス	114,051
オーストリア	143,333	オーストリア	92,161
スペイン	94,927	日本	68,975
フランス	81,056	フランス	58,688
湾岸諸国	77,949	スペイン	53,688
ロシア	74,899	オランダ	38,690
オランダ	59,841	ロシア	23,690
日本	58,173	中国	25,872
オーストラリア	44,501	カナダ	20,826
中国	38,601	大韓民国	19,908

典拠：Landeshauptstadt München, Referat für Arbeit und Wirtschaft, Tourismusamt, *Jahresbericht 2009*, p. 8 et Landeshauptstadt München, Referat für Arbeit und Wirtschaft, Fremdenverkehrsamt, *Jahresbericht 2002*, pp. 6-7.

あることから、1宿泊施設あたりのベッド数は131床と考えられる。このことから、ハンブルクの宿泊施設は都市型の比較的規模の大きいホテルが中心であろう。

　これに対してシュレスヴィヒ・ホルシュタインの宿泊施設においては、1施設あたりのベッド数は41.4に過ぎない。また、宿泊施設の立地においては北海、バルト海の海浜リゾート地が半数を占めているほか、さまざまな保養地に立地する施設がほとんどである。

　したがって、大都市ハンブルクと保養地シュレスヴィヒ・ホルシュタインとは、全く独立した観光空間と定義できる。

　ハンブルク宿泊者においては、ドイツ居住者が81.54％を占め、外国居住者は

表1-3-22 ハンブルクとシュレスヴィヒ・ホルシュタインの宿泊施設

	開業している宿泊施設	ベッド数
ハンブルク（2009年7月31日）現在	303	39,709
シュレスヴィヒ・ホルシュタイン（2009年7月1日現在）		
ゲマインデの特性による分布	4,308	178,395
湯治場（Heilbäder）	120	6,913
海水浴場（Seebäder）	2,676	113,541
北海（Nordsee）	1,581	56,903
バルト海（Ostsee）	1,095	56,638
大気療養地（Luftkurorte）	123	5,947
保養地（Erholungsorte）	567	17,223
その他のゲマインデ	822	34,771
大都市＊	98	7,881

注：＊大都市に含まれるのはリューベック、キール。Travemünde は含まない。
典拠：Statistisches Amt für Hamburg und Schleswig-Holstein, *Statistischer Bericht* G IV 1-m 4/10 H et ibid., G IV 2-j/09 S より作成。

表1-3-23 ハンブルクにおける宿泊者

2009年		2004年	
ドイツ居住者	3,561,446	ドイツ居住者	2,628,426
外国居住者	806,275	外国居住者	618,622
イギリス	82,204	イギリス	71,546
デンマーク	76,652	スイス	46,153
スイス	73,392	アメリカ合衆国	42,728
オーストリア	69,761	デンマーク	36,326
アメリカ合衆国	55,570	フランス	36,264
オランダ	54,828	スウェーデン	35,501
フランス	50,611	オランダ	34,576
スウェーデン	31,528	オーストリア	33,071
イタリア	29,445	イタリア	24,793
スペイン	28,885	スペイン	20,085
ノルウェー	19,045	日本	17,454
ロシア	17,440	ノルウェー	17,054
ベルギー	16,129	ベルギー	14,902
フィンランド	14,276	中国	13,182
中国	13,487	フィンランド	13,304
日本	12,693	ロシア	12,872

典拠：Statistiches Amt für Hamburg und Schleswig-Holstein, *Statistischer Berichte* G IV 1-m 12/09 H, 4. März 2010, p. 2 et ibidem, G IV 1-m 12/04 H, 3. März 2002, p. 2.

表1-3-24 ハンブルクにおけるホテル新規開業数

年度	ホテルランク（星）					
	0	1	2	3	4	5
2002	1			2	1	
2003	1	1	2		1	5
2004		1		1	2	
2005			1		2	
2006			2		1	1
2007			2	2	4	1
2008			4		3	
2009			1	2	4	
2010			2	1	3	

典拠：Hamburg Tourismes, Hotelprojekte in Hamburg, in interrete sub: http://www.hamburg-tourism.de/business-presse/zahlen-fakten/tourismusstatistiken, 29. 06. 2010.

18.46％でしかない。ベルリン以上に国内旅行の目的地と考えられる。

外国人旅行者について、2004年度と比較すると以下のことがわかる。

(1) 国別順位において、アメリカ合衆国、スウェーデン、日本、フランスが順位を下げた。

表1-3-25　宿泊者に占める外国人比率

都　市	外国人宿泊者／宿泊者総数（％）
パリ	54.84
ベルリン	34.86
ミュンヘン	42.28
ハンブルク	18.46

典拠：表1-3-9、表1-3-16、表1-3-21および表1-3-23を基に算出。

(2) 逆に順位を上げたのはデンマーク、オーストリア、ロシアであり、
(3) このうち、特にデンマークとオーストリアの増加率（いずれも211％）が際立っている。

大都市ハンブルクにおけるホテル建設ラッシュを表1-3-24に見ることができる。2つ星、3つ星、4つ星ホテルの新規開業が相次ぎ、特に高級な4つ星ホテルの開業が著しい。

5　小括

以上の分析をもとに明らかとなった点をまとめる。

フランスにおける観光施設はその80％がパリに集中していた（表1-3-5）。これに対して、ドイツの都市においては、観光空間はどのように評価できるのであろうか。ベルリンに関しては、「ベルリン＋ブランデンブルク空間」の宿泊施設のうち、65％がベルリンへ集中していることを確認できた（表1-3-11）。観光空間としてのミュンヘンはオーバーバイエルンと緩やかに結びついている（表1-3-20）。一方、ハンブルクは観光空間として独立性が高いことが確認できた。

次に旅行者の居住地・国籍を再確認する。外国人観光客を引きつけている観光地は、なんといってもパリであり、ミュンヘンがこれに次ぐ（表1-3-25参照）。

外国からの旅行者で最も多数を占める者をまとめると「パリのアメリカ人」、「ベルリンのイギリス人」、「ミュンヘンのアメリカ人」、「ハンブルクのイギリス人」となり、アングロサクソンが首位にある。

なお、いずれの都市においても日本からの観光客が激減していることを付け加

えたい。

1) Office du Tourisme et des Congrés de Pairs, *Observatoire économique du tourisme parisien: Le tourisme à paris: Chiffres clés 2006-2009*.
2) Office du Tourisme et des Congrés de Pairs, *Paris en chiffres*.
3) 『パリ観光客の行動と支出に関するアンケート』(Paris Office du Tourisme et des Congrès, *Enquête sur les activités et les dépenses des tourists à Paris*, Juin-Juille 2008) がそれである。この調査は、2001年、2002年、2003年に続いて2008年6月7日から7月11日に第4回目を実施した (ibid., p. 5)。回答協力者 (400名) の内訳は、フランス人200名、ドイツ人40名、イタリア人47名、スペイン人48名、ベルギー人18名、オランダ人16名、その他のヨーロッパ人31名であった (ibid., p. 4)。
4) アンケートにおいて、バトー・パリジャン (Bateau Parisiens)、ヴデット・デュ・ポン・ヌフ (Vedettes du Pont Neuf) はバトー・ムシュ (Bateau Mouches) と無差別に回答されていると思われる。ここでいうバトー・ムシュはセーヌ川クルーズと理解すべきであろう。
5) ドイツ人に関して次のようなこれとは異なった評価もある。エクスペディア (Expedia) が世界27カ国、4,500人のホテル経営者に対して行った顧客調査によると、「風評は覆された。ドイツ人はけちではない」(Gerücht widelegt: Die Deutschen sind keine Gaizhälse) (Expedia. de., Pressemitteilungen, 08. 07. 2009)。
6) dwifとは、1950年ミュンヘン大学に設置されたドイツ観光経済研究所 (das Deutsche Wirtschaftswissenschaftliche Institut für Fremdenverkehr an der Universität München (略称、dwif e. V.) の100％子会社である (Die dwif-Consulting GmbH, Das Unternehmen, in interrete sub: http://www.tourist.level9.de/de/netzwerk/dwif-consulting-gmbh.html, 06. 07. 2010)。
7) 山田徹雄『ドイツ資本主義と空港』日本経済評論社、2009年、27頁。
8) Office du Tourisme et des Congrés de Pairs, *Observatoire économique du tourisme parisien, Le tourisme à paris: Chiffres clés 2009*, p. 6.
9) Aéroport international de Beauvais, *Guide horaires été 2010*.
10) ライアンエアについては前掲『ドイツ資本主義と空港』参照。また、同27頁。
11) Office du Tourisme et des Congrés de Pairs, *Observatoire économique du tourisme parisien: Le tourisme à paris: Chiffres clés 2008*, p. 7.
12) 前掲『ドイツ資本主義と空港』。
13) パリ・ベルシー駅 (Gare de Paris-Bercy) は始発駅ではあるが、リヨン駅に含めて集計されている。

14) なお、2008年度においては、イギリス人宿泊者はアメリカ人宿泊者を上回っていた（Office du Tourisme et des Congrés de Pairs, Observatoire économique du tourisme parisien, *Le tourisme à paris : Chiffres clés 2008*, p. 18）。
15) Office du Tourisme et des Congrés de Pairs, *Paris en chiffres*, 04. 2010 #50. なお、2010年1～4月期における同数値の合計は、日本人宿泊者が6位であることを示している（Office du Tourisme et des Congrés de Pairs, *Paris en chiffres*, 06. 2010 #52）。
16) 前掲『ドイツ資本主義と空港』および Flughafen Berlin Brandenburg, Über uns-Historie-, in interrete sub: http://www.berlin-airport.de/de/unternehmen/ueber-uns/historie/index.php, 28. 11. 2014, Flughafen Berlin Brandenburg, Über uns-Historie-Flughafen Flughafen Berlin-Schönefeld, in interrete sub: http://www.berlin-airport.de/de/unternehmen/ueber-uns/historie/flughafen-schoenefeld/index.php, 28. 11. 2014, Flughafen Berlin Brandenburg, Über uns-Historie-Flughafen Berlin-Tegel, in interrete sub: http://www.berlin-airport.de/de/unternehmen/ueber-uns/historie/flughafen-tegel/index.php, 28. 11. 2014 et Flughafen Berlin Brandenburg, Über uns-Historie-Flughafen Berlin-Tempelhof, in interrete sub: http://www.berlin-airport.de/de/unternehmen/ueber-uns/historie/flughafen-tempelhof/index.php, 28. 11. 2014.
17) Berlin Hauptbahnhof, Bahnkonzept für Berlin, in interrete sub: http://www.hbf-berlin.de/site/berlin__hauptbahnhof/de/bahnkonzept__fuer__berlin/bahnkonzept__fuer__berlin.html, 15. 07. 2010 et Berlin Hauptbahnhof, Chronik, in interrete sub: http://www.hbf-berlin.de/site/berlin__hauptbahnhof/de/bauprojekt/chronik/chronik.html, 15. 07. 2010.
18) Verkehrsverbund Berlin-Brandenburg (VBB), Presseinformation, 17. März 2010.
19) Flughafen Berlin Brandenburg, Flughafen Schönefeld-Nahverkehr-, in interrete sub: http://www.berlin-airport.de/de/reisende-sxf/an-und-abreise/bus-und-bahn/nahverkehr/index.php, 29. 11. 2014 et Flughafen Berlin Brandenburg, Flughafen Schönefeld-Fernverkehr-, in interrete sub: http://www.berlin-airport.de/de/reisende-sxf/an-und-abreise/bus-und-bahn/fernverkehr/index.php, 29. 11. 2014.
20) この点について、早稲田大学助手（当時、現川村学園女子大学専任講師）、渡邉徹氏からご教示いただいた。
21) Landeshauptstadt München, Referat für Arbeit und Wirtschaft, Tourismusamt, *Jahresbericht 2009*, p. 11.

第 2 部　ドイツと観光

ドイツ語圏において、「観光」に相当する言葉として Fremdenverkehr と Tourismus が用いられてきた。このうち、Fremdenverkehr は、19世紀から20世紀にかけてドイツ語圏において使われ、ドイツ、オーストリア、スイスの一部などのドイツ語圏固有の概念と見なされている[1]。

　この語は、Fremd（er）すなわち、「見ず知らずの（人）」(unbekannt)、「好ましくない（人）」(unerwünscht) のニュアンスを含んだネガティヴなシラブルを含んでいるので、「ゲスト」(Gäste) や中立的な「ツーリスト」(Touristen) を使うように勧められることが多い。今日では、Fremdenverkehr は Tourismus との対比において特に国内の側面、内国経済的側面（nationalen und binnenwirtschaftlichen Aspekte）およびインバウンド観光（Incoming-Tourismus）が強調される。最近では、「旅行現象」（das Phänomen des Reisens）は、国際的に通用する Tourismus と記述される傾向がある。Tourismus は第2次大戦後に登場した比較的若い造語であり、英語の tourism、フランス語の tourisme、イタリア語・スペイン語の turismo に依拠している。Fremdenverkehr との対比において、Tourismus は特に国際的側面、したがってアウトバウンドの面に（auf die internationalen und damit auf die Ausreise- oder Outgoingaspekte）焦点があてられる[2]。

　ところで、ドイツ語の Fremdenverkehr に相当する概念は、オランダ語にも見られる。

　Vereniging voor Vreemdelingenverkeer（VVV）とは、オランダ語で観光案内所を意味する。

　Vreemdelingen（外国人、よそ者）の Verkeer（往来、交通）を表す Vreemdelingenverkehr は、まさに、ドイツ語の Fremdenverkehr と同義、同根の言葉である。

　ドイツ語圏における「観光」を対象とする最も権威ある学術雑誌は、dwift が刊行する『観光年報』(*Jahrbuch für Fremdenverkehr*) であり、同誌には豊富なモノグラフが掲載されている。このほか、ドイツ観光学会（Deutsche Gesellschaft für Tourismuswissenschaft）は、2009年から『観光学雑誌』(*Zeitschrift für Tourismuswissenschaft*) を発行している。

ドイツの観光市場を経済学的視点から体系的に考察した研究は、すでに8版を重ねたフライヤーによる古典『観光——観光経済入門——』が傑出している[3]。
　第2部では、フライヤーによる観光現象の3つの視点、——「動機」(Motiv)、「期間」(Dauer)、「目的地」(Zielort)——[4]、に着目し、ドイツ人の旅行形態について、国内旅行・国外旅行をあわせて定量的に分析するとともに、外国人によるドイツ旅行についても、その傾向を分析する。

1) 例えば、大橋昭一「ドイツ語圏における観光概念の形成過程」『大坂明浄大学紀要』第1号、2001年、また大橋昭一「第二次大戦後ドイツ語圏における観光概念の展開過程」『大坂明浄大学紀要』第2号、2002年、をも参照。
2) Freyer, W., Tourismus, *Einführung in die Fremdenverkehrsökonomie*, 8. Auflage, München Wien, 2006, p. 7. Fremdenverkehrの時代による概念変化についてはArndt, H., Defenition des Begriffes "Fremdenverkehr" im Wandel der Zeit, in: *Jahrbuch für Fremdenverkehr*, Nr. 26/27, 1978, pp. 160-174, が詳しい。
3) Freyer, W., *Tourismus, Einführung in die Fremdenverkehrsökonomie*, 8. Auflage, München, 2006.
4) Freyer, W., *Tourismus, Einführung in die Fremdenverkehrsökonomie*, 8. Auflage, München, 2006, p. 3.

第1章　ドイツにおける観光の概観

1　ドイツの宿泊施設

　ドイツ国内にある宿泊施設について、表2-1-1によって、そのタイプ別の集計をみてゆこう。ここに記されている宿泊施設の区別について、「ドイツ　ホテル＝レストラン連合」(der Deutsche Hotel- und Gaststättenverband)（略称、DEHOGA）は以下の定義を与えている[1]。

（1）　ホテル（Hotel）

　　　ホテルとは、1カ所の受付、サービス業務、毎日行われる部屋の清掃、家具調度および宿泊客および通過旅行者のためのレストランを少なくとも1カ所提供する宿泊経営体である。

（2）　ホテル・ガルニ（Hotel garni）

　　　ホテル・ガルニとは、宿泊、朝食、飲料およびせいぜい軽食を提供するホテル経営体である。

（3）　ガストホフ（Gasthof）

　　　ガストホフとは、通常、田舎にある飲食を提供する経営体（ein ländlicher Gastronomiebetrieb）で、料理、飲み物を提供し、宿泊の用意もしている。

（4）　ペンション（Pension）

　　　ペンションとは、通常1泊を越える宿泊と料理をおおむね泊り客に提供する宿泊経営体である。

（5）　休暇用アパート、休暇用貸別荘（Ferienwohnung/Ferienhaus）

　　　休暇用アパートとは、一家屋内部の閉鎖的な宿泊空間で、（客）自らが

ガルミッシュ゠パルテンキルヘンの Frühlingsstraße（2008年8月撮影）。農家の民宿が軒を連ねる。

表 2-1-1 (1)　ドイツにおける宿泊施設（2012年7月現在開業中）

	開業中の施設数	ベッド数	ベッドの稼働率（％）
ホテル等	34,578	1,750,755	39.9
ホテル（Hotels）	13,384	1,078,634	42.4
ホテル・ガルニ（Hotel garnis）	7,681	345,679	43.1
ガストホフ（Gasthöfe）	8,158	197,251	16.6
ペンション（Pension）	5,355	129,191	31.6
休暇用宿泊施設	14,088	689,266	31.9
保養所（Erholungs- und Ferienheime）	1,790	133,367	32.3
休暇用施設（Ferienzentrum）	118	66,812	42.7
休暇用貸別荘、貸アパート（Ferienhäuser und Ferienwohnungen）	10,260	323,936	28.3
ユースホステル、山小屋（Jugendherbergen und Hütten）	1,920	165,151	34.2
キャンプ場（Campingplätze）	2,834	890,036	10.8
その他	1,746	234,156	67.1
介護・リハビリ施設（Versorge- und Rehabilitaionsklinikum）	896	156,587	81.8
研修施設（Schulungsheime）	850	77,569	37.2

典拠：Statistisches Bundesamt, *Statistisches Jahrbuch 2013*, p. 603.

表2-1-1(2)　宿泊施設別宿泊者数

	年間宿泊者数 (1,000人)	年間宿泊件数 (1,000泊)	一人当たり平均宿泊数(泊)
ホテル等	119,976	250,091	2.08
ホテル（Hotels）	81,818	164,174	2.01
ホテル・ガルニ（Hotel garnis）	24,748	53,223	2.15
ガストホフ（Gasthöfe）	8,620	18,544	2.15
ペンション（Pension）	4,790	14,150	2.95
休暇用宿泊施設	19,516	74,250	3.80
保養所（Erholungs- und Ferienheime）	4,246	14,453	3.40
休暇用施設（Ferienzentrum）	2,339	9,850	4.21
休暇用貸別荘、貸アパート（Ferienhäuser und Ferienwohnungen）	5,430	31,062	5.72
ユースホステル、山小屋（Jugendherbergen und Hütten）	7,501	18,886	2.52
キャンプ場（Campingplätze）	7,508	26,008	3.46
その他	5,738	56,910	9.92
介護・リハビリ施設（Versorge- und Rehabilitaionsklinikum）	2,203	6,488	21.10
研修施設（Schulungsheime）	3,534	10,422	2.95

典拠：Statistisches Bundesamt, *Statistisches Jahrbuch 2013*, p.604

清潔に保つ領域と自ら料理する設備を備え、一時的に逗留する客を受けいれる。

(6)　ユースホステル（Jugendherberge）

　　ユースホステルとは、まず第1に若者を大抵、短期的な逗留として受け入れ、料理と飲み物を泊り客だけに提供する宿泊経営体である。ユースホステルは、強制力を持たない教育目的および保養に供する目的のためのプログラムや活動を提供する。

　表2-1-1によってホテルおよびこれに類する施設数をみると、国内におよそ3万5,000軒存在し、提供するベッド数は175万床に達する。休暇用施設においては、休暇用貸別荘・貸アパートがおよそ1万軒ある。ベッドの稼働率においては、ホテルおよびホテル・ガルニが40％を超えているのに対して、休暇用貸別荘・貸アパートは30％以下となっている。後者は季節変動が大きいと推察される。

　表2-1-2によって、州別に宿泊施設の分布をみると、南ドイツ2州の優位が明らかであり、バイエルンが傑出し、バーデン＝ヴュルテンベルクがこれに続く。

表2-1-2　州別にみた宿泊施設

	開業中の施設数	ベッド数	ベッドの稼働率 (%)
バーデン＝ヴュルテンベルク	6,949	396,406	36.1
バイエルン	12,758	705,180	34.4
ブランデンブルク	794	129,719	53.2
ベルリン	1,655	124,834	29.8
ブレーメン	115	12,767	41.1
ハンブルク	330	53,296	55.3
ヘッセン	3,552	248,916	35.3
メクレンブルク＝フォア・ポンメルン	3,040	290,166	30.9
ニーダーザクセン	5,797	388,912	30.9
ノルトライン＝ヴェストファーレン	5,356	365,491	35.0
ラインラント・プファルツ	3,685	243,441	26.5
ザールラント	277	21,077	31.6
ザクセン	2,187	148,696	36.8
ザクセン＝アンハルト	1,115	73,587	29.9
シュレスヴィヒ＝ホルシュタイン	4,279	256,424	32.3
テューリンゲン	1,357	105,301	34.8

典拠：Statistisches Bundesamt, *Statistisches Jahrbuch 2013*, p. 603.

　ベッドの稼働率においては、都市州であるハンブルク、ブレーメンが高位にあるが、ベルリンは30％に満たない。ブランデンブルクの高い稼働率は、施設数そのものが少ないにせよ、これと比較して、ベルリンの水準は明らかに低い。

　山岳、森林、広大な牧草地を持ったリゾート地であるバイエルン、バーデン＝ヴュルテンベルクあるいは海浜リゾート地を有するメクレンブルク＝フォア・ポンメルン、シュレスヴィヒ＝ホルシュタインにおける稼働率があまり高くないのは、表2-1-1をも考慮すると、休暇用施設の存在が影響していると考えられる。

　次に宿泊施設別に滞在期間を検証しよう。ホテルおよびこれに類する施設の平均宿泊数は、およそ2泊である。このグループのなかでは、ペンションがやや長期で、およそ3泊となっている。「ドイツ　ホテル＝レストラン連合」によるペンションの定義にある「通常1泊を越える宿泊」とは、固有のホテルより長い滞在を意味しているのであろう。

　これに対して、休暇用施設では、より長期の滞在となる。特に、休暇用貸別荘・貸アパートの滞在期間は6泊弱となっている。

　キャンプ場における滞在期間は、ホテル等と休暇用貸別荘・貸アパートの中間

の値である。

なお、介護・リハビリ施設の滞在期間は、約21日となっている。

2　ドイツの都市別宿泊者

すでに第1部において、ベルリン、ミュンヘン、ハンブルクについてパリとの比較において、観光客の動向を考察した。そこでは、フランス観光におけるパリへの一極集中と多極分散的なドイツの都市観光という特徴がみられた。ドイツにおける観光の多極分散性は、ドイツ資本主義の地帯構造とも照応している。

表2-1-3が示すように、年間宿泊者数はベルリンを筆頭に、以下、ミュンヘン、ハンブルク、フランクフルト・アム・マイン、ケルン、デュッセルドルフ、ドレスデン、シュトゥットガルト、ニュルンベルク、ライプツィヒ……と大きな格差を伴わないで連続する。都市観光は、平均宿泊数が2泊程度と短期滞在型であるのが特徴である。表中でロストックにおける平均宿泊数が他の都市と比べて多くなっている。同市は、バルト海に面した海浜、ヴァーネミュンデ（Warnemünde）があり、都市的な特徴のみならず、リゾート地としての特徴を備えているためであろう[2]。事実、同市の多くの休暇用宿泊施設がオンラインで紹介されている[3]。

3　ドイツ観光の地帯構造への展望

筆者はかつて、ドイツ資本主義をニーダーライン経済圏、フランクフルト都市経済圏、ミュンヘン都市経済圏、ハンブルク都市経済圏、シュトゥットガルト都市経済圏、ベルリン経済圏という都市経済圏の集合体として把握する可能性を論じた[4]。

この構想は、点としてのロジスティックの関連性を分析する空港の空間的存在形態との対応がみられた[5]。

しかしながら、これを面に拡大して考察することが不可欠である。渡邉尚のドイツ資本主義の地帯構造把握としての原経済圏構想が、それを典型的に表す[6]。

表 2-1-3 ドイツにおける都市の宿泊者

	年間宿泊者数 (1,000人)	年間宿泊件数 (1,000泊)	1人あたり平均 宿泊数（泊）
1．ベルリン	10,849	24,896	2.29
2．ミュンヘン	6,133	12,366	2.02
3．ハンブルク	5,604	10,634	1.90
4．フランクフルト・アム・マイン	4,285	7,071	1.65
5．ケルン	2,914	5,083	1.74
6．デュッセルドルフ	2,417	4,056	1.69
7．ドレスデン	1,919	4,037	2.10
8．シュトゥットガルト	1,692	3,116	1.84
9．ニュルンベルク	1,471	2,647	1.80
10．ライプツィヒ	1,368	2,483	1.82
11．ハノーファー	1,220	2,086	1.71
12．ブレーメン	890	1,557	1.75
13．ボン	709	1,319	1.86
14．フライブルク・イム・ブライスガウ	702	1,405	2.00
15．エッセン	649	1,377	2.12
16．ロストック	637	1,702	2.67
17．ミュンスター	633	1,351	2.13
18．リューベック	626	1,443	2.31
19．ドルトムント	625	999	1.60
20．ハイデルベルク	583	1,103	1.89
21．マインツ	550	857	1.56
22．カールスルーエ	547	1,006	1.84
23．レーゲンスブルク	532	913	1.72
24．マンハイム	528	1,161	2.20
25．ヴィースバーデン	524	1,093	2.09

典拠：Statistisches Bundesamt, *Statistisches Jahrbuch 2013*, p. 605より作成。

Deutsches Weininstitut, *Die schönsten Rezepte aus der deutschen Küche. Mit Weinempfehlung zu jedem Gericht*, München, 2005は、料理の風土と典型的な料理を基準に、ドイツの10地域を紹介している。

(1) 北海・バルト海沿岸（Deutschlands Küsten）
(2) ニーダーザクセンおよびヴェストファーレン（Niedersachsen und Westfahlen）
(3) ベルリンおよびブランデンブルク（Berlin und Brandenburg）
(4) モーゼルおよびザール（Mosel und Saar）
(5) ラインラント（Rheinland）

表 2 - 1 - 4　休暇旅行目的地決定の判断基準

順位	外国人観光客	ドイツ人観光客
1	名所（Sehenswürdigkeiten）	地方、自然（(Landschaft/Natur）
2	地方、自然（Landschaft/Natur）	空気の良さ、健康的気候（Gute Luft/gesundes Klima）
3	まち・都市の景観、建築（Ortsbild/Stadtbild/Architektur）	保養（Erholungsmöglichkeiten）
4	芸術・文化（Kunst- und Kulturangebot）	体験（Gute Erfahrungen/Vergangenheit）
5	多様性（Vielfalt/Qualität des Angebots）	雰囲気（Atmosphäre/Flair）
6	体験（Gute Erfahrungen/Vergangenheit）	静寂（Ruhe）
7	雰囲気（Atmosphäre/Flair）	名所（Sehenswürdigkeiten）
8	伝統・歴史（Tradition/Geschichte）	まち・都市の景観、建築（Ortsbild/Stadtbild/Architektur）
9	地域や都市のイメージ（Image Region/Stadt）	多様性（Vielfalt/Qualität des Angebots）
10	知人の推薦（Empfehlung/Freunde/Bekannte）	知人の推薦（Empfehlung/Freunde/Bekannte）

典拠：Deutsche Zentrale für Tourismus e. V., *Qualitätsmonitor: Deutschland-Tourismus*, Ergebinisse 2011/2012.

　（6）　プファルツおよびラインヘッセン（Pfalz und Rheinhessen）

　（7）　ヘッセンおよびテューリンゲン（Hessen und Thüringen）

　（8）　フランケン（Franken）

　（9）　シュヴァーベン（Schwaben）

　(10)　バーデン（Baden）

　(11)　バイエルン（Bayern）

　ドイツ観光の地帯構造を考慮する際、文化的類型を示す上記の地域分類は、参考となるであろう。

4　ドイツ人観光客と外国人観光客

　次章以下において、ドイツ観光がドイツ人の場合と外国人の場合にどのような違いがみいだされるのかを詳しく述べる。それに先立ち、両者の質的な違いをDZTによる調査に依拠して、概観する[7]。

　表2-1-4により、外国人旅行者とドイツ人旅行者の旅行動機を比較しよう。

外国人旅行者が名所、まち、都市の景観、芸術・文化を上位に揚げているのに対して、ドイツ人の場合、地方、自然、健康的な気候、保養を重視している点で、両者の動機には大きな違いがみられる。

　ドイツ人は休暇旅行に労働から解放された静穏な環境を求め、「静的旅行」を志向しているが、外国人は積極的、「行動的な旅行」を行っている。

1)　DEHOGA, Definition der Betriebsarten, in interrete sub: http://www.dehoga-bundesverband.de/daten-fakten-trends/betriebsarten/, 11. 12. 2014.
2)　Rostock, Tourismus, in interrete sub: http://www.rostock.de/tourismus/, 15. 12. 2014.
3)　Rostock, Home, in interrete sub: http://www.rostock.de/index.php?id=1, 15. 12. 2014.
4)　山田徹雄「ドイツ企業の空間的構成──上場企業の地域解析」跡見学園女子大学『文学部紀要』第36号、2003年。
5)　山田徹雄『ドイツ資本主義と空港』日本経済評論社、2009年。
6)　渡邉尚「『ドイツ』資本主義と地帯構造」大野英二・住谷一彦・諸田實編『ドイツ資本主義の史的構造』有斐閣、1972年。渡邉尚『ラインの産業革命──原経済圏の形成過程』東洋経済新報社、1987年。
7)　Deutsche Zentrale für Tourismus e. V., *Qualitätsmonitor: Deutschland-Tourismus*, Ergebinisse 2011/2012.

第2章　ドイツ人の旅行行動

1　ドイツ人と旅行

　2008年度におけるドイツ人の旅行延べ人員は、2億7,000万人であった。個人旅行もビジネス旅行も国内旅行者が圧倒的に多数を占める。しかしながら4泊以上の旅行者に限れば、国外旅行者が国内旅行者を上回る（表2-2-1参照）。

　ドイツ人による国内の旅行先では、バイエルンが最も多く、次いでノルトライン＝ヴェストファーレン、バーデン＝ヴュルテンベルク、ニーダーザクセンの順となっている。個人旅行においても、この順位は変わらないが、4泊以上の個人旅行においては、バイエルン、メクレンブルク＝フォアポンメルン、ニーダーザクセン、シュレスヴィヒ＝ホルシュタインの順序となる。

　一方、ビジネス旅行については、バイエルンが最も多く、次いでノルトライン＝ヴェストファーレン、バーデン＝ヴュルテンベルク、ヘッセン、ベルリンの順である。これらの州には、ミュンヘン、デュッセルドルフ、ケルン、フランクフルト（マイン）などの産業都市が存在することが想起される。

　ここで、都市の旅行目的地を抽出すると、過去10年間の順位に変動なく、ベルリン、ミュンヘン、ハンブルク、フランクフルト、ケルンと並ぶ。この10年間の変化率では、伸び率の大きい順にベルリン、ハンブルク、フランクフルト、ミュンヘン、ケルンとなる。ただし、この数値には、外国人旅行者も含まれている。

2　ドイツ人の休暇旅行

　ドイツ人による「1回の休暇旅行」期間の平均値を見ると、10日あまりである。

表 2-2-1　ドイツ人の旅行（2008年度、15歳以上、宿泊を伴う旅行）

（単位：100万人）

	合計	個人旅行		ビジネス旅行
		個人旅行計	4泊以上の旅行	
合計	271.2	214.5	103.8	56.7
国内	185.0	141.5	45.2	43.5
国外	86.2	58.6	58.6	13.2

典拠：Statistisches Bundesamt, *Statistisches Jahrbuch 2009*, p. 417.

表 2-2-2　ドイツ人の国内旅行先（2008年度、15歳以上、宿泊を伴う旅行）

（単位：100万人）

	合計	個人旅行		ビジネス旅行
		個人旅行計	4泊以上の旅行	
バーデン＝ヴュルテンベルク	21.0	15.1	4.3	5.9
バイエルン	32.0	23.8	8.9	8.2
ベルリン	11.0	7.1	2.3	4.0
ブランデンブルク	5.5	4.6	1.1	0.8
ブレーメン	1.6	1.3	0.3	0.3
ハンブルク	7.1	4.6	0.9	2.4
ヘッセン	12.2	7.8	1.8	4.4
メクレンブルク＝フォアポンメルン	10.8	9.8	5.2	1.0
ニーダーザクセン	17.5	14.6	5.0	2.9
ノルトラン＝ヴェストファーレン	25.9	18.8	3.3	7.1
ラインラント＝プファルツ	9.0	7.5	1.9	1.5
ザールラント	1.1	0.9	0.3	0.2
ザクセン	4.7	4.1	0.9	0.7
ザクセン・アンハルト	9.4	7.3	2.5	2.1
シュレスヴィヒ＝ホルシュタイン	10.4	9.5	4.9	0.9
テューリンゲン	5.6	4.5	1.5	1.1
特定できない	0.1	0.1	0.1	0.0

典拠：Statistisches Bundesamt, *Statistisches Jahrbuch 2009*, p. 416.

2002年以降、旅行の期間は1.6日短縮されてきた（表2-2-4参照）。

この数値から類推されるドイツ人の休暇旅行行動は、一般の印象よりも控えめであるかもしれない。しかし、2008年にADACが行った休暇行動に関するアンケート調査（表2-2-5）は、この数値に近い傾向を示している。

また、2013年にADACの行った休暇旅行に関するアンケート調査では、5泊以上の長期休暇旅行を計画しているか否か、という問いに対して、70％がJaと

表2-2-3 都市旅行目的地（9名以上の収容能力のある宿泊施設への到着者数）

（単位：100万人、外国人を含む）

	2004年	2013年
ベルリン	5.92	11.3
ミュンヘン	3.80	6.3
ハンブルク	3.26	5.9
フランクフルト・アム・マイン	2.54	4.5
ケルン	2.13	3.0

典拠：DRV, *Fakten und Zahlen zum deutschen Reisemarkt 2005*, p. 5 et idem *2013*, p. 8.

表2-2-4 ドイツ人の「1回の休暇旅行」における平均旅行日数

年度	日数
2002	11.9
2003	11.6
2004	11.1
2005	11.0
2006	10.9
2007	10.7
2008	10.8
2009	10.7
2010	10.6
2011	10.5
2012	10.3
2013	10.3

典拠：Der Deutsche Resieverband（略称DRV）, *Fakten und Zahlen zum deutschen Reisemarkt 2005*, p. 4, idem *2008*, p. 4, idem *2009*, p. 7 et idem *2013*, p. 10より作成。

表2-2-5 ドイツ人の休暇旅行期間

（単位：%）

休暇期間	ドイツ人全体	60歳以上
1週間	23.7	17.5
2週間	57.4	55.8
3週間	13.9	19.1
4週間	2.7	4.0

典拠：ADAC, *Reisemonitor 2008: Das Reiseverhalten der Silver-Urlauber*, ADAC-Verlag.

答え、27%がNeinと回答した。5泊以上の長期休暇旅行を計画している人に対して、何回の旅行を計画しているか、という問いに対して、2回と回答したものが26.3%、1回と回答したものは24.8%、3回が10.3%であった[1]。

以上を総合して考えると、ドイツ人は、1年間に1～2回の長期休暇旅行を行い、年間合計休暇旅行日数は10日～2週間と考えられる。なお、14歳以上のドイツ人を対象に、2014年に休暇旅行について行われたアンケート結果によると、2014年に休暇旅行を予定していない者が22.0%存在した[2]。

2.1 休暇旅行期間と目的地

2013年におけるドイツ人の休暇旅行を、(1) 5泊以上の休暇旅行、(2) 5泊未満の短期休暇旅行、(3) 日帰り旅行を区別して考察する。旅行期間別に件数を示すと、

表2-2-6　5泊以上の宿泊を伴う休暇旅行の地域別比率

旅　行　先	比率（%）
ドイツ国内	30.3
国外	69.7
地中海	34.6
西ヨーロッパ	13.8
（イギリス、アイルランド、フランス、オランダ、スイス、オーストリア）	
東ヨーロッパ	7.4
（ハンガリー、チェコ、ポーランド、ロシアなど）	
スカンディナヴィア	3.3
（デンマーク、ノルウェー、スウェーデン、フィンランド）	
遠隔地	7.0

典拠：DRV, *Fakten und Zahlen 2013 zum deutschen Reisemarkt*, p. 3.

(1)　5泊以上の休暇旅行（これを長期休暇旅行と呼ぼう）　　7,070万件[3]
(2)　5泊未満の短期休暇旅行（これを短期休暇旅行と呼ぼう）　7,190万件[4]
(3)　日帰り旅行　　　　　　　　　　　　　　　　　5億3,057万5,000件[5]

となる。

2.1.1　長期休暇旅行

　長期休暇旅行先では、3割が国内、7割が国外である。国外では、地中海を目的地とするものが最大である（表2-2-6参照）。これを詳しく見ていこう。

　国内の目的地を州別にみると南部のバイエルンと北部のメクレンブルク＝フォアポンメルン、シュレスヴィヒ＝ホルシュタインで16％に達している。山岳地帯と北海、バルト海で長期休暇を過ごすドイツ人が多いといえよう（表2-2-7参照）。

　国外旅行先では、スペインを筆頭に、イタリア、トルコなど地中海に面した国々に加えて、隣国オーストリアが多数を占めている。海岸地域や山岳地域で長期休暇を楽しむ傾向は、国内目的地と共通した特徴である（表2-2-8参照）。

2.1.2　短期休暇旅行

　5泊未満の短期休暇旅行においては、国内旅行比率が77％に達している。なお、都市旅行の比率は国内外ともにそれほど大きな値を示していない（表2-2-9参

表2-2-7　5泊以上の宿泊を伴う休暇旅行の国内目的地

州別目的地	比率（%）
バイエルン	6.0
メクレンブルク＝フォアポンメルン	5.9
シュレスヴィヒ＝ホルシュタイン	4.1
ニーダーザクセン	3.8
バーデン＝ヴュルテンベルク	2.5
ベルリン	1.3
ノルトライン＝ヴェストファーレン	1.3
ザクセン	1.1
ラインラント＝プファルツ	0.7
ブランデンブルク	0.7

典拠：DRV, *Fakten und Zahlen 2013 zum deutschen Reisemarkt*, p. 3.

表2-2-8　5泊以上の宿泊を伴う休暇旅行の国外目的地

国別目的地	比率（%）
スペイン	12.5
イタリア	7.6
トルコ	7.4
オーストリア	5.9
フランス	3.1
クロアチア	2.9
ギリシャ	2.2
ポーランド	2.1
オランダ	2.1
デンマーク	1.7

典拠：DRV, *Fakten und Zahlen 2013 zum deutschen Reisemarkt*, p. 3.

表2-2-9　5泊未満の宿泊を伴う休暇旅行の地域別比率

	比　率
国内	77
都市旅行	34
国外	23
都市旅行	8

典拠：DRV, *Fakten und Zahlen 2013 zum deutschen Reisemarkt*, p. 4.

表2-2-10　5泊未満の宿泊を伴う休暇旅行の国内目的地

州別目的地	比率（%）
バイエルン	12.6
ベルリン	7.8
ノルトライン＝ヴェストファーレン	7.2
バーデン＝ヴュルテンベルク	6.6
ニーダーザクセン	6.4
ハンブルク	5.8
ザクセン	5.4
メクレンブルク＝フォアポンメルン	5.3
シュレスヴィヒ＝ホルシュタイン	4.1
ヘッセン	3.9

典拠：DRV, *Fakten und Zahlen 2013 zum deutschen Reisemarkt*, p. 4.

照）。

　短期休暇旅行先を州別にみると、バイエルンが12.6%を占め、長期休暇旅行先を上回る比率を示している。手軽に休暇を過ごす地域としての魅力をバイエルンが有していると考えられる。しかしながら、ベルリンが7.8%に達している点において、長期休暇旅行先とは異なった特徴がみられる（表2-2-10参照）。

　国外の旅行先を見ると、オーストリア、オランダ、フランスなど地続きの国と近隣のイタリアが上位を占めている（表2-2-11参照）。

表2-2-11 5泊未満の宿泊を伴う休暇旅行の国外目的地

国別目的地	比率（%）
オーストリア	3.7
イタリア	2.6
オランダ	2.6
フランス	2.5
イギリス	2.4
スペイン	1.7
スイス	1.6
チェコ	1.2
ポーランド	0.8
ベルギー	0.7

典拠：DRV, *Fakten und Zahlen 2013 zum deutschen Reisenmarkt*, p. 4.

表2-2-12 ドイツ人による短期都市旅行（国内）

都　市	比率（%）
ベルリン	7.8
ハンブルク	5.8
ミュンヘン	3.2
ドレスデン	2.5
ケルン	2.0
フランクフルト・アム・マイン	1.1
ブレーメン	1.1

典拠：DRV, *Fakten und Zahlen 2013 zum deutschen Reisemarkt*, p. 5.

表2-2-13 ドイツ人による短期都市旅行（国外）

都　市	比率（%）
ロンドン	1.7
パリ	1.0
ウィーン	0.8
アムステルダム	0.8
バルセロナ	0.8
プラハ	0.5
リスボン	0.5

典拠：DRV, *Fakten und Zahlen 2013 zum deutschen Reisemarkt*, p. 5.

表2-2-14 ドイツ人の日帰り私的旅行（2013年）

	比率（%）
国　内	94.7
国　外	5.3

典拠：DRV, *Fakten und Zahlen 2013 zum deutschen Reisemarkt*, p. 6.

　短期都市旅行先では、ベルリン、ハンブルク、ミュンヘン、ドレスデン、ケルンなど文化的魅力が備わった都市が上位を占めている（表2-2-12参照）。一方、国外では、ロンドン、パリ、ウィーンなど首都が上位を占めるが、このことは、航空ネットワークによる便宜と関係があろう（表2-2-13参照）。

　なお、日帰り旅行においては、94.7%が国内を目的地とするが、むしろ日帰り旅行においてすら国外が5.3%に達していることに注目すべきであろう（表2-3-14参照）。隣接する国への移動において国境の壁はないに等しい。

表2-2-15 休暇旅行における利用交通手段の変遷

(単位：%)

年度	自家用車	航空機	バス	鉄道
1992	60.0	20.0	9.0	9.0
1994	60.0	22.0	8.0	8.0
1996	57.0	27.0	8.0	6.0
1998	55.0	30.0	7.0	6.0
2000	55.0	30.0	7.0	6.0
2002	56.0	29.0	7.0	6.0
2003	56.0	29.0	7.0	5.0
2004	54.0	30.0	8.0	6.0
2005	53.0	32.0	7.0	6.0
2006	53.0	32.0	7.0	6.0
2007	52.0	33.0	7.0	7.0
2008	51.0	33.0	7.0	7.0
2009	53.0	32.0	7.0	6.0
2010	52.0	34.0	6.0	6.0
2011	52.0	34.0	6.0	6.0
2012	52.5	31.9	6.1	7.5
2013	51.3	32.5	5.8	7.8

典拠：DRV, *Fakten und Zahlen zum deutschen Reisemarkt 2005*, p. 3, idem, *2006*, p. 8, idem, *2008*, p. 8, idem *2009*, p. 10 et idem, *2013*, p. 13より作成。

表2-2-16 ドイツ人による国内バス旅行先（2012年）

(単位：%)

バーデン=ヴュルテンベルク	6.7
バイエルン	6.4
ニーダーザクセン	4.3
シュレスヴィヒ=ホルシュタイン	3.5
メクレンブルク=フォアポンメルン	3.3

典拠：DRV, *Fakten und Zahlen 2013 zum deutschen Reisemarkt*, p. 12.

表2-2-17 ドイツ人による国外バス旅行先（2012年）

(単位：%)

イタリア	15.3
オーストリア	8.2
フランス	7.0
ポーランド	5.2
クロアチア	5.0

典拠：DRV, *Fakten und Zahlen 2013 zum deutschen Reisemarkt*, p. 12.

2.2 休暇旅行における移動手段

　交通手段についてみると、現在においても自家用車利用が最も多いが、1990年代から21世紀初頭にかけて、自家用車利用が漸減している一方、航空機利用が漸増してきた（表2-2-15参照）。このことは、ドイツにおいて低運賃航空会社が多数、就航していることと大いに関係がある[6]。

　ドイツ人によるバス旅行先では、国内の南部2州（バーデン=ヴュルテンベルク、バイエルン）と北部2州（シュレスヴィヒ=ホルシュタイン、メクレンブルク=フォアポンメルン）およびニーダーザクセンが上位にある。国外ではイタリア、オーストリアなどアルプスおよびアルプス越えのルートに人気がある。（表2-2-16および表2-2-17参照）。

　近年、人気のある旅行市場にクルージングがある。地中海、北海、カナリア諸

表2-2-18 クルージング市場（2013年）

	海上クルージング*	河川クルージング**
売上	25億ユーロ	4億1,700万ユーロ
乗客数	1,686,746	406,614
平均クルージング経費	€1,492	€406,614
クルージング期間（日）	8.7	7.2

* 地中海、北海、カナリア諸島、バルト海。
** ドナウ川、ライン川、ナイル川。
典拠：DRV, *Fakten und Zahlen 2013 zum deutschen Reisemarkt*, p. 16.

表2-2-19 ビジネス旅行市場（2008年）

延べ件数（100万）	163.1
平均日数（日）	2.3
総費用（10億ユーロ）	46.6
10～500人の事業所	36.8
500人を上まわる事業所	9.8
平均費用（ユーロ）	311
1人1日あたりの費用（ユーロ）	135
総宿泊件数（100万）	57.6

典拠：DRV, *Fakten und Zahlen deutschen Reisemarkt 2009*, p. 20.

表2-2-20 ビジネス旅行における費用構成（2012年）

	金額（10億ユーロ）	構成比（％）
航空運賃	125	27
宿泊	120	25
鉄道運賃	86	18
食事接待	53	11
レンタカー	37	8
その他	46	10

典拠：DRV, *Fakten und Zahlen 2013 zum deutschen Reisemarkt*, p. 24.

島、バルト海におけるクルージングは、市場規模が25億ユーロに達している。また、ドナウ川、ライン川などの河川クルージングも4億ユーロを超える市場規模となっている（表2-2-18参照）。

3 ドイツ人のビジネス旅行

　ビジネス目的に限定したドイツ人の旅行を表2-2-19によって概観すると、平均旅行日数は、2.3日であり、1旅行あたりの費用は300ユーロあまり、1日あたりの費用は135ユーロである。
　ビジネス旅行における費用の構成については、航空運賃が最も多く、27％を占め、宿泊費がこれに次いでいる。接待費が11％に達している点がビジネス旅行に固有の特徴である（表2-2-20参照）。
　ビジネス旅行目的地は、ドイツ国内においては、ベルリン、ミュンヘン、ケルン、ハンブルク、デュッセルドルフなどの大都市が上位を占めている。ヨーロッパに

おいては、ロンドン、ウィーン、パリなど、イギリス、オーストリア、フランスの首都に次いで、金融・商業の中心地が上位に並ぶ。ヨーロッパ以外では、上海、モスクワ、北京、ニューヨークに次いで、東京が5番目にランクされている（表2-2-21（1）〜表2-2-21（3）参照）。

内外を問わず、ビジネス旅行とは都市旅行でほぼ同義であるといって差し支えない。しかし都市旅行イコール、ビジネス旅行ではない。

4　ドイツの旅行業

4.1　ドイツの旅行業の理念形

旅行業には、理念形として「旅行企画業」と「旅行販売業」がある。現実の機能においては、その混合形態や中間形態が存在し、旅行企画業と旅行販売業、交通業と旅行販売業が同一名称の企業であっても、機能ごとに別法人の形をとっている場合もある。

表2-2-21（1）　ビジネス旅行目的地比率（国内）

(単位：%)

ベルリン	22.3
ミュンヘン	17.9
ケルン	11.6
ハンブルク	11.5
デュッセルドルフ	9.8

典拠：DRV, *Fakten und Zahlen 2013 zum deutschen Reisemarkt*, p. 25.

表2-2-21（2）　ビジネス旅行目的地比率（ヨーロッパ）

(単位：%)

ロンドン	9.9
ウィーン	8.7
パリ	6.1
チューリッヒ	4.5
ミラノ	3.3

典拠：DRV, *Fakten und Zahlen 2013 zum deutschen Reisemarkt*, p. 25.

表2-2-21（3）　ビジネス旅行目的地比率（世界）

(単位：%)

上海	7.1
モスクワ	6.3
北京	4.4
ニューヨーク	3.7
東京	3.2

典拠：DRV, *Fakten und Zahlen 2013 zum deutschen Reisemarkt*, p. 25.

その例として、旅行企画業 TUI（Reiseveranstalter TUI）と TUI 販売店（TUI-Verkaufsbüros）、航空業ルフトハンザ（Leistungsträger Lufthansa）とルフトハンザ販売店（Lufthansa-Verkaufsbüros）が挙げられる[7]。

「純粋な」旅行企画業（"reine" Reiseveranstalter）は、もっぱら旅行の組織／企画に関わり、自社で企画した旅行を外部の旅行仲介業者に販売する。ドイツ最大の旅行企画業者は TUI であり、TUI 代理店はすべて独立した外部の経営（eigenständige/fremede Betriebe）である。

表2-2-22 ドイツにおける旅行企画業（Reiseveranstalter）2013年

	売り上げ		旅行企画参加者数
	売上額（100万ユーロ）	市場占有率（%）	（1,000人）
TUI Deutschland	4,479	17.7	7,500
Thomas Cook	3,400	13.4	5,800
DER Touristik	3,168	12.5	6,200
FTI	1,850	7.3	3,400
Alltours	1,450	5.7	1,810
Aida Cruises	1,250	4.9	760
Schauinsland Reisen	794	3.1	988

典拠：DRV, *Fakten und Zahlen 2013 zum deutschen Reisemarkt*, p. 17.

　他方、自社で企画した旅行を自社の販売店（eigene Verkaufsbüros）に卸売する旅行企画業も存在する。こういった旅行企画業には2種類あって、ひとつは専ら／または主として自社の旅行商品を卸売するかつてのネッカーマン・ライゼン（Neckermann-Reisen）、今日ではルフトハンザがこれにあたる。

　もうひとつ、旅行企画業の所有する旅行仲介業には、他社の旅行（"fremde" Reisen）も仲介するものがある。その代表はかつてのデパートの旅行業者（Kaufhaus-Reisebüros）で、仲介の中心は自社商品であるが、他者の企画した旅行、特に地域の旅行企画業者およびIATA便もあわせて販売していた[8]。

　これらとは、対極に「純粋な」旅行仲介業（"reine" Reisevermittler）が存在し、もっぱら他者の企画した旅行の仲介を行う。現存する旅行社の大半はこの形である[9]。

　ただし、航空、鉄道、レンタカー、フェリー、宿泊、イベント、保険などの観光関連業種は Leistungträger と呼ばれ旅行企画業、旅行仲介業とは区別される[10]。

4.2　旅行企画業と旅行販売チェーン

　表2-2-22および表2-2-23に代表的な旅行企画業と旅行販売チェーンを示した。

　旅行企画業において、最大の売り上げと旅行企画参加者数を示す TUI Deutschland GmbH は、TUI Group の100％子会社である[11]。

同社の歴史は、中規模旅行企画業である Dr. Tigges-Fahrten（1928年設立）、Touropa（1951年設立）、Hummel Reisen（1953年設立）、Scharnow-Reisen（1953年設立）が、1968年に統合することによって設立された Touristik Union International（TUI）に遡ることができる[12]。

表 2 - 2 -23　ドイツにおける旅行販売会社チェーン（Reisevertriebssystem）
（旅行代理店チェーン、フランチャイズ・チェーン）

	売上額 (100万ユーロ)	販売店数
DER Touristik	4,271	2,071
TUI Leisure Travel	3,100	1,312
RTK-Gruppe	2,960	4,008
TSS	2,420	2,134
LH City Center	2,280	467

典拠：DRV, *Fakten und Zahlen 2013 zum deutschen Reisemarkt*, p. 18.

Thomas Cook AG は、Thomas Cook plc の100％子会社であり、ドイツ、オーストリア、スイス、ポーランド、チェコ、ハンガリー、ロシア、ベルギーおよびオランダで業務を遂行している[13]。

親会社であるイギリスのトーマス・クック社は、2001年に C＆N Touristik AG に買収され、社名を Thomas Cook AG とした。その後、2007年に Thomas Cook AG は MyTravel Group plc との統合によって Thomas Cook plc と社名を変更し、ロンドン市場に株式を公開した。この時点では、C＆N Touristik AG の大株主であった Arcandor AG が52.8％の株式を所有することとなった。2009年に Arcandor AG は、持ち株を放出して現在に至っている[14]。

DER Touristik は、ケルンに本社を置く古典的な旅行企画業である DER Touristik Köln GmbH（旧 REWE Touristik Gesellschaft mbH）、フランクフルト・アム・マインに本社を構え個人の遠隔旅行企画を扱う DER Touristik Frankfurt GmbH（旧 DERTOUR GmbH & Co. KG）および旅行販売代理店である DER Deutsches Reisebüro GmbH & Co. OHG からなる企業グループである[15]。

その前身は、1917年ベルリンに設立された DER Deutsches Reisebüro に遡ることができる。同社は、1945年、フランクフルト・アム・マインに本社を移転した。一方、DDR 内に残った営業所は国営の Reisebüro der DDR として再編成された[16]。

TUI Deutschland と DER Touristik は、旅行販売会社チェーンをも傘下に収め、垂直統合のメリットを享受している（表 2 - 3 -23参照）。

旅行販売会社チェーンにおいて、最もチェーン加盟店が多い RTK-Gruppe の

表2-2-24 事務所を構える旅行代理店（Stationäre Reisebüros）数

	古典的旅行業 (Klassische Reisebüros)	ビジネス旅行社 (Business Travel)	観光旅行社 (Touristische Reisebüros)
2001	4,978	1,207	8,050
2013	2,434	780	6,515
2013/2001×100（％）	48.89	64.62	80.93

注：Klassichsche Resisebüro: Reisebüro mit mindestens einer Veranstalter- und mindestens einer Verkehrsträgerlizenz (DB-oder IATA-Lizenz).
　　Business Travel: Reisebüro/Dienstleister/Betriebsstelle eines Firmenreisendienstes, die überwiegend Dienstreise- und Geschäsreisekunden bedienen.
　　Touristische Reisebüro: Reisebüro mit mindestens zwei Veranstalterlizenzen, ohne DB- oder IATA-Lizenz.
典拠：DRV, *Fakten und Zahlen deutschen Reisemarkt 2005*, p. 6, et DRV, *Fakten und Zahlen 2013 zum deutschen Reisenmarkt*, p. 19より作成。

表2-2-25 旅行代理店における売上の内訳（2013年）

（単位：％）

個人旅行	68.28
ビジネス旅行	31.71

典拠：DRV, *Fakten und Zahlen 2013 zum deutschen Reisemarkt*, p. 19より作成。

表2-2-26 旅行代理店の変遷

年度	旅行代理店数	売上（100万ユーロ）
2004	13,753	20.5
2005	12,639	20.7
2006	11,986	20.8
2007	11,404	21.4
2008	11,046	21.8
2009	10,717	19.0
2010	10,370	20.4
2011	10,240	22.4
2012	9,986	22.5
2013	9,729	22.7

典拠：DRV, *Fakten und Zahlen 2013 zum deutschen Reisemarkt*, p. 20.

中核は、RTK（Raiffeisen- Tours RT-Reisen）GmbHである。同社は、オーバーバイエルン県ブルクハウゼンに本社を置き、ライファイゼン銀行が最大の出資者である。エア・ベルリン、コンドルなどのLCCやドイツ鉄道、またトーマス・クック、TUI、Alltours、FTIなどの企画旅行商品を扱う[17]（表2-2-23参照）。

4.3　旅行代理店

　旅行代理店数の変化を表2-3-24に掲げた。2013年と2001年を比較すると、古典的旅行業は、その数を半分に減らした。ビジネス旅行社においても、この12年間に約35％の減少をみた。これに対して、観光旅行社は比較的減少率が小さい。

　なお、2013年における旅行代理店の売上のうち、個人旅行はおよそ7割を占め

表2-2-27 休暇旅行におけるインターネット利用比率（14歳以上）

年度	休暇旅行の情報収集におけるインターネット利用者比率（％）	休暇旅行の予約におけるインターネット利用者比率（％）
2000	10	2
2002	21	7
2004	29	11
2006	38	17
2008	45	24
2010	51	29
2012	55	33
2014	58	37

典拠：Verband Internet Reisevertrieb e. V., *Daten & Fakten 2014 zum Online-Reisemarkt*, Oberhaching, 2015, p. 34.

ている（表2-3-25参照）。

次に、2004年以降の旅行代理店数を表2-3-26でみると、その減少が著しいのに対して、市場規模はむしろ拡大している。この間、旅行業界の統廃合が進んだことを示している。

旅行代理店の売上においては、個人旅行が、およそ7割、ビジネス旅行が3割となっている（表2-2-25参照）。

4.4 オンライン予約

窓口営業を行う旅行代理店がその数を低下させる一方、旅行におけるインターネット予約が増加してきた。

DRVでは、オンライン旅行代理店（Online-Resisebüro）において、2012年に、航空チケット、鉄道切符、レンタカー、宿泊などの売上がおよそ82億ユーロであったと推計している[18]。

表2-2-27は、休暇旅行に関するインターネット利用の進展を示している。2000年以降、ドイツ人旅行者のインターネット利用率は著しく増大した。特に、旅行情報の収集においては、およそ6割がネット情報を利用するに至っている。ただし、実際の予約においては、ネット利用は37％に留まっている。

収集する情報の内容は、目的地情報、価格比較、宿泊情報が上位を占めている（表2-2-28参照）。

表2-2-28 オンライン情報の取得
(単位:%)

旅行目的地情報	51
価格比較	47
宿泊情報	42
パック旅行	32
航空情報	25
催し物情報	15
鉄道情報	10
レンタカー情報	8

典拠：Verband Internet Reisevertrieb e. V., *Daten & Fakten 2014 zum Online-Reisemarkt*, Oberhaching, 2015, p. 35.

表2-2-29 休暇旅行における予約場所
(単位:%)

	2013年	2005年
旅行代理店	32	44
旅行企画業者に直接	7	8
インターネットポータル	14	7
宿泊施設提供者に直接	30	21
交通業者に直接	16	13

典拠：Verband Internet Reisevertrieb e. V., *Daten & Fakten 2014 zum Online-Reisemarkt*, Oberhaching, 2015, p. 35.

表2-2-30 休暇旅行における予約方法
(単位:%)

	2013年	2005年
対面で	44	57
オンライン予約	31	11
Eメイル	8	3
電話	22	23
手紙／FAX	2	5

典拠：Verband Internet Reisevertrieb e. V., *Daten & Fakten 2014 zum Online-Reisemarkt*, Oberhaching, 2015, p. 35.

表2-2-31 オンライン予約

宿泊予約	26
パック旅行予約	15
航空券予約	13
乗車券（乗船券を含む）予約	6
入場料予約	6
レンタカー予約	5

典拠：Verband Internet Reisevertrieb e. V., *Daten & Fakten 2014 zum Online-Reisemarkt*, Oberhaching, 2015, p. 35.

予約のあり方を、表2-2-29および表2-2-30さらに詳しくみていこう。

2005年との比較で、2013年をみると、旅行代理店利用が減少する一方、インターネットポータルの利用比率が倍増しているものの、未だ14％に留まっている。また、宿泊施設に直接、接触する割合が増加した。

旅行代理店利用が減少したことを反映して、「対面で」の予約が減少し、オンライン予約やメイル予約が増加している。

実需としてのオンラインを、予約内容で確認すると、宿泊予約が最も多数を占めている（表2-2-31参照）。これは、表2-2-29でみた「宿泊業者に直接」項目とかなりオーバーラップしていると考えられる。

なお、アクセスする旅行関係のポータルでは、ドイツ鉄道（bahn. de）が最多

第2章　ドイツ人の旅行行動　115

表2-2-32　オンライン・ポータルへのアクセス比率（2013年下半期）

ドメイン	アクセス件数	比率（％）
bahn.de	18,490,752	36.50
holidaycheck.de	10,142,211	20.00
booking.com	9,986,558	19.70
tripadvisor.de	7,220,341	14.20
hrs.de	6,264,976	12.40

典拠：Verband Internet Reisevertrieb e. V., *Daten & Fakten 2014 zum Online-Reisemarkt*, Oberhaching, 2015, p. 50.

表2-2-33　オンライン予約における航空券販売

目的地	比率（％）
Antalya	20
Parma de Mallorca	17
Hurghada	6
Las Palmas	5
Teneriffa	5
Heraklion	4
Enfidha	3
Arrecife	2
Rhodos	2

典拠：DRV, *Fakten und Zahlen 2013 zum deutschen Reisemarkt*, p. 22.

表2-2-34　オンライン予約における1人あたり支出額

ユーロ	比率
€3,000以上	8
€2,500〜€3,000	7
€2,000〜€2,500	11
€1,500〜€2,000	19
€1,000〜€1,500	29
€500〜€1,000	22
0〜€500	4

典拠：DRV, *Fakten und Zahlen 2013 zum deutschen Reisemarkt*, p. 23.

であり、holidaycheck.de、booking.com、tripadvisor.de、hrs.de がこれに続く（表2-3-32参照）。

　ドイツにおいては、副次的空港を利用したLCCによる国外の観光・保養地への定期便、チャーター便の運行が活発に行われていることを、私は指摘した[19]。

　低価格航空運賃は、ネット予約と密接な関係がある点に鑑み、表2-3-33では、航空券のオンライン予約を検証した。これらの目的地は、いずれもドイツより滞在費が安価な地域である。

　また、オンライン予約による1人あたりの支出額を表2-3-34で確認すると、5割以上が、1,500ユーロを下回っている。

4.4.1　ラスト・ミニトゥ旅行（Last Minute Reisen）

　旅行販売業者が、旅行出発期日が接近すると、仕入れた商品の売れ残りを安価

表2-2-35 ラスト・ミニトゥ・ポータル利用者の旅行目的地（2013年）

旅行目的国	構成比（％）
スペイン	13.5
トルコ	8.2
イタリア	7.4
ドイツ	6.6
オーストリア	6.1
ポルトガル	6.1
オランダ	5.6
イギリス	5.3
ギリシャ	5.3
フランス	5.0

典拠：Verband Internet Reisevertrieb e. V., *Daten & Fakten 2014 zum Online-Reisemarkt*, Oberhaching, 2015, p. 42.

表2-2-36 ドイツの世界地域別対外旅行収支（2008年度）

（単位：100万ユーロ）

	収入	支出	収入－支出
対ヨーロッパ	23,018	49,824	－26,806
EU 27カ国	19,023	40,571	－21,598
EU 15カ国	16,938	34,583	－17,645
EWU 圏	13,171	31,684	－18,513
対アフリカ大陸	108	2,742	－2,634
対アメリカ大陸	2,526	5,235	－2,709
対アジア	1,398	4,316	－2,918
合　計	27,208	61,994	－34,786

典拠：Statistisches Bundesamt, *Statistisches Jahrbuch 2009*, p. 417.

に販売することは、わが国においても行われている。

　2013年において、ドイツ人の22％がラスト・ミニトゥ旅行を利用したといわれている。

　同年度において、ラスト・ミニトゥ旅行1件あたりの平均支出額は、477.9ユーロであった[20]。

　ラスト・ミニトゥ旅行（Last-Minute-Reisen）について、DRVは、出発の14日以降に販売され、予約される安価な旅行と定義している[21]。

　しかし供給者の側では、3週間前以降に販売する安価な旅行手段を、Last-Minute-Reisen と呼んだり、72時間前に Super-Lastminute Abflüge を提供するしている場合もある[22]。

　また、休暇旅行者の多くは、出発3週間前に販売する安価な旅行を Last Minute Reisen と理解している[23]。とはいえ、多くの旅行業者が DRV の定義に従った行動をしていることを考え[24]、ここでは、旅行出発日の2週間前以降に販売される相対的に安価な旅行供給を Last Minute Reisen と定義しよう。

　ラスト・ミニトゥ・ポータル利用者の旅行目的地は、スペイン、トルコが上位を占め、オンライン予約による航空券販売の目的地（表2-2-33）と重複した場所が多い。

表2-2-37　ドイツの各国別旅行収支（2008年度）

(単位：100万ユーロ)

	収入	支出	収入－支出
ベルギー	1,190	806	384
フランス（海外県を含む）	2,444	3,913	－1,469
ギリシャ	290	1,647	－1,357
イタリア	1,310	6,106	－4,796
ルクセンブルク	526	665	－139
オランダ	3,384	2,841	543
オーストリア	2,326	6,175	－3,849
ポルトガル	193	695	－502
スペイン（カナリア諸島、セウタ Ceuta、メリージャ Melilla を含む）	1,021	7,307	－6,287
ブルガリア	207	471	－264
デンマーク	1,575	1,007	568
ポーランド	1,049	2,281	－1,232
チェコ	366	1,920	－1,554
ハンガリー	102	685	－583
イギリス	1,446	1,518	72
クロアチア	45	1,120	－1,075
スイス	2,791	2,748	43
トルコ	162	3,461	－3,299
エジプト	32	1,119	－1,087
アメリカ合衆国	2,146	3,103	－957

典拠：Statistisches Bundesamt, *Statistisches Jahrbuch 2009*, p. 417.

5　ドイツの旅行収支

　ドイツ旅行収支は、世界のどの地域に対してもマイナスとなっている。特にヨーロッパに対する収支、なかでもユーロ圏に対して著しいマイナスとなっている。

　これを各国別に考察すると、スペイン、イタリア、トルコ、エジプト、オーストリアなどドイツ人が休暇目的地に好んで選択する国、特にドイツの南方に位置する国に対して収支が赤字となっている。また、東欧諸国に対しても多くの赤字を計上している。

　一方、ベルギー、オランダ、デンマーク、イギリスなどドイツより北に位置する国に対しては黒字となっている。

表2-2-38 ドイツの旅行収支の国別構造

対象国	支出／収入
ベルギー	0.67
フランス（海外県を含む）	1.61
ギリシャ	5.68
イタリア	4.67
ルクセンブルク	1.26
オランダ	0.84
オーストリア	2.65
ポルトガル	3.61
スペイン（カナリア諸島、セウタ Ceuta、メリージャ Melilla を含む）	7.57
ブルガリア	2.28
デンマーク	0.64
ポーランド	2.17
チェコ	5.25
ハンガリー	6.72
イギリス	1.05
クロアチア	24.89
スイス	0.98
トルコ	21.36
エジプト	34.97
アメリカ合衆国	1.45
世界全体	2.28

典拠：表2-2-35をもとに作成した。

　このことから、休暇旅行者の流れは北から南へ移動していることが推察できる。
　表2-2-37は絶対額を基準としているので、これを支出／収入比率に換算する（表2-2-38参照）。
　ドイツと比較して、著しく所得水準が低いクロアチア、トルコ、エジプトに対しては、収入に比して20倍以上の支出超過となっている。また、EUの中で所得水準が劣るギリシャ、スペイン、チェコ、ハンガリーに対する支出超過の収入比は5倍以上8倍以下となっている。これに対して、ドイツと経済水準が近接している諸国に対しては、収支が比較的均衡している。世界の旅行者を集めているとの印象が強いフランスに対しても、その比率は1.61倍に過ぎない。
　特に、ドイツが旅行収支において、収入超過となっているベルギー、オランダ、デンマークおよび収支が均衡しているルクセンブルク、イギリスは1人あたりの所得が高い国である。

このことから、旅行収支は相対的に所得水準が高い国に対しては、黒字となり、低い国に対しては赤字となることがわかる。

6　小括

ドイツ人は、1年間に1～2回の長期休暇旅行を行い、年間合計休暇旅行日数は10日～2週間と考えられる。この数値は、一般に考えられているよりも控えめであるかもしれない。

長期休暇旅行の目的地では、南部の山岳地帯と北部の北海、バルト海が傑出し、また国外旅行先では、スペインを筆頭に、イタリア、トルコなど地中海に面した国々に加えて、隣国オーストリアが多数を占めている。海岸地域や山岳地域で長期休暇を楽しむ傾向は、国内目的地と共通した特徴である。

休暇旅行における交通手段についてみると、現在においても自家用車利用が最も多いが、1990年代から21世紀初頭にかけて、自家用車利用が漸減している一方、航空機利用が漸増してきた。このことはヨーロッパにおけるLCCネットワークの拡充と関係があろう。

1)　ADAC, *Reisemonitor 2013: Trendforschung im Reisemarkt 2013*, 06. 03. 06, p. 7.
2)　Verband Internet Reisevertrieb e. V.,*Daten & Fakten 2014 zum Online-Reisemarkt*, Oberhaching, 2015, p. 40.
3)　DRV, *Fakten und Zahlen 2013 zum deutschen Reisemarkt*, p. 3.
4)　DRV, *Fakten und Zahlen 2013 zum deutschen Reisemarkt*, p. 4.
5)　DRV, *Fakten und Zahlen 2013 zum deutschen Reisemarkt*, p. 6.
6)　山田徹雄『ドイツ資本主義と空港』日本経済評論社、2009年参照。
7)　Freyer, W., *Tourismus, Einführung in die Fremdenverkehrsökonomie*, 8. Auflage, München, 2006, p. 237.
8)　Freyer, W., *Tourismus, Einführung in die Fremdenverkehrsökonomie*, 8. Auflage, München, 2006, p. 238.
9)　Freyer, W., *Tourismus, Einführung in die Fremdenverkehrsökonomie*, 8. Auflage, München, 2006, p. 239.
10)　旅行業の法的な定義についてはIHK Potsdam, Rechtliche Grundlage für Reise-

büros und Reiseveranstalter, in interrete sub: http://www.potsdam.ihk24.de/produktmarken/starthilfe/existenzgruendung, 30. 09. 2010が詳しい。

11) TUI Deutschland, Unternehmen, in interrete sub: http://unternehmen.tui.com/, 08. 04. 2015 TUI Group は、2014年12月 TUI AG と TUI Travel PLC の統合によって成立した持ち株株社である (TUI Group, Press Release, 1. 04. 2015, Hannover)。

12) TUI Deutschland, Historie, in interrete sub: http://unternehmen.tui.com/de/ueber-tui/unsere-unternehmenswelt/tui-deutschland/historie, 08. 04. 2015.

13) Thomas Cook AG, Unternehmen, in interrete sub: http://www.thomascook.info/unternehmen/, 07. 04. 2015.

14) Thomas Cook Group, History 2007-2008, in interrete sub: http://www.thomascookgroup.com/hidtory/history-2007-2008, 07. 04. 2015 et Thomas Cook Group, History 2008-2009, in interrete sub: http://www.thomascookgroup.com/history/history-2008-2009/, 07. 04. 2015.

15) DER Touristik, Der Touristik, in interrete sub: http://www.dertouristik.com/de/gruppe/der-touristik/, 07. 04. 2015.

16) DER Touristik, Historie, in interrete sub: http://www.dertouristik.com/de/gruppe/historie/, 07. 04. 2015.

17) RTK, Home, in interrete sub: http://www.rtk.biz/, 14. 04. 2015, RTK, Unternehmen, in interrete sub: http://www.rtk.biz/main/unternehmen.htm, 14. 04. 2015, rtk-Reisen, Über uns, in interrete sub: http://www.rtkreisen.de/Wir_ueber_uns.htm, 14. 04. 2015 et Wer zu Wem Firmenverzeichnis, Raiffeisen-Tour RT Reisen, in interrete sub: http://www.wer-zu-wem.de/firma/raiffeisen-tours.html, 15. 04. 2015.

18) DRV, *Fakten und Zahlen 2013 zum deutschen Reisemarkt*, p. 21.

19) 前掲『ドイツ資本主義と空港』。

20) Verband Internet Reisevertrieb e. V., *Daten & Fakten 2014 zum Online-Reisemarkt*, Oberhaching, 2015, p. 41.

21) DRV, Marktforschung, in interrete sub: http://www.drv.de/fachthemen/statistik-und-marktforschung/detail/marktforschung.html, 15. 04. 2015.

22) Lastminute 4u. de, Wie definiert man Last Minute Reisen?, in interrete sub: http://www.lastminute4u.de/last-minute-reisen/last-minute-reisen.html, 15. 04. 2015.

23) Clubschiff-Prozente, Last-Minute-Begriff, in interrete sub: http://www.clubschiff-prozente.de/definition-aida-lastminute, 15. 04. 2015.

24) www. meinreisedinders. d., Der Begriff Lastminute, in interrete sub: http://www.meinreisefinder.de/last-minute/, 15. 04. 2015, Environmental Studies, Einführung &

Informationen zum Thema Lastminute Reisen, in interrete sub: http://www.environmental-studies.de/Last-minute/lastminute.html, 15. 04. 2015, Touristik-Boerse, Was bedeutet Last Minute?, in interrete sub: http://www.touristikboerse.de/service/hilfe/reise-allgemein/was-bedeutet-lastminute.php,15.04.2015, et Zum Vereisen, Last Minute, in interrete sub: http://zum-verreisen.de/last-minute/, 15. 04. 2015.

第3章　ドイツにおける外国人旅行者

　外国人観光客がいずれの地域からやって来て、ドイツのどの地域に宿泊しているかをドイツ政府観光局（deutsche Zentrale für Tourismus e. V.: 略称 DZT）が刊行する年次報告書（*Jahresbericht 2013*、以下 Jb 2013と略記）を分析することによって明らかにするとともに、ドイツ政府観光局のマーケティング戦略をも考察する[1]。

　ドイツ政府観光局のマーケティング目標は、

　　(1)　世界中に旅行地ドイツのイメージを広めること（Imageförderung für das Reiseland Deutschland weltweit）

　　(2)　外国からドイツへの宿泊を増加させること（Steigerung der Übernachtungen aus dem Ausland nach Deutschland）

である[2]。

　ドイツを訪れる外国人について、その宿泊状況を表2-3-1で確認しよう。宿泊者数を起点国別に上位15カ国をみると、大陸ヨーロッパの11カ国が含まれている。特に、オランダ、スイス、オーストリア、フランス、デンマーク、ベルギーなどのドイツと国境を接している国が、上位10カ国にリストアップされている。アメリカ合衆国を除けば、ヨーロッパ諸国からの旅行者による宿泊件数は、すべて200万件を超えている。

　その中で、遠隔の国からの旅行者として、アメリカ合衆国、中国、日本を起点とする旅行者が比較的多くみられる。

　外国市場に対するマーケティング活動組織の階層性は、全体を統括するフランクフルト本部（Zentrale Frankfurt）のもとに、セグメントされた地域の拠点となる支局（Auslandsvertretungen）が置かれ、マーケティング・営業代理店（Marketing- und Vertriebsagenturen）および広報代理店（PR-Agenturen）がこ

表 2-3-1　ドイツにおける外国からの宿泊者

起点国	宿泊者数 (1,000人)	宿泊件数 (1,000人)	平均宿泊数 (泊)
オランダ	4,169	10,940	2.62
スイス	2,490	5,211	2.09
アメリカ合衆国	2,314	4,855	2.10
UK	2,162	4,537	2.10
イタリア	1,581	3,468	2.19
オーストリア	1,567	3,221	2.06
フランス	1,535	3,065	2.00
デンマーク	1,357	2,856	2.10
ベルギー	1,238	2,871	2.32
ロシア	913	2,247	2.46
スウェーデン	897	1,659	1.85
スペイン	890	2,028	2.29
中国	751	1,563	2.08
ポーランド	737	2,013	2.73
日本	734	1,326	1.81

典拠：Statistisches Bundesamt, *Statistisches Jahrbuch 2013*, p. 605.

れを補完する[3]）。

1　ドイツ政府観光局の空間的マーケティング・セグメンテーション

　ドイツ政府観光局は、外国からドイツへの観光促進のために、ドイツの観光地のイメージアップを行い、連邦経済労働省からの委託で観光マーケティングを行っている。外国からの観光客誘致にあたって、次のような6つの地域区分を行い、それぞれの地域にマネジメント拠点である支局を設けている（以下表2-3-2参照）。

　西北ヨーロッパ地域においては、イギリス、オランダ、ベルギーに観光客誘致の重点が置かれ、ブリュッセル、アムステルダム、ロンドンに支局が置かれている。

　北欧、ロシア、ポーランドをマーケティング対象とする東北ヨーロッパの拠点はコペンハーゲンであり、これを補充する機能がマーケティング・営業代理店の形態でヘルシンキ、ストックホルム、オスロ、モスクワに与えられる。

　西南ヨーロッパ地域マネジメントの対象とするフランス、スイス、イタリア、スペインについては、パリ、チューリッヒ、ミラノ、マドリードに支局が設置されている。

　オーストリアおよび東欧諸国を対象とする東南ヨーロッパ地域マネジメントの拠点はウィーンに、マーケティング・営業代理店がプラハ、ブダペスト、リュブリャナなどに置かれ、広報・営業対象国としてギリシャ、トルコ、バルカン諸国をもカバーしている。

　アメリカ／イスラエル地域マネジメントの支局はニューヨークであり、南北ア

表2-3-2　ドイツ政府観光局による空間的マーケット・セグメンテーション

(1) 西北ヨーロッパ

支局	ブリュッセル、アムステルダム、ロンドン
西北地域マネジメント対象国	イギリス、オランダ、ベルギー、ルクセンブルク

(2) 東北ヨーロッパ

支局	コペンハーゲン
マーケティング・営業代理店	モスクワ、ヘルシンキ、ストックホルム、オスロ、ワルシャワ
北東地域マネジメント対象国	ノルウェー、デンマーク、スウェーデン、フィンランド、ロシア、ポーランド、バルト3国

(3) 西南ヨーロッパ

支局	パリ、ミラノ、チューリッヒ、マドリード
西南地域マネジメント対象国	スイス、イタリア、フランス、スペイン

(4) 東南ヨーロッパ

支局	ウィーン
マーケティング・営業代理店	プラハ、ブダペスト、リュブリャナ、ザグレブ、サレエボ、ベオグラード、ブカレスト、ソフィア、ポドゴリツァ
広報代理店	イスタンブール
東南地域マネジメント対象国	オーストリア、チェコ、ハンガリー、ルーマニア、スロバキア、スロヴェニア、ブルガリアおよびバルカン諸国

(5) アメリカおよびイスラエル

支局	ニューヨーク
マーケティング・営業代理店	トロント、シカゴ、ロスアンジェルス、サンパウロ、テル・アヴィヴ
アメリカ／イスラエル地域マネジメント対象国	アメリカ合衆国、ブラジル、カナダ、中南米諸国、イスラエル

(6) アジアおよびオーストラリア

支局	東京
マーケティング・営業代理店	北京、香港、シドニー、ニューデリー、ドバイ
広報代理店	ソウル
アジア／オーストラリア地域マネジメント対象国	中国／香港、日本、アラブ湾岸諸国、オーストラリア、ニュージーランド、インド、韓国、南アフリカ

典拠：DZT, *Jahresbericht 2013*, pp. 114-135より作成。

表2-3-3 西北ヨーロッパ地域からの旅行者の年間宿泊数

ドイツ旅行者の居住国・地域	年間宿泊件数	人口1人あたり宿泊件数
オランダ	10,824,588	0.648
イギリス、アイルランド	5,218,927	0.083
ベルギー	2,897,300	0.268
ルクセンブルク	558,703	1.112
合計	19,499,518	0.215

典拠：DZT, *Jahresbericht 2013*, p. 115より作成。

メリカ大陸に加えて、イスラエルをも誘致対象に加える。

東京に支局が置かれているアジア／オーストラリア地域マネジメントは、日本、中国、香港、インド、オーストラリア、中国、韓国に加えて湾岸諸国、南アフリカが広報・マネジメント対象地域である。

支局の置かれている地域には偏りがあり、それが3カ所配置されている西北ヨーロッパおよび4支局配置されている西南ヨーロッパにマーケティングの重点が置かれていることは明白である。表2-3-1にみた起点国別宿泊件数は、これを反映した結果となっている。

2　外国人観光客の動向

以下、上記の空間的マーケティング・セグメンテーションをもとに、外国人観光客の動向（2013年）を明らかにする。

2.1　西北ヨーロッパ地域からの旅行者

西北ヨーロッパ地域を起点とする旅行者においては、オランダからの旅行者の宿泊件数が群れを抜き、イギリスがこれに次ぐ。ただし人口1人あたりの宿泊件数ではルクセンブルクの値が極めて大きい。一方、イギリスを起点とする者のそれは著しく小さい（表2-3-3）。

ドイツにおける宿泊地域を州別にみると、イギリスとそれ以外の国との間に大きな違いがみられる。イギリスを起点とする者は、ベルリン、バイエルン、ノルトライン＝ヴェストファーレンといった大都市や規模の大きい空港の存在する州に宿泊する傾向がある。これに対して、それ以外の国を起点とする旅行者は近接する州からライン川沿いの州に宿泊する傾向がみられた（表2-3-4）。

表2-3-4　西北ヨーロッパ地域からの旅行者の宿泊地域

旅行者の居住国・地域	順位	ドイツの州	比率（％）
オランダ	1	ラインラント＝プファルツ	25.0
	2	ノルトライン＝ヴェストファーレン	21.6
	3	バイエルン	13.7
イギリス	1	ベルリン	24.2
	2	バイエルン	19.6
	3	ノルトライン＝ヴェストファーレン	15.0
ベルギー	1	ラインラント＝プファルツ	33.9
	2	ノルトライン＝ヴェストファーレン	21.1
	3	バーデン＝ヴュルテンベルク	13.8
ルクセンブルク	1	バーデン＝ヴュルテンベルク	29.5
	2	バイエルン	15.5
	3	ノルトライン＝ヴェストファーレン	13.5

典拠：DZT, *Jahresbericht 2013*, p. 117.

表2-3-5　オランダ人の外国旅行
における主たる目的国

国	比率（％）
ドイツ	19.0
フランス	15.0
スペイン	11.0
ベルギー	9.0
オーストリア	7.0

典拠：Deutsche Zentrale für Tourismus e. V., *Marktinformation Incoming-Tourismus Deutschland 2014 Niederlande*, p. 8.

表2-3-6　オランダ人による
ドイツ旅行の目的

旅行の種類	比率（％）
休暇旅行	69
ビジネス旅行	8
その他	23

典拠：Deutsche Zentrale für Tourismus e. V., *Marktinformation Incoming-Tourismus Deutschland 2014 Niederlande*, p. 13.

2.1.1　オランダ人旅行者

「長期休暇調査」（Continu Vakantie Onfrtzoek：略称CVO）によると、オランダ人の休暇旅行先は、2007年に初めてドイツが首位となった。この年のドイツ宿泊者数は340万人であった[4]。

オランダ人がドイツを第1の休暇目的国に選ぶ傾向は現在でも続いている。表2-3-5が示すように、ドイツ以外ではフランス、スペイン、ベルギーが選択されている。

表2-3-6によって、ドイツを訪れるオランダ人の旅行動機をみていこう。なお、「その他」とは親戚・知人訪問等（Verwandten- und Bekanntenbesuche und

表2-3-7　オランダ人のドイツ旅行者の居住地

地域	比率（%）
西部（Amsterdam, Utrecht, Rotterdam, Den Haag mit Umgebung）	37
南部（Limburg, Noordbrabant, Zeeland）	19
東部（Overijissel, Gelderland）	25
北部（Friesland, Groningen, Drente）	19

典拠：Deutsche Zentrale für Tourismus e. V., *Marktinformation Incoming-Tourismus Deutschland 2014 Niederlande*, p. 14.

表2-3-8　オランダ人旅行者による大都市別宿泊件数

都市	宿泊件数
ベルリン	749,145
ケルン	169,175
デュッセルドルフ	161,272
ミュンヘン	140,084
ハンブルク	127,299
フランクフルト・アム・マイン	89,886

典拠：Deutsche Zentrale für Tourismus e. V., *Marktinformation Incoming-Tourismus 2014 Niederlande*, p. 15.

表2-3-9　オランダ人旅行者による県別宿泊件数

県（Region oder Bezirk）	宿泊件数
モーゼル／ザール（Mosel/Saar）	1,052,964
ザウワーラント（Sauerland）	995,843
ベルリン（Berlin）	749,145
シュヴァルツヴァルト（Schwarzwald）	697,665
オーバーバイエルン（ミュンヘンを含む）（Oberbayern）	540,096

典拠：Deutsche Zentrale für Tourismus e. V., *Marktinformation Incoming-Tourismus Deutschland 2014 Niederlande*, p. 15.

表2-3-10　ベルギー人の外国旅行における主たる目的国

国	比率（%）
フランス	29.0
ドイツ	12.0
スペイン	10.0
オランダ	9.0
イタリア	8.0

典拠：Deutsche Zentrale für Tourismus e. V., *Marktinformation Incoming-Tourismus Deutschland 2014 Belgien*, p. 8.

sonstiger Reisen）である（以下の表中の「ドイツ旅行の目的」における「その他」欄も同様である）。

　オランダ人によるドイツ旅行は休暇旅行がその7割程度を占め、2割強が親戚・知人訪問であって、ビジネス旅行は少ない。

　ドイツを旅するオランダ人はアムステルダム、ユトレヒト、ロッテルダムなどの大都市および東部を起点とするもので6割以上を占めていることを表2-3-7が示している。

　表2-3-8によれば、オランダ人旅行者による都市宿泊件数ではベルリンが最も多いが、モーゼル／ザール、ザウアーラントにおける宿泊件数はそれを上回っていることに注目しよう（表2-3-9参照）。

表2-3-11 ベルギー人による
ドイツ旅行の目的

旅行の種類	比率（％）
休暇旅行	73
ビジネス旅行	12
その他	15

典拠：Deutsche Zentrale für Tourismus e. V., *Marktinformation Incoming-Tourismus Deutschland 2014 Belgien*, p. 12.

表2-3-12 ベルギー人のドイツ
旅行者の居住地

地　域	比率（％）
フランデレン（Flandern）	73
ワロン（Wallonen）	17
ブリュッセル（Brüssel）	10

典拠：Deutsche Zentrale für Tourismus e. V., *Marktinformation Incoming-Tourismus Deutschland 2014 Belgien*, p. 13.

2.1.2　ベルギー人旅行者

　同じベネルックスにあって、ベルギー人は、ドイツよりもフランスを旅行先として選好している。ドイツ旅行者比率は、フランス旅行者の比率の半数に満たない（表2-3-10参照）。

　旅行目的のおよそ7割が休暇旅行である点は、オランダと大差がないが、ベルギー人においては、オランダ人よりもビジネス旅行の比率が高い（表2-3-11参照）。

　ベルギー国内の起点となる地域をみると、オランダ語圏であるフランデレン地域からの旅行者が73％を占めているのに対して、フランス語圏であるワロン地域からのそれは17％に過ぎない。なお、両言語が併用されているブリュッセル首都圏を起点とするドイツ旅行者は10％である（表2-3-12参照）。

　このことから、言語、文化的な親近性が近い地域からの旅行者が主流といえるであろう。

　ベルギーを起点とする旅行者の宿泊先では、ベルリンが最も多い。しかし、ケルン、フランクフルト、デュッセルドルフなど、ライン、マイン地域の宿泊が多数みられる（表2-3-13参照）。

　また、中小自治体における宿泊件数の上位には、ヴィンターベルク Winterberg（5万2,049件）、トリア Trier（3万8,484件）、コーヘム Cochem（3万4,723件）、アーヘン Aachen（3万4,535件）、ライヴェン Leiwen（3万2,420）など、ベルギーに近接したノルトライン＝ヴェストファーレン州、ラインラント＝プファルツ州内の地名が並ぶ[5]。

表2-3-13 ベルギー人旅行者による大都市別宿泊件数

都　市	宿泊件数
ベルリン	219,537
ケルン	93,019
ミュンヘン	54,967
フランクフルト・アム・マイン	45,861
デュッセルドルフ	45,580

典拠：Deutsche Zentrale für Tourismus e. V., *Marktinformation Incoming-Tourismus Deutschland 2014 Belgien*, p. 14.

表2-3-14 イギリス人の外国旅行における主たる目的国

国	比率（%）
スペイン	22.0
フランス	12.0
アジア・太平洋	10.0
アメリカ合衆国	7.0
イタリア	5.0
アイルランド	5.0
ドイツ	5.0
トルコ	4.0

典拠：Deutsche Zentrale für Tourismus e. V., *Marktinformation Incoming-Tourismus Deutschland 2014 Vereinigtes Königreich*, p. 13.

表2-3-15 イギリス人のドイツ旅行の目的

旅行の種類	比率（%）
休暇旅行	55
ビジネス旅行	30
その他	15

典拠：Deutsche Zentrale für Tourismus e. V., *Marktinformation Incoming-Tourismus Deutschland 2014 Vereinigtes Königreich*, p. 14.

2.1.3 イギリス人旅行者

　イギリス人の外国旅行の目的国はスペイン、フランス、また旧植民地の存在したアジア・太平洋などが上位にあり、ドイツ旅行者は海外旅行者の5％に過ぎない。にもかかわらず、ドイツ側からみたインバウンドでは、上位4カ国に入る（表2-3-14参照）。

　イギリス人のドイツへの旅行目的は休暇旅行が55％であるが、ビジネス旅行比率は30％であり、大陸諸国と比較するとビジネス旅行比率は高い（表2-3-15参照）。

　イギリス国内の起点地域ではロンドンおよびその周辺が多く、イギリスの大空港所在地からの旅行が主流とみられる（表2-3-16参照）。

　大都市への旅行者では、ベルリンが100万件を超える水準にあるほか、ミュンヘンが46万件、フランクフルト・アム・マインが26万件、ハンブルクが22万件であり、いずれも大空港が備えられている都市である。すなわち、イギリスからド

第3章　ドイツにおける外国人旅行者　131

表2-3-16　イギリス人のドイツ旅行者の居住地

地　域	比率（％）
ロンドンおよび南東部イングランド（London, Süden, East Anglia）	41
北部イングランド（Lancashire, Yorkshire, Tune Tree）	22
中部イングランド（Midlands）	14
南西部イングランド（Wales, Südwesten）	13
スコットランド（Schottland）	7
北アイルランド（Nordirland）	2

典拠：Deutsche Zentrale für Tourismus e. V., *Marktinformation Incoming-Tourismus Deutschland 2014 Vereinigtes Königreich*, p. 15.

表2-3-17　イギリス人旅行者による大都市別宿泊件数

都　市	宿泊件数
ベルリン	1,002,175
ミュンヘン	463,792
フランクフルト・アム・マイン	264,945
ハンブルク	224,698
ケルン	203,443
デュッセルドルフ	161,039
ニュルンベルク	60,203
ドレスデン	50,613

典拠：Deutsche Zentrale für Tourismus e. V., *Marktinformation Incoming-Tourismus Deutschland 2014 Vereinigtes Königreich*, p. 15.

表2-3-18　東北ヨーロッパ地域からの旅行者の年間宿泊数

ドイツ旅行者の居住国・地域	年間宿泊件数	人口1人あたり宿泊件数
デンマーク	2,962,136	0.529
ロシア	2,595,270	0.018
ポーランド	2,201,369	0.057
スウェーデン	1,712,503	0.180
ノルウェー	854,081	0.173
フィンランド	627,638	0.116
バルト3国	383,241	0.056
合　計	11,729,446	0.055

典拠：DZT, *Jahresbericht 2013*, p. 119より作成。

イツへの旅行は、空港から空港への点の旅と考えられるであろう（表2-3-17）。

なお、中小自治体への旅行者においては、ラインラント＝プファルツ州にあるボッパールト Boppard（4万4,028件）やブレーメン Bremen（3万4,409件）には比較的多数の旅行者が宿泊しているが、大都市への集中傾向はあきらかである[6]。

2.2　東北ヨーロッパ地域からの旅行者

東北ヨーロッパからドイツを訪問する者のなかでは、デンマーク起点が最大であり、それに加えロシア、ポーランド、スウェーデンを起点とするものが、100万件を超える年間宿泊件数を示す。特に、デンマークは人口1人あたりの宿泊件数が極めて多い（表2-3-18参照）。このなかで、ベルリン、バイエルン、ノル

表2-3-19　西北ヨーロッパ地域からの旅行者の宿泊地域

旅行者の居住国・地域	順位	ドイツの州	比率(%)
デンマーク	1	シュレスヴィヒ＝ホルシュタイン	32.9
	2	ベルリン	21.5
	3	ニーダーザクセン	11.5
ロシア	1	バイエルン	32.9
	2	ベルリン	19.5
	3	ノルトライン＝ヴェストファーレン	13.4
ポーランド	1	バイエルン	17.0
	2	ノルトライン＝ヴェストファーレン	13.3
	3	ベルリン	12.4
スウェーデン	1	ベルリン	24.7
	2	シュレスヴィヒ＝ホルシュタイン	14.3
	3	バイエルン	11.8
ノルウェー	1	ベルリン	33.0
	2	バイエルン	13.4
	3	シュレスヴィヒ＝ホルシュタイン	9.8
フィンランド	1	ベルリン	31.8
	2	バイエルン	18.2
	3	ノルトライン＝ヴェストファーレン	9.9

典拠：DZT, *Jahresbericht 2013*, p. 121より作成。

トライン＝ヴェストファーレンを目的地とするロシア、ポーランド、フィンランドと、近距離の州を目的地とするデンマーク、スウェーデン、ノルウェーとでは大きな違いが見出される（表2-3-19参照）。

2.2.1　デンマーク人旅行者

デンマーク人の外国旅行は、ドイツ訪問が最も多数で次いでスウェーデンである（表2-3-20参照）。

旅行目的では休暇旅行が7割以上を占めている（表2-3-21参照）。ドイツ旅行者の居住地をみると、デンマーク全土からドイツを訪れていることがわかる。（表2-3-22参照）。

大都市宿泊先では、ベルリンに次いでデンマークから近距離にあるハンブルクが第2位を占めている（表2-3-23参照）。

中小自治体においても、ゴスラー Goslar（5万7,836件）、リューベック Lübeck

表2-3-20 デンマーク人の外国旅行における主たる目的国

国	比率（％）
ドイツ	27.0
スウェーデン	10.0
スペイン	10.0
イギリス	8.0
フランス	7.0

典拠：Deutsche Zentrale für Tourismus e. V., *Marktinformation Incoming-Tourismus Deutschland 2014 Dänemark*, p. 7.

表2-3-21 デンマーク人のドイツ旅行の目的

旅行の種類	比率（％）
休暇旅行	71
ビジネス旅行	18
その他	11

典拠：Deutsche Zentrale für Tourismus e. V., *Marktinformation Incoming-Tourismus Deutschland 2014 Dänemark*, p. 11.

表2-3-22 デンマーク人のドイツ旅行者の居住地

地域	比率（％）
ユトランド、フュン島（Jütland und Fünen）	59
コペンハーゲン、シェラン島（Kopenhagen und Seeland）	41

典拠：Deutsche Zentrale für Tourismus e. V., *Marktinformation Incoming-Tourismus Deutschland 2014 Dänemark*, p. 11.

表2-3-23 デンマーク人旅行者による大都市別宿泊件数

都市	宿泊件数
ベルリン	606,542
ハンブルク	237,203
ミュンヘン	46,822
フランクフルト・アム・マイン	24,968

典拠：Deutsche Zentrale für Tourismus e. V., *Marktinformation Incoming-Tourismus Deutschland 2014 Dänemark*, p. 12.

表2-3-24 スウェーデン人の外国旅行における主たる目的国

国	比率（％）
ドイツ	14.0
スペイン	12.0
デンマーク	9.0
ノルウェー	8.0
アジア・太平洋地域	8.0

典拠：Deutsche Zentrale für Tourismus e. V., *Marktinformation Incoming-Tourismus Deutschland 2014 Schweden*, p. 7.

（5万267件）、ハリスレー Harrislee（4万5,560件）、フレンスブル Flensburg（3万6,210件）など、デンマークに近い地点が選好されている[7]。

2.2.2 スウェーデン人旅行者

スウェーデンからの外国への旅行において、ドイツはトップを占めている（表2-3-24参照）。旅行目的では、休暇旅行が65％とやや低い割合にある（表2-3-25参照）。

表2-3-25 スウェーデン人の
ドイツ旅行の目的

旅行の種類	比率（％）
休暇旅行	65
ビジネス旅行	21
その他	14

典拠：Deutsche Zentrale für Tourismus e. V., *Marktinformation Incoming-Tourismus Deutschland 2014 Schweden*, p. 12.

表2-3-26 スウェーデン人のド
イツ旅行者の居住地

地　域	比率（％）
南部スウェーデン	52
中部スウェーデン	24
ストックホルム首都圏	22
北部スウェーデン	2

典拠：Deutsche Zentrale für Tourismus e. V., *Marktinformation Incoming-Tourismus Deutschland 2014 Schweden*, p. 12.

表2-3-27 スウェーデン人旅行者に
よる大都市別宿泊件数

都　市	宿泊件数
ベルリン	383,795
ハンブルク	78,719
ミュンヘン	59,966
フランクフルト・アム・マイン	36,133

典拠：Deutsche Zentrale für Tourismus e. V., *Marktinformation Incoming-Tourismus Deutschland 2014 Schweden*, p. 13.

表2-3-28 ロシア人の外国旅行に
おける主たる目的国

国	比率（％）
トルコ	23.0
ウクライナ	10.0
ドイツ	9.0
中国、チベット、モンゴル	8.0
フィンランド	5.0

典拠：Deutsche Zentrale für Tourismus e. V., *Marktinformatiion Incoming-Tourismus Deutschland 2014 Russland*, p. 8.

　スウェーデン国内の起点地においてはドイツに近い南部スウェーデンからの旅行者が半数に達している（表2-3-26参照）。

　大都市宿泊者では、ベルリンが群を抜く水準にあり、ハンブルクがこれに次ぐ（表2-3-27参照）。中小規模の自治体では、リューベック Lübeck（8万9,193件）、ロストク Rostock（3万6,262件）、フェーマルン Fehmarn（3万1,016件）など、ドイツ北部に宿泊者が集中している[8]。

2.2.3　ロシア人旅行者

　ロシア人が外国旅行をする際、最も選好するのはトルコであり、次いでウクライナであるが、ドイツ旅行者も9.0％を占め、ヨーロッパ諸国においては最も好まれている（表2-3-28参照）。

　休暇のためにドイツ旅行をする者は、54％に過ぎず、ビジネス旅行者が30％を占め、この傾向はイギリス人やフランス人旅行者と似た傾向にある（表2-3-29

表2-3-29 ロシア人のドイツ旅行の目的

旅行の種類	比率（％）
休暇旅行	54
ビジネス旅行	30
その他	16

典拠：Deutsche Zentrale für Tourismus e. V., *Marktinformation Incoming-Tourismus Deutschland 2014 Russland*, p. 13.

表2-3-30 ロシア人のドイツ旅行者の居住地

地　域	比率（％）
中央ロシア（Moskau und Umgebung）	30
シベリア	20
北西ロシア（Murmansk, St. Petersburg）	15
南部ロシア（Rostov, Volgograd）	14
ウラル（Yekaterinburg）	10
ヴォルガ（Samara, Novgorod）	9
北カウカス（Ossetia）	1
極東	0

典拠：Deutsche Zentrale für Tourismus e. V., *Marktinformation Incoming-Tourismus Deutschland 2014 Russland*, p. 14.

参照）。

ドイツを旅するロシア人の居住地はモスクワおよびその周辺が3割を占めているが、シベリア居住者も2割に達し、必ずしもドイツとの距離が短い地点を起点としているとはいえない（表2-3-30参照）。

大都市宿泊件数においては、ミュンヘンが最も多く、ベルリン、デュッセルドルフがこれに次ぐ（表2-3-31参照）。これはビジネス旅行者が比較的多いことと関係があるかもしれない。

表2-3-31 ロシア人旅行者による大都市別宿泊件数

都　市	宿泊件数
ミュンヘン	439,825
ベルリン	416,490
デュッセルドルフ	112,808
フランクフルト・アム・マイン	83,407
ハンブルク	80,054
ケルン	71,737

典拠：Deutsche Zentrale für Tourismus e. V., *Marktinformation Incoming-Tourismus Deutschland 2014 Russland*, p. 15.

さらに中小自治体においては、バーデン＝バーデン Baden-Baden（7万5,337件）、ガルミッシュ＝パルテンキルヘン Garmisch-Partenkirchen（2万3,812件）、フライブルク Freiburg i. Br.（2万455件）などの高級リゾート地を多数のロシア人が訪れている[9]。

なお、ガルミッシュ＝パルテンキルヘン郡マルクト・ムールナウに存在する最大の医療機関であるムールナウ病院（Klinik Murnau）は、ドイツ語、英語と並んでロシア語のサイトによって、広く広報を行っていることから[10]、同地域の医療観光はロシア人をも対象としていることがわかる。

表2-3-32 ポーランド人の外国旅行における主たる目的国

国	比率（％）
ドイツ	41.0
イギリス	7.0
イタリア	5.0
クロアチア	5.0
フランス	4.0

典拠：Deutsche Zentrale für Tourismus e. V., *Marktinformation Incoming-Tourismus Deutschland 2014 Polen*, p. 7.

表2-3-33 ポーランド人のドイツ旅行の目的

旅行の種類	比率（％）
休暇旅行	32
ビジネス旅行	49
その他	19

典拠：Deutsche Zentrale für Tourismus e. V., *Marktinformation Incoming-Tourismus Deutschland 2014 Polen*, p. 11.

表2-3-34 ポーランド人のドイツ旅行者の居住地

地　域	比率（％）
ポズナン（Posen）Poznań	26
シロンスク（Schlesien）Śląsk	21
バルト海（Ostsee）Bałtyk	19
ワルシャワ（Warschau）Warszawa	18
ガリツィア（Galizien）Galicja	12
マズーリ（Masuren）Mazury	4

典拠：Deutsche Zentrale für Tourismus e. V., *Marktinformation Incoming-Tourismus Deutschland 2014 Polen*, p. 11.

2.2.4　ポーランド人旅行者

表2-3-32が示すようにポーランド人にとって外国旅行といえば、ドイツ旅行である。ドイツ旅行者の比率は41％に達し、これに次ぐイギリスは7％にすぎない。

その旅行目的はビジネス旅行がその半数近くを占めている点が特徴である（表2-3-33参照）。これは他のヨーロッパ諸国を起点とするドイツ旅行者と比較して、大きな特徴である。

ドイツ旅行者の居住地は、かつてドイツ領であったポーゼン、シュレージエン、バルト海地方を起点とするものが、首都ワルシャワからの旅行者を上回っている。また、比較的遠隔にある旧オストプロイセンのマズーリ地方からの旅行者も8％存在する（表2-3-34参照）。

表2-3-35 ポーランド人旅行者による大都市別宿泊件数

都　市	宿泊件数
ベルリン	237,159
ミュンヘン	55,672
フランクフルト・アム・マイン	44,051
ハンブルク	38,628
ケルン	26,589

典拠：Deutsche Zentrale für Tourismus e. V., *Marktinformation Incoming-Tourismus Deutschland 2014 Polen*, p. 12.

表2-3-36 西南ヨーロッパ地域からの旅行者の年間宿泊数

ドイツ旅行者の居住国・地域	年間宿泊件数	人口1人あたり宿泊件数
スイス	5,483,657	0.712
イタリア	3,485,300	0.057
フランス	3,142,370	0.049
スペイン	2,016,548	0.043
合　計	14,127,875	0.079

典拠：DZT, *Jahresbericht 2013*, p. 123.

　大都市宿泊件数では、ポーランドと近距離にあるベルリンが群れを抜く（表2-3-35参照）。

　一方、ドイツがポーランド北部と国境を接する地域にあるロストク Rostock（3万6,164件）や南部ポーランドと国境を接する地域にあるケムニッツ Chemnitz（1万5,633）滞在者が比較的多数みられる[11]。

2.3　西南ヨーロッパからの旅行者

　西南ヨーロッパ各国からのドイツ旅行者においては、すべて年間宿泊件数では、200万件を上回っている。なかでもスイスからの旅行者は、人口1人あたりの宿泊件数が0.7泊にも及んでいる（表2-3-36参照）。

　このグループでは、スイス、イタリア、フランスを起点とする旅行者が自国に近い州を目的地としているのに対し、スペイン起点者はこれとは違う性格をもつ。距離が離れたスペインからの訪問者は点から点への移動をしているためであろう（表2-3-37参照）。

2.3.1　スイス人旅行者

　スイス人の「外国」旅行先は、国境を接するドイツ、フランス、イタリア、オーストリアが上位にある（表2-3-38参照）。ドイツ旅行の目的においては、半数が休暇であり、親戚・知人訪問が3割を占めている（表2-3-39参照）。特に、ドイツ語圏からの旅行者が多く、フランス語圏からの旅行者は16％に過ぎない（表2-3-40参照）。

表2-3-37 西南ヨーロッパ地域からの旅行者の宿泊地域

旅行者の居住国・地域	順位	ドイツの州	比率（%）
スイス	1	バーデン＝ヴュテンベルク	36.1
	2	バイエルン	22.8
	3	ベルリン	10.5
イタリア	1	バイエルン	32.2
	2	ベルリン	24.2
	3	バーデン＝ヴュルテンベルク	12.2
フランス	1	バーデン＝ヴュルテンベルク	24.2
	2	ベルリン	19.9
	3	バイエルン	17.8
スペイン	1	ベルリン	30.0
	2	バイエルン	20.7
	3	ノルトライン＝ヴェストファーレン	12.5

典拠：DZT, *Jahresbericht 2013*, p. 125.

表2-3-38 スイス人の外国旅行における主たる目的国

国	比率（%）
ドイツ	28.0
フランス	17.0
イタリア	15.0
スペイン	8.0
オーストリア	8.0

典拠：Deutsche Zentrale für Tourismus e. V., *Marktinformation Incoming-Tourismus Deutschland 2014 Schweiz*, p. 8.

表2-3-39 スイス人のドイツ旅行の目的

旅行の種類	比率（%）
休暇旅行	50
ビジネス旅行	20
その他	30

典拠：Deutsche Zentrale für Tourismus e. V., *Marktinformation Incoming-Tourismus Deutschland 2014 Schweiz*, p. 12.

表2-3-40 スウェーデン人のドイツ旅行者の居住地

地域	比率（%）
チューリッヒおよび中部（Zürich und Mittelland）	57
アルプスおよび後背地（Alpen und Voralpen）	27
フランス語圏（Französische Schweiz）	16

典拠：Deutsche Zentrale für Tourismus e. V., *Marktinformatiion Incoming-Tourismus Deutschland 2014 Schweiz*, p. 13.

表2-3-41 スイス人旅行者による大都市別宿泊件数

都市	宿泊件数
ベルリン	521,849
ミュンヘン	359,086
ハンブルク	254,585
フランクフルト・アム・マイン	114,087
シュトゥットガルト	90,764
ケルン	81,958
ドレスデン	72,682
デュッセルドルフ	63,378
ニュルンベルク	50,031

典拠：Deutsche Zentrale für Tourismus e. V., *Marktinformation Incoming-Tourismus Deutschland 2014 Schweiz*, p. 14.

表2-3-42 イタリア人の外国旅行における主たる目的国

国	比率（%）
フランス	19.0
スペイン	17.0
ドイツ	10.0
クロアチア	6.0
イギリス	5.0

典拠：Deutsche Zentrale für Tourismus e. V., *Marktinformation Incoming-Tourismus Deutschland 2014 Italien*, p. 9.

表2-3-41をみると大都市への訪問者はベルリンが最も多いがミュンヘン、ハンブルク、フランクフルト・アム・マイン、シュトゥットガルト、ケルン、ドレスデン、デュッセルドルフ、ニュルンベルクが連続的に並ぶ。

中小都市における宿泊件数をみると、ルスト Rust（22万9,585件）、シュルヒゼー Schluchsee（8万7,617件）、フライブルク Freiburug i. Br.（8万2,887件）、ヒンターツァルテン Hinterzarten（5万6,391件）、オーバーシュタウフェン Oberstaufen（5万6,245件）、ティティゼー＝ノイシュタット Titisee-Neustadt（5万5,169件）、バーデンヴァイラー Badenweiler（5万3,263件）、コンスタンツ Konstanz（4万9,418件）、リンダウ／ボーデン湖 Lindau/Bodensee（4万112件）など、バーデン＝ヴュルテンベルク、バイエルンのリゾート地が並ぶ[12]。いずれもスイスと景観が類似した地域であることに注目したい。

表2-3-43　イタリア人のドイツ旅行の目的

旅行の種類	比率（％）
休暇旅行	69
ビジネス旅行	25
その他	6

典拠：Deutsche Zentrale für Tourismus e. V., *Marktinformation Incoming-Tourismus Deutschland 2014 Italien*, p. 12.

表2-3-44　イタリア人のドイツ旅行者の居住地

地域	比率（％）
北西イタリア	38
北東イタリア	24
南イタリア	21
中部イタリア	16

典拠：Deutsche Zentrale für Tourismus e. V., *Marktinformation Incoming-Tourismus Deutschland 2014 Italien*, p. 12.

2.3.2　イタリア人旅行者

イタリア人にとって、ドイツはフランス、スペインに次ぐ外国旅行目的地であり、ドイツを外国旅行の目的地とする比率は1割に達している（表2-3-42参照）。特に休暇旅行としてドイツを旅行する比率は、およそ7割を占めている（表2-3-43参照）。

イタリア国内の起点をみると、北部からの旅行者が62％に上る一方、南イタリアからの旅行者は少ない（表2-3-44参照）。

大都市における宿泊件数では、ミュンヘンがベルリンに次ぎ、52万件に達している。また、バイエルン第2の都市、ニュルンベルク宿泊者も7万4,000件に上っている（表2-3-45参照）。

表2-3-45 イタリア人旅行者による大都市別宿泊件数

都　市	宿泊件数
ベルリン	858,137
ミュンヘン	522,172
フランクフルト・アム・マイン	149,487
ケルン	86,935
デュッセルドルフ	83,500
ニュルンベルク	74,071

典拠：Deutsche Zentrale für Tourismus e. V., *Marktinformatiion Incoming-Tourismus Deutschland 2014 Italien*, p. 13.

表2-3-46 フランス人の外国旅行における主たる目的国

国	比率（％）
スペイン	23.0
イギリス	11.0
イタリア	8.0
ドイツ	7.0
モロッコ	6.0

典拠：Deutsche Zentrale für Tourismus e. V., *Marktinformation Incoming-Tourismus Deutschland 2014 Frankreich*, p. 7.

表2-3-47 フランス人によるドイツ旅行の目的

旅行の種類	比率（％）
休暇旅行	50
ビジネス旅行	34
その他	16

典拠：Deutsche Zentrale für Tourismus e. V., *Marktinformation Incoming-Tourismus Deutschland 2014 Frankreich*, p. 12.

中小都市では、ドイツ南部にあるフライブルク Freiburg i. Br.（3万7,901件）、フュッセン Füssen（2万5,512）に多数のイタリア人が訪問している[13]。

2.3.3　フランス人旅行者

　フランス人による外国旅行の目的国において、ドイツのシェアーは7％であり、スペイン、イギリス、イタリアに及ばない（表2-3-46参照）。

　ドイツ旅行の目的においては、オランダ、ベルギーと比較したとき、休暇旅行の比率が50％と低く、逆にビジネス旅行のウエイトが比較的高くなっている。フランス人にとってドイツは休暇目的地としては、それほど重要性を持たない（表2-3-47参照）。

　表2-3-48によってドイツ旅行の起点をみると、パリおよびその周辺が最も多数を占めているものの、アルザス、ロレーヌなどドイツと文化的な親近性が存在する北東部を起点とする旅行者が多い。

　大都市における宿泊件数ではベルリンが突出しているが（表2-3-49参照）、中小の自治体への訪問者を確認するとルスト Rust（5万7,959件）、バイエルスブロン Baiersbronn（4万2,450件）、フライブルク Freiburg i. Br.（3万9,489件）、バーデン＝バーデン Baden-Baden（2万4,465件）などバーデン＝ヴュルテンベ

表2-3-48　フランス人のドイツ旅行者の居住地

地　域	比率（％）
イール・ド・パリ（ile de Paris）	29
北東部（Lorraine, Alsace, Champagne）	23
西部（Normandie, Bretagne, Pays de la Loire, Centre, Poitou-Charente）	20
北部（Nord, Picardie）	9
南東部（Provence, Languedoc-Roussillon）	8
東部（Franche-Comté, Rhône-Alpes）	7
南西部（Aquitaine, Midi-Pyrénées）	4
中部（Auverge, Limousin, Bourgogne）	1

典拠：Deutsche Zentrale für Tourismus e. V., *Marktinformation Incoming-Tourismus Deutschland 2014 Frankreich*, p. 12.

表2-3-49　フランス人旅行者による大都市別宿泊件数

都　市	宿泊件数
ベルリン	609,706
ミュンヘン	191,098
フランクフルト・アム・マイン	114,190
ハンブルク	104,592
ケルン	91,565
デュッセルドルフ	69,380
シュトゥットガルト	51,103

典拠：Deutsche Zentrale für Tourismus e. V., *Marktinformation Incoming-Tourismus Deutschland 2014 Frankreich*, p. 13.

表2-3-50　スペイン人の外国旅行における主たる目的国

国	比率（％）
フランス	19.0
イギリス	16.0
イタリア	13.0
ポルトガル	11.0
ドイツ	0.9

典拠：Deutsche Zentrale für Tourismus e. V., *Marktinformation Incoming-Tourismus Deutschland 2014 Spanien*, p. 8.

表2-3-51　スペイン人のドイツ旅行の目的

旅行の種類	比率（％）
休暇旅行	63
ビジネス旅行	30
その他	8

典拠：Deutsche Zentrale für Tourismus e. V., *Marktinformation Incoming-Tourismus Deutschland 2014 Spanien*, p. 12.

ルク州の保養地が並ぶ[14]。いずれもフランス東部国境に近い地域にある。

2.3.4　スペイン人旅行者

　ヨーロッパ大陸西南部に位置するスペインからドイツへの旅行者は少ない。フランス、イギリス、イタリア、ポルトガルへの訪問者と比較して、ドイツはスペインにとって外国旅行の目的地としての意味は極めて小さい（表2-3-50参照）。
　とはいえ、ドイツ旅行の目的という点においては、フランス人以上に休暇旅行

表2-3-52　スペイン人のドイツ旅行者の居住地

地　域	比率(%)
マドリード／中部（Madrid, Ávila, Cáceres, Ciudad Real, Cuenca, Guadalajara, Salamanca, Segovia, Teruel, Toledo, Valladolid, Zamora）	44
北東部（Barcelona, Gerona, Huesca, Lérida, Tarragona, Zaragoza）	23
北部（Álava, Asturien, Burgos, La Coruña, Guipuzcoa, León, Lugo, Navarra, Orense, Palencia, Pontevedra, Vizcaya）	15
南部／アンダルシア（Almería, Badajoz, Cádiz, Córdoba, Granada, Huelva, Jaén, Málaga, Sevilla）	9
東部	8

典拠：Deutsche Zentrale für Tourismus e. V., *Marktinformation Incoming-Tourismus Deutschland 2014 Spanien*, p. 12.

表2-3-53　スペイン人旅行者による大都市別宿泊件数

都　市	宿泊件数
ベルリン	662,619
ミュンヘン	225,713
フランクフルト・アム・マイン	130,762
ハンブルク	79,295
デュッセルドルフ	70,106
ケルン	62,587

典拠：Deutsche Zentrale für Tourismus e. V., *Marktinformation Incoming-Tourismus Deutschland 2014 Spanien*, p. 13.

表2-3-54　東南ヨーロッパ地域からの旅行者の年間宿泊数

ドイツ旅行者の居住国・地域	年間宿泊件数	人口1人あたり宿泊件数
オーストリア	3,368,594	0.401
チェコ	906,064	0.086
ハンガリー	712,173	0.071
ルーマニア	637,882	0.029
スロバキア	318,085	0.058
スロヴェニア	208,439	0.104
ブルガリア	226,535	0.031
合　計	6,377,772	0.076

典拠：DZT, *Jahresbericht 2013*, p. 127.

の比率が高くなっている。ただし、ビジネス旅行比率も高い水準にある（表2-3-50参照）。

　スペイン国内の起点をみると、マドリードを中心とする地域からの訪問者が44%を占めている（表2-3-52参照）。

　また、州別目的地（表2-3-37参照）、大都市における宿泊件数（表2-3-53参照）をも考えると、スペインからの訪問者が大都市間移動であることが示唆される[15]。

　中小自治体では、フライブルク Freiburg i. Br.（2万4,626件）、ブレーメン Bremen（1万6,933件）、ハイデルベルク Heidelberg（1万5,248件）など有数の観光都市が目的となっている[16]。

表 2-3-55　東南ヨーロッパ地域からの旅行者の宿泊地域

旅行者の居住国・地域	順位	ドイツの州	比率（％）
オーストリア	1	バイエルン	38.8
	2	バーデン＝ヴュルテンベルク	13.4
	3	ベルリン	10.6
チェコ	1	バイエルン	30.7
	2	バーデン＝ヴュルテンベルク	13.5
	3	ノルトライン＝ヴェストファーレン	9.9
ハンガリー	1	バイエルン	33.7
	2	バーデン＝ヴュルテンベルク	23.0
	3	ノルトライン＝ヴェストファーレン	8.8
ルーマニア	1	バイエルン	28.4
	2	バーデン＝ヴュルテンベルク	17.1
	3	ヘッセン	14.6
スロバキア	1	バイエルン	30.1
	2	バーデン＝ヴュルテンベルク	18.6
	3	ノルトライン＝ヴェストファーレン	15.2
スロヴェニア	1	バイエルン	34.6
	2	バーデン＝ヴュルテンベルク	16.0
	3	ノルトライン＝ヴェストファーレン	11.6
ルーマニア	1	バイエルン	22.7
	2	バーデン＝ヴュルテンベルク	14.3
	3	ヘッセン	13.4

典拠：DZT, *Jahresbericht 2013*, p. 129.

2.4　東南ヨーロッパからの旅行者

　東南ヨーロッパ地域を起点とするドイツ旅行者のうちで、半数以上がオーストリアを起点としていることを表 2-3-54は示している。

　東南ヨーロッパのグループでは、ドイツ南部のバイエルン、バーデン＝ヴュルテンベルクを目的地とするものが、全般的に多い点が特徴的である。特に、オーストリアからの来独者の４割近くが、地続きのバイエルンを目的地とする（表 2-3-55参照）。

2.4.1　オーストリア人旅行者

　オーストリア人の外国旅行先は、国境を接するドイツとイタリアが最も多く、

表2-3-56 オーストリア人の外国旅行における主たる目的国

国	比率（%）
ドイツ	23.0
イタリア	23.0
クロアチア	8.0
スペイン	5.0
トルコ	4.0

典拠：Deutsche Zentrale für Tourismus e. V., *Marktinformation Incoming-Tourismus Deutschland 2014 Österreich*, p. 7.

表2-3-57 オーストリア人のドイツ旅行の目的

旅行の種類	比率（%）
休暇旅行	42
ビジネス旅行	27
その他	31

典拠：Deutsche Zentrale für Tourismus e. V., *Marktinformation Incoming-Tourismus Deutschland 2014 Österreich*, p. 11.

表2-3-58 オーストリア人のドイツ旅行者の居住地

地域	比率（%）
西部（Oberösterreich, Salzburg, Tirol, Vorarlberg）	43
東部（Niederösterreich, Burgenland, Steiermark und Kärnten）	34
ウィーン（Wien und Umkreis）	24

典拠：Deutsche Zentrale für Tourismus e. V., *Marktinformation Incoming-Tourismus Deutschland 2014 Österreich*, p. 12.

表2-3-59 オーストリア人旅行者による大都市別宿泊件数

都市	宿泊件数
ベルリン	322,805
ミュンヘン	309,450
ハンブルク	201,699
フランクフルト・アム・マイン	71,699
ニュルンベルク	61,205
ケルン	60,770
ドレスデン	59,842
デュッセルドルフ	53,401

典拠：Deutsche Zentrale für Tourismus e. V., *Marktinformation Incoming-Tourismus Deutschland 2014 Österreich*, p. 13.

国境線が極めて近いクロアチアがこれに続く（表2-3-56参照）。

　ドイツ旅行の目的では、休暇旅行比率が42％であり、他の国を起点とする者に比して低い（表2-3-57参照）。親戚・知人訪問比率が3割を超え、相対的に高位にあるのは、南ドイツとオーストリアの文化的な連続性と関係があるためと思われる。

　このことは、起点となる地域にも反映し、西部からの旅行者が43％に達している（表2-3-58参照）。また、すでに指摘したように訪問先においてもバイエルンが最も多数であることから、オーストリア西部からバイエルンへの訪問は、「外国旅行」の感覚とはいえないであろう。

　大都市における宿泊件数では、ミュンヘンがベルリンと大差なく30万件に達し

ている。さらに、中小自治体の宿泊件数では、バイエルンにあるエアディング Erding（6万921件）、ルスト Rust（2万9,683件）、バート・フューシング Bad Füssing（2万6,906件）が上位を占めている[17]（表2-3-59参照）。

2.5 アメリカ／イスラエルからの旅行者

アメリカ／イスラエル対象マーケティング地域においては、アメリカ合衆国起点の旅行者が年間宿泊件数において、490万件を超えている。一方、人口1人あたりの宿泊件数は極めて少ない（表2-3-60参照）。

表2-3-61によって目的地をみると、イスラエルを除けば、バイエルン、ベルリン、ヘッセンが上位にあり、ドイツ3大空港の所在地と一致する。

表2-3-60 アメリカ／イスラエルからの旅行者の年間宿泊数

ドイツ旅行者の居住国・地域	年間宿泊件数	人口1人あたり宿泊件数
アメリカ合衆国	4,916,500	0.016
ブラジル	732,888	0.004
カナダ	634,559	0.018
中南米	729,991	0.002
以上計	7,013,938	0.007
イスラエル	762,707	0.099

典拠：DZT, *Jahresbericht 2013*, p. 131.

表2-3-61 アメリカ／イスラエル地域からの旅行者の宿泊地域

旅行者の居住国・地域	順位	ドイツの州	比率（％）
アメリカ合衆国	1	バイエルン	28.4
	2	ベルリン	17.0
	3	ヘッセン	14.2
ブラジル	1	ベルリン	28.6
	2	バイエルン	24.6
	3	ヘッセン	12.9
カナダ	1	バイエルン	27.8
	2	ベルリン	20.5
	3	ヘッセン	13.3
イスラエル	1	ベルリン	40.9
	2	バーデン＝ヴュルテンベルク	26.2
	3	ヘッセン	14.5

典拠：DZT, *Jahresbericht 2013*, p. 133.

2.5.1 アメリカ人旅行者

アメリカ人の海外旅行については、まず、ヨーロッパ全体の位置づけを確認したのち、ドイツについて考察する。

アメリカ人の海外旅行においては、ヨーロッパを目的地域とする比率がおよそ4割を占め、近隣のカリブ海や中米を上回っている（表2-3-62参照）。

渡航先としてのヨーロッパのなかでは、イギリス、イタリア、フランスに次いでドイツが多い。旅行目的を海外旅行全体およびヨーロッパ旅行との比較において、ドイツをみると、休暇旅行比率の低さとビジネス目的旅行の高さが看取でき

表2-3-62 アメリカ人の外国旅行における主たる目的地域

国外の地域	比率（％）
ヨーロッパ	39.5
カリブ海	22.6
アジア	15.1
中米	8.4
南米	6.0
中近東	5.3

典拠：Deutsche Zentrale für Tourismus e. V., *Marktinformation Incoming-Tourismus Deutschland 2014 USA*, p. 8.

表2-3-63 アメリカ人のヨーロッパ旅行における主たる目的国

国	比率（％）
イギリス	21.5
イタリア	16.7
フランス	15.3
ドイツ	15.2
スペイン	9.6

典拠：Deutsche Zentrale für Tourismus e. V., *Marktinformation Incoming-Tourismus Deutschland 2014 USA*, p. 11.

表2-3-64 アメリカ人海外旅行者の旅行目的

旅行の種類	海外旅行全体	ヨーロッパ旅行	ドイツ旅行
休暇旅行	58	56	42
ビジネス旅行	14	21	36
その他	28	23	22
計	100	100	100

典拠：Deutsche Zentrale für Tourismus e. V., *Marktinformation Incoming-Tourismus Deutschland 2014 USA*, p. 11.

表2-3-65 アメリカ人ヨーロッパ旅行者によるヨーロッパ都市宿泊件数の都市別比率

（単位：％）

ロンドン	18.8
パリ	16.9
バルセロナ	5.7
マドリード	4.5
アムステルダム	4.2
フィレンツェ	4.1
ヴェネツィア	3.9
プラハ	3.3
ベルリン	3.2
ミュンヘン	2.9
ウィーン	2.7
フランクフルト・アム・マイン	1.9

典拠：Deutsche Zentrale für Tourismus e. V., *Marktinformation Incoming-Tourismus Deutschland 2014 USA*, p. 15.

る（表2-3-63および表2-3-64参照）。

　アメリカ人ヨーロッパ旅行者による大都市宿泊件数では、ロンドン、パリの2都市で35％もシェアを占め、ドイツの大都市ではベルリンとミュンヘンは3％程度に過ぎない（表2-3-65参照）。

　ドイツの大都市に限れば、ベルリンとミュンヘンが拮抗し、フランクフルト・アム・マインがこれに次ぐ。いずれも航空の利便性が高い都市である（表2-3-66参照）。

第3章　ドイツにおける外国人旅行者　147

表2-3-66　アメリカ人旅行者による大都市別宿泊件数

都　市	宿泊件数
ベルリン	758,168
ミュンヘン	701,582
フランクフルト・アム・マイン	462,566
ケルン	164,326
ハンブルク	154,235
シュトゥットガルト	135,874
デュッセルドルフ	109,035
ハイデルベルク	82,003
ニュルンベルク	80,586
ドレスデン	71,704

典拠：Deutsche Zentrale für Tourismus e. V., *Marktinformation Incoming-Tourismus Deutschland 2014 USA*, p. 16.

表2-3-67　アジア／オーストラリアからの旅行者の年間宿泊数

ドイツ旅行者の居住国・地域	年間宿泊件数	人口1人あたり宿泊件数
中国、香港	1,734,693	0.001
日本	1,307,950	0.010
アラブ湾岸諸国	1,543,717	0.038
オーストラリア、ニュージーランド	828,551	0.023
インド	615,617	0.000
韓国	449,235	0.009
南アフリカ	178,748	0.004

典拠：DZT, *Jahresbericht 2013*, p. 135.

2.6　アジア／オーストラリアからの旅行者

　当該地域においては、中国、日本、アラブ湾岸諸国からの旅行者が、年間宿泊件数において、100万件を超えている（表2-3-67参照）。

　表2-3-68をみると、中国、日本、アラブ湾岸諸国、韓国の旅行者にはバイエルン州の人気が高いことがわかる。

2.6.1　中国人旅行者

　中国人による外国旅行の目的地は、その7割がアジア地域であり、ヨーロッパは2割に相当する（表2-3-69参照）。

　表2-3-70にみるように、中国人のドイツ旅行は休暇旅行とビジネス旅行がほぼ半数ずつである。ビジネス旅行者の比率の高さが浮き彫りとなる。表2-3-71はアジアからドイツへのビジネス旅行者を起点国別に分類したものである。中国を起点とする者の比率が36％を占め、インド、日本を大幅に上回っていることがわかる。

　中国人のヨーロッパへの旅行者のうちでは、ドイツ旅行者が最も多いことを表2-3-72は示している。

表2-3-68 アジア／オーストラリア地域からの旅行者の宿泊地域

旅行者の居住国・地域	順位	ドイツの州	比率（%）
中国、香港	1	バイエルン	27.7
	2	ヘッセン	17.6
	3	ノルトライン＝ヴェストファーレン	13.8
日本	1	バイエルン	33.3
	2	ヘッセン	17.4
	3	ノルトライン＝ヴェストファーレン	11.8
アラブ湾岸諸国	1	バイエルン	41.1
	2	ヘッセン	16.6
	3	バーデン＝ヴュルテンベルク	12.8
オーストラリア	1	ベルリン	31.1
	2	バイエルン	27.1
	3	ヘッセン	9.8
インド	1	バーデン＝ヴュルテンベルク	25.4
	2	バイエルン	21.2
	3	ヘッセン	19.0
韓国	1	バイエルン	33.0
	2	ヘッセン	31.0
	3	バーデン＝ヴュルテンベルク	9.0

典拠：DZT, *Jahresbericht 2013*, p. 137.

表2-3-69 中国人の外国旅行における主たる目的地域

国外の地域	比率（%）
アジア	72
ヨーロッパ	21
アメリカ	9
オーストラリア／オセアニア	4
アフリカ	2

典拠：Deutsche Zentrale für Tourismus e. V., *Marktinformation Incoming-Tourismus Deutschland 2014 China/Hongkong*, p. 11.

表2-3-70 中国人のドイツ旅行の目的

旅行の種類	比率（%）
休暇旅行	52
ビジネス旅行	48
その他	1

典拠：Deutsche Zentrale für Tourismus e. V., *Marktinformation Incoming-Tourismus Deutschland 2014 China/Hongkong*, p. 19.

表2-3-71 アジアからのビジネス旅行者比率

（単位：%）

中国人旅行者に占めるビジネス旅行	日本人旅行者に占めるビジネス旅行	インド人旅行者に占めるビジネス旅行
36	15	16

典拠：Deutsche Zentrale für Tourismus e. V., *Marktinformation Incoming-Tourismus Deutschland 2014 China/Hongkong*, p. 19.

さて、ここで表2-3-73によって中国人によるヨーロッパの大都市訪問をみる。パリ、ロンドンがその1割以上を占め、ドイツではミュンヘン、フランクフルト・アム・マインが上位にある。この2都市とベルリンを合計すれば13.6%となり、パリ、ロンドンを上回る。

ドイツの大都市における宿泊件数ではミュンヘン、フランクフルト・アム・マイン、ベルリンが上位にランクされている（表2-3-74参照）。

ドイツ政府観光局による報告書において、中国人宿泊件数の50.1%が大都市での宿泊であること、中国人が最も愛する余暇自由時間の行動は、買い物であり、多くの資金が装身具、時計、トップモードの服に投じられると報じられている[18]。

表2-3-75によって中国人による免税店売上を見ると、フランクフルト、ミュンヘン、ベルリンで3分の2のシェアーを占めていることから、空港免税店における買い物が想起される[19]。

2.6.2　日本人旅行者

前項において、中国からの旅行者にはビジネス旅行者が多数存在することを指摘した。

ドイツを訪れるビジネス客の起点国別比率を表2-3-76に示した。アメリカ合

表2-3-72　中国人における
　　　　　　ヨーロッパ旅行
　　　　　　の目的地比率

ドイツ	16.2
フランス	14.7
ロシア	14.5
イタリア／マルタ	13.5
スイス	11.4

典拠：Deutsche Zentrale für Tourismus e. V., *Marktinformation Incoming-Tourismus Deutschland 2014 China/Hongkong*, p. 23.

表2-3-73　中国人ヨーロッパ旅行者
　　　　　　によるヨーロッパ都市宿
　　　　　　泊件数の都市別比率
（単位：％）

パリ	12.2
ロンドン	10.4
ウィーン	5.6
フィレンツェ	4.8
ミュンヘン	4.7
フランクフルト・アム・マイン	4.7
プラハ	4.4
チューリッヒ	4.0
ベルリン	4.0

典拠：Deutsche Zentrale für Tourismus e. V., *Marktinformation Incoming-Tourismus Deutschland 2014 China/Hongkong*, p. 25.

表2-3-74　中国人旅行者による大都
　　　　　　市別宿泊件数

都　市	宿泊件数
ミュンヘン	183,048
フランクフルト・アム・マイン	180,399
ベルリン	152,472
ケルン	59,916
ハンブルク	51,099

典拠：Deutsche Zentrale für Tourismus e. V., *Marktinformation Incoming-Tourismus Deutschland 2014 China/Hongkong*, p. 25.

ツークシュッピツェ登山電車からアイプゼーを望む。(2007年8月撮影)

表2-3-75 中国人による免税店での売り上げ

フランクフルト	39.0
ミュンヘン	17.0
ベルリン	10.0
ケルン	7.0
デュッセルドルフ	7.0
ハンブルク	5.0

典拠:Deutsche Zentrale für Tourismus e. V., *Marktinformation Incoming-Tourismus Deutschland 2014 China/Hongkong*, p. 25.

表2-3-76 ドイツを訪れるビジネス客の国別比率

国	比率(%)
アメリカ合衆国	8.5
中国	5.2
日本	4.2
韓国	2.8
メキシコ	2.7
カナダ	2.6
インド	2.5

典拠:Deutsche Zentrale für Tourismus e. V., *Marktinformation Incoming-Tourismus Deutschland 2014 Japan*, p. 7.

衆国からのビジネス旅行者が最も多数を占めているが、中国、日本、韓国を起点とする者も多い。一般にドイツとの距離が大きい国で、一定以上の経済発展を遂げた国では、ビジネス目的でドイツを訪問するものが多数存在する。

　日本人の海外旅行目的地では、アジアが最も大きなシェアーであるが、ヨーロッパとアメリカはそれぞれ20%に達している(表2-3-77参照)。

　ドイツ観光局の報告書では、JTB総研によるアンケート調査をもとに、日本

表2-3-77 日本人の外国旅行における主たる目的地域

国外の地域	比率（%）
アジア	61
ヨーロッパ	20
アメリカ	20
オーストラリア／オセアニア	3

典拠：Deutsche Zentrale für Tourismus e. V., *Marktinformation Incoming-Tourismus Deutschland 2014 Japan*, p. 8.

表2-3-78 日本人のドイツ旅行の目的

旅行の種類	比率（%）
休暇旅行	58.0
ビジネス旅行	30.0
その他	12.0

典拠：Deutsche Zentrale für Tourismus e. V., *Marktinformation Incoming-Tourismus Deutschland 2014 Japan*, p. 8.

表2-3-79 日本人旅行者による大都市別宿泊件数

都　市	宿泊件数
ミュンヘン	201,570
フランクフルト・アム・マイン	149,882
ベルリン	138,831
デュッセルドルフ	77,567
ドレスデン	46,084

典拠：Deutsche Zentrale für Tourismus e. V., *Marktinformation Incoming-Tourismus Deutschland 2014 Japan*, p. 15.

人のヨーロッパにおける訪問希望国を援用し、ドイツはイタリア、フランス、スペインに次いで需要が多いことを示している[20]。

日本人のドイツ滞在目的は、休暇旅行が58％であり、ビジネス旅行は30％である。休暇旅行者比率はヨーロッパ諸国ほど、大きな値ではない一方、ビジネス旅行者の比率は中国ほど大きくない（表2-3-78参照）。

日本人旅行者の目的地は、バイエルン、ヘッセン、ノルトライン＝ヴェストファーレンが多数である点で、中国と相似的であった（表2-3-68参照）。

このような州別目的地を反映して、大都市への滞在では、ミュンヘンが筆頭であり、フランクフルト・アム・マインがこれに続く。第5位にドレスデンがランクされている点で、他の遠隔諸国と異なっている（表2-3-79参照）。

さらに、中小自治体において、ローテンブルク・オプ・デア・タウバー（7万3,618件）、フュッセン（5万1,730件）が宿泊件数が多く、日本人ツアーにロマンチック街道が加えられていることが、その背景にあると考えられる[21]。

3　ローカル・サイト広報

ドイツ政府観光局は、重点的に広報を行う国に向けて、ローカル・サイトを開

表2-3-80 日本のドイツ観光局サイト「観光街道」

1	ロマンチック街道
2	古城街道
3	ドイツ・メルヘン街道
4	ドイツ・アルペン街道
5	塩街道
6	ドイツ・ワイン街道
7	ガラス街道
8	ドイツ宝石街道
9	黒い森シュヴァルツヴァルト温泉街道
10	ドイツ並木街道

典拠：ドイツ観光局公式サイト、in interrete sub: http://www.visit-germany.jp/, 25. 08. 2008.

設している。このサイトにおいて、「観光街道」（Ferienstrße)[22]を重点広報対象としてきた時期があった。いずれの観光街道に焦点をあてるか、という点においては、対象国ごとに大きな違いがみられた。また、その焦点の当て方は、今までに分析した訪問地域とも密接な関係がみられる。ここでは、2008〜2009年当時のローカル・サイトを手掛かりに、国別マーケティングのあり方を分析する。

　対象とする国は、人口1人あたりのドイツ旅行者が上位にある8カ国を採り上げる。すなわち、ルクセンブルク、スイス、オランダ、デンマーク、オーストリア、ベルギー、スウェーデン、ノルウェーの8カ国である。

　まず、比較のためにドイツ観光局東京支局における観光街道の広報を、表2-3-80に示した。

　東京支局のサイト「観光街道」においては、ロマンチック街道[23]、古城街道、ドイツ・メルヘン街道など、日本人好みと思われる景観が上位に置かれている。表2-3-81において、ロマンチック街道、ドイツ・アルペン街道はすべて、古城街道ではその大部分がバイエルンに位置していることと、日本からの旅行者の宿泊地域のおよそ3分の1がバイエルンであることと無縁ではない（表2-3-68参照）。

3.1　ルクセンブルクのドイツ観光局サイト「観光街道」

　ルクセンブルクのローカル・サイトの広報は、東京支局のそれとは、まったく異なりバーデン・アスパラガス街道、ニーダーザクセン・アスパラガス街道、ドイツ・オートバイ街道が上位にある。全体としてドイツ中部から西部の景観に焦点があてられていることがわかる。バーデン・アスパラガス街道が最も重視される広報活動と、宿泊地域においてバーデン＝ヴュルテンベルクが3分の1を占めていたことと関連が見られる（表2-3-4および表2-3-81参照）。

第3章　ドイツにおける外国人旅行者　153

表 2-3-81　ルクセンブルクのドイツ観光局サイト「観光街道」(Routes Touristique)

1	Route badoise des asperges（バーデン・アスパラガス街道）
2	Route des asperges de Basse-Saxe（ニーダーザクセン・アスパラガス街道）
3	Route allemande des motards（ドイツ・オートバイ街道）
4	Chemin de Benoît（ベネディクト街道）
5	Route des monastères du nord de la Forêt noire（黒い森北部・修道院街道）
6	Route de la Renaissance de la Weser（ヴェーザー・ルネサンス街道）
7	Route des châteaux（古城街道）
8	Voie Claudia Augusta（クラウディア・アウグスタ街道）
9	Route du Jura Souabe（シュヴァーベン・ジュラ街道）
10	Route romantique（ロマチック街道）

典拠：Site Internet officiel du tourisme en Allemagne BE, in interrete sub: http://www.vacances-en-allemagne.be/, 25. 08. 2009.

なお、ルクセンブルクのローカル・サイトは、ベルギーのフランス語版ローカル・サイトにリンクされている

3.2　オランダのドイツ観光局サイト「観光街道」

オランダのサイトにおける広報対象には、地理的に近いシュレスヴィヒ・ホルシュタイン・チーズ街道やルール地方の産業遺跡をめぐる産業文化街道が含まれている。産業文化街道が通過するノルトライン＝ヴェストファーレン州、ドイツ・ワイン街道が通るラインラント＝プファルツ州においてオランダからの観光客が多数宿泊していることは、すでの表 2-3-4 において確認した（表 2-3-82 参照）。

3.3　スイスのドイツ観光局サイト「観光街道」

スイスのローカル・サイトにおいては、スイスと景観が類似し、かつ近接したドイツ・アルペン街道がトップに掲載され、ボーデン湖を終点とするドイツ・並木街道、バーゼルからアクセスが容易なバーデン・アスパラガス街道が上位に置かれるなど、ドイツ・スイスの国境線から近い観光街道が広報の中心となっている。このことは、スイスを起点とする旅行者の60％がバーデン＝ヴュルテンベルク、バイエルンに宿泊する結果として現れている（表 2-3-37、表 2-3-83参照）。

表2-3-82　オランダのドイツ観光客サイト「観光街道」(vakantieroutes)

1	Duitse Alpenroute（アルペン街道）
2	Duitse lanenroute（並木街道）
3	Badische aspergeroute（バーデン・アスパラガス街道）
4	Burchtenroute（古城街道）
5	Duitse wijnroute（ドイツ・ワイン街道）
6	Kaasroute Sleeswijk-Holstein（シュレスヴィヒ＝ホルシュタイン・チーズ街道）
7	Duitse sprookjesroute（ドイツ・メルヘン街道）
8	Duitse motorroute（ドイツ・オートバイ街道）
9	Nedersaksische melkroute（ニーダーザクセン・ミルク街道）
10	Route van de industriecultur（産業文化街道）

典拠：Officiële webpagina toeristisch Duitsland NL, in interete sub: http://www.duitsverkeersbureau.nl/, 25. 08. 2009.

表2-3-83　スイスのドイツ観光局サイト「観光街道」(Feriensraße)

1	Deutsche Alpenstraße（ドイツ・アルペン街道）
2	Deutsche Alleenstraße（ドイツ・並木街道）
3	Badische Spargelstraße（バーデン・アスパラガス街道）
4	Burgenstraße（古城街道）
5	Deutsche Weinstraße（ドイツ・ワイン街道）
6	Käsestraße Schleswig-Holst.（シュレスヴィヒ＝ホルシュタイン・チーズ街道）
7	Deutsche Märchenstraße（ドイツ・メルヘン街道）
8	Deutsche Motorradstraße（ドイツ・オートバイ街道）
9	Niedersächs. Milchstraße（ニーダーザクセン・ミルク街道）
10	Route der Industriekultur（産業文化街道）

典拠：Offizielle Tourismus-Website für Deutschland CH, in interrete sub: http://www.deutschland-tourismus.ch/, 25. 08. 2009.

3.4　デンマークのドイツ観光局サイト「観光街道」

デンマークのローカル・サイトにおいてロマンチック街道、ドイツ・メルヘン街道が上位に置かれている点においては、わが国におけるそれと類似した特長が見られるが、しかし広報順位が3位に置かれている、リューネブルク〜リューベックを結ぶ塩街道はデンマークからのアクセスが容易であることに注目したい（表2-3-84参照）。

3.5　オーストリアのドイツ観光局サイト「観光街道」

オーストリアからの観光客の半数以上がバイエルン、バーデン＝ヴュルテンベ

表2-3-84 デンマークのドイツ観光局サイト「観光街道」(Ferieruter)

1	Romantikruten（ロマンチック街道）
2	Den Tyske Eventyrvej（ドイツ・メルヘン街道）
3	Den gamle saltvej（塩街道）
4	Den tyske vinrute（ドイツ・ワイン街道）
5	Den tyske bindingsværksrute（ドイツ木組みの家街道）
6	Loreley- og borgruten（ローレライ&古城街道）
7	Den Tyske Alpevej（ドイツ・アルペン街道）
8	Den tyske legetøjsrute（ドイツ玩具街道）
9	Industrikulturruten（産業文化街道）
10	Den Tyske Limesrute（ドイツ・リメス街道）

典拠：Officielt turisme website for Tyskland, in interrete sub: http://www.tyskland.travel/, 25.08.2009.

表2-3-85 オーストリアのドイツ観光局サイト「観光街道」(Feriensraβe)

1	Deutsche Alpenstraße（ドイツ・アルペン街道）
2	Deutsche Alleenstraße（ドイツ・並木街道）
3	Badische Spargelstraße（バーデン・アスパラガス街道）
4	Burgenstraße（古城街道）
5	Deutsche Weinstraße（ドイツ・ワイン街道）
6	Käsestraße Schleswig-Holstein（シュレスヴィヒ=ホルシュタイン・チーズ街道）
7	Deutsche Märchenstraße（ドイツ・メルヘン街道）
8	Deutsche Motorradstraße（ドイツ・オートバイ街道）
9	Niedersächs. Milchstraße（ニーダーザクセン・ミルク街道）
10	Route der Industriekultur（産業文化街道）

典拠：Offizielle Tourismus-Website für Deutschland AT, in interrete sub: http://www.deutschland-tourismus.at/, 25.08.2009.

ルクに宿泊していることは、すでに表2-3-55において確認している。オーストリアのローカル・サイトはこれを反映し、ドイツ・アルペン街道、ドイツ並木街道、バーデン・アスパラガス街道が上位に掲載されている（表2-3-85参照）。

3.6　ベルギーのドイツ観光局サイト「観光街道」

　ベルギーのドイツ観光局サイトは、フランス語によるサイトとオランダ語によるサイトが開かれている。両サイトの内容は同一であるが、オランダ語においてシュヴァーベン・アルプ街道という記載が、フランス語ではシュヴァーベン・ジュラ街道となっているのは、フランス語圏におけるジュラ山脈からの連続した地

表2-3-86-1　ベルギーのドイツ観光局サイト（1）「観光街道」
（vakantieroutes）

1	Badische aspergeroute（バーデン・アスパラガス街道）
2	Nedersaksische aspergeroute（ニーダーザクセン・アスパラガス街道）
3	Duitse motorroute（ドイツ・オートバイ街道）
4	Benedictusroute（ベネディクト街道）
5	Kloosterroute Nordschwarzwald（黒い森北部・修道院街道）
6	Route van de Weserrenaissance（ヴェーサー・ルネサンス街道）
7	Burchtenroute（古城街道）
8	Via Claudia Augusta（クラウディア・アウグスタ街道）
9	Zwabische Albroute（シュヴァーベン・アルプ街道）
10	Romantische route（ロマンチック街道）

典拠：Officiële webpagina toeristisch Duitsland BE, in interrete sub: http://www.duitsland-vakantieland.be/, 25. 08. 2009.

表2-3-86-2　ベルギーのドイツ観光局サイト（2）「観光街道」（Routes Touristique）

1	Route badoise des asperges（バーデン・アスパラガス街道）
2	Route des asperges de Basse-Saxe（ニーダーザクセン・アスパラガス街道）
3	Route allemande des motards（ドイツ・オートバイ街道）
4	Chemin de Benoît（ベネディクト街道）
5	Route des monastères du nord de la Forêt noire（黒い森北部・修道院街道）
6	Route de la Renaissance de la Weser（ヴェーサー・ルネサンス街道）
7	Route des châteaux（古城街道）
8	Voie Claudia Augusta（クラウディア・アウグスタ街道）
9	Route du Jura Souabe（シュヴァーベン・ジュラ街道）
10	Route romantique（ロマンチック街道）

典拠：Site Internet officiel du tourisme en Allemagne BE, in interrete sub: http://www.vacances-en-allemagne.be/, 25. 08. 2009.

形を連想させるためであろう（表2-3-86-1および表2-3-86-2参照）。

　なお、前述したように、ベルギーのフランス語版ローカル・サイトは、ルクセンブルクのサイトに援用されているので、その内容について再び触れることはしない。

3.7　スウェーデンのドイツ観光局サイト「観光街道」

　スウェーデンのローカル・サイトにおいてトップに掲載されているのは、ドイツ語表記の「スウェーデン街道」（Schwedenstrasse）であり、副題として「ドイツにおけるスウェーデン時代」（Svensktiden i Tyskland）というスウェーデン

表2-3-87 スウェーデンのドイツ観光局サイト
「観光街道」(Semestervägar)

1	Schwedenstrasse（スウェーデン街道）Svensktiden i Tyskland
2	Romantiska vägen（ロマンチック街道）
3	Tyska Vinvägen（ドイツ・ワイン街道）
4	Tyska Alpvägen（ドイツ・アルペン街道）
5	Tyska Allévägen（ドイツ・並木街道）
6	Tyska Sagovägen（ドイツ・メルヘン街道）
7	Gamla Saltvägen（塩街道）
8	Tyska Korsvirkesvägen（ドイツ・木組みの家街道）
9	Borgvägen（古城街道）
10	Romanska vägen（ロマネスク街道）

典拠：Den officiella hemsidan för resor till Tyskland, in interrete sub: http://www.tyskland-info.se/, 25. 08. 2009.

表2-3-88 ノルウェーのドイツ観光局サイト「観光街道」
(Turistveier)

1	Den gamle saltveien（塩街道）
2	Borgveien（古城街道）
3	Den tyske alleeveien（ドイツ・並木街道）
4	Den tyske alpeveien（ドイツ・アルペン街道）
5	Den tyske bindingsverksveien（ドイツ・木組みの家街道）
6	Den tyske eventyrveien（ドイツ・メルヘン街道）
7	Den tyske vinveien（ドイツ・ワイン街道）
8	Den romantiske veien（ロマンチック街道）
9	Den romanske veien（ロマネスク街道）
10	Den saksiske vinveien（ザクセン・ワイン街道）

典拠：Offisiell hjemmeside for Tysk Turistbyrå, in interrete sub: http://www.visitgermany.no/, 25. 08. 2009.

語表記がなされている。いうまでもなく、30年戦争に伴うスウェーデンによる占領地域を観光対象としている（表2-3-87参照）。

これに対応するように、スウェーデンからの旅行者の宿泊地域の第2位は、シュレスヴィヒ=ホルシュタインが挙がっていた（表2-3-19参照）。

3.8 ノルウェーのドイツ観光局サイト「観光街道」

ノルウェーのサイトにおいて、塩街道がトップに掲載されているが、この場合もノルウェーとの地理的関係が作用していると思われる（表2-3-88参照）。

4　小括

　ドイツ政府観光局による外国市場に対するマーケティングにおいて、特に重点が置かれているのは、西北ヨーロッパおよび西南ヨーロッパである。これらの地域において、ルクセンブルク、オランダ、スイス、デンマーク、オーストリア、ベルギー、スウェーデン、ノルウェーは、人口1人あたりのドイツにおける宿泊件数が大きな値を示し、広報戦略の効果が現れている。

　ドイツからの距離が大きいイギリス、スペイン、ブラジル、イスラエル、オーストラリアは、州別訪問先でベルリンが最多であり、起点国における大都市からドイツの首都への点と点の移動が主流であった。

　一般にドイツからの距離が隔たると大都市への点の旅行をすると考えられる。訪問先の州について、バイエルンが首位であるロシア、アメリカ、中国、日本、アラブ湾岸諸国、韓国に関しては、ミュンヘン訪問者が多数であることから、点としての大都市訪問と考えられるであろう。

　ドイツと、地続きであるオランダ、ポーランド、スイス、オーストリアは、外国旅行においてドイツが第1位であるが、特にオランダ、スイス、オーストリアからの訪問者にとって、ドイツ旅行は「外国旅行」という意識よりも、文化的連続性をもった地域への移動と考えられる。

　このことは、オランダ（23％）、スイス（30％）、オーストリア（31％）における親戚・知人訪問比率の高さとして現れている。

　文化的な親近性を表す移動を示す事例として、(1) オランダ人の訪問地にモーゼル／ザール、ザウワーラントがあげられていること、(2) ベルギー人の起点は、オランダ語圏が大半であり、フランス語圏からは僅少であること、(3) デンマーク人が近隣のシュレスヴィヒ＝ホルシュタイン州を訪問していること、(4) スイスからの訪問者はドイツ語圏からやってきて、バーデン＝ヴュルテンベルクおよびバイエルンを訪れていること、(5) オーストリア人は、主に西部を起点とし、バイエルンに向かっていることなどが指摘できる。

　ビジネス旅行者比率が高い起点国は、中国（48％）、アメリカ（36％）、日本

(30%）イギリス（30%)、ロシア（30%)、スペイン（30%）などドイツとの物理的な距離が遠い国が多い。

しかし、一方、国境を接していても文化的な隔たりが大きいフランス（34%）のような事例もある。

1) Deutsche Zentrale für Tourismus e. V は、フランクフルト・アム・マインに本部を置く、ドイツの政府「観光局」(nationale "Tourist Board") である（DZT, Jb 2007, p. 7)。

ドイツ政府観光局は、すでに60年来、連邦政府の委託を受けて観光国ドイツのために、外国において広告活動を行ってきた（DZT, Ueber Uns, in interete sub: http://www.deutschland-tourismus.de/DEU/ueber_uns/uber=uns.htm, 20. 05. 2009)。

2) DZT, *Marketing und Vertrieb für das Reiseland Deutschland*, 2007.
3) DZT, Struktur der Deutschen Zentrale für Tourismus, in interrete sub: http://www.germany.travel/media/content/ueber_uns_1/DZT_Organigramm_Oktober2014.pdf, 21. 01. 2015.
4) *Continu Vakantie Onderzoek*, 2012, in interrete sub: http://www.itrovator.nl/artikel/download-jaarcijfers-continu-vakantie-onderzoek-2012, 23. 12. 2014.
5) Deutsche Zentrale für Tourismus e. V., *Marktinformation Incoming-Tourismus Deutschland 2014 Belgien*, p. 14.
6) Deutsche Zentrale für Tourismus e. V., *Marktinformation Incoming-Tourismus Deutschland 2014 Vereinigtes Königreich*, p. 15.
7) Deutsche Zentrale für Tourismus e. V., *Marktinformatiion Incoming-Tourismus Deutschland 2014 Dänemark*, p. 12.
8) Deutsche Zentrale für Tourismus e. V., *Marktinformation Incoming-Tourismus Deutschland 2014 Schweden*, p. 13.
9) Deutsche Zentrale für Tourismus e. V., *Marktinformatiion Incoming-Tourismus Deutschland 2014 Russland*, p. 15.
10) Murnau Trauma Center, Home, in interrete sub: http://www.bgu-murnau.de/ru-RU/, 13. 02. 2014.
11) Deutsche Zentrale für Tourismus e. V., *Marktinformation Incoming-Tourismus Deutschland 2014 Polen*, p. 12.
12) Deutsche Zentrale für Tourismus e. V., *Marktinformation Incoming-Tourismus Deutschland 2014 Schweiz*, p. 14.

13) Deutsche Zentrale für Tourismus e. V., *Marktinformatiion Incoming-Tourismus Deutschland 2014 Italien*, p. 13.

14) Deutsche Zentrale für Tourismus e. V., *Marktinformation Incoming-Tourismus Deutschland 2014 Frankreich*, p. 13.

15) 山田徹雄『ドイツ資本主義と空港』日本経済評論社、2009年、参照。

16) Deutsche Zentrale für Tourismus e. V., *Marktinformation Incoming-Tourismus Deutschland 2014 Spanien*, p. 13.

17) Deutsche Zentrale für Tourismus e. V., *Marktinformation Incoming-Tourismus Deutschland 2014 Österreich*, p. 13.

18) Deutsche Zentrale für Tourismus e. V., *Marktinformation Incoming-Tourismus Deutschland 2014 China/Hongkong*, p. 25.

19) 2012年において、中国人はドイツで平均628ユーロ、免税店で買い物した。時計、装身具が33％、衣類およびモード品が15％、革製品が10％であった（Deutsche Zentrale für Tourismus e. V., *Marktinformation Incoming-Tourismus Deutschland 2014 China/Hongkong*, p. 26)。

20) ここでは、今後3年間に訪問する予定の国に関するデータ（Quelle: JTB Research 2008）を援用している（Deutsche Zentrale für Tourismus e. V., *Marktinformation Incoming-Tourismus Deutschland 2014 Japan*, p. 14)。

21) Deutsche Zentrale für Tourismus e. V., *Marktinformatiion Incoming-Tourismus Deutschland 2014 Japan*, p. 14.

22) 1927年以来、ドイツ・アルペン街道（Deutsche Alpenstraße）は、最初の観光街道として計画された（ADAC, Unterwegs auf Deutschlands Ferienstrße, Müchen, 1995, p. 5)。

しかし、これがリンダウからベルヒテスガーデンまで、257kmの直通の道路として完成するには、1960年代初頭まで待たなければならなかった。その間、1935年にドイツ・ワイン街道（Deutsche Weinstraße）が完成した（Rössig, Wolfgang, *Ferienstraßen in Deutschland*, 2008, München, p. 11)。

23) ロマンチック街道の起源は、1950年に街道沿いの27自治体が、観光連合「ロマンチック街道」Tourismusverbund Romantische Straße を設立したことに求められるが、そもそもの理念は、アメリカ占領軍に求められる（Rössig, Wolfgang, *Ferienstraßen in Deutschland*, 2008, München, p. 46)。ロマンチック街道の名称は、しばしば指摘されているようにドイツ観光局によって付けられたのではなく、アメリカ占領軍が家族の休暇を過ごすために Romantic Road と呼んだことに始まる（Geschichte der Romantischen Straßen, in interrete sub: http://www.romantischestrasse.de, 26. 08. 2009)。ロマンチック街道には、日本語で「ロマンチック街道」と表示されているば

かりでなく、1982年には、ドイツのロマンチック街道を手本として、「日本ロマンチック街道」(Japanese Romantic Road) が生まれ、1988以来、日独のロマンチック街道は協力協定を結んでいる (Rössig, Wolfgang, *Ferienstraßen in Deutschland*, 2008, München, p. 46)。観光連合「ロマンチック街道」と協定を結んでいる「日本ロマンチック街道」については、日本ロマンチック街道協会、日本ロマンチック街道 in interrete sub: http://www.jrs-roman.org/, 04. 02. 2015参照。

第3部　バーデン＝ヴュルテンベルク

第1章　バーデン＝ヴュルテンベルク州における観光の定量分析

　本章は、バーデン＝ヴュルテンベルク州における観光について、時間軸と空間軸を念頭に、ドイツ国内旅行者と外国からの旅行者の行動を定量的に分析する。バーデン＝ヴュルテンベルクはバイエルン、ノルトライン＝ヴェストファーレンに次いで多数のドイツ人が訪問する地域である[1]。

　ここで利用する資料は、バーデン＝ヴュルテンベルク州統計局によって公表されている以下、3つのデータである。

（1）　Reiseverkehr in Baden-Württemberg seit 1950 nach betrieben, Betten bzw. Schlafgelegenheiten, Ankünften, Übernachtungen sowie durchschnittlicher Aufenthaltsdauer, in: Statistisches Landesamt Baden-Württemberg, *Statistisches Bericht 2010*

（2）　Reiseverkehr in Baden-Württemberg nach ausgewählten Herkunftsländern, in: Statistisches Landesamt Baden-Württemberg, *Statistisches Bericht 2010*

（3）　Statistisches Landesamt Baden-Württemberg, Statistische Berichte Baden-Württemberg, Artikel-Nr. 3552 09001 Handel und Gastgewerbe, 25. 02. 2010

これらのデータは以下の基準によっている。

（1）　1950～1981年は、観光年度（Fremdenverkehrsjahr）である前年11月～当年10月、1981年以降は暦年（Kalenderjahr）によって集計されている。

（2）　2004年以降にはキャンプ場（Kampingplätze）宿泊者が含まれる。

（3）　1989年までは、東ドイツおよび東ベルリンからの旅行者は外国人として集計されている。

（4）　2009年度の集計に含まれる宿泊施設は、ホテル（Hotels）、ホテル・ガ

表3-1-1 営業宿泊施設数の推移

年度	宿泊施設数
1950	2,126
1955	4,798
1960	5,521
1965	6,232
1970	7,002
1975	8,917
1980	9,285
1985	7,246
1990	6,829
1995	7,054
2000	6,955
2005	6,904
2009	7,027

典拠：Reiseverkehr in Baden-Württemberg seit 1950 nach betrieben, Betten bzw. Schlafgelegenheiten, Ankünften, Übernachtungen sowie durchschnittlicher Aufenthaltsdauer, in: Statistisches Landesamt Baden-Württemberg, *Statistisches Bericht 2010*.

表3-1-2 宿泊施設の有するベッド数の推移

年度	宿泊施設の有するベッド数
1950	57,593
1955	117,824
1960	157,212
1965	203,227
1970	242,206
1975	309,481
1980	342,028
1985	248,626
1990	249,374
1995	282,592
2000	293,406
2005	374,877
2009	390,022

典拠：Reiseverkehr in Baden-Württemberg seit 1950 nach betrieben, Betten bzw. Schlafgelegenheiten, Ankünften, Übernachtungen sowie durchschnittlicher Aufenthaltsdauer, in: Statistisches Landesamt Baden-Württemberg, *Statistisches Bericht 2010*.

ルニ (Hotels garnis)、ガストホフ (Gasthöfe)、ペンション (Pensionen)、保養所 (Erholungs- und Ferienheime)、休暇用施設 (Ferienzentren)、休暇用貸別荘、貸アパート (Ferienhäuser, -wohnungen)、ユースホステスおよび山小屋 (Jugendherberge und Hütten)、キャンプ場 (Campingplätze)、介護・リハビリ施設 (Versorge- und Reha-Kliniken)、研修所 (Schulungsheime) である。
(5) ベルギーからの旅行者の統計に関して、1971年までの数値にはルクセンブルクからの旅行者が含まれる。

1 バーデン＝ヴュルテンベルク州における旅行者の宿泊

バーデン＝ヴュルテンベルク州において営業中の宿泊施設はおよそ7,000軒である。第2次大戦直後には、2,000件余りであった宿泊施設は、1980年頃までに

表3-1-3　バーデン=ヴュルテンベルクにおける宿泊施設別内訳

	営業中の施設数 （2009年6月現在）	収容人数 （2009年6月現在）	稼働率（2009年） （％）
ホテル	1,794	124,859	37.6
ホテル・ガルニ	1,043	34,701	35.7
ガストホフ	1,795	40,542	24.3
ペンション	508	13,554	32.4
保養所	329	18,462	30.4
休暇用施設	5	2,037	19.6
民宿	655	15,555	26.0
ユースホステルおよび山小屋	308	17,121	27.2
キャンプ場	325	89,828	13.3
介護・リハビリ施設	153	23,070	81.1
研修所	112	10,293	34.5
合　　計	7,020	390,022	32.6

典拠：Statistisches Landesamt Baden-Württemberg, Statistische Berichte Baden-Württemberg, Artikel-Nr. 3552 09001 Handel und Gastgewerbe, 25. 02. 2010.

9,000軒を超すまで増加したが、その後、7,000軒前後の水準を維持している。

　表3-1-2によると、同州における宿泊施設の有するベッド数は1950年に5万7,593であったが、1980年頃まで増加した後、20世紀末まで低下を示した。その後、再び増加に転じ、現在では39万を超すに至っている。これを表3-1-1と比較することによって（施設数の減少とベッド数の増加）、2000年以降に宿泊施設が大規模化したことが推察できる。

　宿泊施設の内訳および稼働率（Auslastung）を表3-1-3に示す。施設数においては、ガストホフ、ホテルがほぼ同水準であり、ホテル・ガルニがこれに次ぐ。これら3種、いわゆるHotellerieによって過半の宿泊が賄われている。ホテルの収容能力は他の施設を圧倒し、およそ12万5,000人であり、これは全体の3分の1に相当する。稼働率においては、ホテル、ホテル・ガルニ、ペンションが高い値を示している。

　宿泊者数は、1950年以降、着実な増加をみた。とはいえ、宿泊件数においては1980年に記録した4,485万件を未だに超えていない。このことから1人あたりの平均宿泊日数が減少していることがわかるであろう。ただし、外国人に限れば、宿泊件数はほぼ一貫して増加してきた（表3-1-4参照）。

表3-1-4 バーデン゠ヴュルテンベルクにおける宿泊の推移

年度	宿泊者数 合計	宿泊者数 うち、外国人	宿泊件数 合計	宿泊件数 うち、外国人
1950	2,553,359	263,339	8,762,699	421,424
1955	4,503,441	807,301	16,896,652	1,532,933
1960	5,461,737	1,154,616	23,710,417	2,222,177
1965	6,241,507	1,284,514	30,004,758	2,651,557
1970	6,896,493	1,362,106	34,249,943	2,963,103
1975	7,645,626	1,308,639	40,752,010	2,861,175
1980	8,989,771	1,666,726	44,857,649	3,908,883
1985	9,139,570	2,010,204	33,200,228	4,221,261
1990	11,214,112	2,343,515	38,762,196	4,931,319
1995	11,548,902	1,970,181	38,922,753	4,405,074
2000	13,398,793	2,387,695	39,234,365	5,118,053
2005	14,877,492	2,958,296	40,501,096	6,571,528
2009	16,052,992	3,257,838	42,416,809	7,359,533

典拠：Statistisches Landesamt Baden-Württemberg, Statistische Berichte Baden-Württemberg, Artikel-Nr. 3552 09001 Handel und Gastgewerbe, 25. 02. 2010.

表3-1-5 バーデン゠ヴュルテンベルクにおける1人あたり平均宿泊数の推移

(単位：泊)

年度	平均宿泊数 宿泊者全体	平均宿泊数 ドイツ人	平均宿泊数 外国人
1950	3.4	3.6	1.6
1955	3.9	4.2	1.9
1960	4.3	5.0	1.9
1965	4.8	5.5	2.1
1970	5.0	5.7	2.2
1975	5.3	6.0	2.2
1980	5.0	5.6	2.4
1985	3.6	4.0	2.1
1990	3.5	3.8	2.1
1995	3.4	3.6	2.2
2000	2.9	3.1	2.1
2005	2.7	2.8	2.2
2009	2.6	2.7	2.3

典拠：表3-1-4をもとに算出。

ここで、1人あたりの平均宿泊数を算出すると表3-1-5のようになる。1950年に3.4泊であった宿泊期間は1975年の5.3泊まで増加してきたが、それ以降は短縮に転じ、2009年には2.6泊となった。これをドイツ人と外国人に区別して見ると、各期を通じてドイツ人のほうが長期滞在していることがわかる。1950年から1975年にかけてその差が拡大したが、それ以降、ドイツ人と外国人の滞在期間の差が短縮し、2009年においてはほとんど差が見られなくなった。つまり、ドイツ人の平均宿泊期間は、現在では1975年の半分になっているのである。

営業宿泊施設数のピークが1975～1980年頃であったこと、ベッド数がひとまず1980年ごろに極大値を示したこと、1人あたりの平均宿泊数のピー

第1章　バーデン＝ヴュルテンベルク州における観光の定量分析　169

クが1975〜1980年頃であったことを総合的に勘案すると、この頃ドイツ人の旅行行動が転換点を迎えた可能性が高い。表3-1-1、表3-1-2にみた1980代における宿泊施設数およびベッド数の減少は、平均宿泊日数の減少とパラレルである。

2　外国からの旅行者の動向

この項においては、バーデン＝ヴュルテンベルク州への旅行者が多数を占める外国からの旅行者について分析する。サンプルとして採りあげるのは、2009年度において上位を占めた旅行起点国、10カ国である。

2.1　ベルギーからの旅行者

ベルギーからの旅行者は1980年に極大値である11万2,000人余りを示した後、2000年頃にかけて減少した。それ以降再び増加し、現在では13万人以上を占めている。この間、1人あたりの平均宿泊数はほぼ一貫して増加を示してきた。

2.2　オランダからの旅行者

表3-1-6　ベルギーからの旅行者

年度	宿泊者数	宿泊件数	平均宿泊日数
1960	89,111	172,965	1.9
1965	93,068	197,118	2.1
1970	98,239	224,322	2.3
1975	94,886	215,787	2.3
1980	112,466	282,383	2.5
1985	72,301	171,974	2.4
1990	80,791	207,204	2.6
1995	81,906	219,785	2.7
2000	90,588	248,831	2.7
2005	113,105	316,105	2.8
2009	132,793	357,817	2.7

典拠：Reiseverkehr in Baden-Württemberg nach ausgewählten Herkunftsländern, in: Statistisches Landesamt Baden-Württemberg, *Statistisches Bericht 2010*.

表3-1-7　オランダからの旅行者

年度	宿泊者数	宿泊件数	平均宿泊日数
1960	183,274	296,725	1.6
1965	235,183	405,195	1.7
1970	240,627	477,605	2.0
1975	308,955	696,925	2.3
1980	416,748	978,921	2.3
1985	276,957	620,221	2.2
1990	266,030	597,052	2.2
1995	218,792	472,317	2.2
2000	249,006	518,523	2.1
2005	403,632	938,393	2.3
2009	456,725	1,067,094	2.3

典拠：Reiseverkehr in Baden-Württemberg nach ausgewählten Herkunftsländern, in: Statistisches Landesamt Baden-Württemberg, Statistisches Bericht 2010
　Statistisches Landesamt Baden-Württemberg, Statistische Berichte Baden-Württemberg, Artikel-Nr. 3552 09001 Handel und Gastgewerbe, 25. 02. 2010.

ベルギーからの旅行者と同様の傾向は、オランダからの旅行者にも見られるが、旅行者の絶対数はオランダのほうがはるかに多い。なお、平均宿泊数では、ベルギー人より短めである。

表3-1-8 フランスからの旅行者

年度	宿泊者数	宿泊件数	平均宿泊日数
1960	152,291	379,357	2.5
1965	194,327	489,438	2.5
1970	151,546	393,255	2.6
1975	132,131	318,887	2.4
1980	139,645	318,363	2.3
1985	147,286	315,603	2.1
1990	187,131	415,704	2.2
1995	147,682	321,830	2.2
2000	159,724	327,994	2.1
2005	228,573	457,453	2.0
2009	306,887	600,795	2.9

典拠：Reiseverkehr in Baden-Württemberg nach ausgewählten Herkunftsländern, in: Statistisches Landesamt Baden-Württemberg, *Statistisches Bericht 2010.*

表3-1-9 オーストリアからの旅行者

年度	宿泊者数	宿泊件数	平均宿泊日数
1960	47,456	85,568	1.8
1965	50,763	98,188	1.9
1970	52,168	109,356	2.1
1975	54,123	103,158	1.9
1980	66,173	140,607	2.1
1985	67,710	133,088	2.0
1990	86,620	187,314	2.2
1995	79,568	173,599	2.2
2000	104,462	224,145	2.1
2005	131,833	271,626	2.1
2009	167,437	358,525	2.1

典拠：Reiseverkehr in Baden-Württemberg nach ausgewählten Herkunftsländern, in: Statistisches Landesamt Baden-Württemberg, *Statistisches Bericht 2010.*

2.3 フランスからの旅行者

フランスからの旅行者においては、21世紀に入ってからの増加が著しい伸びを示し、2000年以降、10年間に2倍近くになった。また、平均宿泊数において、他の国からの旅行者をかなり上回る水準を示し、現在ではおよそ3泊となっており、滞在期間の長さが特徴的である。この値はドイツ人の滞在期間を凌駕する。

2.4 オーストリアからの旅行者

オーストリアからの観光客は、1960年以降着実な増加を示してきた。1960年代に5万人程度であった宿泊者は、現在ではその3倍以上となる。彼らに特徴的であるのは、平均宿泊数が期間を通じてほとんど変化がないことである。

2.5 イギリスからの旅行者

イギリス（北アイルランドを含む）を起点とする旅行者は1960年に16万8,000人であったが、その後減少し、1975年に10万人の大台を割っている。それ以降も大幅な変動を経験しつつ、2009年には再び20万人を切る水準に低下した。平均宿泊数においては比較的安定し、近年では2泊程度である。

表3-1-10 イギリスおよび北アイルランドからの旅行者

年度	宿泊者数	宿泊件数	平均宿泊日数
1960	168,502	261,923	1.6
1965	160,414	258,941	1.6
1970	143,114	145,791	1.7
1975	92,683	155,288	1.7
1980	142,737	291,092	2.0
1985	186,331	352,810	1.9
1990	218,828	415,228	1.9
1995	162,330	339,182	2.1
2000	211,174	419,629	2.0
2005	224,644	414,915	2.1
2009	177,727	381,942	2.1

典拠：Reiseverkehr in Baden-Württemberg nach ausgewählten Herkunftsländern, in: Statistisches Landesamt Baden-Württemberg, *Statistisches Bericht 2010*.

表3-1-11 スウェーデンからの旅行者

年度	宿泊者数	宿泊件数	平均宿泊日数
1960	26,333	55,836	2.0
1965	35,286	69,251	2.0
1970	36,060	63,008	1.7
1975	35,534	57,050	1.6
1980	38,481	66,275	1.7
1985	48,698	79,758	1.6
1990	76,735	124,085	1.6
1995	44,898	80,721	1.8
2000	51,160	84,839	1.7
2005	47,947	80,769	1.7
2009	43,598	78,401	1.8

典拠：Reiseverkehr in Baden-Württemberg nach ausgewählten Herkunftsländern, in: Statistisches Landesamt Baden-Württemberg, *Statistisches Bericht 2010*.

2.6 スウェーデンからの旅行者

スウェーデンを起点とする旅行者による宿泊は1990年におよそ7万7,000人を記録したのが最多であった。平均宿泊数では1960年代が最長であった。

2.7 イタリアからの旅行者

着実な増加傾向を示してきたのがイタリアからの旅行者である。特に1990年代以降は11万5,000人～18万8,000人へと大幅な増加を記録した。平均宿泊数では、1960～1970年に2泊以上であったが、それ以降低下したが2009年には再び2泊となった。

2.8 スイスからの旅行者

近接するスイスからの旅行者が国別で見ると最も多数を占めている。1960年代から傾向的に増加し、現在では68万人以上となった。平均宿泊数は安定的に推移しもほぼ2泊である。

表3-1-12 イタリアからの旅行者

年度	宿泊者数	宿泊件数	平均宿泊日数
1960	52,296	110,133	2.1
1965	57,691	133,126	2.3
1970	60,773	126,376	2.1
1975	50,310	97,262	1.9
1980	65,916	127,483	1.9
1985	94,412	167,139	1.8
1990	155,759	277,047	1.8
1995	115,485	244,413	2.1
2000	146,785	281,768	1.9
2005	170,165	318,439	1.9
2009	188,687	382,013	2.0

典拠：Reiseverkehr in Baden-Württemberg nach ausgewählten Herkunftsländern, in: Statistisches Landesamt Baden-Württemberg, *Statistisches Bericht 2010*.

表3-1-13 スイスからの旅行者

年度	宿泊者数	宿泊件数	平均宿泊日数
1960	112,213	237,400	2.1
1965	99,283	231,278	2.3
1970	102,787	249,307	2.4
1975	109,944	264,357	2.4
1980	129,377	320,925	2.5
1985	154,670	351,306	2.3
1990	208,049	457,096	2.2
1995	232,553	470,237	2.0
2000	313,395	593,412	1.9
2005	555,643	1,086,927	2.0
2009	687,634	1,349,749	2.0

典拠：Reiseverkehr in Baden-Württemberg nach ausgewählten Herkunftsländern, in: Statistisches Landesamt Baden-Württemberg, *Statistisches Bericht 2010*.

表3-1-14 日本からの旅行者

年度	宿泊者数	宿泊件数	平均宿泊日数
1965	6,833	14,097	2.1
1970	16,705	31,173	1.9
1975	24,644	44,407	1.8
1980	40,179	68,055	1.7
1985	78,029	114,802	1.5
1990	161,591	224,848	1.4
1995	152,900	228,881	1.5
2000	138,872	215,522	1.6
2005	91,011	164,987	1.8
2009	57,163	113,731	2.0

典拠：Reiseverkehr in Baden-Württemberg nach ausgewählten Herkunftsländern, in: Statistisches Landesamt Baden-Württemberg, *Statistisches Bericht 2010*.

表3-1-15 アメリカからの旅行者

年度	宿泊者数	宿泊件数	平均宿泊日数
1960	178,969	309,414	1.7
1965	187,094	367,784	2.0
1970	247,330	479,574	1.9
1975	164,742	300,780	1.8
1980	218,649	400,719	1.8
1985	484,401	869,360	1.8
1990	389,096	690,107	1.8
1995	226,861	470,612	2.1
2000	327,823	697,976	2.1
2005	250,916	590,110	2.4
2009	228,223	582,702	2.6

典拠：Reiseverkehr in Baden-Württemberg nach ausgewählten Herkunftsländern, in: Statistisches Landesamt Baden-Württemberg, *Statistisches Bericht 2010*.

2.9　日本からの旅行者

　日本人旅行者は1990年に16万人以上を記録していたが、現在ではその半分以下となっている。ただし、1人あたりの平均宿泊数は1990年を底に増加してきた。この時点は旅行者数の最大値と平均宿泊数の最小値が一致した時期であることか

表3-1-16　外国からの旅行者の相対比率（2009年）
（スイスからの旅行者を100とする）

スイス	100.00
オランダ	66.42
フランス	44.63
アメリカ	33.19
イタリア	27.44
イギリス	25.85
オーストリア	24.35
ベルギー	19.31
日本	8.32
スウェーデン	6.34

典拠：Reiseverkehr in Baden-Württemberg nach ausgewählten Herkunftsländern, in: Statistisches Landesamt Baden-Württemberg, *Statistisches Bericht 2010*をもとに作成。

表3-1-17　外国からの旅行者の推移
（1970年を100とする）

	1970年	1990年	2009年
スイス	100	202.4	669.9
オランダ	100	110.6	189.8
フランス	100	123.5	202.5
アメリカ	100	157.3	92.3
イタリア	100	256.3	310.5
イギリス	100	152.9	124.2
オーストリア	100	166.0	320.9
ベルギー	100	114.6	135.2
日本	100	967.3	342.2
スウェーデン	100	212.8	120.9

典拠：Reiseverkehr in Baden-Württemberg nach ausgewählten Herkunftsländern, in: Statistisches Landesamt Baden-Württemberg, *Statistisches Bericht 2010*をもとに作成。

ら、1990年以降、日本人旅行者は通過型からより滞在型へと旅行形態が変化しているのかもしれない。

2.10　アメリカからの旅行者

アメリカ人旅行者は1985年に記録した48万4,000人を未だ回復できないでいる。特に21世紀に入ってからは減少傾向が著しい。これに対して1人あたりの平均宿泊数は1980年代～1990年代の1.8泊から2.6泊へと大幅な増加を示している。トレンドとしては、日本人旅行者の推移と相似的である。

2.11　外国からの旅行者の全体像

以上、各国からの旅行者を相対化してみよう。2009年における国別旅行者数では、スイスを起点とするものが、最も多数を占めていた。それと比較すると、スイスに次いで旅行者の多いオランダはスイスの66％に過ぎない。上位10カ国を起点とする旅行者においては、アメリカ、日本を除外すればすべて西ヨーロッパの高所得の国を起点としている。

これらの旅行者が1970年以降、どのように変化したかを表3-1-17で確認する。なんといっても、スイスからの旅行者の伸びが著しい。これに次いで、日本、オー

表3-1-18 バーデン＝ヴュルテンベルクにおける宿泊者の年間変動（2009年）

（単位：1,000人）

	宿泊者数	宿泊件数
1月	842.6	2,306.8
2月	930.6	2,457.6
3月	1,119.9	2,803.7
4月	1,278.3	3,368.1
5月	1,552.0	4,020.1
6月	1,551.6	4,012.1
7月	1,795.1	4,790.2
8月	1,677.7	5,081.1
9月	1,615.2	4,273.4
10月	1,578.5	4,044.9
11月	1,106.9	2,684.7
12月	1,004.8	2,568.1

典拠：Statistisches Landesamt Baden-Württemberg, Statistische Berichte Baden-Württemberg, Artikel-Nr. 3552 09001 Handel und Gastgewerbe, 25. 02. 2010.

表3-1-19 バーデン＝ヴュルテンベルクにおける宿泊者の年間変動（2009年）比率

	1月を100とする宿泊者数	1人あたりの月別平均宿泊数
1月	100	2.7
2月	110	2.6
3月	133	2.5
4月	152	2.6
5月	184	2.6
6月	184	2.6
7月	213	2.7
8月	199	3.0
9月	192	2.6
10月	133	2.6
11月	131	2.4
12月	119	2.6

（典拠：Statistisches Landesamt Baden-Württemberg, Statistische Berichte Baden-Württemberg, Artikel-Nr. 3552 09001 Handel und Gastgewerbe, 25. 02. 2010をもとに作成。

ストリア、イタリア、フランスとなる。しかしながら、日本人旅行者はそもそも1970年時点において1万6,705人であったので、起点が低すぎた結果であろう。それにしてもわが国のバブル期における旅行者の伸びは異常であった。

3　バーデン＝ヴュルテンベルクにおける旅行者の季節変動

　バーデン＝ヴュルテンベルクに宿泊する旅行者は1月、2月を除けば常に100万人を超え、年間を通じて安定的に旅行者を集めていることがわかる。

　1月を基準にみると、7月がその2倍以上となり最も宿泊者が多いが、1人あたりの宿泊数は8月が最多で3泊となっている。

　外国人宿泊者に限定してこれらの推移をみると、同様に7月に宿泊者が最多となる一方、最小は1月であり、クリスマスシーズンの12月の宿泊はやや多い。仮に12月期の外国からの旅行者が1月期並みであるなら、表3-1-18において12月期の宿泊者は2月期レベルとなる。

第1章　バーデン＝ヴュルテンベルク州における観光の定量分析　175

表 3-1-20　バーデン・ヴュルテンベルクにおける外国人宿泊者の年間変動（2009年）

（単位：1,000人）

	宿泊者数	宿泊件数
1月	136.7	321.1
2月	177.0	423.0
3月	183.4	420.4
4月	256.4	546.8
5月	301.2	659.0
6月	302.0	664.1
7月	451.0	1,055.0
8月	423.4	1,054.4
9月	322.0	707.2
10月	294.9	631.1
11月	186.7	410.2
12月	223.2	467.1

典拠：Statistisches Landesamt Baden-Württemberg, Statistische Berichte Baden-Württemberg, Artikel-Nr. 3552 09001 Handel und Gastgewerbe, 25. 02. 2010.

表 3-1-21　バーデン・ヴュルテンベルクにおける外国人宿泊者の年間変動（2009年）比率

	1月を100とする宿泊者数	1人あたりの月別平均宿泊数
1月	100	2.4
2月	130	2.4
3月	135	2.3
4月	188	2.1
5月	221	2.2
6月	222	2.2
7月	332	2.3
8月	311	2.5
9月	237	2.2
10月	216	2.1
11月	137	2.2
12月	164	2.1

典拠：Statistisches Landesamt Baden-Württemberg, Statistische Berichte Baden-Württemberg, Artikel-Nr. 3552 09001 Handel und Gastgewerbe, 25. 02. 2010をもとに作成。

1月を基準にすると、7月、8月は宿泊者が3倍以上に増加し、外国からの旅行者において季節変動がより大きくなっている。一方、1人あたりの平均宿泊数における年間変動が小さい。

4　バーデン＝ヴュルテンベルク観光の空間的分析

バーデン＝ヴュルテンベルク州内において、旅行者がどの地域を訪れているかを検討する。州内を5つの観光地域に区分すると、宿泊施設数、収容能力の点では、シュヴァルツヴァルトが最も完備していること、稼働率では、ボーデンゼー＝オーバーシュヴァーベン、特にアルゴイが傑出していることがわかる。

同様の地域区分によって集客力を比較すると、シュヴァルツヴァルトが最も高い水準にあるが、シュトゥットガルト圏もその半数の集客力があることがわかる。外国からの宿泊者数比率においてもシュヴァルツヴァルト中部が最も高い比率を示す。

表3-1-22 バーデン=ヴュルテンベルク宿泊施設の観光地域別分布

	営業中の施設数 (2009年6月現在)	収容人数 (2009年6月現在)	稼働率 (2009年) (%)
シュヴァルツヴァルト (Schwarzwald)	3,301	173,051	32.2
北部 (Nördlicher)	954	51,294	31.1
中部 (Mittlerer)	853	45,631	31.8
南部 (Südlicher)	1,494	76,126	33.3
北部バーデン=ヴュルテンベルク (Nördliches Baden-Württemberg)	1,154	68,313	30.4
シュトゥットガルト圏 (Region Stuttgart)	822	50,047	33.0
シュヴェービッシェ・アルプ (Schwäbische Alb)	740	35,732	28.7
ボーデンゼー=オーバーシュヴァーベン (Bodensee-Oberschwaben)	1,010	62,879	39.0
アルゴイ=オーバーシュヴァーベン (Württembergisches Allgäu-Oberschwaben)	337	19,920	41.1
ボーデンゼー (Bodensee)	608	39,399	38.4
ヘガウ (Hegau)	65	3,560	1.2

典拠：Statistisches Landesamt Baden-Württemberg, Statistische Berichte Baden-Württemberg, Artikel-Nr. 3552 09001 Handel und Gastgewerbe, 25. 02. 2010.

表3-1-23 オーバーライン地域内における通勤の流れ
(2008年度)

目的地 起点	アルザス	バーデン	南プファルツ	北西スイス
アルザス		23,900	3,000	33,000
バーデン	300			30,200
南プファルツ	100			
北西スイス	100	700		

典拠：Conférence franco-germano-suisse du Rhin supérieur, Rhin Supérieur faits et chiffres, 2010, p. 16をもとに作成。

オーバーライン地域 (Rhin Supérieur) においては国境を越えた往来 (travailleurs frontaliers) が極めて頻繁に行われていることが指摘されている[2]。

オーバーライン地域内では、例えば2008年において9万1,000人が通勤のために国境を通過していた (Plus de 91 000 travailleurs faisaient la navette avec les pays limitrophes) ことが指摘されている[3]。

特に、アルザスからバーデンへの人的な流れが日常的に行われていることは、

第1章 バーデン=ヴュルテンベルク州における観光の定量分析　177

表3-1-24　バーデン=ヴュルテンベルクにおける宿泊者の観光地域別分布（2009年）

(単位：1,000人)

	宿泊者数	外国からの宿泊者	外国からの宿泊者比率（％）
シュヴァルツヴァルト（Schwarzwald）	6,502.8	1,540.1	23.68
北部（Nördlicher）	2,061.2	380.3	18.45
中部（Mittlerer）	1,740.1	487.7	28.03
南部（Südlicher）	2,701.6	672.1	24.89
北部バーデン=ヴュルテンベルク（Nördliches Baden-Württemberg）	2,914.4	591.3	20.29
シュトゥットガルト圏（Region Stuttgart）	3,049.1	625.1	20.50
シュヴェービッシェ・アルプ（Schwäbische Alb）	1,564.3	230.5	14.73
ボーデンゼー=オーバーシュヴァーベン（Bodensee-Oberschwaben）	2,022.4	270.9	13.39
アルゴイ=オーバーシュヴァーベン（Württembergisches Allgäu-Oberschwaben）	632.9	63.6	10.04
ボーデンゼー（Bodensee）	1,279.2	187.1	14.63
ヘガウ（Hegau）	110.3	20.2	18.31

典拠：Statistisches Landesamt Baden-Württemberg, Statistische Berichte Baden-Württemberg, Artikel-Nr. 3552 09001 Handel und Gastgewerbe, 25. 02. 2010.

表3-1-25　バーデン=ヴュルテンベルクにおける宿泊件数の観光地域別分布（2009年）

(単位：1,000人)

	宿泊件数	外国からの宿泊者の宿泊件数	外国からの宿泊者による宿泊件数比率（％）
シュヴァルツヴァルト（Schwarzwald）	19,045.5	3,680.2	19.32
北部（Nördlicher）	5,523.8	909.8	16.47
中部（Mittlerer）	4,876.2	997.2	20.45
南部（Südlicher）	8,634.5	1,773.2	20.54
北部バーデン=ヴュルテンベルク（Nördliches Baden-Württemberg）	6,931.4	1,148.0	16.56
シュトゥットガルト圏（Region Stuttgart）	5,894.9	1,357.6	23.03
シュヴェービッシェ・アルプ（Schwäbische Alb）	3,473.0	471.4	13.57
ボーデンゼー=オーバーシュヴァーベン（Bodensee-Oberschwaben）	7,083.1	702.3	9.92
アルゴイ=オーバーシュヴァーベン（Württembergisches Allgäu-Oberschwaben）	2,640.3	161.9	6.13
ボーデンゼー（Bodensee）	4,051.0	488.2	12.05
ヘガウ（Hegau）	391.7	52.2	13.32

典拠：Statistisches Landesamt Baden-Württemberg, Statistische Berichte Baden-Württemberg, Artikel-Nr. 3552 09001 Handel und Gastgewerbe, 25. 02. 2010.

表3-1-26 バーデン=ヴュルテンベルクにおける総宿泊施設の空間分布（2009年6月現在）

	2009年6月における営業中の宿泊施設数	収容可能人員
シュトゥットガルト県（Regierungbezirk Stuttgart）	1,554	88,522
カールスルーエ県（Regierungsbezirk Karlsruhe）	1,583	90,647
フライブルク県（Regierungsbezirk Freiburg）	2,649	139,947
テュービンゲン県（Regierungsbezirk Tübingen）	1,241	70,906
バーデン=ヴュルテンベルク合計	7,027	390,022

典拠：Statistisches Landesamt Baden-Württemberg, Statistische Berichte Baden-Württemberg, Artikel-Nr. 3552 09001 Handel und Gastgewerbe, 25. 02. 2010.

表3-1-27 バーデン=ヴュルテンベルクにおける宿泊者の空間分布（2009年）

(単位：1,000人)

	宿泊者数	左のうち、外国からの旅行者	外国からの旅行者比率（％）
シュトゥットガルト県（Regierungbezirk Stuttgart）	4,454.9	784.0	17.60
カールスルーエ県（Regierungsbezirk Karlsruhe）	3,938.7	857.9	21.78
フライブルク県（Regierungsbezirk Freiburg）	5,109.2	1,260.8	24.66
テュービンゲン県（Regierungsbezirk Tübingen）	2,550.2	855.1	13.92
バーデン=ヴュルテンベルク合計	16,053.0	3,257.8	20.29

典拠：Statistisches Landesamt Baden-Württemberg, Statistische Berichte Baden-Württemberg, Artikel-Nr. 3552 09001 Handel und Gastgewerbe, 25. 02. 2010.

表3-1-23の示す通りである。

シュヴァツルヴァルトは国境によって分断せず、オーバーライン観光圏として分類するほうが合理的であろう。地域全体では、13万2,700軒のホテル、ペンション、ガストホフが営業しうる観光地域となっている[4]。

しかしながら、宿泊件数を基準にみる表3-1-25においてはシュトゥットガルト圏のほうがシュヴァルツヴァルトよりも外国人比率が高い。このことは、外国からの旅行者は後者よりも前者においてより長期滞在することを示している。

次に、行政区域（Regierungsbezirk）を基準に次に、バーデン=ヴュルテンベルク州における観光の空間的分析を行う。

2009年6月時点で営業中の施設は、フライブルク県が宿泊施設数においても、収容可能人員においてもやや高いものの、州内にほぼ均等に分布している。

このような施設への宿泊者は、テュービンゲン県がやや少ないもののその他の

表3-1-28 シュトゥットガルト県における宿泊者の空間分布（2009年）

(単位：1,000人)

シュトゥットガルト県内空間	宿泊者数	外国からの宿泊者	外国からの宿泊者比率（％）
Stadtkreis			
Stuttgart, Landeshauptstadt	1,393.4	336.7	24.16
Landeskreis			
Böblingen	375.8	100.2	26.66
Esslingen	499.1	92.5	18.53
Göppingen	168.3	21.9	13.01
Ludwigsburg	339.4	48.9	14.40
Rems-Murr-Kreis	273.0	25.1	9.19
Region Stuttgart 小計	3,049.1	625.1	20.50
Stadtkreis			
Heilbronn	123.8	15.9	12.84
Landkreis			
Heilbronn	302.9	31.7	10.47
Hohenlohekreis	142.8	9.1	6.37
Schwäbisch Hall	205.0	20.0	9.76
Main-Tauber-Kreis	262.5	37.0	14.10
Region Heilbronn-Franken 小計	1,036.9	113.7	10.97
Landkreis			
Heidenheim	90.9	15.0	16.50
Ostalbkreis	278.1	30.1	10.82
Region Ostwürttemberg 小計	368.9	45.1	12.23
Regierungsbezirk Stuttgart 合計	4,454.9	784.0	17.60

典拠：Statistisches Landesamt Baden-Württemberg, Statistische Berichte Baden-Württemberg, Artikel-Nr. 3552 09001 Handel und Gastgewerbe, 25. 02. 2010.

地域はほぼ同水準である。ただし、外国からの宿泊者はフライブルク県が多数を占めている。

4.1 シュトゥットガルト県

シュトゥットガルト県（Regierungsbezirk Stuttgart）における宿泊者は、シュトゥットガルト圏（Region Stuttgart）、特にシュトゥットガルト市（Landeshauptstadt Stuttgart）およびその周辺にあるベブリンゲン、エスリンゲンへ集中する傾向がある。この地域では、外国人宿泊者の比率も相対的に高くなっている。

旅行者1人あたり平均宿泊数が大きな値を示しているのはハイルブロン郡、マ

表3-1-29 シュトゥットガルト県における旅行者1人あたり平均宿泊数（2009年）

シュトゥットガルト県内空間	旅行者1人あたり平均宿泊数	外国からの旅行者1人あたり平均宿泊数
Stadtkreis		
Stuttgart, Landeshauptstadt	1.80	2.19
Landeskreis		
Böblingen	2.08	2.26
Esslingen	1.84	1.87
Göppingen	2.65	1.87
Ludwigsburg	2.05	2.46
Rems-Murr-Kreis	2.00	2.40
Region Stuttgart 小計	1.93	2.17
Stadtkreis		
Heilbronn	1.89	1.99
Landkreis		
Heilbronn	3.44	1.99
Hohenlohekreis	2.21	1.98
Schwäbisch Hall	2.23	3.38
Main-Tauber-Kreis	3.44	2.05
Region Heilbronn-Franken 小計	2.85	2.25
Landkreis		
Heidenheim	1.87	2.01
Ostalbkreis	2.23	2.09
Region Ostwürttemberg 小計	2.14	2.06
Regierungsbezirk Stuttgart 合計	2.16	2.18

典拠：Statistisches Landesamt Baden-Württemberg, Statistische Berichte Baden-Württemberg, Artikel-Nr. 3552 09001 Handel und Gastgewerbe, 25. 02. 2010.

イン＝タウバー郡などハイルブロン・フランケン圏である。外国からの旅行者が特に長期間滞在しているのはシュヴェービッシュ・ハルで、平均宿泊期間は3.38泊であった。

4.2　カールスルーエ県

　カールスルーエ県においては、中部オーバーライン圏、ラインネッカータル圏、ノルトシュヴァルツヴァルト圏に均等に宿泊している。バーデン＝バーデン市、カールスルーエ市、ハイデルベルク市、マンハイム市などの中規模都市および

表3-1-30 カールスルーエ県における宿泊者の空間分布（2009年）

(単位：1,000人)

カールスルーエ県内空間	宿泊者数	外国からの宿泊者	外国からの宿泊者比率（％）
Stadtkreis			
Baden-Baden	293.2	102.9	35.10
Karlsruhe	458.2	92.4	20.17
Landkreis			
Karlsruhe	304.6	55.8	18.32
Rastatt	239.9	33.3	13.88
Region Mittlerer Oberrhein 小計	1,296.0	284.5	21.95
Stadtkreis			
Heidelberg	495.3	197.2	39.81
Mannheim	508.7	91.5	17.99
Landkreis			
Neckar-Odenwald-Kreis	140.1	8.2	5.85
Rhein-Neckar-Kreis	594.3	40.8	23.69
Region Rhein-Neckar 小計	1,638.5	437.6	26.71
Stadtkreis			
Pforzheim	107.4	22.5	29.2
Landkreis			
Calw	350.5	14.9	8.33
Enzkreis	106.6	69.2	13.98
Freudenstadt	439.6	20.95	15.74
Region Nordschwarzwald 小計	1,004.2	135.8	13.52
Regierungsbezirk Karlsruhe 合計	3,938.7	857.9	21.78

典拠：Statistisches Landesamt Baden-Württemberg, Statistische Berichte Baden-Württemberg, Artikel-Nr. 3552 09001 Handel und Gastgewerbe, 25. 02. 2010.

カールスルーエ郡、ライン=ネッカー郡、フロイデンシュタット郡などの集客が多いなか、特にバーデン=バーデン市およびハイデルベルク市が多数の外国人を集めている。

1人あたりの平均宿泊数が3泊を超えているのはネッカー=オルデンヴァルト郡、カルフ郡、フロイデンシュタット郡である。ハイデルベルク市のそれは1.86泊にすぎず、旅行者にとって通過点となっている。

4.3　フライブルク県

フライブルク県における宿泊者は、フライブルク市を中心とする南部オーバー

表3-1-31　カールスルーエ県における旅行者1人あたり平均宿泊数（2009年）

カールスルーエ県内空間	旅行者1人あたり平均宿泊数	外国からの旅行者1人あたり平均宿泊数
Stadtkreis		
Baden-Baden	2.61	2.27
Karlsruhe	1.79	1.98
Landkreis		
Karlsruhe	2.54	1.78
Rastatt	2.19	2.03
Region Mittlerer Oberrhein 小計	2.23	2.01
Stadtkreis		
Heidelberg	1.86	1.74
Mannheim	2.03	2.19
Landkreis		
Neckar-Odenwald-Kreis	3.28	3.21
Rhein-Neckar-Kreis	1.90	1.81
Region Rhein-Neckar 小計	2.04	1.88
Stadtkreis		
Pforzheim	1.90	1.90
Landkreis		
Calw	3.50	3.42
Enzkreis	1.91	1.69
Freudenstadt	3.75	3.26
Region Nordschwarzwald 小計	3.27	2.90
Regierungsbezirk Karlsruhe 合計	2.41	2.10

典拠：Statistisches Landesamt Baden-Württemberg, Statistische Berichte Baden-Württemberg, Artikel-Nr. 3552 09001 Handel und Gastgewerbe, 25. 02. 2010.

ライン圏およびボーデンゼーを中心とするホッホライン＝ボーデンゼー圏に二分されている。とりわけ前者は外国人旅行者の比率が高い。

　旅行者1人あたり平均宿泊数が高い値を示しているのは、非都市地域であるブライスガウ＝ホッホシュヴァルツヴァルト郡、シュヴァルツヴァルト＝バール郡およびヴァルズフト郡である。

4.4　テュービンゲン県

　テュービンゲン県において、宿泊者は南部にあるボーデンゼー＝オーバーシュヴァーベン圏にその半数が集中している。ここでは外国からの宿泊者は概して少

表3-1-32　フライブルク県における宿泊者の空間分布（2009年）

(単位：1,000人)

フライブルク県内空間	宿泊者数	外国からの宿泊者	外国からの宿泊者比率（％）
Stadtkreis			
Freiburg im Breisgau	631.2	180.6	28.61
Landkreis			
Breisgau-Hochschwarzwald	1,167.2	301.5	25.83
Emmendingen	223.0	47.9	21.48
Ortenaukreis	1,262.9	395.8	31.34
Region Südlicher Oberrhein 小計	3,284.4	925.9	28.19
Landkreis			
Rottwell	110.6	17.5	15.82
Schwarzwald-Baar-Kreis	366.5	74.4	20.30
Tuttlingen	85.2	9.5	11.15
Region Schwarzwald-Baar-Heuberg 小計	562.3	101.4	18.03
Landkreis			
Konstanz	582.3	91.6	15.73
Lörrach	376.0	79.3	21.09
Waldshut	304.1	62.7	20.62
Region Hochrhein-Bodensee 小計	1,262.5	233.6	18.50
Regierungsbezirk Freiburg 合計	5,109.2	1,260.8	24.68

典拠：Statistisches Landesamt Baden-Württemberg, Statistische Berichte Baden-Württemberg, Artikel-Nr. 3552 09001 Handel und Gastgewerbe, 25. 02. 2010.

ない。

　ボーデンゼー＝オーバーシュヴァーベン圏では、1人あたり平均宿泊数も、最も多い。

5　バーデン＝ヴュルテンベルクにおけるゲマインデ別旅行者

　バーデン＝ヴュルテンベルクにおけるゲマインデ別旅行者は、都市の規模が旅行者の吸引力とほぼ一致していることがわかる。シュトゥットガルト、フライブルク、ハイデルベルク、カールスルーエ、マンハイム、バーデン＝バーデン、コンスタンツ、ウルムなど大都市・中都市がその人口規模に応じた旅行者を受け入れており、かつ空間的立地がほぼ等距離に分布している。

表3-1-33 フライブルク県における旅行者1人あたり平均宿泊数（2009年）

フライブルク県内空間	旅行者1人あたり平均宿泊数	外国からの旅行者1人あたり平均宿泊数
Stadtkreis		
Freiburg im Breisgau	1.99	2.13
Landkreis		
Breisgau-Hochschwarzwald	3.80	2.91
Emmendingen	2.45	2.06
Ortenaukreis	2.38	1.84
Region Südlicher Oberrhein 小計	2.81	2.26
Landkreis		
Rottwell	2.55	3.40
Schwarzwald-Baar-Kreis	4.34	2.81
Tuttlingen	2.14	2.78
Region Schwarzwald-Baar-Heuberg 小計	3.65	2.91
Landkreis		
Konstanz	3.15	2.25
Lörrach	2.89	2.77
Waldshut	4.32	3.05
Region Hochrhein-Bodensee 小計	3.35	2.64
Regierungsbezirk Freiburg 合計	3.04	2.38

典拠：Statistisches Landesamt Baden-Württemberg, Statistische Berichte Baden-Württemberg, Artikel-Nr. 3552 09001 Handel und Gastgewerbe, 25. 02. 2010.

　これらの都市における外国人宿泊者の比率が概して高く、なかでもハイデルベルクはそれが約40％、バーデン＝バーデンにおいては35％に達している。
　このような傾向のなかで、リフレッシュ保養地（O: Erholungsorte）と記されているルストのみ都市規模以上の旅行者を集めている。ルストはフライブルクの北方に位置し、自然保護地区エルツヴィーゼン（Elzwiesen）とタウバーギーセン（Taubergießen）に隣接した保養地（Erholungsort Rust）である。表3－1－37によると、外国人旅行者がおよそ47％を占めているが、当地がフランス国境に極めて近いことを反映しているのであろう[5]。

6　小括

　バーデン・ヴュルテンベルク州に存在する宿泊施設は、1980年頃までに、9,000

表3-1-34 テュービンゲン県における宿泊者の空間分布 (2009年)

(単位:1,000人)

テュービンゲン県内空間	宿泊者数	外国からの宿泊者	外国からの宿泊者比率 (%)
Landkreis			
Reutlingen	305.5	38.2	12.50
Tübingen	158.8	26.4	16.62
Zollernalbkreis	133.4	9.8	7.35
Region Neckar-Alb 小計	597.7	74.4	12.45
Stadtkreis			
Ulm	234.1	60.7	25.93
Landkreis			
Alb-Donau-Kreis	203.7	32.9	16.15
Biberach	179.8	16.7	9.23
Region Donau-Iller 小計 (Soweit Land Baden-Württemberg)	617.6	110.3	17.86
Landkreis			
Bodenseekreis	807.2	115.6	14.32
Ravensburg	355.3	41.8	11.76
Sigmaringen	172.4	13.0	7.54
Region Bodensee-Oberschwaben 小計	1,334.9	170.4	12.77
Regierungsbezirk Tübingen 合計	2,550.2	355.1	13.92

典拠:Statistisches Landesamt Baden-Württemberg, Statistische Berichte Baden-Württemberg, Artikel-Nr. 3552 09001 Handel und Gastgewerbe, 25. 02. 2010.

軒を超す水準に達したが、2000年以降は7,000軒の水準を維持している。一方、宿泊者は第2次大戦以降、着実な増加を示し、現在では年間1,600万人を収容し、その20%が外国からの宿泊者である。

外国からの旅行者においては、スイスを起点とするものが最多であり、以下オランダ、フランス等西ヨーロッパ諸国からの観光客が多くを占めている。2009年度における外国人観光客の起点国について、1970年と比較すると、スイスが6.7倍、日本が3.4倍、オーストリアが3.2倍、イタリアが3.1倍であるのに対して、アメリカを起点とする旅行者は8%の減少をみた。

州内における観光客の空間的な分布に関しては、フライブルク県が最も多く、シュトゥットガルト県がこれに次ぐが、4つの県(Regierungsbezirk)にむしろ均等に分布している。

表 3-1-35 テュービンゲン県における旅行者1人あたり平均宿泊数（2009年）

テュービンゲン県内空間	旅行者1人あたり平均宿泊数	外国からの旅行者1人あたり平均宿泊数
Landkreis		
Reutlingen	3.08	2.40
Tübingen	1.99	2.29
Zollernalbkreis	2.28	2.34
Region Neckar-Alb 小計	2.61	2.35
Stadtkreis		
Ulm	1.66	1.72
Landkreis		
Alb-Donau-Kreis	1.96	1.81
Biberach	3.34	2.20
Region Donau-Iller 小計（Soweit Land Baden-Württemberg）	2.25	1.82
Landkreis		
Bodenseekreis	3.23	2.89
Ravensburg	4.60	2.70
Sigmaringen	3.23	1.94
Region Bodensee-Oberschwaben 小計	3.60	2.77
Regierungsbezirk Tübingen 合計	3.04	2.39

典拠：Statistisches Landesamt Baden-Württemberg, Statistische Berichte Baden-Württemberg, Artikel-Nr. 3552 09001 Handel und Gastgewerbe, 25. 02. 2010.

　ゲマインデ別に旅行者の宿泊地域をみると、シュトゥットガルト、フライブルク、ハイデルベルク、カールスルーエ、マンハイムなどが上位を占め、都市の規模が旅行者の吸引力と一致している。

　総じて、バーデン＝ヴュルテンベルク州の観光客の行動は多極分散的であるといえよう。

　なお、オーバーライン地域（Rhin Supérieur）においては国境を越えた往来（travailleurs frontaliers）が極めて頻繁に行われていることを考慮すれば、アルザスからバーデンに至る国境を跨いだ観光圏を展望できるであろう。

1）　山田徹雄「ドイツ人にみる旅行行動の解析」跡見学園女子大学『コミュニケーション文化』第5号、2011年、3頁。
2）　Conférence franco-germano-suisse du Rhin supérieur, *Rhin Supérieur faits et*

表 3 - 1 -36 バーデン＝ヴュルテンベルクにおけるゲマインデ別宿泊者数（2009年）

地方公共団体番号 (Gemeindeschlüssel)	地方公共団体 (Gemeinde)	地方公共団体特性 (Gemeindegruppe)	宿泊者数 (Ankünfte)	左のうち、外国人 (Auslandsgäste)
111 000	Stuttgart, Landeshauptstadt	P	1,393,516	336,708
311 000	Freiburg im Braisgau, Stadt	P	631,237	180,647
221 000	Heidelberg, Stadt	P	495,337	197,211
317 114	Rust	O	486,618	228,258
212 000	Karlsruhe, Stadt	P	458,194	92,423
222 000	Mannheim, Universitätsstadt	P	408,729	91,471
211 000	Baden-Baden, Stadt	A	293,308	102,923
335 043	Konstanz, Univerisitätsstadt	P	234,509	47,296
421 000	Ulm, Univerisitätsstadt	P	234,509	60,296
435 016	Friedrichshafen, Stadt	P	225,326	38,861
237 004	Baiersbronn	E	191,934	33,635
115 045	Sindelfingen, Stadt	P	173,780	67,020
116 078	Leinfelden-Echterdingen, Stadt	P	153,189	42,818
315 113	Titisee-Neustadt, Stadt	D	128,121	46,582
435 059	Überlingen, Stadt	E	125,911	19,617
121 000	Heilbronn, Stadt	P	123,794	15,891
231 000	Pforzheim, Stadt	P	107,360	22,541
416 041	Tübingen, Universitätsstadt	P	104,864	21,176
315 102	Schluchsee	D	102,047	33,087

注：都市と同名の郡が存在する場合は、都市名の後に Stadt と記載した。
　　特性について A は温泉 Mineral- und Moorbäder、D は療養に適した保養地 Heilklimatische Kurorte、E はクナイプ式保養地 Kneippkurorte、O はリフレッシュ保養地 Erholungsorte、P はその他 Sonstige Gemeinden である。
典拠：Statistisches Landesamt Baden-Württemberg, Statistische Berichte Baden-Württemberg, Artikel-Nr. 3552 09001 Handel und Gastgewerbe, 25. 02. 2010.

chiffres, 2010, pp. 16-17. ここで「オーバーライン地域」（Rhin Supérieur）とは、フランスのアルザス（Alsace）、スイスの「北西スイス」（Nordwestschweiz）、ドイツのバーデン（Baden）および南プファルツ（Südpfalz）をいう（ibid., p. 5）。

3) Conférence franco-germano-suisse du Rhin supérieur, *Rhin Supérieur faits et chiffres*, 2010, p. 16.

4) Conférence franco-germano-suisse du Rhin supérieur, *Rhin Supérieur faits et chiffres*, 2010, p. 20.

5) Gemeinde Rust, Erholungsort Rust, in interrets sub: http://www.rust.de/ceasy/modules/cms/main.php5?cPageId=11, 17. 05. 2011, et Freistadt Rust, Unsere Stadt, in interrete sub: http://www.rust.at/de/a_freistadt_rust/a_unsere_stadt/DFR_STD_unsere_stadt.jsp, 17. 05. 2011.

表3-1-37 バーデン=ヴュルテンベルク都市別
宿泊者における外国人比率（2009年）

地方公共団体（Gemeinde）	外国人比率（％）
Stuttgart, Landeshauptstadt	24.12
Freiburg im Braisgau, Stadt	28.62
Heidelberg, Stadt	39.81
Rust	46.90
Karlsruhe, Stadt	20.17
Mannheim, Universitätsstadt	22.38
Baden-Baden, Stadt	35.09
Konstanz, Univerisitätsstadt	20.17
Ulm, Univerisitätsstadt	25.71
Friedrichshafen, Stadt	17.25
Baiersbronn	17.52
Sindelfingen, Stadt	38.57
Leinfelden-Echterdingen, Stadt	27.56
Titisee-Neustadt, Stadt	36.36
Überlingen, Stadt	15.58
Heilbronn, Stadt	12.84
Pforzheim, Stadt	20.99
Tübingen, Universitätsstadt	20.19
Schluchsee	32.42

典拠：表3-1-36をもとに作成。

第2章　バーデン＝ヴュルテンベルク州と観光インフラストラクチャー
——「コンツェルン州」の観光助成——

　バーデン＝ヴュルテンベルク州による産業助成は、(1) 州が直接持分参加するケース、(2) バーデン＝ヴュルテンベルク州持分参加有限会社（Beteiligungsgesellschaft des Landes Baden-Württemberg mbH）を通じて間接参加するケース、(3) バーデン＝ヴュルテンベルク州財団有限会社（Landesstiftung Baden-Württemberg GmbH）を通じて間接的に参加するケースがある。このうち、(1) においては、州が100％出資する場合と、州が持分所有者（Gesellschafter）や株主（Aktionär）として関与する場合がある。また、間接的関与の媒体となるバーデン＝ヴュルテンベルク州持分参加有限会社とバーデン＝ヴュルテンベルク州財団有限会社に対して州は100％の持分を所有している[1]。

　本章においては、観光産業およびその周辺産業に対するバーデン＝ヴュルテンベルク州の関与を2009年時点における資本関係と役員派遣を通じて解明する。

　筆者の問題意識は、ドイツの地方行政研究において提起されている「コンツェルン都市」の概念を州レベルに敷衍することにある[2]。

1　バーデン＝ヴュルテンベルク州持分参加有限会社（Beteiligungsgesellschaft des Landes Baden-Württemberg mbH, Stuttgart）

　バーデン＝ヴュルテンベルク州持分参加有限会社は、資本金30億ユーロの全額を州政府が出資し、「バーデン＝ヴュルテンベルク州の利害において会社持分の購入、管理、売却」を事業目的とする法人である[3]。

　同社が出資する企業には観光事業との関わりがある企業が多い（表3-2-1参照）。

表 3-2-1　バーデン゠ヴュルテンベルク州持分参加有限会社による株式所有・持分参加

持分参加企業	持分比率（％）
バーデン州営醸造所ロートハウス株式会社（Badische Staatsbrauerei Rothaus AG）	100.00
バーデン゠ヴュルテンベルク・カジノ経営有限会社 (Baden-Württembergische Spielbanken Managementgesellschaft mbH)	100.00
バーデン゠ヴュルテンベルク暖房供給有限会社 (FMW‑Fernwärmegesellschaft Baden-Württemberg mbH)	100.00
ノイエ・メッセ有限合資プロジェクトカンパニー (Projektgesellschaft Neue Messe GmbH & Co. KG)	45.00
ノイエ・メッセ管理有限プロジェクトカンパニー (Projektgesellschaft Neue Messe Verwaltungs-GmbH)	45.00
州営ギャンブル有限会社（Staatliche Toto-Lotto GmbH）	100.00

典拠：Finanzministerium Baden-Württemberg, *Beteiligungsbericht 2009 des Landes Baden-Wüttemberg*（以下 BW, BTG と略記）, p. 191.

　バーデン州営醸造所ロートハウス株式会社は、1791年ベネディクト派修道院、聖ブラージエン（St. Blasien）によって設立され、1806年にバーデン公国国営醸造所（Großherzogliche Badische Staatsbrauerei Rothaus）へと移行し、1922年に株式会社化されたシュヴァルツヴァルト有数の地麦酒醸造所である[4]。

　バーデン゠ヴュルテンベルク・カジノ経営有限会社は、シュトゥットガルト・カジノ有限合資会社（die Spielbank Stuttgart GmbH & Co. KG）がバーデン゠バーデン、コンスタンツに営業認可を得ることによって同州内の3カジノを統合するなかで、2003年に設立された[5]。同社については、「6．温泉および付属施設」の項において、改めて記す。

　州営ギャンブル有限会社は、1948年に設立された「州営スポーツ゠トトカルチョ有限会社」（Staatliche Sport-Toto GmbH）を母体とする[6]。

2　交通と州政府

2.1　軌道交通

　バーデン゠ヴュルテンベルク州が関与する軌道交通は、バーデン゠ヴュルテンベルク近距離交通有限会社（NVMW –Nahverkehrsgesellschaft Baden-Württem-

表3-2-2　バーデン＝ヴュルテンベルク近距離交通有限社の監査役会構成

監査役会議長 次官ルドルフ・ケベルレ （Staatssekretär Rudolf Köberle MdL）	バーデン＝ヴュルテンベルク州内務省 （Innenministerium Baden-Württemberg）
監査役会副議長 本省部長ユルゲン・ペツォルト教授 （Ministerialdirigent Prof. Dr. Jürgen Pätzold）	バーデン＝ヴュルテンベルク州内務省 （Innenministerium Baden-Württemberg）
本省参事官ヴァルター・コルトゥス （Ministerialrat Walter Kortus）	バーデン＝ヴュルテンベルク州財務省 （Finanzministerium Baden-Württemberg）
市長マルグレト・メルゲン （Bürgermeisterin Margret Mergen）	カールスルーエ市（Stadt Karlsruhe）
郡長ユルゲン・シュッツ博士 （Landrat Dr. Jürgen Schütz）	ライン＝ネッカー郡（Rhein-Neckar-Kreis）
市長ユルゲン・ヴェーバー （Bürgermeister Jürgen Weber）	ヘヒンゲン市（Stadt Hechingen）

典拠：BW BTG, p. 50.

berg mbH, Stuttgart）、シュトゥットガルト交通運賃連合（Verkehrs- und Tarifverbund Stuttgart：VVS）、州立ホーエンツォレルン鉄道株式会社（HzL Hohenzollerische Landesbahn AG, Sigmaringen）、西南ドイツ交通株式会社（SWEG Südwestdeutsche Verkehrs- AG, Lahr）の4社である。

2.1.1　バーデン＝ヴュルテンベルク近距離交通有限会社

　バーデン＝ヴュルテンベルク近距離交通有限会社は、資本金5万2,000ユーロでその持分すべてをバーデン＝ヴュルテンベルク州が出資している[7]。同社は、近距離旅客交通が連邦から州に移行することによって、1996年に成立した[8]。

　監査役会の構成はバーデン＝ヴュルテンベルク州内務省、財務省のほか、鉄道ネットワーク地域の市長、郡長が選出されている（表3-2-2参照）。

2.1.2　シュトゥットガルト交通運賃連合

　シュトゥットガルト交通運賃連合は1978年に結成され、シュトゥットガルト市およびその近隣地域であるベプリンゲン郡、エスリンゲン郡、ルートヴィヒスブルク郡、レムス＝ムール郡を含めた統一運賃連合体である[9]。

　監査役会はシュトゥットガルト市上級市長が議長を務めるなど、地域の官民の

表3-2-3 シュトゥットガルト交通運賃連合の持分所有比率（資本金24万8,000ユーロ）

持分所有者	持分所有比率（％）
バーデン＝ヴュルテンベルク州（Land Baden-Württemberg）	7.50
ドイツ鉄道株式会社（Deutsche Bahn AG）	19.00
シュトゥットガルト路面電車株式会社（Stuttgarter Straßenbahn AG）	26.00
シュトゥットガルト地域連合（Verband Region Stuttgart）	20.00
その他（Restlicher Gesamtanteil）	17.50

典拠：BW BTG, p. 60.

利害が反映される構成をとり、バーデン＝ヴュルテンベルク州からは、内務官僚が参加する（表3-2-4参照）。

2.1.3 州立ホーエンツォレルン鉄道株式会社

州立ホーエンツォレルン鉄道株式会社は、1890年に設立された「ホーエンツォレルン軽便鉄道株式会社」（Actiengesellschaft Hohenzollerische Keinbahngesellschaft）に由来する[10]。

同社はバーデン＝ヴュルテンベルク州東南部に123kmの自社路線および430kmに及ぶDB等他社路線に鉄道を運行し、1947年に参入したバス路線は、現在では802kmに及んでいる[11]。

資本金442万ユーロについて、株式の所有状況を表3-2-5でみると、バーデン＝ヴュルテンベルク州が71.93％を所有していることから州立鉄道（Landesbahn）を称する理由がわかる。その他、路線が存在する地域の自治体であるジグマリンゲン郡、ツォレルンアルプ郡がそれぞれ14.03％の株式を持つ。

バーデン＝ヴュルテンベルク州は、同社の監査役会に内務官僚2名、財務官僚1名を派遣し、議長は内務官僚が務める（表3-2-6参照）。

2.1.4 西南ドイツ交通株式会社

西南ドイツ交通株式会社は、資本金520万ユーロすべてをバーデン＝ヴュルテンベルク州が出資し、旅客・貨物輸送、旅行代理店、運送業、倉庫業を営む株式会社である[12]。

第2章　バーデン＝ヴュルテンベルク州と観光インフラストラクチャー　193

表3-2-4　シュトゥットガルト交通運賃連合の監査役会構成

監査役会議長 上級市長ヴォルフガング・シュスター博士 (Oberbürgermeister Dr. Wolfgang Schuster)	シュトゥットガルト市（Landeshauptstadt Stuttgart）
監査役会副議長 経営学士アンドレアス・モシンスキ＝ヴァルト (Dipl.-Betriebswirt Andreas Moschinski-Wald)	シュトゥットガルト路面電車株式会社取締役 (Vorstandmitglied der Stuttgarter Straßenbahn AG)
トーマス・アスムス（Thomas Asmus）	シュトゥットガルト路面電車株式会社経営評議会委員 (Betriebsrat Stuttgarter Straßenbahn AG)
経済学士ラインホルト・バウワー (Dipl.-Volkswirt Reinhold Bauer)	シュトゥットガルト路面電車株式会社取締役 (Vorstandmitglied der Stuttgarter Straßenbahn AG)
ロナルト・ボイエルレ（Ronald Bäuerle）	シュトゥットガルト地域連合民法組合 (GbR der Kooperationspartner des Verband Region Stuttgart)
郡長ローラント・ベルンハルト（Landrat Roland Bernhard）	ベブリンゲン郡（Landkreis Böblingen）
郡長ハインツ・アイニンガー（Landrat Heinz Eininger）	エスリンゲン郡（Landkreis Esslingen）
ディーター・エッシェナウワー（Dieter Eschenauer）	シュトゥットガルト路面電車株式会社経営評議会委員 (Betriebsrat Stuttgarter Straßenbahn AG)
クラウス・フェルスマン（Klaus Felsmann）	シュトゥットガルト路面電車株式会社経営評議会委員長 (Betriebsratsvorsitzender Stuttgarter Straßenbahn AG)
郡長ヨハネス・フックス（Landrat Johannes Fuchs）	レムス＝ムール郡（Rems-Murr-Kreis）
ライナー・ガンスケ（Rainer Ganske）	シュトゥットガルト地域連合 (Regionalversammlung Verband Region Stuttgart)
郡長ライナー・ハース博士（Landrat Dr. Rainer Haas）	ルートヴィヒスブルク郡（Landkreis Ludwigsburg）
行政学士ギスベルト・ヘッセ (Dipl.-Verwaltungsbetriebswirt Gisbert Hesse)	ドイツ鉄道株式会社ヴュルテンベルク地域経営評議会委員長 (Betriebsratvorsitzender Regionalbereich Württemberg Deutsche Bahn AG)
商学士ペーター・ヘフリンガー博士 (Dipl.-Kfm. Dr. Peter Höflinger)	シュトゥットガルト路面電車株式会社取締役 (Vorstandsmitglied der Stuttgarter Straßenbahn AG)
執行役員マンフレット・ホフェンユルゲン (Geschäftsführer Manfred Hovenjürgen)	シュトゥットガルト地域バス有限会社 (Regional Bus Stuttgart GmbH)
執行役員ハンス＝アルブレヒト・クラウゼ (Geschäftsführer Hans-Albrecht Krause)	ドイツ鉄道レギオ株式会社（DB Regio AG）
エルケ・クライザー（Elke Kreiser）	シュトゥットガルト地域連合 (Regionalversammlung Verband Region Stuttgart)
市会議員ライナー・クスマウル教授 (Stadrat Prof. Dr. Rainer Kußmaul)	シュトゥットガルト市（Landeshauptstadt Stuttgart）
トーマス・ライプニッツ（Thomas Leipnitz）	シュトゥットガルト地域連合 (Regionalversammlung Verband Region Stuttgart)
本省参事官フォルクハルト・マリク (Ministerialrat Volkhard Malik)	バーデン＝ヴュルテンベルク州内務省 (Innenministerium Baden-Württemberg)
本省部長ユルゲン・ペッツォルト教授 (Ministerialdirigent Pro. Dr. Jürgen Pätzold)	バーデン＝ヴュルテンベルク州内務省 (Innenministerium Baden-Württemberg)
ヨアヒム・プファイファー博士（Dr. Joachim Pfeiffer）	シュトゥットガルト地域連合 (Regionalversammlung Verband Regioin Stuttgart)
ラルフ・ウルバン（Ralf Urban）	ドイツ鉄道レギオ株式会社（DB Regio AG）
市会議員ヴェルナー・ヴェルフレ（Stadrat Werner Wölfle）	シュトゥットガルト市（Landeshauptstadt Stuttgart）

典拠：BW BTG, pp. 61-62.

表3-2-5　州立ホーエンツォレルン鉄道株式会社の株主（資本金442万ユーロ）

株　　主	株式所有比率（％）
バーデン＝ヴュルテンベルク州（Land Baden-Württemberg）	71.93
ジグマリンゲン郡（Landkreis Sigmaringen）	14.03
ツォレルンアルプ郡（Zollernalbkreis）	14.03

典拠：BW BTG, p. 157.

表3-2-6　州立ホーエンツォレルン鉄道株式会社の監査役会構成

監査役会議長 次官ルドルフ・ケベルレ (Staatssekretär Rudolf Köberle MdL)	バーデン＝ヴュルテンベルク州内務省 (Innenministerium Baden-Württemberg)
監査役会副議長 郡長ディルク・ゲルテ（Landrat Dirk Gaerte）	ジグマリンゲン郡（Landkreis Sigmaringen）
工学士カールハインツ・ヒルデブラント博士 (Dr. Dipl. -Ing. Karlheinz Hillenbrand)	ケール港湾管理機構（Hafenverwaltung Kehl）
ゲロルト・カルクス（Gerold Karks）	労働者代表（Arbeitnehmer-Vertreter）
本省参事官ヴァルター・コルトゥス (Ministerialrat Walter Kortus)	バーデン＝ヴュルテンベルク州財務省 (Finanzministerium Baden-Württemberg)
クサーファー・マイヒレ（Xaver Maichle）	労働者代表（Arbeitnehmer-Vertreter）
本省部長ユルゲン・ペッツォルト教授 (Ministerialdirigent Prof. Dr. Jürgen Pätzold)	バーデン＝ヴュルテンベルク州内務省 (Innenministerium Baden-Württemberg)
郡長ギュンター＝マルティン・パウリ (Landrat Günther-Martin Pauli MdL)	ツォレルンアルプ郡（Zollernalbkreis）
オスカー・ラウザー（Oskar Rauser）	労働者代表（Arbeitnehmer-Vertreter）

典拠：BW BTG, pp. 159-160.

　特にバーデン＝ヴュルテンベルク州西南部における公共旅客輸送（ÖPNV）にあっては、南部のヴァイル・アム・ライン（Weil am Rhein）、レルラッハ（Lörrach）から北東部のバート・メルゲントハイム（Bad Mergentheim）に至る地域をカバーしている[13]。西南ドイツ交通株式会社は、表3-2-7に示した地域の交通関連企業に資本参加している。

　同社の監査役会構成は州内務官僚2名、州財務官僚2名、州首相府官僚1名、労働者代表2名のほか、州政府が100％出資するケール港湾管理機構からの派遣1名で構成されている（表3-2-8参照）。

第2章 バーデン＝ヴュルテンベルク州と観光インフラストラクチャー　195

表3-2-7　西南ドイツ交通株式会社の出資する子会社

	出資比率（％）
オルテナウSバーン有限会社（Ortenau-S-Bahn GmbH）	100.00
ブライスガウSバーン有限会社（Breisgau-S-Bahn GmbH）	50.00
オルテナウ地域バス有限会社（Ortenau-Region-Bus GmbH）	80.00
レルラッハ交通連合有限会社（Region Verkehrsverbund Lörrach GmbH：RVL）	32.00
オルテナウ運賃連合有限会社（TGO-Tarifverbund Ortenau GmbH）	31.00
バーデン＝ヴュルテンベルク車両調達有限会社（FBBW-Fahrzeugbereitstellung Baden-Württemberg GmbH）	20.00

典拠：BW BTG, p. 164.

表3-2-8　西南ドイツ交通株式会社の監査役会構成

監査役会議長 次官ルドルフ・ケベルレ （Staatssekretär Rudolf Köberle MdL）	バーデン＝ヴュルテンベルク州内務省 （Innenministerium Baden-Württemberg）
監査役会第1副議長 本省部長ユルゲン・ペッツォルト博士 （Ministerialdirigent Prof. Dr. Jürgen Pätzold）	バーデン＝ヴュルテンベルク州内務省 （Innenministerium Baden-Württemberg）
監査役会第2副議長 ヘルムート・ハッケル（Helmut Hackel）	労働者代表（Arbeitnehmer-Vertreter）
カールハインツ・ヒッレンブラント博士 （Dr. Dipl.-Ing. Karlheinz Hillenbrand）	ケール港湾管理機構（Hafenverwaltung Kehl）
カールハインツ・キルプ（Karlheinz Kilb）	労働者代表（Arbeitnehmer-Vertreter）
本省参事官ヴァルター・コルトゥス （Ministerialrat Walter Kortus）	バーデン＝ヴュルテンベルク州財務省 （Finanzministerium Baden-Württemberg）
イオナ・マーセン（Ilona Maasen）	労働者代表（Arbeitnehmer-Vertreter）
本省参事官ミヒャエル・ポーペ博士 （Ministerialrat Dr. Michael Pope）	バーデン＝ヴュルテンベルク州首相府 （Staatsministerium Baden-Württemberg）
主席参事官ハンス・ライス （Leitender Ministerialrat Hans Reiss）	バーデン＝ヴュルテンベルク州財務省 （Finanzministerium Baden-Württemberg）

典拠：BW BTG, pp. 166-167.

2.2　空港

2.2.1　シュトゥットガルト空港有限会社（Flughafen Stuttgart GmbH, Stuttgart）

シュトゥットガルト空港有限会社については、拙著において詳しく記したので、

表3-2-9 シュトゥットガルト空港有限会社の監査役会構成

監査役会議長 大臣ヴォルフガング・ラインハルト教授 (Minister Prof. Dr. Wolfgang Reinhart MdL)	バーデン＝ヴュルテンベルク州首相府 (Staatsministerium Baden-Württemberg)
監査役会第1副議長 上級市長ヴォルフガング・シュスター博士 (Oberbürgermeister Dr. Wolfgang Schuster)	シュトゥットガルト市 (Landeshauptstadt Stuttgart)
監査役会第2副議長 ルドルフ・ゾルカラ (Rudolf Sorkalla)	労働者代表 (Arbeitnehmer-Vertreter)
ライナー・アーノルト (Rainer Arnold)	労働者代表 (Arbeitnehmer Vertreter)
本省部長ギュンター・ベンツ (Ministerialdirigent Günther Benz)	バーデン＝ヴュルテンベルク州首相府 (Staatsministerium Baden-Württemberg)
次官グンドルフ・フライシャー (Staatssekretär Gundolf Fleischer MdL)	バーデン＝ヴュルテンベルク州財務省 (Finanzministerium Baden-Württemberg)
アンドレアス・ルドルフ (Andreas Rudolf)	労働者代表 (Arbeitnehmer-Vertreter)
クルト・タウバー (Kurt Tauber)	労働者代表 (Arbeitnehmer-Vertreter)
市会議員ロベルト・トゥルナー (Stadtrat Robert Thurner)	シュトゥットガルト市 (Landeshauptstadt Stuttgart)
市会議員ヘルガ・フェッター (Stadträtin Helga Vetter)	シュトゥットガルト市 (Landeshauptstadt Stuttgart)

典拠：BW BTG, p. 70.

その後の資本関係の変化と監査役会の構成の変化にのみ触れる[14]。

2008年にシュトゥットガルト市は同社に対する持分のうち、15％をバーデン＝ヴュルテンベルク州に委譲した。これによって、同社の資本金5,000万ユーロの持分比率はバーデン＝ヴュルテンベルク州が65％、シュトゥットガルト市が15％となった[15]。

監査役会は、州首相府が議長、シュトゥットガルト市が第1副議長を、労働者代表が第2副議長を輩出しているほか、州首相府官僚1名、州財務官僚1名、シュトゥットガルト市市会議員2名、労働者代表3名の構成となっている（表3-2-9参照）。

2.2.2　フリードリヒスハーフェン空港有限会社（Flughafen Friedrichshafen GmbH）

ホームページで「ボーデン湖空港」（Bodensee-Airport）と謳っているフリー

表3-2-10　フリードリヒスハーフェン空港有限会社の持分所有関係（資本金2,127万2,000ユーロ）

持分所有者	出資比率（％）
バーデン＝ヴュルテンベルク州（Land Baden-Württemberg）	12.44
ドルニエ有限会社（Dornier GmbH）	2.12
ボーデンゼー＝オーバーシュヴァーベン商工会議所 （Industrie- und Handelskammer Bodensee-Oberschwaben）	3.43
ボーデンゼー郡（Landkreis Bodenseekreis）	14.38
ツェペリン飛行船製造有限会社（Luftschiffbau-Zeppelin GmbH）	7.69
フリードリヒスハーフェン・モーター・タービン連合有限会社 （Motoren- und Turbinen-Union Friedrichshafen GmbH）	2.12
フリードリヒスハーフェン市（Stadt Friedrichshafen）	14.38
フリードリヒスハーフェン技術製作所有限会社 （Technische Werke Friedrichshafen GmbH）	8.92
ウィーン空港国際資本参加マネジメント有限会社 （VIE International Beteiligungsmanagement GmbH）	25.12
ZFフリードリヒスハーフェン株式会社（ZF Friedrichshafen AG）	9.37

典拠：BW BTG, p. 65.

ドリヒスハーフェン空港は、ドイツ、オーストリア、スイスに跨がる地理環境を有している[16]。

　フリードリヒスハーフェン空港の前史は、ドイツ帝国が1913年、ツェッペリン飛行船工場の近郊に飛行船港を求めたことに始まった。1915年にフリードリヒスハーフェン・レーヴェンタール飛行場（Flugplatz Friedrichshafen-Löwental）が完成した。当初、ツェッペリンのための飛行船港として機能していたが、1924年にドルニエ（Dornier）の参加によって航空機の発着機能が付加された。1928年にフリードリヒスハーフェン空港有限会社（Flughafen Friedrichshafen GmbH）が設立された翌年、ルフトハンザ・ドイツ航空がハンブルク発、ハノーファー、フランクフルト、シュトゥットガルト経由、フリードリヒスハーフェン行きの定期便運航を開始している。

　1945年にフランス空軍が同空港を占領した後、1968年から民間航空との共用を経て、1992年にフランス軍が撤退した。連邦政府とフリードリヒスハーフェン空港有限会社との長期にわたる交渉の末、1998年に後者が前者から空港敷地を買収

表3-2-11 フリードリヒスハーフェン空港有限会社の監査役会構成

監査役会議長 ディーター・ホルヌンク（Dieter Hornung）	元フリードリヒスハーフェン第1市長 (1. Bürgermeister Stadt Friedrichshafen a. D.)
監査役会第1副議長 クリスティアン・ドマニー (Mag. Christian Domany)	ウィーン空港株式会社代表取締役 (Vorstandsvorsitzender der Flughafen Wien AG)
監査役会第2副議長 ペーター・ヤニー教授（Prof. Dr. Peter Jany）	ボーデンゼー＝オーバーシュヴァーベン商工会議所 (IHK Bodensee-Oberschwaben)
ミヒャエル・ファツェカス博士 (Dr. Michael Fazekas)	ウィーン空港国際資本参加マネジメント有限会社 (VIE International Beteiligungsmanagement GmbH)
社長ゲオルク・フンデル教授 (Direktor Prof. Georg Fundel)	シュトゥットガルト空港有限会社 (Flughafen Stuttgart GmbH)
ハンス＝ゲオルク・ヘルター (Hans-Georg Härter)	ZFフリードリヒスハーフェン株式会社 (ZF Freiedrichshafen AG)
ハンス＝ペーター・カルデンバッハ (Hans-Peter Kaldenbach)	ツェッペリン飛行船製造有限会社 (Luftschiffbau Zeppelin GmbH)
州官僚ヨアヒム・クルシュヴィタ (Landesbeamter Joachim Kruschwita)	ボーデンゼー郡（Landkreis Bodenseekreis）
アルフレート・ミュルナー（Alfred Müllner）	フリードリヒスハーフェン技術製作所有限会社執行役員 (Geschäftsführer der Technische Werke Friedrichshafen GmbH)
ペーター・トルノヴ（Peter Tornow）	元執行役員（Geschäftsfürer a. D.）

典拠：BW BTG, p. 66.

し、現在に至っている[17]。

　持分所有者にウィーン空港国際資本参加マネジメント有限会社（VIE International Beteiligungsmanagement GmbH）という記載があるように、ウィーン空港は潜在的持分所有者（potenter Gesellschafter）であり、ウィーン便は日に3便を数えている[18]。

　持分所有者は、ウィーン空港関連会社、バーデン＝ヴュルテンベルク州、ボーデンゼー郡、フリードリヒスハーフェン市、および地域の民間企業と商工会議所によって構成されている（表3-2-10参照）。

　監査役会は、ウィーン空港およびその関連企業、シュトゥットガルト空港有限会社、市、郡および民間企業からの派遣によって構成されているが、12.44％の持分を有する州レベルからの直接的参加はみられない（表3-2-11参照）。

表3-2-12 ライン=ネッカー飛行場有限会社の持分構成（資本金46万180ユーロ）

持分所有者	出資比率（％）
バーデン＝ヴュルテンベルク州（Land Baden-Württemberg）	25.00
ハイデルベルク市（Stadt Heidelberg）	6.67
ルートヴィヒスハーフェン市（Stadt Ludwigshafen）	8.33
マンハイム市持分所有会社（Stadt Mannheim Beteiligungsgesellschaft）	60.00

典拠：BW BTG p. 71.

2.2.3 ライン＝ネッカー飛行場有限会社（Rhien-Neckar Flugplatz GmbH, Mannheim）

マンハイム空港を所有するライン＝ネッカー飛行場有限会社はマンハイム市持分所有会社が60％の持分を所有し、近隣のハイデルベルク市、ルートヴィヒスハーフェン市による出資に加えて、バーデン＝ヴュルテンベルク州が資本金の4分の1に出資する[19]。

同社は、1925年に設立されたバーデン＝プファルツ航空輸送株式会社（Badisch-Pfälzisher Luftverkehr AG）を起源とし、同年に完成したマンハイム＝ザンドホーフェン飛行場（Flugplatz Mannheim-Sandhofen）からバーデン＝バーデン、ドルトムント、フランクフルト、ハンブルク、コンスタンツ、コペンハーゲン、ミュンヘン、シュトゥットガルト、フィリンゲン、チューリッヒへ定期便が運航された[20]。現在では、ツィルス航空（Cirrus Airlines）の拠点のひとつとなっている[21]。

ライン・ネッカー飛行場有限会社の監査役会構成をみると、マンハイム市関係者が過半数を占め、州からは内務官僚が参加しているにすぎない（表3-2-13参照）。

2.3 水運

州が資本関係を有し、水運に関わる企業には、ライン＝マイン＝ドナウ株式会社（Rhein-Main-Donau AG, München）[22]、シュヴァーベン海運有限会社（Reederei Schwaben GmbH, Stuttgart）[23]、ケール港湾管理局（Hafenverwaltung Kehl, Kehl –Körperschaft des öffentlichen Rechts —）[24]、州立ライン＝ネッカー

表3-2-13 ライン=ネッカー飛行場有限会社の監査役会構成

監査役会議長 市長ミヒャエル・グレッチュ (Bürgermeister Michael Grötsch)	マンハイム市(Stadt Mannheim)
監査役会副議長 本省参事官クリスティアネ・マイス博士 (Ministerialrätin Dr. Christiane Meis)	バーデン=ヴュルテンベルク州内務省 (Innenministerium Baden-Württemberg)
市会議員ラインホルト・ゲッツ (Stadrat Reinhold Götz)	マンハイム市(Stadt Mannheim)
市会議員ミヒャエル・ヒンメルスバッハ (Stadtrat Michael Himmelsbach)	マンハイム市(Stadt Mannheim)
工学士ペーター・ホフマン (Dipl. -ing. Peter Hofmann)	マンハイム市(Stadt Mannheim)
港湾長ローラント・ヘルナー (Hafendirektor Roland Hörner)	州立ライン=ネッカー港有限会社マンハイム (Staatliche Rhein-Neckar-Hafengesellschaft Mannheim mbH)
アンドレアス・マックス=ヘメル (Andreas Max-Haemel)	ハイデルベルク市(Stadt Heidelberg)
市会議員イェルク・シュミット教授 (Stadrat Prof. Dr. Jörg Schmidt)	マンハイム市(Stadt Mannheim)
第1市長クリスティアン・シュペヒト (Erster Bürgermeister Christian Specht)	マンハイム市(Stadt Mannheim)
市会議員カルステン・ジュドメルセン (Stadtrat Carsten Südmersen)	マンハイム市(Stadt Mannheim)
マルティン・ヴェルナー(Martin Werner)	ルートヴィヒスハーフェン市(Stadt Ludwigshafen)

典拠:BW BTG, p. 73.

港有限会社マンハイム(Staatliche Rhein-Neckar-Hafengesellschaft Mannheim mbH, Mannheim)[25]、があるが、おもに電力、物的流通に関わる業態であることから、ここでは詳述を避ける。

2.4 駐車場

2.4.1 バーデン=ヴュルテンベルク駐車場有限会社(PMW-Parkraumgesellschaft Baden-Württemberg mbH, Stuttgart)

バーデン=ヴュルテンベルク駐車場有限会社は、資本金5,200万ユーロでそのすべてをバーデン=ヴュルテンベルク州が出資している[26]。同社は1994年に設立され、州内のおよそ50都市にある2,200軒以上の自家用車用駐車場を統一的に経

第2章　バーデン゠ヴュルテンベルク州と観光インフラストラクチャー　201

表3-2-14　バーデン゠ヴュルテンベルク駐車場有限会社の監査役会構成

監査役会議長 本省部長ヴァルター・ライボルト (Ministerialdirigent Walter Leibold)	バーデン゠ヴュルテンベルク州財務省 (Finanzministerium Baden-Württemberg)
監査役会副議長 本省部長ハラルト・ハーゲマン博士 (Ministerialdirigent Dr. Harald Hagmann)	バーデン゠ヴュルテンベルク州科学・研究・芸術省 (Ministerium für Wissenschaft, Forschung und Kunst Baden-Württemberg)
総裁マルガレータ・バールト (Präsidentin Margareta Barth)	バーデン゠ヴュルテンベルク州環境・アセスメント・自然保護機関 (Landesanstalt für Umwelt, Messungen und Naturschutz Baden-Württemberg)
本省参事官トーマス・ケルン (Ministerialrat Thomas Kern)	バーデン゠ヴュルテンベルク州財務省 (Finanzministerium Baden-Württemberg)
本省参事官ゲルハルト・シュナイダー (Ministerialrat Gerhalt Schneider)	バーデン゠ヴュルテンベルク州財務省 (Finanzministerium Baden-Württemberg)

典拠：BW BTG, p. 53.

営している[27]。同社の諸目的のなかに、「経営的および技術的ノウハウの集中」（die Konzentration von betieblichem und technischem Know-how）、自然と環境保護のための生態的交通コンセプトの支援（die Unterstützung ökologischer Verkehrskonzepte zum Schutz von Natur und Umwelt）が挙げられている[28]。

　このことを反映して、監査役のなかに、財務官僚のほかにバーデン゠ヴュルテンベルク州科学・研究・芸術省局長、バーデン゠ヴュルテンベルク州環境・アセスメント・自然保護機関総裁が加えられている（表3-2-14参照）。

3　メッセ

3.1　ランデスメッセ・シュトゥットガルト有限会社（Landesmesse Stuttgart GmbH, Stuttgart）

　2010年度に114万人の訪問者を迎えたシュトゥットガルト新メッセ会場は、総工費8億600万ユーロをもって2007年10月に完成した。シュトゥットガルト空港に隣接した立地は、年間出展社の21％が外国企業であること、またバーデン゠ヴュルテンベルク州に本拠を置く企業にはグローバル・プレイヤーが多数存在する

表3-2-15　ランデスメッセ・シュトゥットガルト有限会社の「社員」(Gesellschafter)＊
　　　　　　(資本金1,476万ユーロ)

	出資額	持分所有比率
バーデン＝ヴュルテンベルク州 (Land Baden-Württemberg)	7,380.00T€	50.00%
シュトゥットガルト市 (Landeshauptstadt) Stuttgart	7,380.00T€	50.00%
シュトゥットガルト地域商工会議所 (Industire- und Handelskammer Region Stuttgart)		議決権なし (stiller Gesellschafter)
シュトゥットガルト地域手工業会議所 (Hanwerkerskammer Region Stuttgart)		議決権なし (stiller Gesellschafter)

＊Gesellschafter は、通常、有限会社の持分所有者であるが、当社においては、議決権のない非持分所有者が存在する
　ことから、商法における定訳「社員」を訳語に用いた。
典拠：BW BTG, p. 41 et Landesmesse Stuttgart GmbH, Unternehmen-Daten und Fakten, in interrete sub: http://
www.messe-stuttgart.de/cms/unternehmen-daten.0.html, 29. 11. 2011.

ことと無関係ではない。メッセ会場は「世界市場へのショウウィンドウ」(Schaufenster zu den Märkte der Welt) である[29]。

ランデスメッセ・シュトゥットガルト有限会社の持分所有者は州と市であるが、監査役は、州、州政権政党、市、商工会議所のよって構成されている (表3-2-15、表3-2-16参照)。

なお、新メッセ会場の建設にあたって、以下に示す2つのプロジェクトカンパニーが設立された。

3.1.1　ノイエ・メッセ有限合資プロジェクトカンパニー (Projektgesellschaft Neue Messe GmbH & Co. KG, Stuttgart)

ノイエ・メッセ有限合資プロジェクトカンパニーの事業目的は、新たなメッセ会場を建設するために、必要な土地を買収し、メッセ会場を建設することにあった[30]。

同社に対する州の持分45％はバーデン＝ヴュルテンベルク州持分所有有限会社を通じて間接的になされている (表3-2-17参照)。同社の監査役会構成を表3-2-18に示した。

表3-2-16　ランデスメッセ・シュトゥットガルト有限会社の監査役会構成

監査役会議長 州大臣エルンスト・プフィスター (Minister Ernst Pfister MdL)	バーデン＝ヴュルテンベルク州経済省 (Wirtschftsministerium Baden-Württemberg)
監査役会副議長 第1市長ミヒャエル・フェル (Erster Bürgermeister Michael Föll)	シュトゥットガルト市 (Landeshauptstadt Stuttgart)
ヴォルフガング・ドレクスラー (Wolfgang Drexler MdL)	社会民主党（SPD-Fraktion）
主席参事官マルティン・エッグシュタイン (Leitender Ministerialrat Martin Eggstein)	州首相府 (Staatsministerium Baden-Württemberg)
本省次官グンドルフ・フライシェ (Staatssekretär Gundolf Fleische MdL)	バーデン＝ヴュルテンベルク州財務省 (Finanzministerium Baden-Württemberg)
カルル・ホルスト・クレーマー (Karl Horst Krämer)	シュトゥットガルト地域商工会議所 (IHK region Stuttgart)
市会議員ローラント・クグラー (Stadtrat Roland Kugler)	シュトゥットガルト市 (Landeshauptstadt Stuttgart)
市会議員ラインハルト・レッファー博士 (Stadtrat Dr. Reinhard Löffer MdL)	シュトゥットガルト市 (Landeshauptstadt Stuttgart)
パウル・ネメト（Paul Nemeth MdL）	キリスト教民主同盟（CDU-Fraktion）
会頭ライナー・ラインホルト (Präsident Rainer Reichhold)	シュトゥットガルト地域手工業会議所 (Handwerkskammer Region Stuttgart)
筆頭執行役員アンドレアス・リヒター (Hauptgeschäftsführer Andreas Richter)	シュトゥットガルト地域商工会議所 IHK（Region Stuttgart）
市会議員ミニカ・ヴュスト (Stadträtin Minika Wüst)	シュトゥットガルト市 (Landeshauptstadt Stuttgart)
市会議員ユルゲン・ツェープ (Stadtrat Jürgen Zeeb)	シュトゥットガルト市 (Landeshauptstadt Stuttgart)

典拠：BW BTG, p. 43.

表3-2-17　ノイエ・メッセ有限合資プロジェクトカンパニーの持分構成（資本金2,556万4,590ユーロ）

持分所有者	出資比率（％）
バーデン＝ヴュルテンベルク州持分所有有限会社 (Beteiligungsgesellschaft des Landes Baden-Württemberg mbH)	45.00
シュトゥットガルト市（Landeshauptstadt Stuttgart）	45.00
シュトゥットガルト地域連合（Verband Region Stuttgart）	10.00

典拠：BW BTG, p. 213.

表3-2-18　ノイエ・メッセ有限合資プロジェクトカンパニーの監査役会構成

監査役会議長 元次官ホルスト・メアレンダー博士 (Staatssekretär a. D. Dr. Horst Mehrländer)	バーデン＝ヴュルテンベルク州経済省 (Wirtschaftsministerium Baden-Württemberg)
監査役会副議長 第1市長ミヒャエル・フェル (Erster Bürgermeister Michael Föll)	シュトゥットガルト市 (Landeshauptstadt Stuttgart)
ハルヴィッヒ・バイヒェ教授 (Prof. Hartwig Beiche)	シュトゥットガルト市 (Landeshauptstadt Stuttgart)
州次官グンドルフ・フライシャー (Staatssekretär Gundolf Fleischer MdL)	バーデン＝ヴュルテンベルク州財務省 (Finanzministerium Baden-Württemberg)
社長ゲオルク・フンデル教授 (Direktor Prof. Georg Fundel)	シュトゥットガルト空港（Flughafen Stuttgart）
市長マティアス・ハーン (Bürgermeister Matthias Hahn)	シュトゥットガルト市 (Landeshauptstadt Stuttgart)
トーマス・キヴィット（Thomas Kiwitt）	シュトゥットガルト地域連合 (Verband Region Stuttgart)
次官フーベルト・ヴィッカー (Staatssekretär Hubert Wicker)	バーデン＝ヴュルテンベルク州首相府 (Staatsministerium Baden-Württemberg)
常任顧問 (Ständiges Gastmitglied beim Aufsichtsrat) 筆頭執行役員アンドレアス・リヒター (Hauptgeschäftsführer Andreas Richter)	シュトゥットガルト商工会議所 (Industrie- und Handelskammer Stuttgart)

典拠：BW BTG, pp. 214-215.

表3-2-19　ノイエ・メッセ管理有限プロジェクトカンパニーの持分所有状況（資本金2万5,560ユーロ）

持分所有者	出資比率（％）
バーデン＝ヴュルテンベルク州持分所有有限会社 (Beteiligungsgesellschaft des Landes Baden-Württemberg mbH)	45.00
シュトゥットガルト市（Landeshauptstadt Stuttgart）	45.00
シュトゥットガルト地域連合（Verband Region Stuttgart）	10.00

典拠：BW BTG, p. 216.

3.1.2　ノイエ・メッセ管理有限プロジェクトカンパニー（Projektgesellschaft Neue Messe Verwaltungs- GmbH, Stuttgart）

ノイエ・メッセ管理有限プロジェクトカンパニーの目的は固有の経済活動はせず、ノイエ・メッセ有限合資プロジェクトカンパニーの業務を指導することにあ

表 3-2-20　ノイエ・メッセ管理有限プロジェクトカンパニーの監査役会構成

監査役会議長 元州次官ホルスト・メアレンダー博士 (Staatssekretär a. D. Dr. Horst Mehrländer)	バーデン＝ヴュルテンベルク州経済省 (Wirtschaftsministerium Baden-Württemberg)
監査役会副議長 第１市長ミヒャエル・フェル (Erster Bürgermeister Michael Föll)	シュトゥットガルト市 (Landeshauptstadt Stuttgart)
ハルトヴィヒ・バイヒェ教授 (Prof. Hartwig Beiche)	シュトゥットガルト市 (Landeshauptstadt Stuttgart)
州官グンドルフ・フライシャー (Staatssekretär Gundolf Fleischer MdL)	バーデン＝ヴュルテンベルク州財務省 (Finanzministerium Baden-Württemberg)
社長ゲオルク・フンデル教授 (Direktor Prof. Georg Fundel)	シュトゥットガルト空港有限会社 (Flughafen Stuttgart GmbH)
市長マティアス・ハーン (Bürgermeister Matthias Hahn)	シュトゥットガルト市 (Landeshauptstadt Stuttgart)
トーマス・キヴィット (Thomas Kiwitt)	シュトゥットガルト地域連合 (Verband Region Stuttgart)
州次官フーベルト・ヴィッカー (Staatssekretär Hubert Wicker)	バーデン＝ヴュルテンベルク州首相府 (Staatsministerium Baden-Württemberg)
監査役会常任顧問 (Ständiges Gastmitglied beim Aufsichtsrat) 筆頭執行役員アンドレアス・リヒター (Hauptgeschäftsführer Andreas Richter)	シュトゥットガルト商工会議所 (Industrie- und Handelskammer Stuttgart)

典拠：BW BTG, pp. 217-218.

った[31]。

　同社持分構成および監査役会の構成は、ノイエ・メッセ有限合資プロジェクトカンパニーのそれと相似的である（表３-２-19および表３-２-20参照）。

4　庭園

4.1　ルートヴィヒスブルク花咲くバロック庭園展示有限会社 (Blühendes Barock Gartenschau Ludwigsburg GmbH, Ludwigsburg 以下、㈲バロック庭園と略記)

　㈲バロック庭園は、「バロック都市」（Barockstadt）ルートヴィヒスブルクに

表3-2-21 ㈲バロック庭園の監査役会構成

監査役会議長 上級市長ヴェルナー・シュペック (Oberbürgermeister Werner Spec)	ルートヴィヒスブルク市（Stadt Ludwigsburg）
監査役会副議長 元本省参事官ユルゲン・シャット (Ministerialrat a. D. Jürgen Schad)	バーデン＝ヴュルテンベルク州財務省 (Finanzministerium Baden-Württemberg)
市会議員トーマス・ランク博士 (Stadtrat Dr. Thomas Lang)	ルートヴィヒスブルク市（Stadt Ludwigsburg）
フーベルト・メールレ教授 (Prof. Hubert Möhrle)	
本省主席参事官ハンス・ライス (Leitender Ministerialrat Hans Reiss)	バーデン＝ヴュルテンベルク州財務省 (Finanzministerium Baden-Württemberg)
本省参事官コルネリア・ルッパルト博士 (Ministerialrätin Dr. Cornelia Ruppert)	バーデン＝ヴュルテンベルク州財務省 (Finanzministerium Baden-Württemberg)
市会議員アンドレアス・ザイボルト (Stadtrat Andreas Seybold)	ルートヴィヒスブルク市（Stadt Ludwigsburg）

典拠：BW BTG, pp. 194-195.

ある宮廷（das Ludwigsburger Residenzschloss）とその周囲に存在する「寵臣城」（Schloss Favorite）、メルヘン庭園（Märchengarten）、各種美術館・ギャラリー（Modemuseum, Keramikmuseum, Barockgalerie）などの観光施設を運営する[32]。

同社の資本金102万4,000ユーロには、バーデン＝ヴュルテンベルク州とルートヴィヒスブルク市が50％ずつの等分出資をしている[33]。監査役会は、これを反映して、州と市の代表によって成り立っている（表3-2-21参照）。

5　博物館、美術館

バーデン＝ヴュルテンベルク州は、以下に示す博物館、美術館のほかに、ボンにあるドイツ連邦芸術・展示ホール有限会社（Kunst- und Ausstellungshalle der Bundesrepublik Deutschland GmbH, Bonn）の資本金に対して2.43％の持分を有しているが、理事会（Kuratorium）は、連邦政府、ノルトライン＝ヴェストファーレン、ヘッセン、ラインラント＝プファルツ州関係者によって構成されている[34]。

表 3-2-22　ドイツ騎士団博物館有限会社の持分構成（資本金409万340ユーロ）

持分所有者	持分比率（%）
バーデン＝ヴュルテンベルク州（Land Baden-Württemberg）	48.75
社団法人バート・メルゲントハイム市ドイツ騎士団博物館（Deutschordensmuseum Bad Mergentheim e. V.）	12.50
バート・メルゲントハイム市（Stadt Bad Mergentheim）	32.50
マイン＝タウバー郡（Landkreis Main-Tauber-Kreis）	6.25

典拠：BW BTG, p. 196.

表 3-2-23　ドイツ騎士団博物館有限会社の監査役会構成

議長（Vorsitzender） 元本省参事官ユルゲン・シャット (Ministerialrat a. D. Jürgen Schad)	バーデン＝ヴュルテンベルク州財務省 (Finanzministerium Baden-Württemberg)
副議長（Stellv. Vorsitzender） 上級市長ローター・バルト博士 (Oberbürgermeister Dr. Lothar Barth)	バート・メルゲントハイム市 (Stadt Bad Mergentheim)
ハイディ・デーグ（Heidi Deeg）	バート・メルゲントハイム市 (Stadt Bad Mergentheim)
ゲルノート＝ウヴェ・ドツィアラス (Gernot-Uwe Dziallas)	社団法人バート・メルゲントハイム市ドイツ騎士団博物館 (Deutschordensmuseum Bad Mergentheim e. V.)
郡長ラインハルト・フランク (Landrat Reinhard Frank)	マイン＝タウバー郡（Main-Tauber-Kreis）
県局長シュテフェン・ラツェル (Regierungsdirektor Steffen Ratzel)	バーデン＝ヴュルテンベルク州財務省 (Finanzministerium Baden-Württemberg)
ディーター・ザルヒ博士 (Prof. Dr. Dieter Salch)	弁護士兼税理士 (Rechsanwalt und Steuerberater)
県局長ヨハン・トイベル (Regierungsdirektor Johann Täubel)	バーデン＝ヴュルテンベルク州科学・研究・芸術省 (Ministerium für Wissenschaft, Forschung und Kunst Baden-Württemberg)

典拠：BW BTG, pp. 197-198.

5.1　ドイツ騎士団博物館有限会社（Deutschordensmuseum Bad Mergentheim GmbH, Bad Mergentheim）

ドイツ騎士団博物館有限会社（Deutschordensmuseum Bad Mergentheim GmbH, Bad Mergentheim）は、カール・ヨゼフ・フォン・アデルスハイム男爵（Freiherr Carl Joseph von Adelsheim）が1864年に中世の彫刻、板絵、ファイア

表 3-2-24 軍事史博物館有限会社の持分構成（資本金2,610万ユーロ）

バーデン＝ヴュルテンベルク州（Land Baden-Württemberg）	33.33%
ラシュタット市（Stadt Rastatt）	33.33%
㈳ラシュタット城軍事史博物館愛好家協会 （Vereinigung der Feunde des Wehrgeschichtlichen Museums Schloß Rastatt e. V.）	33.33%

典拠：BW BTG, p. 226.

ンス陶器、アラバスターレリーフ、大理石レリーフ、象牙細工のついた家具などをメルゲントハイム市に遺贈したコレクションが起源となっている[35]。

1991年にバーデン・ヴュルテンベルク州、バート・メルゲントハイム市、博物館協会、マイン・タウバー郡を出資者とする有限会社が設立され、1996年から近代的なドイツ騎士団博物館が開業した[36]。ドイツ騎士団博物館有限会社の持分構成を表3-2-22に示した。

5.2 軍事史博物館（Wehrgeschichtliches Museum Rastatt GmbH, Rastatt）

軍事史博物館は、1934年カールスルーエに設立されたバーデン軍隊博物館（Badisches Armeemuseum）を起源とし、1956年にラシュタット城（Schloss Rastatt）に居を移した。独仏史にも関わる西南ドイツの軍事史に関する展示に重点が置かれている[37]。

これを経営する軍事史博物館有限会社の持分所有者は表3-2-24のようになっている。

また、同社に対しては毎年、バーデン＝ヴュルテンベルク州から年額22万ユーロの補助金が支給されている[38]。

6 温泉および付属施設

6.1 カジノ

6.1.1 バーデン＝ヴュルテンベルク・カジノ有限合資会社（Baden-Württembergische Spielbanken GmbH & Co. KG, Baden-Baden）

バーデン＝ヴュルテンベルク・カジノ有限合資会社は資本金260万ユーロすべてバーデン＝ヴュルテンベルク州が出資し、バーデン＝バーデン、コンスタンツ、シュトゥットガルトにある公営カジノを経営している[39]。

執行機能は、バーデン＝ヴュルテンベルク・カジノ・マネジメント有限会社（Baden-Württembergische Spielbanken Managementgesellschaft mbH, Baden-Baden）によって行われている[40]。

シュトゥットガルト・カジノ有限合資会社（Die Spielbank Stuttgart GmbH & C. KG）は、2002年、バーデン＝バーデン・コンスタンツにおけるカジノ営業権を獲得し、バーデン＝ヴュルテンベルク州に存在するすべてのカジノが2003年に設立された新会社、バーデン＝ヴュルテンベルク・カジノ有限合資会社（Baden-Württembergische Spielbanken GmbH & Co. KG, Baden-Baden）のもとに再編された[41]。

バーデン＝ヴュルテンベルク・カジノ有限合資会社の子会社は、同社が100％出資するバーデン＝ヴュルテンベルク・カジノ・レストランサービス有限会社（Baden-Württembergische Spielbanken Gastro-Service GmbH）、および20％出資するバーデン＝バーデン・マーケティング有限会社（Baden-Baden Marketing Gesellschaft für Kur, Tourismus und Stadtentwicklung mbH）である[42]。

すでに指摘したように、バーデン＝ヴュルテンベルク・カジノ・マネジメント有限会社の資本金5万2,000ユーロはすべて、バーデン＝ヴュルテンベルク州持分参加有限会社によって担われている。

表3-2-25　バーデン＝ヴュルテンベルク・カジノ有限合資会社の監査役会構成

監査役会議長 次官インゴ・ルスト (Staatssekretär Ingo Rust, MdL)	
監査役会副議長 本省部長ヴァルター・ライボルト (Ministerialdirigent Walter Leibold)	財務省（Finanzministerium）
カール・エップレ博士（Dr. Karl Epple）	バーデン＝ヴュルテンベルク州立信用銀行 (Landeskreditbank Baden-Württemberg)
本省部長（Ministerialdirigent） ラインハルト・クレー博士 (Dr. Reinhard Klee)	バーデン＝ヴュルテンベルク州内務省 (Innenministerium Baden-Württemberg)
本省参事官ミヒャエル・クライナー (Ministerialrat Michael Kleiner)	バーデン＝ヴュルテンベルク州首相府 (Staatsministerium Baden-Württemberg)
カールハインツ・ヒッレンブラント博士 (Dr. Karlheinz Hillenbrand)	バーデン＝ヴュルテンベルク湯治場・保養所管理公社 (BKV Baden-Baden)

典拠：Baden-Württembergische Spielbanken GmbH & Co. KG, BW Spielbanken in interrete sub: http://www.bw-casinos.de/de/bw-spielbanken.html, 27. 10. 2011.

表3-2-26　バーデン＝ヴュルテンベルク・カジノ・マネジメント有限会社の監査役会構成

監査役会議長 元局長マンフレット・ケーニヒ博士 (Ministerialdirektorin a. D. Dr. Manfred König)	
監査役会副議長 本省部長ヴァルター・ライボルト (Ministerialdirigent Walter Leibold)	バーデン＝ヴュルテンベルク州財務省 (Finanzministerium Baden-Württemberg)
銀行取締役カール・エップレ博士 (Bankvorstand Dr. Karl Epple)	バーデン＝ヴュルテンベルク州立興業銀行 (Landeskreditbank Baden-Württemberg-Förderbank)
カールハインツ・ヒッレンブラント博士 (Dr. Dipl. . -ing. Karlheinz Hillenbrand)	バーデン＝ヴュルテンベルク湯治場＝保養所管理公社 (BKV-Bäder-und Kurverwaltung Baden-Württemberg)
本省部長ラインハルト・クレー (Ministerialdirigent Reinhard Klee)	バーデン＝ヴュルテンベルク州内務省 (Innenministerium Baden-Württemberg)
本省参事官ゲオルク・ヴァルヒ博士 (Ministerialrat Dr. Georg Walch)	バーデン＝ヴュルテンベルク州首相府 (Staatsministerium Baden-Württemberg)

典拠：BW BTG, p. 78.

表3-2-27　バーデン＝ヴュルテンベルク湯治場・保養所管理公社の子会社に対する出資

	持分比率	2008年における州補助金（Landeszuschuss）ユーロ
州営ヴィルトバウ温泉保養有限会社 (Staatsbad Wildbau-Bäder-und Kurbetriebsgesellschaft mbH, Bad Aildbad)	100.00%	2,046,000
バーデンヴァイラー温泉観光有限会社 (Badenweiler Thermen und Touristik GmbH, Badenweiler)	25.10%	732,900
バート・メルゲントハイム保養管理有限会社 (Kurverwaltung Bad Mergentheim GmbH, Bad Mergentheim)	33.33%	920,000

典拠：BW BTG, p. 14.

6.2　温泉

6.2.1　バーデン＝ヴュルテンベルク湯治場・保養所管理公社（BKV-Bäder- und Kurverwaltung Baden-Württemberg）

バーデン＝ヴュルテンベルク湯治場・保養所管理公社は、基本金（Festges. Kapital）5億2,000万ユーロの全てをバーデン＝ヴュルテンベルク州が出資している[43]。

同公社は、バーデン・バーデンに存在するバーデン＝ヴュルテンベルク州所有の不動産である温泉と保養所を管理する[44]。

さらに同公社は、バート・アイルバート、バーデンヴァイラー、バート・メルゲントハイムに存在する温泉関係の有限会社に対して持分を有する（表3-2-27参照）。

7　その他

シュトゥットガルト市は、2012年オリンピックを同市に誘致するための企業体、シュトゥットガルト2012年有限会社（Stuttgart 2012 GmbH i. L., Stuttgart）を設置していた。

シュトゥットガルト市は国内選考において、最初にオリンピック候補地から外れ監査役会は2007年に解散した。同社の資本金は30万ユーロで、バーデン＝ヴュ

表3-2-28　バーデン=ヴュルテンベルク湯治場・保養所管理公社監査委員会構成

議決権所有者（Stimmberechtigte Mitglieder）

議長（Vorsitzender） 州次官グンドルフ・フライシャー (Staatssekretär Gundolf Fleischer MdL)	バーデン=ヴュルテンベルク州財務省 (Finanzministerium Baden-Württemberg)
副議長（Stellv. Vorsitzender） ヴェルナー・ブルンス博士（Dr. Werner Bruns）	バーデン=ヴュルテンベルク州経済省 (Wirtschftsministerium Baden-Württemberg)
本省部長トーマス・クネドラー (Ministerialdirigent Thomas Knödler)	バーデン=ヴュルテンベルク州財務省 (Finanzministerium Baden-Württemberg)
本省参事官ヴァルター・コルトゥス (Ministerialrat Walter Kortus)	バーデン=ヴュルテンベルク州財務省 (Finanzministerium Baden-Württemberg)
県知事ルドルフ・キューナー博士 (Rgierungspräsident Dr. Rudolf Kühner)	カールスルーエ県 (Regierungspräsidium Karlruhe)

相談役（Beratende Mitglieder）

上級市長ヴォルフガング・ゲルストナー (Oberbürgermeister Wolfgand Gerstner)	バーデン=バーデン市（Stadt Baden-Baden）
市会議員ヨアヒム・クネプフェル (Stadtrat Joachim Knöpfel)	バーデン=バーデン市（Stadt Baden-Baden）
市会議員ウルズラ・ラツァルス (Stadrätin Ursula Lazarus MdL)	バーデン=バーデン市（Stadt Baden-Baden）

典拠：BW BTG, pp. 15-16.

ルテンベルク州、シュトゥットガルト市、シュトゥットガルト地域連合が33.33％ずつ出資していた[45]。

8　小括

　バーデン=ヴュルテンベルク州内に存在する観光インフラストラクチャーは、州政府、地元自治体、地元企業、地元商工会議所による出資および監査役の派遣によって成り立っている。

　都市による民間企業群の設置・経営活動をもって「コンツェルン都市」概念が提起されていることになぞらえ、州によるそれをもって「コンツェルン州」（Konzernstaat もしくは Konzernland）概念を提起したい。

　その際、コンツェルン州とコンツェルン都市は多くの企業体において接点を持

ち、地域の官民一体を基盤とする「地域経済」が形成されていることに注目したい。

1） Finanzministerium Baden-Württemberg, *Beteiligungsbericht 2009 des Landes Baden-Wüttemberg*（以下 BW BTG と略記）, p. 8.
2） コンツェルン都市については、山田徹雄「コンツェルン都市ミュンヘンと観光事業」跡見学園女子大学『マネジメント学部紀要』第10号、2010年、48～49頁および山田徹雄「コンツェルン都市ニュルンベルクと観光インフラストラクチャー」跡見学園女子大学『マネジメント学部紀要』第11号、2011年、63～83頁参照。
3） BW BTG, p. 191.
4） Rothaus, Geschichte, in interrete sub: http://rothaus.de/de/geschichte, 01. 09. 2011.
5） Baden-Württembergische Spielbanken GmbH & Co. KG, Baden-Württembergische Spielbanken, in interrete sub: http://www.bw-casinos.de/de/bw-spielbanken.html, 17. 09. 2011.
6） Staatliche Toto-Lotto GmbH, *Geschäftsbericht 2009*, p. 52.　同社の監査役は2010年3月の改選によって、議長は Staatssekretär Dr. Stefan Scheffold, MdL、副議長は Ministerialdirektor Dr. Hans Freudenberg、その他の監査役は Gundolf Fleischer, MdL, Staatssekretär a. D.、Ministerin Prof. Dr. Marion Schick、Alfred Haas となった（Staatliche Toto-Lotto GmbH, *Geschäftsbericht 2009*, p. 54）。
7） BW BTG, p. 48.
8） Baden-Württemberg – der 3-Löwen-Takt, wir ueben uns, in interrete sub: http://www.3-loewen-takt.de/wir-ueber-uns/nvbw/, 17. 09. 2011.
9） VVS, Ueber VVS, in interrete sub: http://www.vvs.de/vvs/, 20. 09. 2011.
　　資本金24万8,000ユーロのうち、バーデン＝ヴュルテンベルク州の持分は7.5％であり、大口の出資者はシュトゥットガルト路面電車株式会社、シュトゥットガルト地域連合、ドイツ鉄道株式会社である。表3－2－3において、「その他の持分」が27.50％と記されているが、参加する交通企業はおよそ40社に上る（VVS, Verkehrsunternehmen, in interrete sub: http://www.vvs.de/vvs/partnerdesvvs/verkehrsunternehmen/, 20. 09. 2011 et VVS, Presse-Ueber den VVS, in interrete sub: http://www.vvs.de/presse/ueber-den-vvs/, 20. 09. 2011）。
10） 同社の歴史については Zeiger, G., *100 Jahre HzL: Geschichte der Hohenzollerischen Landesbahn AG 1899-1999*, Hechingen, 1999参照。
11） Hohenzollerische Landesbahn AG, Zahlen & Fakten, in interrete sub: http://www.

hzl-online.de/html/vorlagen/zahlen_fakten961.html, 21. 09. 2011. 同社のバス路線の歴史についてはZeiger, G. et Lutz, J., *50 Jahre Omnibusverkehr/Hohenzollerische Landesbahn AG*, Hechingen, 1997が詳しい。

12) BW BTG, p. 164.
13) SWEG Südwestdeutsche Verkehrs- AG, Wir üben uns, in interete sub: http://www.sweg. de/html/vorlagen/wir_ueber_uns. html, 22. 09. 2011.

SWEGには11社の交通事業体が含まれ（SWEG Südwestdeutsche Verkehrs- AG, Wir üben uns, in interete sub: http://www.sweg. de/html/vorlagen/wir_ueber_uns.html, 22. 09. 2011)、104kmに達する軌道交通は、ブライスガウ＝カイザーシュトュール交通企業体（Verkehrsbetrieb Breisgau-Kaiserstuhl)、ブライスガウ＝シュタウフェン交通企業体（Verkehrsbetrieb Braisgau-Staufen)、オルテナウ地域鉄道企業体（Verkehrsbetrieb Regionalbahnen Ortenau)、オルテナウ・ツェル交通企業体（Verkehrsbetrieb Regionalbahn Oretenau Zell)、ミッテルバーデン＝シュヴァルツアッハ交通企業体（Verkehrsbetrieb Mittelbaden-Schwarzach)、シュヴァルツバッハタル交通企業体（Betriebsbetrieb Schwarzbachtal）の区間におよんでいる（SWEG Südwestdeutsche Verkehrs- AG, Infrastruktur, in interrete sub: http://www.sweg. de/html/vorlagen/infrastruktur.html, 22. 09. 2011)。

14) 山田徹雄『ドイツ資本主義と空港』日本経済評論社、2009年、251〜261頁。
15) BW BTG, p. 68.
16) Flughafen Friedrichshafen GmbH, Unternehmenportrait, in interrete sub: http://www.fly-away.de/unternehmen-flughafen/portrait/, 22. 09. 2011.
17) Flughafen Friedrichshafen GmbH, Chronik, in interrete sub: http://www.fly-away. de/de/unternehmen-flughafen/chronik/, 22. 09. 2011.
18) Flughafen Friedrichshafen GmbH, Unternehmenportrait, in interrete sub: http://www. fly-away.de/unternehmen-flughafen/portrait/, 22. 09. 2011.
19) マンハイム空港（City Airport Mannheim）については前掲『ドイツ資本主義と空港』188〜191頁参照。
20) City Airport Mannheim, Historie, in interrete sub: http://flugplatz-mannheim.de/Ueber_uns/Historie.html, 29. 09. 2011.
21) City Airport Mannheim, Linienfluege, in interrete sub: http://flugplatz-mannheim.de/Information/Linienfluege.html, 29. 09. 2011.

ツィルス航空の表記はルフトハンザ・日本語ウェッブサイトではシーラスエアラインズと英語表記を採用している（ルフトハンザ・ドイツ航空、「コードシェア」、in interrte sub: http://www.ana.co.jp/int/airinfo/codeshare/lh.html, 27. 10. 2011)。

22) 同社に対するバーデン＝ヴュルテンベルク州の株式所有比率は、0.01％にすぎな

い（Finanzministerium Baden-Württemberg, *Beteiligungsbericht 2009 des Landes Baden-Wüttemberg*, p. 63）。ライン＝マイン＝ドナウ株式会社については、渡辺尚「マイン‐マイン‐ドーナウ株式会社の成立と活動：連邦制度の下での「公益団体」」『経営史学』31（1）1996、および同「ライン‐マイン‐ドーナウ諸契約」『経済論叢別冊　調査と研究』1995参照。

23) 同社に対しては、バーデン・ヴュルテンベルク州財団有限会社（Landesstiftung Baden-Württemberg gGmbH）を通じて、州政府は間接的に44％の持分を有し、監査役会には議長 Ministerialdirigent Walter Leibold が財務省から派遣されているほか、監査役として Ministerialdirigent Reiner Moser（財務省）、Ministerialdirigent Prof. Dr. Jürgen Pätzold（内務省）が参加している（BW BTG, p. 163）。

24) 同機構は、州政府が100％出資し、監査委員会（Verwaltungsrat）には、財務省から議長、Staatssekretär Gundolf Fleischer MdL、内務省から副議長、Ministerialdirigent Pro. Dr. Jürgen Pätzold が派遣されているほか、役員として Ministerialdirigent Heinz-Rüdiger Fliege（財務省）、Leitender Ministerialrat Norbert Schmitt（財務省）が加わっていいる（BW BTG, p. 88）。

25) 同社は州政府が100％出資し、監査役会には財務省から議長、Staatssekretär Gunddolf Fleischer MdL、内務省から副議長、Ministerialdirektor Rainer Arnold、その他の監査役として、Ministerialrätin Dr. Cornelia Ruppert（財務省）、Ministerialrat Gerhart Schneider（財務省）、Ministerialrat Dr. Georg Walch（首相府）が参画している（BW BTG, p. 91）。

26) BW BTG, p. 51.

27) Parkraumgesellschaft Baden-Württemberg mbH, Unternehmen, in interrete sub: http://www.pbw.de/index.php?l1=20&PHPSESSID=d8147b0f897a46405ba560d2e-45742fa, 24. 10. 2011.

28) Parkraumgesellschaft Baden-Württemberg mbH, Unternehmen, in interrete sub: http://www.pbw.de/index.php?l1=20&PHPSESSID=d8147b0f897a46405ba560d2e 45742fa, 24. 10. 2011.

29) Landesmesse Stuttgart GmbH, Unternehmen-Portrait, in interrete sub: http://www.messe-stuttgart.de/cms/unternehmen-wir-ueber-uns-neuemesse.0.html, 29. 11. 2011 et Landesmesse Stuttgart GmbH, Unternehmen-Daten und Fakten, in interrete sub: http://www.messe-stuttgart.de/cms/unternehmen-daten.0.html, 29. 11. 2011. 2007年までの50年間利用されてきた旧メッセ会場（Messegelände Killesberg）は、拡張が困難であることや交通渋滞の問題などを理由に廃止された（ibid.）。

30) BW BTG, p. 213.

31) "Die Gesellschaft entwickelt keine eigenen wirtschaftlichen Aktivitäten. Sie führt

die Geschäft der Projektgesellschaft Neue Messe GmbH & Co. KG." (BW BTG, p. 217).
32) Ludwigsburg, Sehenswürdigkeiten, in interrete sub: http://www.ludwigsburg.de/servlet/PB/menu/1237547_11/index.html, 12. 12. 2011, Ludwigsburg, BLÜHENDES BAROCK, in interrete sub: http://www.ludwigsburg.de/servlet/PB/menu/1237553_11/index.html, 12. 12. 2011, Ludwigsburg, Märchengarten, in interrete sub: http://www.ludwigsburg.de/servlet/PB/menu/1237552_11/index.html, 12. 12. 2011 et Blühendes Barock Gartenschau Ludwigsburg GmbH, Öffnungszeiten, Führung und Preise, in interrete sub: http://www.ludwigsburg.de/servlet/PB/menu/1237552_11/index.html, 12. 12. 2011.
33) BW BTG, p. 194.
34) BW BTG, p. 204.
35) Deutsches Ordensmuseum, Adelsheim'sche Altertumssammlung, in interrete sub: http://www.deutschordensmuseum.de/index.cfm?fuseaction=museum&rubrik=adelsheimsche-sammlung, 13. 12. 2011.
36) Deutsches Ordensmuseum Bad Mergentheim GmbH, Geschichte des Museums, in interrete sub: http://www.deutschordensmuseum.de/index.cfm?fuseaction=museum&rubrik=museumsgeschichte, 13. 12. 2011.
37) Wehrgeschichtliches Museum Rastatt GmbH, Das Museum, in interrete sub: http://www.wgm-rastatt.de/, 27. 10. 2011 et Wehrgeschichtliches Museum Rastatt GmbH, Föederverein, in interrete sub: http://www.wgm-rastatt.de/foerderverein/, 27. 10. 2011.
38) BW BTG, p. 227.
39) BW BTG, p. 74.
40) BW BTG, p. 77.
41) Baden-Württembergische Spielbanken GmbH & Co. KG, BW Spielbanken in interrete sub: http://www.bw-casinos.de/de/bw-spielbanken.html, 27. 10. 2011.
42) BW BTG, p. 74.
43) BW BTG, p. 14.
44) Das Kurhaus Casino, Unternehmen, in interrete sub: http://www.kurhauscasino.de/de/das-unternehmen, 21. 12. 2011
45) BW BTG, p. 219-220.

第 4 部　バイエルンと観光

第1章 バイエルン観光の定量分析

 19世紀のバイエルンは、「バイエルンの時計はどこよりもゆっくりと時を刻んでいる」[1]といわれる農業州のイメージが濃厚であった。ところが、現代のミュンヘンは「ドイツ人にとってミュニコンバレー」[2]であり、第2次大戦後のバイエルンの発展は、「農業州からハイテク州」への変化を経験した[3]。このことによって、バイエルン経済は、西ヨーロッパにおいて最も豊かな「国家」ともいえる経済力を有している[4]。

 バイエルン経済の持つ二面性は、バイエルン観光の二面性へと投影されている。すなわち、ミュンヘン、ニュルンベルクなどの文化的魅力を求める都市観光、ミュンヘンを除いたオーバーバイエルンの田園、山岳風景を目的とする自然景観観光とに。

 バイエルン政府は、「観光はバイエルンにとって、ひとつの主導経済部門である」(Der Tourismus ist für Bayern eine Leitökonomie) と位置付けている[5]。

 この問題意識を踏まえ、研究グループ「バイエルンにおける観光と地域発展」研究会（Arbeitsgruppe "Tourismus und Regionalentwicklung in Bayern" der Landesarbeitsgemeinshcaft Bayern）は、その研究成果をまとめ、刊行した[6]。同書には、バイエルン政府の観光政策指針に対する批判的考察、またケーススタディによる検証を、労働市場、都市観光とその周辺地域、温暖化とスキー観光の展望などの視点から分析した論文が掲載されている[7]。

表4-1-1 人口、面積、域内GDPにみるバイエルン

	連邦に占めるバイエルンの比率（％）
面積	19.75
人口	15.39
GDP	17.60
宿泊施設数	23.96
年間宿泊者数	24.00

典拠：Statistisches Bundesamt, *Statistisches Jahrbuch 2013*, p. 14, p. 26, p. 313, p. 330, p. 603, p. 604 et Bayerisches Landesamt für Statistik und Datenverarbeitung, *Statistische Berichte Bruttoinlandsprodukt und Bruttowertschöpfung in Bayern 1980, 1990 bis 2009*, p. 14より作成。

表4-1-2 人口密度（km^2あたり）

州	km^2あたりの人口
メクレンブルク＝フォアポンメルン	70
ブランデンブルク	85
ザクセン＝アンハルト	113
テューリンゲン	137
バイエルン	179

典拠：Statistisches Bundesamt, *Statistisches Jahrbuch 2013*, p. 26.

表4-1-3 1人あたりのGDP

州	ユーロ
ハンブルク	53,091
ブレーメン	41,897
バイエルン	36,865
バーデン＝ヴュルテンベルク	36,019
ザールラント	31,364

典拠：Statistisches Bundesamt, *Statistisches Jahrbuch 2013*, p. 330.

1 連邦とバイエルン

1.1 連邦とバイエルン社会

ドイツ連邦においてバイエルンはいかなる比重を占めているのであろうか。

表4-1-1によると、バイエルン州は、ドイツ連邦において、面積ではおよそ20％、人口ではほぼ4分の1を占め、域内GDPでは18％弱に達している。

またドイツ全体の宿泊施設の24％がバイエルンに存在し、その結果はそのまま宿泊者数の比率に反映されている。バイエルン経済にとって観光の持つ意義の大きさが確認できるであろう。

バイエルンの人口密度は、連邦の州のうちで5番目に少ない（表4-1-2参照）。一方、1人あたりのGDPは、都市州であるハンブルク、ブレーメンに次いで高い州となっている（表4-1-3参照）。この豊かさを背景として、生活保護受給者比率が最も低い州がバイエルンである（表4-1-4参照）。

州人口に占める65歳以上の人口比を値の小さい順に並べると、バイエルンはハンブルク、ベルリン、バーデン＝ヴュルテンベルクに次いで少ないことを表4-1-5は示している。これを裏付けるのは、人口の社会増である。表4-1-6によると、バイエルンには年間、7万6,000人の転入があり、その大半が外国人である。

表4-1-4　生活保護受給者比率（2011年）

州	比率（％）
バイエルン	4.3
バーデン＝ヴュルテンベルク	4.9
ラインラント＝プファルツ	6.5
ヘッセン	8.1
ザールラント	8.8

典拠：Statistisches Bundesamt, *Statistisches Jahrbuch 2013*, p. 226.

表4-1-5　65歳以上の人口比

	州人口に占める65歳以上の人口（％）
ハンブルク	18.8
ベルリン	18.9
バーデン＝ヴュルテンベルク	19.5
バイエルン	19.6

典拠：Statistisches Bundesamt, *Statistisches Jahrbuch 2013*, p. 32.

表4-1-6　人口の転入・転出（2011年）

州	転入−転出		
	合計	ドイツ人	外国人
バイエルン	76,065	8,501	67,564
ノルトライン＝ヴェストファーレン	42,643	−15,023	57,666
バーデン＝ヴュルテンベルク	41,458	−4,997	46,455
ベルリン	39,421	12,934	26,487
ヘッセン	32,455	−971	33,426

典拠：Statistisches Bundesamt, *Statistisches Jahrbuch 2013*, p. 43.

表4-1-7　連邦議会選挙における党派別得票率（投票日2009年9月29日）

	CDU	CSU	SPD	FDP	DIE LINKE	GRÜNE	その他
ドイツ	33.8		23.0	14.6	11.9	10.7	6.0
バイエルン		42.5	16.8	14.7	6.5	10.8	8.7

典拠：Statistisches Bundesamt, *Statistisches Jahrbuch 2013*, p. 285.

　2009年に行われた連邦議会選挙結果を、ドイツ全体の傾向と比較すると、SPD、DIE LINKEの得票率が低位である反面、バイエルンの保守政党といわれているCSUの優位が継続している（表4-1-8参照）。

1.2　バイエルンと自然

　経済の先進性と保守的な投票行動をもつバイエルンは、自然の景観において傑出している。ドイツにおける高山はすべてバイエルンに集中し、山岳風景が観光

表 4-1-8　ドイツにおける海抜1,500m 以上の山

	海抜	山脈等	州
Zugspitze	2,962	Wettersteingebirge	Bayern
Mittelere Höllentalspitze	2,743	Wettersteingebirge	Bayern
Hochblassen	2,713	Berchtesgadener Alpen	Bayern
Wetterwandeck	2,707	Wettersteingebirge	Bayern
Mädelegabel	2,698	Wettersteingebirge	Bayern
Hochvogel	2,645	Allgäuer Alpen	Bayern
Striche Karwendelspitze	2,537	Karweldelgebirge	Bayern
Hoher Göll	2,522	Berchtesgadener Alpen	Bayern

典拠：Statistisches Bundesamt, *Statistisches Jahrbuch 2013*, p. 14.

表 4-1-9　ドイツにおける湖（人口湖を除く）

	面積 km^2	最深部 m	海抜	州
Bodensee	535.9	254	395	Baden-Württemberg/Bayern
Muritz	109.8	30	30	Mecklenburg-Vorpommern
Chiemsee	79.9	73	73	Bayern
Schweriner See	61.5	52	52	Mecklenburg-Vorpommern
Starnberger See	56.4	128	128	Bayern
Ammersee	46.4	81	81	Bayern

典拠：Statistisches Bundesamt, *Statistisches Jahrbuch 2013*, p. 16.

資産にとって重要な役割を果たしている（表 4-1-8 参照）。

　ボーデン湖、キムゼー、シュタルンベルガーゼー、アンマーゼーなど、氷河湖といわれている湖がバイエルンに多数存在している（表 4-1-9 参照）。

　国立公園、自然公園などの設置において、バイエルンは先行していた。ヴァイエリッシャー・ヴァルト、ベルヒテスガーデンは1970年代に国立公園となり、アルトミュールタール、フレンキッシェ・シュヴァイツ＝フェルデンシュタイナー・フォルストが自然公園として保全されるに至ったのは1960年代のことであった（表 4-1-10、表 4-1-11参照）。

2　バイエルン経済

　バイエルン経済の動向を域内 GDP の観点からみると、1980年から2009年の間に、3.12倍へと拡大した（表 4-1-12参照）。この間の発展を牽引したのは、バ

第1章 バイエルン観光の定量分析 223

4-1-10 国立公園

	面積 km²	設置年度	州
Schleswig-Holsteinisches Wattenmeer	4,415	1985	Schleswig-Holstein
Niedersächsisches Wateenmeer	3,450	1986	Niedersachsen
Harz	2,470	2006	Niedersachsen/Sachsen-Anhalt
Vorpommersche Boddenlandschaft	805	1990	Mecklenburg-Vorpommern
Müritz-Nationalpark	322	1990	Mecklenburg-Vorpommern
Bayerischer Wald	242	1970	Bayern
Berchtesgarden	208	1978	Bayern

典拠：Statistisches Bundesamt, *Statistisches Jahrbuch 2013*, p. 18.

表4-1-11 自然公園

	面積 km²	設置年度	州
Schwarzwald Mitte/Nord	3,740	2002	Baden-Württemberg
Südschwarzwald	3,700	2001	Baden-Württemberg
Altmühltal	2,966	1969	Bayern
Teutoburger Wald/Eggegebirge	2,711	1965	Nordrhein-Westfalen
Fränkische Schweiz-Veldensteiner Forst	2,335	1968	Bayern

典拠：Statistisches Bundesamt, *Statistisches Jahrbuch 2013*, p. 18.

表4-1-12 バイエルン域内GDPの発展
（単位：100万ユーロ）

年度	バイエルン域内GDP
1980	135,799
1990	239,352
2000	359,376
2005	399,362
2006	415,174
2007	434,475
2008	437,796
2009	423,840

典拠：Bayerisches Landesamt für Statistik und Datenverarbeitung, *Statistische Berichte: Bruttoinlandprodukt und Bruttowertschöpfung in Bayern 1980, 1990 bis 2009*, p. 14.

表4-1-13 域内GDP県別構成比の変化

	1980年	2009年
オーバーバイエルン県	39.1	41.5
ニーダーバイエルン県	7.8	8.2
オーバープファルツ県	7.5	7.9
オーバーフランケン県	8.4	7.2
ミッテルフランケン県	14.6	13.5
ウンターフランケン県	9.3	9.1
シュヴァーベン県	13.3	12.7
バイエルン州	100.0	100.0

典拠：Bayerisches Landesamt für Statistik und Datenverarbeitung, *Statistische Berichte: Bruttoinlandprodukt und Bruttowertschöpfung in Bayern 1980, 1990 bis 2009*, p. 13.

イエルン州内のどの地域であったのであろうか。

　域内GDPの県別構成比をみると、ミュンヘンの存在するオーバーバイエルン県、ニュルンベルクのあるミッテルフランケン県およびアウクスブルクのあるシ

表4-1-14 バイエルン州GDPに占める域内GDP比率

(単位:%)

	1980年	2009年
オーバーバイエルン県	39.1	41.5
オーバーバイエルン県特別市 (kreisfreie Städte)	21.6	18.8
オーバーバイエルン県郡部 (Landkreis)	17.5	22.7

典拠:Bayerisches Landesamt für Statistik und Datenverarbeitung, *Statistische Berichte: Bruttoinlandprodukt und Bruttowertschöpfung in Bayern 1980, 1990 bis 2009*, p. 20.

表4-1-15 バイエルン州GDPに占める域内GDP比率(オーバーバイエルン県特別市)

(単位:%)

	1980年	2009年
インゴルシュタット	1.2	1.6
州都ミュンヘン	19.8	16.6
ローゼンハイム	0.6	0.6

典拠:Bayerisches Landesamt für Statistik und Datenverarbeitung, *Statistische Berichte: Bruttoinlandprodukt und Bruttowertschöpfung in Bayern 1980, 1990 bis 2009*, p. 20.

表4-1-16 バイエルン州GDPに占める域内GDP比率(州都ミュンヘン周辺郡部)

(単位:%)

	1980年	2009年
ミュンヘン郡	2.7	6.3
フライジング郡	1.0	1.6
シュタルンベルク郡	0.9	1.2

典拠:Bayerisches Landesamt für Statistik und Datenverarbeitung, *Statistische Berichte: Bruttoinlandprodukt und Bruttowertschöpfung in Bayern 1980, 1990 bis 2009*, pp. 20-26.

ュヴァーベン県が大である。そのなかで、1980年から2009年にかけてバイエルン州内比率を拡大したのは、オーバーバイエルン県、ニーダーバイエルン県およびオーバープファルツ県であった(表4-1-13参照)。

表4-1-14で同時期の変化をみると、郡から独立した特別市の比率が低下する一方、県内郡部の構成比率が著しい拡大を示したことを表4-1-14は示している。県内特別市のうち、州都ミュンヘンの低下が目立つのに対して(表4-1-15参照)、ミュンヘン郡が大幅に構成比を拡大した(表4-1-16参照)。

ミュンヘン郡は州都ミュンヘンを北から時計回りに西南へと取り囲む地域である[8]。

すでに1999年に『ミュンヘン市年次報告書』は、ミュンヘン市内から郊外への通勤者(Auspendler)が増加し、交通インフラの整備を進めるよう勧告していた[9]。この点に鑑み、私は、ミュンヘン地域の発展は、周辺地域による雇用創出効果によるところが大であることを指摘した[10]。

次に、1人あたりのGDPをみていこう。表4-1-17は、20世紀末における1

表4-1-17 バイエルン州1人あたりGDPの変化

(単位：ユーロ)

年度	1人あたりGDP
1980	12,550
1990	21,102
2000	29,487
2005	32,063
2006	33,271
2007	34,745
2008	34,965
2009	33,897

典拠：Bayerisches Landesamt für Statistik und Datenverarbeitung, *Statistische Berichte: Bruttoinlandprodukt und Bruttowertschöpfung in Bayern 1980, 1990 bis 2009*, p. 15.

表4-1-18 1人あたりGDPの県別比較

	1980年	2009年	2009/1980
オーバーバイエルン県	14,679	40,603	2.766
ニーダーバイエルン県	10,736	29,109	2.711
オーバープファルツ県	10,587	30,848	2.914
オーバーフランケン県	10,935	28,420	2.599
ミッテルフランケン県	13,147	33,375	2.538
ウンターフランケン県	10,646	29,007	2.725
シュヴァーベン県	11,901	30,103	2.529

典拠：Bayerisches Landesamt für Statistik und Datenverarbeitung, *Statistische Berichte: Bruttoinlandprodukt und Bruttowertschöpfung in Bayern 1980, 1990 bis 2009*, p. 15より作成。

表4-1-19 1人あたりGDPの県別比較（バイエルン=100）

	1980年	2009年
オーバーバイエルン県	116.96	119.78
ニーダーバイエルン県	85.54	85.87
オーバープファルツ県	84.35	90.99
オーバーフランケン県	87.13	83.84
ミッテルフランケン県	104.75	98.46
ウンターフランケン県	84.82	85.56
シュヴァーベン県	94.82	88.80

典拠：Bayerisches Landesamt für Statistik und Datenverarbeitung, *Statistische Berichte: Bruttoinlandprodukt und Bruttowertschöpfung in Bayern 1980, 1990 bis 2009*, p. 15より作成。

人あたりGDPの著しい成長とその後の安定を示している。1980年においては、オーバーバイエルン県が最も大きな値を示し、ミッテルフランケン県がこれに次ぐ。2009年においてもこの順位に変動はないが、この間の伸び率では、オーバーバイエルン県が最も大きい値を示した（表4-1-18参照）。バイエルン州全体の1人あたりGDPを100としたとき、1980年にこれを上回っていたのは、オーバーバイエルン県とミッテルフランケン県であったが、2009年にはオーバーバイエルン県の「独り勝ち」となった（表4-1-19参照）。

3　バイエルン観光の定量把握

3.1　時系列の変化

　表4-1-20は、バイエルン州内のベッド数10床以上の宿泊施設における宿泊者数と宿泊件数を5年ごとに示し、表4-1-20（1）～表4-1-20（3）は、これを

表4-1-20 バイエルン州における宿泊状況の変化

年度	宿泊者数		宿泊件数	
	ドイツ起点	外国起点	ドイツ起点	外国起点
1983	12,133,846	3,100,603	54,024,870	6,719,592
1988	14,237,016	3,885,908	62,850,445	8,327,101
1993	16,527,703	3,713,564	70,981,360	8,107,767
1998	17,260,032	4,186,787	63,670,092	8,778,222
2003	18,535,108	4,508,392	64,286,288	9,493,493
2008	20,658,328	6,001,081	64,058,433	12,836,186
2013	24,035,385	7,575,958	68,233,764	15,919,454

注:ベッド数10床以上の宿泊施設、キャンプ場は駐車スペース10台以上。
典拠:Bayerisches Landesamt für Statistik. *Statistische Berichte: Tourismus in Bayern im Dezember 2014 und im Jahre 2014*, p. 6 より作成。

表4-1-20(1) バイエルン州における宿泊状況の変化比率

年度	宿泊者数		宿泊件数	
	ドイツ起点	外国起点	ドイツ起点	外国起点
2013/1983×100	198.09	244.34	126.30	236.91

典拠:表4-1-20をもとに作成。

表4-1-20(2) 外国人比率の変化
(単位:%)

年度	宿泊者数基準	宿泊件数基準
1983	20.35	11.06
2013	23.96	18.92

典拠:表4-1-20をもとに作成。

表4-1-20-3 1人あたり平均宿泊数の変化

	ドイツ人	外国人
1983	4.45	2.17
2013	2.83	2.10

典拠:表4-1-20をもとに作成。

もとに30年間の変化を算出した。これらのデータをもとに、バイエルンの観光客を概観すると、以下のことがわかる。

1983年から2013年にかけて、宿泊者数が大幅な増加をみたが、ドイツを起点とする旅行者の増加がおよそ2倍であったのに対して、外国を起点とするそれは、約2.4倍に増加している。宿泊件数においても、外国起点旅行者によるものの増加がドイツ起点とするものの増加を大幅に上回っている。この結果、外国人比率が20.35%から23.96%へと変化した。

この間、ドイツ人の1人あたり平均宿泊数が、4.45泊から2.83泊へと短縮して

第1章　バイエルン観光の定量分析

いる。

　バイエルン旅行者の季節変動をみるために、表4－1－21およびそれに依拠する表4－1－21（1）～表4－1－21（3）を見て行こう。

　宿泊者数においては、ドイツ起点旅行者の頂点は8月であるが、外国起点の場合は7月が頂点である。いずれの宿泊者においても1月が最低である点に、変わりはない。ドイツ起点の宿泊者は、8月には1月の水準の1.95倍となる一方、外国起点のそれは、7月、8月ともに2.2倍以上となる。

　ただし、宿泊件数においては、いずれを起点とする宿泊者も8月が頂点である。外国人宿泊者比率が高い月は、7月（28.71％）、8月（26.75％）、12月（25.87％）、1月（24.17％）の順である。

　1人あたり平均宿泊数では、ドイツ起点が2.8泊であるが、外国起点では2.1泊でやや短い。5～10月期の平均宿泊数をみると、外国起点者は8月がやや長くなっているが、月ごとの変化は小さい。一方、ドイツ起点者は8月に3泊を超える。

表4－1－21　季節変動（2014年）

	宿泊者数		宿泊件数	
	ドイツ起点	外国起点	ドイツ起点	外国起点
1月	1,375,684	438,491	3,979,615	992,584
2月	1,513,574	475,858	4,159,465	1,022,266
3月	1,713,850	489,883	4,668,424	1,048,636
4月	1,819,844	553,889	5,024,867	1,149,615
5月	2,259,174	701,290	6,015,700	1,457,903
6月	2,378,227	737,071	6,736,890	1,485,183
7月	2,573,416	1,036,169	7,308,855	2,079,521
8月	2,683,758	980,299	8,637,082	2,128,466
9月	2,446,678	800,012	7,046,433	1,631,088
10月	2,461,690	660,601	6,606,663	1,386,504
11月	1,689,853	476,141	4,130,768	1,004,439
12月	1,628,213	568,278	4,338,565	1,182,751

注：ベッド数10床以上の宿泊施設、キャンプ場は駐車スペース10台以上。
典拠：Bayerisches Landesamt für Statistik, *Statistische Berichte: Tourismus in Bayern im Dezember 2014 und im Jahre 2014*, p.6より作成。

表4－1－21（1）　1月＝100

	宿泊者数		宿泊件数	
	ドイツ起点	外国起点	同合計	外国人
1月	100.0	100.0	100.0	100.0
2月	110.0	108.5	104.5	103.0
3月	124.6	111.0	117.3	105.6
4月	132.2	126.3	126.3	115.8
5月	164.2	159.9	151.2	146.9
6月	172.9	168.1	169.3	149.6
7月	187.1	226.3	183.7	209.5
8月	195.1	223.6	217.0	214.4
9月	177.9	182.4	177.1	164.3
10月	178.9	150.7	166.0	139.7
11月	122.8	108.6	103.8	101.2
12月	118.3	129.6	109.0	119.2

典拠：表4－1－21をもとに作成。

表4-1-21（2） 外国人比率

1月	24.17
2月	23.92
3月	22.23
4月	23.33
5月	23.69
6月	23.66
7月	28.71
8月	26.75
9月	24.64
10月	21.22
11月	21.98
12月	25.87

典拠：表4-1-21をもとに作成。

表4-1-21（3） 5～10月期の宿泊期間

	1人あたり平均宿泊数	
	ドイツ起点	外国起点
5月	2.66	2.08
6月	2.83	2.05
7月	2.84	2.00
8月	3.22	2.17
9月	2.88	2.04
10月	2.68	2.10

典拠：表4-1-21をもとに作成。

表4-1-22 バイエルンにおける宿泊者の起点別内訳（2014年）

起点	宿泊者数	宿泊件数	平均宿泊数
ドイツ	24,543,588	68,653,327	2.8
外国	7,917,982	16,568,956	2.1
合計	32,461,570	85,222,283	2.6

典拠：Bayerisches Landesamt für Statistik, *Statistische Berichte: Tourismus in Bayern im Dezember 2014 und im Jahre 2014*, p. 17.

表4-1-23 外国起点者の内訳

起点	宿泊者数	宿泊件数	平均宿泊数
ヨーロッパ	5,598,696	11,479,874	2.1
アフリカ	59,242	148,107	2.5
アジア	1,190,834	2,630,720	2.2
アメリカ大陸	929,281	2,008,119	2.2
オセアニア	105,762	238,440	2.3

典拠：Bayerisches Landesamt für Statistik, *Statistische Berichte: Tourismus in Bayern im Dezember 2014 und im Jahre 2014*, p. 17より作成。

3.2 地域分析

　2014年にバイエルンに宿泊した者の数（ベッド数10床以上の宿泊施設）は、3,246万人であった。このうち、2,454万人がドイツを起点としている（表4-1-22参照）。

　外国を起点とする宿泊者においては、ヨーロッパ起点が最も多く、約560万であり、次いでアジア起点者の119万人、アメリカ大陸からの約93万人である（表4-1-23参照）。表4-1-24は、バイエルン宿泊者を起点国別に10位まで示した。オーストリアとオランダは年間宿泊者が74万人を超えている。アメリカ合衆国、スイス、イタリアは60万人以上の宿泊者がある。

　これを宿泊件数に従ってみると、スイス起点が最も多く、以下、オランダ、オー

第1章　バイエルン観光の定量分析　229

表4-1-24　起点国別

	起点国	宿泊者数	宿泊件数	平均宿泊数
1	オーストリア	740,251	1,386,030	1.9
2	オランダ	740,165	1,431,316	1.9
3	アメリカ合衆国	687,570	1,346,284	2.1
4	スイス	618,273	1,450,421	2.2
5	イタリア	601,085	1,160,807	1.9
6	イギリス、北アイルランド	490,729	997,417	2.0
7	中国、香港	322,757	573,088	1.8
8	フランス	289,644	561,562	1.9
9	ロシア	314,889	784,638	2.5
10	日本	246,832	398,284	1.6

典拠：Bayerisches Landesamt für Statistik, *Statistische Berichte: Tourismus in Bayern im Dezember 2014 und im Jahre 2014*, p. 17より作成。

ストリア、アメリカ合衆国の順となっている。アジアでは、中国起点者が最も多い（表2-1-24参照）。

日本人は、バイエルンに到着して、最も滞在期間が短いと指摘されている[11]。

事実、表4-1-24によると平均宿泊期間は、わずか1.6泊である。

表4-1-25　宿泊施設の県別分布（2014年末）

	営業中の施設数	ベッド数	年間稼働率（％）
オーバーバイエルン県	3,977	208,005	45.9
ニーダーバイエルン県	1,788	78,705	37.7
オーバープファルツ県	864	37,875	32.9
オーバーフランケン県	830	33,348	35.0
ミッテルフランケン県	820	46,472	40.7
ウンターフランケン県	920	41,700	41.6
シュヴァーベン県	870	86,054	40.4

注：ベッド数10床以上の宿泊施設、キャンプ場を除く。年間稼働率はベッドを基準。
典拠：Bayerisches Landesamt für Statistik, *Statistische Berichte: Tourismus in Bayern im Dezember 2014 und im Jahre 2014*, pp. 18-19より作成。

3.2.1　宿泊施設の分布、収容ベッド数、年間稼働率[12]

次に、バイエルン州内を県別にみて行こう。まず、バイエルン州内の宿泊施設の分布を表4-1-25で確認すると、営業中の施設数、ベッド数、年間稼働率のすべてにおいて、オーバーバイエルンの地位が卓越している。

表4-1-26から、オーバーバイエルンへの宿泊者の集中傾向が読み取れる。

表4-1-26（1）によって、バイエルン宿泊者の県別分布をみると、ドイツを起点とするもので41.37％、外国を起点とするもので60.59％がオーバーバイエルンに宿泊している。外国を起点とするものでは、ミッテルフランケン宿泊者が

表 4 -1 -26　宿泊者の県別分布

	宿泊者数		宿泊件数	
	ドイツ起点	外国起点	ドイツ起点	外国起点
オーバーバイエルン県	10,154,197	4,797,445	25,714,469	10,291,558
ニーダーバイエルン県	2,611,963	284,481	10,779,845	780,915
オーバープファルツ県	1,589,189	277,273	4,213,709	590,657
オーバーフランケン県	1,618,099	191,912	4,225,409	379,578
ミッテルフランケン県	2,664,092	1,030,826	5,611,706	1,839,285
ウンターフランケン県	2,300,897	355,825	6,161,116	644,814
シュヴァーベン県	3,606,151	980,220	11,947,073	2,042,148

典拠：Bayerisches Landesamt für Statistik, *Statistische Berichte: Tourismus in Bayern im Dezember 2014 und im Jahre 2014*, pp. 18-19より作成。

表 4 -1 -26（1）　宿泊者の県別分布比率

	ドイツ起点	外国起点
オーバーバイエルン県	41.37	60.59
ニーダーバイエルン県	10.64	3.59
オーバープファルツ県	6.47	3.50
オーバーフランケン県	6.59	2.42
ミッテルフランケン県	10.85	13.02
ウンターフランケン県	9.37	4.49
シュヴァーベン県	14.69	12.38
バイエルン州	100.00	100.00

典拠：表 4 -1 -26をもとに作成。

13.02％に達している。ミュンヘン、ニュルンベルクという大都市における宿泊と外国人旅行者の関係を表していると考えられる。

オーバーバイエルン県、ミッテルフランケン県およびシュヴァーベン県について、県内宿泊者の大都市への集中度を表 4 -1 -26（2）に示した。ミュンヘンおよびニュルンベルクについて、特に外国起点者の集中が著しい。ただし、ドイツを起点とする旅行者では、ミュンヘンへの集中は35.29％に留まっている。

一方、ニュルンベルクについては、ドイツ起点者においてもミッテルフランケン宿泊者の40.77％がニュルンベルクに宿泊する。

ニュルンベルク市宿泊者に、周辺自治体であるフュルト、エアランゲン、シュヴァーバッハを加えた「ニュルンベルク産業集積空間」（Ballungsraum Nürnberg）、これに西部隣接自治体を加えた「ニュルンベルク経済空間」（Wirtschaftsregion Nürnberg）、東部隣接地域を加えた「ニュルンベルク大都市空間」（Metropolregion Nürnberg）を加えると、ニュルンベルクへの集中度は一層高まる[13]。

宿泊者に占める外国人比率の高さは、オーバーバイエルン（32.09％）、ミッテ

表4-1-26（2） 県内宿泊者の都市への集中比率

(単位：%)

	ドイツ起点	外国起点
ミュンヘン宿泊者／オーバーバイエルン県宿泊者	35.29	62.74
ニュルンベルク宿泊者／ミッテルフランケン県宿泊者	40.77	46.12
アウクスブルク宿泊者／シュヴァーベン県宿泊者	9.28	10.35

典拠：Bayerisches Landesamt für Statistik, *Statistische Berichte : Tourismus in Bayern im Dezember 2014 und im Jahre 2014*, p. 19, p. 59 et p. 74より作成。

ルフランケン（27.91%）、シュヴァーベン（21.37%）の順である（表4-1-26（3）参照）。

3.3 宿泊施設の利用状況

宿泊施設の利用状況を表4-1-27で確認する。起点がドイツである場合と外国である場合との間で大きな相違はない。いずれもホテル利用者が最多であり、ホテル・ガルニ利用者、ガストホフ利用者がそれに次いでいる。それ以下では、ドイツ起点者では、保養施設利用者が比較的多いが、外国起点者ではキャンプ場利用者が相対的に多数みられる。滞在期間については、介護・リハビリ施設を除けば、貸別荘、貸アパート宿泊者の滞在が長期にわたる。ユースホステル、山小屋利用者では、外国からの利用者が短期滞在（2.0泊）であるのに対して、ドイツ起点者は長期滞在（3.4泊）している。

次に宿泊施設の経営規模別利用状況を表4-1-28でみる。ドイツからの旅行者は、ベッド数、30〜99床の施設を利用するものが最も多い。これに対して、外国からの宿泊者は100〜249床の施設利用者が最多であり、外国人宿泊者のほうが規模の大きい施設を利用している。

両者に共通するのは、経営規模が小さい施設ほど、宿泊期間が長いということである。

表4-1-26（3） 外国人比率

(単位：%)

オーバーバイエルン県	32.09
ニーダーバイエルン県	9.82
オーバープファルツ県	14.85
オーバーフランケン県	10.60
ミッテルフランケン県	27.91
ウンターフランケン県	13.39
シュヴァーベン県	21.37

典拠：Bayerisches Landesamt für Statistik, *Statistische Berichte : Tourismus in Bayern im Dezember 2014 und im Jahre 2014*, p. 19より作成。

表4-1-27　宿泊施設種別利用状況

宿泊施設	起点国	宿泊者数	宿泊件数	平均宿泊数
ホテル	ドイツ	11,577,894	25,154,131	2.2
	外国	4,662,040	9,199,981	2.0
ホテル・ガルニ	ドイツ	3,866,280	9,136,778	2.4
	外国	1,664,313	3,584,474	2.2
ガストホフ	ドイツ	2,946,731	6,319,537	2.1
	外国	583,180	1,107,215	1.9
ペンション	ドイツ	1,184,021	3,692,404	3.1
	外国	280,476	656,867	2.3
ユースホステル、山小屋	ドイツ	833,292	1,907,731	3.4
	外国	227,218	461,117	2.0
保養所等 Erholungsheime und Ferienheime	ドイツ	1,516,910	4,534,331	3.0
	外国	39,189	132,330	3.4
休暇用貸別荘、貸アパート等 Ferienhäuser und Ferienwohnungen, Ferienzentrun	ドイツ	1,064,337	6,234,142	5.9
	外国	131,698	1,227,907	4.8
キャンプ場	ドイツ	1,126,559	3,997,370	3.5
	外国	317,708	730,186	2.3
介護・リハビリ施設 Versorge- und Rehakliniken	ドイツ	427,564	7,586,903	17.7
	外国	12,160	52,326	5.1

典拠：Bayerisches Landesamt für Statistik, *Statistische Berichte: Tourismus in Bayern im Dezember 2014 und im Jahre 2014*. p. 7.

3.4　観光地域と観光客

　バイエルンにおいては、複数の自治体を基盤とした観光連合（Tourismusverband）によって線引きされた観光地域（Tourismusregionen）が形成されている[14]。自治体によっては、複数の観光地域に跨る例がある[15]。
　観光連合によって形成されているバイエルン内の観光地域を、行政区画を離れて、専ら観光空間として4空間に集約し、これを「観光圏」と呼ぼう。

3.4.1　フランケン観光圏

　フランケン観光圏においては、年間宿泊者数が最大であるのは、ニュルンベルク市観光地域であり、これに次ぐのはマイン川沿いにアーシャッフェンブルク、ヴュルツブルク、シュヴァインフルトを結ぶフレンキッシェス・ヴァインラント

である。後者は、フランケンワインの産地として名高い[16]。

宿泊期間では、各種のリゾート施設が完備したレーン観光地域が平均宿泊数、5泊に達している[17]。

フランケン観光圏には、14カ所の観光地域があり、バイエルンにおいては、ミュンヘン＝オーバーバイエルン観光圏と肩を並べる。

3.4.2 バイエルン東部観光圏

バイエルン東部観光圏には、5カ所の観光地域が存在し、そのなかで最も宿泊者を集めているのは、健康志向の保養地、バイエリッシャー・ヴァルトである[18]。

表4-1-28 宿泊施設規模別利用状況

ベッド数	起点国	宿泊者数	宿泊件数	平均宿泊数
10〜11	ドイツ	175,856	845,321	4.8
	外国	17,353	71,923	4.1
12〜14	ドイツ	367,804	1,608,835	4.4
	外国	45,215	157,027	3.5
15〜19	ドイツ	695,095	2,459,328	3.5
	外国	93,835	282,542	3.0
20〜29	ドイツ	1,773,786	5,198,248	2.9
	外国	308,252	739,713	2.4
30〜99	ドイツ	8,704,243	22,010,886	2.5
	外国	2,034,624	4,222,344	2.1
100〜249	ドイツ	6,727,672	19,392,133	2.9
	外国	2,295,744	4,602,333	2.0
150〜499	ドイツ	3,666,384	10,267,583	2.8
	外国	1,834,117	3,691,901	2.0
500〜999	ドイツ	1,132,785	2,503,293	2.2
	外国	823,225	1,750,194	2.1
1,000以上	ドイツ	173,398	370,200	2.8
	外国	147,908	320,793	2.1

典拠：Bayerisches Landesamt für Statistik, *Statistische Berichte : Tourismus in Bayern im Dezember 2014 und im Jahre 2014*, p. 8.

3.4.3 アルゴイ＝シュヴァーベン観光圏

アルゴイ＝シュヴァーベン観光圏では、アルゴイ観光地域が、年間300百万人以上の宿泊者を集め、「アルプス健康・アルゴイ　自然から健康」（Alpenwellness Allgäu-Von Natur aus gesund.）という標語を掲げている[19]。

3.4.4 ミュンヘン＝オーバーバイエルン観光圏

ミュンヘン＝オーバーバイエルン観光圏においては、州都ミュンヘン観光地域が、年間およそ660万人の宿泊者を集め、ミュンヘン周辺地域観光地域をも含めると、年間宿泊者は、900万人を超える。オーバーバイエルンには、ミュンヘン

表4-1-29 フランケン観光圏の観光地域

観光地域	2014年宿泊者数	平均宿泊数（泊）
Naturpark Altmühltal	686,081	2.1
Fichtelgebirge	481,439	2.4
Fränkische Schweiz	395,030	2.4
Fränkisches Seeland	309,899	3.0
Fränkisches Weinland	1,214,139	1.8
Nürnberger Land	237,966	2.1
Frankenwald	235,858	3.3
Haßberge	137,258	2.3
Oberes Maintal-Coburger Land	327,876	3.3
Rhön	579,620	5.0
Romantisches Franken-vom Naturpark Frankenhöhe zur Romantischen Straße	744,614	1.7
Spessart-Mainland	618,712	2.0
Städteregion Nürnberg	2,025,846	1.8
Steigerwald	778,898	2.2

典拠：Bayerisches Landesamt für Statistik, *Statistische Berichte: Tourismus in Bayern im Dezember 2014 und im Jahre 2014*, p. 9.

表4-1-30 バイエルン東部観光圏の観光地域

観光地域	2014年宿泊者数	平均宿泊数（泊）
Bayerischer Wald	1,729,822	4.0
Oberpfälzer Wald	323,312	2.6
Ostbayerische Städte	1,056,004	1.8
Bayerischer Jura	448,960	2.1
Bayerisches Golf- und Thermenland	1,204,808	4.8

典拠：Bayerisches Landesamt für Statistik, *Statistische Berichte: Tourismus in Bayern im Dezember 2014 und im Jahre 2014*, p. 9.

表4-1-31 アルゴイ＝シュヴァーベン観光圏の観光地域

観光地域	2014年宿泊者数	平均宿泊数（泊）
Allgäu	3,062,945	3.6
Bayerisch-Schwaben	1,523,426	1.9

典拠：Bayerisches Landesamt für Statistik, *Statistische Berichte: Tourismus in Bayern im Dezember 2014 und im Jahre 2014*, p. 9.

表 4-1-32 ミュンヘン＝オーバーバイエルン観光圏の観光地域

観光地域	2014年宿泊者数	平均宿泊数（泊）
Landeshauptstadt München	6,593,883	2.0
Münchner Umland	2,624,153	1.8
Oberbayerns Städte	456,603	1.9
Ammersee-Lech	111,150	2.3
Starnberger Fünf-Seen-Land	276,846	2.4
Pfaffenwinkel	160,833	3.4
Zugspitz-Region	888,552	3.3
Tölzer Land	370,638	3.1
Alpenregion Tegernsee Schliersee	661,471	3.2
Ebersberger Grünes Land	169,161	2.1
Inn-Salzach	193,073	2.2
Berchtesgadener Land	618,178	4.3
Chimsee-Alpenland	791,070	3.0
Chiemgau	614,616	4.3

典拠：Bayerisches Landesamt für Statistik, *Statistische Berichte: Tourismus in Bayern im Dezember 2014 und im Jahre 2014*, p. 9.

南方の湖水地帯、山岳地帯に多数の観光地域が形成され、ベレヒテスガーデナー・ラント、キムガウにおける平均宿泊期間は、4.3泊に達している。

1) Bosl, K., Die »geminderte« Industrialisierung in Bayern, in: Grimm, C., *Aufbruch ins Industriezeitalter: Linen der Entwicklungsgeschichte*, München, 1985, p. 22.
2) Castells, M. et Halle, P., *Technopole of the World*, London et New York, 1994.
3) Deutinger, S., *Vom Agarland zum High-Tech-Staat: Zur Geschichte des Forchungsstandorts Bayerns 1945-1980*, München, 2001.
4) バイエルンとミュンヘン経済については、山田徹雄「ミュンヘン経済の構造分析——EU、ドイツ、バイエルンとミュンヘン——」跡見学園女子大学『文学部紀要』第37号、2004年参照。
5) Bayerisches Staatsministerium für Wirtschaft, Infrastruktur, Verkehr und Technologie, *Tourismuspolitisches Konzept der Bayerisches Staatsregierung*, München, 2010, p. 7.
6) Hubert Job und Marius Mayer (Hrsg.), *Tourismus und Regionalentwicklung in Bayern*, Hannover, 2013.
7) 収録された論文は、以下の通りである。
　　Daniel Metzler et Gerhild Abler, Die Destinationamarkte Bayern, Kritische Stel-

lungsnahme zur Rolle der Markte im Tourismuspolitischen Konzept der Bayerischen Staatsregierung; Jörg Maier, Jürgen Weber et Sabine Weizenegger, Analyse und Evalurierung ausgewählter tourismuspolitischer Leitziele in Bayern 2011/2012 anhand von Fallstudien im Allgäu, Bayerischen Wald und Fichtelgebirge; Andreas Klee, In der Abschwungsphase der touristischen Entwicklung-Fallbeispiel Bayerisch Eisenstein; Rheinhard Paester, Zwischen Städtetourismus, ländlichem Tourismus und Naherholungsverkehr – Chancen der Tourismusentwicklung im Stadtumland, untersucht am Beispiel des Kreises Fürstenfeldbruck; Daiana Schödl, Windkraft und Tourismus – planerische Erfassung der Konfliktbereiche; Marius Mayer et Robert Steiger, Skitourismus in den Bayerischen Alpen – Entwickung und Zukunftsperspektiven.

8) Landkreis München, Gemeinden und Städte des Landkreises München, in interrete sub: http://www.landkreis-muenchen.de/verwaltung-buergerservice-politik-wahlen/landkreis-muenchen/gemeinden-und-staedte/, 21. 04. 2015.
9) Landeshauptstadt München, *Münchner Jahrebiricht 1999*, p. 13.
10) 前掲「ミュンヘン経済の構造分析」99～100頁。
11) Bayern Tourismus Marketing GmbH, *Jahresbericht 2010/2011/2012*, p. 15.
12) 年間稼働率（durchschnittliche Auslastung der angebotenen Betten）とは、Übernachtungen（宿泊件数）÷Bettentage（ベッド数×宿泊可能日数）×100（％）。
（Bayerisches Landesamt für Statistik, *Statistische Berichte: Tourismus in Bayern im Dezember 2014 und im Jahre 2014*, p. 5）をいう。
13) 「ニュルンベルク産業集積空間」「ニュルンベルク経済空間」「ニュルンベルク大都市空間」については、山田徹雄「ニュルンベルク経済の基礎構造」跡見学園女子大学『文学部紀要』第41号、2008年、34頁参照。また、ニュルンベルク、フュルト、エアランゲンの宿泊状況については、山田徹雄「フランケン地方における観光事情」跡見学園女子大学『文学部紀要』第44号、2010年、87頁参照
14) オーバーバイエルンの観光地域については、山田徹雄「国境を越えた観光地域」跡見学園女子大学『観光マネジメント学科紀要』第3号、2013年、4頁参照。
15) 「自然公園アルトミュール観光地域」（Tourismusregion Altmühl）と「バイエリッシャー・ヴァルト観光地域」（Tourismusregion Bayerischer Wald）に跨る自治体は、Berching、Breitenbrunn、Dierfurt a. d. Altmühl、Essing、Kehlheim、Painten、Riedenburgである。
「自然公園アルトミュール観光地域」と「バイエリッシュ・シュヴァーベン観光地域」（Tourismusregion Bayerisch-Schwaben）に跨る自治体は、Monheim、Otting、Rögling、Tagmersheim、Wemding、Wolferstadtである。さらに「フィヒテルゲビ

ルゲ観光地域」(Tourismusregion Fichtelgebirge)と「オーバープフェルツァー・ヴァルト観光地域」(Oberpfälzer Wald)に跨る自治体は、Brandであり、また、「ニュルンベルガー・ラント観光地域」(Tourismusregion Nürnberger Land)と「バイエリッシャー・ユラ観光地域」(Bayerischer Jura)に跨る自治体は、Auerbach i. d. Opf.、Etzelwang、Hirschbach、Illschwang、Königstein、Neukirchen b. Suazbach-Rosenberg、Weigendorfである。

(Bayerisches Landesamt für Statistik, *Statistische Berichte: Tourismus in Bayern im Dezember 2014 und im Jahre 2014*, p. 9).

16) Fränkisches Weinland, DAS WEINLAND IN FRANKEN ENTDECKEN, in interrete sub: http://www.fraenkisches-weinland.de/entdecken/, 01. 05. 2015.
17) Rhön, Home, in interrete sub: http://www.rhoen.de/, 01. 05. 2015.
18) Bayerischer Wald, Entdecken, in interrete sub: http://www.bayerischer-wald.de/Erleben-Entdecken-Freizeit, 01. 05. 2015.
19) Allgäu, Alpenwellness Allgäu – Von Natur aus gesund, in interrete sub: http://www.allgaeu.de/wellness, 01. 05. 2015.

第2章　バイエルン政府と観光

　バイエルン政府は、観光関連インフラストラクチャー企業への持分参加、観光マーケティング活動の支援、あるいは、EU の地域発展基金との協働などを通じて、観光振興のための基盤整備を積極的に行っている。

1　観光インフラストラクチャーとバイエルン政府

　バイエルン政府による「持分参加政策の最高指針」(das oberste Grundprinzip der Bayerischen Beteiligungspolitik) は、「所有するのではなく、形作る」(Nichit besitzen, sondern gestalten) ことである[1]。この指針のもとに、バイエルンのインフラストラクチャーを維持し、改善し、拡充することを目的として、政府は空港、メッセ、港湾企業への持分参加を行っている[2]。
　バイエルン政府による持分参加の形態は
　　（1）　営利企業への持分参加
　　（2）　公共企業への持分参加
　　（3）　独立行政法人
　　（4）　州営経営
に区分される[3]。
　2013年末における観光インフラストラクチャーについて、バイエルン政府の持分所有状況を考察する。

1.1　企業への持分参加

1.1.1　船舶航行
　バイエルンにある代表的な湖（Königssee、Tegernsee、Starnberger See、

表4-2-1 国際空港企業の持分

	州政府の持分	他の持分所有者
ミュンヘン空港有限会社 (Flughafen München GmbH) (資本金3億677万6,000ユーロ)	51%	連邦政府 (26%) ミュンヘン市 (23%)
ニュルンベルク空港有限会社 (Flughafen Nürnberg GmbH) (資本金4,312万4,000ユーロ)	50%	ニュルンベルク市 (50%)

典拠：Bayerisches Staatsministerium der Finanzen, für Landesentwicklung und Heimat, *Beteiligungsbericht des Freistaats Bayern 2014*, p. 34 et p. 39.

Ammersee) において観光船を運航しているのが、「バイエルン・湖航行有限会社」(Bayerische Seenschiffahrt GmbH) である。同社資本金120万ユーロに対して、バイエルン政府は100％の持分参加している[4]。

1.1.2 港湾

バイエルン政府が資本金2,500万ユーロに100％持分参加している「バイエルン港有限合資会社」(Bayernhafen GmbH & Co. KG) は、アーシャッフェンブルク、バンベルク、レーゲンスブルク、パッサウにある各港の所有と管理を行っている。また、同社が80％の持分参加している「ニュルンベルク・ロート港有限会社」(Hafen Nürnberg-Roth GmbH) を通じて、ニュルンベルク港、ロート港の所有にも関与している[5]。

「バイエルン港有限合資会社」を補完する機能を持ち、建設工事の管理をするのが、「バイエルン港管理有限会社」(Bayernhafen Verwaltungs GmbH) であり、政府はこれに対しても100％の持分参加している[6]。

1.1.3 空港

バイエルン政府は、2つの国際空港会社に対して、持分参加している。ミュンヘン空港有限会社については、州政府、連邦政府、ミュンヘン市の持分比率は、2：1：1であり、ニュルンベルク空港有限会社の場合は、州政府とミュンヘン市は均等の持分を有する（表4-2-1参照）。

第2章　バイエルン政府と観光　241

表4-2-2　メッセ企業の持分

	州政府の持分	他の持分所有者
メッセ・ミュンヘン有限会社 (Messe München GmbH) (資本金1億2,407万9,630ユーロ)	49.9%	ミュンヘン市（49.9%）、ミュンヘン・オーバーバイエルン商工会議所（0.1%）、ミュンヘン・オーバーバイエルン手工業会議所（0.1%）
ニュルンベルク・メッセ有限会社 (NürnbergMesse GmbH) (資本金5,007万2,390ユーロ)	49.97%	ニュルンベルク市（49.97%）、ミッテルフランケン商工会議所ニュルンベルク（0.03%）、ミッテルフランケン手工業会議所（0.03%）

典拠：Bayerisches Staatsministerium der Finanzen, für Landesentwicklung und Heimat, *Beteiligungsbericht des Freistaats Bayern 2014*, p. 48 et p. 53.

1.1.4　メッセ

ミュンヘンとニュルンベルクのメッセ企業に対して、バイエルン政府は5割近い持分を持つ。いずれの場合もミュンヘン市、ニュルンベルク市が州政府と同率の持分を有するほか、地域の商工会議所が残りの持分に関与している（表4-2-2参照）。

1.1.5　鉄道・都市交通

交通企業については、広域交通を行うバイエルン鉄道有限会社とミュンヘン市およびその近郊の交通を運営するミュンヘン交通・運賃同盟有限会社に対して州政府が資本参加している。

バイエルン州内の旅客軌道交通の計画を行い、組織することを行っているバイエルン鉄道有限会社は、州政府が100%の持分を持つ[7]。

一方、ミュンヘン大都市圏におけるSバーン、Uバーン、路面電車、バスに関する近隣自治体を含めた交通計画を管理しているミュンヘン交通・運賃同盟有限会社の持分は、州政府とミュンヘン市が35.7%の持分を有するほか、これらの交通手段のネットワークがカバーする地域の自治体がそれぞれ3.57%の資本参加を行なっている[8]（[表4-2-3]参照）。

1.1.6　温泉

温泉に関わる3有限会社に対して、バイエルン政府は、州直営経営体（Staatsbetrieb）を通じて持分を所有する。このうち、バイエルン国営温泉バート・キ

表 4-2-3　交通企業の持分

	州政府の持分	他の持分所有者
バイエルン鉄道有限会社 (Bayerische Eisenbahngesellschaft mbH)（資本金5,200万ユーロ）	100.0%	
ミュンヘン交通・運賃同盟有限会社 (Münchner Verkehrs- und Tarifverbund GmbH) （資本金3,580万ユーロ）	35.7%	ミュンヘン市35.70%、バート・テルツ＝ヴォルフラーツハウゼン郡（3.57%）、ダッハウ郡（3.57%）、エバースベルク郡（3.57%）、エアディンク郡（3.57%）、フライジング郡（3.57%）、フュルステンフェルトブルック郡（3.57%）、ミュンヘン郡（3.57%）、シュタルンベルク郡（3.57%）

典拠：Bayerisches Staatsministerium der Finanzen, für Landesentwicklung und Heimat, *Beteiligungsbericht des Freistaats Bayern 2014*, p. 89 et p. 93.

表 4-2-4　温泉企業の持分

	州政府の持分	他の持分所有者
バイエルン国営温泉バート・キッシンゲン有限会社 (Bayerisches Staatsbad Kissingen GmbH)	州政府直接経営「バイエルン国営温泉バート・キッシンゲン市所有管理」（Besitzverwaltung Bayerisches Staatsbad Bad Kissinngen）60%	バート・キッシンゲン市 40%
バイエルン国営温泉バート・ライヘンハル保養有限会社 (Bayerisches Staatsbad Bad Reichenhall Kur-GmbH Bad Reichenhall/Bayerisch Gmain)	州政府直接経営「オーバーバイエルン所有管理バイエルン国営温泉バート・ライヘンハル持分経営」 （Besitzverwaltung Oberbayern; Teilbetrieb Bayerisches Staatsbad Bad Reichenhall）59.5%	バート・ライヘンハル市 33.5%、バイエリッシュ・グマイン（Gmeinde Bayerisch Gmain）7%
バイエルン国営温泉バート・シュテーベン有限会社（Bayerisches Staatsbad Bad Steben GmbH)	州政府直接経営「バイエルン国営温泉バート・シュテーベン所有管理」（Besitzverwaltung Bayerisches Staatsbad Bad Kisshinngen）100%	

典拠：Bayerisches Staatsministerium der Finanzen, für Landesentwicklung und Heimat, *Beteiligungsbericht des Freistaats Bayern 2014*, p. 100, 103 et p. 106.

　ッシンゲン有限会社は、地元自治体であるバート・キッシンゲン市が40％の持分を有し、バイエルン国営温泉バート・ライヘンハル保養有限会社については、同社が保養施設を置くバート・ライヘンハル市とバイエリッシュ・グマインも持分を有している。これに対して、バイエルン国営温泉バート・シュテーベン有限会社の場合、地元自治体による持分所有はない（表4-2-4参照）。

　なお、州政府直接経営下にある温泉については、後述する。

表 4-2-5　芸術関連企業の持分

	州政府の持分	他の持分所有者
バイロイト音楽祭有限会社 (Bayreuther Festspiele GmbH)	25%	連邦政府25%、社団法人バイロイト友の会（Gesellschaft der Freunde von Bayreuth e. V.）25%、バイロイト市（Stadt Bayreuth）25%
芸術の家財団有限会社 (Stiftung Haus der Kunst, gemeinnützige Betriebsgesellschaft mbH)	65%	ヨーゼフ・シェルクフーバー財団（Josef Schörghuber Stiftung）20%、社団法人芸術の家友の会（Gesellschaft der Freunde der Stiftung HdK e. V.）10%、社団法人大規模展覧会展示指導（Ausstellungsleitung Große Kunstausstellung e. V.）5%

典拠：Bayerisches Staatsministerium der Finanzen, für Landesentwicklung und Heimat, *Beteiligungsbericht des Freistaats Bayern 2014*, p. 148 et p. 171.

1.1.7　芸術

連邦レベルにおける芸術ホールや展覧会ホールの運営を行う企業体として「ドイツ連邦芸術・展覧会ホール有限会社」（Kunst- und Ausstellungshalle der Bundesrepublik Deutschland GmbH）が存在し、これに対しては連邦政府が60.980％の持分を所有するほか、バイエルンを含めた各州政府が2.439％の持分を有している[9]。

バイエルン政府が積極的に関与する芸術関連企業は、バイロイト音楽祭有限会社と芸術の家財団有限会社である（表4-2-5参照）。前者については、州政府と連邦政府がそれぞれ25％の持分を持つほか、社団法人バイロイト友の会およびバイロイト市が同格の資本参加をしている。

芸術の家は、ミュンヘン市内にある所有コレクションを持たない美術館・展覧会場である[10]。

芸術の家財団有限会社は、企業家であり芸術作品のコレクターであったヨーゼフ・シェルクフーバーが、展覧会場である芸術の家を少なくとも10年間、支援するという約束のもとに、1992年に設立された。州政府のほか、シェルクフーバー企業グループ傘下のヨーゼフ・シェルクフーバー財団などが持分を所有している[11]。

シェルクフーバーはミュンヘンにおいて建設企業、醸造業において財を成したために「建築獅子」（Baulöwe）「醸造王」（Braukönig）と呼ばれる[12]。

一方、「ミュンヘンでは、経済的な理由から、同年代の子供たちのように休暇

表4-2-6 バイエルン・カジノの立地

立　地	設　立	国有化時期
ガルミッシュ゠パルテンキルヘン（Garmisch-Partenkirchen）	1955年7月15日	1961年10月1日
バート・キッシンゲン（Bad Kissingen）	1955年7月14日	1961年10月1日
リンダウ（Lindau）	1950年4月22日	1990年4月1日
バート・ライヘンハル（Bad Reichenhall）	1955年7月9日	1961年3月1日
バート・ヴィースゼー（Bad Wiessee）	1957年7月4日	1961年3月1日
バード・フュシング（Bad Füssing）	1999年9月10日	1999年10月1日
バート・ケッツティンク（Bad Kötzting）	2000年2月25日	2000年2月25日
フォイヒトヴァンゲン（Feuchtwangen）	2000年3月31日	2000年3月31日
バート・シュテーベン（Bad Steben）	2000年3月23日	2001年3月23日

典拠：Bayerisches Staatsministerium der Finanzen, für Landesentwicklung und Heimat, *Beteiligungsbericht des Freistaats Bayern 2014*, p. 148 et p. 226.

旅行に行くことを断念せざるえない子供は、誰一人あってはならない」(Kein Kind soll in München aus finaziellen Gründen auf Ferien mit Gleichartrigen verzichten müssen) という彼の理念のもとに、「ミュンヘン子のためのヨーゼフ・シェルクフーバー財団」(Josef Schörghuber-Stiftung für Münchner Kinder) は、1995年以来、子供たちのための休暇プログラムを提供してきた。同財団の資金は「シェルクフーバー企業集団」(Schörghuber Unternehmensgruppe) からの寄附によって成り立っている[13]。

1.2　州政府直接経営

1.2.1　カジノ経営

「バイエルン・カジノ」(Bayerische Spielbanken) はバイエルン政府が直接、経営を行っている。表4-2-6は、国営バイエルン・カジノが置かれている立地を示した。いずれも高級保養地と評価されている市町村である。1950年代リンダウ、バート・ライヘンハル、バート・キッシンゲン、ガルミッシュ゠パルテンキルヘンに次々と設置されたカジノは、リンダウ除いて1961年に州有化された。バート・フューシング、バート・ケッツティンク、フォイヒトヴァンゲン、バート・シュテーベンなど1999年以降に設立されたカジノは最初から州営形態であった。

1.2.2 醸造所

「バイエルン州営醸造所ヴァイヘンシュテファン」(Bayerische Staatsbrauerei Weihenstephan) は、主としてビールを醸造、販売を行っている[14]。

これは、ヴァイエンシュテファン修道院内におけるビールの醸造を起源とし、1921年、バイエルン州営醸造所ヴァイヘンシュテファンとなった[15]。

1.2.3 温泉

「バイエルン州営温泉バート・ブリュッケナウ」(Bayerische Staatsbad Bad Brückenau) は、バイエルン州政府が直接経営する保養所である[16]。

1.2.4 ビアホール

州営のビアホールは、有名な「州営ホフブロイハウス」(Staatliche Hofbäruhause in München) である[17]。

ホフブロイハウスは、1989年、バイエルン公ヴィルヘルム5世が、ガイゼンフェルト修道院 (Kloster Geisenfeld) の醸造マイスター、ポングラーツ (Heimeran Pongratz) に命じて醸造施設を造らせたことに始まる。1810年に最初のオクトーバーフェストにおいてビールを提供し、1828年より王立ホフブロイビール (königliches Hofbräu-Bier) を一般市民に提供するビアレストランの営業を開始した[18]。

1.3 州政府所有管理

州政府が所有権の管理 (Besitszverwaltung) のみを行う「州管理下」に置かれているのは、「バイエルン州港管理」(Bayerische Landeshafenverwaltung)[19]、「バイエルン州営温泉バート・ボックレット所有管理」(Besitzverwaltung Bayerisches Staatsbad Bad Bocklet)[20]、「バイエルン州営温泉バート・キッシンゲン所有管理」(Besitzverwaltung Bayerisches Staatsbad Bad Kissingen)[21]、「バイエルン州営温泉シューテーベン所有管理」(Besitzverwaltung Bayerisches Staatsbad Steben)[22]、「オーバーバイエルン所有管理バイエルン州営温泉バート・ライヘンハル持分経営」(Besitzverwaltung Oberbayern; Teilbetrieb Bayerisches

Staatsbad Bad Reichenhall)[23]、「オーバーバイエルン所有管理州営湖航行持分所有」(Besitzverwaltung Oberbayern; Teilbetrieb Staatliche Seenschiffahrt)[24]である。

2　バイエルンにおける観光事業助成

　ドイツにおける観光事業の振興には、連邦レベルにおける対外マーケティングのほか[25]、州レベル、市町村レベル、また観光連合による広域レベルなどさまざまな水準が存在する[26]。
　ここでは、バイエルンという州の水準における観光振興を扱う。

2.1　1996〜2006年におけるバイエルン政府による観光事業助成

　2007年、バイエルン政府は、過去10年間にわたる観光事業助成策を振り返り、その具体的な成果を『バイエルンにおける観光』（*Tourismus in Bayern*）に発表した。以下、これを手掛かりに議論を進める。
　州政府による観光助成（Staatliche Tourismusförderung）は、二つの柱からなっている。
　一つは、産業助成および地方自治体におけるインフラストラクチャーの助成である。
　1996〜2006年にバイエルン政府は、地方自治体における観光インフラストラクチャーの助成の枠組みで、1億7,100万ユーロの補助金と貸付を与えてきた。このことによって、投資総額3億8,300万ユーロにのぼる530件の計画が可能となった。同時に産業助成（Gewerbeförderung）の枠組みのなかで、投資総額12億ユーロの1,820件の計画に対して1億3,900万ユーロの補助金と貸付を行った。これによって、3,500件の長期雇用が創出された[27]。
　バイエルン政府は、2006年12月11日、宿泊施設の改善を促すために、「1億ユーロ特別計画」（100-Millionen-Euro-Sonderprogramm）を決定した。これによって、2007年1月1日から既存の宿泊施設の品質改善のための投資に対して利子優遇貸付（Zinsverbilligte Darlehen）が行われることとなった[28]。

もうひとつのバイエルン政府による投資資金調達の助成政策は、中小規模経営に対する「バイエルン中産階級信用プログラム」(Bayerisches Mittelstandskreditprogaramm：MKP) である。これによって、州内の宿泊・飲食施設に関して、既存の中小企業のみならず、新規事業者に対しても、利子優遇による MKP 貸付が実施された。これには、事業の買収や資本参加にともなう投資も対象とされた[29]。

　MKP による貸付は、1996～2006年に総額1億6,900万ユーロに達し、2,200企業を対象としていた。そのうち、8,900万ユーロは、1,200件の新規事業者に対する融資であった。MKP による融資によって、3,600件の新規雇用が生み出され、そのうち69％が新規事業によるものであった[30]。

　以上の観光事業に対する直接的な助成策と並んで、州経済省は、同期間に観光マーケティング支援に5,540億ユーロを投下した。その資金は特に中小経営に対する広告・販路拡大施策に強化にあてられた[31]。

　1999年、バイエルン経済省は、「バイエルン観光マーケティング有限会社」(Bayern Tourismus Marketing GmbH) を設立した[32]。

2.2　バイエルン観光マーケティング有限会社

　バイエルン観光マーケティング有限会社は、バイエルンの観光・休暇経済の公的なマーケティング会社（die offizielle Vermarktungsgesellschaft der bayerischen Tourismus- und Freizeitwirtschaft) である[33]。

　同社は、政府による持分所有はないが、経常収入におけるバイエルン経済省からの補助金および監査役会における人的関係において、州政府との密接な関係が見出される。

　バイエルン経済相であり、バイエルン観光マーケティング有限会社監査役会議長であるマルティル・ツァイルは、同社の『年次報告書2010/2011/2012年度』の挨拶で、「バイエルンは近隣および遠隔からの顧客の休暇と余暇の土地としてかつてないほど人気がある」こと、「なかでも、湯治場と保養地は、白と青の（筆者注――バイエルンの州旗を表す）観光にとって支えとなる柱であり、それは総宿泊件数のおよそ30％を占め、37億ユーロの総売り上げをもたらしている」こと

表4-2-7 バイエルン観光マーケティング有限会社における主たる持分所有者（Hauptgesellschafter）

社団法人アルゴイ／バイエリッシュ＝シュヴァーベン観光連合 （Tourismusverband Allgäu/Bayerisch-Schwaben e. V.）
社団法人フランケン観光連合（Tourismusverband Franken e. V.）
社団法人ミュンヘン＝オーバーバイエルン観光連合（Tourismusverband München-Oberbayern e. V.）
社団法人オストバイエルン観光連合（Tourismusverband Ostbayern e. V.）
社団法人バイエルンホテル・レストラン連合 （Bayerischer Hotel-und Gastsätttenverband DEHOGA e. V.）
社団法人バイエルン湯治場連合（Bayerischer Heilbäderverband e. V.）

典拠：Bayern Tourismus Marketing GmbH, *Jahresbericht 2010/2011/2022*, p. 25.

を指摘し、「われわれはバイエルン観光をバイエルン経済の主導部門として、さらに拡充し持続的に確実なものとしたい」と、決意を語った[34]。

　同社は、バイエルンの観光・余暇経済関連で、2011年には940万ユーロ、2012年には1,060万ユーロの資金を投下した。

　収入面では、同社は2012年度にバイエルン経済省から676万ユーロの補助金を得ている。登録商標、コンサルティング、セミナー開催等による収入は、390万ユーロであった[35]。

　同社が管理する商標には、

　　（1）　健康志向の休暇のための WellVital®in Bayern、

　　（2）　バイエルンで会議開催を活性化させる Gipfeltreffen®、

　　（3）　ウアラウプで子供たちが喜ぶための Kinderland®Bayern、

　　（4）　自然を求める Lust auf Natur®、

　　（5）　冬のバイエルンを味わう SchneeBayern®、

　　（6）　景観を楽しむ旅行者の安眠のための Sightsleepimg®-Hotels

などがある[36]。

2.2.1　バイエルン観光マーケティング有限会社の持分保有者

　2012年12月31日現在の主たる持分所有者には、バイエルン州内の観光連合とホテル・レストラン連合および湯治場連合といった地域の観光事業を代表する社団

第 2 章　バイエルン政府と観光　249

表 4-2-8　バイエルン観光マーケティング有限会社における従たる持分所有者（Weitere Gesellschafter）

社団法人アルゴイ空港有限合資会社（Allgäu Airport GmbH & Co. KG）
アウクスブルク空港有限会社（Augsburger Flughafen GmbH）
バイエルン鉄道有限会社（Bayerische Eisenbahngesellschaft mbH）
社団法人バイエルン農民同盟（Bayerischer Bauerbund e. V.）
社団法人バイエルン手工業会議（Bayerischer Handwerkstag e. V.）
社団法人ドイツスキーインストラクター連合（Deutsches Skilehrerverband e. V.）
社団法人ドイツユースホステル事業バイエルン州連合（Deutsches Jugendherbergswerk Landesverband Bayern e. V.）
ヨーロッパ旅行保険株式会社（Europäische Reiseversicherung AG）
ミュンヘン空港有限会社（Flughafen München GmbH）
ニュルンベルク空港有限会社（Flughafen Nürnberg GmbH）
社団法人フランケン葡萄栽培連合（Fränkischer Weinbauverband e. V.）
社団法人バイエルン商業連合―小売連合（Handelsverband Bayern – Der Einzelhandel e. V.）
ミュンヘン・オーバーバイエルン商工会議所（Industrie- und Handelskammer für München und Oberbayern）
社団法人バイエルン農家・農村休暇州連合（Landesverband Bauernhof- und Landurlaub Bayern e. V.）
社団法人バイエルンバス事業連合（Landesverband Bayerischer Ominibusunternehmen e. V.）
社団法人バイエルンキャンプ場企業連合（Landesverband der Campingwirtschaft in Bayern e. V.）
メッセ・アウクスブルク有限会社（Messe Augsburg ASMV GmbH）
メッセ・ミュンヘン有限会社（Messe München GmbH）
ニュルンベルク・メッセ有限会社（Nürnberg Messe GmbH）
社団法人ドイツロープウェイ・ティーバーリフト連合（Verband Deutscher Seilbahnen und Schlepplifte e. V.）

典拠：Bayern Tourismus Marketing GmbH, *Jahresbericht 2010/2011/2022*, p. 25.

法人が名を連ねている（表 4-2-7 参照）[37]。

　表 4-2-8 によってバイエルン観光マーケティング有限会社における従たる持分所有者をみると、交通インフラストラクチャー企業、メッセ企業、商工会議所、その他、観光に関わる業界団体が名を連ねている[38]。

2.2.2　バイエルン観光マーケティング有限会社の組織

　バイエルン観光マーケティング有限会社における社員総会（Gesellschafterver-

表4-2-9　バイエルン観光マーケティング有限会社における監査役会役員

議長	マルティル・ツァイル (Martil Zeil)	バイエルン経済相 (Bayerischer Staatsminister für Wirtschaft, Infrastruktur, Verkehr und Technologie)
副議長	ヨアヒム・ヘルマン (Joachim Herrmann)	バイエルン内務相および社団法人フランケン観光連合議長 (Bayerischer Staatsminister des Innern und Vorsitzender des Tourismusverbandes Franken e. V.)
	市長クラウス・ホレチェンク (Bürgermeister Klaus Holetschenk)	社団法人バイエルン湯治場連合議長 (Vorsitzender des Bayerischen Heilbäder-Verbandes e. V.)
役員	ウルリッヒ・ブランドゥル (Ulrich N. Brandl)	財団法人バイエルンホテル・レストラン連合会頭 (Präsident des Bayerischen Hotel- und Gaststättenverbandes DEHOGA Bayern E. V.)
	オーバープファルツ県長官ブリギッタ・ブルンナー (Regierungspräsident Brigitta Brunner)*	社団法人オストバイエルン観光連合会頭 (Präsidentin des Tourismusverbandes Ostbayern e. V.)
		代理、郡長フランツ・レッファー (Vertreten durch: Landrat Franz Löffer, Landesamt Cham, Mitglied des Vorstands des Tourismus Verbandes Ostbayern e. V.)
	クラウス・ディトリヒ (Klaus Dittrich)	メッセ・ミュンヘン有限会社執行役員会議長 (Vorsitzender der Geschäftsführung der Messe München GmbH)
		代理、ミュンヘン・メッセ有限会社執行役員ラインハルト・プファイファー博士 (Vertreten durch: Dr. Reinhard Pfeiffer, Geschäftsführer der Messe München GmbH)
	フリードリッヒ・デュル (Friedrich Düll)	社団法人バイエルン・ビール醸造者同盟会頭 (Präsident des Bayerischen Brauerbundes e. V.)
		代理、社団法人バイエルン・ビール醸造者同盟筆頭執行役員ロター・エッベルツ博士 (Vertreten durch: Dr. Lothar Ebbertz, Hauptgeschäftsführer des Bayerischen Brauerbundes e. V.)
	エーリッヒ・グライブル教授 (Professor Dr. Dr. Erich Greipl)	財団法人ミュンヘン・オーバーバイエルン観光連合会頭 (Präsident der Industrie- und Handelskammer für München und Oberbayern)
		代理、ミュンヘン・オーバーバイエルン商工会議所副筆頭執行役員ペーター・カンマー (Vertreten durch: Peter Kammer, stellv. Hauptgeschäftsführer der Industrie- und Handelskammer für München und Oberbayern)
	オーバーバイエルン県長官クリストフ・ヒッレンブラント (Regierungspräsident Christoph Hillenbrand)**	財団法人ミュンヘン・オーバーバイエルン観光連合議長 (Vorsitzender des Tourismusverbandes München-Oberbayern e. V.)
	カール=ハインツ・クリューガー (Karl-Heinz Krüger)	ニュルンベルク空港有限会社執行役員 (Geschäftsführer Flughafen Nürnberg GmbH) (im Wechsel mit der Nürnberger Messe GmbH und der Messe Augsburg ASMV gmbH)
		代理、ニュルンベルク空港有限会社マーケティング部長ユルゲン・コーシュタル (Vertreten durch: Jürgen Kohstall, Marketingleiter Flughafen Nürnberg GmbH)
	ゲオルク・シュペートリンク (Georg Spätling)	社団法人バイエルンキャンプ場企業連合議長 (Vorsitzender des Landesverbandes der Campingplatzunternehmer in Bayern e. V.)
	元事務次官アルフォンス・ツェラー博士 (Staatssekretär a. D. Alfons Zeller)	社団法人アルゴイ／バイエリッシュ=シュヴァーベン観光連合名誉議長 (Ehrenvorsitzender des Tourismusverbandes Allgäu/Bayerisch-Schwaben e. V.)
	ミヒャエル・ブラウン博士 (Dr. Michael Braun)	社団法人オストバイエルン観光連合取締役 (Vorstand des Tourismusverbandes Ostbayern e. V.)

市長アロワス・ブルンドブラー (Bürgermeister Alois Brundobler)	社団法人バイエルン湯治場連合副議長（stellvertretender Vorsitzender des Bayerischen Heilbäder-Verbandes e. V.）
ゲルハルト・ゲリッツェン (Gerhard Gerritzen)	メッセ・ミュンヘン准執行役員 (stellv. Geschäftsführer der Messe München GmbH)
ヨハネス・ヒンテルスベルガー (Johannes Hintersberger)	バイエルン州議会議員（Abgeordneter im bayerischen Landtag）
アンゲラ・インゼルカンマー (Angela Inselkammer)	社団法人バイエルンホテル・レストラン連合副会頭 (Vizepräsident des Bayerischen Hotel und Gaststättenverbandes DEHOGA Bayern e. V.)
ミヒャエル・メラー博士 (Dr. Michael Möller)	州営ホフブロイハウス・ディレクター（Direktor des Staatlichen Hofbräuhauses in München）
クリスティナ・オフ（Christa Off）	社団法人バイエルン農家・農村休暇州連合議長（Vorsiznder des Landesverbandes Bauernhof- und Landesurlaub Bayern e. V.）
アンドレアス・フォン・ブットカマー (Andreas von Puttkamer)	ミュンヘン空港有限会社航空部長（Leiter Geschäftsbereich Aviation, Flughafen München GmbH）
ゲルハルト・ライター（Gerhard Reiter）	メッセ・アウクスブルク執行役員 (Geschäftsführer der Messe Augsburg ASMV GmbH) (im Wechsel mit der Nürnberg Messe GmbH und dem Flghafen Nürnberg GmbH)
ユルゲン・ヴァルヒスヘーファー教授 (Prof. Dr. Jürgen Walchshöfer)	社団法人フランケン観光連合委員会議長（Vorsitzender des Verbandsausschusses des Tourismusverbandes Franken e. V.）
ガブリエレ・ヴァイスホイブル博士 (Dr. Gabriele Weishäupl)	州都ミュンヘン観光局長（Direktorin des Fremdenverkehrsamates der Landeshauptstadt München）

＊ Regierung Oberpfalz, Präsidium Lebenslauf, in interrete sub: http://www.regierung.oberpfalz.bayern.de/regierung/praesidium/brunner_leblauf.htm, 08. 05. 2015
＊＊ Regierung Oberbayern, Regierungspräsident Lebenslauf, in interrete sub: https://www.regierung.oberbayern.bayern.de/behoerde/rp/, 08. 05. 2015
典拠：Bayern Tourismus Marketing GmbH, *Jahresbericht 2010/2011/2022*, p. 26.

sammlung) の議長であるアルフォンス・ツェラーの経歴は、元州事務次官から社団法人アルゴイ／バイエリッシュ＝シュヴァーベン観光連合議長を経て、現職は社団法人アルゴイ／バイエリッシュ＝シュヴァーベン観光連合名誉議長（Ehrenvorsitzender des Tourismusverbandes Allgäu/Bayerisch-Schwaben e. V）である[39]。

　表4-2-9によって、同社の監査役会構成をみていく。監査役会議長は、バイエルン州経済相であるマルティル・ツァイル、副議長には同州内務相、兼社団法人フランケン観光連合議長ヨアヒム・ヘルマンが加わり、州と会社の密接な関係がみられる。

　その他の役員は、基本的に持分所有組織から選出され、州内の観光事業の利害を万遍なくカバーする構成となっている。

　バイエルン観光マーケティング有限会社マーケティング委員会は、同社監査役

表4-2-10　バイエルン観光マーケティング有限会社マーケティング委員会

委員長	執行役員マルティン・シュパンティヒ (Geschäftsführer Dr. Martin Spantig)	
委員	ミヒャエル・ブラウン博士 (Dr. Michael Braun)	社団法人オストバイエルン観光連合取締役 (Vorstand des Tourismusverbandes Ostbayern e. V.)
	モニカ・デッヒ（Monika Dech）	メッセ・ミュンヘン有限会社第4業務部長 (Leiterin des Geschäftsbereich IV der Messe München GmbH)
	ローター・エッベルツ博士 (Dr. Lothar Ebbertz)	社団法人バイエルン・ビール醸造者同盟筆頭執行役員 (Hauptgeschäftsführer des Bayerischen Brauerbundes e. V.)
	ベルンハルト・ヨアヒム (Bernhard Joachim)	社団法人アルゴイ／バイエリッシュ＝シュヴァーベン観光連合執行役員 (Geschäftsführer des Tourismusverbandes Allgäu/Bayrisch-Schwaben e. V.)
	クリスティーネ・リヒテナウアー (Christine Lichtenauer)	社団法人ミュンヘン＝オーバーバイエルン観光連合執行役員（Geschäftsführerin des Tourismusverbandes München-Oberbayern e. V.)
	コンラート・マイヤー (Conrad Mayer)	コンラート・オテル＝ドュ・ヴィル、社団法人バイエルンホテル・レストラン連合オーバーバイエルン県副議長（Conrad Hotel de Ville, stell. Vorsitznder des Bayerischen Hotel- und Gaststättenverbandes DEHOGA Bayern e. V. Bezirk Oberbayern)
	ヴォルフガング・エーザー (Wolfgang Oeser)	バイエルン鉄道有限会社マーケティング部長 (Marketingleiter der Bayerischen Eisenbahngesellschafte mbH)
	アンドレアス・フォン・プットカマー (Andreas von Puttkamer)	ミュンヘン空港有限会社航空部長 (Leiter Geschfäsbereich Aviation, Flughafen München GmbH)
	アンドレア・シャッレンカッマー (Andrea Schallenkammer)	バート・ブリュケナウ州営保養監督局長 (Kurdirektorin der Staatlichen Kurverwaltung Bad Brückenau)
	オラフ・ザイフェルト (Olaf Seifert)	社団法人フランケン観光連合執行役員 (Geschfätsführer des Tourismusverbandes Franken e. V.)

典拠：Bayern Tourismus Marketing GmbH, *Jahresbericht 2010/2011/2022*, p. 27.

会の元に置かれ、マーケティング戦略を立案する。表4-2-10によって、委員会構成をみると、各種観光団体において執行機能を実現するより実務的な人材が登用されていることがわかるであろう。

3　EU、バイエルンと観光助成

2015年2月、バイエルン州経済・メディア・エネルギー・技術省（Bayerisches Staatsministerium für Wirtschaft und Medien, Energie und Technologie）は、「公共の観光インフラ施設の助成のための指針」（Richtlinien zur Förderung von öffentlichen touristischen Infrastruktureinrichtungen（RÖFE）Bekanntmachung des Bayerischen Staatsministerium für Wirtschaft und Medien, Energie und Technologie vom 27. Februar Az.: 52-3305/45/7）を公示した。

RÖFE は、その助成目的を、「振興地域における観光インフラストラクチャーの魅力の向上と質的改善に役立ち、地域の保養価値を高め、それとともに経済力を向上させること」[40]とした。

この補助金支給対象には、EU の地域発展基金との共同援助も含まれている。バイエルン政府と EU による共同助成の施策は、観光振興に密接にかかわることから、これを検討する。

バイエルンは、2014〜2020年にかけて、「ヨーロッパ地域発展基金」(Europäische Fonds für regionale Entwicklung) との協働 (Zusammenarbeit) で、8 件の助成プログラムに参加する[41]。

助成対象の例として

　　洪水の予防的防御 (den vorsoregenden Hochwasserschutz)

　　自然資源の効率的な投入 (einen effizierenteren Einsatz von natürlichen Resourcen)

　　交通インフラストラクチャーの改善 (die Verbesserung der Verkehrsinfrastraktur)

　　観光部門におけるイノヴェーション (Innovationen im Bereich des Tourismus)

　　国境を跨いだネットワークと協力 (grenzübergreifende Netzwerke und Kooperation)

を挙げている。

8 件の助成プログラムには、

　(1)　国境を跨いだ水準　INTERREG V A

　(2)　国際的な水準　INTERREG V B

　(3)　ヨーロッパ的な広がりを持った水準　INTERREG EUROPE

がある。このうち、EU 全体＋ノルウェー、スイスの広がりを持つ INTERREG EUROPE 以外の (1) および (2) について、バイエルン州とその隣接地域との空間的な広がりを以下にまとめる。

表4-2-11 INTERREG Ⅴ A「アルペンライン・ボデンゼー・ホッホライン」

助成対象地域	左の詳細
ドイツ	Bodenseekreis, Landkreis Konstanz, Landkreis Lindau, Landkreis Oberallgäu, Landkreis Unterallgäu, Schwarzwald-Baar-Kreis, Landkreis Waldshu sowie Landkreis Ravensburg, Sigmaringen und Tuttlingen sowie die kreisfreie Städte Memmingen und Kempten und neu hinzugekommen die Landkreis Lörrach und Ostallgäu sowie die kreisfreie Stadt Kaufbeuren
オーストリア	Land Vorarlberg mit den Gebieten "Bludenz-Bregenzer Wald" und "Rheintal-Bodenseegebiet"
スイス	die Kantone Aargau, Appenzell Ausserrhoden, Appenzell Innerrhoden, Glarus, Graubünden, Schaffhausen, St. Gallen Thugau und Zürich
EU 以外	リヒテンシュタイン

典拠：Bayerische Staaatsregierung, *Europäische Territoriale Zusammenarbeit 2014-2020 INTERREG V im Freistaat Bayern.*

3.1 INTERREG Ⅴ A

3.1.1. INTERREG Ⅴ A「アルペンライン・ボデンゼー・ホッホライン」（Alpenrhein Bodensee Hochrhein）

INTERREG Ⅴ A「アルペンライン・ボデンゼー・ホッホライン」は、バーデン＝ヴュルテンベルク州の南部、バイエルン州のシュヴァーベン県、オーストリアのフォアアールベルク州およびスイスの8カントンに跨がる地域を包摂する。

3.1.2 INTERREG Ⅴ A「バイエルン・オーストリア」（Bayern Österreich）

INTERREG Ⅴ A「バイエルン・オーストリア」は、バイエルン州においては、オーバーバイエルン県、ニーダーバイエルン県、シュヴァーベン県とその3県と接するオーストリアに関わる空間が対象となる。

3.1.3 INTERREG Ⅴ A「バイエルン・チェコ」（Bayern Tschechische Republik）

INTERREG Ⅴ A「バイエルン・チェコ」は、チェコとの国境に近接するオーバープファルツ県、オーバーフランケン県、ニーダーバイエルン県とチェコ西部に至る地域を対象としている。

第 2 章　バイエルン政府と観光　255

表 4 - 2 -12　INTERREG Ⅴ A「バイエルン・オーストリア」(Bayern Österreich)

助成対象地域	左の詳細
ドイツ	Landkreis Altötting, Bad Tölz-Wolfratshausen, Berchtesgadener Land, Deggendorf, Dingoling-Landau, Freysung-Grafenau, Garmisch-Partenkirchen, Landshut, Lindau (Bodensee), Memmingen, Miesbach, Mühldorf am Inn, Passau, Ostallgäu, Oberallgäu, Regen, Rosenheim, Rottal-Inn, Traunstein, Unterallgäu, Weilheim-Schongau sowie die kreisfreien Städte Kaufbeuren, Kempten (Allgäu), Landshut, Passau, Rosenheim
オーストリア	Außerfern, Bludenz-Bregenzerwald, Innsbruck, Innviertel, Linz-Wels, Lundau, Mühlviertel, Osttirol, Pinzgau-Pongau, Rheintal-Bodensee, Salzburg und Umgebung, Steyr-Kirchdorf, Traunviertel, Tiroler Oberland und Tiroler Unterland

典拠：Bayerische Staaatsregierung, *Europäische Territoriale Zusammenarbeit 2014-2020 INTERREG V im Freistaat Bayern.*

表 4 - 2 -13　INTERREG Ⅴ A「バイエルン・チェコ」

助成対象地域	左の詳細
バイエルン	Landkreis Amberg-Suzbach, Bayreuth, Charm, Deggendorf, Fryung-Grafenay, Hof, Kronach, Kulmbach, Neustadt an der Waldnaab, Passau, Regen, Regensburg, Schwandorf, Straubing-Bogen, Tirschenreuth und Wunsiedel im Fichtelgebirge sowie die kreisfreien Städte Amberg, Bayreuth, Hof, Passau, Regenburg, Straubing und Weiden in der Oberpfalz
チェコ	Bezirke Plzeňský kraj (Bezirk Pilsen), Karlovarský (Beairk Karlsbad) und Jihočeský krai (Bezirk Südböhmen)

典拠：Bayerische Staaatsregierung, *Europäische Territoriale Zusammenarbeit 2014-2020 INTERREG V im Freistaat Bayern.*

3.2　INTERREG Ⅴ B

INTERREG Ⅴ B は、INTERREG Ⅴ A より広領域に跨がっている。

3.2.1　INTERREG Ⅴ B Alpenraum「アルプス領域」

INTERREG Ⅴ B「アルプス領域」は、1億3,980万ユーロの予算のうち、1億1,660万ユーロをEUの地域発展基金が助成し、1件あたりの平均予算規模をおよそ200万ユーロと想定している[42]。

ドイツにおいては、バイエルン州のオーバーバイエルン県からシュヴァーベン県、バーデン＝ヴュルテンベルク州のテュービンゲン県からフライブルク県に至る国境地帯が、ドイツにおける対象地域となっている（表 4 - 2 -14参照）。

表 4-2-14　INTERREG Ⅴ B「アルプス領域」

助成対象地域	左の詳細
オーストリア	全域
フランス	Rhône-Alpes, Provence-Alpes-Côte d'Azur, Franche-Comté, Alsace
イタリア	Lombardia, Friuli Venezia Giulia, Veneto, Trentino-Alto Adige, Valle d'Aosta, Piemonte, Liguria
スロヴェニア	全域
ドイツ	バーデン＝ヴュルテンベルク、バイエルン バイエルンの助成対象地域（Regierungsbezirke Schwaben und Oberbayern）
EU 以外	リヒテンシュタイン スイス

典拠：Bayerische Staaatsregierung, *Europäische Territoriale Zusammenarbeit 2014-2020 INTERREG V im Freistaat Bayern*.

表 4-2-15　INTERREG Ⅴ B「ドナウ領域」

助成対象地域	左の詳細
ブルガリア、クロアチア、オーストリア、ルーマニア、スロヴァキア、スロヴェニア、チェコ、ハンガリー	全域
ドイツ	バーデン＝ヴュルテンベルク、バイエルン
EU 以外	ボスニア・ヘルツェゴヴィナ、モルダウ Republik Moldau、モンテネグロ、セルビア、ウクライナの一部

典拠：Bayerische Staaatsregierung, *Europäische Territoriale Zusammenarbeit 2014-2020 INTERREG V im Freistaat Bayern*.

3.2.2　INTERREG Ⅴ B「ドナウ領域」（Donauraum）

　INTERREG Ⅴ B「ドナウ領域」は、総予算2億6,300万ユーロの計画で、そのうち、地域発展基金から供出されるのは2億200万ユーロである。1件あたりの予算額は1万～5万ユーロと想定されている[43]。

　ドイツにおける助成対象地域は、バーデン＝ヴュルテンベルク州とバイエルン州である（表4-2-15参照）。

3.2.3　INTERREG Ⅴ B「中央ヨーロッパ」（Mitteleuropa）

　INTERREG Ⅴ B「中央ヨーロッパ」の総予算額は2億9,900万ユーロ、そのう

表4-2-16 INTERREG Ⅴ B「中央ヨーロッパ」

助成対象地域	左の詳細
クロアチア、イタリア（一部）、オーストリア、ポーランド、スロヴァキア、スロヴェニア、チェコ、ハンガリー	全域
ドイツ	バイエルン、バーデン＝ヴュルテンベルク、ベルリン、ブランデンブルク、メクレンブルク＝フォアポンメルン、ザクセン、ザクセン＝アンハルト、テューリンゲン

典拠：Bayerische Staaatsregierung, *Europäische Territoriale Zusammenarbeit 2014-2020 INTEREG V im Freistaat Bayern.*

表4-2-16 INTERREG Ⅴ B「西北ヨーロッパ」

助成対象地域	左の詳細
ベルギー、アイルランド、イギリス、ルクセンブルク、オランダの一部、フランスの一部	全域
ドイツ	バイエルン、バーデン＝ヴュルテンベルク、ヘッセン、ノルトライン＝ヴェストファーレン、ラインラント＝プファルツ、ザールラント バイエルンの助成対象地域（Regierungsbezirke Ober-, Mittel- und Unterfranken sowie Schwaben）

典拠：Bayerische Staaatsregierung, *Europäische Territoriale Zusammenarbeit 2014-2020 INTEREG V im Freistaat Bayern.*

ち地域発展基金から2億4,700万ユーロ供出される。1件あたりの推奨される予算規模（Empfohlene Projektgößre）は、100万〜500万ユーロである[44]。

INTERREG Ⅴ B「中央ヨーロッパ」においても、バイエルン州が助成対象に含まれている（表4-2-16参照）。

3.2.4　INTERREG Ⅴ B「西北ヨーロッパ」（Nordwesteuropa）

INTERREG Ⅴ B「西北ヨーロッパ」の総予算規模は、6億4,860万ユーロで、そのうち、地域発展基金から3億9,600万ユーロが拠出される。1件あたりの平均予算額は200万〜500万ユーロが想定されている[45]。

INTERREG Ⅴ B「西北ヨーロッパ」のバイエルンにおける助成対象地域は、オーバーフランケン県、ミッテルフランケン県、ウンターフランケン県およびシュヴァーベン県である（表4-2-16参照）。

1) Bayerisches Staatsministerium der Finanzen, für Landesentwicklung und Heimat, *Beteiligungsbericht des Freistaats Bayern 2014*, p. 14.
2) Bayerisches Staatsministerium der Finanzen, für Landesentwicklung und Heimat, *Beteiligungsbericht des Freistaats Bayern 2014*, p. 15.
3) Bayerisches Staatsministerium der Finanzen, für Landesentwicklung und Heimat, *Beteiligungsbericht des Freistaats Bayern 2014*, pp. 5-8.
4) Bayerisches Staatsministerium der Finanzen, für Landesentwicklung und Heimat, *Beteiligungsbericht des Freistaats Bayern 2014*, p. 27.
5) Bayerisches Staatsministerium der Finanzen, für Landesentwicklung und Heimat, *Beteiligungsbericht des Freistaats Bayern 2014*, p. 29.
6) Bayerisches Staatsministerium der Finanzen, für Landesentwicklung und Heimat, *Beteiligungsbericht des Freistaats Bayern 2014*, p. 32.
7) Bayerisches Staatsministerium der Finanzen, für Landesentwicklung und Heimat, *Beteiligungsbericht des Freistaats Bayern 2014*, p. 89.
8) Bayerisches Staatsministerium der Finanzen, für Landesentwicklung und Heimat, *Beteiligungsbericht des Freistaats Bayern 2014*, p. 93.
9) Bayerisches Staatsministerium der Finanzen, für Landesentwicklung und Heimat, *Beteiligungsbericht des Freistaats Bayern 2014*, p. 167.
10) Stiftung Haus der Kunst GmbH, Leitbild, in interrete sub: http://www.hausderkunst.de/ueber-uns/, 29. 04. 2015.
11) Stiftung Haus der Kunst GmbH, Gründung der Stiftung Haus der Kunst GmbH, in interreete sub: http://www.hausderkunst.de/forschen/geschichte/historische-dokumentation/stiftung-haus-der-kunst-gmbh/, 29. 04. 2015.
12) Die Zeit-online, Die teure Baufirma des Josef Schörghuber, in interrete sub: http://www.zeit.de/1981/31/die-teure-baufirma-des-josef-schoerghuber, 08. 05. 2015.
13) Josef Schörghuber-Stiftung für Kinder, Über das Ziel, in interrete sub: http://www.muenchnerkinder.de/ueber.html, 08. 05. 2015.
14) Bayerisches Staatsministerium der Finanzen, für Landesentwicklung und Heimat, *Beteiligungsbericht des Freistaats Bayern 2014*, p. 229.
15) Die Bayerische Staatsbrauerei Weihenstephan, Historie, in interrete sub: http://weihenstephaner.de/de/history, 29. 04. 2015.
16) Bayerisches Staatsministerium der Finanzen, für Landesentwicklung und Heimat, *Beteiligungsbericht des Freistaats Bayern 2014*, p. 235.
17) Bayerisches Staatsministerium der Finanzen, für Landesentwicklung und Heimat, *Beteiligungsbericht des Freistaats Bayern 2014*, p. 243.

18) Bayerische Hofbräuhaus, Historie, in interrete sub: http://www.hofbraeu-muenchen.de/brauerei/historie/, 29. 04. 2015.
19) Bayerisches Staatsministerium der Finanzen, für Landesentwicklung und Heimat, *Beteiligungsbericht des Freistaats Bayern 2014*, p. 246.
20) Bayerisches Staatsministerium der Finanzen, für Landesentwicklung und Heimat, *Beteiligungsbericht des Freistaats Bayern 2014*, p. 250.
21) Bayerisches Staatsministerium der Finanzen, für Landesentwicklung und Heimat, *Beteiligungsbericht des Freistaats Bayern 2014*, p. 252.
22) Bayerisches Staatsministerium der Finanzen, für Landesentwicklung und Heimat, *Beteiligungsbericht des Freistaats Bayern 2014*, p. 254.
23) Bayerisches Staatsministerium der Finanzen, für Landesentwicklung und Heimat, *Beteiligungsbericht des Freistaats Bayern 2014*, p. 256.
24) Bayerisches Staatsministerium der Finanzen, für Landesentwicklung und Heimat, *Beteiligungsbericht des Freistaats Bayern 2014*, p. 258.
25) 連邦レベルにおける観光マーケティングについては、山田徹雄「ドイツ観光事情――ドイツを旅する外国人はどこから来て、どこへ行ったか――」跡見学園女子大学『文学部紀要』第43号、2009年参照。
26) 観光連合については、山田徹雄「フランケン地方における観光事情」跡見学園女子大学『文学部紀要』第44号、2010年参照。
27) Bayerisches Staatsministerium für Wirtschaft, Infrastruktur, Verkehr und Technologie, *Tourismus in Bayern*, Juni 2007, p. 9.
28) Bayerisches Staatsministerium für Wirtschaft, Infrastruktur, Verkehr und Technologie, *Tourismus in Bayern*, Juni 2007, pp. 9-10.
29) Bayerisches Staatsministerium für Wirtschaft, Infrastruktur, Verkehr und Technologie, *Tourismus in Bayern*, Juni 2007, p. 10.
30) Bayerisches Staatsministerium für Wirtschaft, Infrastruktur, Verkehr und Technologie, *Tourismus in Bayern*, Juni 2007, p. 10.
31) Bayerisches Staatsministerium für Wirtschaft, Infrastruktur, Verkehr und Technologie, *Tourismus in Bayern*, Juni 2007, p. 10.
32) Bayerisches Staatsministerium für Wirtschaft, Infrastruktur, Verkehr und Technologie, *Tourismus in Bayern*, Juni 2007, p. 11.
33) Bayerisches Staatsministerium für Wirtschaft und Medien, Energie und Technologie, Daten & Fakten, in interrete sub: http://www.stmwi.bayern.de/tourismus/daten-fakten/, 07. 05. 2015.
34) Bayern Tourismus Marketing GmbH, *Jahresbericht 2010/2011/2022*, p. 3.

35) Bayern Tourismus Marketing GmbH, *Jahresbericht 2010/2011/2022*, p. 3.
36) Bayern Tourismus Marketing GmbH, *Jahresbericht 2010/2011/2022*, pp. 9-11.
37) 主たる持分所有者に関する2007年のデータと比較すると、新たに社団法人オストバイエルン観光連合が加わった（Bayern Tourismus Marketing GmbH, *Jahresbericht 2006/2007*, p. 56および山田徹雄「バイエルンにおける観光事業助成」跡見学園女子大学『人文学フォーラム』2010年、68頁）。
38) バイエルン観光マーケティング有限会社における従たる持分所有者に関する2007年のデータと比較すると、新たに社団法人アルゴイ空港有限合資会社が加わり、「社団法人農家で休暇をバイエルン州連合」（Landesverband Urlaub auf dem Bauernhof in Bayern e. V.）が名称変更し、社団法人バイエルン農家・農村休暇州連合（Landesverband Bauernhof- und Landurlaub Bayern e. V.）となったほか、社団法人バイエルン農民同盟（Bayerischer Bauerbund e. V.）が新規に加わった。2007年に掲載されていたバイエルンマーケティング持分参加有限会社（Bayern Marketing und Beteiligungs GmbH & Co. KG）が消えた（Bayern Tourismus Marketing GmbH, *Jahresbericht 2006/2007*, p. 56および前掲「バイエルンにおける観光事業助成」68頁）。
39) Bayern Tourismus Marketing GmbH, *Jahresbericht 2010/2011/2022*, p. 25 et Bayern Tourismus Marketing GmbH, *Jahresbericht 2006/2007*, p. 56および前掲「バイエルンにおける観光事業助成」69頁。
40) 1. Zweck der Förderung, in: RÖFE.
41) Bayerische Staaatsregierung, *Europäische Territoriale Zusammenarbeit 2014-2020 INTEREG V im Freistaat Bayern.* 以下の記述はこの資料による。
42) Bundesministerium für Verkehr und digitale Infrastruktur (MMVI), Interreg Alpenraum, in interrete sub: http://www.interreg.de/INTERREG2014/DE/Interreg/SechsProgrammraeume/Alpenraum/alpen-node. html, 10. 05. 2015.
43) Bundesministerium für Verkehr und digitale Infrastruktur (MMVI), Interreg Donauraum, in interrete sub: http://www.interreg.de/INTERREG2014/DE/Interreg/SechsProgrammraeume/Donauraum/donauraum-node.html. 10. 05. 2015.
44) Bundesministerium für Verkehr und digitale Infrastruktur (MMVI), Interreg Mitteleuropa, in interrete sub: http://www.interreg.de/INTERREG2014/DE/SechsProgrammraeume/Mitteleurope/mitteleuropa-node.html, 10. 05. 2015.
45) Bundesministerium für Verkehr und digitale Infrastruktur (MMVI), Interreg Nordwesteuropa, in interrete sub: http://www.interreg.de/INTERREG2014/DE/Interreg/SechsProgrammraeume/Nordwesteuropa/nordwesteuropa-node.html, 10. 05. 2015.

第3章　コンツェルン都市ミュンヘンと観光事業
——観光関連事業への持分参加を中心に——

　ミュンヘン市に存在する観光施設を、「ミュンヘン市への集客に関わる施設」と定義し、交通、イベント、観光施設などの「観光インフラ」とミュンヘン市による具体的な助成を分析する。

　ミュンヘン市による「観光助成」のあり方は、

（1）　有限会社または株式会社に対する持分参加
（2）　ミュンヘン市行政財産の一部である「直営行政事業」(Regiebetrieb)
（3）　ミュンヘン市財産から切り離された「特別財産」(Eigenbetreib)

に集約される（「特別財産」は「独立行政法人」と訳せるであろう）。

　上記に関わるデータは、ミュンヘン市会計課によって公表されている、以下3点の資料に詳しい。

（1）　Landeshauptstadt München Stadtkämmerei, *Finanzdaten- und Beteiligungsbericht 2008*（以下 LB 2008と略記）
（2）　Landeshauptstadt München Stadtkämmerei, *Finanzdaten- und Beteiligungsbericht 2008, Anlage 1: Eigenbetriebe und ausgewählte Regiebetriebe*（以下 LB 2008, Anlage 1と略記）
（3）　Landeshauptstadt München Stadtkämmerei, *Finanzdaten- und Beteiligungsbericht 2008, Anlage 2: Beteiligungsgesellschaft und Stadtsparkasse München*（以下 LB 2008, Anlage 2と略記）

　本章においては、主として（3）に依拠しつつ、ミュンヘン市による広義の観光インフラ事業に対する持分参加状況を分析し、観光と地方行政の関わりを明らかにする。

図4-3-1 オリンピック公園・ミュンヘン有限会社およびガシュタイク・ミュンヘン有限会社とミュンヘン市の持分

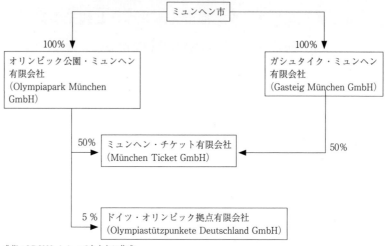

典拠：LB 2008, Anlage 2をもとに作成。

1 持分参加

1.1 ミュンヘン・連邦園芸展有限会社（Bundesgartenschau München 2005 GmbH i. L.）

ミュンヘン市は、ミュンヘン・連邦園芸展有限会社に対して66.67％の持分を有し、この資本関係は会計上、存続しているが事業目的は終了している[1]。

1.2 オリンピック公園・ミュンヘン有限会社（Olympiapark München GmbH）およびガシュタイク・ミュンヘン有限会社（Gasteig München GmbH）と市の持分所有

ミュンヘン市は、オリンピック公園・ミュンヘン有限会社とガシュタイク・ミュンヘン有限会社に100％の資本参加をし、さらにその2つの有限会社の子会社として、ミュンヘン・チケット有限会社が存在することから、上記3社をまとめ

第3章　コンツェルン都市ミュンヘンと観光事業　263

表4-3-1　オリンピック公園・ミュンヘン有限会社の監査役会構成

監査役	氏　名	現　職	所属会派
監査役会議長（Aufsichts-ratsvorsitzende）	クリスティーネ・シュトローブル（Christine Strobl）	第3市長（Dritte Bürgermeisterin）	SPD
監査役会第1副議長（1. Stellvertrtender Aufsichtsratsvorsitzneder）	ヴァルター・ツェラー（Walter Zöller）	市会議員（Stadtrat）	CSU
監査役会第2副議長（2. Stellvertrtende Aufsichtsratsvorsitznede）	ベアトリックス・ツレク（Beatrix Zurek）	市会議員（Stadträtin）	SPD
監査役 Aufsichtsrat)	ウルリケ・ベッサー（Ulrike Boesser）	市会議員（Stadträtin）	SPD
	ヴェレバ・ディートル（Vereba Dietl）	市会議員（Stadträtin）	SPD
	クリスティナ・フランク（Kristina Frank）	市会議員（Stadträtin）	CSU
	アンナ・ハヌシュ（Anna Hanusch）	市会議員（Stadträtin）	90G
	ユタ・コラー（Jutta Koller）	市会議員（Stadträtin）	90G
	エリザベート・メルク教授（Prof. Dr. Elisabeth Merk）	市建設技官（Stadtbaurätin）	
	トーマス・ランフト（Thomas Ranft）	市会議員（Stadtrat）	FDP-HUT
	マリオ・シュミトバウアー（Mario Schmidbauer）	市会議員（Stadtrat）	CSU
	アンドレ・ヴェヒター（Andre Wächter）	市会議員（Stadtrat）	AfD
	エルンスト・ヴォロヴィッツ博士（Dr. Ernst Wolowicz）	市収入役（Stadtkämmerer）	

注：CSU: CSU-Fraktion, SPD: SPD-Fraktion, 90G: Fraktion Bündnis 90/DIE GRÜNEN/Rosa Liste, FDP-HUT: Fraktion Freiheitsrechte, Transparenz und Bürgerbeteiligung.
典拠：Olympiapark GmbH, Gesellschafter, Aufsichtsräte und Geschäftsführer, in interrete sub: http://www.olympia-park.de/de/home/der-olympiapark/olympiapark-muenchen-gmbh/gesellschafter/, 12. 05. 2015現職については、Landeshauptstadt München Das offizierе Stadtportal, Stadtratsfraktionen und-gruppierungen, in interrete sub: http://www.muenchen.de/rathaus/Stadtpolitik/Der-Muenchner-Stadtrat/Stadtratsmitglieder.html, 13. 05. 2015をも参照。

て取り上げる（図4-3-1参照）。

　オリンピック公園・ミュンヘン有限会社は、催し物のオーガナイザーであり、広報活動やインセンティヴ活動を行い、さらにはアリーナ・ワン有限会社（Arena One GmbH）やミュンヘン・チケット有限会社などの協力を得て、ケータリング、チケット販売、市場開拓をも射程に入れている。ミュンヘン公園においては、ヨーロッパ陸上選手権（Leichtathletik-Europameisterschaft 2002）、三大テノールのコンサート（das Konzert "3 Tenors" 1996）、デヴィスカップ・フィナーレ（das Davis-Cup-Finale 1989 und 1999）、バスケットボール・ヨーロッパ・ファイナル（die Basket-Europa Finals 1989, 1999）、コンパック・グランドスラム・カップ・テニストーナメント（das Tennisturnier Compaq Grand Slam Cup 1990-1999）、ミュンヘン自転車競技（das Münchner 6-Tage-Rennen, 1972-）、

ホリデー・オン・アイス客演（die Gästespiel von Holiday on Ice, 1972-）などのスポーツ関連の行事ばかりでなく、アリアンツ、ジーメンス、BMWの株主総会やワールド・カップファンの集い（Fan Festa FIFA-AM 2006）、フォルクスフェスト（Volksfest）など数々の催しが開催されてきた[2]。

オリンピック公園・ミュンヘン有限会社監査役会議長には第3市長クリスティーネ・シュトローブルクが就任し、第1副議長、第2副議長を含めた10名が市議会議員から選出されている。民間企業とはいえ、公的管理の色彩が濃い構成である。

ガシュタイク・ミュンヘンは、ミュンヘンにおける文化生活の中心であり、Das Haus am gachen Steig を語源とする[3]。

監査役会議長は、ミュンヘン市第2市長であるヨーゼフ・シュミット（Josef Schmid）が務める[4]。

1944年の爆撃によってミュンヘン市は、オデオン（das Odeon）、トーンハレ（die Tonhalle）という2つの大きなコンサートホールを失った。それ以来、ミュンヘン交響楽団は自前のコンサートホールを持つことができなくなった。また、市営図書館（Stadtbibliothek）には中央館が欠如し、「市民大学」（Volkshochschule）の講座がさまざまな学校施設で分散的に行われている状況が続いていた。また、リヒャルト・シュトラウス音楽院（Richard-Strauss-Konservatorium）も大きな被害を受けていた。

このような震災後の戦後復興過程において、ミュンヘン市に総合的な文化施設を建設する計画が浮上し、1978年に当時の上級市長クロナヴィッター（Oberbürgermeister Kronawitter）によって鍬入れ式が挙行された。1984年にミュンヘン市営図書館、ミュンヘン市民大学、リヒャルト・シュトラウス音楽院がガシュタイクに入居し、翌年、この文化施設が完成した[5]。

1993年に設立されたミュンヘン・チケット有限会社の資本金153万3,875.60ユーロには、オリンピック公園・ミュンヘン有限会社とガシュタイク・ミュンヘン有限会社が等分出資している。その監査役会は、親会社であるオリンピック公園・ミュンヘン有限会社とガスシュタイク・ミュンヘン有限会社の執行役員が参加しているほか、3名がミュンヘン市議会から、また1名がミュンヘン市労働経

第3章 コンツェルン都市ミュンヘンと観光事業　265

表4-3-2　ミュンヘン・チケット有限会社の監査役会構成

監査役	氏　名	現　職	所属会派
監査役会議長（Aufsichts-ratsvorsitzende）	アルノ・ハルトゥンク（Arno Hartung）	オリンピック公園ミュンヘン有限会社執行役員（Geschäftsführer Olympiapark München GmbH）	
監査役（Aufsitsrat）	ブリギッテ・フォン・ヴェルザー（Brigitte v. Welser）	ガシュタイク・ミュンヘン有限会社執行役員（Geschäftsführerin Gasteig München GmbH）	
	アンナ・ハヌシュ（Anna Hanusch）	市会議員（Stadträtin der Landeshauptstadt München）	90G
	イェンス・レーヴァー（Jens Röver）	市会議員（Stadtrat der Landeshauptstadt München）	SPD
	オットー・ザイドゥル（Otto Seidl）	市会議員（Stadtrat der Landeshauptstadt München）	CSU
	ヨーゼフ・シュミット（Josef Schmid）	ミュンヘン市労働経済局（Leiter des Referats für Arbeit und Wirtschaft der Landeshauptstadt München）	

典拠：München Ticket GmbH, Wir üben uns, in interrete sub: http://www.muenchenticket.de/Firmenportrait, 12. 05. 2015現職については、Landeshauptstadt München Das offiziere Stadtportal, Stadtratsfraktionen und－gruppierungen, in interrete sub: http://www.muenchen.de/rathaus/Stadtpolitik/Der-Muenchner-Stadtrat/Stadtratsmitglieder.html, 13. 05. 2015をも参照。

済局から加わっている。

1.3　メッセ・ミュンヘン有限会社（Messe München GmbH）と市の持分所有

　ミュンヘン市は、メッセ・ミュンヘン有限会社とメッセ・ミュンヘン建設有限会社に出資する。前者には多くの子会社がぶら下がっている（図4-3-2参照）。

　それらの子会社は、メッセ事業を国際展開している。例えば、国際展覧中心集団公司とMMI Asia Pte. Ltd.のジョイント・ヴェンチャーとして1995年に設立された京慕国際展覧有限公司は、メッセ・ミュンヘン有限会社による中国におけるマーケティング活動を行う[6]。

　メッセ・ミュンヘン有限会社には、バイエルン州とミュンヘン市が大持分所有者として参加しているほか、当該地域の商工会議所、手工業会議所が僅少な持分を有している。

　同社の監査役会には、バイエルン州経済相が議長として、ミュンヘン市上級市長が第1副議長として参加しているほか、次席副議長にミュンヘン・オーバーバ

図4-3-2 メッセ・ミュンヘン有限会社とミュンヘン市の持分

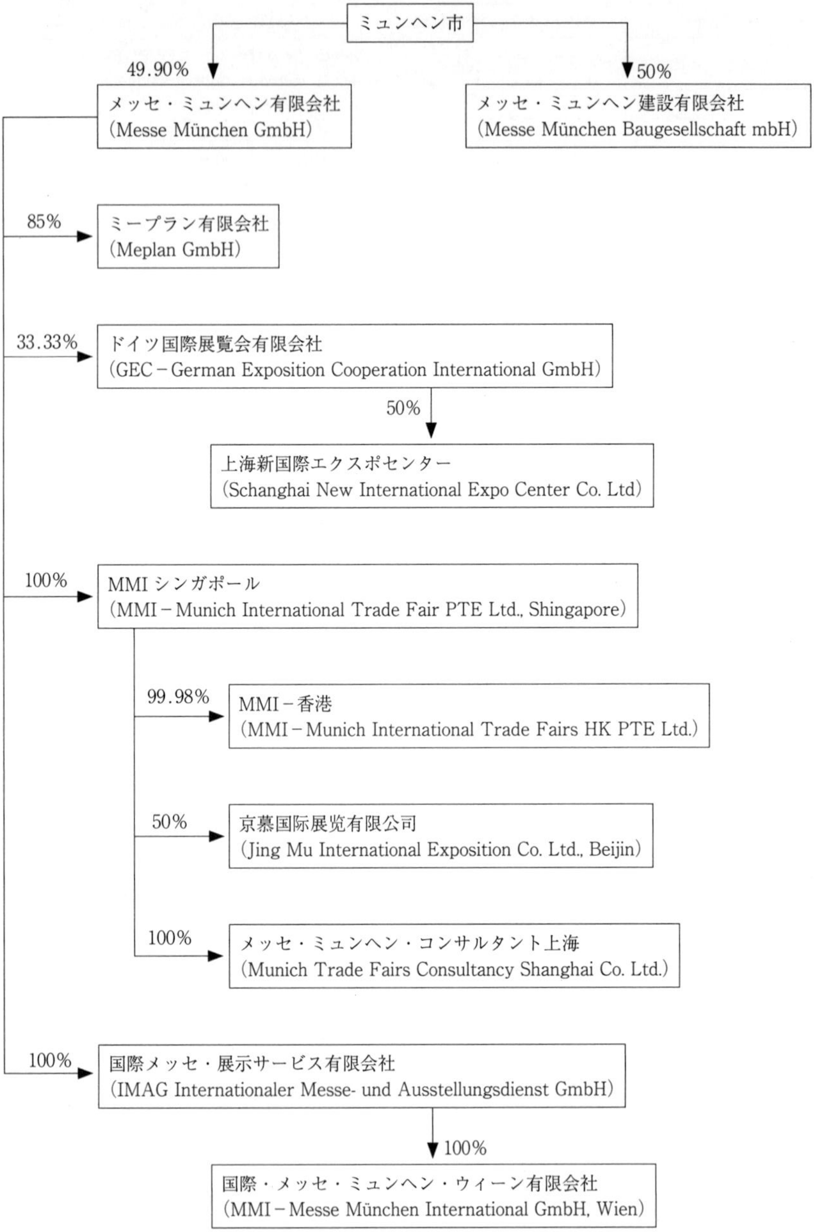

```
                              ミュンヘン市
            49.90%↓                        ↓50%
   ┌──────────────────────────┐   ┌──────────────────────────────────┐
   │ メッセ・ミュンヘン有限会社 │   │ メッセ・ミュンヘン建設有限会社        │
   │ (Messe München GmbH)     │   │ (Messe München Baugesellschaft mbH) │
   └──────────────────────────┘   └──────────────────────────────────┘
```

85% → ミープラン有限会社 (Meplan GmbH)

33.33% → ドイツ国際展覧会有限会社 (GEC – German Exposition Cooperation International GmbH)

　　　　　50%↓ 上海新国際エクスポセンター (Schanghai New International Expo Center Co. Ltd)

100% → MMIシンガポール (MMI – Munich International Trade Fair PTE Ltd., Shingapore)

　　　　99.98% → MMI－香港 (MMI – Munich International Trade Fairs HK PTE Ltd.)

　　　　50% → 京慕国際展览有限公司 (Jing Mu International Exposition Co. Ltd., Beijin)

　　　　100% → メッセ・ミュンヘン・コンサルタント上海 (Munich Trade Fairs Consultancy Shanghai Co. Ltd.)

100% → 国際メッセ・展示サービス有限会社 (IMAG Internationaler Messe- und Ausstellungsdienst GmbH)

　　　　100% → 国際・メッセ・ミュンヘン・ウィーン有限会社 (MMI – Messe München International GmbH, Wien)

典拠：LB 2008, Anlage 2をもとに作成。

表4-3-3 ミュンヘン・メッセ有限会社の資本関係

持分所有者	所有比率(%)
バイエルン州（Freistaat Bayern）	49.9
ミュンヘン市（Landeshauptstadt München）	49.9
ミュンヘン・オーバーバイエルン商工会議所（Industrie und Handelskammer für München und Oberbayern）	0.1
ミュンヘン・オーバーバイエルン手工業会議所（Hanwerkskammer für München und Oberbayern）	0.1

典拠：Bayerisches Staatsministerium der Finanzen, für Landesentwicklung und Heimat, *Beteiligungsbericht des Freistaats Bayern 2014*, p. 48.

イエルン手工業会議所名誉会頭および同社経営協議会議長があたる。その他の監査役は、州を代表するもの4名、市を代表するもの4名、社内から5名、産業界から1名の構成である。

メッセ・ミュンヘン建設有限会社の資本関係は、メッセ・ミュンヘン有限会社のそれと相似的であったが（表4-3-5参照）、役割を終えて2009年に解散した[7]。

1.4 ミュンヘン空港有限会社（Flughafen München GmbH）と市の持分所有

ミュンヘン空港に関する資本関係については、すでに拙著において詳しく記したので、ここでは図4-3-3によって、2008年度におけるミュンヘン市とミュンヘン空港との資本関係を提示するに留める[8]。

1.5 ドイツ劇場・ミュンヘンと市の持分所有

ドイツ劇場という名称の施設がベルリンに開設された1896年、ミュンヘンにおいてもドイツ劇場が完成し「大晦日の舞踏会」（Silversterball）が挙行された。以後、毎年ミュンヘン・ドイツ劇場は、ミュンヘンのカーニヴァル拠点（die Faschingshochburg Münchens）となった。1943年に爆撃によって破壊された後、1951年に緊急の修復によってドイツ劇場が再開された。1977～1982年に改装がなされた後、ドイツ劇場・ミュンヘン経営有限会社によって経営されることとなった[9]。

表4-3-4 メッセ・ミュンヘン有限会社の監査役会構成

監査役	氏名	現職	所属会派
監査役会議長 (Aufsichtsratsvorsitzende)	イルゼ・アイグナー (Ilse Aigner)	バイエルン州経済相 (Bayerische Staatsministerin für Wirtschaft und Medien, Energie und Technologie, MdL)	
第1副議長 (Erster stellvertretender Vorsitzender)	ディーター・ライター (Dieter Reiter)	ミュンヘン上級市長 (Oberbürgermeister Landeshauptstadt München)	SPD
次席副議長 (Weiterer stellvertretender Vorsitzender)	ハインリッヒ・トラウブリンガー (Heinrich Traublinger)	ミュンヘン・オーバーバイエルン手工業会議所名誉会頭 (Ehrenpräsident der Handwerkskammer für München und Oberbayern, MdL a. D.)	
次席副議長 (Weiterer stellvertretender Vorsitzender)	シュテファン・オスターマイヤー (Stefan Ostermeier)	メッセ・ミュンヘン有限会社経営協議会議長 (Betriesratvorsitzender, Messe München GmbH)	
監査役 (Aufsichtsrat)	ペーター・ドリーセン (Peter Driessen)	ミュンヘン・オーバーバイエルン商工会議所主席執行役員 (Hauptgeschäftsführer Industrie- und Handelskammer für München und Oberbayern)	
	イェンス・ガンスアウゲ (Jens Ganßauge)	メッセ・ミュンヘン有限会社次席経営協議会議長 (Stellvertretender Betriebsratsvorsitzender, Messe München GmbH)	
	トーマス・グルーバー博士 (Dr. Thomas Gruber)	バイエルン州首相府 (Ministerialdirigent Bayerische Staatskanzlei)	
	ヨハネス・ヒンテルスベルガー (Johannes Hintersberger)	バイエルン州財務省次官 (Staatssekretär Bayerisches Staatsministerium der Finanzen, für Landesentwicklung und Heimat, MdL)	
	ハイコ・バウワー博士 (Dr. Heiko Bauer)	バイエルン州財務省 (Regierungsdirektor Bayerisches Staatsministerium der Finanzen, für Landesentwicklung und Heimat)	
	ゲオルク・モラー (Georg Moller)	メッセ・ミュンヘン有限会社部門長 (Bereichsleiter, Messe München GmbH)	
	ザビーネ・ナリンガー (Sabine Nallinger)	市会議員 (Stadträtin Landeshauptstadt München)	90G
	フランク・パスティオール (Frank Pastior)	メッセ・ミュンヘン有限会社部局長 (Abteilungsleiter, Messe München GmbH)	
	ハンス・ポディウク (Hans Podiuk)	市会議員 (Stadtrat Landeshauptstadt München)	CSU (Franktionvorstand)
	フランツ・ヨーゼフ・プシーラー (Franz Josef Pschierer)	バイエルン州経済省次官 (Staatssekräter Bayerisches Staatsministerium für Wirtschaft und Medien, Energie und Technologie, MdL)	
	ゲオルク・シュラークバウワー (Georg Schlagbauer)	市会議員 (Stadtrat der Landeshauptstadt Münchne)	CSU
	ヘルムート・シュミット (Helmut Schmid)	市会議員 (Stadtrat Landeshauptstadt München)	SPD
	ニコーレ・シュミット (Nicole Schmitt)	メッセ・ミュンヘン有限会社プロジェクトグループ長 (Projektgruppenleiterin, Messe München GmbH)	
	ロルフ・ティッシャー (Rolf Tischer)	メッセ・ミュンヘン有限会社次席部門長 (Stellv. Bereichsleiter, Messe München GmbH)	

典拠：Messe München GmbH, Unser Aufsichtsrat, in interrete sub: http://www.messe-muenchen.de/de/company/profil/management/management.php, 12. 05. 2015現職については、Landeshauptstadt München Das offizierte Stadtportal, Stadtratsfraktionen und-gruppierungen, in interrete sub: http://www.muenchen.de/rathaus/Stadtpolitik/Der-Muenchner-Stadtrat/Stadtratsmitglieder.html, 13. 05. 2015, Staatsregierung Bayern, Kabinett, in interrete sub: http://www.bayern.de/staatsregierung/kabinett/, 13. 05. 2015をも参照。

表4-3-5　メッセ・ミュンヘン建設有限会社の資本関係

持分所有者	所有比率（％）
バイエルン州（Freistaat Bayern）	50
ミュンヘン市（Landeshauptstadt München）	50

典拠：Bayerisches Staatsministerium der Finanzen, *Beteiligungsbericht des Freistaats Bayern 2009*, p. 125.

ドイツ劇場・ミュンヘン経営有限会社監査役会議長は、ミュンヘン市第2市長であるヨーゼフ・シュミットが務める[10]。

1.6　ミュンヘン民衆劇場と市の持分所有

ミュンヘン市はミュンヘン民衆劇場有限会社（Münchner Volkstheater GmbH）に対して100％の持分参加している。

フォルク（Volk）は、しばしば「国民」と訳されてきた。しかしながら、同劇場においては「バイエルン・オーストリア的民衆劇場の伝統」（bayerisch-österreiche Volkstheatertradition）[11]を持った民衆劇が上演されることから、「民衆」あるいは「民俗」の用語を用いるべきであろう。

「民衆劇場の概念は伝統的色合いが濃く聞こえるが、劇場としての歴史は新しい」（So taraditionsträchtig der Begriff Volksteater klingt, so jung ist seine Geschichte als Haus.）という指摘通り[12]、ミュンヘン民衆劇場が完成したのは、1983年のことであった。

ミュンヘン民衆劇場有限会社監査役会議長は、ドイツ劇場・ミュンヘン経営有限会社監査役会議長と同様にミュンヘン市第2市長であるヨーゼフ・シュミットが務めている[13]。

1.7　ミュンヘン動物園と市の持分所有

ミュンヘン市はヘラブルン・ミュンヘン動物園株式会社（Münchner Tierpark Hellabrunn AG）に対して93.30％の資本参加をしている。

ヘラブルン・ミュンヘン動物園の創業は1911年であったが、ヘラブルン・ミュンヘン動物園株式会社として会社形態に移行したのは、1929年である[14]。

同社監査役会議長は、ミュンヘン市第3市長であるクリスティーネ・シュト

270

図4-3-3　ミュンヘン空港有限会社とミュンヘン市の持分

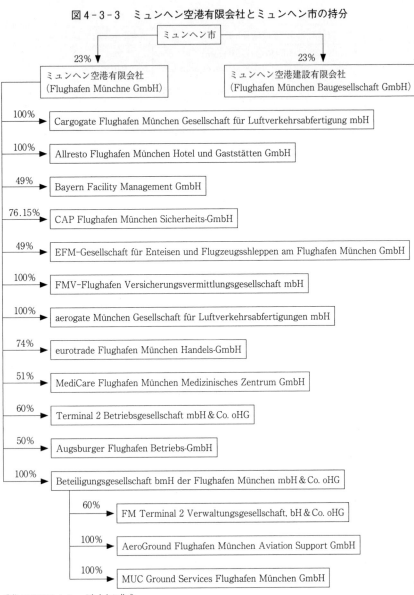

典拠：LB 2008, Anlage 2をもとに作成。

図4-3-4　ミュンヘン・ドイツ劇場とミュンヘン市の持分

典拠：LB 2008, Anlage 2を基に作成。

表4-3-6　国際ミュンヘン映画週間有限会社の持分

	所有比率（％）
バイエルン州（Freistaat Bayern）	40
ミュンヘン市（Landeshauptstadt München）	40
バイエルン放送（Bayerischer Rundfunk）	10
社団法人映画業界首脳機関（Spitzenorganization der Filmwirtschaft e. V.）	10

典拠：Bayerisches Staatsministerium der Finanzen, für Landesentwicklung und Heimat, *Beteiligungsbericht des Freistaats Bayern 2014*, p. 164.

ローブル（Christine Strobl）が務める[15]。

1.8　国際ミュンヘン映画週間と市の持分所有

　ミュンヘン市は国際ミュンヘン映画週間有限会社（Internationale Münchner Filmwochen GmbH）に対して40％の持分参加をしている。これと同等の持分を有するのはバイエルン州であり、その他、バイエルン放送および映画業界首脳機関がそれぞれ10％の出資をしている。

　国際ミュンヘン映画週間有限会社の監査役会構成に関する資料は、バイエルン州財務省による『2014年度　バイエルン州持分報告書』（Bayerisches Staatsministerium der Finanzen, für Landesentwicklung und Heimat, *Beteiligungsbericht des Freistaats Bayern 2014*）に見ることができるが、これには2014年5月におけるミュンヘン市長の交代に伴う人事が反映されていない[16]。

　このような制約に留意した上で、表4-3-7によって監査役会構成の傾向をみる。監査役会議長は、2013年5月6日時点で、当時の上級市長クリスティアン・ウデが就任し、副議長は、当時のバイエルン州財務相マルクス・ゼーダー博士が就任した。この人事は、議長と副議長をたらい回しにしている印象を与える。そ

表4-3-7 国際ミュンヘン映画週間有限会社の監査役会構成

監査役	氏 名	現 職
監査役会議長 (Aufsichtsratsvorsitzende)	マルクス・ゼーダー博士 (Dr. Markus Söder) 2013年5月6日以降 クリスティアン・ウデ (Christian Ude) seit 06. 05. 2013	バイエルン州財務相（Staatsminister der Finanzen, für Landesentwicklung und Heimat） ミュンヘン市上級市長（Oberbürgermeister, Landeshauptstadt München）
監査役会副議長 (Stv. Vorsitzender)	2013年5月6日以降 マルクス・ゼーダー博士 (Dr. Markus Söder) seit 06. 05. 2013 2013年5月5日まで クリスティアン・ウデ (Christian Ude) bis 05. 05. 2013	バイエルン州財務相（Staatsminister der Finanzen, für Landesentwicklung und Heimat） ミュンヘン市上級市長（Oberbürgermeister, Landeshauptstadt München）
監査役（Aufsichtsrat）	2013年3月31日まで ジークフリート・ベンカー (Siegfried Benker) bis 31. 03. 2013	市会議員（Stadtrat）
	ニコラウス・グラドル (Nikolaus Gradl)	市会議員（Stadtrat）
	フリーダー・ヨース（Frieder Jooß）	バイエルン州財務省（Ministerialrat, Bayerisches Staatsministerium der Finanzen, für Landesentwicklung und Heimat）
	2013年11月10日まで ロルフ＝ディーター・ユンク博士 (Dr. Rolf-Dieter Junk) bis 10. 11. 2013	バイエルン州首相府（Ministerialdirigent, Bayerisches Staatskanzlei）
	2013年11月10日まで カロリン・ケルシュバウマー博士 (Dr. Calolin Kerschbaumer) bis 10. 11. 2013	バイエルン州首相府（Ministerialrätin, Bayerisches Staatskanzlei）
	ハンス＝ゲオルク・キュパーズ博士 (Dr. Hans-Georg Küppers)	ミュンヘン市文化担当官（Kulturreferent, Landeshauptstadt München）
	ミヒャエル・レオンハルト (Michael Leonhart)	市会議員（Stadtrat）
	トーマス・ネーゲレ博士 (Dr. Thomas Negele)	映画業界首脳機関（Vorsitzender des Vorstands HDF Kini e. V., Spitzenorganisation der Filmwirtschaft e. V.）
	クラウス・ニーデラルト (Claus Niederalt)	バイエルン州財務省（Ministerialrat, Bayerisches Staatsministerium der Finanzen, für Landesentwicklung und Heimat）
	クラウス＝ペーター・ポットハスト博士 (Dr. Klaus-Peter Potthast) seit 11. 11. 2013	バイエルン州経済省（Bayerisches Staatsministerium für Wirtschaft und Medien, Energie und Technologie）
	クラウス・シェーファー教授 (Prof. Dr. Klaus Schaefer)	バイエルン映画放送基金（FilmFernseh-Fonds Bayern）
	フローリアン・フェール博士 (Dr. Florian Voel) seit 01. 04. 2013	市会議員（Stadtrat）
	シュテファン・ヴィティヒ (Stefen Wittich)	バイエルン放送（Leiter der HA Intendanz, Bayerischer Rundfunk）
	ヴァルター・ツェラー（Walter Zöller）	市会議員（Stadtrat）

典拠：Bayerisches Staatsministerium der Finanzen, für Landesentwicklung und Heimat, *Beteiligungsbericht des Freistaats Bayern 2014*, p. 166.

図4-3-5 市内・近郊交通に関わるミュンヘン市の持分

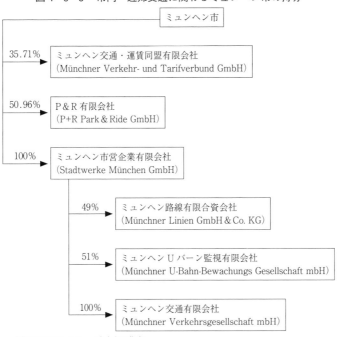

典拠：LB 2008, Anlage 2をもとに作成。

の他の監査役には、ミュンヘン市会議員、バイエルン州財務省、首相府に加え、放送業界、映画業界から選出されている（表4-3-7参照）。

1.9 市内・近郊交通に関わる市の持分所有

　ミュンヘン市の関与する市内・近郊交通会社には、ミュンヘン交通・運賃同盟およびミュンヘン市営企業有限会社の子会社としてミュンヘン路線有限会社、ミュンヘン交通有限会社がある。また、ミュンヘン市はP＆Rパルク・ウント・ライド有限会社においても50％以上の持分を有している。

　ミュンヘン市の近郊交通に与るミュンヘン交通・運賃同盟有限会社は主たる持分所有者であるバイエルン州、ミュンヘン市に加えて周辺の郡（ミュンヘン郡、フライジング郡、ダッハウ郡、エバースベルク郡、シュタルンベルク郡、バート＝テルツ・ヴォルフラートハウゼン郡、エルディンク郡）が出資している。

表 4-3-8 ミュンヘン交通・運賃同盟有限会社（Münchner Verkehrs- und Tarifbund GmbH：MVV）の持分所有者

持分所有者	所有比率（％）
バイエルン州（Freistaat Bayern）	35.7
ミュンヘン市（Landeshauptstadt München）	35.7
ミュンヘン郡（Landkreis München）	3.57
フライジング郡（Landkreis Freising）	3.57
ダッハウ郡（Landkreis Dachau）	3.57
エバースベルク郡（Landkreis Ebersberg）	3.57
シュタルンベルク郡（Landkreis Starnberg）	3.57
バート・テルツ＝ヴォルフラーツハウゼン郡（Landkreis Bad Tölz-Wolfratshausen）	3.57
エルディング郡（Landkreis Erding）	3.57

典拠：Bayerisches Staatsministerium der Finanzen, für Landesentwicklung und Heimat, *Beteiligungsbericht des Freistaats Bayern 2014*, p. 93.

パルク・ウント・ライド有限会社（P＋R Park und Ride GmbH）は1992年に設立され、ミュンヘン市内にあるすべてのP＆R施設を経営している[17]。

管理委員会を構成するのは、社団法人南バイエルン ADAC（Allgemeine Deutscher Autobil Club Südbayern e. V.）、社団法人 ADFC（Allgemeine Deutscher Fahrrad-Club e. V.）、ミュンヘン・オーバーバイエルン手工業会議所（Handwerkskammer für München und Oberbayern）、ミュンヘン・オーバーバイエルン商工会議所（Industrie- und Handelskammer für München und Oberbayern）、社団法人バイエルン州小売連合（Landesverband des bayerischen Einzelhandesls e. V.）、ミュンヘン交通・運賃同盟有限会社（Münchner Verkehrs- und Tarifverbund GmbH）、ミュンヘン市営企業有限会社（Stadtwerke München GmbH）である[18]。

2 ミュンヘン市の直営事業

ミュンヘン市行政財産の一部である「直営行政事業」（Regiebetrieb）は、各部局のもとに以下の観光・交通に関わる事業が営まれている[19]。

2.1 建設局 (Baureferat)

建設局のもとにおいては、地下鉄建設 (U-Bahn-Bau) が行われている。ミュンヘンの交通においては、建設は市の直営事業であるのに対して、経営は形式的に民間企業の形態をとっていた。

2.2 文化局 (Kulturreferat)

文化局の直営事業には、レンバッハハウス (Galerie im Lenbachhaus)、ミュンヘン・ユダヤ博物館 (Jüdisches Museum München)、ミュンヘン交響楽団 (Münchner Philharmoniker)、ミュンヘン市営博物館 (Münchner Stadtmuseum)、シュトゥック邸宅美術館財団 (Villa-Stuck-Stiftung (Museum)) などの文化施設がある。

レンバッハハウスは、画家侯爵フランツ・フォン・レンバッハ (Franz von Lenbach) のコレクションを死後、未亡人がミュンヘン市に売却したものがもとになっている[20]。

ミュンヘン・ユダヤ博物館は、1980年台にリヒャルト・グリム (Richard Grimm) が、ユダヤ人の歴史と文化を伝えるために設置した民間の博物館の所蔵品をもとに、ミュンヘン市営博物館がミュンヘン市営文書館と協力して、2006年に体系的に整備・設置した専門博物館である[21]。

ミュンヘンフィルは、1893年にフランツ・カイム (Franz Kaim) が設立したカイム・オーケストラ (Kaim-Orchester) を起源とする[22]。

シュトゥック邸宅財団 (Villa-Stuck-Stiftung) も文化局によって運営されている。フランツ・フォン・シュトュック (Franz von Stuck) は、弟子のパウル・クレー (Paul Klee) の言葉を借りると「恐ろしいほどすばらしい」(Erschreckend großartig) 邸宅を持っていた。典型的な芸術家のアトリエと個人の住居が一体化され、豪華に空間演出されていた。シュトゥックの死後、1928年にすでに邸宅を美術館に転用して後世に残す計画があったが、1960年代半ばにミュンヘン在住の建築家ハンス＝ヨアヒム・ツィールシュ (Hans-Joachim Ziersch) と妻アメリー (Amélie) によって美術館に改築され、1992年以降、ミュンヘン市営の美術館となった[23]。

「シュトゥック邸宅美術館は、ハンス＝ヨアヒムおよびアメリー・ツィールシュの寄贈による州都ミュンヘンの財団である」（Das Museum Villa Stuck ist eine Stiftung der Landeshauptstadt Münchne mit Schenkung Hans-Joachim und Amélie Ziersch.）[24]。

2.3　労働経済局（Referat für Arbeit und Wirtschaft）

労働経済局が行う事業として、「観光局」（Tourismusamt）、「観光助成」（Tourismusförderung）およびオクトーバーフェスト（Oktoberfest）がある。

3　ミュンヘン市の独立行政法人

ミュンヘン市財産から切り離された「特別財産」（Eigenbetreib）として、文化局（Kulturreferat）の管轄下においているのが、ミュンヘン小劇場（Münchner Kammerspiele）である。ミュンヘン小劇場は、1911年に民間の劇場（Privattheater）として設立され、1933年以降、市営劇場（städtisches Theater）となった[25]。

4　小括

ミュンヘン市は、主として有限会社形態をとる観光インフラに対して、持分参加によって積極的に関与している。これらの有限会社には、市長クラスの人材が有限会社監査役会に議長もしくは副議長として関与している。ミュンヘン市による観光インフラへの関わりは、有限会社に対する資本関係と監査役派遣にとどまらない。市のさまざまな部局のもとで直営事業が行われているほか、文化局は「独立行政法人」ミュンヘン小劇場をも管轄している。このことから、ミュンヘン市においては、都市によるコンツェルン形成の一環が、観光インフラへの関与であるといえよう

このような「自治体によるコンツェルン形成」（die kommunale Konzernbildung）[26] は、「市場」と「ヒエラルキー」の間のハイブリッド的協調（eine hybride Koordination zwischen den beiden Formen "Markt" und "Hierarchie")[27] とされ、地方行政研究において着目されている[28]。

1) LB 2008, Anlage 2.
2) Olympiapark München GmbH, Über Uns, in interrete sub: http://www.olympia-park.de/home/der-olympiapark, 16. 01. 2010.
3) Gasteig München GmbH, Das Gasteig‒Portrait‒, in interrete sub: http://www.gasteig.de/der-gasteig/portrait.html, 16. 01. 2010.
4) Gasting München GmbH, Impressum, in interrete sub: http://www.de/service/impressum.html, 16. 05. 2015.
5) Gasteig München GmbH, Das Gasteig‒Geschichte‒, in interrete sub: http://www.gasteig.de/der-gasteig/geschichte.html, 16. 01. 2010.
6) 京慕国际展览有限公司, 京慕简介, in interrete sub: http://www.jingmu.com.on/jingmu/contents/1105/5164.html, 11. 05. 2015.
7) Bayerisches Staatsministerium der Finanzen, für Landesentwicklung und Heimat, *Beteiligungsbericht des Freistaats Bayern 2014*, p. 16.
8) 山田徹雄『ドイツ資本主義と空港』日本経済評論社、2009年。
9) Deutsches Theater München Betriebs-GmbH, Die Geschichte des Deutsches Theaters, in interrete sub: http://www.deutsches-theater.de/_geschichte.html, 22. 01. 2010.
10) Deutsches Theater München Betriebs-GmbH, Impressum, in interreete sub: http://www.deutsches-theater.de/impressumagbs.html, 17. 05. 2015.
11) Münchner Volksteater, Geschichte des Hauses 1983 bis heute, in interrets sub: http://www.muenchner-volksteater.de/Haus/geschichte. php, 22. 01. 2010.
12) Münchner Volksteater, Geschichte des Hauses 1983 bis heute, in interrets sub: http://www.muenchner-volksteater.de/Haus/geschichte. php, 22. 01. 2010.
13) Münchner Volkstheater GmbH, Impressum, in interrete sub: http://www.muencehner-volkstheater.de/kontakt/impressum, 17. 05. 2015.
14) Münchner Tierpark Hellabrunn AG, Münchner Zoohistorie, in interrete sub: http://www.tierpark-hellabrun.de/index.php?id=21, 22. 01. 2010.
15) Die Münchner Tierpark Hellarbrunn AG, Geschäftsbericht 2013, in interrete sub: http://www.hellarbrunn.de/ueber-hellarbrunn/geschaeftsbericht-und-satzung/, 17. 05. 2015.
16) 歴代のミュンヘン市長については、Landeshauptstadt München, Oberbürgermei-

ster und Bürgermeister seit 1818, in interrete sub: http://www.meunchen.de/rathaus/Stadtpolitik/Stadtspitze/Oberbuergermeister-und-Buergermeister-seit-1818.html, 18. 05. 2015を参照。

17) P+R Park und Ride GmbH, P+R Park und Ride GmbH Unternehmen, in interrete sub: http://www.parkundride.de/de/unternehmen/, 30. 01. 2010.

18) P+R Park und Ride GmbH, Impressum, in interrete sub: http://www.parkundride.de/de/07direct/d/, 30. 01. 2010.

19) 以下の記述は、LB 2008, Anlage 2に依拠する。

20) Städtische Galerie im Lenbachhaus, Geschichte, Städtische Galerie im Lenbachhaus und Kustbau, in interrete sub: http://www.lenbachhaus.de/cms/index.php?id=41, 31. 01. 2010.

21) Jüdisches Museum München, Über das Museum, in interrete sub: http://www.juedisches-museum-muenchen.de/cms/index.php?id=39&L=0, 31. 01. 2010.

22) Münchner Philharmoniker, Geschichte des Orchestras, in interrete sub: http://www.mphil.de/de/orchester/, 31. 01. 2010.

23) Museum Villa Stuck, Home, in interrete sub: http://www.villastuck.de/, 01. 02. 2010.

24) Museum Villa Stuck, Impressum, in interrete sub: http://www.villastuck.de/impressum.htm, 01. 02. 2010.

25) Münchner Kammerspiele, Geschichte, in interrete sub: http://www.muenchner-kammerspiele.de/index.php?URL=index.php%3F%26SeitenID%3Dhome, 31. 01. 2010.

26) Ramon Linhos, *Der Konzernstadt. Zum veränderten Bild der Kommunen und ihrer Beteiligungen*, Potsdam, 2006, p. 8.

27) Ibidem, p. 11. また Rolf Prigge, *Großstädte zwischen Hierarchie, Wettbewerb und Kooperation*, Wiesbaden, 2006をも参照。

28) 「コンツェルン都市」(Konzern Stadt)という用語は、カッコつきの記述("Konzern Stadt")からカッコなしの記述（Konzern Stadt）へと変わり、一般的に用いられるに至った。例えば、Schneider, Karsten, Arbeitspolitik im "Konzern Stadt", Dissertation an der Universität Kassel, 2002. および Andersen, Christoph et al., Marktsituation ausgewählter kommunaler Dienstleistungen, Strukturen und Tendenzen, Kommunalwissenschaftliches Institut–Projektbericht 4, Potsdam, 2004においてはカッコつきの記述がされていたが、前述のLinhosにおいては引用符が付けられていない。

第4章　コンツェルン都市ニュルンベルクと観光インフラストラクチャー

　ニュルンベルク市は、2010年において私法形態の7会社に対し過半数の持分を所有し、それ以外に10社に直接持分参加をしている。このような市の子会社を通じて、ニュルンベルク市は、間接的に205社に関与する。これと並んで、6つの独立行政法人（Eigenbetrieb）、1つの直接行政事業（Regiebetrieb）、またシュパールカッセ（Zweckverband Sparkasse）をはじめとする目的連合（Zweckverbände）に参加し、「コンツェルン都市ニュルンベルク」（Konzern Stadt Nürnberg）の名にふさわしい[1]。

　ニュルンベルク市が関与する企業に対する市当局の姿勢は、次の指摘に集約される。

　　「株式会社、有限会社、自治体企業といった私法形態による企業設立の前提は、常に自治体の経済活動の公的目的である」[2]。

　本章においては、ニュルンベルク市が関与する私法形態の子会社のうち、観光に関わるものについて、資本関係および監査役会の人的関係を中心に分析を進める。

　なお、同市の独立行政法人において、広範な集客対象となるのは、フランケンシュタディオン（Frankenstadion Nürnberg）であり、市営サッカー場（das städtische Stadion）をニュルンベルク・シュタディオン経営有限会社（Stadion Nürnberg Betriebs-GmbH）に賃貸している[3]。

1　「ニュルンベルク・モデル」の形成過程

　観光インフラストラクチャーとニュルンベルク市の関係を解明するに先立ち、『ニュルンベルク市自治体企業50年史』（Städtische Werke Nürnberg GmbH, *50*

Jahre Städtische Werke Nürnberg, 2009、以下 StWN, 2009と略記）に依拠して、同市によるライフライン事業と交通事業（Versorgungs- und Verkehrsbetriebe）の関わりに触れる[4]。

19世紀に民間企業として成立したこれらの事業のうちで大規模な事業所は、市当局による「専門家の指導のもとに」（unter fachmännscher Leitung）置かれることとなった。1920年、ガス事業支配人ルドルフ・テルヘルスト（Rudolf Terhaerst）は「技術専門市会議員」（technischer Stadtrat）に選出され、新たに設置された「技術調査局」（Technisches Referat）のトップに就いた。1921年1月の「営業条例」（Geschätsordnung）は、当該事業に「最大限の自立性と活動の自由」（möglichst große Selbständigkeit und Bewegungsfreiheit）を与え、「高度な経済効率」（wirtschaftliche Höchstleistungen）を求めた[5]。

1933年、国家社会主義者による最初の施策が実施され、ガス供給事業、電力事業、水道事業が「技術経営部局」（Technishes Betriebsamt）から分離され、交通事業とともに「ニュルンベルク自治体企業」（Städtische Werke Nürnberg）の名称のもとに統合された。民主的市行政において求められていた「自立性と活動の自由」は、「一人の技術訓練を受けた総裁による統一的閉鎖的指導に統括された」（in der einheitliche geschlossene Leitung eines technisch vorgebildeten Generaldirektors zusammengefasst）のである。1945年まで総裁を務めたパウル・バイヤー（Paul Bayer）は、ヴュルツブルク電気事業支配人であると同時にナチス党員でもあった[6]。

ニュルンベルク自治体企業は1937年に、独立行政法人の法的形態が与えられ、翌年からは「党大会都市の事業と鉄道」（Werke und Bahnen der Stadt der Reichsparteitage）の名称が与えられ、市の一般会計から独立した存在となった[7]。

第2次大戦後、再び「ニュルンベルク市自治体企業」の名称が復活した。1958年の市議会決議によって、当時5,000名の従業員を抱えていた同社は独立行政会社（Eigengesellschaften）となった[8]。

これを主導したのは、SPD所属市会議員、ヴィリー・プレルス（Willy Prölß）、フランケン発電所代表取締役ヨーゼフ・イペフェルコファー（Josef Ipfelkofer）、自治体企業執行役員フリッツ・フォーゲル（Fritz Vogel）であった。翌1959年

には、ニュルンベルク市の自治体企業は、親会社である「自治体企業有限会社」(Städtische Werke Nürnberg GmbH、略称 StWN)、子会社であるエネルギー・水道供給株式会社（Energie- und Wasserversorgungs-Aktiengesellschaft、略称 EWAG）およびニュルンベルク交通株式会社（Verkehrs-Aktiengellschaft Nürnberg、略称 VAG）が商業登記された。この3社は、すべて市の所有化にあり、労働者代表が参加するまでは、監査役のポストはすべて市会議員によって占められていた[9]。

　重要な点は2つの子会社は独立した年次決算を行うが、利益のみならず損失も決算後、親会社に移されるということである。EWAGが計上する利益は課税されることなく、VAGの損失を事実上補填する構造をもっていた。これは「ニュルンベルク・モデル」(Nürnberger Modell) と呼ばれ、他の都市における自治体企業の模範となったのである[10]。

　この3社の空間的営業範囲は当初から市の境界を超えていた。水道供給はエアランゲンやその他の近隣ゲマインデに及び、ガス供給はミッテルフランケンの大部分とノイマルクト (Neumarkt in der Oberpfalz) をカバーし、また路面電車はフュルト、バス事業はシュヴァーバッハ、エアランゲン、ツィルンドルフにも達していた[11]。

　こういった事情は、後述するVAGの資本関係、ニュルンベルク広域交通同盟有限会社の持分所有に反映されることとなる。

　電力事業における規制緩和を受けて、1999年にはニュルンベルク、フュルト、エアランゲン、シュヴァーバッハの自治体企業が共同でエネルギー部門を統括する持株会社を作り、2000年にはEWAGはN・エルギー株式会社（N-ERGIE Aktiengesellschaft）に再編された[12]。

　2009年現在、ニュルンベルク市自治体企業は、4,500件の雇用を提供し、ミッテルフランケンにおける最大の事業者である[13]。

2　ニュルンベルク近距離交通

　StWN (Städtische Werke Nürnberg GmbH) は、エネルギー部門、住宅部門、

図 4-4-1 StWN および VAG の資本関係

典拠：Stadt Nürnberg Finanzreferat, *Beteiligungsbericht Jahresabschluss 2010*, p. 26.

交通部門の親会社を形成している。ここでは、観光と関わりの深い交通部門に限定して議論を進める。

ニュルンベルク市が100％の持分を所有するニュルンベルク市自治体企業有限会社StWNは、ニュルンベルク交通株式会社VAGの資本金（5,986万ユーロ）に100％参加している。StWNの子会社であるVAGは、図4-4-1が示すように、ニュルンベルク市を中心とする地域交通に関わる子会社（StWNからみれば孫会社）を傘下に治めている。

ここではまず、親会社であるStWNの役員構成を見る。ニュルンベルク市が100％出資する親会社、StWN（Städtische Werke Nürnberg GmbH）の監査役会構成は表4-4-1のようになっている。議長には上級市長ウルリヒ・マリ博士が就任し、持分所有者であるニュルンベルク市から10名の監査役が加わる。被用者側からは、N-ERGIE株式会社経営協議会構成員ヴォルフガング・シャルナグルが副議長に就任しているほか、9名が監査役を務めている。その9名のうち、3名は「統一サービス業労働組合」（ver. di）の構成員であり、企業別組合代表ではない[14]。

StWN社の執行役員であるヨーゼフ・ハスラーおよびカール＝ハインツ・ペファーラインは、ともに子会社であるVAGおよびN-ERGIE株式会社の取締役を兼任する関係にある（表4-4-2参照）。

ニュルンベルクの近距離交通は、1881年に運送業者ハインリッヒ・アルフェス（Heinrich Alfes）が馬車鉄道を開業したことに始まった。アルフェスの設立したニュルンベルク＝フュルト路面鉄道会社（Nürnberg-Fürther Straßenbahn Gesellschaft）は、1896年に路面電車（elektrische Straßenbahn）を導入した。交通供給の形成に影響力を増すために、ニュルンベルク市は1903年に、この企業を買収し、ニュルンベルク市による交通部門への介入のもとで、1923には、バス事業が開始された。

ニュルンベルク交通株式会社VAG（VAG Verkehrs-Aktiengesellschaft）は、1959年に法的に自立した企業として設立されたが、ニュルンベルク市自治体有限会社（StWN）が100％出資することとなり、事実上ニュルンベルク市の傘下にある。同社は、既存の路面電車事業、バス事業に加えて、1972年から地下鉄事業

表 4-4-1　StWN の監査役会構成

持分所有者代表（Vertreter der Anteilseigner）		
議長 (Vorsitzender)	ウルリッヒ・マリ博士（Dr. Ulrich Maly）	ニュルンベルク市上級市長 (Oberbürgermeister der Stadt Nürnberg)
監査役 (Aufsichtsrat)	テオドロス・アガタゲリディス (Theodoros Agathagelidis)	市会議員（Stadtrat und Lehrer i. R）
	ハルトムート・ベック教授 (Prof. Dr. Hartmut Beck)	市会議員（Stadtrat und Hochschullehrer）
	ヴォルフガング・ケーラー（Wolfgang Köhler）	市会議員（berufsmäßiger Stadtrat）
	ガブリエレ・ペンツコファー＝レール (Gabriele Penzkofer-Röhrl)	市会議員（Stadträtin und Dipl.-Sozailwirtin, ab 06. 11. 2013）
	バルバラ・レギツ（Barbara Regitz）	市会議員（Stadträtin und Seminarrektorin）
	ミヒャエル・ラインドル博士 (Dr. Michael Reindl)	市会議員（Stadtrat und Notar）
	ハンス・パウル・ゼール（Hans Paul Seel）	市会議員（Stadtrat und Steuerberater）
	イルカ・ゾルトナー（Ilka Soldner）	市会議員（Stadträtin und Industriekauffrau）
	アリフ・タスデレン（Arif Tasdelen）	市会議員（Stadtrat und Verwaltungsangestellter, bis 06. 11. 2013）
	ソンヤ・ヴィルト（Sonja Wild）	市会議員（Stadträtin und Anglistin）
被用者代表（Vertreter der Arbeitnehmer）		
副議長 (st. Vorsitzender)	ヴォルフガング・シャルナグル (Wolfgang Scharnagl)	N-ERGIE 株式会社経営協議会専従構成員兼経営協議会副議長（freigest. Betriebsratsmitglied und stellvertretender Betriebsratsvorsitzender der N-ERGIE Aktiengesellschaft, stellvertretender Vorsitzender des Aufsichtsrats）
監査役 (Aufsichtsrat)	アンドレアス・ゲルストマイヤー (Andreas Gerstmeier)	VAG バス運転手兼経営協議会構成員（Omnibusfahrer und Betriebsratsmitglied der VAG Verkehrs-Aktiengesellschaft）
	カタリーナ・ケーニヒ（Katharina König）	N-ERGIE 株式会社従業員兼経営協議会構成員（kaufmännische Angestellte und Betriebsratsmitglied der N-ERGIE Aktiengesellschaft）
	ルートヴィッヒ・クレンツライン (Ludwig Kränzlein)	N-ERGIE 株式会社経営協議会専従構成員（freigest. Betriebsratsmitglied der N-ERGIE Aktiengesellschaft）
	カールハインツ・クラツァー (Karlheinz Kratzer)	N-ERGIE 株式会社経営協議会議長（Betriebsratsvorsitzender der E-ERGIE Aktiengesellschaft）
	ギゼラ・プルンマー（Gisela Prummer）	N-ERGIE 株式会社経営協議会専従構成員（freigest. Betriebsratsmitglied der N-ERGIE Aktiengesellschaft）
	フランク・ローゼンベルガー (Frank Rosenberger)	労働組合 ver. di 書記 (Gewerkschaftssekretär ver. di)
	ペーター・ルッペルト（Peter Ruppert）	法務部門長（Bereichsleiter Recht）
	クラウス・シュテガー（Klaus Steger）	労働組合 ver. di 書記 (Gewerkschaftssekretär ver. di)
	リタ・ヴィットマン（Rita Wittmann）	労働組合 ver. di 書記 (Gewerkschaftssekretärin ver. di)

典拠：StWN, *Geschäftsbericht 2013*, p. 4.

表 4 - 4 - 2　StWN の執行役員（Geschäftsführung）

ヨーゼフ・ハスラー（Josef Hasler）	執行役員会議長（Vorsitzender der Geschäftsführung）
	VAG 取締役会議長（Vorsitzender des Vorstands der VAG Verkehrs-Aktiengesellschaft）
	N-ERGIE 株式会社取締役会議長（Vorsitzender des Vorstands der N-ERGIE Aktiengesellschaft）
カール=ハインツ・ペファーライン（Karl-Heinz Pöverlein）	執行役員兼労務担当部長（Geschäfsführer und Arbeitsdirektor）
	VAG 取締役（Vorstandsmitglied der VAG Verkehrs-Aktiengesellschaft）
	N-ERGIE 株式会社取締役兼労務担当部長（Vorstandsmitglied und Arbeitsdirektor der N-ERGIE Aktiengesellschaft）

典拠：StWN, *Geschäfsbericht 2013*, p. 5.

表 4 - 4 - 3　VAG の取締役（Vorstand）

取締役会議長（Vorsitzender des Vorstands）	ヨーゼフ・ハスラー（Josef Hasler）	StWN 執行役員会議長（Vorsitzender der Geschäfsführung der Städtische Werke Nürnberg Gesellschaft mit beschränkter Haftung）
		N-ERGIE 株式会社取締役会議長（Vorsitzender des Vorstands der E-NERGIE Aktiengesellschaft）
取締役（Vorstandsmitglied）	カール=ハインツ・ペファーライン（Karl-Heinz Pöverlein）	StWN 執行役員（Mitglied der Geschäftsführung und Arbeitsdirektor der Städtische Werke Nürnberg Gesellschaft mit beschränkter Haftung）
		N-ERGIE 株式会社取締役（Vorstand und Arbeitsdirektor der N-ERGIE Aktiengesellschaft）

典拠：VAG, *Geschäfsbericht 2013*, p. 60 et VAG, Geschfätsführung, in interrete sub: http://www.stwn.de/stwn-home/stwn-gmbh/geschaeftsfuehrung.html, 01. 06. 2015.

に乗り出し、現在に至っている[15]。

　VAG の取締役は、いずれも StWN（Städtische Werke Nürnberg GmbH）の執行役員が占めている。また、2 人は N-ERGIE Aktiengellschaft の取締役を兼任しているが、N-ERGIE Aktiengellschaft は、StWN が59.2％出資する子会社である[16]。

　VAD の監査役会議長は、市会議員ミヒャエル・ラインドル博士が就任しているほか、市会議員10名と市長 1 名が名を連ねる。市議会選出従業員代表においては、VAG 経営協議会議長ライナー・レーネマンが副議長に、もう 1 名が ver. di から選出されている。

表4-4-4　VAGの監査役会構成

持分所有者代表（Vertreter der Anteilseigner）			
議長（Vorsitzender）	ミヒャエル・ラインドル博士 (Dr. Michael Reindl)		市議会議員（Stadtrat und Notar）
監査役（Aufsichtsrat）	ユラ・ベール（Jurra Bär）		市会議員（Stadträtin und Fachlehrerin）
	トルステン・ブレーム (Thorsten Brehm)		市会議員 (Stadtrat und Sozialwissenschaftler)
	ユルゲン・フィッシャー (Jürgen Fischer)		市会議員（Stadtrat und Rechtsanwalt）
	ローレンツ・グラドゥル（Lorenz Gradl）		市会議員（Stadtrat und Bautechniker）
	クリスティーネ・グリュツナー＝カニス (Christine Grützner-Kanis)		市会議員（Stadträtin und Finanzwirtin）
	クレメンス・グゼル博士 (Dr. Klemens Gsell)		ニュルンベルク市市長 (Bürgermeister der Stadt Nürnberg)
	ラファエル・ラウム（Rafael Raum）		市会議員（Stadtrat und Lehrer）
	コンラート・シュー（Konrad Schuh）		市会議員 (Stadtrat und Justizvollzugsbeamter)
	クリスティーネ・ゼール (Christine Seer)		市会議員 (Stadträtin und Finanzbeamtin)
	キリアン・ゼントナー（Kilian Sendner）		市会議員（Stadtrat und Kaufmann）
	アニタ＝ズザンナ・ヴォイキエショフスキー（Anita-Susanna Wojciechowski）		市会議員 (Stadträtin und Dipl.-Sozialpädagogin)
市議会選出被用者代表（Vom Stadtrat bestimmte Arbeitnehmervertreter）			
副議長 (stellvertretender Vorsitzender)	ライナー・レーネマン (Rainer Lehnemann)		VAG経営協議会議長 (Betriebsratsvorsitzender VAG)
監査役 (Aufsichtsrat)	フランク・リーグラー（Frank Riegler）		労働組合ver. di 地区代表 (Landesfachbereichsleiter ver. di)
被用者代表（Vertreter der Arbeitnehmer）			
監査役（Aufsichtsrat）	カール＝ハインツ・ボッシュ (Karl-Heinz Bosch)		バス運転士（Omnibusfahrer）
	ウド・ブッデ（Udo Budde）		組立工（Monteur）
	バルバラ・ゲッツ（Barbara Götz）		路面電車運転士（Straßenbahnfahrerin）
	ユルゲン・ケルツ（Jürgen Kelz）		バス運転士（Omnibusfahrer）
	ディーター・ライカウフ＝ゲッツ (Dieter Leikauf-Götz)		路面電車運転士（Straßenbahnfahrer）
	ローラント・ミューラー (Roland Müller)		バス運転士（Omnibusfahrer）
	ユルゲン・レッツァー（Jürgen Rötzer）		VAG経営評議会専従構成員兼経営評議会副議長（freigestelltes Betriebsratsmitglied und stellvertretender Betriebsratsvorsitzender VAG）

典拠：VAG, *Geschäftsbericht 2013*, p. 60.

表4-4-5 ニュルンベルク広域交通同盟有限会社の持分所有

持分所有者	比率(%)
ドイツ鉄道地域株式会社（DB Regio AG）	15.790
フランケンバス交通有限会社（Omnibusverkehr Franken GmbH）	10.526
ニュルンベルク交通株式会社（VAG Verkehrs-Aktiengesellschaft, Nürnberg）	26.316
エアランゲン自治体企業交通有限会社 (Erlanger Stadtwerke Stadtverkehr GmbH, Erlangen)	10.526
インフラ・フュルト交通有限会社（infra fürth verkehr gmbH, Fürth）	10.526
シュヴァーバッハ都市交通有限会社（Stadtverkehr Schwabach GmbH, Schwabach）	5.264
VGN民間交通企業有限会社 (Gesellschaft Privater Verkehrsunternehmen im VGN mbH)	10.526
VGN自治体交通会社 (GKV-Gesellschaft kommunaler Verkehrsunternehmen im VGN：GbR)	10.526

典拠：Stadt Nürnberg Finanzreferat, *Beteiligungsbericht Jahresabschluss 2010*, p. 156.

　被用者側から選出されている7名は、バス運転士、路面電車運転士などVAGの現業部門から選ばれている（表4-4-4参照）。

　以下、VAGの子会社について簡単に触れる。

　ニュルンベルク軌道交通有限会社は、ニュルンベルク交通領域、フュルト交通領域および超領域路線を含めた軌道交通において、公共的な交通手段と交通施設の経営・管理を行っている[17]。

　ゾーン運賃を実現するためのニュルンベルク広域交通同盟は、有限会社の形態をとり、表4-4-5に示す持分所有となっている。ドイツ鉄道地域株式会社に加えて、ニュルンベルク、エアランゲン、シュヴァーバッハに広がる同盟運賃地域の交通会社が出資することによって、この地域に統一的運賃が形成されていることがわかる。

　ニュルンベルク広域交通同盟有限会社による他の企業への出資は、VDV（Verband Deutscher Verkehrsunternehmen Kernnapplikations GmbH & Co. KG, Köln）に対して8.510％の持分を有する[18]。

　ニュルンベルク・バス有限会社、フュルト市バス有限会社、エアランゲン市バス有限会社の執行役員は同一人物エルマー・マイヤー（Elmar Maier, Forchheim）が就任している[19]。

StWN が50％の出資をするフランケン鉄道有限会社に対するもうひとつの持分所有者は、ヴュルツブルク・ライフライン・交通有限会社（Würtzbuger Versorgungs- und Verkehrsgesellschaft mbH, Würzburg）である[20]。

3 ニュルンベルク・メッセ

ニュルンベルク・メッセセンター（Messezentrum Nürnberg）においては、コンズメンタ（Consumenta）、余暇・園芸プラス観光メッセ（Freizeit, Garten + Touristik）、および玩具の見本市（Spielwarenmesse）が多数の訪問客を集めている[21]。

メッセ会場を運営する「ニュルンベルク・メッセ有限会社」は、図4-4-2の資本関係を有している。

同社の持分は、バイエルン州とニュルンベルク市がそれぞれ49.969％を有し、残りの僅少な持分はミッテルフランケン商工会議所とミッテルフランケン手工業会議所が持つ。

ニュルンベルク・メッセ有限会社の監査役会構成は、バイエルン州の財務相マルクス・ゼーダー博士が議長に就任しているほか、州から4名が加わり、またニュルンベルク市からは上級市長ウルリッヒ・マリ博士が副議長に就いているほか、4名が参加している。このほか、ミッテルフランケン手工業会議所およびニュルンベルク・ミッテルフランケン商工会議所から1名ずつ監査役に就任している（表4-4-7参照）。

ニュルンベルク・メッセ有限会社の海外子会社のうち、2007年に設立されたのは、上海にあるニュルンベルク・メッセ中国株式会社[22]、アトランタにあるニュルンベルク・メッセ北米株式会社[23]、である。その後、2009年には100％子会社として「ニュルンベルク・メッセ・イタリア株式会社」（Nürnberg Messe Italia S. r. l.)[24]、および「ニュルンベルク・メッセ・ブラジル株式会社」（Nürnberg Messe Brasil Ltda.)[25]、が設立された。ニュルンベルク・メッセグループは、世界全体で50の代理店を持ち、100カ国以上で活動し[26]、日本の代理店はABCエンタープライズである[27]。

図4-4-2　ニュルンベルク・メッセ有限会社の資本関係

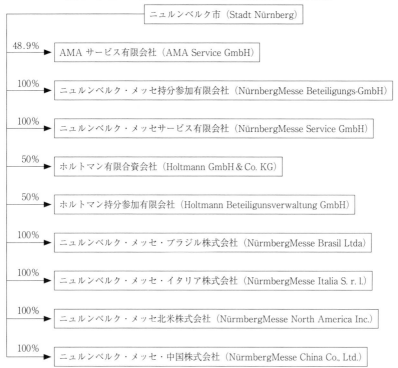

注：2013年には、5番目の海外子会社としてニュルンベルク・メッセ・インド（NürnbergMesse India Pvt. Ltd.）が設置された。(NürnbergMesse, NürnbergMesse India, in interrete sub: https://www.nuernberg-messe.de/de/international/tochtergesellschaften/india/, 03. 06. 2015)。
典拠：Stadt Nürnberg Finanzreferat, *Beteiligungsbericht Jahresabschluss 2010*, p. 25.

表4-4-6　ニュルンベルク・メッセ有限会社の持分所有者

（単位：%）

バイエルン州（Freistaat Bayern）	49.969
ニュルンベルク市（Stadt Nürnberg）	49.969
ニュルンベルク・ミッテルフランケン商工会議所（IHK Nürnberg für Mittelfranken）	0.031
ミッテルフランケン手工業会議所（Handwerkskammer für Mittelfranken）	0.031

典拠：Bayerisches Staatsministerium der Finanzen, *Beteiligungsbericht des Freistaats Bayern 2009*, p. 50.

ニュルンベルク・メッセセンター（das Messezentrum Nürnberg）は、1973年に営業を開始し、2009年までの間に、6億5,300万ユーロの投資によって設備の拡充が図られてきた[28]。2013年に至る展示者、集客、売り上げは表4-4-8の

表4-4-7　ニュルンベルク・メッセ有限会社の監査役会構成

議長 (Vorsitzender)	マルクス・ゼーダー博士 (Dr. Markus Söder)	バイエルン財務相（Staatsminister, Bayerisches Staatsministerium der Finanzen, für Landesentwicklung und Heimat）
副議長 (stellvertretender Vorsitzender)	ウルリッヒ・マリ博士 (Dr. Ulrich Maly)	ニュルンベルク市上級市長 (Oberbürgermeister, Bürgermeisteramt Stadt Nürnberg)
監査役	ゼバスティアン・ブレーム (Sebastian Brehm)	CSUニュルンベルク市代表 (Vorsitzender der CSU Stadtfraktion, Stadt Nürnberg)
	マルクス・エダー博士 (Dr. Markus Eder)	バイエルン州首相府 (Bayerisches Staatskanzlei, Freistaat Bayern)
	エルマー・フォルスター教授 (Prof. Dr. jur. Elmer Forster)	ミッテルフランケン手工業会議所主席執行役員 (Hauptgeschäfsführer, Handwerkskammer für Mittelfranken)
	ミヒャエル・フラース博士 (Dr. Michael Fraas)	ニュルンベルク市会議員（Berufsmäßiger Stadtrat, Wirtschaftsreferat, Stadt Nürnberg）
	アルベルト・フュラッカー (Albert Füracker)	バイエルン州財務省次官（Staatssekretär, Bayerisches Staatsministerium der Finanzen, für Landesentwicklung und Heimat, Freistaat Bayern）
	マルクス・レッチュ (Markus Lötzsch)	ニュルンベルク・ミッテルフランケン商工会議所主席執行役員 (Hauptgeschäfsführer Industrie- und Handelskammer Nürnberg und Mittelfranken)
	ダニエル・ヒュッティンガー博士 (Dr. Daniela Hüttinger)	ニュルンベルク市市会議員 (Stadträtin, SPD-Fraktion, Stadt Nürnberg)
	フランツ・ヨーゼフ・プシーラー (Franz Josef Pschierer)	バイエルン州経財省次官（Staatssekretär, Bayerisches Staatsministerium für Wirtschaft und Medien, Energie und Technologie, Freistaat Bayern）
	クリスティアン・フォーゲル (Christian Vogel)	ニュルンベルク市市会議員（Stadtrat, Vorsitzender der SPD Stadtfraktion, Stadt Nürnberg）
	ウルリケ・ヴォルフ博士 (Dr. Ulrike Wolf)	バイエルン州経済省（Ministerialdirigentin, Bayerisches Staatsministerium für Wirtschaft und Medien, Energie und Technologie, Freistaat Bayern）

典拠：NürnbergMesse, Der Aufsichtsrat der NürnbergMesse, in interrete sub: http://www.nuernbergmesse.de/de/unternehmen/konzernstruktur/aufsichtsrat/, 25. 05. 2015.

通りである。

4　ニュルンベルク空港

　ニュルンベルク空港における資本関係、航空路の開設状況については、拙著において詳しく指摘した。ニュルンベルク空港は、エア・ベルリンによる休暇旅行の一大拠点であったことをすでに確認している[29]。その後、2013年には、ライアン・エアがニュルンベルク空港に就航し、ルフトハンザ／ジャーマンウィングズに次いで多くの定期便搭乗者をもたらした[30]。

表4-4-8　ニュルンベルク・メッセセンターの定量的発展

年度	出展者数 (Aussteller)	訪問者総数 (Gesamtbesucherzahl)	売り上げ (Umsatzenentwicklung) 100万ユーロ
1974	3,900	396,370	2.6
1975	4,310	402,840	2.8
1980	7,278	671,607	7.7
1985	9,368	947,918	14.1
1990	12,227	1,028,201	18.9
1995	15,668	1,264,509	41.5
2000	21,723	1,340,000	82.9
2001	21,175	1,210,000	81.8
2002	21,633	1,320,000	95.2
2003	22,379	1,220,000	101.4
2004	21,187	1,200,000	108.1
2005	21,097	1,200,000	96.1
2006	24,647	1,290,000	125.7
2007	25,843	1,240,000	125.0
2008	27,128	1,260,000	153.2
2009	24,500	1,090,000	132.0
2010	28,850	1,350,000	204.8
2011	25,808	1,110,000	173.3
2012	29,449	1,360,000	236.0
2013	26,818	1,130,000	192.8

注：2001年以降の訪問者数は概数。2001年以降の売り上げは企業グループとしての概数。
典拠：NürnbergMesse, Daten Und Fakten, in interrete sub: http://www.nuernbergmesse.de/de/press/ars12/ars17/default, 06. 04. 2010 et NürnbergMesse, *Geschäfsbericht 2013*, p. 3.

　ここでは、ニュルンベルク市とニュルンベルク空港との資本関係と人的関係について、簡単に述べるに留める。

　ニュルンベルク空港有限会社には、都市と州が同格出資し（図4-4-3参照）、また監査役会においては、議長はバイエルン州閣僚、第1副議長はニュルンベルク市上級市長がこれにあたる。また第2副議長は被用者代表があたり、州・都市・労働が要職を占める構造となっている（表4-4-9参照）。

　なお、2009年7月13日に開催されたニュルンベルク空港有限会社の第75回定例社員総会において、新たに同社の100％子会社「ニュルンベルク空港エネルギー有限会社」（Flughafen Nürnberg Energie GmbH）の設立が決定された[31]。

　表4-4-10によって、同社の執行役員をみると、子会社3社の執行役員との兼務が確認される。

図4-4-3 ニュルンベルク空港の資本関係

典拠：Flughafen Nürnberg GmbH, *Geschäftsbericht 2013*, p. 25より作成。

表4-4-9 ニュルンベルク空港有限会社の監査役会構成

バイエルン州代表（Der Freistaat Bayern, vertreten durch）		
議長（Vorsitzender）	ヨアヒム・ヘルマン（Joachim Hermann）	バイエルン州内務相（Staatsminister, Bayerisches Staatsministerium des Innern）
監査役（Aufsichtsrat）	マルクス・ゼーダー博士（Dr. Markus Söder）	バイエルン州財務相（Staatsminister im Bayerischen Staatsministerium der Finanzen）
ニュルンベルク市代表（Die Stadt Nürnberg, vertreten durch）		
第1副議長（1. stellvertretender Vorsitzender）	ウルリッヒ・マリ博士（Dr. Ulrich Maly）	上級市長（Oberbürgermeister）
監査役（Aufsichtsrat）	ミヒャエル・フラース博士（Dr. Michael Fraas）	市会議員（berufsm. Stadtrat, Wirtschaftsreferent der Stadt Nürnberg）
	トルセン・ブレーム（Thorsen Brehm）	市会議員（Stadtart）
被用者代表（Arbeitnehmervertreter im Aufsichtsrat）		
第2副議長（2. stellvertretender Vorsitzender）	フリードリッヒ・バウワー（Friedrich Bauer）	ニュルンベルク空港有限会社（Flughafen Nürnberg GmbH）
監査役（Aufsichtsrat）	アントニア・ゲプハルト（Antonia Gebhardt）	ニュルンベルク空港有限会社（Flughafen Nürnberg GmbH）
	トーマス・ベルヒ（Thomas Bölch）	ニュルンベルク空港有限会社（Flughafen Nürnberg GmbH）

典拠：Flughafen Nürnberg GmbH, Gesellschafter, in interrete sub: http://www.airport-nuernberg.de/gesellschafter, 31. 05. 2015.

表 4-4-10　ニュルンベルク空港有限会社の執行役員

CEO、執行役員 (CEO, Geschäftsführer)	ミヒャエル・フーペ博士 (Dr. Michael Hupe)	(Geschäftsführer der Flughafen Nürnberg GmbH) 子会社（エアパルト有限会社・ニュルンベルク空港サービス有限会社・ニュルンベルク空港エネルギー有限会社）代表者（Gesellschaftsvertreter bei den Tochterunternehmen der Flughafen Nürnberg GmbH – Airpart GmbH, Flughafen Nürnberg Service GmbH, Flughafen Nürnberg Energie GmbH）
COO、支配人 (COO, Prokurist)	ヤン・C・ブルンス (Jan C. Bruns)	航空部門長（Leiter der Business Unit Aviation） エアパルト有限会社執行役員（Geschäftsführer AirPart GmbH）
CFO、支配人 (CFO, Prokurist)	クラウス・ドーツァウアー (Klaus Dotzauer)	財務部門長（Leiter der Business Units Finanzen & Controlling） ニュルンベルク空港サービス有限会社およびニュルンベルク空港エネルギー有限会社執行役員（Geschäftsführer Flughafen Nürnberg Service GmbH & Flughafen Nürnberg Energie GmbH）

典拠：Flughafen Nürnberg GmbH, Geschäftsführung der Flughafen Nürnberg GmbH, in interrete sub: http://www.airport-nuernberg.de/geschaetsfuerung, 31. 05. 2015.

5　小括

　ニュルンベルク市が資本参加し、監査役を派遣している観光に関わる3企業を分析することによって、以下の点が明らかとなった。

　ニュルンベルク交通株式会社VAGは、親会社であるStWNと相似的な役員会を構成し、同社の歴史的経緯を含めて、ニュルンベルク市議会による影響力が極めて大きい。同社の空間的営業範囲がミッテルフランケンに及んでいることから、VAGの子会社であるニュルンベルク広域交通同盟有限会社には、近隣のゲマインデが資本参加する。

　ニュルンベルク・メッセ有限会社およびニュルンベルク空港有限会社においては、ニュルンベルク市とバイエルン州が同格の持分参加と監査役派遣を行っている。

　このことから、VAGは専ら地域を基盤とする公的企業であるのに対して、後2社は都市と州を空間的基盤とするインフラストラクチャーであることがわかる。

　観光インフラストラクチャーである交通、イベント会場に関して、都市が資本参加し、監査役を派遣していることは、ミュンヘン市に関して明らかとなっている。ミュンヘン市同様にバイエルン州の都市であるニュルンベルク市においても、私法形態の企業を通じて、観光インフラストラクチャーに都市が関与している。

本章では、ニュルンベルク交通株式会社、ニュルンベルク・メッセ有限会社、ニュルンベルク空港有限会社と都市の関係を解明し、観光が都市コンツェルンと密接な関係を有することを論証した。

〔展望〕 都市による私法形態の企業活動を「コンツェルン都市」と呼ぶことが、一般化させてきた[32]。本章において記したニュルンベルク空港有限会社、ニュルンベルク・メッセ有限会社における資本関係や役員構成、また、バイエルン観光マーケティング有限会社における役員構成[33]、ミュンヘン空港における持分構成と経営組織[34]、を踏まえ、これを州レベルに敷衍して、バイエルン州を「コンツェルン州」(Konzern Land od. KonzernStaat) と呼称することが許されても良いのではなかろうか。

1) Stadt Nürnberg Finanzreferat, *Beteiligungsbericht Jahresabschluss 2010*, p. 8.
2) Nürnberg online, Städtische Beteiligungen, in interrete sub: http://www.nuernberg.de/internet/referat2/beteiligungen.html, 21. 02. 2010.
3) Stadt Nürnberg Finanzreferat, *Beteiligungsbericht Jahresabschluss 2008*, p. 13.
4) 電気、ガス、水道、暖房などの生活基盤供給を表すVersorgungに対応する日本語としてライフラインという表現を当てる。
5) StWN, 2009, p. 3.
6) StWN, 2009, pp. 3-4.
7) StWN, 2009, p. 4.
8) StWN, 2009, pp. 5-7.
9) StWN, 2009, p. 7.
10) StWN, 2009, p. 8.
11) StWN, 2009, p. 9.
12) StWN, 2009, p. 11.
13) StWN, 2009, p. 13.
14) ver. diとは、「統一サービス業労働組合」Vereinte Dienstleistungsgewerkschaftの略称であり、そのコンセプトは、Vereinte Dienstleistungsgewerkschaft, Das ver. di-Konzept, in interrete sub: https://www.verdi.de/ueber-uns/idee-tradition/++-co++f8a1b5f0-b90a-11e0-6fc7-00093d114afd, 31. 05. 2015を参照。
15) VAG Verkehrs-Aktiengesellschaft Nürnberg, *Geschäftsbericht 2008*, p. 18.
16) StWNが直接出資する子会社は、N-ERGIE Aktiengellschaft (59.2％出資)、FEG Fränkische Energie-Gesellschaft mbH (100％出資)、VAG Verkehrs-Aktiengesell-

schaft（100％出資）、wbg Wohnungsgesellschaft Nürnberg GmbH（60％出資）の4社である（Stadt Nürnberg Finanzreferat, *Beteiligungsbericht Jahresabschluss 2007*, p. 14）。

17) Stadt Nürnberg Finanzreferat, *Beteiligungsbericht Jahresabschluss 2008*, p. 157.
18) Stadt Nürnberg Finanzreferat, *Beteiligungsbericht Jahresabschluss 2008*, p. 150.
19) Stadt Nürnberg Finanzreferat, *Beteiligungsbericht Jahresabschluss 2010*, p. 157, p. 159 et p. 161.
20) Stadt Nürnberg Finanzreferat, *Beteiligungsbericht Jahresabschluss 2008*, p. 142.
21) 山田徹雄「フランケン地方における観光事情」『跡見学園女子大学文学部紀要』第44号、2010年、90～92頁。
22) NürnbergMesse, NürnbergMesse China, in interrete sub: http://www.nuernberg-messe.de/de/international/tochtergesellschaften/china/default, 06. 04. 2010.
23) NürnbergMesse, NürnbergMesse North America, in interrete sub: http:// www. nuernbergmesse. de/de/international/tochtergesellschaften/north_america/default, 06. 04. 2010.
24) NürnbergMesse, NürnbergMesse Italia, in interrete sub: http://www.nuernberg-messe.de/de/internatioinal/tochtergesellschaften/italia/default, 06. 04. 2010.
25) NünbergMesse, NürnbergMesse Brasil, in interrete sub: http://www.nuernberg-messe.de/de/international/tochtergesellschaften/brasil/default, 06. 04. 2010.
26) NürnbergMesse GmbH, Unternehmen, in interrete sub: https://www.nuernberg-messe.de/de/unternehmen/, 03. 06. 2015.
27) ABC ENTERPRISES INC, in interrete sub, http://www.abcentertprises.jp/, 06. 04. 2010 et NürnbergMesse, Japan, in interrete sub: http://www.nuernbergmesse. de/de/international/_vertretungen/japan/default, 06. 04. 2010.
28) NürnbergMesse, Daten Und Fakten, in interrete sub: http://www.nuernbergmes-se.de/de/press/ars 12/ars 17/default, 06. 04. 2010.
29) 山田徹雄『ドイツ資本主義と空港』日本経済評論社、2009年、243頁以降。
30) Flughafen Nürnberg GmbH, *Geschäsbericht 2013*, p. 12.
31) Flughafen Nürnberg GmbH, *Geschäftsbericht 2009*, p. 9 et p. 28.
32) 山田徹雄「コンツェルン都市ミュンヘンと観光事業」跡見学園女子大学『マネジメント学部紀要』第10号、2010年、49頁、注25参照。
33) 山田徹雄「バイエルンにおける観光事業助成」跡見学園女子大学『人文学フォーラム』第8号、2010年、69頁。
34) 前掲『ドイツ資本主義と空港』145頁以降。

第 5 部　ガルミッシュ＝パルテンキルヘンと観光

第1章　農村地域における経済と観光
―― ガルミッシュ゠パルテンキルヘン郡の場合 ――

　ドイツ連邦共和国において、宿泊観光客規模が最大である州はバイエルンである[1]。

　バイエルン州には、都市観光の拠点としてのミュンヘン市[2]、およびニュルンベルク市[3]があり、一方、農村観光地域の代表としてオーバーバイエルン県（ミュンヘンを除く）がある。

　本章においては、オーバーバイエルン県南部に位置し、バイエルン州において最も観光客密度の高いガルミッシュ゠パルテンキルヘン郡の経済と観光を分析する。その際、同郡が旧来型の農村観光空間[4]に留まらず、医療観光をも含めた「健康地域」（Gesundheitsregion）を展望していることにも言及する。

1　ガルミッシュ゠パルテンキルヘン郡の地理

　ガルミッシュ゠パルテンキルヘン郡を紹介する小冊子（Landkreis Garmisch-Partenkirchen, *Informationsbroschüre*）の副題が「4つの渓谷の多様性」（Vielfalt in vier Talschaft）と銘打っているように、ガルミッシュ゠パルテンキルヘン郡の地形はオーベレス・イザール渓谷（Oberes Isartal）、ロイザッハ渓谷（Loisachtal）、アンマー渓谷（Ammertal）、シュタッフェル湖地域（Staffelseegebiet）から成り立っている。

　尾根伝いにティロル州（オーストリア）へと連なるカルヴェンデル連山の麓の南部には、オーベレス・イザール渓谷がある。そこにある最も大きな自治体がマルクト・ミッテンヴァルトであり、その近隣のイザール川の上流にクリューン、ヴァルガウがある。ロイザッハ渓谷には、ツークシュピッツェの麓にグライナウがあり、そのほかに、ファーハント、オーバーアウ、エッシェンローエとマルク

ヴァンクよりガルミッシュ゠パルテンキルヘンを望む（2008年8月撮影）。
手前がパルテンキルヘン、向こう側がガルミッシュ。

ト・ガルミッシュ゠パルテンキルヘンがある。アンマー渓谷の南部には有名な修道院のあるエッタールが、北部にはバート・バイエルソイエンがあり、その中間に位置するのがバート・コールグルップ、ザウルグルップ、ウンターアマーガウ、オーバーアマーガウである。ガルミッシュ゠パルテンキルヘン郡北部のシュタッフェル湖地域には、オールシュタット、シュヴァイゲン、リークゼー、シュパーツェンハウゼン、ゼーハウゼンとマルクト・ムールナウがある[5]。

2 ガルミッシュ゠パルテンキルヘン郡の歴史

　パックス・ロマーナの時代にブレンナー峠、ゼーフェルトザッテルを超える狭い山道が広い軍用道路へと拡幅された。パルテンキルヘン（Partanum）と現在のミッテンヴァルト（Scarbia）に、ローマ街道の駅（römische Straßenstationen）が設置された。パルテンキルヘンが古いラテン語に由来するのに対して、ゲルマン語に起源をもつガルミッシュは、ずっと後、802年に Germareskowe と

して初めて登場する。

　西暦763年には、クライス近郊のシャルニッツ修道院の名が登場する。フライジング司教区は、1249年にガルミッシュを、1294年にはミッテンヴァルトとパルテンキルヘンを獲得し、ヴェルデンフェルズ伯領とした。ヴェルデンフェルズ伯領は、フライジング司教の上級所有権のもとで小国としておよそ500年続いた。ヴェネツィアとアウクスブルクを結ぶ、かつてのローマ街道上の交通路は当地に富をもたらし、「黄金の狭い土地」（Goldenes Landl）として繁栄を見た。

　（地理上の発見によって）新たな商業ルートが開拓されると富の源泉が枯渇し、困難なアルプス越えは次第に荒廃した。17世紀にミッテンヴァルトにバイオリン製造が始まり、オーバーアマーガウに木彫り製作が発展すると、新たな経済的インパクトが与えられた。

　世俗化（Säkularisation）によってフライジング司教区の所有権および修道院は、1802年にバイエルン選帝侯国領となった[6]。

3　ガルミッシュ＝パルテンキルヘン郡開発計画

　ガルミッシュ＝パルテンキルヘン郡は、ミュンヘン応用科学大学観光学部（Hochschule für Angewandte Wissenshcaften München, Faklutät für Tourismus）、トーマス・バウシュ教授（Prof. Dr. Thomas Bausch）に依頼し、『群開発コンセプト』（Landkreis Garmisch-Partenkirchen, *Landkreisentwicklungskonzept*, in interrete sub: http://www.lra-gap.de/fileadmin/lkr/files/wirtschaft/lkr-entwicklung/landkreisentwicklungskonzept.pdf, 19. 11. 2012.　以下、『コンセプト1』と略記）をまとめた。これと内容は一致するが、郡長の序言を省き、かつ参考資料リストが加えられた報告書が『ガルミッシュ＝パルテンキルヘン郡開発コンセプト』（Alpenforshungsinstitut et Regional Management Bayern, *Entwicklungskonzept für den Landkreis Garmisch-Partenkirchen*, 2009.　以下、『コンセプト2』と略記）である。

　『コンセプト2』の編者には、新たに「ガルミッシュ＝パルテンキルヘン・アルペン研究所」が加わった。このことは、後に述べるように、「ガルミッシュ＝

パルテンキルヘン郡開発有限会社」のコンセプト策定と関連がある。

　さらに、これら2つの調査報告・提案書を踏まえ、健康経済学（Gesundheitsökonomie）の専門家であるギュンター・ノイバウワー教授（Prof. Dr. Günter Neubauer）のもとで最終的なコンセプト・プランとしてまとめられたものが、『健康地域ガルミッシュ＝パルテンキルヘン郡のための開発コンセプト』（Institut für Gesundheitsökonomik/Kreisentwicklungsgesellschaft Garmisch-Partenkirchen, *Entwicklungskonzept für die Gesundheitsregion Landkreis Garmisch-Partenkirchen: Abschlussbericht für die Kreisentwicklungsgesellschaft Garmisch-Partenkirchen*, 2012. 以下、『コンセプト3』と略記）である[7]。

　ガルミッシュ＝パルテンキルヘン郡郡長（当時）ハラルト・キューン（Landrat Harald Kühn）は、『コンセプト1』の序言において、同郡の現状について、以下の指摘をした。

(1) ガルミッシュ＝パルテンキルヘン郡は恵まれた自然環境と北部への交通接続が良好であったために、第2次大戦後、飛躍的に発展した。特に観光、建設、手工業、商業が、地域の発展に寄与していた。

(2) 80年代半ば以降、他のアルペン地方の（観光）市場への参入および国際競争によって、当地の観光業に陰りがみえ、これが建設、手工業、商業にも影響を与えた。

(3) ドイツ再統一後、一時的なブームは発生したが、夏期・冬期の休暇が「短期休暇・近隣保養観光」（Kurzurlaubs- und Naherholungstourismus）へと変化した。

(4) 近年では、当地において健康分野（Gesundheitsbereich）が発展してきたが、未だ過小評価されている。「健康地域ガルミッシュ＝パルテンキルヘン郡」計画によって、成長を図りたい。

(5) 大都市ミュンヘンにより近く観光志向が希薄なマルクト・ガルミッシュ＝パルテンキルヘンより北部の地域は、成長のトレンドを描き切れていない。一方、郡の南部は停滞と後退（Stagnation und Rückgang）に陥っている[8]。

　『コンセプト1』の本文においては、同郡が10年以上停滞し、1人あたりの生

産高（die pro Kopf Wirtschaftsleistung）がドイツ平均を下回り、スロヴェニア、キプロス、ザクセンと同じレベルであることが指摘された。しかしながら、自然、景観、環境は観光・レジャー経済のための資本ストック（Kapitalstock für die Tourismus- und Freizeitwirtschaft）のみならず、地域住民のための生活の質（Lebensqualität der einheimischen Bevölkerung）のための資本ストックをも形成していること[9]、郡の最も重要な経済セクターは、ムールナウおよび（マルクト）ガルミッシュ＝パルテンキルヘンに存在するクリニックおよびさまざまな医師集団によって特徴づけられていること[10]、したがって、観光においては、年間を通じてのアルペンにおける自然体験と健康に関する専門的技能を「オーバーバイエルン的なもてなし」（oberbayerische Gastlichkeit）と結びつける提言がなされた[11]。

さらに、郡は直接、商売に手を染めることができないことを理由に、行政から独立した郡開発会社を設立すること（von der Verwaltung unabhängige Kreisentwicklungsgesellschaft zu etablieren）を求め、郡、ゲマインデ、商工会議所、病院などがその持分所有者になることを提案した[12]。

『コンセプト3』は、ガルミッシュ＝パルテンキルヘン郡が観光分野において有するメリットとして、外国人で当地に滞在して治療を受けている患者が多数存在することを挙げている。

2007年度において、当地に滞在して治療中の外国人が739名に上り、これはバイエルンにおいてはミュンヘン市に次ぐ水準である。人口1,000人あたりの外国人患者数は、バイエルン全体では1.2、ミュンヘン市では4.3であるのに対して、ガルミッシュ＝パルテンキルヘン郡では8.5となっていた[13]。

確かに、この数値はガルミッシュ＝パルテンキルヘン郡が医療観光の分野を重視する根拠となる。

4　ガルミッシュ＝パルテンキルヘン郡開発有限会社（Kreisentwicklungsgesellschaft Garmisch-Partenkrichen mbH、略称、KEG）

KEG設立は、ガルミッシュ＝パルテンキルヘン郡の開発研究の結果であり、

表5-1-1 ガルミッシュ=パルテンキルヘン郡開発有限会社の持分所有者

持分所有者	社員総会における議決権
マルクトおよびゲマインデ	66
郡	88
非公共団体	46
合　計	200

典拠：Kreisentwicklungsgesellschaft Garmisch-Partenkirchen mbH, Gesellschafter, in interrete sub: http://www.kreisentwicklungsgesellschaft.de/de/gesellschaftler.html, 30. 10. 2012.

ガルミッシュ=パルテンキルヘン・アルペン研究所（Das Alpenforschungsinstitut Garmisch-Partenkirchen）がそのコンセプトを策定した。ガルミッシュ=パルテンキルヘン郡は、さまざまな長所と可能性を有する国境を越えて有名な地域であるが、さまざまな問題と構造的欠陥があるという認識がその出発点にあった。すなわち、90年代初めには、600万件以上の年間宿泊があったが、2009年度には400万件をようやく超える水準に低下したという事実である[14]。

同社は、資本金10万ユーロをもって、有限会社として2010年6月17日に設立され（商業登記簿への登記は、同年10月14日）、監査役会議長には、当時のガルミッシュ=パルテンキルヘン郡郡長ハラルト・キューンが就任した。執行役員はダニエル・グロモントカ（Daniel Gromotka）、ギュンター・ホプフェンスペルガー（Günter Hopfensperger）が就いた[15]。2014年3月31日に行われた選挙によって郡長に選出されたアントン・シュペール（Anton Speer）が現在、監査役会議長に就いている[16]。

持分所有者の議決権は、ガルミッシュ=パルテンキルヘン郡が最大の88票を占め、郡下のマルクトとゲマインデが66票を持ち、非公共団体が残りの46票を持つことから、郡の主導性を確認できる（表5-1-1参照）。持分を所有するマルクトおよびゲマインデの内訳の内訳を表5-1-2に示した。ここでは、マルクト・ガルミッシュ=パルテンキルヘンが20票を占め、以下、ムールナウの9票、ミッテンヴァルトの6票とは大きな格差が存在する。非公共団体には、地元の金融機関、商工会議所、手工業会議所、病院、社会活動団体が名を連ねる。

社団法人「レーベンスルスト」（Lebenslust e. V. Garmisch-Patenkirchen）は、ガルミッシュ=パルテンキルヘン郡に存在するカトリックの社会事業団体である[17]。

金融機関では、ガルミッシュ=パルテンキルヘン郡貯蓄銀行（Kreissparkasse Garmisch-Partenkirchen）、ガルミッシュ=パルテンキルヘン信用組合（Volks-

表5-1-2 持分所有者マルクトおよびゲマインデの内訳

マルクトおよびゲマインデ	社員総会における議決権
バート・バイエルソイエン（Bad Bayersoien）	1
バート・コールグルップ（Bad Kohlgrub）	2
エッシェンローエ（Eschenlohe）	1
エッタール（Ettal）	1
ファーハント（Farchant）	3
ガルミッシュ＝パルテンキルヘン（Garmisch-Partenkirchen）	20
グライナウ（Grainau）	3
グロースヴァイル（Großweil）	1
クリューン（Krün）	1
ミッテンヴァルト（Mittenwald）	6
ムールナウ（Murnau am Staffelsee）	9
オーバーアマーガウ（Oberammergau）	4
オーバーアウ（Oberau）	2
オールシュタット（Ohlstadt）	2
リークゼー（Riegsee）	1
ザウルグルップ（Saulgrub）	1
シュヴァイゲン（Schwaigen）	1
ゼーハウゼン（Seehausen am Staffelsee）	2
シュパーツェンハウゼン（Spatzenhausen）	1
ウーフィング（Uffing am Staffelsee）	2
ウンターアマーガウ（Unterammergau）	1
ヴァルガウ（Wallgau）	1

注：地名の表記は、現地で実際に使われている発音に近づける表記とした。例えば、Farchantは、標準語ではファルヒャントであるが、ファーハントと表記した。
典拠：Kreisentwicklungsgesellschaft Garmisch-Partenkirchen mbH, Gesellschafter, in interrete sub: http://www.kreisentwicklungsgesellschaft.de/de/gesellschaftler.html, 30. 10. 2012.

und Raiffeisenbank Garmisch-Partenkirchen）が名を連ねる。持分所有者非公共団体のなかでは、ガルミッシュ＝パルテンキルヘン郡貯蓄銀行が最大の議決権を有している（表5-1-3参照）。

ガルミッシュ＝パルテンキルヘン総合病院（Klinikum Garmisch-Partenkirchen）は、ミュンヘン大学医学部の附属病院（Akademisches Lehrkrankhaus der Ludwig-Maximilians-Universität）であり、およそ1,100名の雇用を有している。同病院はムールナウに内科専門の分院を持つ[18]。また、救急医療に対応するためにヘリポートを設置している[19]。監査役会議長は、郡長アントン・シュペールが務める[20]。患者の67％が地元の郡内から、20％が同郡を除いたオーバーバイエルン県から、また13％がその他の国内および国外から来ている[21]。

表 5-1-3　持分所有者非公共団体の内訳

非公共団体	社員総会における議決権
ガルミッシュ゠パルテンキルヘン信用組合 (Volks- und Raiffeisenbank Garmisch-Partenkirchen)	8
ガルミッシュ゠パルテンキルヘン郡貯蓄銀行 (Kreissparkasse Garmisch-Partenkirchen)	14
ガルミッシュ゠パルテンキルヘン総合病院 (Klinikum Garmisch-Partenkirchen)	4
㈳レーベンスルスト（Lebenslust e. V.)	4
ミュンヘン・オーバーバイエルン商工会議所 (Industrie- und Handelskammer für München und Oberbayern)	8
ミュンヘン・オーバーバイエルン手工業会議所 (Handwerkerskammer für München und Oberbayern)	8

典拠：Kreisentwicklungsgesellschaft Garmisch-Partenkirchen mbH, Gesellschafter, in interretesub: http://www.kreisentwicklungsgesellschaft.de/de/gesellschaftler.html, 30. 10. 2012.

同病院のホームページはドイツ語以外に英語、およびロシア語のサイトがあり、外国人に対する配慮が見られる。

5　ガルミッシュ゠パルテンキルヘン郡の政治と行政

5.1　ガルミッシュ゠パルテンキルヘン郡の政治

州議会選挙における政党別得票率を表 5-1-4 によってみていこう。CSU に対する支持は、傾向的に低下しているとはいえ、過去 7 回の選挙において50％の支持率を下回ったのは、2008年の選挙のみである。これに対して、SPD の支持率が15％を上回ったことは一度もない。そのなかで、2008年および2013年の選挙において、バイエルン自由選挙人（FW）が 1 割を超す支持を集めるにいたった。

同様の傾向は国政選挙にも現れている。CSU は、恒常的に 5 割を超す支持率を集め、SPD が最も躍進した1998年の選挙においても 2 割の支持率であった（表 5-1-5 参照）。

2014年に行われた郡長選挙は接戦となった。 3 月16日の投票では、CSU の推すミヒャエル・ラップ博士と郡自由選挙人（FWL）の推すアントン・シュペー

表5-1-4　州議会選挙における政党別得票率

(単位：%)

選挙日程	CSU	SPD	FW	GRÜNE	FDP	その他
1986年10月12日	71.1	13.8		5.3	3.8	6.0
1990年10月14日	71.3	12.0		5.0	4.3	7.4
1994年9月25日	64.4	14.7		5.9	2.4	12.5
1998年9月31日	64.2	14.6	4.9	6.0	1.6	8.7
2003年9月21日	73.6	9.8	1.7	5.6	2.5	6.7
2008年9月28日	47.6	10.7	10.4	8.0	9.2	14.1
2013年9月15日	55.0	12.5	12.5	5.9	3.4	12.5

注：FW: FREIE WÄHLER Bayern.
典拠：Bayerisches Landesamt für Statistik und Datenverarbeitunt, *Statistik kommunal 2013, Eine Auswahl wichtiger statistischer Daten für den Landkreis Garmisch-Partenkirchen 09 180*, p. 8.

表5-1-5　連邦議会選挙における政党別得票率

(単位：%)

選挙日程	CSU	SPD	GRÜNE	DIE LINKE	FDP	その他
1990年12月2日	65.1	13.8	3.5	0.1	8.7	8.8
1994年10月16日	63.8	15.4	5.2	0.3	8.2	7.0
1998年9月27日	60.2	20.5	4.9	0.4	6.7	7.3
2002年9月22日	71.4	15.5	5.6	0.5	4.6	2.4
2005年9月18日	60.2	15.7	6.6	2.3	11.6	3.7
2009年9月27日	51.6	10.2	8.7	3.8	17.1	8.7
2013年9月22日	56.5	12.3	7.1	2.6	8.1	15.3

典拠：Bayerisches Landesamt für Statistik und Datenverarbeitunt, *Statistik kommunal 2013, Eine Auswahl wichtiger statistischer Daten für den Landkreis Garmisch-Partenkirchen 09 180*, p. 8.

ルが過半数の得票を得ることができす、5月30日に再選挙が行われ、アントン・シュペールが郡長に選出された（表5-1-6-1、表5-1-6-2参照）。

　この選挙結果が示しているのは、伝統的なCSUの支持傾向に対して、FWが拮抗力となってきたということである。

　表5-1-7で郡議会の党派別勢力をみると、CSUが21議席を占め、第1党であるが、FWLが11議席を占め、またさまざまな政党が郡議会で支持を得ていることがわかる。これを、バイエルンに基盤を置く政党（CSU, BP）が24議席、ガルミッシュ＝パルテンキルヘンに基盤を置く政党（FWL, CSB/FLB, FWG）が18議席、全国的な基盤の政党（SPD, ödp, GRÜNE, FDP）が15議席という分類で整理すると、郡議会はバイエルン利害とガルミッシュ＝パルテンキルヘン利害に

表5-1-6-1 郡長選挙（2014年3月16日）

候補者	会派	得票率（％）
ミヒャエル・ラップ博士（Dr. Michael Rapp）	CSU	39.66
アントン・シュペール（Anton Speer）	FWL	36.86
ヨハン・アイツェンベルガー（Johann Eitzenberger）	SCB/FLB	15.53
ヘルベルト・シュテックル（Herbert Stöckl）	ÖDP	7.95

典拠：Landkreis Garmisch-Partenkirchen, Wahlen, in interrete sub: http://www.lra-gap.de/media/files/wahlen/kommunal14/landrat/180000_000096/, 08. 06. 2015.

表5-1-6-2 郡長選挙決選投票（2014年3月30日）

候補者	会派	得票率（％）
アントン・シュペール（Anton Speer）	FWL	60.14
ミヒャエル・ラップ博士（Dr. Michael Rapp）	CSU	39.86

典拠：Landkreis Garmisch-Partenkirchen, Wahlen, in interrete sub: http://www.lra-gap.de/media/files/wahlen/kommunal14/landrat/180000_000144/index.html, 08. 06. 2015.

表5-1-7 郡議会会派別議員構成

略称	会派正式名称	郡議会議員数
CSU	Christlich-Soziale Union in Bayern	21
FWL	Freie Wähler der Landkreisgemeinden	11
SPD	Sozialdemokratische Partei Deutschlands	7
CSB/FLB	Christilich-Soziales Bündnis – Bürger für Garmisch-Partenkirchen/Freie Landkreisbürger	5
ödp	Ökologisch-Demokratische Partei	4
GRÜNE	Bündnis 90/Die Grünen	4
BP	Bayernpartei	3
FWG	Freie Wählergemeinschaft Garmisch-Partenkirchen/Oberes Loisachtal	2
FDP	Freie Demokratische Partei	1

典拠：Landkreis Garmisch-Partenkirchen, Mitglieder des Kreistags, pp. 1-4より作成。

支配され、郡長選挙はその両者の攻防であり、より地域色の強い候補の勝利であったと解釈できる。

5.2　ガルミッシュ゠パルテンキルヘン郡の郡庁

郡庁の機能には、州の行政機関として市町村を監督する役割と自治体としての

図5-1-1　ガルミッシュ＝パルテンキルヘン郡の郡庁機能

郡庁（Landesamt） 長官（Leiter）郡長ハラルト・キューン（Landrat Harald Kühn） 2014年3月30日よりアントン・シュペール	
郡自治体業務（Verwaltung der kommunalen Gebietskörperschaft Landkreis）	州下級官庁業務 （Untere Staatliche Verwaltungsbehörde）

郡固有業務 (Eigene Aufgabe des Landkreises)	州から郡へ委託された業務 (Vom Staat auf den Landkreis übertragene Aufgabe)	州業務 (Staatliche Aufgaben)

具体的業務

| 上級学校（weiterführende Schulen）、即ち職業学校（Berufsschule）、実科学校（Realschule）、職業専門学校（Berufsfachschule）、経済学校（Wirtschaftsschule）、ギムナジウム、障害者のための学校（Schule für Behinderte）、および病院、生活扶助、青少年扶助、廃棄物処理、郡道など | 救急活動、食肉検査、住宅補助、生活保護など | 建築基準監督、自動車免許・自動車登録事業、自然・環境・記念物保護の一部、猟区管理、漁業、武器の売買・所有の許可（Waffenrecht）、郡に属するゲマインデの監督、営業基準監督、消費者保護など |

決定機能

| 郡議会、郡参事会、および各種委員会あるいは郡長
(Kreistag, Kreisausschuss und weitereAusschüsse oder Landrat) | 州の指示の執行、バイエルン州に対して広範に指図に従う
(Vollzug staatlicher Vorschriften; weitgehend Weisungsgebundenheit gegenüber dem Freistaat Bayern) | 州の指示の執行、バイエルン州に対して完全に指図に従う
(Vollzug staatlicher Vorschriften; völlige Weisungsgebunfenheit gegenüber dem Freistaat Bayern) |

典拠：Landkreis Garmisch-Partenkirchen, *Informationsbroschüre*: Vielfalt in vier Talschaft, 2008, p. 24.

役割がある[22]。

　自治体業務はさらに、郡固有業務と州から郡へ委託された業務に分けられ、それぞれの具体的内容は、図5-1-1によって確認できる。とりわけ、上級学校および病院業務が郡の固有業務とされ、郡議会、郡参事会、および各種委員会あるいは郡長に決定機能があることに注目しよう。

表5-1-8 ガルミッシュ=パルテンキルヘン郡の人口推移

年度	人口
1840	14,994
1871	15,989
1900	20,518
1925	31,953
1939	50,689
1950	71,503
1961	70,522
1970	75,424
1987	78,782
2001	87,408
2005	87,351
2010	86,336

典拠:Bayerisches Landesamt für Statistik und Datenverarbeitung, *Statistik kommunal 2011: Eine Auswahl wichtiger statistischer Daten für den Landkreis Garmisch-Partenkirchen 09 180*, p. 6.

表5-1-9 ガルミッシュ=パルテンキルヘン郡の年齢構成(2010年12月31日)

年齢層	人口の占める比率(%)
6歳未満	4.3
6歳以上14歳以下	7.8
15歳以上17歳以下	3.0
18歳以上24歳以下	7.0
25歳以上29歳以下	4.9
30歳以上39歳以下	11.0
40歳以上49歳以下	16.7
50歳以上64歳以下	18.8
65歳以上	26.4

典拠:Bayerisches Landesamt für Statistik und Datenverarbeitung, *Statistik kommunal 2011: Eine Auswahl wichtiger statistischer Daten für den Landkreis Garmisch-Partenkirchen 09 180*, p. 6 より作成。

6 ガルミッシュ=パルテンキルヘン郡の人口動態

　ガルミッシュ=パルテンキルヘン郡の人口は、19世紀以降単調な増加を経験してきた。西暦2000年以後、この傾向に変化が生じ、停滞して現在に至っている(表5-1-8参照)。

　表5-1-9で年齢構成をみると、65歳以上が、人口の4分の1以上を占め、地域における高齢化の進行をみることができる。1960年以降、出生数の減少と死亡数の増加が顕著となった。人口の社会増減に目を転じると、2000年以降転出入ともにそれ以前より減少してきた(表5-1-10参照)。

　バイエルン州全体では転入が転出を上回り、人口の社会増をもたらしている。またオーバーバイエルン県においても同様の傾向がみられるが、ガルミッシュ=パルテンキルヘン郡にあっては、人口の社会増は極めて小さい(表5-1-11参照)。

　ここでガルミッシュ=パルテンキルヘン郡における転出入先を表5-1-12で確認しよう。人口の空間的移動は、バイエルン州内、特にオーバーバイエルン県内

第1章 農村地域における経済と観光　311

表5-1-10　ガルミッシュ=パルテンキルヘン郡の人口動態要因

年度	自然増減		転出入による増減		増減
	出生	死亡	転入	転出	
1960	1,093	740	10,761	10,233	891
1970	895	878	11,445	10,348	1,114
1980	727	983	8,898	8,084	553
1990	911	1,057	10,441	8,446	1,849
2000	848	1,061	6,913	6,340	360
2006	725	999	5,981	6,139	-432
2007	682	956	6,230	6,006	-60
2008	597	1,026	6,116	6,082	-395
2009	683	978	6,227	6,100	-168
2010	658	1,020	6,397	6,014	21

典拠：Bayerisches Landesamt für Statistik und Datenverarbeitung, *Statistik kommunal 2011: Eine Auswahl wichtiger statistischer Daten für den Landkreis Garmisch-Partenkirchen 09 180*, p. 7.

表5-1-11　地域別転出入（2010年度）

地　域	転入数	転出数	転入－転出
バイエルン州	739,802	694,187	45,615
オーバーバイエルン県	302,214	268,503	33,711
ガルミッシュ=パルテンキルヘン郡	6,397	6,014	383

典拠：Bayerisches Landesamt für Statistik und Datenverarbeitung, *Statistische Berichte: Wanderungen in Bayern 2010*, 2011, p. 2 et p. 6より作成。

で行われている。バイエルンとの間では、転出入数はほぼ拮抗しているが、対ドイツ国内（バイエルンを除く）では転入が転出を上回り、対国外においても同様の傾向がみられる。

ところで、ガルミッシュ=パルテンキルヘン郡における外国人の動きをみると、転入が転出を上回り、特に外国からの転入が多い（表5-1-13参照）。

表5-1-12　ガルミッシュ=パルテンキルヘン郡における転入元・転出先（2010年度）

バイエルン		州堺を超えたドイツ国内		国　外	
転入	転出	転入	転出	転入	転出
3,999	4,021	1,204	1,076	1,194	917

典拠：Bayerisches Landesamt für Statistik und Datenverarbeitung, *Statistische Berichte: Wanderungen in Bayern 2010*, 2011, p. 7.

このことから、同郡では、外国からの転入が転出を上回ることによって、郡の人口が均衡を保っているといえる。特に、外国人で治療目的のため当地を訪れる

表5-1-13 ガルミッシュ=パルテンキルヘン郡における外国人の転入元・転出先（2010年度）

地　域	転入数	転出数	転入－転出
	1,516	1,191	325
バイエルン州内移動	436	466	－30
州堺を超えたドイツ国内移動	91	88	3
国外移動	989	637	343

典拠：Bayerisches Landesamt für Statistik und Datenverarbeitung, *Statistische Berichte: Wanderungen in Bayern 2010*, 2011, p. 7.

表5-1-14 地域GDP（2009年）の比較

	地域のGDP（100万ユーロ）	ドイツにおける比率（％）	バイエルンにおける比率（％）
ドイツ連邦共和国	2,397,100		
バイエルン	423,840	17.7	100.0
オーバーバイエルン	175,885	7.3	41.5
ガルミッシュ=パルテンキルヘン郡	2,089		0.5

典拠：Bayerisches Landesamt für Statistik und Datenverarbeitung, *Bruttoinlandsprodukt und Bruttowertschöfung in Bayern 1980, 1990 bis 2009*, 2011, p. 14, 22, 72.

者が多数存在することは、すでに指摘した。

7　ガルミッシュ=パルテンキルヘン郡の経済力

　ガルミッシュ=パルテンキルヘン郡の経済力を相対的に確認するために、地域GDPの規模を比較しよう（表5-1-14参照）。

　バイエルン州の地域GDPは、ドイツ全体の17.7％に達している。またオーバーバイエルン県は、バイエルン州GDPの41.5％を占めている。このことから、ドイツにとってのバイエルン、バイエルンにとってのオーバーバイエルンの存在は大であるといえる。

　これに対して、ガルミッシュ=パルテンキルヘン郡の地域GDPはオーバーバイエルンの0.5％にすぎない。

　そればかりではない。1人あたりのGDPにおいては、オーバーバイエルンがドイツ連邦共和国、さらにはバイエルンの水準をはるかに凌駕しているのに対し

表5-1-15　1人あたりGDP（2009年）の比較

（単位：ユーロ）

	1人あたりGDP
ドイツ連邦共和国	29,178
バイエルン	33,897
オーバーバイエルン	40,603
ガルミッシュ＝パルテンキルヘン郡	24,204

典拠：Bayerisches Landesamt für Statistik und Datenverarbeitung, *Bruttoinlandsprodukt und Bruttowertschöfung in Bayern 1980, 1990 bis 2009*, 2011, p. 15, 23, 72.

表5-1-16　1人あたりGDPの推移（1980＝100）

	ドイツ連邦共和国	バイエルン	オーバーバイエルン	ガルミッシュ＝パルテンキルヘン郡
1980	100	100	100	100
1990	161	168	169	147
2000	196	235	250	199
2005	212	255	268	191
2006	220	265	276	195
2007	231	277	288	202
2008	236	279	284	204
2009	228	270	277	207

典拠：Bayerisches Landesamt für Statistik und Datenverarbeitung, *Bruttoinlandsprodukt und Bruttowertschöfung in Bayern 1980, 1990 bis 2009*, 2011, p. 15, 23, 72より算出。

て、ガルミッシュ＝パルテンキルヘン郡の低位はきわだっている（表5-1-15参照）。

「バイエルンの力強い成長は専ら、ミュンヘン大都市圏とニュルンベルク工業地域のおかげであると考えられるであろう。しかし、ガルミッシュ＝パルテンキルヘン郡を他の郡部と比較すると、他の郡部の発展は全体の趨勢に従っていることが明確に見ることができる」[23]と『コンセプト1』は指摘した。

この指摘を定量的に検証しよう。

表5-1-16は、1980年を基準に地域GDPの成長を示した。バイエルンとオーバーバイエルンは30年弱の間に2.7倍以上のGDPの成長を示したのに対して、ドイツ連邦共和国のそれは2.28倍にすぎなかった。ガルミッシュ＝パルテンキルヘ

表5-1-17 (1) 1人あたりGDP (1980年)
(単位：ユーロ)

ドイツ連邦共和国	12,814
バイエルン	12,550
オーバーバイエルン	14,679
ガルミッシュ=パルテンキルヘン郡	11,686

典拠：Bayerisches Landesamt für Statistik und Datenverarbeitung, *Bruttoinlandsprodukt und Bruttowertschöfung in Bayern 1980, 1990 bis 2009*, 2011, p. 15, 23, 72.

表5-1-17 (2) 1人あたりGDP (ドイツ連邦共和国＝100)

	1980年	2009年
ドイツ連邦共和国	100.00	100.00
バイエルン	97.93	116.17
オーバーバイエルン	114.55	139.15
ガルミッシュ=パルテンキルヘン郡	91.19	82.95

典拠：Bayerisches Landesamt für Statistik und Datenverarbeitung, *Bruttoinlandsprodukt und Bruttowertschöfung in Bayern 1980, 1990 bis 2009*, 2011, p. 15, 23, 72より算出。

表5-1-18 建設用地における地価比較 (2006年)
(単位：ユーロ/m^2)

バイエルン	152.85
オーバーバイエルン	281.10
ガルミッシュ=パルテンキルヘン郡	296.49

典拠：Landkreis Garmisch-Partenkirchen, *Landkreisentwicklungskonzept* p. 7 et Bayerisches Landesamt für Statistik und Datenverarbeitung, *Kaufwerte für Bauland in Bayern seit 1990 nach Baulandarten*.

表5-1-19 ガルミッシュ=パルテンキルヘン郡の土地利用形態

	面積 (ha)
建物用地・空き地 (Gebäude- u. Freifläche)	2,621
企業用地 (Betriebsfläche)	172
保養地 (Erholungsfläche)	95
交通用地 (Verkehrsfläche)	1,713
農業用地 (Landwirtschaftsfläche)	25,310
森林 (Waldfläche)	49,842
河川・湖 (Wasserfläche)	2,559
その他 (Fläche anderer Nutzung)	18,756
合計 (Gebietsfläche insgesamt)	101,224

典拠：Bayerisches Landesamt für Statistik und Datenverarbeitung, *Statistik kommunal 2011: Eine Auswahl wichtiger statistischer Daten für den Landkreis Garmisch-Partenkirchen 09 180*, p. 12.

ン郡はそれをも下回り、2倍強でしかない。

　ここで基準とした年次 (1980年) の1人あたりGDPの大きさを表5-1-17 (1) で確認すると、オーバーバイエルン、ドイツ連邦共和国、バイエルン、ガルミッシュ=パルテンキルヘン郡の順となっている。表5-1-17 (2) において、この間の格差の変化をみると、ドイツ全体の水準に対して、オーバーバイエルンはますます優位性を広げ、一方、ガルミッシュ=パルテンキルヘン郡は劣位性を増した。

　このようにガルミッシュ=パルテンキルヘン郡の1人あたりGDPが低位にあるにもかかわらず、地価は高い水準にある。表5-1-18は2006年における建設用

第1章 農村地域における経済と観光 315

ツークシュピッツェ登山電車ガルミッシュ＝パルテンキルヘン駅（2007年8月撮影）。後方の建物はオリンピックのフィギュアスケートリンク。

地の実勢価格を示したものである。バイエルン内では、大都市ミュンヘンを含むオーバーバイエルンの地価が高水準にあることは容易に想定できるが、ガルミッシュ＝パルテンキルヘン郡の地価はそれをも上回っている。

ガルミッシュ＝パルテンキルヘン郡において不動産価格が高いのは、転入者による住宅需要ばかりでなく、別荘（Zweitwohnung）購入者による需要によって説明できる、と『コンセプト１』は指摘する[24]。例えば、同群の郡庁所在地マルクト・ガルミッシュ＝パルテンキルヘンにおいては、2011年に、主たる居住地（Hauptwohnsitz）とするものは、２万6,287人であるが、このほかに従たる居住地（Nebenwohnsitz）とするものが、1,353人であった[25]。

ガルミッシュ＝パルテンキルヘン郡の地価を吊り上げているのは、地域住民ではない、と断言できるであろう。

なお、表５−１−19は、同郡の土地利用形態を示したものであるが、森林、農業用地が74％を占め、建物用地・空き地はわずか2.6％しかない。このことも、建物用地の地価が高位にある理由のひとつであるかもしれない。

表5-1-20 ガルミッシュ゠パルテンキルヘン郡宿泊施設の推移(ベッド数9床以上)

年度	当該年度6月における宿泊施設数	当該年度6月における宿泊用床数
2006	658	20,942
2007	654	20,660
2008	634	20,494
2009	633	20,515
2010	601	20,002
2011	590	19,861
2012	557	19,243
2013	552	19,267

典拠:Bayerisches Landesamt für Statistik und Datenverarbeitung, *Statistik kommunal 2011: Eine Auswahl wichtiger statistischer Daten für den Landkreis Garmisch-Partenkirchen 09 180*, p. 15 et Bayerisches Landesamt für Statistik und Datenverarbeitung, *Statistik kommunal 2013: Eine Auswahl wichtiger statistischer Daten für den Landkreis Garmisch-Partenkirchen 09 180*, p. 15.

表5-1-21 ガルミッシュ゠パルテンキルヘン郡宿泊者数の推移(ベッド数9床以上)

年度	宿泊者数	ドイツ国内からの宿泊者比率(%)	国外からの宿泊者比率(%)
2006	667,659	79.18	20.82
2007	706,859	79.57	20.43
2008	723,361	80.56	19.44
2009	714,055	81.21	18.79
2010	832,519	72.49	27.51
2011	744,235	80.23	19.77
2012	816,476	79.95	20.04
2013	857,442	78.13	21.87

典拠:Bayerisches Landesamt für Statistik und Datenverarbeitung, *Statistik kommunal 2011: Eine Auswahl wichtiger statistischer Daten für den Landkreis Garmisch-Partenkirchen 09 180*, p. 15 et Bayerisches Landesamt für Statistik und Datenverarbeitung, *Statistik kommunal 2013: Eine Auswahl wichtiger statistischer Daten für den Landkreis Garmisch-Partenkirchen 09 180*, p. 15より作成。

8 ガルミッシュ゠パルテンキルヘン郡の観光

　ガルミッシュ゠パルテンキルヘン郡には、2011年6月時点で、590軒の宿泊施設(ベッド数9床以上)があり、収容できるベッド数は合計1万9,861床である。2006年以降の宿泊施設の動向を表5-1-20でみると、施設数も床数も逓減してきた。これらの施設には年間70万人以上の宿泊者があり、国外からの宿泊者はおよそ20%を占めている。なお、表5-1-21～表5-1-24において、2010年度に異常値を示しているが、これはオーバーアマーガウにおいて、10年ごとに開催される「キリスト受難劇」の影響である[26]。

　宿泊件数を基準にすると、国内からの宿泊者による件数の比率が85%前後まで上がる(表5-1-22参照)。このことは、ドイツ国内からの宿泊者のほうが、より長期に滞在していることを表している(表5-1-23参照)。

　バイエルン州では、ベッド数9床未満(weniger als neun Betten)の「小規模

表5-1-22　ガルミッシュ＝パルテンキルヘン郡宿泊件数の推移
（ベッド数9床以上）

年度	宿泊件数	ドイツ国内からの宿泊者により宿泊件数比率（％）	国外からの宿泊者による宿泊件数比率（％）
2006	2,712,317	85.00	15.00
2007	2,860,524	84.91	15.09
2008	2,941,097	84.50	15.50
2009	2,810,700	85.31	14.69
2010	2,802,411	79.95	20.05
2011	2,734,172	84.10	15.90
2012	2,912,726	84.09	15.91
2013	2,934,022	83.05	16.95

典拠：Bayerisches Landesamt für Statistik und Datenverarbeitung, *Statistik kommunal 2011: Eine Auswahl wichtiger statistischer Daten für den Landkreis Garmisch-Partenkirchen 09 180*, p. 15 et Bayerisches Landesamt für Statistik und Datenverarbeitung, *Statistik kommunal 2013: Eine Auswahl wichtiger statistischer Daten für den Landkreis Garmisch-Partenkirchen 09 180*, p. 15より作成。

表5-1-23　ガルミッシュ＝パルテンキルヘン郡宿泊者の平均宿泊数（ベッド数9床以上）

年度	平均宿泊数	ドイツ国内からの宿泊者の平均宿泊数	国外からの宿泊者の平均宿泊数
2006	4.1	4.4	2.9
2007	4.0	4.3	3.0
2008	4.1	4.3	3.2
2009	3.9	4.1	3.1
2010	3.4	3.7	2.5
2011	3.7	3.9	3.0
2012	3.6	3.8	2.8
2013	3.4	3.6	2.7

典拠：Bayerisches Landesamt für Statistik und Datenverarbeitung, *Statistik kommunal 2011: Eine Auswahl wichtiger statistischer Daten für den Landkreis Garmisch-Partenkirchen 09 180*, p. 15 et Bayerisches Landesamt für Statistik und Datenverarbeitung, *Statistik kommunal 2013: Eine Auswahl wichtiger statistischer Daten für den Landkreis Garmisch-Partenkirchen 09 180*, p. 15.

表5-1-24　ガルミッシュ＝パルテンキルヘン郡宿泊者数の推移（ベッド数9床未満）

年度	宿泊者数	宿泊件数	平均宿泊数
2006	166,925	1,290,147	7.7
2007	165,610	1,230,543	7.4
2008	170,564	1,222,646	7.2
2009	168,946	1,208,733	7.2
2010	174,579	1,211,453	6.9
2011	148,837	1,137,598	7.6
2012	159,495	1,163,031	7.2
2013	161,912	1,178,600	7.3

典拠：Bayerisches Landesamt für Statistik und Datenverarbeitung, *Statistik kommunal 2011: Eine Auswahl wichtiger statistischer Daten für den Landkreis Garmisch-Partenkirchen 09 180*, p. 15 et Bayerisches Landesamt für Statistik und Datenverarbeitung, *Statistik kommunal 2013: Eine Auswahl wichtiger statistischer Daten für den Landkreis Garmisch-Partenkirchen 09 180*, p. 15.

宿泊施設」についても、宿泊者数の届け出が法的に義務化させている。ただし、2012年以降の統計ではこれが10床未満（weniger als zehn Bettenn）と変更された。これに伴い、表5-1-20～表5-1-23において、ベッド数9床以上は、2012年以

表 5-1-25 地域における宿泊密度

	人口 (2010年12月31日)	年間宿泊件数 (2011年度)	年間宿泊件数／ 地域人口
バイエルン州	12,538,696	80,956,617	6.46
オーバーバイエルン県	4,382,325	32,971,502	7.52
ガルミッシュ＝パルテンキルヘン郡	86,336	2,734,172	31.67
ベルヒテスガーデナー・ラント郡	102,389	2,596,084	25.36

典拠：Bayerisches Landesamt für Statistik und Datenverarbeitung, *Statistik kommunal 2011: Eine Auswahl wichtiger statistischer Daten Bayern 09*, p. 6 et 15; Bayerisches Landesamt für Statistik und Datenverarbeitung, *Statistik kommunal 2011: Eine Auswahl wichtiger statistischer Daten für den Regierungsbezirk Oberbayern 09 01*, p. 6 et 15; Bayerisches Landesamt für Statistik und Datenverarbeitung, *Statistik kommunal 2011: Eine Auswahl wichtiger statistischer Daten für den Landkreis Garmisch-Partenkirchen 09 180*, p. 6 et 15; Bayerisches Landesamt für Statistik und Datenverarbeitung, *Statistik kommunal 2011: Eine Auswahl wichtiger statistischer Daten für den Landkreis Berchtesgardener Land 09 172*, p. 6 et 15より算出。

降はベッド数10床以上と読み替え、また表5-1-24において、ベッド数9床未満は、2012年年以降は、ベッド数10床未満と読み替える必要がある[27]。

上記のように統計上の連続性には不満が残るが、表5-1-24で小規模施設における宿泊者をみると、平均宿泊数が7泊を超え、大規模施設より2倍以上の日数の長期滞在となる。

宿泊施設規模の大小にかかわらず、「キリスト受難劇」の開催年度には、宿泊者数の増加と宿泊期間の短縮が生じており、また、表5-1-21が示すように国外からの宿泊者が増加する傾向がみられる。

ガルミッシュ＝パルテンキルヘン郡の宿泊件数は、バイエルンにおいてミュンヘン市に次いで多数を占め、これを地域人口1人あたりでみると、バイエルン内で最大の値を示し、これに次ぐのがベルヒテスガーデナー・ラント郡（Landkreis Berchgardener Land）であると『コンセプト3』において指摘されている[28]。

ここでは、地域人口1人あたりの年間宿泊者数を「宿泊密度」と呼ぼう。

ガルミッシュ＝パルテンキルヘン郡の宿泊密度は31.67であり、バイエルンの6.46、オーバーバイエルンの7.52と比較すると異常に高い値を示す。参考までにベルヒテスガーデナー・ラント郡では、それが25.36である（表5-1-25参照）。

バイエルンにおける都市観光の拠点であるミュンヘン、ニュルンベルクはそれぞれ、8.67、4.98となっている（表5-1-26参照）。

表5-1-26　都市における宿泊密度

	人口 （2010年12月31日）	年間宿泊件数 （2011年度）	年間宿泊件数／ 地域人口
ミュンヘン市	1,353,186	11,738,112	8.67
ニュルンベルク市	505,664	2,518,490	4.98

典拠：Bayerisches Landesamt für Statistik und Datenverarbeitung, *Statistik kommunal 2011: Eine Auswahl wichtiger statistischer Daten für die Kreisfreie Stadt München 09 162*, p. 6 et 15; Bayerisches Landesamt für Statistik und Datenverarbeitung, *Statistik kommunal 2011: Eine Auswahl wichtiger statistischer Daten für die Kreisfreie Stadt Nürnberg 09 564*, p. 6 et 15.

9　小括

　第2次大戦以降、バイエルン州は州都ミュンヘンを含んだオーバーバイエルン地方において1人あたりGDPにおいて卓越した成長を遂げた。この点、ガルミッシュ＝パルテンキルヘン郡は観光密度が高いにもかかわらず、成長から取り残された地域であった。1人あたりGDPの低位、地価の高さ、旧来型農村観光による成長機会の制約を踏まえ、郡当局は、健康地域としての成長プランを策定した。

1）　ベッド数9床以上の規模を有する宿泊施設に関して、年間宿泊件数が最大である州はバイエルン（約8,100万件）であり、これに次いでバーデン＝ヴュルテンベルク（約4,560万件）、ノルトライン＝ヴェストファーレン（約4,420万件）、ニーダーザクセン（約3,940万件）である（Deutscher Tourismusverband, *Zahlen, Daten, Fakten 2011*, p. 14)。
2）　山田徹雄「コンツェルン都市ミュンヘンと観光事業」跡見学園女子大学『マネジメント学部紀要』第10号、2010年、山田徹雄「ミュンヘンにおける観光事情」跡見学園女子大学『コミュニケーション文化』第4号、2010年、山田徹雄「都市観光の定量比較」跡見学園女子大学『マネジメント学部紀要』第11号、2011年参照。
3）　山田徹雄「フランケン地方における観光事情」跡見学園女子大学『文学部紀要』第44号、2010年、山田徹雄「コンツェルン都市ニュルンベルクと観光インフラストラクチャー」跡見学園女子大学『マネジメント学部紀要』第12号、2011年参照。
4）　例えば、鈴江惠子『ドイツ　グリーン・ツーリズム考』東京農業大学出版会、2008年において農村地域における観光が、田園産業としてのグリーン・ツーリズムとし

て紹介されている。また、井上和衛編『欧州連合［EU］の農村開発政策』筑波書房、1999年に収められた山崎光博「ドイツの事例」をも参照。
5) Landkreis Garmisch-Partenkirchen, *Informationsbroschüre*: Vielfalt in vier Talschaft, 2008.
6) Landkreis Garmisch-Partenkirchen, Geschichte & Wappen, in interrete sub: http://www.lra-gap.de/de/geschichte. html, 10. 06. 2015.
7) トーマス・バウシュ教授（Prof. Dr. Thomas Bausch）については、Hochschule für Angewandte Wissenschaften München, Fakultät für Tourismus, in interrete sub: http://tr.fh-muenchen.de/die_fakultaet/ansprechpartner/professoren_tourismus/thomas_bausch.de.html, 29. 11. 2012、ギュンター・ノイバウワー教授（Prof. Dr. Günter Neubauer）については、IfG München, Univ.- Prof. Dr. Günter Neubauer －Curriculum Vitae-, in interrete sub: http://ifg-muenchen.com/Team_/Univ_-_Prof__Dr__Gunter_Neubau/univ_-_prof__dr__gunter_neubau.htm, 27. 11. 2012を参照。
8) Landkreis Garmisch-Partenkirchen, Vorwort des Landrates, in: *Landkreisentwicklungskonzept*, pp. 1-2.
9) Landkreis Garmisch-Partenkirchen, *Landkreisentwicklungskonzept*, p. 101.
10) Landkreis Garmisch-Partenkirchen, *Landkreisentwicklungskonzept*, p. 102.
11) Landkreis Garmisch-Partenkirchen, *Landkreisentwicklungskonzept*, p. 104.
12) Landkreis Garmisch-Partenkirchen, *Landkreisentwicklungskonzept*, p. 103.
13) Institut für Gesundheitsökonomik/Kreisentwicklungsgesellschaft Garmisch-Partenkirchen, *Entwicklungskonzept für die Gesundheitsregion Landkreis Garmisch-Partenkirchen: Abschlussbericht für die Kreisentwicklungsgesellschaft Garmisch-Partenkirchen*, 2012, p. 18.
14) Kreisentwicklungsgesellschaft Garmisch-Partenkrichen mbH, Kreisentwicklungsgesellschaft-Idee-, in interrete sub: http://www.kreisentwicklungsgesellschaft.de/de/keg.html, 30. 10. 2012.
15) Kreisentwicklungsgesellschaft Garmisch-Partenkirchen mbH, Kreisentwicklungsgesellschaft, in interrete sub: http://www.kreisentwicklungsgesellschaft.de/de/keg.html, 30. 10. 2012.
16) Kreisentwicklungsgesellschaft Garmisch-Partenkirchen, *Geschäftsbericht 01. 01. 2013-30. 06. 2014*, p. 3 et Bayerisches Landesamt für Statistik und Datenverarbeitung, *Statistik kommunal 2013, Eine Auswahl wichtiger statistischer Daten für den Landkreis Garmisch-Partenkirchen 09 180*, p. 9.
17) Lebenslust e. V. Garmisch-Patenkirchen, Home, in interrete sub: http://www.lebenslust-gap.de/, 29. 11. 2012.

18) Klinikum Garmisch-Partenkirchen, Home, in interrete sub: http://www.klinikum-gap.de/home/, 29. 11. 2012.
19) Klinikum Garmisch-Partenkirchen, Daten & Fakten, in interrete sub: http://www.klinikum-gap.de/klinikum/daten-fakten/, 10. 06. 2015.
20) Klinikum Garmisch-Partenkirchen, Aufsichtsrat, in interrete sub: http://www.klinikum-gap.de/klinikum/aufsichtsrat/, 16. 06. 2015.
21) Klinikum Garmisch-Partenkirchen, Daten und Fakten, in interrete sub: http://www.klinikum-gap.de/klinikum/daten-fakten/, 29. 11. 2012.
22) ㈶自治体国際化協会『ドイツの地方自治』2003年、105頁。同書は、バイエルン州オーバーバイエルン県ランツベルク郡（Landsberg am Lech）の事例をもとに郡の組織、行政事務について詳細な紹介がなされている（同書103頁以降）。
23) Landkreis Garmisch-Partenkirchen, *Landkreisentwicklungskonzept*, p. 6.
24) Landkreis Garmisch-Partenkirchen, *Landkreisentwicklungskonzept* p. 6.
25) 山田徹雄「ガルミッシュ=パルテンキルヘンと観光」跡見学園女子大学『マネジメント学部紀要』第15号、2013年参照。
26) この点については、前掲「ガルミッシュ=パルテンキルヘンと観光」を参照。
27) Bayerisches Landesamt für Statistik und Datenverarbeitung, *Statistik kommunal 2013: Eine Auswahl wichtiger statistischer Daten für den Landkreis Garmisch-Partenkirchen 09 180*, p. 28参照。
28) Institut für Gesundheitsökonomik/Kreisentwicklungsgesellschaft Garmisch-Partenkirchen, *Entwicklungskonzept für die Gesundheitsregion Landkreis Garmisch-Partenkirchen: Abschlussbericht für die Kreisentwicklungsgesellschaft Garmisch-Partenkirchen*, 2012, p. 18.

第2章　冬季オリンピック「ガルミッシュ＝パルテンキルヘン大会」

　第4回冬季オリンピックは、1936年2月6日から16日にかけてガルミッシュ＝パルテンキルヘンにおいて開催された。本章では、当該オリンピック大会の開催に至る経緯、経費、および期間中の宿泊動向について、オリンピック組織委員会編集の公式記録（Organisationskomitee für die IV. Olympischen Winterspiele 1936 Garmisch-Partenkirchen E. V., *IV. Olympische Winterspiele 1936 Amtlicher Bericht*, Berlin, 1936、以下、OW1936と略記）に基づき整理する[1]。

　夏季オリンピック、ベルリン大会については、ナチスによるプロパガンダとの関連において研究がなされ、冬季オリンピック、ガルミッシュ＝パルテンキルヘン大会についても同様の指摘がなされている[2]。

　本章では、この点に考慮し、大会運営の組織についても言及する。

　文中、国際オリンピック委員会の表記はドイツ語表記（I. O. K.）ではなく、英語表記（IOC）とする。また同委員会の開催する会議について、Sitzungはセッション、Tagungは総会と記述する。

1　第4回冬季オリンピック開催地の決定

　1936年の夏季オリンピックは、1931年にすでにベルリンに決定していた。これ以降、ベルリン大会が開催されるまでの間、ドイツにおけるユダヤ人選手のオリンピック参加問題、これに対するアメリカによるオリンピックのボイコットへの動きが展開される[3]。

　1931年4月25〜27日バルセロナにてIOCのセッションが開催され、第4回冬季オリンピックの開催地は、1933年にウィーンで開催されるIOCの総会で決定されることとなった。

これを受け、ガルミッシュ=パルテンキルヘン観光局（Die Kurverwaltung Garmisch-Partenkirchen）はドイツ・オリンピック委員会に対して1936年の第4回冬季オリンピックをマルクト・ガルミッシュおよびマルクト・パルテンキルヘンで開催する意志を示す以下の申請書（Gesuch）を送った。

「自治体ガルミッシュおよびパルテンキルヘンは1936年の冬季オリンピックの開催をガルミッシュ=パルテンキルヘンに誘致することを求める。

概算では、オリンピック冬季競技のために観覧席および広報を含めて一流のスポーツ施設の建設に約25万～30万ライヒスマルク必要である。両自治体はこの費用を引き受ける用意がある」[4]。

1933年6月7～11日にウィーンでIOC第30回総会が開催され、ドイツ・オリンピック委員会の提案に基づいて開催地をガルミッシュおよびパルテンキルヘンの両自治体とすることが決定された。その際、第4回冬季オリンピックは1936年に開催されることは決定されたが、詳細な期日は未定であることが確認された。あわせて、大会組織委員会の代表にカール・リター・フォン・ハルト博士（Dr. Karl Ritter von Halt）が決定した[5]。カール・リター・フォン・ハルトは、ドイツ銀行の頭取でIOC委員を務めていた[6]。

1933年7月1日、ガルミッシュ=パルテンキルヘンのステーションホテル（Bahnhof-Hotel in Garmisch-Partenkirchen）において最初の基本協議がなされ、競技は1936年2月6日、木曜日から2月16日、日曜日の期間に開催されることが正式決定された[7]。

1933年7月24～25日に、ドイツ・アイススケート連盟指導者およびドイツ・ボブスレー連盟指導者（Die Führer des Deutschen Eislaufverbandes und Deutschen Bobverbandes）であるヘルマン・クレーベルク（Hermann Kleeberg）とエルヴィン・ハッハマン（Erwin Hachmann）は自治体ガルミッシュおよびパルテンキルヘンとの間で、組織委員会の要請に基づいて、フィギュア競技場の建設とリーサー湖に面したボブスレー・コースの拡張に関わる基本的な問題を明確化する話し合いを行った。ツークシュピッツ鉄道駅の近くにあり、帝国鉄道の所有地にフィギュア競技場を建設するという建築家ハンス・オスター（Architekt Hanns Oster, Garmisch）の提案に賛同が得られた。同年、8月23日、第4回冬

表5-2-1　オリンピックの収支

(単位：ライヒスマルク)

収入の部合計（Summe des Einnahmen）	2,415,368.60
支出の部合計（Summe der Ausgaben）	2,618,259.00
ライヒによる補填（Restlicher Zuschußbedarf）	202,890.40

典拠：WO 1936, p. 74.

季オリンピック組織委員会が発足した。大会組織委員会の委員長にカール・リター・フォン・ハルト博士（Dr. Ritter von Halt）が正式に選出された。また、9月1日には、ガルミッシュ＝パルテンキルヘンに本部を置く「㈳第4回冬季オリンピック組織委員会」（Organisationskomitee für die IV. Olympischen Winterspiel e. V.）がバイエルン・ガルミッシュ区裁判所の団体登記簿に登記された。10月10日、グーディベルク（Gudiberg）における大オリンピック・シャンツェ（Große Olmpia-Schantze）の建設に関して、シェック市長（Bürgermeister Scheck）の指揮のもとに、建築家アルビンガー（A. Albinger, Partenkirchen）およびルーター（C. I. Luther, D. S. V）の計画に従って、ジャンプ台の協議が開始された。10月27日、帝国・プロイセン内務省において冬季大会の資金調達についての協議がなされた[8]。

大会組織委員長は、各国のオリンピック委員会に対して、第4回冬季オリンピック競技参加の招待状を送ったのは、同年、10月20日のことであった[9]。

2　オリンピックの予算

オリンピック・ガルミッシュ＝パルテンキルヘン大会の予算書（補正後）を検討する。同オリンピック大会による収支は、収入が241万ライヒスマルクであったのに対して、支出は261万ライヒスマルクであり、収支差額をライヒが補填することとなった（表5-2-1参照）。

予算の収入面では、オリンピック開催中の入場料および施設の恒常的な収入によって多くが賄われた（以下、表5-2-2参照）。

オリンピックにおける競技場の入場料収入は、およそ93万ライヒスマルクであるが、オリンピックに関わるワッペン等の販売代金によって約6万5,000ライヒ

表5-2-2　オリンピック予算　収入の部

(単位：ライヒスマルク)

補助金（Zushüsse）	
マルクト・ガルミッシュ（Marktgemeinde Garmisch）	100,000
マルクト・パルテンキルヘン（Marktgemeinde Partenkirchen）	100,000
ミュンヘン市（Stadt München）	50,000
バイエルン州（Land Bayern）	80,000
帝国（Reich）	899,831.25
帝国スポーツ指導者（Reichssportführer）	24,000
入場料およびその他の収入（Eintrittsgelder und sonstige Einnahmen）	
スキー競技、氷上競技、ボブスレー（Skisport, Eissport, Bobsport）	929,101.98
その他（Sonstige Einnahmen）	16,969.40
プログラムおよびワッペンの販売、オリンピック印章の売上（Verkauf von Programmen und Abzeichen, Erlös von Olymiaabzeichen）	64,547.03
オリンピック施設の日常的営業からの収入（Einnahmen aus dem laufenden Betrieb der Sportanlagen）	150,918.94

典拠：WO 1936, p. 74.

スマルクの収入を得た。

　また、オリンピック施設を日常的に営業することによる収入（約15万ライヒスマルク）もこれに加わった。

　地元自治体からの補助金は、マルクト・ガルミッシュとマルクト・パルテンキルヘンがそれぞれ10万ライヒスマルク負担するほか、ミュンヘン市が5万ライヒスマルク、バイエルン州が8万ライヒスマルク拠出し、さらにライヒがおよそ90万ライヒスマルク拠出したほか、帝国スポーツ指導者、チャーマー・ウント・オステン（Reichssportführer Hans von Tschammer und Osten）個人の出資があった[10]。

　このうち、マルクト・ガルミッシュとマルクト・パルテンキルヘンによる出資分は結局ライヒが引き受けることとなった。そのため、ライヒの負担は、およそ110万ライヒスマルクに達した[11]。

　支出面では、管理経費が最大である。競技施設関係の支出では、スキー・スタジアムおよびフィギュア・スタジアムに対する支出が多額に上っている（表5-2-3参照）。

　当初予算においてガルミッシュの負担分、10万ライヒスマルクはガルミッシュ

表5-2-3　オリンピック予算　支出の部

(単位：ライヒスマルク)

スキー競技 (Skisport)	426,100
スキー・スタジアム (Skistadion)	411,000
野外競技場 (Offene Kampfbahnen)	15,100
ボブスレー (Bobsport)	
ボブスレー競技場 (Bobbahn)	238,100
氷上競技 (Eissport)	593,500
フィギュアー・スタジアム (Kunststadion)	550,000
リーサー湖施設拡張 (Ausbau Rießersee)	42,000
練習場 (Trainingsplätze)	1,500
管理 (Verwaltung)	1,099,000
全般的管理 (Allgemeine Verwaltung)	232,000
銀行利子 (Bankzinsen)	20,700
組織 (Organisation)	640,000
装飾、会議 (Ausschmückung, Kongresse)	69,000
スポーツ施設管理 (Verwaltung der Sportanlagen)	137,300
宣伝 (Propaganda)	37,900
兵舎建設 (Barackenbau)	86,500
車庫用テント建設 (Garagenzeltbau)	30,000
放送 (Rundfunk)	159
任意処理費 (Dispositionsfonds)	10,000
清掃作業 (Aufräumungsarbeiten)	20,000
予備費 (Unvorhergesehenes)	50,000
公的任務支出 (Amtliches Werk und offizielle Ergebnisliste)	27,000

典拠：WO 1936, p. 74.

地域において整備されるボブスレー用コース (Bobbahn) 改築の費用に充当し、一方、パルテンキルヘン地域に整備されるスキーのジャンプ台 (Sprungschanze) の建設費、10万ライヒスマルクはパルテンキルヘンの負担とされていた[12]。

3　第9回冬季オリンピックの組織

　大会組織委員会の構成を見よう。委員長はすでに指摘したように、カール・リター・フォン・ハルト博士で、副委員長は、フリードリッヒ・デーレマンであり、いずれも金融業界を代表する人物である（表5-2-4参照）。

表5-2-4　大会組織委員会議長（Präsidium）

委員長 (Präsident)	カール・リター・フォン・ハルト博士（Dr. Karl Ritter von Halt, Mitglied im I. O. K., Direktor der Deutschen Bank und Disconto-Gesellschft, Berlin）
副委員長 (Vizepräsident)	フリードリッヒ・デーレマン（Friedrich Döhlemann, Generaldirektor der Bayer. Gemeindebank, Girozentrale München（Schatzmeister））

典拠：WO 1936, p. 26.

表5-2-5　大会組織委員（Mitglieder des Präsidiums）

テオドア・レーマン博士 (Staatssekretär i. R. Exzellens Dr. Theodor Lehwald)	Mitglied im I. O. K.
アドルフ・フリードリヒ公爵 (S. H. Herzog Adolf Fiedrich zu Mecklenburg)	Mitglied im I. O. K.
ハンス・プフントナー (Geh. Reg. -Ray Hans Pfundtner)	Staatssekretär im Reichs- und Preußischen Ministerium des Innern
ハンス・フォン・チャーマー・ウント・オステン (Reichssportführer Hans von Tschammer und Osten)	
アドルフ・ヴァグナー (Staatsminister Adolf Wagner)	
ヴァルター・フォン・ライヘナウ (Generalleutnant Walter von Reichenau)	Komm. General des VII. Armeekorps und Befehlshaber im Wehrkreis VII
カール・フィーラー（Karl Fiehler）	Oberbürgermeister der Stadt München
ヤコプ・シェンク（Jakob Scheck）	1. Bürgermeister von Garmisch-Partenkirchen

典拠：WO 1936, p. 26.

　大会組織委員には、帝国スポーツ指導者であり、オリンピック大会経費に対して個人で出資しているチャーマー・ウント・オステンが加わっている。また、ミュンヘン上級市長のほか、マルクト・ガルミッシュ゠パルテンキルヘン第1市長が地元から参加した（表5-2-5参照）。

　財務委員会には、前記フリードリッヒ・デールマンが金融界から参加し、議長を務める。このほか、帝国官庁および州官庁、また地元から第1、第2市長が加わった（表5-2-6参照）。

　建設委員会の議長は、州の建設局から選出され、これに自治体建設局からの参加に加えて、地元の専門家が2名入っている（表5-2-7参照）。

　広報委員会は、ライヒ官庁の人材を主体に構成されている。

表5-2-6　財務委員会（Finanz-Ausschuß）

議長（Vorsitzender） フリードリッヒ・デールマン （Fiedrich Döhlmann）	Generaldirektor der Bayerischen Gemeindebank – Girozentrale (Schatzmeister)
ハンス・リッター・フォン・レクス （Hans Ritter von Lex）	Ober-Reg.-Rat im Reichs- und Preußischen Ministerium des Innern
ジークフリート・フォン・ヤン （Siegfried v. Jan）	Ministerialrat im Bayerischen Staatsministerium für Unterricht und Kultus
アドルフ・ガイルハルター （Adolf Geyrhalter）	Oberbeamter der Bayerischen Gemeindebank – Girozentrale
ヤコプ・シェック（Jakob Scheck）	1. Bürgermeister von Garmisch-Partenkirchen
ヨーゼフ・トーマ（Josef Thomma）	2. Bürgermeister von Garmisch-Partenkirchen

典拠：WO 1936, p. 27.

表5-2-7　建設委員会（Bau-Ausschuß）

議長（Vorsitzender） マックス・ブリュックルマイヤー （Max Brücklmeier）	Dipl.-Ing., Landesbaurat, München
アーヌルフ・アルビンガー （Arnulf Albinger）	Architekt, Gemeinde-Bauamt Garmisch-Partenkirchen (Skistadion)
リヒャルト・パプスト（Richard Pabst）	Dr.-Ing. e. h., Berlin (Eisstadion)
ハンス・オスター（Hanns Oster）	Architekt, Garmisch-Partenkirchen (Eisstadion und Bobbahn)
シュタニスラウス・ツェンツィツキ （Stanislaus M. Zentzytszki）	Ingenieur, Berlin (Bobbahn)
カール・ノイナー（Karl Neuner）	Garmisch-Partenkirchen (Abfahrtsstrecken)

典拠：WO 1936, p. 27.

表5-2-8　広報委員会（Propaganda-Ausschuß）

議長（Vorsitzender） フリッツ・マーロ博士（Dr. Fritz Mahlo）	Oberregierungsrat im Reichsministerium für Volksaufklärung und Propaganda
ハンス・ゲルト・ヴィンター（Hans Gert Winter）	Direktor, Reichsbahnzentrale für den Deutschen Reiseverkehr
パウル・ヴォルフルム（Paul Wolfrum）	Direktor, Landesverkehrsverband München und Südbayern e. V., München
オットー・ゲッツ・リター・フォン・ハイリングブルンナー （Major Otto Goetz Ritter v. Heilingbrunner）	Direktor, Reichsfremdenverkehrs-Verband, Berlin
アントン・ライティンガー（Anton Reitinger）	Kurdirektor, Garmisch-Partenkirchen

典拠：WO 1936, p. 27.

表 5-2-9　スキー競技専門委員会（Fachausschuß für Skisport）

議長（Vorsitzender）	ヨーゼフ・マイヤー（Josef Maier, München）
特別任用（z. b. V.）	カール・ノイナー（Karl Neuner, Garmisch-Partenkirchen）
長距離走（Langlauf）	グスタフ・シュミット（Gustav Schmidt, München） カール・ベッケルト（Karl Beckert, Garmisch-Partenkirchen） エティネ・マグニン（Etienne Magnin, München）
ジャンプ（Sprunglauf）	グイ・シュミット（Guy Schmidt, München） ルドルフ・ガイガー（Rudolf Geiger, Berchtesgarden）
滑降・スラローム （Abfahrtslauf und Slalom）	ハンス・ヴォッチュ博士（Dr. Hans Votsch, München） ルドルフ・シンドル（Rudolf Schindl, Garmisch-Partenkirchen） ヨハン・ノイヤー（Johann Neuer, Garmisch-Partenkirchen）
バイアスロン（Militär-Patrouillenlauf）	オーベルスト・ディートル（Oberst Dietl, Kempten）

注：z. b. V. = zur besonderen Verwendung
典拠：WO 1936, p. 27.

表 5-2-10　氷上スポーツ専門委員会（Fachausschuß für Eissport）

議長（Vorsitzender）	ヘルマン・クレーベルク（Hermann Kleeberg, Berlin） マックス・エンゲルハルト博士（Dr. Max Engelhard）
特別任用（z. b. V.）	ルートヴィヒ・リヒンター（Ludwig Ryhinter, Garmisch-Partenkirchen）
アイスホッケー （Eishockey）	アルフレット・シュタインケ（Alfred Steinke, Berlin） ハインリヒ・クラウジング（Heinrich Clausing, Garmisch-Partenkirchen）
スピードスケート （Schnellauf）	ヴァルター・グルント（Walter Grund, Berlin） カール・ノイシュティフター（Karl Neustifter, München）
フィギュア（Kunstlauf）	ハンス・ケック博士（Dr. Hans Keck, Frankfurt a. M） ダンネンベルク博士（Dr. Dannenberg, Berlin）
気象業務（Wetterdienst）	ハンス・ヘアツォク（Hans Herzog, München）
氷上射撃（Eisschießen）	ヨーゼフ・デッチュ（Josef Dötsch, Zwiesel）

典拠：WO 1936, p. 28.

表 5-2-11　ボブスレー専門委員会（Fachausschuß für Bobsport）

議長（Vortsitzender）	ハンス・エドガー・エンドレス（Hans Edgar Endres, München）
	エルヴィン・ハッハマン（Erwin Hachmann, Berlin） アレックス・グルーバー（Alex Gruber, München） ハンス・ライザー（Hans Reiser, Garmisch-Partenkirchen） シュタニスラウス・ツェンツィツキ（Ing. Stanislaus M. Zentzytzki, Berlin）

典拠：WO 1936, p. 28.

表5-2-12　ガルミッシュ＝パルテンキルヘン・オリンピック交通局（Olympia-Verkehrsamt der Gemeinde Garmisch-Partenkirchen）

局長（Leiter）	マックス・ヴェルネック（Direktor Max Werneck, Garmisch-Partenkirchen）
	マックス・ウルバン（Max Urban, Garmisch-Partenkirchen）

典拠：WO 1936, p. 28.

　競技に関する専門委員会は、スキー、氷上競技、ボブスレーの分野ごとに編成され、このうち、スキー競技専門委員会とボブスレー専門委員会の議長はミュンヘン市から選出された。

4　交通と宿泊状況

　ヴァイルハイム～ムールナウ間、21.4kmはすでに1879年にバイエルン国鉄（Bayerische Staatseisenbahn）として開通していた、ムールナウからパルテンキルヘンに至る25.2kmの鉄道、「ムールナウ～パルテンキルヘン鉄道」（Murnau-Partenkirchner Eisenbahn）は、1889年に開通した[13]。

　同鉄道は「ムールナウ・パルテンキルヘン鉄道」と称していたが、駅の名称は、ガルミッシュ＝パルテンキルヘンとされた。同区間の建設は、ミュンヘン・ローカル鉄道株式会社（Localbahn-AG München、略称、LAG）によって行われ、1900年にはミュンヘンからの直通列車が運行された。ガルミッシュ＝パルテンキルヘンとインスブルックを結ぶ路線がバイエルンとオーストリアの条約に基づいて構想され、ムールナウからガルミッシュ＝パルテンキルヘンに至る路線の整備が要請されたことによって、同区間は、1908年にバイエルン国有鉄道によって買収されることとなった[14]。

　ガルミッシュ＝パルテンキルヘンとインスブルックが鉄道によって結ばれたのは、1912年のことであった[15]。

　このようにして、ガルミッシュ＝パルテンキルヘンは、20世紀初頭には、ミュンヘンおよびオーストリアのインスブルックとの鉄道連絡が完成した。

　オリンピック開催に際して、「ドイツへの旅行交通規程」（Bestimmungen für den Reiseverkehr nach Deutschland）によって、外国通貨およびドイツ通貨の

ガルミッシュ＝パルテンキルヘン（2008年8月撮影）。

ドイツへの持ち込みは制限なく許可されることを定めた「外国為替規程」（Devisenbestimmungen）、第4回冬季オリンピック大会には、1936年第11回ベルリン・オリンピック大会において与えられるのと同様の鉄道、船舶、航空運賃軽減が与えられることを定めた「旅費軽減」（Reise-Ermäßigungen）およびドイツ帝国鉄道は、居住地から国境駅を経てガルミッシュ＝パルテンキルヘンに至る経路および帰路の区間に関して、オリンピック競技参加者には75kgまでの手荷物と運動用具を無料で運搬することを認める「輸送費軽減」（Transport-Ermäßigungen）が適用された[16]。

オリンピック開催中のガルミッシュ＝パルテンキルヘン滞在者数を表5-2-13に示した。全体では、閉会式の行われた16日が最大の値を示している。開会式当日においては、自動車による外部からの訪問者が多数を占めているが、競技が行われている期間においては、鉄道利用者が圧倒的多数を占めている。

宿泊地域においては競技の行われているガルミッシュ＝パルテンキルヘンおよび隣接するファーハント、グライナウに宿泊者が多く見られた。

外国人宿泊者は南東ヨーロッパを起点とするものが最も多く、これに次いで西

第2章 冬季オリンピック「ガルミッシュ＝パルテンキルヘン大会」 333

表5-2-13 オリンピック期間中におけるガルミッシュ＝パルテンキルヘン滞在者推計

	居住者および滞在者 (1)	外部から到着し、晩に戻った者			合計
		帝国鉄道利用者	自動車利用者	その他	
2月6日	24,000	11,300	12,000	1,700	49,000
7日	25,500	8,000	4,000	500	38,000
8日	25,600	12,800	5,000	1,000	44,400
9日	25,500	28,600	10,000	2,000	66,100
10日	23,000	12,600	2,000	500	38,100
11日	23,000	12,700	3,000	1,000	39,700
12日	22,500	17,500	3,400	1,000	44,400
13日	24,500	24,100	9,000	2,500	60,100
14日	25,000	21,200	9,000	1,000	56,200
15日	24,400	24,700	4,500	1,200	54,800
16日	26,000	67,400	60,000	3,500	156,900
	24,450	21,900	11,100	1,450	59,000

注：(1) 警察官（Polizei）、警護（Absperrdienst）などを含む。
典拠：WO 1936, p. 68.

表5-2-14 オリンピック期間中における町村別人口および警察に届け出のあった宿泊者

町村等（Ort）	居住人口	滞在者
ガルミッシュ＝パルテンキルヘン（Garmisch-Partenkirchen）	10,110	12,537
エッシェンローエ（Eschenlohe）	610	206
エッタール（Ettal）	966	623
ファーハント（Farchant）	734	3,706
コールグルップ（Kohlgrub）	1,288	316
クリューン（Krünn）	608	621
ミッテンヴァルト（Mittenwald）	2,722	3,844
オーバーアマーガウ（Oberammergau）	2,281	2,643
オーバーアウ（Oberau）	601	676
オーバーグライナウ（Obergrainau）	651	1,373
オールシュタット（Ohlstadt）	1,087	114
ザウルグルップ（Saulgrub）	617	81
シュヴァイゲン（Schwaigen）	227	―
ウンターアマーガウ（Unterammergau）	828	347
ウンターグライナウ（Untergrainau）	500	690
ヴァルガウ（Wallgau）	573	302
ヴァムベルク（Wamberg）	219	―
合　　計	24,622	28,079

注：3日以上の滞在は警察への届け出が必要である。
典拠：WO 1936, p. 6.

表5-2-15 外国人滞在者（オリンピック参加者を含む）の内訳

世界の地域	1936年2月	1935年2月	国名
スカンジナビア（Skandinavien）	499	198	Dänemark, Schweden, Norwegen, Finnland
東ヨーロッパ（Osteuropa）	242	153	Danzig, Polen, Randstaaten, Rußland
南東ヨーロッパ（Südosteuropa）	991	212	Österreich, Tschechoslowakei, Ungarn, Jugoslawien
バルカン（Balkan）	101	27	Rumänien, Bulgarien, Griechenland
イタリア・スイス（Italien-Schweiz）	427	261	
西ヨーロッパ（Westeuropa）	903	1,095	Frankreich, Belgien, Luxemburg, Niederlande, Spanien, Portugal
イギリス（Großbritanien）	487	250	
アメリカ（Amerika）	505	74	Vereinigte Staaten, Kanada, Mittelamerika, Südamerika
アジア（Asien）	184	68	
アフリカ（Afrika）	29	30	
オーストラリア（Australien）	7	1	
その他（Sonstige）	7	11	Oben nicht genannte europäische Staaten
合計（Zusammen）	4,382	2,380	

注：Kurverwaltung Garmisch-Partenkirchen により把握されている滞在者数。
典拠：WO 1936, p. 69.

ヨーロッパ、アメリカ、スカンジナビアからの来訪者が多い。前年同期と比べて、特に増加が著しいのは南東ヨーロッパ（4.67倍）、バルカン（3.74倍）、アジア（2.7倍）、スカンジナビア（2.5倍）であり、逆に西ヨーロッパからの来訪者が減少している。

5　小括

オーバーバイエルンの保養地、ガルミッシュ＝パルテンキルヘンにおいて、1936年に開催された冬季オリンピックの経済効果を分析した。オリンピック期間中、当地を訪れた者は主として鉄道を利用していること、外国人滞在者としては南東ヨーロッパを起点とするものが著しい増加を示したことが確認された。

1）　この記録には最年少で参加した、女子フィギュアスケートの稲田悦子の映像が2

カ所に掲載されている（WO 1936, p. 372, p. 374）。
2） Bohlen, Friedrich, *Der XI. Olympischen Spiele Berlin 1936: Instrumente der innen- und außenpolitischen Propaganda und Systemsicherung des faschistischen Regiems*, Köln, 1979. ガルミッシュ＝パルテンキルヘン大会については、Rürup, Reinhard, *1936 Die Olympische Spiele und der Nationalsozialismus*, Berlin, 1996, p. 89.
3） この点については、IOC, *The International Olympic Committee - One Hundred Years, The Idea - The Presidents - The Achievements*, Volume 1, Lausanne, 1994. 和訳、NPO法人日本オリンピック・アカデミー公式サイト（http://www.olympic-academy.jp）掲載、『国際オリンピック委員会の百年 第1巻』（穂積八洲雄訳）、バイエ-ラツール会長の時代（206頁以降）に詳しい。
4） WO 1936, p. 29.
5） WO 1936, p. 32.
6） Heimerzheim, P., *Karl Ritter von Halt - Leben zwischen Sport und Politik*, Köln, 1999.
7） WO 1936, pp. 32-33.
8） WO 1936, p. 33.
9） WO 1936, p. 34.
10） 帝国スポーツ指導者チャーマー・ウント・オステン（Hans von Tschammer und Osten）についてはSteinhöfer, D., *Hans von Tschammer und Osten, Reichssportführer im Dritten Reich*, Berlin, 1973および明石真和「第2次大戦期のドイツのサッカー」『駿河台大学論集』第32号、2006年、51頁。
11） WO 1936, p. 74.
12） WO 1936, p. 71.
13） Kobschätzky, H., *Streckenatlas der deutschen Eisenbahnen 1835-1892*, Düsseldorf, 1971, p. 23, p. 45.
14） Bürnheim, H., *Localbahn-AG München*, Gifhorn, 1974; Kuchinke, S., *Die Localbahn Actiengesellschaft - Eine bayerische Privatbahn und ihre Geschichte*, Stuttgart, 2000.
15） Innsbrucker Nachrichten, 248/1912, 28. 10. 1912, in: Österreichische Nationalbibliothek, Historische österreichische Zeitung und Zeitschriften, in interete sub, http://anno.onb.ac.at/cgi-content/anno?apm=0&aid=ibn&datum=19121028&seite=08, 07. 05. 2013.
16） WO 1936, p. 67.

第3章　マルクト・ガルミッシュ・パルテンキルヘンと観光

［日本語表記に関する凡例］
1．フェーリエン・ヴォーヌング（Ferienwohnung）
　英語の holiday rental, holiday flat、米語の vacation rental, vacation apartement、仏語の appartment de vacances、伊語の appartmento per le vacanze、蘭語の Hotelkamers en vakantiewoningen を指す。日本語のコンドミニアムが近い概念であるが、朝食が提供される場合が多い。本章ではドイツ語のフェーリエン・ヴォーヌングをそのまま用いた。
2．ガストハウス（Gasthaus）
　英語の inn, tavern、仏語の auberge, hôtellerie、伊語の albergo を指す。「田舎風ホテル兼レストラン」を意味するが、ドイツ語のガストハウスを用いた。

本章では、ドイツ連邦共和国（Bundesrepublik Deutschland）バイエルン州（Freistaat Bayern）オーバーバイエルン県（Regierungsbezirk Oberbayern）ガルミッシュ＝パルテンキルヘン郡（Landkreis Garmisch-Partenkirchen）マルクト・ガルミッシュ＝パルテンキルヘン（Markt Garmisch-Partenkirchen）における地勢、歴史、政治を観光との関係において考察する[1]。

1　ガルミッシュ＝パルテンキルヘンの地勢

マルクト・ガルミッシュ＝パルテンキルヘンは東経11度04分、北緯47度29分に位置し、ティロルから流入するロイザッハ川（Loisach）とヴェターシュタイン連山（Wettersteingebirge）を源流とするパルトナッハ川（Partnach）が合流す

表5-3-1 マルクト・ガルミッシュ゠パルテンキルヘンの土地用利用形態

	面積（ha）
建物用地・空き地（Gebäude- u. Freifläche）	524
企業用地（Betriebsfläche）	8
保養地（Erholungsfläche）	71
交通用地（Verkehrsfläche）	320
うち、道路、広場（Straßen, Wege, Plätze）	255
農業用地（Landwirtschaftsfläche）	2,442
森林（Waldfläche）	9,788
河川・湖（Wasserfläche）	191
その他（Fläche anderer Nutzung）	7,214
合計（Fläche insgesamt）	20,055

典拠：Markt Garmisch-Partenkirchen, Zahlen und Fakten, in interrete sub: http://buergerservice.gapa.de/de/41fa49fb-b134-4b44-c132-f2c8dbb8cb34.html, 19.08.2012.

る地点の谷あいの広い窪地の中心にあり、北西方向のアンマー連山（Ammergebirge）、東方向のエスター連山（Estergebirge）、南方向のヴェターシュタイン連山に囲まれた地形を持つ[2]。

北方へはアウトバーンA95および鉄道によって、オーバーアウ、ムールナウを経てミュンヘンと結ばれ、西方にはグライナウ、グリーセンを経てオーストリア国境に鉄道で連絡し、東方へはクライス、ミッテンヴァルトを経由してオーストリア国境に鉄道で結ばれている[3]。

また当地は、ミュンヘンから90km、インスブルックから55kmの地点にあり、海抜708m（市庁舎を基準とする）の高地にある[4]。

同マルクトの面積はおよそ2万ヘクタールであるが、その48.8％が森林であり、また12％余りが農業用地である（表5-3-1参照）。

2 マルクト・ガルミッシュ゠パルテンキルヘン成立に至る歴史

ガルミッシュとパルテンキルヘンは、1930年代まで別個のマルクトであった[5]。

2世紀にブレンナー峠を経由してローマに至る狭い街道が拡幅されたとき、宿場（die römische Straßenstation）としてパルターヌム（Partanum）が登場した。7世紀には現代のバイエルン族の祖先であるバユヴァーレン族（Bajuwaren）が定住していた。これが後のパルテンキルヘンである。一方、ガルミッシュは、西暦802年にゲルマーレスカウウエ（Germareskauue）という名前で歴史に現れ、原教会（Urkirche）が設置され、ここを拠点にティロルへの布教が行われた。

13世紀以降、両村は繁栄を極め、「黄金の狭い土地」（das Goldene Landl）と呼ばれた。パルテンキルヘンはアウクスブルクとヴェネツイアを結ぶ通商路という立地によって、またガルミッシュは小河川、ロイザッハ川による石膏、木材の輸送によって成長し、パルテンキルヘンは1305年に、ガルミッシュは1455年に開市権を獲得し、フォールム（forum）＝マルクト（Markt）となった。

地理上の発見以降、商業路が地中海から大西洋にと変化することによって、マルクト・パルテンキルヘン、マルクト・ガルミッシュおよびマルクト・ミッテンヴァルトは経済的基盤を失うことになる。

1889年にロイザッハタールに鉄道が開通した時、最初の駅名は「ガルミッシュ＝パルテンキルヘン」であった。ドイツオリンピック委員会会長テオドーア・レーヴァルト博士（Dr. Theodor Lehwald）は、1931年に「ガルミッシュ＝パルテンキルヘン」を1936年の冬期オリンピックの第1の候補地にあげた。

オリンピック誘致問題を背景に、マルクト・ガルミッシュの地区ナチス党員が、ガルミッシュとパルテンキルヘンが「できる限り早期に」（schnellstens）合併すること（事実上パルテンキルヘンのガルミッシュへの統合）を求めたのは、1933年6月のことであった。

これ以降、マルクト・ガルミッシュが合併提案を繰り返し、マルクト・パルテンキルヘンが躊躇する動きのなかで、国家社会主義ドイツ労働者党ミュンヘン・オーバーバイエルン「大管区指導者」アドルフ・ヴァグナー（NS-Gauleiter Adolf Wagner）が圧力を加え、パルテンキルヘン内に新しい共通の市庁舎を設置する条件で、1934年に2つのマルクトは合併に合意した。

オリンピックを1年後に控えた1935年1月1日をもって、両マルクトは合併し、新しい市長と市会議員は市民によって選挙されるのではなく、「ガルミッシュ＝パルテンキルヘン郡国家社会主義労働者党首脳の同意をもって」（Einvernehmen mit der NS-Kreisleitung Garmisch-Partenkirchen）任命された。

当時、ガルミッシュの人口はおよそ6,500人、パルテンキルヘンのそれは6,000人であった[6]。

1933年にマルクト・ガルミッシュからの合併提案に対して、マルクト・パルテンキルヘンは保養地としての伝統はパルテンキルヘンのほうにあることを主張し

表5-3-2 マルクト・ガルミッシュ＝パルテンキルヘン成立以前の観光客年間宿泊件数

(単位：1,000件)

	1913年4月～1914年3月	1925年10月～1926年9月	1930年10月～1931年9月
ガルミッシュ	183	216	330
パルテンキルヘン	254	196	413

典拠：Historisches Lexikon Bayern, Fremdenverkehr, in interrete sub: http://www.historisches-lexikon-bayerns.de/artikel/artikel_44714, 30. 08. 2012.

表5-3-3 マルクト・ガルミッシュ＝パルテンキルヘンの人口

年度	主たる居住地（Hauptwohnsitz）としている人口
1840	2,870
1871	3,038
1900	4,792
1925	10,326
1939	18,308
1950	25,435
1960	25,751
1970	26,885
1980	27,828
1990	26,413
2000	26,347
2010	26,207
2011	26,287

注：合併以前の人口は、マルクト・ガルミッシュとマルクト・パルテンキルヘンを合計したもの。
典拠：Markt Garmisch-Partenkirchen, Zahlen und Fakten, in interrete sub: http://buergerservice.gapa.de/de/41fa49fb-bl34-4b44-cl32-f2c8dbb8cb34.html, 19. 08. 2012.

ていた[7]。

これを裏付けるのが、表5-3-2である。1926観光年度においては、両マルクトの観光客宿泊件数に大差はないが、1913年度および1931観光年度は、パルテンキルヘンの保養地としての優位性がみられる。

3　マルクト・ガルミッシュ＝パルテンキルヘンの人口と雇用

1936年に冬季オリンピックが開催されたことが、このマルクトの発展契機のひとつであったことは、表5-3-3の人口動態が示すとおりである。第2次大戦以降には、人口は著しく増加することも減少することもない。

2011年における人口は、主たる居住地（Hauptwohnsitz）とするものは、2万6,287人であるが、このほかに従たる居住地（Nebenwohnsitz）とするものが、1,353人である[8]。

このことは、主たる居住地をほかに有し、当地を保養のため恒常的に利用しているものが多数存在することを示している。

表5-3-4で当マルクトの雇用構造をみると、広い意味における観光関連産業

表 5-3-4 マルクト・ガルミッシュ=パルテンキルヘンの社会保険義務者の雇用構造（2012年）

マルクト・ガルミッシュ=パルテンキルヘン内の事業所における雇用	10,301
マルクト・ガルミッシュ=パルテンキルヘンに居住し、雇用されている者	8,614
外部からの通勤者（Pendlersaldo）	1,687
マルクト・ガルミッシュ=パルテンキルヘン内の事業所における雇用の内訳	
農林漁業（Land- und Forstwirtschaft, Fischerei）	6
製造業（Produzierendes Gewerbe）	1,331
商業、交通、接客（Handel, Verkehr, Gastgewerbe）	3,388
ビジネスサービス提供（Unternehmensdienstleister）	1,350
公的サービスおよび民間サービス提供（Öffentliche und private Dienstleister）	4,226

典拠：Bayerisches Landesamt für Statistik und Datenverarbeitung, *Statistik kommunal 2011: Eine Auswahl wichtiger statistischer Daten für den Markt Garmisch-Partenkirchen 09 180 117*, 2013, p. 9.

表 5-3-5 マルクト・ガルミッシュ=パルテンキルヘンにおける連邦議会選挙（Bundestagswahlen）の政党別得票率

選挙年度	政党別得票率（％）					
	CSU	SPD	GRÜNE	DIELINKE	FDP	その他
1990	65.5	13.2	3.1	0.1	9.6	8.4
1994	64.6	14.8	4.6	0.3	9.4	6.2
1998	59.9	20.2	4.2	0.4	7.7	7.5
2002	71.9	15.7	4.9	0.4	4.8	2.4
2005	60.1	15.5	5.5	2.3	13.0	3.6
2009	52.9	10.0	6.8	3.7	18.6	7.9
2013	57.4	12.4	5.9	2.5	7.8	14.0

典拠：Bayerisches Landesamt für Statistik und Datenverarbeitung, *Statistik kommunal 2013: Eine Auswahl wichtiger statistischer Daten für den Markt Garmisch-Partenkirchen 09 180 117*, p. 8.

に従事しているものが多数を占めていることがわかる。また外部からの通勤者が1,687名にのぼり、当地が地域の中心としての機能を有していることを示している。

4　マルクト・ガルミッシュ=パルテンキルヘンの政治

　伝統的にCSUが堅固な地盤とするオーバーバイエルンの政治風土を反映して、国政レベルの選挙においては、CSUが常に過半数を超える得票率を獲得してき

表 5-3-6 マルクト・ガルミッシュ゠パルテンキルヘンにおける州議会選挙（Landeswahlen）の政党別得票率

選挙年度	政党別得票率（％）					
	CSU	SPD	FW	GRÜNE	FDP	その他
1986	71.6	14.3	—	4.3	4.4	5.4
1990	70.9	12.5	—	4.8	5.1	6.8
1994	66.1	14.5	—	5.8	2.8	10.8
1998	64.9	15.7	3.8	5.8	2.0	7.9
2003	75.9	10.0	1.3	4.3	3.4	5.2
2008	49.8	11.6	7.8	6.2	10.1	14.4
2013	55.1	13.2	10.7	4.9	4.1	12.2

注：FW: FREIE WÄHLER Bayern e. V.
典拠：Bayerisches Landesamt für Statistik und Datenverarbeitung, *Statistik kommunal 2013: Eine Auswahl wichtiger statistischer Daten für den Markt Garmisch-Partenkirchen 09 180 117*, p. 8.

たことを表 5-3-5 が示している。支持率が53％に下がった2009年の選挙では FDP が19％近い支持率を得た。州議会選挙においてもこの傾向に大きな変わりはないが、2008年の選挙においては CSU が初めて過半数を下回る得票率となり、FDP が10％を超す支持率を集めた。また、2013年には FW が11％近い得票率を集め、CSU の支持は55％に留まった（表 5-3-6 参照）。

マルクト・ガルミッシュ゠パルテンキルヘンの政治は、2014年 3 月に行われた市長選挙、および市議会議員選挙において大きな変化が見られた。まず、2008年 3 月に行われた選挙結果と2014年のそれとの比較を行う。

2008年 3 月 2 日に行われた郡長、市長同日選挙において、郡長には CSU のハラルト・キューン（Harald Kühn）が選出され、市長には「ガルミッシュ゠パルテンキルヘン市民のためのキリスト教社会連合体」（Christrich–Soziales Bündnis. e. V.–Bürger für Garmisch-Partenkirchen）の推すトーマス・シュミット（Thomas Schmid）が選ばれた[9]。

この選挙結果から、この地域においては、バイエルン州固有の政党であるキリスト教社会同盟（CSU）および地元政党マルクト・ガルミッシュ゠パルテンキルヘン CSB の影響力が大きいことがわかる。

当該マルクトの第 1 市長、第 2 市長、第 3 市長の属性を表 5-3-7 にまとめた。3 人はいずれもマルクト・ガルミッシュ゠パルテンキルヘンにあるギムナジウムにてアビトゥアの資格をとっている。第 1 市長はガルミッシュ゠パルテンキルヘン郡のゲマインデであるオーバーアマーガウの出身であり、また第 2 市長、第 3 市長はいずれもマルクト・ガルミッシュ゠パルテンキルヘンを出生地とする。第 1 市長と第 2 市長はミュンヘンで大学教育を受けている。第 1 市長はブルッヘに

表5-3-7 マルクト・ガルミッシュ゠パルテンキルヘン市長（2008〜2014年）

	第1市長（1. Bürgermeister）	第2市長（2. Bürgermeisterin）	第3市長（3. Bürgermeister）
氏名	トーマス・シュミット (Thomas Schmid)	ダニエラ・ビトナー (Daniela Bittner)	ハンネス・クレッツ (Hannes Krätz)
出生地	Oberammergau	Garmisch-Partenkirchen	Garmisch-Partenkirchen
アビトゥア	Werdenfels-Gymnasium Garmisch-Partenkirchen	Werdenfels-Gymnasium Garmisch-Partenkirchen	Werdenfels-Gymnasium Garmisch-Partenkirchen
高等教育	Politische Wissenschaft an der Ludwig-Maximilian-Universität, München	Sozialwissenschaft an der Fachhochschule München	
大学院	Master of European Studies in Brügge/Belgien		

典拠：Markt Garmisch-Partenkirchen, Marktgemeinderat, in interrete sub: http://buergerservice.gapa.de/de/e9879e99-a5b8-c323-6d5e-9de2e0d2146f.html, 19. 08. 2012より作成。

表5-3-8 28名の名誉職としてのマルクト・ガルミッシュ゠パルテンキルヘン市会議員（2008〜2014年）

党派	議席
Christlich Soziales Bündnis – Bürger für Garmisch-Partenkirchen e. V.（CSB）	11
Christlich-Soziale-Union（CSU）	7
Sozialdemokratische Partei Deutschlands（SPD）	4
Freie Wählergemeinschaft Garmisch-Partenkirchen e. V.（FWG）	4
Bayernpartei（BP）	1
Freie Demokratische Partei（FDP）	1

典拠：Garmisch-Partenkirchen, Marktgemeiderat, in interrete sub: http://buergerservice.gapa.de/de/2f759e2a-3123-b36b-a9cd-b7e6c2cb9e6f.html, 18. 09. 2012.

て大学院教育を受けているが、地元へUターンした。

マルクト・ガルミッシュ゠パルテンキルヘンの市議会（Marktgemeinderat Garmisch-Partenkirchen）は、専門職（berufsmäßig）としての第1市長、名誉職（ehrenamtlich）としての第2および第3市長および28名の名誉職としての市会議員（eherenamtliche Gemeindemitglieder）から構成されている。市議会議長は、第1市長が務める。名誉市議会議員は、「費用弁済」（Entschädigung）として月額125ユーロのほか、本会議および委員会への出席ごとに25ユーロが与えられる[10]。

市長選挙と同日、行われた市会議員選挙による党派別内訳を表5-3-8に示した。市長と同会派であり、地元政党であるCSBから最も多数の議員が選出され、またバイエルン州固有政党であるCSUが第2党である。この時点で市長による

表5-3-9　マルクト・ガルミッシュ＝パルテンキルヘン市長（2014年〜）

	第1市長（1. Bürgermeisterin）	第2市長（2. Bürgermeister）
氏名	ジークリート・マイヤーホーファー博士 （Dr. Sigrid Meierhofer）	ヴォルフガング・バウワー （Wolfgang Bauer）
出身地	Rottweil, Baden-Württemberg	Garmisch-Partenkirchen
アビトゥア等	Rottweil	Staatliche Wirtschaftsschule Dr. Leopold in Garmisch-Partenkirchen mit dem Abschluss der Mittleren Reife
高等教育	Sportwissenschaften, an der Johannes-Gutenberg-Universität, Mainz, Humanmedizin an der Albert-Ludwigs-Universität Freiburg und an der Ludwig-Maximilians-Universität, München	
政党	SPD	CSU

典拠：Markt Garmisch-Partenkirchen, Bürgermeister des Marktes Garmisch-Partenkirchen, in interrete sub: http://buergerservice.gapa.de/de/e9879e99-a5b8-c323-6d5e-9de2e0d2146f.html, 19. 06. 2015.

　議会運営はFWG、BPとの連立によってなされていた。

　2014年の市長選挙、市議会議員選挙によって、第1市長は、SPD候補であるジークリート・マイヤーホーファー博士が就任し、第2市長はCSUのヴォルフガング・バウワーが就いた。市議会議員選挙においては、CSUが第1党となり、CSBが大きく議席を失った結果、CSU、SPDにFDP加えた連立で議会運営が行われることとなった。また、第1市長、マイヤーホーファーはバーデン＝ヴュルテンブルク州の出身であり、この点、それ以前の3市長にみられた地元性向は希薄にみえる（表5-3-9および表5-3-10参照）。

　とはいえ、彼女は1994〜2014年にマルクト・ガルミッシュ＝パルテンキルヘンにある小児科看護学校（Berufsfachschule für Kranken- und Kinderkrankenpflege）において講師（Dozentin）を務めていた[11]。この看護学校は有限会社ガルミッシュ＝パルテンキルヘン総合病院（Klinikum Garmisch-Partenkirchen GmbH）の傘下にある[12]。

　2002年から2014年に至る長期にわたって、マルクトの市長を担っていたのは、トーマス・シュミットである。2014年に行われた市長選挙において、現職のトーマス・シュミットが事実上敗れ、SPD候補であるジークリート・マイヤーホーファー博士が当選し、第2市長にはCSU所属のヴォルフガング・バウワーが就

表5-3-10　28名の名誉職としてのマルクト・ガルミッシュ＝パルテンキルヘン市会議員（2014〜2020年）

会　派	議席
Christlich-Soziale-Union（CSU）	10
Christlich-Soziales Bündnis Bürger für Garmsich-Partenkirchen e. V.（CSB）	7
Sozialdemokratische Partei Deutschlands（SPD）	5
Freie Wählergemeinschaft Garmisch-Partenkirche e. V.（FWG）	3
Bayernpartei（BP）	2
Bündnis 90/Die Grünen	1
Freie Demokratische Partei（FDP）	1
無所属	1

典拠：Markt Garmisch-Partenkirchen, Marktgemeinderat, in interrete sub: http://buergerservice.gapa.de/de/2f759e2a-3123-b36b-a9cd-b7e6c2cb9e6f.html, 19. 06. 2015.

任した。この間の事情について当時のマスコミ報道を根拠として以下に記す[13]）。

　トーマス・シュミットは、2002年に行われた市長選挙においてCSUから立候補し、75％の得票率を得て当選を果たした。2007年、翌年の市長選挙を前にシュミットは、CSUから決別し、自ら新しい党派である「ガルミッシュ＝パルテンキルヘン市民のためのキリスト教社会連合体」（Christrich-Soziales Bündnis. e. V.-Bürger für Garmisch-Partenkirchen）を組織し、自ら党首として、選挙に臨んだ。CSUは対立候補を擁立したが、シュミットは52％の得票率を得て、再選を果たした。市議会運営においては、「ガルミッシュ＝パルテンキルヘン自由選挙人」（Freie Wählergemeinschaft Garmisch-Partenkirchen e. V.）と連立を組んだ結果、CSUとSPDは批判勢力となった。2014年の市長選挙においては、三選を目指すシュミットの対立候補はSPD所属、ジークリート・マイヤーホーファー博士であった、シュミットの得票率は33.2％であり、マイヤーホーファーのそれは、29.2％で決選投票となった。

　すでに決定した市会議員選挙において、CSBとFWが議席を減らし過半数を失ったこと、またCSUとFDPもマイヤーホーファーの支持にまわったことから、シュミットは決選投票を前に政界からの引退を表明した。

　このような状況を背景として、SPD市長と市議会運営におけるSPDとCSUの連立が実現したのである。

　なお、『ガルミッシュ＝パルテンキルヘン議会院内規則』（Geschäftsordnung

für den Marktgemeinderat Garmisch-Partenkirchen, Markt Garmisch-Partenkirchen）が改正され、2014年5月1日発効し、これに伴い、旧規則（Geschäftsordnung vom 8. Mai 2008）が無効となった。

一つはBürgermeisterを、Bürgermeisterinにする改正であり、また、第1市長に支障がある場合の代理を第2市長とする点では、変更がないが、第1市長、第2市長の両者に支障がある場合の代理をCSU議員団代表、CSB議員団代表、SPD議員団代表、FWG議員団代表、BP議員団代表の順とする改正であった[14]。

元来、SPD支持が希薄な地域にSPD市長が誕生した背景を辿ると、2008年の選挙における後遺症が作用したとしか言いようがない[15]。マイヤーホーファー支持勢力にCSUとFDPが加わっている点を考慮すれば、単なる現象の変化を本質と変化と取り違えるべきではない。

以上の選挙結果、また先に述べた土地利用形態、人口動向、雇用の傾向は、この地域がオーバーバイエルンの保守性、地域性を示し、古き良き伝統を依然として保持していることを反映しているであろう。

「バイエルンの時計は他のどこよりもゆっくりと時を刻んでいる」(die Uhren in Bayern langsamer schlügen als anderswo)[16] 風土（Landschaft）をここにみることができるのである。

5　マルクト財政と観光による財源

マルクト・ガルミッシュ＝パルテンキルヘン歳入のうち、直接観光に関わる収入を2010年度決算から抽出すると表5-3-11にようになっている。

このうち、カジノ収入は州からの交付金であるが、その他はマルクト・ガルミッシュパルテン＝キルヘンの自主財源である。これらの財源を合計すると、総歳入の1割以上を占め、自治体の観光依存度が高いことを示している。

5.1　観光税

観光税（Fremdenverkehrsbeitrag）は、マルクトの条例（資料5-3-1参照）が定めるように、観光に関わる業者が支払う地方税である。観光に関わる売上が

第3章 マルクト・ガルミッシュ・パルテンキルヘンと観光

表5-3-11 マルクト・ガルミッシュパルテン＝キルヘンの観光関連収入

	2010年度決算 (単位1,000ユーロ)	マルクト総歳入に占める比率（%）
別荘税（Zweitwohnungssteuer）	1,157	2.11
カジノ収入（Spielbankaufkommen）に関わる州からの交付金	1,505	2.75
観光税（Fremdenverkehrsbeitrag）	1,363	2.49
保養税（Kurbeitrag）	1,754	3.21
小　　計	5,779	10.58

典拠：Markt Garmisch-Partenkirchen, *Haushaltungssatzung mit Anlagen Haushaltsjahr 2012*, p.15より作成。

課税対象となっている。税率は5％である。

5.2 別荘税

別荘税は、奢侈税として徴収される地方税である。税は住居（Wohnung）の賃貸価格（Mietwet）に応じて算定される。賃貸価格は、「年間総賃貸料」（Jahresrohmiete）が適用される。「年間総賃貸料」（Jahresrohmiete）は、「査定法」（Bewertungsgesetz）によって定められている[17]。

この評価基準に基づいて、税率はその9％となっている。納税義務者は、別荘の所有者だけではなく、住居を別荘として賃借するものも支払う義務がある。

別荘税は、一般的なゲマインデ収入（eine allgemeine Gemeindeeinnahme）であるが、次に述べる保養税は目的税であり、専ら保養施設の維持（Erhalten）と保護（Pflege）のためにしか、用いることはできない[18]。

5.3 観光者税

地方公共団体が観光地における宿泊者に課す地方税（Ortstaxe）は、Kurtaxe、Gästetaxe、Aufenthaltsabgabe、Beherbergunstaxe、Nächtigungstaxe等の名称で呼ばれ、ゲマインデが徴収している。同税の合法性については、ライプツィヒの連邦行政裁判所（das Bundesverwaltungsgericht in Leipzig）は以下の判決を下した。

「宿泊税は部分的に合憲である」（Übernachtungssteuer teilweise verfassungswirdig）

資料5-3-1 「観光税徴収条例」

> §1　納税義務者（Beitragsschulder）、税構成要件（Betitragstatbestand）
> (1) すべての独立して事業を営む自然人および法人、合名会社および合資会社のうちで、当自治体内の観光によって利益が生じているものについては、観光税が徴収される。
> (2) 連邦と州は、税が免除される。
> §2　税基準（Beitragsmaßtab）
> (1) 納税義務者に、一暦年内に観光を通じて間接的、直接的に生じた利益には税が徴収される。
> (2)（省略）
> §3　税の算出（Beitragsermittlung）
> (1) 税は利益に応じて算出される。その際、利益に利益率（3項）と税率（4項）が乗ぜられる。
> (2) 税額は課税対象となる売上に応じて算出される。その際、課税対象となる売上に利益率（3項）と最低税率（5項）が乗ぜられる。
> (3) 利益率は、所得税対象もしくは法人税対象となる利益（1項）または課税対象となる売上（5項）のうちで、観光に基づく部分をいう。個々のケースに対する評価によって分類され課税される。その際、独立して営まれる事業の種類と範囲、営業および宿泊空間の状態と規模、経営方法や顧客集団の構成が重視される。
> (4) 税率は5％とする。
> (5) 最低税率（Mindestbeitragssatz）は、売り上げに占める利潤のうちで、評価を通じて課税される割合に応じては以下のようになる。
>
> | （観光による利益と評価される割合） | （最低税率） |
> | --- | --- |
> | 0％以上5％以下 | 0.06％ |
> | 5％を越え10％以下 | 0.19 |
> | 10％を越え15％以下 | 0.31 |
> | 15％を越え20％以下 | 0.44 |
> | 20％を越える | 0.63 |

典拠：Markt Garmisch-Partenkirchen, Satzung für die Erhebung eines Fremdenverkehrsbeitrags.

　すなわち、「個人的な理由、特に観光を理由とする」（aus privaten, insbesondere touristischen Gründen）宿泊は、同税を徴収することは合憲である。しかし、「仕事に迫られて必要とされる」（beruflich zwingend erforderlich）宿泊に対する課税は、合憲とはいえない。なぜなら、前者は所得を個人の消費に使用しているのに対して、後者は所得を獲得する活動であり、消費に対する課税（Aufwandsteuer）とは言い難いからだ[19]。

資料5-3-2 「別荘税の徴収に関する条例」(Erhebung einer Zweitwohnungssteuer)

§1 総則 (Allgemeines)
　マルクト・ガルミッシュ＝パルテンキルヘンは、基本法105条2a項の精神にのっとって地域の奢侈税として別荘税を徴収する。
§2 税の対象 (Steuergegenstand)
　別荘とは、他の家屋に主たる住居を有する個人が、その個人の生活行為もしくはその家族構成員の生活行為のために占有する当自治体領域における住居をいう。他の目的への一時的な転用、とりわけ第3者への又貸しは、別荘の性質をそこなうものではない。
§3 納税義務 (Steuerpflicht)
　(1) §2の精神にのっとり当自治体領域に別荘を占有するものは、納税義務がある。
　(2) 複数の個人が共同でひとつの別荘を占有する場合には、§44 des Abgabeordnung にしたがって彼らは Gesamtschuldner である。
§4 税の基準 (Steuermaßstab)
　(1) 税は住居の賃貸価格 (Mietwert) に応じて算定される。
　(2) 賃貸価格として年間総賃貸料 (Jahresrohmiete) が適用される。
　　(以下、省略)
　(3) 個々の住居単位について税務署によって年間総賃貸料が確定されていない家屋については、家屋総体におけるそれぞれの住居単位の面積に応じた年間総賃貸料が賃貸価格として適用される。
　(4) (省略)
　(5) (省略)
§5 税率 (Steuersatz)
　(1) 税は、年に評価基準 (Bemessungsgrundlage) の9％とする。
　　(以下、省略)

典拠：Markt Garmisch-Partenkirchen, Satzung über die Erhebung einer Zweitwohnungssteuer.

　マルクト・ガルミッシュ＝パルテンキルヘンにおいては、宿泊者に対する課税として保養税 (Kurbeitrag) を定めている (資料5-3-3参照)。マルクト内の宿泊施設はほとんど、保養区域1に存在していることから、滞在1日あたり1人2ユーロを支払うことになる。さらに別荘所有者は、一括納入の割引はあるが、保養税を納付することになる。

資料5-3-3 「保養税（Kurbeitrag）の徴収に関する条例」

§1　納税義務
　届け出義務の精神にのっとり主たる居住を当地に持つことなく、保養施設の利用および各種行事への参加の可能性が提供されている者で、当自治体の保養地域（Kurgebiet）において保養・休養目的で滞在する者は、保養税を納付する義務をもつ。(以下、省略)

§2　保養地域
　(1)（省略）
　(2) 保養地域は保養区域1および2（Kurbezirk 1 und 2）に区分される。
　保養区域1は、以下に規定されていない限り、海抜900m以下の隣接する山腹を含めた渓谷にあるゲマインデ地域を包括する。
　保養区域2は、コッヘルベルク、ペーターズバート、ヴィルデナウの区域（Gemeindeteile）並びにエイフェレ1番地、ピフレーガーゼー1番地およびルイネ・ヴェルデンフェルズ1番地の居住用建物・ガストシュテッテ用建物（Wohn- und Gaststättengebäude）とそれらに付随する土地を包括する。

§4　保養税額
　(1) 保養税は、滞在日数に従って計算される。(以下、省略)
　(2) 保養区域1において、滞在日あたりの金額は以下のようになる。
　　1．満16歳を超える者　　　　　2.00ユーロ
　　2．満6歳を超え、満16歳までの者　1.00ユーロ
　　3．満6歳以下の児童　　　　　　納税義務なし
　保養区域2において、滞在日あたりの金額は以下のようになる。
　　1．満16歳を超える者　　　　　1.80ユーロ
　　2．満6歳を超え、満16歳までの者　0.90ユーロ
　　3．満6歳以下の児童　　　　　　納税義務なし
　保養税の納税義務をもつ者で、保養区域に宿泊しない者は保養区域2の税額を納付しなければならない。

§7　別荘を有する者に対する特別の規定
　(1) 当自治体内に別荘（zweite oder eine weitere Wohnung）を有し、§1に依って保養税納税義務がある者については、自治体は年間一括保養税を取り決めることができる。
　　（以下、省略）

典拠：Markt Garmisch-Partenkirchen Gästemeldeamt, Satzung für die Erhebung eines Kurbeitrages vom 17. 12. 2009.

6　ガルミッシュ＝パルテンキルヘン観光協会

6．1　ガルミッシュ＝パルテンキルヘン観光協会の利害

　1972年に設立された㈳ガルミッシュ＝パルテンキルヘン観光協会（Fremdenverkehrsverein Garmisch-Partenkirchen e. V.）は、ガルミッシュ＝パルテンキルヘンにおける観光の振興と生活の質向上のための活動を行っている[20]。

　同協会に登録されている宿泊施設は、2015年夏期においては、フェーリエンヴォーヌング（Ferienwohnungen）が89軒[21]、ガストハウス（Gästehäuser）が21軒[22]、ホテルが8軒である[23]。

　このうち、登録されているホテルはすべて地元の中小資本であり、ホテルチェーンおよび比較的規模の大きいホテルはこれには加わっていない。

　協会のもとに夏期パック料金（Sommer-Pauschale）が設定され、その内容は、ガストハウス、フェーリエンヴォーヌングいずれも、

　　　ツインルーム、朝食付き　1人あたり4泊　219ユーロ
　　　　　　　　　　　　　　　　　　　7泊　319ユーロ

であり、ガルミッシュ・パルテンキルヘン地域バス（Ortsbus）の無料乗車、ツークシュピッツェ往復、ヴァンクバーンまたはアルプシュピッツバーン乗車料金などが含まれている[24]。

　同協会のサイトは、「ガルミッシュ＝パルテンキルヘン観光協会は宿泊施設の提供者と休暇を過ごす人たちの利害代表（Interessenvertretung）であり、顧客がヴェルデンフェルザー・ラントにおいて素晴らしい休暇を過ごすことができ、休養をとり、はつらつとして帰郷の途に就くよう力の及ぶ限り貢献したい」と述べている[25]。

　同協会の理事長（1. Vorstand）は、トーマス・シュプレンツェル（Thomas Sprenzel）、副理事長（2. Vorstand）はドーリス・ガンサー（Doris Ganser）である[26]。シュプレンツェルは、ガルミッシュにあるスキー学校並びにフェーリエンヴォーヌング（Skischule und Ferienwohnungen Thomas Sprenzel）を経営して

パルテンキルヘンの夏まつり（2014年8月撮影）。エッタール修道院ビールの垂れ幕が見える。

いる[27]。ガンサーはパルテンキルヘンにおいてフェーリエンヴォーヌング（Ferienwohnungen Ganser）を営んでいる[28]。

このことは、同協会がガルミッシュ側とパルテンキルヘン側にある地場中小資本の利害代表であることを示している。

6.2 ガルミッシュ＝パルテンキルヘン観光協会の活動成果

ガルミッシュ＝パルテンキルヘン観光協会は、2005年までに、ミヒャエル・エンデ保養地公園（Michael-Ende-Kurpark）を無料開放したこと、マルクト内の宿泊施設から提供されている保養チケット（Kurkarte）を所有している者に地域バスを無料で乗車できるようにしたこと、旧オリンピック施設の再建およびその提案、各種観光施設・経路に観光案内版を設置したことなど、多くの観光への貢献を行ってきた[29]。

2007年にはガルミッシュ＝パルテンキルヘンにあるフェーリウンヴォーヌングとガストハウスを格付けする企画をガルミッシュ＝パルテンキルヘン郡シュパー

ルカッセ Kreissparkasse Garmisch-Partenkirchen）およびガルミッシュ＝パルテンキルヘン市民大学（Volkshochschule Garmisch-Partenkirchen）と共同で行った[30]。

現在、ガルミッシュ＝パルテンキルヘンにおける観光客の流れは、ミヒャエル・エンデ保養地公園（Michael-Ende-Kurpark）とその正門前にあるリヒャルト・シュトラウス広場（Richard-Strauss-Platz）、またそこからミヒャエル・エンデ広場（Michael-Ende-Platz）を経てマリーエン広場（Marienplatz）に至る歩行者天国（Fussgängerzone）に集中している。

以下のガルミッシュ＝パルテンキルヘン観光協会による提言は、この立地に変更をせまる。

2006年に同協会は、聖マルティン通り（St.- Martin-Strasse）に総合商業施設を誘致する提言を公にし[31]、また現在、リヒャルト・シュトラウス広場に面している会議場の立て直しに関して、これを聖マルティン通りに移転する提案を同年に行った[32]。2012年にはパルテンキルヘンにあるヴァンク山の案内板の整備に着手し[33]、また、ガルミッシュにあるミヒャエル・エンデ広場同様にパルテンキルヘンにも同様の保養地広場を整備することを求めている[34]。

協会の理事長の経営するスキー学校が聖マルティン通りにあること、また副理事長の経営するフェーリウンヴォーヌングがパルテンキルヘンにあることを考え合わせると、これらの動きの利害背景が浮かび上がる。

2011年にスタートした「歴史的まちの周遊」計画（Projekt "Historischer Ortsrundgang"）に基づき、ガルミッシュ地区に44軒、パルテンキルヘン地区に17軒の「歴史的家屋」（Historischer Häuser）を掲出した[35]。

7　ガルミッシュ＝パルテンキルヘンの観光客

7.1　マルクト・ガルミッシュ＝パルテンキルヘンの観光客

2013年6月において、ベッド数10床以上の宿泊施設は、マルクト内に140軒存在し、これらの施設における受け入れ可能ベッド数は6,215床であった[36]。

表 5-3-12 マルクト・ガルミッシュ゠パルテンキルヘンにおける宿泊者・宿泊件数(2013年)

(1) ベッド数10床以上の宿泊施設

年間宿泊者数(人)	340,883
国内からの宿泊者	243,746 (71.50%)
国外からの宿泊者	97,137 (28.50%)
年間宿泊件数(件)	924,303
国内からの宿泊者	685,495 (74.16%)
国外からの宿泊者	238,808 (25.84%)
平均宿泊期間(泊)	2.7
国内からの宿泊者	2.8
国外からの宿泊者	2.5

典拠:Bayerisches Landesamt für Statistik und Datenverarbeitung, *Statistik kommunal 2013: Eine Auswahl wichtiger statistischer Daten für den Markt Garmisch-Partenkirchen 09 180 117*, p. 15.

表 5-3-13 マルクト・ガルミッシュ゠パルテンキルヘンにおける宿泊者・宿泊件数(2011年)

(2) ベッド数9床以下の宿泊施設

年間宿泊者数(人)	41,067
年間宿泊件数(件)	277,288
平均宿泊期間(泊)	6.8

典拠:Bayerisches Landesamt für Statistik und Datenverarbeitung, *Statistik kommunal 2013: Eine Auswahl wichtiger statistischer Daten für den Markt Garmisch-Partenkirchen 09 180 117*, p. 15.

　ベッド数が10床以上の宿泊施設においては、国内からの宿泊者が71.5%を占めているが、国外からの宿泊者も28.5%に達している。平均宿泊期間において、同施設が2.7泊であるのに対して、小規模施設では、6.8泊近くに達し、まったく対照的な結果である。後者の数値は、小規模施設におけるパック料金基準である7泊とほぼ見合っている。長期滞在者が、フェーリエンヴォーヌングを好んで利用していることは明らかである。

7.2　ガルミッシュ゠パルテンキルヘン郡内自治体とマルクト・ガルミッシュ゠パルテンキルヘン

　比較のためにガルミッシュ゠パルテンキルヘン郡に属す自治体のうちで宿泊者数が多い7自治体(マルクト・ミッテンヴァルト、マルクト・ムールナウ、ゲマインデ・クリューン、ゲマインデ・グライナウ、ゲマインデ・ファーハント、ゲマインデ・バート・コールグルプ)を考察する(以下表5-3-14参照)。

　(1) マルクト・ミッテンヴァルトは、パルテンキルヘンからインスブルックに至るオーストリアとの国境にある自治体で、人口は7,000人を超える規模を持つ。郡内でマルクト・ガルミッシュ゠パルテンキルヘンに次いで大きな雇用を有する

第3章　マルクト・ガルミッシュ・パルテンキルヘンと観光　355

表 5-3-14　郡内自治体基礎データ

自治体	人口	自治体内雇用	外部からの通勤者
マルクト・ガルミッシュ＝パルテンキルヘン	25,901	10,301	1,687
マルクト・ミッテンヴァルト	7,287	1,521	△769
マルクト・ムールナウ	11,453	5,206	1,199
ゲマインデ・クリューン	1,905	640	△1
ゲマインデ・グライナウ	3,431	675	△472
ゲマインデ・ファーハント	3,638	730	△607
ゲマインデ・バート・コールグルプ	2,405	374	△434
ゲマインデ・オーバーアマーガウ	5,103	1,497	97

典拠：Bayerisches Landesamt für Statistik und Datenverarbeitung, *Statistik kommunal 2013: Eine Auswahl wichtiger statistischer Daten für den Markt Mittenwald 09 180 123*, p. 6, p. 9, Bayerisches Landesamt für Statistik und Datenverarbeitung, *Statistik kommunal 2013: Eine Auswahl wichtiger statistischer Daten für den Markt Murnau a. Staffelsee 09 180 124*, p. 6, p. 9, Bayerisches Landesamt für Statistik und Datenverarbeitung, *Statistik kommunal 2013: Eine Auswahl wichtiger statistischer Daten für die Gemeinde Krün 09 180 122*, p. 6, p. 9, Bayerisches Landesamt für Statistik und Datenverarbeitung, *Statistik kommunal 2013: Eine Auswahl wichtiger statistischer Daten für die Gemeinde Grainau 09 180 118*, p. 6, p. 9, Bayerisches Landesamt für Statistik und Datenverarbeitung, *Statistik kommunal 2013: Eine Auswahl wichtiger statistischer Daten für die Gemeinde Farschant 09 180 116*, p. 6, p. 9, Bayerisches Landesamt für Statistik und Datenverarbeitung, *Statistik kommunal 2013: Eine Auswahl wichtiger statistischer Daten für die Gemeinde Bad Kohlgrub 09 180 112*, p. 6, p. 9, Bayerisches Landesamt für Statistik und Datenverarbeitung, *Statistik kommunal 2013: Eine Auswahl wichtiger statistischer Daten für die Gemeinde Oberammergau 09 180 125*, p. 6, p. 9より作成。

にもかかわらず、外部からの通勤者がマイナスとなっているのは、マルクト・ガルミッシュ＝パルテンキルヘンへの通勤者の流出の結果と考えられる。

（2）マルクト・ムールナウは、ミュンヘンからガルミッシュ＝パルテンキルヘンへ向かう経路の途上にある。人口は1万人を超え、マルクト・ガルミッシュ＝パルテンキルヘンに次いで人口規模が大きい。外部からの通勤者が1,000人を超え、マルクト・ガルミッシュ＝パルテンキルヘンへの依存がほとんどない独自の空間を形成している。

（3）ゲマインデ・クリューンは、パルテンキルヘンおよびミッテンヴァルトからアクセスする立地にある。人口に比して、自治体内雇用は比較的大きい。ミッテンヴァルト、ヴァルガウとともに、「アルプス世界カルヴェンデル有限会社」（Alpenwelt Karwendel Mittenwald Krün Wallgau Tourismus GmbH）を通じて観光客の誘致活動を行っている[37]。

（4）ゲマインデ・グライナウは、ガルミッシュからアクセスする立地にあり、ツークシュピッツェの麓にあるドルフである。流出する通勤者はガルミッシュ＝

表5-3-15 郡内自治体におけるベッド数10床以上の宿泊施設（2013年）

自治体	施設数	宿泊者数	国内起点（％）	国外起点（％）
マルクト・ガルミッシュ＝パルテンキルヘン	140	340,883	71.50	28.50
マルクト・ミッテンヴァルト	68	60,905	91.83	8.17
マルクト・ムールナウ	20	42,682	84.35	15.65
ゲマインデ・クリューン	51	80,206	89.45	10.55
ゲマインデ・グライナウ	76	92,877	87.27	12.73
ゲマインデ・ファーハント	8	9,599	79.12	20.88
ゲマインデ・バート・コールグルプ	35	33,873	78.53	21.47
ゲマインデ・オーバーアマーガウ	51	64,434	61.25	38.73

典拠：Bayerisches Landesamt für Statistik und Datenverarbeitung, *Statistik kommunal 2013: Eine Auswahl wichtiger statistischer Daten für den Markt Mittenwald 09 180 123*, p. 15, Bayerisches Landesamt für Statistik und Datenverarbeitung, *Statistik kommunal 2013: Eine Auswahl wichtiger statistischer Daten für den Markt Murnau a. Staffelsee 09 180 124*, p. 15, Bayerisches Landesamt für Statistik und Datenverarbeitung, *Statistik kommunal 2013: Eine Auswahl wichtiger statistischer Daten für die Gemeinde Krün 09 180 122*, p. 15, Bayerisches Landesamt für Statistik und Datenverarbeitung, *Statistik kommunal 2013: Eine Auswahl wichtiger statistischer Daten für die Gemeinde Grainau 09 180 118*, p. 15, Bayerisches Landesamt für Statistik und Datenverarbeitung, *Statistik kommunal 2013: Eine Auswahl wichtiger statistischer Daten für die Gemeinde Farschant 09 180 116*, p. 15, Bayerisches Landesamt für Statistik und Datenverarbeitung, *Statistik kommunal 2013: Eine Auswahl wichtiger statistischer Daten für die Gemeinde Bad Kohlgrub 09 180 112*, p. 15, Bayerisches Landesamt für Statistik und Datenverarbeitung, *Statistik kommunal 2013: Eine Auswahl wichtiger statistischer Daten für die Gemeinde Oberammergau 09 180 125*, p. 15より作成。

パルテンキルヘンへ向かうと考えられる。

（5）ゲマインデ・ファーハントは、ガルミッシュ＝パルテンキルヘンと北部で隣接する自治体である。流出する通勤者の多くはガルミッシュ＝パルテンキルヘンへ向かうと思われる。

（6）ゲマインデ・バート・コールグルプの行政区画は、ガルミッシュ＝パルテンキルヘン郡に属しているが、アマーガウアー・アルペン（Ammergauer Alpen）の保養地であり、23号線を南下すれば、ウンターアマーガウ、オーバーアマルガウと連絡し、北上すればアルゴイ地方と結ばれる。マルクト・ガルミッシュ＝パルテンキルヘンとの密な関係は考えにくい[38]。

（7）ゲマインデ・オーバーアマルガウは、鉄道・道路のアクセスでは、ムールナウが起点となる。また、23号線によってオーバーアウ（Oberau）で2号線に接続し、ガルミッシュ＝パルテンキルヘンに連絡することもできる。人口規模、自治体内雇用は比較的高い水準にあり、外部からの通勤者も一定程度あることから、独自の空間を形成していると思われる。

郡内の宿泊施設（ベッド数10床以上）数は、140軒のマルクト・ガルミッシュ＝

第3章　マルクト・ガルミッシュ・パルテンキルヘンと観光　357

表5-3-16　郡内自治体における宿泊施設の平均宿泊数

自治体	ベッド数10床以上			ベッド数10床未満
		国内起点	国外起点	
マルクト・ガルミッシュ＝パルテンキルヘン	2.7	2.8	2.5	6.8
マルクト・ミッテンヴァルト	4.2	4.3	3.6	8.0
マルクト・ムールナウ	3.6	3.7	3.3	6.5
ゲマインデ・クリューン	4.6	4.7	3.7	9.0
ゲマインデ・グライナウ	3.8	3.9	3.3	6.9
ゲマインデ・ファーハント	3.7	3.9	2.8	8.2
ゲマインデ・バート・コールグルプ	4.1	4.6	2.1	9.3
ゲマインデ・オーバーアマーガウ	3.8	4.4	3.0	7.0

典拠：Bayerisches Landesamt für Statistik und Datenverarbeitung, *Statistik kommunal 2013: Eine Auswahl wichtiger statistischer Daten für den Markt Mittenwald 09 180 123*, p. 15, Bayerisches Landesamt für Statistik und Datenverarbeitung, *Statistik kommunal 2013: Eine Auswahl wichtiger statistischer Daten für den Markt Murnau a. Staffelsee 09 180 124*, p. 15, Bayerisches Landesamt für Statistik und Datenverarbeitung, *Statistik kommunal 2013: Eine Auswahl wichtiger statistischer Daten für die Gemeinde Krün 09 180 122*, p. 15, Bayerisches Landesamt für Statistik und Datenverarbeitung, *Statistik kommunal 2013: Eine Auswahl wichtiger statistischer Daten für die Gemeinde Grainau 09 180 118*, p. 15, Bayerisches Landesamt für Statistik und Datenverarbeitung, *Statistik kommunal 2013: Eine Auswahl wichtiger statistischer Daten für die Gemeinde Farschant 09 180 116*, p. 15, Bayerisches Landesamt für Statistik und Datenverarbeitung, *Statistik kommunal 2013: Eine Auswahl wichtiger statistischer Daten für die Gemeinde Bad Kohlgrub 09 180 112*, p. 15, Bayerisches Landesamt für Statistik und Datenverarbeitung, *Statistik kommunal 2013: Eine Auswahl wichtiger statistischer Daten für die Gemeinde Oberammergau 09 180 125*, p. 15より作成。

　パルテンキルヘンが最大であり、これに次いでグライナウ、ミッテンヴァルト、クリューン、オーバーアマーガウが50軒を越えている。宿泊者数においては、年間34万人を超すマルクト・ガルミッシュ＝パルテンキルヘンが突出し、グライナウ、クリューンがこれに次いでいる。国外からの宿泊者が20％を越えているには、オーバーアマーガウ、マルクト・ガルミッシュ＝パルテンキルヘン、コールグルプ、ファーハントである。

　平均宿泊数では、いずれの自治体においても、ベッド数10床未満の小規模施設の宿泊者のほうが、それ以上の規模の施設より著しく長期におよぶ。また、ベッド数10床以上の施設において、国内からの宿泊者が相対的に長期滞在する。自治体別に比較すると、クリューン、コールグルプなど人口規模の小さい自治体において長期に滞在する傾向が見られる。

　オリンピック誘致問題を背景に2つのマルクトが1935年に統合・成立したマルクト・ガルミッシュ＝パルテンキルヘンは、ミュンヘンから90km、インスブルックから55kmの地点の連山に囲まれた盆地にある。政治、土地利用形態、人口

動向、雇用の傾向は、この地域がオーバーバイエルンの保守性、地域性を示し、古き良き伝統を依然として保持していることを反映している。雇用構造、自治体財政は観光産業を基盤とし、特に小規模な宿泊施設であるフェーリエンヴォーヌングは、長期滞在者が好んで利用する。

8　小括

　1936年の冬季オリンピック開催地、ガルミッシュ＝パルテンキルヘンは海抜708mの高地にあり、オーバーバイエルンの「古き良き伝統」を保持した風土を持つ。住民の選挙行動、人口動態、土地利用形態は保守性、地域性によって特徴づけられる。
　雇用構造は、観光関連産業がこの地域の経済的基盤となっていることを示し、マルクトの財源において、直接観光に由来するものだけでも10%以上を占めている。ガルミッシュ＝パルテンキルヘン観光協会は地元中小資本の利害を代表し、その中心となるフェーリエンヴォーニングは、長期滞在者によって好んで利用されている。

　〔追記〕　私は、1975年以来、毎年ガルミッシュ＝パルテンキルヘンを訪れてきた。その間特にドイツ再統一以降、パルテンキルヘン方面に駅前通り（Bahnhofstrasse）を進むと、店舗の閉鎖と観光客の減少が年々進むのを見てきた。それとは対照的にガルミッシュ側にある保養地公園およびその周辺の歩行者天国がますます繁栄していく様子が見られた。

1）　ガルミッシュ＝パルテンキルヘンは、マルクト（ein Markt）であると同時に、バイエルン州にあるガルミッシュ＝パルテンキルヘン郡（Kreis Garmisch-Partenkirchen）の郡庁所在地（Kreishauptort）でもある（Fremdenverkehrsamt Garmisch-Partenkirchen, Fremdenverkehrsburo Information, in interrete sub: http://www.fremdenverkehrsbuero.info/fremdenverkehrsamt-garmisch-partenkirchen.html, 07. 06. 2012）。以下、ガルミッシュ＝パルテンキルヘンと記述するのは、すべてマルクト・ガルミッシュ＝パルテンキルヘンである。「シュタット」（Stadt）

と「マルクト」（Markt）について『バイエルン州市町村法』は、以下のように定めている。(1) シュタットとマルクトは、従来の法に従ってこれらの名称有している自治体、もしくは新たに州内務省によってこれらの名称が与えられた自治体をいう。(2) シュタットとマルクトの名称は、人口、集落の形態および経済的状況に従って、その名称がふさわしい自治体にのみ与えられる（Gemeindeordnung für den Freistaat Bayern in der Fassung des Bekanntmachung vom 22. Augsut 1998, Art. 3 Städte und Märkte）。この立法趣旨に基づき、マルクトの首長は「市長」、マルクト議会は「市議会」と表記する。

2) Markt Garmisch-Partenkirchen, Zahlen und Fakten, in interrete sub: http://buergerservice.gapa.de/de/41fa49fb-b134-4b44-c132-f2c8dbb8cb34.html, 19. 08. 2012.

3) Markt Garmisch-Partenkirchen, Zahlen–Daten–Fakten, in interrete sub: http://buergerservice.gapa.de/de/41fa49fb-b134-4b44-c132-f2c8dbb8cb34.html, 19. 06. 2015.

4) Markt Garmisch-Partenkirchen, Zahlen und Fakten, in interrete sub: http://buergerservice.gapa.de/de/41fa49fb-b134-4b44-c132-f2c8dbb8cb34.html, 19. 08. 2012.

5) ガルミッシュとパルテンキルヘンの統合以前の史料は、マルクトアルヒーフ・マルクト・ガルミッシュ＝パルテンキルヘン（Marktarchiv Garmisch-Partenkirchen）に収められている。それぞれのマルクトの史料は、2006年にデジタル化され、その所蔵内容は、*Repertorium Marktarchiv Partenkirchen（1400-1935）*, 2006および*Repertorium Marktarchiv Garmisch（1339-1935）*, 2006によって確認できる。

6) Schwarzmüller, A., Beiträge zur Geschichte des Marktes Garmisch-Partenkirchen im 20. Jahrhunder, in interrete sub: http://members.gaponline.de/alois.schwarzmueller/, 29. 08. 2012, Garmisch-Partenkirchen, Aus der Geschichte, in interrete sub: http://buergerservice.gapa.de/de/cfb6d9ba-35bc-5ede-f43a-f6278651966b.html, 29. 08. 2012 et Garmisch-Partenkirchen, Zusammenlegung und das Wappen von Garmisch-Partenkirchen, in interrete sub: http://buergerservice.gapa.de/de/ab-2c6e67-cc5f-36fb-90c9-cd27204ead8a.html, 29. 08. 2012. ミュンヘン・オーバーバイエルン「大管区指導者」アドルフ・ヴァグナーについてはHamilton, C., *Leaders and Personalities of the Third Reich,* Vol. 2, James Bender Publishing (San Jose), 1996, p. 408参照。

7) Schwarzmüller, A., Beiträge zur Geschichte des Marktes Garmisch-Partenkirchen im 20. Jahrhunder, in interrete sub: http://members.gaponline.de/alois.schwarzmueller/, 29. 08. 2012.

8) Markt Garmisch-Partenkirchen, Zahlen und Fakten, in interrete sub: http://buergerservice.gapa.de/de/41fa49fb-b134-4b44-c132-f2c8dbb8cb34.html, 19. 08. 2012.

9) Bayerisches Landesamt für Statistik und Datenverarbeitung, *Statistik kommunal*

2011: Eine Auswahl wichtiger statistischer Daten für den Markt Garmisch-Partenkirchen 09 180 117, p. 8.

10) Markt Garmisch-Partenkirchen, Satzung zur Regelung von Fragen des örtlichen Gemeindeverfassungsrechts et Markt Garmisch-Partenkirchen, Geschäfsordnung für den Marktgemeinderat Garmisch-Partenkirchen また Garmisch-Partenkirchen, Marktgemeiderat, in interrete sub: http://buergerservice.gapa.de/de/2f759e2a-3123-b36b-a9cd-b7e6c2cb9e6f.html, 18. 09. 2012をも参照。

11) Markt Garmisch-Partenkirchen, Bürgermeister des Marktes Garmisch-Partenkirchen, in interrete sub: http://buergerservice.gapa.de/de/e9879e99-a5b8-c323-6d5e-9de2e0d2146f.html, 19. 06. 2015.

12) Berufsfachschule für Kranken- und Kinderkrankenpflege, Träger, in interrete sub: http://www.bildungszentrum-gap.de/index.php?id=322, 28. 06. 2015.

13) *Münchner Merkur Garmisch-Partenkirchen Ableger*, 24. 02. 2014 et 31. 03. 2014; *Süddeutsche Zeitung*, 20. 03. 2014; *Abendzeitung*, 20. 03. 2014.

14) Geschäftsordnung für den Marktgemeinderat Garmisch-Partenkirchen, Markt Garmisch-Partenkirchen, 14. Mai 2014.

15) CSUオーバーバイエルン支部は、シュミットが市長選挙において分派活動を行った際に、これに同調したCDU党員5名を2010年9月にCSUから除名した（*Münchner Merkur*, 21. 09. 2010)。

16) Bosl, K., Die »geminderte« Industrialisierung in Bayern, in: Grim, C., hrsg., *Aufbruch ins Industriezeitalter – Linien der Entwicklungsgeschichte*, München, 1985, p. 22.

17) 「年間総賃貸料とは、賃借人が確定期間の条件で契約上の取り決めに基づいて土地の利用のために1年間に納めなければならない総対価をいう。賃借人のさまざまな分担金およびその他あらゆる支払い義務の履行が算入される。自治体によって賃借人から直接徴収される営業経費（例えば自治体の公共料金）も年間総賃貸料に含まれる。転借料、セントラルヒーティング・給湯・燃料の供給設備およびエレベーターの稼働費用並びに空間利用に該当しない貸主の通常ではない副次的給付に対するあらゆる保証金（例えば、水力、蒸気力、圧縮空気、動力用電気などの準備）、さらに一人の賃借人のみに役立つ貸主の付加的給付はこれに含まれない」（§79 Jahresrohmiete des Bewertungsgesetzes, in interrete sub: http://www.gesetze-im-internet.de/bewg/__79.html#Seitenanfang, 24. 09. 2012)。

18) Markt Garmisch-Partenkirchen, Informationen zur Zweitwohnungssteuer をも参照。

19) Bundesverwaltungsgericht, Pressemeldung, Nr. 71, 2012, in interrete sub: http://

www.bverwg.de/enid/4d95cafd55d23822ac2b563e359c3e35, a5e1107365617263685f-646973706c6179436f6e7461696e6572092d093134323734093a095f747263696409 2d093133333430/Pressemitteilungen/Pressemitteilung_9d.html, 20. 08. 2012.

20) Satzung des am 08. 05. 1972 gegründeten Fremdenverkehrsvereins Garmisch-Partenkirchen e. V.

21) Fremdenverkehrsverein Garmisch-Partenkirchen e. V., Ferienwohnungen in Garmisch-Partenkirchen, in interrete sub: http://www.fremdenverkehrsverein-garmisch-partenkirchen.de/?UNTERK%C3%9CNFTE:Ferienwohnungen%2CApartements, 26. 06. 2015. この数値には、Farchant, Grainau, Region Zugspitzland に位置する4軒を含む。また Gästehaus でフェーリエンヴォーヌング（Ferienwohnungen）として登録されているものも含む。

22) Fremdenverkehrsverein Garmisch-Partenkirchen e. V., Gästehäuser und Pensionen in Garmisch-Partenkirchen, in interrete sub: http://www.fremdenverkehrsverein-garmisch-partenkirchen.de/?UNTERK%C3%9CNFTE:G%C3%A4steh%C3%A4user%2C_Pemsionen, 27. 06. 2015. この数値には Hotel-Pension の名称で、Gästehäuser として登録されているもの1件を含む。

23) Fremdenverkehrsverein Garmisch-Partenkirchen e. V., Hotels in Garmisch-Partenkirchen, in interrete sub: http://www.fremdenverkehrsverein-garmisch-partenkirchen.de/?UNTERK%C3%9CNFTE:Hotels, 27. 06. 2015.

24) Fremdenverkehrsverein Garmisch-Partenkirchen e. V., Sommerpauschalen, in interrete sub: http://www.fremdenverkehrsverein-garmisch-partenkirchen.de/?UNTERK%C39CNFTE:Sommerpauschalen, 27. 06. 2015.

25) Fremdenverkehrsverein Garmisch-Partenkirchen e. V. Home, in interrete sub: http://www.fremdenverkehrsverein-garmisch-partenkirchen.de/, 15. 09. 2012.

26) Fremdenverkehrsverein Garmisch-Partenkirchen e. V. Vorstand und Beiräte, in interrete sub: http://www.fremdenverkehrsverein-garmisch-partenkirchen.de/html/vorstand.html, 15. 09. 2012.

27) Skischule Thomas Sprenzel, Home, in interrete sub: http://www.sprenzel-sport.de/index.php, 15. 09. 2012.

28) Alpin Ferienwohnungen Ganser, Home, in interrete sub: http://www.ferienwohnungen-ganser.de/, 26. 09. 2012.

29) Fremdenverkehrsverein Garmisch-Partenkirchen e. V. Unsere Aktivitäten bis 2009, in interrete sub: http://www.fremdenverkehrsverein-garmisch-partenkirchen.de/html/aktivitaten2006.html, 15. 09. 2012.

30) Fremdenverkehrsverein Garmisch-Partenkirchen e. V. Projekt Qualitätsoffensive

"Fit für die Zukunft" Klassifizierung der Gästehäuser und Ferienwohnungen in Garmisch-Partenkirchen: Eine Aktion von Fremdenverkehrsverein, Kreissparkasse und Volkshochschule Garmisch-Partenkirchen, 2007.

31) Fremdenverkehrsverein Garmisch-Partenkirchen e. V. Offizielle Stellungsnahme des Fremdenverkehrsvereins Garmisch-Partenkirchen e. V. zum Thema SB-Warenhaus-Center St.- Martin-Strasse

32) Fremdenverkehrsverein Garmisch-Partenkirchen e. V. Positionspapier des Fremdenverkehrsvereins Garmisch-Partenkirchen e. V zum Thema Neubau des Kongresshauses.

33) Fremdenverkehrsverein Garmisch-Partenkirchen e. V. Lokale Agenda 21 und Fremdenverkehrsverein stellen weitere Infotafel am Wank auf, in interrete sub: http://www.fremdenverkehrsverein-garmisch-partenkirchen.de/html/aktivitaten2006.html, 15. 09. 2012.

34) Fremdenverkehrsverein Garmisch-Partenkirchen e. V. Konzept des Fremdenverkehrsvereins für den Kurpark Partenkirchen, in interrete sub: http://www.fremdenverkehrsverein-garmisch-partenkirchen.de/html/aktivitaten2006.html, 15. 09. 2012.

35) Fremdenverkehrsverein Garmisch-Partenkirchen, Aktivität, in interrete sub: http://www.fremdenverkehrsverein-garmisch-partenkirchen.de/?VEREIN:Aktivit%C3%A4ten, 26. 06. 2015.

36) Bayerisches Landesamt für Statistik und Datenverarbeitung, *Statistik kommunal 2013: Eine Auswahl wichtiger statistischer Daten für den Markt Garmisch-Partenkirchen 09 180 117*, p. 15.

37) Alpenwelt Karwendel Mittenwald Krün Wallgau Tourismus GmbH, Impressum und Datenschutz, in interrete sub: http://www.alpenwelt-karwendel.de/impressum-und-datenschutz, 08. 07. 2015.

38) Bad Kohlgrub, Über Bad Kohlgrub, in interrete sub: http://www.ammergauer-alpen.de/bad-kohlgrub/Entdecken-Sie-Bad-Kohlgrub/Ueber-Bad-Kohlgrub, 11. 09. 2012. なお、ムールナウからコールグルブを経て、バイエルソイエン (Bayersoien) に至る「塩街道」(Salzstraße) は、1775年に開通した (Bad Kohlgrub, Ortsgeschichte, in interrete sub: http://www.ammergauer-alpen.de/bad-kohlgrub/Entdecken-Sie-Bad-Kohlgrub/Kultur-Brauchtum/Ortsgeschichte, 11. 09. 2012)。

第4章　オーバーアマーガウと観光
──受難劇と観光──

　バイエルン州オーバーバイエルン県ガルミッシュ゠パルテンキルヘン郡オーバーアマーガウ村は、マルクト・ガルミッシュ゠パルテンキルヘンの北、およそ20km にある人口5,156人（2011年6月30日現在）の小規模自治体である[1]。

　先史時代のアマーガウについては、未知の部分が多いが、9世紀末に初めて確認できるアマーガウという地名は、ケルト語で水を意味するアンマー川（Flussname Ammer）に由来する。1330年にバイエルン皇帝ルートヴィヒ（Kaiser Ludwig der Bayern）がエッタールに修道院を設立したときには、アマーガウが周知の地名となっていた[2]。

　オーバーアマーガウは、10年周期で行われる受難劇によって特徴づけられているにせよ、この村をその面だけから見るのは妥当ではない。「主なる神の木彫家の村」（Dorf der Hergotteschnitzer）[3] という表現が示すように、かつては住民の大部分が木彫りによって生計を維持していたし、現在においても観光客向けの木彫り製品は、村経済の支えとなっている[4]。

　リンダーホフ、ノイシュヴァンシュタイン、ヴィース教会、エッタール修道院などの観光名所に近接していることから、オーバーアマーガウに立ち寄る観光客も少なくない[5]。

　同村の自然景観が観光客を呼び寄せていることは、多数の自然保護区域（Naturschutzgebiet）に囲まれていることと関わりがある。すなわち、周辺にはNSG "Ammergebirge"、エッタールとオーバーアマーガウの間にはNSG "Ettaler Weidmoos"、北西にはNSG "Pulvermoos" がある[6]。さらに、オーバーアマーガウは、ガルミッシュ゠パルテンキルヘン、ミッテンヴァルトと並んでフレスコ壁画の美しさでも有名である[7]。

　本章では、オーバーアマーガウの観光資源であるフレスコ壁画と受難劇の形

ミッテンヴァルトのフレスコ壁画（2014年8月撮影）

成・定着過程を分析し、受難劇の上演による観光客への影響を解明する。

1 オーバーバイエルンのフレスコ壁画

「フレスコ壁画」(Lüftlemalerei)[8]は、特に南ドイツに見られる。その境界は、およそマイン川といえよう。フランケンにそれほど多数存在しないのは、同地の木骨組み建築（Fachwerkbau）、いわゆるハーフティンバーには広い面がないためである。北ドイツ、東西プロイセンにもフレスコ壁画は存在しなかった。オーストリア・ベーメンには、白黒のスグラフィート（Sgrafiti）がしばしば見られる[9]。

美術史家、ルドルフ・ヘルトゥル（Rudorf Härtl）によると『美術史において、オーバーバイエルンの壁画の起源は簡単に立証できる』として、ルネサンス、バロック時代のイタリアのフレスコ画にその起源を見出している[10]。

南ドイツがルネサンス時代に影響を受けた経路は3つあった。一つは、スイスを経由してライン・ボーデン湖地域およびライン川に沿ってアルザス、さらにフランクフルト、ケルン、ブリュッセルに至る経路。第2の経路はブレンナー峠を

越えてティロルに至り、さらにアルトバイエルン、特にオーバーバイエルンに至るもの。第3はザルツブルクを経てベーメンへ、さらにドレスデンやシュレージエンに至る道である。このような背景から、第2の経路を経て、オーバーアマーガウ、ガルミッシュ、ミッテンヴァルトに壁画が生まれ、継承されてきた[11]。

マイダーによる以下の指摘を想起すべきであろう。

> 「イザール川、パルトナッハ川、ロイザッハ川、アンマー川沿いにあるバロック様式、ロココ様式の教会の美しい教会を訪れ、その内部にあるフレスコ画に目を奪われるものは、多くの家屋の外壁に描かれた絵画、すなわちフレスコ壁画を見過ごすべきではない」[12]。

2 キリスト受難劇

2.1 オーバーアマーガウと受難劇

オーバーアマーガウと受難劇の関係を雄弁に語っているのは、1900年の受難劇を見て感動したジョセフィーヌ・ヘレナ・ショート（Josephine Helena Short）による記述である。以下、これを援用して、オーバーアマーガウと受難劇の関係を概観する。

オーバーアマーガウに勝る村は存在しない。その地に住んでいる人々はひとつの理想によって結ばれている。すなわち、およそ300年前に彼らの祖先によってちかわれた誓約を実現することである。彼らはこの目的のために生まれてきたと感じており、それに対して生涯をささげるのだ。彼らは自らの受難劇を上演する[13]。

この地の若者の多くは、村の学校を卒業後、ミュンヘン、時にはシュトゥットガルトなどの都市に進学するが、常にオーバーアマーガウに戻ってきて暮らしている。世間との接触によって多少の変化を受けつつも、村とその伝統に対する忠誠心を失うことなく[14]。

（最近まで受難劇の基本的なテクストとして継承されてきた脚本を記し、舞台監督を務めた）ダイゼンベルガー神父（Joseph Alois Daisenberger）は、1983年

に逝去したが、人を奮い立たせる影響力は依然として村では感じられる。彼はアンマー渓谷から6マイルのところにあるオーバーアウで生まれ、エッタールにおいて博学な司祭、オットマー・ヴァイス（Ottmar Weiss）のもとで教育を受けたので、疑いもなく十分にオーバーアマーガウと受難劇に精通していた。

1845年、村民が一致して彼を司祭（priest）に推挙したとき、これを受け入れた。ダイゼンベルガーは、博識で高邁な理想を持ち、30年間、村人の心の導き手であった。ダイゼンベルガー神父は、受難劇の監督を務め、多数の神聖かつ歴史的な劇を書いた[15]。

6カ月以上のあいだ、村人は通常の仕事を放棄することを余儀なくされる。取引関係は中断し、時には全く破棄される。夏期の経済的な報酬は、失った分を埋め合わせすることはないことがしばしばある。役者としての給料は安く、1900年には夏期を通してせいぜい1,500マルク、米ドルでおよそ375ドルであった。チケットの販売代金は、公共目的に投じられ、村は10年ごとに改善された。むろん劇の上演準備で発生した負債の支払にもチケット販売の売り上げが使われている[16]。

ショートの記述のもととなった受難劇は1900年の上演であった。近年では、日本人による観劇記録が公表されている。

井手雄太郎は1984年「350年祭」において受難劇を観劇したが、その後、2000年にも受難劇を観劇し、その概要を旅行記として語った[17]。

同じく、2000年の受難劇を鑑賞し、かつその脚本（Gemeinde Oberammergau, *Passionspiele Oberammergau 2000*）をもとに劇中の女性の役割を学問的に記したのは古庄信である[18]。

同地で伝統的に演じられてきた受難劇の評価は、概して高いが、以下のようなネガティヴな評価もある。

「オーバーアマーガウは、また、イエスを殺害する陰謀を企てた残虐で裏切り者の悪役としてユダヤ人を長期にわたり描いてきた劇——それはヒットラーによって賞賛され、ユダヤ人の団体から厳しい批判を浴びたが——で悪名高い」[19]。

2.2　キリスト受難劇の歴史

　30年戦争後、オーバーアマーガウではペストが大流行し、1633年には二軒に一軒の家庭にペストによる死者が発生する事態となった。

　オーバーアマーガウの住民たちは、1634年の聖霊降臨祭に際して、ペストによる死者を弔って墓地に設置した舞台で、最初の「キリストの受難、死、復活の劇」（Spiel vom Leiden, Sterben und Auferstehen unseres Herrn Jesus Chiristus）を上演した。

　30年戦争後、受難劇が上演されていたのは、オーバーアマーガウに限らない。1600～1650年の間に、バイエルン=オーストリア地域において、およそ40の受難劇が上演されていたことが確認されている[20]。

　オーバーアマーガウ同様に現在に至るまで、受難劇の伝統を維持しているのは、オーストリア、ティロル州クフシュタイン郡エアル村（Erl）である。同村の人口は1,452人（2014年1月1日現在）であり、受難劇の歴史は1613年まで遡ることができる。この年にキリストの生涯と死の劇が上演されていたことが、検証されている[21]。近年では、2002年の5月から10月の間に40回上演され、5万5,000人が訪れ[22]、2013年には、受難劇400周年記念上演が行われた[23]。

　ところで、オーバーアマーガウにおいて現在のように、10年周期で受難劇が上演されることが一般化したのは、いつからであろうか。

　1680年、第6回の受難劇が上演され、この時、オーバーアマーガウ自治体は、10年サイクルで受難劇を開催することを決定した[24]。

　それ以降、80年間は周期的な上演が実施され、第14回の受難劇が行われた1760年には、1万4,000人の観衆があったことが記されている。

　1770年、バイエルンにおいて受難劇の禁止令が公布され、オーバーアマーガウにおいても中止のやむなきにいたった。

　1780年、エッタールのベネディクト派修道士マグヌス・クニプフェルベルガー（Ettaler Benediktiner Magnus Knipfelberger）は、受難の主題に触れない脚色を行い、「旧・新約聖書」（Das Alte und Neue Testament）と称することによって、オーバーアマーガウ限定の特権が付与され、劇が上演された[25]。

1800年には、特権が更新され、第17回の受難劇が上演されるも、ナポレオン戦争の影響によって、観衆は3,000人へと減少した。

　1810年、バイエルン宰相マクシミリアン・モンジェラ（Minister Maximilian Graf Montgelas）[26]は、オーバーアマーガウに対する特権を無効とし、この年は上演されなかった。

　エッタールの神父、ヴァイス博士（Ettaler Pater Dr. Othmar Weiß）によって脚本が全く新たな観点から書き直されたのち、1811年に受難劇の禁止令は撤回された。これに伴い、第19回の受難劇が上演されることとなった。

　そのわずか4年後の1815年、ナポレオン戦争の終了に感謝し、特別上演が行われた。

　バイエルン王ルードヴィヒ1世は、墓地に舞台を以後、設置しないという条件で受難劇を認め、1830年に開催された第22回の上演では、5,000人の観衆を集めた。

　この年の受難劇は、広報的な観点から、大きな意味を持っていた。ボワソレ（Boisserée）がゲーテに宛てて熱狂的な書簡を送り、それが雑誌に取り上げられたばかりでなく、多数の批評家がオーバーアマーガウの受難劇を告知したことによって、1840年の第23回上演における観衆は3万5,000人まで増加したのである。

　1850、1860、1870年の上演は、ダイゼンベルガーが脚本と監督を担当した。とりわけ、1860年版の脚本は、2000年に至るまで大幅な修正を加えられることなく、基本的なテクストとして継承された。

　1870年には、イギリスのエドワード皇太子をはじめとして4万人の訪問者があった。さらに1880年、第27回上演は、10万人の来訪者を数えることとなった。その背景には、ムールナウ～オーバーアマーガウ間に鉄道が敷設され、トマス・クックが観光地として当地を紹介したことが背景にあった[27]。

　観衆の数は、1890年には、12万4,000人、1900年には、17万4,000人、1910年に22万3,548人とうなぎ上りであった。第31回の上演は戦争の影響によって2年延期され、1922年に実施された。この時の訪問客は31万1,127人であり、そのうちおよそ10万人が外国からの訪問者であった。アメリカのヘンリー・フォードがそのなかに含まれている。

　1934年に300周年記念の特別上演がなされ、40万人の来訪者があった。アドル

フ・ヒットラー自身も観劇し、時の指導者たちは「郷土の聖なる力から生まれた劇」(Spiel aus der segnenden Kraft der Scholle) と呼び、「農民の劇」(das bäuerliche Spiel) をイデオロギーとして利用しようとした。

第2次大戦を経過した1950年の受難劇は、新生ドイツ、西欧的・キリスト教的な伝統を提示する機会とみなされ、連邦首相アデナウワー、バイエルン首相エアハルト、連合軍総司令官アイゼンハワーなどが訪問した。観衆は48万人に達した。

1960年には、ユダヤ人に対するネガティヴな表現が批評家から非難を浴びることとなり、1970年の上演に際して、部分的な修正が加えられたが、アメリカのユダヤ人団体が受難劇のボイコットを表明した。

1984年には、350周年記念公演が行われ、1990年における第39回公演には48人の訪問者があった[28]。

2000年に行われた第40回公演に際して、反ユダヤ主義的な表現を回避する大胆な脚本の修正が行われた。これは1860年以来、最も大規模なテクスト改革であった。この年、受難劇の観衆は52万人に達している[29]。

3 エッタール修道院

エッタール修道院は、ベネディクト派大修道院エッタール修道院 (Kloster Ettal Benediktinerabtei) を正式な名称とする。これは、オーバーアマーガウ観光との連続性において、重要であるばかりでなく、受難劇の上演において、同修道院と関わりを持つ聖職者が関与した歴史性においても、看過することはできない。

修道院の設立は、14世紀に遡る。ヴィッテルズバッハ家の出身であるルートヴィヒ4世 (Ludwig Ⅳ der Bayern) は、アヴィニョン教皇ヨハネス22世を廃位し、対立教皇ニコラウス4世を擁立した。ローマからの帰路、彼は現在のエッタールの地に修道院を設立することを決意した[30]。

皇帝が、ピサから持ち帰ったマリア像を据えてベネディクト派修道院をオーバーアウ近郊に設立したのは、1330年と伝えられている。

修道院の設置に言及したヨハネス・フォン・ヴィクトリング (Johannes von Viktring) は「斬新な慣習と前代未聞の色彩の修道院」(monasterium nove consuetudinis et acentus inaudite) と呼んだ[31]。

　修道院設立の主たる動機は、アウクスブルクとヴェローナを結ぶ通商路を開発・確保するという商業政策上の理由であった。設立にあたり、男子修道院（Mönchskonvent）、女子修道院（Frauenkonvent）と並んで「騎士修道院」（Ritterkonvent）が併置された[32]。

　1709年に修道院長に就任したプラシドゥス2世ザイツ（Abt Placidus II. Seiz）のもとで、修道院は最盛期を迎え、施設全体がバロック様式で増築が行われた。また、いわゆる「騎士学校」（Ritterakademie）[33]を設置し、同修道院の教育的な伝統を作りだした。修道院の周囲には関係者の住居が建設され、今日のエッタール村（Dorf Ettal）の基が形成されている。

　その後、修道院の火災と再建を経て、19世紀初頭には修道院神父のオットマー・ヴァイスがオーバーアマーガウ受難劇脚本の改訂に尽力した[34]。

　バイエルンにおいては、1803年に決定された帝国代表者主要決議に基づきモンジュラによる教会財産の世俗化が進められた。ドイツ史にとって「世俗化」は二つの意味がある。それは①カトリック教会から莫大な財産を没収（Vermögens-Säkularisation）し、その経済基盤を奪うことであり、②神聖ローマ帝国直属の司教領・修道院領を廃止したことにより、司教へのラント高権を確立し、世俗権力者による支配（Herrschaft-Säklarisation）を内容とするものであった[35]。

　エッタールにおいても、修道院の所有する土地と動産が競売にかけられ、転売を繰り返すこととなった[36]。

　1838年に新設されたベネディクト派修道院ショイエルン（Benediktinerabtei Scheyern）は、1898年にエッタール修道院再建を総会決定し、当時の所有者であるプロテスタントのクラマー＝クレット男爵（Reichsrat Baron Theodor Cramer-Klett）から1900年に買い戻すことになった。その後、第2次大戦を経た1946年には、ギムナジウムと寄宿学校が再建された[37]。

　同修道院の教育の伝統は現代にも受け継がれ、付属施設としてギムナジウムと寄宿学校が併設されている[38]。

　修道院が経営する施設として「修道院ホテル」（Klosterhotel）、「修道院醸造所」（Klosterbrauerei）、「修道院蒸留酒製造」（Klosterdestillerie）、「ハーブ栽培」（Klosterherbarium)、「修道院小売店」(Klosterläden)、「修道院造園」(Klostergärtneri)、「農業・林業」(Land & Forst)、「エネルギー業」(Energiewirtschaft)、「エッタール美術館」(Ettaler Museum) などがあり[39]、それらの一部は「エッタール修道院経営有限会社」(Ettaler Klosterbetriebe GmbH) のもとで経営されている[40]。

4 オーバーアマーガウ社会の解析

オーバーアマーガウの人口は、19世紀中葉以降、長期的に増加傾向が続いていた。第2次大戦直後に5,000人を超える水準に至ったが、1960年代以降停滞を示した。21世紀に入ると再び5,000人台を維持している。1970年と2011年の年齢構成を比較すると、若年層の減少と高齢化の進展が顕著である。特に1970年以降は、死亡が出生を上回り、2010年からは人口の自然増はほとんど見られない。これに対して同地への転出入は活発に行われている（表5-4-1 (1)、表5-4-1 (2)、表5-4-2、表5-4-3参照）。

次に、オーバーアマーガウ有権者の投票行動の変化をみていこう。州議会選挙においては、2003年まではCSUが圧倒的な支持を集めてきた。ところが、2008年の選挙では、CSUの得票率は4割を下回った。ここで躍進したのは、「バイエルン自由選挙人」(FW) であった（表5-4-4参照）。

連邦議会選挙においても、CSUは過半数の得票率を維持していた。2009年には、わずかとはいえ、CSUの得票率が過半数を下回ったが、同時にSPDの投票率にも大幅な減少がみられている。一方、FDPとGRÜNEが得票率を伸ばした（表

表5-4-1 (1)　人口推移 (1)

年　度	人　口
1840	1,155
1871	1,198
1900	1,559
1925	2,281
1939	3,640
1950	5,325
1961	4,603
1970	4,661
1987	4,944

典拠：Bayerisches Landesamt für Statistik und Datenverarbeitung, *Statistik kommunal 2012: Eine Auswahl wichtiger statistischer Daten für die Gemeinde Oberammergau 09 180 125*, p. 6.

表5-4-1 (2)　人口推移 (2)

年　度	人　口
2002	5,384
2003	5,363
2004	5,328
2005	5,372
2006	5,316
2007	5,290
2008	5,254
2009	5,204
2010	5,228
2011	5,125

典拠：Bayerisches Landesamt für Statistik und Datenverarbeitung, *Statistik kommunal 2012: Eine Auswahl wichtiger statistischer Daten für die Gemeinde Oberammergau 09 180 125*, p. 6.

表5-4-2　年齢構成

(単位：%)

年齢層	1970年5月27日	2011年12月31日
6歳未満	9.0	4.3
6歳〜14歳	12.5	9.2
15歳〜17歳	3.1	3.5
18歳〜24歳	10.8	7.4
25歳〜29歳	7.6	5.3
30歳〜39歳	13.9	10.6
40歳〜49歳	11.1	17.3
50歳〜64歳	18.3	18.0
65歳以上	13.7	24.5

典拠：Bayerisches Landesamt für Statistik und Datenverarbeitung, *Statistik kommunal 2012: Eine Auswahl wichtiger statistischer Daten für die Gemeinde Oberammergau 09 180 125*, p. 6.

表5-4-3　人口動態

年度	出生	死亡	転入	転出	増減
1960	58	31	764	794	-3
1970	52	54	784	666	116
1980	40	52	855	737	106
1990	53	75	694	565	107
2000	54	77	391	330	38
2007	33	65	362	356	-26
2008	36	79	343	336	-36
2009	42	67	333	358	-50
2010	22	72	446	372	24
2011	29	65	305	372	-103

典拠：Bayerisches Landesamt für Statistik und Datenverarbeitung, *Statistik kommunal 2012: Eine Auswahl wichtiger statistischer Daten für die Gemeinde Oberammergau 09 180 125*, p. 7.

表5-4-4　州議会選挙における投票行動

(単位：%)

投票日	CSU	SPD	FW	GRÜNE	FDP	その他
1996年10月12日	70.4	11.9		7.8	3.0	6.9
1990年10月14日	74.9	9.0		7.5	2.7	5.9
1994年9月25日	64.1	15.0		8.1	2.0	10.7
1998年9月13日	63.7	14.9	3.8	8.3	1.1	8.2
2003年9月21日	70.7	10.9	2.0	8.7	1.6	6.2
2008年9月28日	39.3	9.5	22.4	11.1	7.5	10.1

注：FW: FREIE WÄHLER Bayern e. V.
典拠：Bayerisches Landesamt für Statistik und Datenverarbeitung, *Statistik kommunal 2012: Eine Auswahl wichtiger statistischer Daten für die Gemeinde Oberammergau 09 180 125*, p. 8.

表5-4-5　連邦議会選挙における投票行動

(単位：%)

投票日	CSU	SPD	GRÜNE	FDP	DIE LINKE	その他
1990年12月2日	64.2	13.1	6.7	6.9	0.1	9.0
1994年10月16日	61.6	15.6	7.5	8.1	0.6	6.6
1998年9月27日	56.6	22.1	7.2	7.0	0.6	6.5
2002年9月22日	68.0	17.0	7.5	7.5	0.8	2.4
2005年9月18日	57.3	15.7	9.0	11.6	2.5	3.9
2009年9月27日	47.8	9.6	12.2	17.1	5.2	8.1

典拠：Bayerisches Landesamt für Statistik und Datenverarbeitung, *Statistik kommunal 2012: Eine Auswahl wichtiger statistischer Daten für die Gemeinde Oberammergau 09 180 125*, p. 8.

表 5-4-6　土地の利用形態
　　　　　（2011年末）

利用形態	Ha	%
建物、空き地	167	5.6
保養地	3	0.1
交通用地	60	2.0
農地	826	27.5
森林	1,781	59.2
湖水、河川	44	1.5
その他	123	4.1
合　計	3,006	100.0

典拠：Bayerisches Landesamt für Statistik und Datenverarbeitung, *Statistik kommunal 2012: Eine Auswahl wichtiger statistischer Daten für die Gemeinde Oberammergau 09 180 125*, p. 12.

表 5-4-7　オーバーアマーガウにおけるベッド数9床以上の宿泊施設における年間宿泊状況

年度	訪問者数		宿泊件数		平均宿泊数	
	国内起点	国外起点	国内起点	国外起点	国内起点	国外起点
2007	30,596	26,319	131,906	83,015	4.3	3.2
2008	36,597	21,824	158,680	74,513	4.3	3.4
2009	36,692	24,137	153,645	76,851	4.2	3.2
2010	32,949	44,272	99,635	99,824	3.0	2.3
2011	30,360	19,813	111,995	62,409	3.7	3.1
2012	40,776	26,632	182,149	79,540	4.5	3.0

典拠：Bayerisches Landesamt für Statistik und Datenverarbeitung, *Statistik kommunal 2012: Eine Auswahl wichtiger statistischer Daten für die Gemeinde Oberammergau 09 180 125*, p. 15.

表 5-4-8　オーバーアマーガウにおけるベッド数9床未満の宿泊施設における年間宿泊状況

年度	訪問者数	宿泊件数	平均宿泊数
2007	8,735	79,005	9.1
2008	7,821	58,508	7.5
2009	6,835	50,016	7.3
2010	13,443	47,192	3.5
2011	4,140	29,538	7.1
2012	7,371	51,126	6.9

典拠：Bayerisches Landesamt für Statistik und Datenverarbeitung, *Statistik kommunal 2012: Eine Auswahl wichtiger statistischer Daten für die Gemeinde Oberammergau 09 180 125*, p. 15.

5-4-5参照）。

これらの事情を考えると、2008～2009年に当地有権者の意識に大きな変化が生じたといえる[41]）。

表5-4-6が示すようにオーバーアマーガウは、森林がおよそ6割を占め、農地が3割弱という土地構成となっており、住宅用地は5.6％に過ぎない。広大な自然環境のなかに「むら」が存在する。

オーバーアマーガウにおける観光客を考察するに際して、受難劇上演年とそれ以外の年の相違に注目したい。

受難劇が上演された2010年は、国内からの訪問者の減少と国外からのそれの大幅な増加によって特徴づけられる。上演年の翌年には訪問者数の反動減が特に、国外からの訪問者に著しい。平均宿泊数をみると、上演年には、滞在期間が短くなっていることがわかる（表5-4-7参照）。

また、小規模施設宿泊者においては、受難劇上演年における訪問者の増加率は、大規模施設のそれを上回っている。また、平年であれば平均宿泊数が7～9泊程

度であるが、上演年には、3.5泊に低下する。

　これらのことから推測できることは、オーバーアマーガウ訪問のリピーターは、受難劇の上演される年を回避しているであろうということだ。

5　小括

　オーバーアマーガウは、リンダーホフ城、ノイシュヴァンシュタイン城、ヴィーズ教会、エッタール修道院を周回する観光ルートに位置している。同地の観光資源はフレスコ壁画、木彫り製品および10年ごとに上演されるキリスト受難劇に代表される。

　自然保護区域に囲まれたオーバーアマーガウを訪れる者は、フレスコ壁画に飾られた「むら」の景観に目を奪われる。この「むら」を有名にしているのは、村人によって10年ごとに上演されるキリスト受難劇である。近隣にあるエッタール修道院関係者の協力によって、この受難劇の伝統は形成されてきた。

　受難劇の上演年においては、国内からの観光客が減少するとともに、国外からの訪問者が激増する傾向がみられる。同時に滞在期間が短縮する。平年にオーバーアマーガウに比較的長期間、滞在しているリピーターが、上演年には訪問を回避しているのではあるまいか。

1 ）　Gemeinde Oberammergau, die Fakten, in interrete sub: http://www.gemeinde-oberammergau.de/oberammergau.php, 31. 03. 2014.
2 ）　Gemeinde Oberammergau, Geschichte, in interrete sub: http://www.gemeinde-oberammergau.de/die_geschichte.php, 31. 03. 2014.
3 ）　Altenbockum, A. von, *Oberammergau: Kunst, Tradition & Passion*, München, 2010, p. 12.
4 ）　Gemeinde Oberammergau, Unsere Heimat, in interrete sub: http://www.gemeinde-oberammergau.de/gemeinde.php, 31. 03. 2014.
5 ）　例えば、以下のバス路線によって、これらの地域とオーバーアマーガウが結ばれている。ドイツ鉄道オーバーバイエルンバス路線番号9606は、Garmisch-Partenkirchen‒Oberammergau‒Wieskirche/Füssen (-Schongau) 間で、路線番号9622はOberammergau‒Ettal‒Linderhof (Schloß) 間で運行されている（DB Oberbayern-

bus, Liniennetzplan Landkreis Garmisch-Partenkirchen, in interrete sub: https://www.rvo-bus.de/file/2343336/data/liniennetzplan_garmischpartenkirchen.pdf, 26. 06. 2014参照)。

6) Gemeinde Oberamergau, Unsere Heimat, in interrete sub: http://www.gemeinde-oberammergau.de/gemeinde.php, 31. 03. 2014.

7) Rattelmüller, P. E., *Lüftlmalerei in Oberbayern*, München, 1981.

8) Lüftlemalerei の Lüfte とは、18世紀以降バイエルンで使われている用語で、Luft の縮小名詞 Lüftchen（そよ風）を意味する (Wörterbuch der deutschen Umgangssprache, Lüftl-Maler, in interrete sub: http://umgangssprache_de.deacademic.com/15754/L%C3%BCftl-Maler, 31. 07. 2014)。

Lüftlemalerei の英訳は、fresco painting、wall paintings、world famous wall paintings called Lüftlmalerei、artistically painted facades、"Lüftl" paintings、colourful wall paintings、facade murals、richly painted houses、artistic airy drawings、houses adorned with beautiful Lüftl、painted facades などが使われ、定訳はない (Linguee, Redaktionelles Wörterbuch, in interrete sub: http://www.linguee.de/deutsch-englisch/uebersetzung/l%C3%BCftlmalerei.html, 31. 07. 2014)。これを踏まえ、またわが国でしばしばフレスコ画と呼びならわされている点をも鑑み、ここでは「フレスコ壁画」を Lüftlemalerei の訳語として使用する。

9) Rattelmüller, P. E., *Lüftlmalerei in Oberbayern*, München, 1981, p. 7-. スグラフィートについては、Baldry, A. L., *Modern Mural Decoration*, London, 1902参照。

10) Härtl, R., Heinrich Bickel: *Der Freskenmaler von Werdenfels*, Garmisch-Partenkirchen, 1990 (Meider, H., *Lüftmalerei an Isar, Partnach, Loisach und Ammer*, Hamburg, 2003, p. 4より引用)。ルドルフ・ヘルトゥルの経歴は Kunstlerverbund Garmisch-Partenkirchen e. V., Rudolf Härtl, Malerei, in interreete sub: http://www.kuenstlerbund-gap.de/haertl/index.html, 31. 07. 2014参照。

11) Rattelmüller, P. E., *Lüftlmalerei in Oberbayern*, München, 1981, p. 7-.

12) Meider, H., *Lüftmalerei an Isar, Partnach, Loisach und Ammer*, Hamburg, 2003, p. 4.

13) Short, J. H., *Oberammergau*, New York, 1910, p. v.

14) Short, J. H., *Oberammergau*, New York, 1910, p. 18.

15) Short, J. H., *Oberammergau*, New York, 1910, p. 20.

16) Short, J. H., *Oberammergau*, New York, 1910, p. 27.

17) 井手雄太郎『オーバーアマガウ　受難劇感賞の旅』サンパウロ、2001年、107～175頁。

18) 古庄信「オーバーアマガウ・キリスト受難劇の上演とその意味について——劇中

の女性たちの役割を中心として——」『学習院女子大学紀要』第3号、2001年。
19) James Shapiro, *Oberammergau: The troubling story of the world's most famous passion play*, New York, 2000, p. ix.
20) Passion Spiele Oberammergau, Chronik 17. Jh., in interrete sub: http://www.passionsspiele2010.de/index.php?id=105, 31. 03. 2014.
21) Passionspiele Erl 2019, Geschichte, in interrete sub: http://www.passionsspiele.at/php/geschichte_de_4.html, 23. 06. 2014.
22) Gemeide Erl, *Unser Erl*, 2001, p. 5.
23) Passionspiele Erl 2019, Chronologie, in interrete sub: http://www.passionsspiele.at/php/chronologie_de_30.html, 23. 06. 2014.
24) Passion Spiele Oberammergau, Chronik 17. Jh., in interrete sub: http://www.passionsspiele2010.de/index.php?id=105, 31. 07. 2014.
25) Passion Spiele Oberammergau, Chronik 18. Jh., in interrete sub: http://www.passionsspiele2010.de/index.php?id=106, 31. 07. 2014.
26) マクシミリアン・モンジェラについては谷口健治『バイエルン王国の誕生』山川出版社、2003年、18～28頁参照。
27) Passion Spiele Oberammergau, Chronik 19. Jh., in interrete sub: http://www.passionsspiele2010.de/index.php?id=107, 31. 07. 2014.
28) Passion Spiele Oberammergau, Chronik 20. Jh., in interrete sub: http://www.passionsspiele2010.de/index.php?id=108, 31. 07. 2014.
29) Passion Spiele Oberammergau, Chronik 21. Jh., in interrete sub: http://www.passionsspiele2010.de/index.php?id=109, 31. 07. 2014.
30) Heim, M., Die Gründung des Klosters Ettal, in: Schmid, A. et Weigand K., *Bayern Nach Jahr und Tag*, München, 2007, p. 143.
31) Viktring, J. v., Liber certarum historiarum, liber quintus, in: Schneider, F., hrsg., Liber certarum historiarum, Bd. 2, Hannover, 1910.
32) Benediktinerabei Ettal, Geschichte -Gründung, in interrete sub: http://abtei.kloster-ettal.de/kloster/geschichte/gruendung/gruendung-weiterlesen/, 08. 09. 2014.
33) Ritterakademieは「貴族学校」と訳されることもあるが（西村稔『文士と官僚——ドイツ教養官僚の淵源』木鐸社、1998年)、当学校では、広範な社会層を対象としていた。
34) Benediktinerabei Ettal, Geschichte-Von der Blüte zur Säkularisation, in interrete sub: http://abtei.kloster-ettal.de/kloster/geschichte/bluete-saekularisation/bluete-weiterlesen/, 08. 09. 2014.
35) 古田雅雄「バイエルンにおける政治的カトリシズムの研究——19世紀国民国家形

成期における『国家と宗教』の関係から」『社会科学雑誌』第7巻、2013年、148〜149頁。

36) Benediktinerabei Ettal, Geschichte-Von der Blüte zur Säkularisation, in interrete sub: http://abtei.kloster-ettal.de/kloster/geschichte/bluete-saekularisation/bluete-weiterlesen/, 08. 09. 2014.

37) Benediktinerabei Ettal, Geschichte – Wiedererrichtung der Abtei, in interrete sub: http://abtei.kloster-ettal.de/kloster/geschichte/wiedererrichtung/wiedererrichtung-weiterlesen/, 08. 09. 2014.

38) Benediktinerabei Ettal, Schule und Internat, in interrete sub: http://abtei.kloster-ettal.de/schule-internat/, 08. 09. 2014, Benediktinerabei Ettal, Schule und Internat – Gymnasium, in interrete sub: http://abtei.kloster-ettal.de/schule-internat/gymnasium/, 08. 09. 2014, et Benediktinerabei Ettal, Schule und Internat–Internat, in interrete sub: http://abtei.kloster-ettal.de/schule-internat/internat/, 08. 09. 2014.

39) Ettaler Kloseter Betriebe, Home, on onterrete sub: http://www.ettaler.info/index.php, 08. 09. 2014.　それらの配置地図は、http://www.ettaler.kloster-ettal.de/images/so/Uebersichtsplan-Kloster-Ettal.pdf, 08. 09. 2014を参照。

40) Ettaler Kloseter Betriebe, Impressum, in interrete sub: http://www.ettaler.info/impressum, 08. 09. 2014.

41) 同様の傾向は、同じガルミッシュ＝パルテンキルヘン郡に属すマルクト・ムールナウにも見られた（山田徹雄「マルクト・ムールナウと観光」跡見学園女子大学『マネジメント学部紀要』第18号、2014年）。

第5章　マルクト・ムールナウと観光

1　マルクト・ムールナウ

　マルクト・ムールナウは、ミュンヘンから65km、マルクト・ガルミッシュ＝パルテンキルヘンから25kmの地点にあり、両都市へ鉄道でおよそ30分の距離にある。芸術的な伝統を有し、会議へのビジネス旅行者（Geschätsreisende bei Tagungen und Kongressen）、また保養目的の健康志向休暇旅行者（Gesundheitsurlauber）が訪れる小規模な都市である[1]。

　同市は、ガルミッシュ＝パルテンキルヘン郡において、マルクト・ガルミッシュ＝パルテンキルヘンに次いで人口が多い。2012年末において、人口1万2,300人のうち、ローマ・カトリックが1万1,735人、プロテスタントが2,153人であり、圧倒的にカトリックが優勢な地域である。国籍別に居住者を見ると、ドイツ国籍を持つ者が1万1,204人に対して、外国籍の者は1,096人が居住登録している。また、同市の主たる居住者、1万1,735人のほかに、従たる居住者（別荘所有者）が571人存在する[2]。

　経済の中心は、観光部門であり、特に健康関連部門（Gesundheitssektor）と情報産業（Informationsindustrie）が際立っていると、指摘されている[3]。

1.1　マルクト・ムールナウの歴史

　ムールナウ地域が歴史に登場するのは、トレントとアウクスブルクを結ぶローマの街道上にコウェリアカエ（Coveliacae）という駅（Straßenstation）が、西暦260年ごろ、モースベルク（Moosberg）に設置されたことに始まる。7世紀にはシュタッフェル湖の小島ヴェールト（Wörth）に教会が建てられ、これはのち

表5-5-1　マルクト・ムールナウの人口年齢構成（2011年12月31日）
(単位：％)

6歳未満	4.8
6歳以上15歳未満	8.3
15歳以上18歳未満	3.2
18歳以上25歳未満	6.5
25歳以上30歳未満	4.3
30歳以上40歳未満	11.6
40歳以上50歳未満	19.3
50歳以上65歳未満	18.3
65歳以上	22.7

典拠：Bayerisches Landesamt für Statistik und Datenverarbeitung, *Statistik kommunal 2012: Eine Auswahl wichtiger statistischer Daten für den Markt Murnau a. Staffelsee 09 180 124*, p. 6.

表5-5-2　マルクト・ムールナウの人口動態

年度	出生	死亡	転入	転出	増減
1960	115	74	1,630	1,649	22
1970	103	79	1,803	1,643	284
1980	87	114	1,500	1,434	39
1990	117	153	1,016	1,656	224
2000	110	133	1,069	928	118
2007	96	117	982	876	85
2008	92	108	944	913	15
2009	100	127	960	885	48
2010	82	118	903	804	63
2011	92	135	1,046	869	134

典拠：Bayerisches Landesamt für Statistik und Datenverarbeitung, *Statistik kommunal 2012: Eine Auswahl wichtiger statistischer Daten für den Markt Murnau a. Staffelsee 09 180 124*, p. 7.

に修道院となった。ムールナウという地名は1150年ごろ現れた。マルクト・ムールナウが開市権を獲得したのは、1350年のことであった。30年戦争においては、スウェーデン軍、フランス軍に占領された。近代に入ると、1879年にヴァイルハイム〜ムールナウ間に鉄道が開通しミュンヘンへの連絡が実現した。1889年にはそれがガルミッシュ＝パルテンキルヘンまで延長された。さらに1900年にはムールナウからオーバーアマーガウへの支線が建設され交通の結節点が形成された。1972年、ムールナウはヴァイルハイム郡から分離されガルミッシュ＝パルテンキルヘン郡に編入され現在に至っている。1980年にはムールナウ湿原が自然保護地域に認定された[4]。

　第2次大戦中、ポーランドの将校が拘留されていた営舎は、1956年以降、ドイツ連邦国防軍によって占有され、ケンメル兵舎（Kemmel-Kaserne）と呼ばれていた。冷戦終結後、ムールナウ市は、連邦政府からその用地を買収し、同市が100％出資する「ムールナウ土地管理有限会社」（Murnauer Grundstücks-Verwaltungs-GmbH）のもとで開発が行われ、現在ではケンメル公園（Kemmelpark）と呼ばれている[5]。

1.2　マルクト・ムールナウの人口

　表5-5-1においてマルクト・ムールナウにおける年齢別人口構成をみると、

第5章 マルクト・ムールナウと観光 381

表5-5-3 州議会選挙におけるムールナウ市民の政党別投票率

(単位：％)

投票日	CSU	SPD	FW	GRÜNE	FDP	その他
1986年10月2日	62.9	17.6		8.3	4.9	6.3
1990年10月14日	61.4	16.5		6.9	6.2	6.2
1994年9月25日	57.1	19.3		7.5	3.3	12.8
1998年9月13日	59.4	18.3	2.1	7.9	2.2	10.2
2003年9月21日	63.2	13.1	1.6	9.9	2.7	9.5
2008年9月28日	41.0	13.1	8.6	11.5	11.2	14.7

注：FW FREIE WÄHLER Bayern e. V.
典拠：Bayerisches Landesamt für Statistik und Datenverarbeitung, *Statistik kommunal 2012: Eine Auswahl wichtiger statistischer Daten für den Markt Murnau a. Staffelsee 09 180 124*, p. 8.

表5-5-4 連邦議会選挙におけるムールナウ市民の政党別投票率

(単位：％)

投票日	CSU	SPD	FDP	GRÜNE	DIE LINKE	その他
1990年12月2日	56.5	17.9	11.8	4.6	0.2	9.0
1994年10月16日	55.4	19.5	9.5	7.6	0.4	7.6
1998年9月27日	52.6	24.9	7.6	7.1	0.4	7.4
2002年9月22日	61.2	20.3	6.1	8.9	0.7	2.8
2005年9月18日	51.4	19.7	12.4	10.3	2.8	3.4
2009年9月27日	42.8	12.4	17.4	13.8	4.2	9.4

典拠：Bayerisches Landesamt für Statistik und Datenverarbeitung, *Statistik kommunal 2012: Eine Auswahl wichtiger statistischer Daten für den Markt Murnau a. Staffelsee 09 180 124*, p. 8.

18歳未満が16.3％であるのに対して、65歳以上は22.7％を占め、若年層に対する高齢者の割合が高いことが確認できる[6]。

1960年以降、人口の動態は微増を示してきた。そのなかで、1980年以降、死亡が出生を恒常的に上回る一方、1970年以来、転入が転出を上回り、人口増加は社会増であることが確認できる（表5-5-2参照）。

1.3 マルクト・ムールナウの政治

ここでは、表5-5-3および表5-5-4によってムールナウ市民の投票行動を見よう。州議会選挙においては、伝統的にSPDが不振であり、CSUが過半数の

表5-5-5 マルクト・ムールナウにおける雇用 (2011年)

マルクト・ムールナウ居住者	3,898
外部からの通勤者	1,166
合 計	5,064

典拠：Bayerisches Landesamt für Statistik und Datenverarbeitung, *Statistik kommunal 2012: Eine Auswahl wichtiger statistischer Daten für den Markt Murnau a. Staffelsee 09 180 124*, p. 9.

得票率を維持してきた。この傾向に変化が現れたのは、2008年の選挙であった。CSUが初めて50％を大幅に下回る得票率を示し、GRÜNEおよびFDPが10％を超す得票率を獲得した。

同様の傾向は連邦議会選挙においても確認できる。2005年の選挙では、CSUが過半数の得票率をかろうじて維持していたが、2008年にはFDPとGRÜNEが躍進し、CSUの得票率はようやく40％を越える結果となった。

1．4 マルクト・ムールナウにおける雇用と産業構造

ムールナウの雇用構造において特徴的である点は、外部からの通勤者の比率が比較的高く、郡内において、マルクト・ガルミッシュ＝パルテンキルヘンと並んで地域経済の中心を形成していることである（表5-5-5参照）[7]。

これに対して、隣接する自治体においては、エグルフィングを除いて、自治体外への通勤者が多数存在し、これらの一定程度がムールナウに職場を得ていると考えられる（表5-5-6参照）。

産業別就業構造においては、商業、交通、接客、各種サービス部門がこの地域の経済を支えているがわかる（表5-5-7参照）。

他方、土地の利用形態では、農地が6割以上を占めている。マルクト・ガルミッシュ＝パルテンキルヘンと比較すると、森林面積が少なく、住宅地が比較的多くの面積を占めている（表5-5-8参照）[8]。

このことは、ガルミッシュ＝パルテンキルヘン郡においては、大都市ミュンヘンに近いマルクト・ムールナウのほうがマルクト・ガルミッシュ＝パルテンキルヘンよりも都市化が進行しているためであろう。

第5章　マルクト・ムールナウと観光　383

表5-5-6　マルクト・ムールナウに隣接する自治体住民の雇用（2011年）

自治体	自治体内雇用	当該自治体外への通勤
リークゼー	343	265
シュパーツェンハウゼン	277	197
オールシュタット	1,179	715
ゼーハウゼン	644	265
シュヴァイゲン	191	124
グロースヴァイル	602	405
エグルフィング	310	-58
ウーフィング	917	556

典拠：Bayerisches Landesamt für Statistik und Datenverarbeitun, *Statistik kommunal 2012: Eine Auswahl wichtiger statistischer Daten für die Gemeinde Spatzenhausen 09 180 133*, p. 9, Bayerisches Landesamt für Statistik und Datenverarbeitun, *Statistik kommunal 2012: Eine Auswahl wichtiger statistischer Daten für die Gemeinde Ohlstadt 09 180 127*, p. 9, Bayerisches Landesamt für Statistik und Datenverarbeitun, *Statistik kommunal 2012: Eine Auswahl wichtiger statistischer Daten für die Gemeinde Seehausen a. Staffelsee 09 180 132*, p. 9, Bayerisches Landesamt für Statistik und Datenverarbeitun, *Statistik kommunal 2012: Eine Auswahl wichtiger statistischer Daten für die Gemeinde Schwaigen 09 180 131*, p. 9, Bayerisches Landesamt für Statistik und Datenverarbeitun, *Statistik kommunal 2012: Eine Auswahl wichtiger statistischer Daten für die Gemeinde Großweil 09 180 119*, p. 9, Bayerisches Landesamt für Statistik und Datenverarbeitun, *Statistik kommunal 2012: Eine Auswahl wichtiger statistischer Daten für die Gemeinde Eglfing 09 190 121*, p. 9 et Bayerisches Landesamt für Statistik und Datenverarbeitun, *Statistik kommunal 2012: Eine Auswahl wichtiger statistischer Daten für die Gemeinde Uffing a. Staffelsee 09 180 134*, p. 9.

表5-5-7　マルクト・ムールナウにおける産業別雇用（2011年）

農業、林業、漁業	13
製造業	725
商業、交通、接客	1,129
ビジネス・サービス	477
公的および民間サービス	2,720

典拠：Bayerisches Landesamt für Statistik und Datenverarbeitung, *Statistik kommunal 2012: Eine Auswahl wichtiger statistischer Daten für den Markt Murnau a. Staffelsee 09 180 124*, p. 9.

表5-5-8　マルクト・ムールナウにおける土地利用形態（2011年）

	面積（ha）	比率（％）
建物用地・空き地	355	9.3
企業用地	27	0.7
保養地	35	0.9
交通用地	124	3.3
農地	2,364	62.1
森林	627	16.5
河川、湖	252	6.6
その他	20	0.5
合計	3,805	100.0

典拠：Bayerisches Landesamt für Statistik und Datenverarbeitung, *Statistik kommunal 2012: Eine Auswahl wichtiger statistischer Daten für den Markt Murnau a. Staffelsee 09 180 124*, p. 12.

2　「青い大地」とムールナウ

　シュタッフェル湖の周囲にあるムールナウを中心とするオーバーバイエルン・アルプス周辺地域（Oberbayerisches Alpenvorland rund um den Staffelsee）を「青い大地」（Das Blaue Land）と呼び、地元自治体は「青い大地観光共同体」（Tourismusgemeinschaft Das Blaue Land）を組織している。この観光共同体に所属しているのは、マルクト・ムールナウ（Murnau am Staffelsee）、ゼーハウゼン（Seehausen am Staffelsee）、ウーフィング（Uffing am Staffelsee）、エグルフィング（Eglfing）、グロースヴァイル（Großweil）、リークゼー（Riegsee）、シュパーツェンハウゼン（Spatzenhausen）、オールシュタット（Ohlstadt）、グラーフェナシャウ（Grafenaschau）である[9]。

　「青い大地」（Das Blaue Land）という名称は、芸術家運動、『青い騎士』（der Blaue Reiter）に関わった画家、特にワシリー・カンディンスキー（Wassily Kandinsky）、フランツ・マルク（Franz Marc）、ガブリエレ・ミュンター（Gabriele Münter）に遡る。彼らは20世紀初頭にこの地で活動していた。ムールナウ後背の高台から南方を望むと、平らに広がったムールナウ湿原（Murnauer Moos）、急峻な山岳の桧の森、岩だらけの連山の渋いコントラストに心を奪われる。それは、逆光のなかで、この風景に特有の青い色調を醸し出し、『青い騎士』の画家たちを魅了した[10]。

　ムールナウ市の発行する『ムールナウの芸術散歩——ワシリー・カンディンスキーとガブリエレ・ミュンターを発見』（Murnau am Staffelsee, *Kunstspaziergang in Murnau – Wassily Kandinsky und Gabriele Münter entdecken*）をひも解くと、2人の画家が20世紀初頭に描いた情景と画家の視点から撮影した現在の写真映像とが符号する（表5-5-9参照）。

　『青い騎士』グループの伝統を受け、ムールナウは芸術の伝統が継承され、シュロス・ムゼウム（Schloßmuseum Murnau）[11]、ミュンターハウス（Münter-Haus in Murnau）[12]、また、ギャラリー（Murnauer Galerien）[13]が、観光資源として活用されている。

表 5-5-9　カンディンスキーとミュンターの作品

作　家	作品名、制作年度	画家の視点の位置
カンディンスキー	Studie zu Murnau mit Kirche II, 1910	Blickpunkt Kottmülleralle (oberhalb Münter-Haus)
ミュンター	Murnau, 1910	Blickpunkt Kottmülleralle (oberhalb Münter-Haus)
ミュンター	Spreufuhren im Winter, 1911	Blickpunkt Untermarkt 45, Kirchsteig
カンディンスキー	Kirche in Murnau, 1909	Blickpunkt an Mauer links am Friedhofseingang/Bauhoferweg
ミュンター	Bei der Lindenburg	Blickpunkt Lindenburgweg gegenüber Hausnummer 35 (neben Hofauffahrt)
カンディンスキー	Schloßhof I, 1908	Blickpunkt Schlosshof (Zufahrtsbereich/Ecke Marktarchiv)
カンディンスキー	Grüngasse, 1909	Blickpunkt Grüngasse 4 (seitlicher Eingang)
ミュンター	Das Gelbe Haus, 1909	Blickpunkt Obermarkt 40 (in Nauminsel vor Optiker am Obermarkt)
カンディンスキー	Obermarkt mit Gebirge, 1908	Blickpunkt Obermarkt 41 (auf Treppe)

典拠：Murnau am Staffelsee, *Kunstspaziergang in Murnau - Wassily Kandinsky und Gabriele Münter entdecken*,

3　医療とムールナウ

　ガルミッシュ＝パルテンキルヘン郡が郡開発コンセプトとして、医療観光を目指していることは、すでに別稿で指摘した[14]。特に、マルクト・ガルミッシュ＝パルテンキルヘンとムールナウにおいてその傾向が著しい[15]。

　表 5-5-10に依拠して郡内の医療機関の立地を見ると、マルクト・ガルミッシュ＝パルテンキルヘンとマルクト・ムールナウに大規模な施設が存在する。マルクト・ムールナウに存在する最大の医療機関であるムールナウ病院（Klinik Murnau）は、正式な名称は Berufsgenossenschaftliche Unfallklinik Murnau（略称 BGU）であり、ドイツ語[16]、英語[17]、ロシア語[18]のサイトによって、広く広報を行っている。「事故病院」（Unfallklinik）の名が示すように外科、麻酔科、救急医療、リハビリを中心とする医療を行っている[19]。

　事故による外科診療において、地域を越えて定評があり、特に脊柱・脊髄損傷に対する治療の専門部門を持つ。1969年に、ドイツで最初の部門横断的外科治療センターを持つに至っている。ミュンヘン大学付属ガルミッシュ＝パルテンキル

表 5-5-10 マルクト・ガルミッシュ゠パルテンキルヘン郡内の医療機関

医療施設（Einrichtung）	立地	専門領域（Spezialisierung）	ベッド数（Betten）
ミュンヘン大学医学部付属ガルミッシュ゠パルテンキルヘン病院（Klinikum Garmisch-Partenkirchen）	マルクト・ガルミッシュ゠パルテンキルヘン	救命救急病院（Akutklinik）、内科（Innere Medizin）、内部人工器官科（Endoprothetik）	505
ムールナウ病院（Klinik Murnau）（Kooperation mit Klinikum GAP）	マルクト・ムールナウ	災害外科およびリハビリ（Unfallchirurgie- und Rehabilitation）、内科（Innere Medizin）	433
ホッホリート病院（Klinik Hochried）	マルクト・ムールナウ	小児・青少年科（Fachklinik für Kinder-und Jugendmedizin）	256
オーバーアマーガウ健康センター（Gesundheitszentrum Oberammergau）	オーバーアマーガウ	リハビリ（Rehabilitation）、心臓科（Kardiologie）、整形外科（Orthopädie）、呼吸器科（Preumologie）	181
小児・青少年リューマチ治療ドイツセンター（Deutsches Zentrum für Kinder- und Jugendrheumatologie）	マルクト・ガルミッシュ゠パルテンキルヘン	リューマチ性疾患（Rheumatische Erkrankungen）	160
オーバーアマーガウ・リューマチセンター（Rheumazentrum Oberammergau）	オーバーアマーガウ	リューマチ性疾患（Rheumatische Erkrankungen）	120
ベルガー博士専門病院（Dr. Berger Klinikfachkrankenhaus）	マルクト・ガルミッシュ゠パルテンキルヘン	人工関節置換術（Gelenkersatz）	69
レヒ゠マングファル病院（Lech-Mangfall-Klinik am Garmisch-Partenkirchen）	マルクト・ガルミッシュ゠パルテンキルヘン	精神科／心理療法（Psychatrie/Psychotherapie）	54
パルトナッハ民間病院（Partnach Privatklinik）	マルクト・ガルミッシュ゠パルテンキルヘン	形成外科（Plastische Chiurgie）	14
歯科美容民間病院（Dentinic Privatklinik Zahnmedizin und Ästhetik）	マルクト・ガルミッシュ゠パルテンキルヘン	歯科（Zahnmedizin）	
ガルミッシュ゠パルテンキルヘン眼科病院（Augenklinik Garmisch-Partenkirchen）	マルクト・ガルミッシュ゠パルテンキルヘン	眼科（Augenheilkunde）	
泌尿器治療センター（Urologische Therapiezentrum U1）	マルクト・ガルミッシュ゠パルテンキルヘン	泌尿器科（Urologie）	
オールシュタットリハビリ病院（Rehaklinik Ohlstadt, LVA）	オールシュタット	整形外科（Orthopädie）	

典拠：Institut für Gesundheitsökonomik/Kreisentwicklungsgesellschaft Garmisch-Partenkirchen, *Entwicklungskonzept für die Gesundheitsregion Landkreis Garmisch-Partenkirchen: Abschlussbericht für die Kreisentwicklungsgesellschaft Garmisch-Partenkirchen*, 2012, p. 43.

表 5 - 5 -11　医療施設と医師

	病院 (Krankenhäu- ser：KH)	介護・リハビリ施設 (Versorge-und Re- haeinrichtungen)	人口1,000人あたり のベッド数 (Betten pro 1,000 Einwohner)	病院勤務医 (KH-Ärzte)	人口1,000人あたりの 病院勤務医師数 (KH-Ärzte pro 1,000 Einwohner)
ドイツ	2,087	1,239	6.1	148,300	1.8
バイエルン	378	295	6.1	19,914	1.6
オーバーバイエルン	138	82	6.4	8,065	1.9
ガルミッシュ＝パルテンキルヘン郡	9	8	10.8	360	4.0

典拠：Institut für Gesundheitsökonomik/Kreisentwicklungsgesellschaft Garmisch-Partenkirchen, *Entwicklungskonzept für die Gesundheitsregion Landkreis Garmisch-Partenkirchen: Abschlussbericht für die Kreisentwicklungsgesellschaft Garmisch-Partenkirchen*, 2012, p. 43.

表 5 - 5 -12　常用雇用者に占める医療関係者

自治体	雇用数	常用雇用者に占める医療関係者（％）
マルクト・ガルミッシュ＝パルテンキルヘン	9,528	22.51
マルクト・ムールナウ	4,923	44.32
マルクト・ミッテンヴァルト	1,616	6.50
オーバーアマーガウ	1,423	24.82
ガルミッシュ＝パルテンキルヘン郡全体	23,618	22.36

典拠：Institut für Gesundheitsökonomik/Kreisentwicklungsgesellschaft Garmisch-Partenkirchen, *Entwicklungskonzept für die Gesundheitsregion Landkreis Garmisch-Partenkirchen: Abschlussbericht für die Kreisentwicklungsgesellschaft Garmisch-Partenkirchen*, 2012, p. 27.

ヘン病院とは、内科医療において協力関係にある。

　ムールナウ病院の設置者（Träger）、すなわち持分所有者（Gesellschafter）は、ドイツ全体の負傷者用の病院を展開している健康保険組合（der Verein für Berufsgenossenschaftliche Heilbehandlung）である[20]。

　ホッホリート病院は、社団法人アウクスブルク司教区青少年福祉事業（Katholische Jugendfürsorge der Diözese Augsburg e. V.）が設置する18歳未満の小児、青少年を対象とする長期にわたる医療リハビリ専門病院である。広大な敷地のなかに学校を併設し、地域を越えた患者を受け入れている[21]。

　ガルミッシュ＝パルテンキルヘン郡における医療施設の充実を物語るのは、人口1,000人あたりのベッド数および病院勤務医数である。いずれもドイツ平均を大幅に上回る値を示す（表 5 - 5 -11参照）。

　では、医療関係施設がどの程度の雇用を創出しているであろうか。ここでは、

表5-5-13 マルクト・ムールナウのベッド数9床以上の宿泊施設における年間宿泊状況（2012年）

	宿泊者数	宿泊件数	平均宿泊数
国内からの旅行者	34,073	133,499	3.9
国外からの旅行者	5,863	15,742	2.8
合計	39,756	149,241	3.8

典拠：Bayerisches Landesamt für Statistik und Datenverarbeitung, *Statistik kommunal 2012: Eine Auswahl wichtiger statistischer Daten für den Markt Murnau a. Staffelsee 09 180 124*, p. 15.

表5-5-14 マルクト・ムールナウのベッド数9床未満の宿泊施設における年間宿泊状況（2012年）

宿泊者数	宿泊件数	平均宿泊数
3,684	24,510	6.7

典拠：Bayerisches Landesamt für Statistik und Datenverarbeitung, *Statistik kommunal 2012: Eine Auswahl wichtiger statistischer Daten für den Markt Murnau a. Staffelsee 09 180 124*, p. 15.

その傾向を確認するために、保健衛生施設（Gesundheitswesen）、動物病院（Veterinärwesen）、社会福祉施設（Socialwesen）における雇用を近似値として用いる。表5-5-12において、医療関係者というのは、これらの施設における常用雇用者である。

ガルミッシュ＝パルテンキルヘン郡内の自治体において、1,000件以上の雇用があるのは、3つのマルクト（ガルミッシュ＝パルテンキルヘン、ムールナウ、ミッテンヴァルト）とオーバーアマーガウである。このなかで、ムールナウの医療関係従事者比率は、群を抜く。

4 ムールナウにおける宿泊状況

マルクト・ムールナウには、2012年6月現在、ベッド数9床以上の宿泊施設が20軒存在し、それらが提供するベッド数は999床である[22]。

以下、表5-5-13および表5-5-14によってさらに詳しい宿泊状況を確認しよう。

当地における宿泊者のおよそ85％が国内からの旅行者である。平均宿泊数においては、国外からの旅行者よりも国内からの旅行者のほうがおよそ1泊多い。また、ベッド数9床未満の小規模宿泊施設における宿泊者の場合、平均宿泊数は7泊近くに達している。

資料5-5-1

> 前文
> マルクト・ムールナウ・アム・シュタッフェルゼーは、造形的な措置を通じて、ムールナウ独特の道路や、まちや、風土の景観をさまざまな都市計画の指標をもって保護し、永続的なまちのイメージを形成することによって、ムールナウを質的に豊かな生活空間として維持する。　　　　　　　　　　（「ムールナウ建築等条例」）

5　ムールナウにおける景観規制

　マルクト・ムールナウにおいては「マルクト・ムールナウ・アム・シュタッフェルゼーにおけるまちの建築規則および駐車スペースに関する条例」（Satzung über örtliche Bauvorschriften und Stellplätze im Markt Murnau a. Staffelsee den 09. August 2007、以下「ムールナウ建築等条例」と略記）によって、まちの景観が規制されている。以下、この条例を紹介する。

　同条例「序文」は、ムールナウに固有の道路、まち、風土の景観を維持・保護する姿勢が示されている。条例制定趣旨において、マルクト・ミッテンヴァルトと共通する（資料5-5-1参照)[23]。

　この条例では、窓や屋根窓の形状について、詳細な建築基準を定め、屋根瓦は「地域で一般に使われている素材」を指定し、色彩の統一を求めている（資料5-5-2参照）。建設用地については、既存の形状を極力維持すること、車の進入路の幅を極力狭く設置することなどを定めている（資料5-5-3参照）。垣根の形状がまちの景観と適合することを求め（資料5-5-4参照）、駐車スペースは、住居の規模に合わせたガイドラインを提示している（資料5-5-5参照）。アンテナについても目立たないような設置の方法を求めている（資料5-5-6参照）。

6　小括

　バイエルン州オーバーバイエルン県ガルミッシュ＝パルテンキルヘン郡において、第2の人口規模を誇るマルクト・ムールナウは、20世紀初頭に芸術家運動、

資料 5-5-2

§3 屋根の形状、増築
(1) 屋根に対する基本的な要求
母屋には傾斜した屋根しか許されない。
付属建築物および増築部分は、母屋の屋根の傾斜と同じか母屋の屋根から伸びた陸屋根でなければならない。
- 屋根の覆いは、地域で一般に使われている素材（粘土やコンクリート製の茶もしくは自然赤の桟がわら）
- サンルームおよび副次的な増築部分はガラスもしくはブリキの屋根フェンスが許される。
- 建造物中央における屋根の棟の伸びは、建物の両脇に平行でなければならない。
- 屋根の延長部分が増築部分、バルコニー、付属建築物あるいは母屋から分岐した部分の上に傾斜した形状を形成することは許される。

(2) 屋根窓は屋根の傾斜が30度を下回る場合に許される。
傾斜が30℃を越えるのが許されるのは、以下の場合である。
（省略）

(3) 屋根の傾斜が28度～30度である既存の長屋においては、以下の条件のもとで、各戸ごとに庭側に切り妻屋根窓が許される。
- 屋根窓の幅（外幅）が1.3mを上回らない。
- 屋根窓はその窓屋根の淵ぎりぎりまでとする。

(4) 屋根の切れ込みは許されない。

(5) 許されるのは、屋根の面に埋め込まれた窓（Dachliegefenster）のみであり、幅が最大1.15m、長さが最大1.40mの取り付けサイズまでの範囲である。屋根の表面に取り付けられたすべての窓の幅の合計が、（庇を除いた）建物の長さの2分の1を越えてはならない。

長屋の場合には、屋根の面に埋め込まれた窓の幅の合計が建物の長さの5分の3まで拡張することができる。3階以上に拡張されている屋根の場合、屋根の面に埋め込まれた一連の第2の窓が許される。

屋根の表面のすべての埋め込み窓および1階あたりのすべての埋め込み窓は同じ高さに揃えなければならない。

(6) 平らにその下に位置するファッサードから「高い位置に」のび、その軒が母屋の上にかかる屋根の構成は、本条例の趣旨に鑑みて梁切り妻（Zwerchgiebel）ないしは、梁切り妻の増築とみなされる。……

梁切り妻は、屋根の勾配が30°以下の場合に許される。……

（「ムールナウ建築等条例」）

資料 5-5-3

§4　建設用地の既存の土地および計画中の土地、またその周囲の柵
(1)　建物本体および外部に付属する施設の形成と配列に際しては、既存の土地の形状（土地の表面）を出来る限り維持しなければならない。やむなく盛り土をしたり削り取ったりする場合には、既存の土地と調和していなければならない。
(2)　通路、進入路および屋根のない駐車場のような固めた表面は、やむをえない場合に限られる。その表面は、水が浸透するようにしなければならない。
(3)　それぞれの住宅の用地には、できる限り幅を狭くした、たった一つの車の進入路が許される。角地については、例外的に両方向の道路に向けて2個の車の進入路を設置して構わない。
(4)　建物および建築部分の建築用地へのはめ込み
　1階部分の床の縁は中央において、自然の土地表面、すなわち建築監督官庁によって決められた土地表面から40cmを上回ってはならない。
　地階部分はむき出しにしてはならない。光井が土地表面まで伸びていなければならない。……

（「ムールナウ建築等条例」）

資料 5-5-4

(6)　垣根は、その形状、高さ、材質、色調において、まちと通りの景観に調和し、建築物の性質に適合するように、形作られなければならない。
さまざまな垣根が攪乱するように（競合するように）併存するのは許されない。

（「ムールナウ建築等条例」）

資料 5-5-5

§5　ガレージと駐車スペース
(1)　各住居について駐車スペースは以下の数が妥当と認められる。
　　50m²以下の住居　　　　　　　　　1台分の駐車スペース
　　50m²を超過し、100m²以下の住居　　1.5台分の駐車スペース
　　100m²を超過し、180m²以下の住居　　2台分の駐車スペース
　　180m²を超過した住居　　　　　　　3台分の駐車スペース

(3)　ガレージは母屋に調和した屋根（§3（1）参照）と理解される。

（「ムールナウ建築等条例」）

資料5-5-6

> §6　アンテナ、送受信設備の取り付けに関する規則
> (1) アンテナ、送受信装置は、まちの景観を損なわない所にのみ許される。
> 特に、アンテナ、送受信装置が許されないのは
> 　a) 建物の上部または、建物に付着して、2.50mを越える
> 　b)（省略）
> (2) 衛星放送受信装置（パラボラアンテナ）は、直径1.5mまで許される。しかし、できる限り共同受信設備を設置すること。
> 　　　　　　　　　　　　　　　　　　（「ムールナウ建築等条例」）

「青い騎士」に関わったカンディンスキー、マルク、ミュンターによって、自然の景観の美しさが発見され、周辺地域を含めて「青い大地観光共同体」を形成している。近年では、マルクト・ガルミッシュ＝パルテンキルヘンと並んで、医療・健康を観光の主軸にしてきた。同時に、旧市街には「ムールナウ建築等条例」によって、固有の景観を維持する努力がなされている。

1) Landkreis Garmisch-Partenkirchen, *Wirtschaftsraum Garmisch-Partenkirchen*, p. 28.
2) Markt Murnau a. Staffelsee, *Informationen zur Bürgerversammlung am 23. 04. 2013*, pp. 15-16.
3) Landkreis Garmisch-Partenkirchen, *Wirtschaftsraum Garmisch-Partenkirchen*, p. 28.
4) Murnau am Staffelsee, Zeittafel, in interrete sub: http://www.murnau.de/de/zeittafel_p2, 11. 02. 2014. なお、ムールナウがマルクトとなったのは、1322年という指摘もある（Baumann, S., *Geschichte des Marktes Murnau in Oberbayern*, Murnau, 1855, pp. 20-21.）。
5) Kemmelpark, Historie, in interrete sub: http://kemmelpark-murnau.de/informationen/historie.html, 20. 02. 2014; Murnauer Grundstücks-Verwaltungs-GmbH, Impressum – Kemmelpark, http://kemmelpark-murnau.de/impressum.html, 20. 02. 2014; Murnauer Grundstücks-Verwaltungs-GmbH, Standort – Kemmelpark, in interrete sub: http://kemmelpark-murnau.de/standort.html, 20. 02. 2014 et Regierung von Oberbayern, Umnutzung der Kemmel-Kaserne in Murnau, in Tagung „Wege

zur intelligenten Flächennutzung", 24. Mai 2007.
6) ガルミッシュ゠パルテンキルヘン郡全体では、65歳以上の人口比率はさらに高く、26.4％である（山田徹雄「農村地域における経済と観光――ガルミッシュ゠パルテンキルヘン郡の場合――」跡見学園女子大学『コミュニケーション文化』第7号、2013年）。
7) マルクト・ガルミッシュ゠パルテンキルヘンにおいても、外部からの通勤者は、1,582人であった（山田徹雄「ガルミッシュ゠パルテンキルヘンと観光」跡見学園女子大学『マネジメント学部紀要』第15号、2013年）。
8) 前掲「ガルミッシュ゠パルテンキルヘンと観光」。
9) Tourismusgemeinschaft Das Blaue Land, Orte im Blauen Land, in interrete sub: http://www.dasblaueland.de/de/orte-im-blauen-land_p3, 17. 02. 2014

　ここで取り上げるムールナウ以外の自治体については、ゼーハウゼン（http://www.dasblaueland.de/de/seehausen-am-staffelsee-1_p3, 18. 02. 2014）、ウーフィング（http://www.dasblaueland.de/de/uffing_-3, 18. 02. 2014）、エグルフィング（http://www.dasblaueland.de/de/eglfing-1_p3, 18. 02. 2014）、グロースヴァイル（http://www.dasblaueland.de/de/grossweil_p3, 18. 02. 2014）、リークゼー（http://www.dasblaueland.de/de/riegsee-2_p3, 18. 02. 2014）、シュパッツェンハウゼン（http://www.dasblaueland.de/de/spatzenhausen-1_p3, 18. 02. 2014）、オールシュタット（http://www.dasblaueland.de/de/ohlstadt_p3, 18. 02. 2014）、グラーフェンアシャウ（http://www.dasblaueland.de/de/grafenaschau-2_p3, 18. 02. 2014）のそれぞれのサイトで地域の観光ガイドを確認できる。
10) Rauch, C., *Blaues Land*, München, 2012, p. 4.　青い騎士については、池田祐子「〈青騎手〉――年刊誌・展覧会――新たなる芸術総合の試み」、同「カンディンスキー『芸術における精神的なもの』の探求」神林恒道編『ドイツ表現主義の世界』法律文化社、1995年、86～107頁参照。
11) Murnau am Staffelsee, Schloßmuseum Murnau, in interrete sub: http://www.murnau.de/de/schlossmuseum_p2, 10. 02. 2014.
12) Murnau am Staffelsee, Das Münter-Haus, in interrete sub: http://www.murnau.de/de/munterhaus_p2, 10. 02. 2014.
13) Murnau am Staffelsee, Murnauer Galerien, in interrete sub: http://www.murnau.de/de/murnauer-galerien-1_p2, 10. 02. 2014.
14) 前掲「農村地域における経済と観光――ガルミッシュ゠パルテンキルヘン郡の場合――」。
15) Institut für Gesundheitsökonomik/Kreisentwicklungsgesellschaft Garmisch-Partenkirchen, *Entwicklungskonzept für die Gesundheitsregion Landkreis Garmisch-*

Partenkirchen: Abschlussbericht für die Kreisentwicklungsgesellschaft Garmisch-Partenkirchen, 2012, p. 43.
16) Berufsgenossenschaftliche Unfallklinik, Home, in interrete sub: http://www.bgu-murnau.de/de-DE/, 13. 02. 2014.
17) Murnau Trauma Center, Home, in interrete sub: http://www.bgu-murnau.de/en-GB/, 13. 02. 2014.
18) Murnau Trauma Center, Home, in interrete sub: http://www.bgu-murnau.de/ru-RU/, 13. 02. 2014.
19) Berufsgenossehschaftliche Unfallklinik, Fachabteilungen, in interrete sub: http://www.bgu-murnau.de/de-DE/medizin/fachabteilungen/, 13. 02. 2014.
20) wer-zu-wem GmbH, Firmenprofil BG Unfallklinik Murnau, in interrete sub: http://www.wer-zu-wem.de/firma/unfallklinik-murnau.html, 20. 02. 2014.
21) Klinik Hochried, *Jahresbericht 2011*.
22) Bayerisches Landesamt für Statistik und Datenverarbeitung, *Statistik kommunal 2012: Eine Auswahl wichtiger statistischer Daten für den Markt Murnau a. Staffelsee 09 180 124*, p. 15.
23) 山田徹雄「ドイツにおける「まち」の景観維持――マルクト・ミッテンヴァルトの事例――」跡見学園女子大学『観光マネジメント学科紀要』第4号、2014年参照。

第6章　マルクト・ミッテンヴァルトと観光

　ミッテンヴァルトは、ガルミッシュ＝パルテンキルヘン郡内にあるマルクトで、ドイツ、オーストリアに跨る「ツークシュピッツェ観光空間」の一角を占めている[1]。

　郡内の最大の観光地は、マルクト・ガルミッシュ＝パルテンキルヘンであるが、ミッテンヴァルトの宿泊施設における旅行者の滞在期間においては、マルクト・ガルミッシュ＝パルテンキルヘンを上回る水準である[2]。

　ミッテンヴァルトはバイオリン製作のメッカであり、その作品は17世紀には世界から高い評価を受けるに至った。また、家屋のファサードには、聖書、教会の歴史の言い伝え、カトリックの聖なる伝承などを題材としたフレスコ壁画が描かれている[3]。

　マルクト当局は、建物の壁面に描かれたフレスコ画の美しさに典型的に表れているまちの景観を維持する厳しい規制を行っている。

　わが国では、景観緑三法が、2004年、第159回国会に提出され、翌年から施行された。これに対応して、ドイツの景観行政に関する関心が一時的に高まり、それが紹介されたことがある[4]。

1　観光地ミッテンヴァルトの背景

1.1　ミッテンヴァルトの歴史とバイオリン製作

　ミッテンヴァルトの歴史については、2001年に「第4回　国際バイオリン製作コンテスト」（4. Internationaler Geigenbau-Wettbewerb）が、同地で開催されたことを記念して刊行された小冊子、『ミッテンヴァルトとそのバイオリン製作』

(Mathias-Kloiz-Stiftung, *Mittenwald und Sein Geigenbau*, Mittenwald, 2001) に依拠して、以下記述する。

カルヴェンデル連山およびヴェッターシュタイン連山に接する古くから存在した軍用・商業路沿いのオーバー・イザール渓谷にあるミッテンヴァルトは、1096～1098年に初めて in media silva の名称で文献に登場した。それに続く200年間に急速に発展し、1305年にはマルクト（forum）と表記されていたことが伝えられている。

ミッテンヴァルトを経由する古くからの通商路は14世紀初頭にイタリアと連絡する街道として繁栄し、1407年にはいわゆる積荷権（Rott-Rechte）が与えられた。イタリアから輸送された商品は絹、香辛料、トロピカル・フルーツ、オリーブオイル、ワインであり、イタリア向けに輸送された商品は、銅線、ブリキ、甲冑、武器、巻紙、なめし皮、皮革、布地などであった。このような商業活動の繁栄によって、ミッテンヴァルトに衣服のヘリ飾り裁縫、網地刺繍など新しい職業が誕生し、経済的な繁栄は17世紀初頭まで継続した。

ヴェネツィア商人とドイツ商人による年市が従来、Bozen で行われていたのが、1487年にミッテンヴァルトに移ったことがまちの繁栄に大きく貢献していた。しかし、30年戦争によって交易に悪影響が生じ、また「世界貿易」（Welthandel）の流れが地中海から大西洋にと移動することによって、「ボーツェナー・マルクト」（Bozener Markt）（ボーツナーマルクトともいう）は、1679年に Bozen に立地を戻してしまった。しかし、商業における機会損失がミッテンヴァルトを衰微させることはなかった。これを救ったのはバイオリン製造であった[5]。

ミッテンヴァルトにおけるバイオリン製造の創始者は、掛け値なしに（ohne Einschränkung）マティアス・クロッツ（Mathias Klotz）であった。ミッテンヴァルトの仕立屋の息子として生まれ、1672～1678年にリュートの製作技術をイタリアの Johann Railli のもとで修得したのち、フュッセンおよびシュヴァーベンのマイスターから古典的なイタリア風のバイオリン製作ではなく、ティロル風のスタイルを学び、1683年に故郷に戻り、バイオリン製作を事業として成功させた[6]。

このことが同地の経済にどれだけの波及効果をもたらしたのかを、表5－6－1

は雄弁に物語っている。バイオリン製作と弓製作に携わるものだけ100名を超えていた。

いわゆる「世俗化」(Säkularisation) によって、フライジング修道院領が政治的な版図から消え、ミッテンヴァルトは、1803年にバイエルンに編入された。当時の人口は、1,700人、家屋数は266軒であり、ほとんどの家庭が農業を兼業していた。

表 5-6-1　ミッテンヴァルトの職業 （1803年）

バイオリン製作（Geigenmacher）	90
馬による輸送（Fuhrleute mit Pferden）	23
牛による輸送（Fuhrleute mit Ochsen）	15
食料・雑貨小売商（Krämer）	15
バイオリンの弓製造（Bogenmacher）	12
パン屋（Bäcker）	12
穀物商人（Kornhändler）	12
小麦粉・バター販売（Mehl- und Schmalzhändler）	11
ビール酒場（Bierwirte）	9
ワイン酒場（Weingastgebwirte）	7
肉屋（Metzger）	6

注：Schmalzは、標準ドイツ語ではヘッド、ラードであるが、オーバーバイエルンでは、溶解バターをいう。
典拠：Mathias-Kloiz-Stiftung, *Mittenwald und Sein Geigenbau*, Mittenwald, 2001, p. 14より作成。

しかしながら、20世紀に至るまで、ミッテンヴァルトの農産物は主として豆類 (Erbse, Bohnen, Flachen) であり、主役はむしろ牧畜 (Vieh- und Weidewirtschaft) であった[7]。

19世紀末に最初の観光客 (Fremden)、すなわち保養客 (Kurgäste) がミッテンヴァルトにやってきた。当時、鉄道はミュンヘンからムールナウまでしか開通していなかったので、残りの区間は乗合郵便馬車 (Postkutsche) または旅客用馬車 (Stellwagen) を利用した。それは、特に風景の美しさと住民の素朴さにひかれた芸術家であった。当地の魅力を発見し喧伝したのは、そのうちの一人、旅行作家ハインリッヒ・ノエ (Heinrich Noë) であった[8]。

最初の観光客には、ミュンヘンのドイツ博物館創立者、オスカー・フォン・ミラー (Oskar von Miller, der Begründer des Deutsches Museums)、彼の弟であり、彫刻家・彫塑家のフェルディナント・フォン・ミラー (der Bildhauer und Erzgießer Ferdinand von Miller) また、ミッテンヴァルトに定住した画家、フリッツ・プレルス (Fritz Prölß) が含まれていた[9]。

ミッテンヴァルトの観光地としての魅力が伝わることによって、登山ガイド (Bergführer)、貸家賃貸業 (Zimmervermieter)、賃労働御者 (Lohnkutscher)、カメラマン (Fotografen) など、新たな職業が生まれた[10]。

同地におけるバイオリン製作の伝統は、受け継がれ、1858年、バイエルン王、マクシミリアン2世の提案で今日の「バイオリン製作学校」(Geigenbauschule) が正式に発足した。

　今日に至るまで、ミッテンヴァルトでバイオリン製作の技術を学ぶために、中国、日本、韓国、オーストリア、ノルウェー、フィンランド、スウェーデン、スイス、アメリカ、メキシコ、フランス、デンマーク、ベルギーおよびドイツ国内から生徒を集めている[11]。

　以下、20世紀の動向について、簡単に触れる。

　1912年には、ミュンヘンとインスブルックを結ぶMittenwald-Bahnが開通した[12]。

　1930年に設立された「バイオリン製作博物館」(Das Mittenwalder Geigenbau-museum) は、2001年以降、マルクト・ミッテンヴァルトの管理下に置かれている。この博物館はミッテンヴァルト観光の目玉の一つであり、年間の訪問者は、4万人を超えている[13]。

1.2　ミッテンヴァルトにおけるボーツナーマルクト (der Bozner Markt in Mittenwald)

　2012年、ミッテンヴァルトは、ボーツナーマルクト525周年を記念する式典を開催した。

　イタリア北部の都市ボルツァーノ (Bolzano)、ドイツ語表記ボーツェン (Bozen)、バイエルン・オーストリア語表記ボーツン (Bozn) は、中世ヨーロッパにおいて南欧と北欧を結ぶ市場機能 (Mercato di Bolzano) を有していた[14]。

　しかしながら、2つの商業都市、ボルツァーノとヴェネツィアの緊張関係によって、ヴェネツィア商人は商品交換市場として、より安全な場所をミッテンヴァルトに求めた。このことによって、1487年以降、ミッテンヴァルトはイタリア、オリエント商人が交換する市場を形成し、これは「ミッテンヴァルトにおけるボーツナー市場」(der Bozner Markt in Mittenwald) と呼ばれるに至った[15]。

　小冊子「ボーツナーマルクト2013年」(Die Bozner-Markt-Broschüre 2012) に、市長アドルフ・ホルンシュタイナー (Adolf Steiner, 1. Bürgermeister Markt

第6章 マルクト・ミッテンヴァルトと観光　399

ミッテンヴァルト駅（2014年8月撮影）。背後に連山がせまる。

Mittenwald）は、以下の挨拶を寄せた。

「ボーツナーマルクトがボルツァーノからミッテンヴァルトに移転したことによって、当地は1487年から1679年にかけて、著しい経済的飛躍を経験した。1987年に初めて、この出来事の500周年を契機として、歴史的な市場週間を華々しく祝った。それ以来マルクト・ミッテンヴァルトは5年ごとに、この中世の市場の営みを美しい歴史的な街の中心で開催している」[16]。

1.3　ミッテンヴァルトのフレスコ壁画

オーバーバイエルンのフレスコ壁画の画風には3つの流れがある。

オーバーアマーガウ、ウンターアマーガウからガルミッシュに至る領域には、オーバーアマーガウ出身の天才壁画家、フランツ・ツヴィンク（Franz Zwink）の作品が多数みられる。フランツ・ツヴィンクは「リュフトルマーラー」（Lüftlmaler）と呼ばれてきた。

これに対して、ミッテンヴァルト、クリューン、ヴァルガウ、フォダーリス（Vorderriß）、ヤーヘナウ（Jachenau）からテルツ（Tölz）に至る領域にはいわ

表5-6-2　州議会選挙の党派別得票率

(単位：％)

年度	CSU	SPD	FW	GRÜNE	FDP	その他
1986	77.5	10.3		3.8	3.8	4.6
1990	75.8	9.2		3.3	4.1	7.5
1994	62.1	11.9		4.0	2.4	19.6
1998	69.1	11.6	6.2	3.9	1.4	7.8
2003	81.2	7.6	1.1	2.7	2.6	4.8
2008	54.9	8.6	10.2	4.6	9.9	11.8
2013	64.2	8.9	11.2	3.2	2.5	9.9

典拠：Bayerisches Landesamt für Statistik, *Statistik kommunal 2014 Markt Mittenwald 090 180 123 Eine Auswahl wichtiger statistischer Daten*, p. 8.

表5-6-3　連邦議会選挙の党派別得票率

(単位：％)

年度	CSU	SPD	GRÜNE	DIE LINKE	FDP	その他
1990	72.3	10.2	2.7	0.0	6.8	7.9
1994	67.4	12.6	3.4	0.4	8.4	7.7
1998	68.1	16.0	3.1	0.3	5.5	7.0
2002	79.0	11.4	3.2	0.5	3.7	2.3
2005	68.6	12.0	3.5	2.5	104	3.0
2009	60.2	8.0	5.0	3.8	16.2	6.8
2013	66.5	9.7	3.9	2.4	4.5	13.0

典拠：Bayerisches Landesamt für Statistik, *Statistik kommunal 2014 Markt Mittenwald 090 180 123 Eine Auswahl wichtiger statistischer Daten*, p. 8.

ゆる「ルーサー」（Rußer）と呼ばれたミッテンヴァルトのマイスター、フランツ・カーナー（Franz Karner）の影響が支配的である。

さらに、シュリアーゼー（Schliersee）からインに至る、アイプリング（Aibling）、エルバッハ（Elbach）、ヴィリング（Willing）およびその周辺には、アイプリング在住のヴィルヘルム・ガイル（Wilhelm Gail）およびグロン（Glonn）出身のベーハンプ（Michael und Johann Böhamb）の壁画作品が支配的である。

ミッテンヴァルトの壁画は、フランツ・カーナー作品が支配的とはいえ、ホルンシュタイナーハウスには、フランツ・ツヴィンクの優れた壁画が残されている[17]。

2　ミッテンヴァルトの社会

ミッテンヴァルトの有権者の投票行動を、以下表5-6-2～表5-6-5を手掛かりに検討する。

州議会選挙においては、CSUの得票率が逓減しているものの、近年においても60％以上の得票率を維持している。これに対して、SPD支持者は1割に満たない。2008年以降、自由選挙人（FW）が支持を広げてきた。

連邦議会においても、州議会の勢力分布がそのまま現れている。いずれにおい

表 5-6-4　市長の任期（2014〜2020年）

| 第1市長 | アドルフ・ホルンシュタイナー（Adorf Hornsteiner） | CSU |
| 第2市長 | ゲルハルト・シェーナー（Gerhard Schöner） | CSU |

典拠：Alpenwelt Karwendel Mittenwald Krün Wallgau Tourismus GmbH, Bürgerservice Mittenwald‒Zusammensetzung des Marktgemeinderates, in interrete sub: http://www.alpenwelt-karwendel.de/gemeinderat, 14. 07. 2015.

表 5-6-5　マルクト議会議員の党派別構成（市長を除く）任期（2014〜2020年）

CSU	10
Vereinigung der freien Wähler	5
Bürgervereinigung	2
SPD	2

典拠：Alpenwelt Karwendel Mittenwald Krün Wallgau Tourismus GmbH, Bürgerservice Mittenwald‒Zusammensetzung des Marktgemeinderates, in interrete sub: http://www.alpenwelt-karwendel.de/gemeinderat, 14. 07. 2015.

表 5-6-7　社会保険義務者の産業部門別雇用（2013年）

農林業・漁業	3
製造業	352
商業・交通・接客（飲食・宿泊）	624
企業サービス	146
公的・民間サービス	411

典拠：Bayerisches Landesamt für Statistik, *Statistik kommunal 2014 Markt Mittenwald 090 180 123 Eine Auswahl wichtiger statistischer Daten*, p. 9.

表 5-6-8　土地利用形態（2013年）

（単位：%）

建物・空き地	1.9
企業用地	0.1
保養地	0.2
交通用地	1.3
農地	12.1
森林	49.2
河川・湖沼	1.5
その他	33.7

典拠：Bayerisches Landesamt für Statistik, *Statistik kommunal 2014 Markt Mittenwald 090 180 123 Eine Auswahl wichtiger statistischer Daten*, p. 12.

ても環境政党（GRÜNE）に対する支持が低迷している。

　市長は、第1市長、第2市長ともにCSU会派から選出されている。市議会の勢力分布は、CSUが第1会派であり、「自由選挙人連合」がこれに次ぐ。

　雇用を基準に産業構造をみると、商業、サービス業など観光に関連する業種における雇用比率が高い（表5-6-7参照）。土地利用形態においては、森林が半数以上の面積を占め、農地が12％となっている（表5-6-8参照）。

3　ミッテンヴァルトの観光

　ミッテンワルト観光の広報は、「アルプス世界カルヴェンデル　ミッテンヴァ

表5-6-9 宿泊施設および宿泊者数の推移（ベッド数10床以上）

年度	宿泊施設数	宿泊者数	平均宿泊数
2009	71	52,564	4.8
2010	71	39,982	4.5
2011	71	53,626	4.3
2012	68	60,541	4.2
2013	68	60,905	4.2
2014	58	59,837	4.0

典拠：Bayerisches Landesamt für Statistik, *Statistik kommunal 2014 Markt Mittenwald 090 180 123 Eine Auswahl wichtiger statistischer Daten*, p. 15.

表5-6-10 宿泊者数の推移（ベッド数9床未満）

年度	宿泊者数	平均宿泊数
2009	30,327	8.4
2010	33,155	8.0
2011	29,920	8.2
2012	33,898	8.0
2013	33,430	8.0
2014	28,607	7.9

典拠：Bayerisches Landesamt für Statistik, *Statistik kommunal 2014 Markt Mittenwald 090 180 123 Eine Auswahl wichtiger statistischer Daten*, p. 15.

ルト・クリューン・ヴァルガウ観光有限会社」（Alpenwelt Karwendel Mittenwald Krün Wallgau Tourisms GmbH）のもとで行われている。同社の監査役議長は、クリューン町の第1町長であるハンスイェルク・ツァーラー（Hansjörg Zahler）が務め、本社はミッテンヴァルトに置かれている[18]。

「カルヴェンデル」地域は、その大部分（80％）がオーストリアのティロル州にあり、それと地形的に連続するバイエルン州をも包摂する。そのバイエルン側にある自治体がミッテンヴァルト、クリューン、ヴァルガウでありマルクト・ミッテンヴァルトが地域の中心をなす[19]。

2015年6月には、先進国首脳会議（G7 Gipfel）がカルヴェンデルのエルマウ城（Schloss Elmau）において開催され[20]、オバマとメルケルがクリューン町役場前に「バイエルン風朝酒」（Bayerischer Frühshoppen）を味わいにでかけたこと[21]、駐独アメリカ大使およびアメリカ代表団がミッテンヴァルト旧市街を見学し、「ミッテンヴァルト地ビール」醸造所（Brauerei Mittenwald）を訪問したこと[22]、カナダと日本のファーストレディーがカルヴェンデルの自然の景観を楽しんだこと[23]が伝えられた。

以下、表5-6-9および表5-6-10によって宿泊者数の推移をみる。

ミッテンヴァルトにおいて、ベッド数10床以上の宿泊施設数は2009年以降に18％減少したが、年間宿泊者数においては、5万人〜6万人程度を維持してきた。これにベッド数9床未満の宿泊施設におけるそれを加えると、恒常的に8万人以上の宿泊者を受け入れてきた。なお、当地においては小規模施設の受入数が3分

の1以上を占めている。

　2010年における宿泊者数の大幅な減少は、受難劇の影響で、宿泊者がオーバーアマーガウに吸収されたと推察される。

　平均宿泊数は、ベッド数10床以上の宿泊施設数において4泊、ベッド数9床未満において8泊で、マルクト・ガルミッシュ＝パルテンキルヘンと比較すると長期滞在の傾向がある。

4　ミッテンヴァルトにおける建造物規制

　マルクト・ミッテンヴァルトにおいては、2010年7月28日に発効した「まちの中核領域を対象とするマルクト・ミッテンヴァルトにおける建造物の外観設計に関する条例」（Satzung über die Außengestaltung der Gebäude im Markt Mittenwald für den Ortsbereich、以下、「ミッテンヴァルトまちの景観条例」と略記）によって、建造物の外観を詳細に規制し、その空間的範囲は旧市街全体に及んでいる。

4.1　建造物規制の趣旨

　同条例の趣旨は、その序文に以下のように記されている。

> 　ミッテンヴァルトはバイエルン・アルプス（bayerische Alpen）の最も美しく整えられた地域に属し、カルヴェンデル連山の麓にある。こういった理由から、また多数の訪問者のおかげで、南バイエルン空間において重要な観光地であるこのゲマインデは、受け継がれてきた土着の（アルプス風の）建築様式によって特徴づけられている。ひなびた地域独特の性格は維持されなければならないし、また必要に応じて復元されなければならない。ゲマインデは、計画的かつ造形的な施策によってまち、道路、風景の景観に対して将来にわたって影響を及ぼすつもりである。
> 　　　　　　　　　　　　　　（「ミッテンヴァルトまちの景観条例」序文）

　ここに指摘されているのは、自然の景観に恵まれた同地が、土着の建築様式によって多数の観光客を吸引している点に鑑みて、まち、道路、風景を将来にわたって維持しようとする自治体の強い決意である。

4.2 ファッサードに対する規制

建物の正面に関して、「ミッテンヴァルトまちの景観条例」は次のように規制を加えている。

---

§5　正面（Fassaden）
1．外壁
　外壁はモルタルを塗るか、木材で覆われるか、あるいは木材で仕上げがなされなければならない。……
　モルタルを塗ったファッサードの塗装は、原則として明るい色調または白の色調（40＜HBW＞90）[24]とし、木材を原料とするそれは、自然の茶色の色調でなければならない。
　基礎はモルタルで塗装しなければならない。モルタルの化粧張りは輝きのない自然石のプレートから最大50cmの高さまで許される。
　いかなる種類のファッサード絵画も完成前にマルクト・ミッテンヴァルトの同意を得なければならない。
2．窓とドア
　窓の中心軸は相互に連なるように配置されねばならない。窓は、80cmの横枠から垂直に分割されなければならない。窓ガラスまたは窓の鏡板およびドアは、0.70m^2以上の面積がある場合には、水平もしくは垂直横桟で分割されなければならない。窓枠およびドア枠は、白または灰色もしくは茶色の色調で仕上げなければならない。
　逸脱した色調は、マルクト・ミッテンヴァルトの同意を得なければならない。ショーウインドーは、1階においてのみ許され、4m^2以下で分割されてはならない。
　窓の扉とバルコニーの扉は（1階のショーウインドーを除き）、鎧戸を取り付けなければならない。……
3．バルコニー
　バルコニーの欄干は、木材で水平または垂直の形で仕上げなければならない。コンクリート製のバルコニーのプレートは正面を木材で覆わなければならない。サンルームのためにバルコニーをガラス張りにすることは許される。
4．（バルコニーの）日よけ
　営業用に使われる日よけはマルクト・ミッテンヴァルトの同意を得なければならない。
　内法の高さは、2.20mを越えてはならない。けばけばしい色や光沢のある材質は許されない。
5．煙突
　煙突の設置は許されていない。　　　　　（「ミッテンヴァルトまちの景観条例」）

　ここに表現されていることは、木製もしくは木製の印象を与える外観、派手な

色調を避けた外観である。外壁、窓とドア、バルコニーなど前面から目視できる部分については、統一的な秩序を有したまちの空間を形成する努力が明確に見られる。「水平もしくは垂直」という表現は、景観から曲線を排した統一感を強調する。

ファッサード絵画の事前承認の必要性は、当地の美的魅力のひとつであるフレスコ画が市当局による強い規制を受けていることを示している。

4.3 屋根の形状に対する規制

屋根およびそれに付随する設備に関して細かい規制を加えているのは、§6である。

---

§6 屋根の形状
 1．屋根の形
　両面ともに同じ傾斜を持った切妻屋根のみ許される。母屋に建て増しされている車庫および附属建築物も傾斜面として仕上げることもできる。その場合、母屋に連なる傾斜面の稜線が形成されなければならない。
 2．屋根の勾配
　屋根の勾配は18度から26度の間でなければならない。建て増し部分や車庫においては、勾配は15度から26度の間でなければならない。
 3．屋根の突き出し
　屋根の張り出し（外壁から屋根の型枠までの距離）は、切妻や屋根の末端において（境界を接した建造物を除いて）少なくとも1.00mなければならない。建て増し部分においては、屋根の突き出しはそれよりも小さくてもかまわない。
 4．屋根の覆い
　屋根の表面は自然赤から赤茶にいたる範囲の同じ色の瓦、板葺もしくは手作りのブリキの畳み継ぎで覆われなければならない。銅や亜鉛屋根は、地下水や沈殿汚泥に重金属沈殿物が付随して発生することから許可されない。成形金属から作られた板やカラーベスト[25]は許されない。
 5．腰壁の高さ
　（省略）
 6．根窓つき切妻、明かり取り
　根窓つき切妻や明かり取りは、屋根の勾配が35度を下回る場合には許されない。屋根の勾配が35度を下回る既存の根窓つき切妻や明かり取りは、技術的に可能である限り整備されなければならない。
 7．屋根の切り通し
　屋根の切り通しは許されない。

> 8．天窓
> 　天窓は幅115cm、縦140cmのはめ込みの範囲で許される。屋根に取り付けられた窓はすべて、同じ高さ（窓の横木）で整えなければならない。二つの天窓の間には、少なくとも一つの垂木分を空けておかなければならない。
> 　防火対策規程に基づいて設置されなければならない排煙窓はこの限りではない。
> 9．ソーラーシステムおよび太陽電池
> 　ソーラーシステムおよび太陽電池は、例外的に申請に基づいて許可されることがある。その際、モジュールの配置が明白である配置図が2通、ゲマインデに提出されなければならない。まとまった長方形で配置されなければならない、縦置きは許されない。
> 　ファッサードやバルコニーへの配置も同様に、許されない。
> 　軒の末端が3mを下回る建物への設置や地面に立てることは許されない。
> 10．アンテナ、送受信装置、パラボラアンテナ
> 　アンテナ、送受信装置は、まちの景観を損ねないところにのみ設置が許される。（梁を含めて）屋根の表面を2.50mを越えて建物の上や建物に連結したアンテナ、送受信装置はとりわけ許されない。
> 　（例えば、柱）他の形状で設置され3.00mを超えるアンテナ、送受信装置は、同様に許されない。
> 　パラボラアンテナの設置や取り付けに際しては、できるだけ目立たないように家屋に取り付けるように注意しなければならない。色彩は周囲に適合しなければならない。アンテナは直径が最大90cmを超えてはならないし屋根の棟の線を越えて突出してはならない。
> 　　　　　　　　　　　　　　　　　　　　　（「ミッテンヴァルトまちの景観条例」）

　屋根は同じ傾斜面をもつ対称的な形状で、しかも傾斜角も厳しい規制が課せられることによって、まちの統一的な景観が維持されるようになっている。屋根瓦についても、近代的なイメージを想起するものは排除され、落ち着いたまち作りを目指している。屋根に付随して設置されるソーラーシステムやアンテナは極力目立たない構造が強く要請されていることがわかるであろう。

4.4　垣根に対する規制

垣根に対する規制は§7に記されている。

> §7　垣根
> 　垣根は、材質と仕上がりからみて、まちと道路の景観に適合していなければならない。垣根の高さは基礎を含めて1.10mを超えてはならない。このことは、交通の安全性が脅かされている場合には、道路の合流点や前庭領域にも当てはまる。

第6章　マルクト・ミッテンヴァルトと観光　407

> 板の壁、プラスチック製の物質、プラスチックの桟、有刺鉄線、鉄製の桟、葦製のござなどは一般に許されない。
> 　　　　　　　　　　　　　　　（「ミッテンヴァルトまちの景観条例」）

　まちと道路との適合を前提に、高さ制限が加えられる。垣根の高さ制限によって、建物の景観が妨げられない工夫を見ることができる。材質は人工的でない素材を用いることが求められ、建物の外観との整合性が計られている。

4.5　庭と進入路に対する規制

　庭と進入路については、§10に記されている。

> §10　庭と進入路
> 　前庭が置かれている地所は、造園風にレイアウトされ維持されなければならない。その土地は倉庫目的に利用されてはならない。5×3（ママ）までの木材置き場までは許される。
> 　空き地部分は、やむをえず駐車スペース、車庫前、出入り口、車寄せに必要である限り、固めてよい。
> 　その表面は水を通すように仕上げなければならない。
> 　　　　　　　　　　　　　　　（「ミッテンヴァルトまちの景観条例」）

　ここでは、特に表面を固めた場合、水が浸透する構造を要求する。

5　マルクト・ミッテンヴァルトにおける広告規制

　ミッテンヴァルトにおいては、広告の掲示方法について、1989年6月29日に発効した「広告設備の設置に関するマルクト・ミッテンヴァルトの条例」（Satzung des Marktes Mittenwald über die Gestaltung von Werbeanlagen、以下「広告設備条例」と略記）によって詳細な規制がなされている。

　同条例は広告設備を§1で以下のように定める。

> §1　広告設備の定義
> 　広告設備とは、営業もしくは職業に基づいて告知、宣伝あるいは示唆するものとして役立ち、公共の通行空間から見えるあらゆる固定式の設備をいう。これに数えられるのは、特に、盾、ラベル、絵、ネオンサイン、ショーケース、自動販売機、および

ちらし、ポスター、ネオンサインを目的とする円柱、パネル、平面であるが、礼拝の告知はこれに含まれない。　　　　　　　　　　　　　　　　（「広告設備条例」）

　宗教的な広報活動以外のさまざまな広報活動が規制の対象となっており、自動販売機やショーケースに至るまで、その対象は広がっている。

5.1　広告設備に対する規制

　§5で広告設備の設置が許されていない個所をみると、まちの景観に影響を与える部分が網羅的に挙げられ、このことによって、わが国のまちの景観との大きな相違が明らかとなる。

---

§5　広告設備に対する制限
ゲマインデ内では、広告設備が許されないのは、
1．前庭および垣根につけて
2．屋根の上もしくは屋根に張り付けて、ドア、門、窓の鎧戸につけて
3．電柱の上もしくは電柱に張り付けて、ベンチに付けて、紙屑籠につけて
4．樹木、岸壁、土手、積載物、溝に張り付けて
5．橋、煙突、家屋の切妻、バルコニー、突出した建造部分、街灯、建物の張り出し、外階段、その他、建築線を越えた建造部分に張り付けて
6．2階窓の縁の上方に、すなわち、広告は規則によって1階に限られている。
7．建物の表面に2m²以上の広告
8．道路上方に広告の帯を貼ること
9．建築上重要な支柱に張り付けて
10．公共の交通空間に広告の箱や動く広告台を置くこと
11．マルクト領域内において定められていない場所に立てられた掲示板や円柱として
12．垂直かつ上下に並べられた文字や攀縁字体
13．文字の高さや帯状の文字盤の高さは30cmを超えてはならない。
14．ファッサード部分を覆うこと
15．袖看板、突き出し看板（Nasenschilder）[26]が、建造物から1.30m以上突出しているとき
16．特別に当該目的に指定され、認められた空間に設置されていない限り、大規模な文字広告、表象広告として
17．3個以上の旗を掲げた3m²を上回る広告の旗、ただし、季節的な大売り出し、閉店セール、在庫一掃セール、棚卸しセールおよびその他の特別な機会は除外する。
　　　　　　　　　　　　　　　　　　　　　　　　　　　　（「広告設備条例」）

第6章　マルクト・ミッテンヴァルトと観光　409

このような厳しい規制のもとに、特に要求される事項が、§6で指摘されている。

> §6　広告設備において特に要求する事項
> 　広告設備は（上記の）彩色、材質の選択、一定の建築技術の要求と釣り合いに従わなければならない。突き出し広告とそれを支えるものとして、工業的に製造されたものではなく、個別に作られたものが利用されねばならない。
> 　広告設備は、特に以下によって攪乱されてはならない。
> 　−あまりに強いコントラストやけばけばしい、もしくは光沢のある配色
> 　−無秩序な取り付け
> 　−単語の文字を別々の窓に分ける。
> 　−頻繁に同じ（広告）設備を設置する、あるいは互いに相容れない（広告）設備を合わせて設置する。
> 　−見えなくなったり、ゆがんだり、損傷したり、汚れたりした広告設備や自動販売機は、取り除くか、修復するかしなければならない。　　　（「広告設備条例」）

ここで述べられていることを総括すれば、「秩序」の維持である。派手な色彩、文字の乱れを牽制し、広告設備の種類、形状、大きさ、素材の統一感に加えて、§7では、文字の大きさの制限とその大きさの統一をも求めている。

> §7　広告設備の構成（Gestaltung）
> 　広告設備の種類、形状、大きさ、素材、広がりは、建築様式の基準に適合しかつ道路の景観に適合しなければならない。
> 　文字の大きさは、30cmを超えてはならない。大きな文字と小さな文字を同時に連結する場合には、小さな文字が明白に30cmを下回っているときには、逸脱が可能である。
> 　箱型の形状をした広告設備は、一連の文字の書かれた形であろうと、個別の単語の書かれた箱の形であれ、また飾り看板であれ、すべて許されない。（「広告設備条例」）

5.2　ショーケース、ショーウィンドウ、自動販売機に対する規制

ショーケース、ショーウィンドウ、自動販売機に対する規制を次に見ていこう。

> §9　ショーケースと自動販売機
> 　−ショーケースと自動販売機は、壁と桟の建築上かつ安定的な機能が外見的に明確に見える状態が維持される場合にのみ、設置してよい。それらは通常、ファッサードに深く溶け込むので建物の正面と同一平面で目立たなくなる。

> 1mに達しない幅の歩道に当該の設備は、設置してはならない。
> ーショーケースと自動販売機は、ファッサードと申し分なく適合するように構成されなければならない。
> ー戸外に設置されるショーケースと自動販売機は、前庭や垣根には通常許されない。
>
> §10 ショーウィンドウの広告
>   ショーウィンドウの窓面は、それぞれの面の4分の1を上回るように、図案、ラベル、色彩模様、ポスター、ビラ（セロファンなど）を張り付けてはならない。その際、個々の張り付けられたものの総面積が考慮される。
>   点滅したり動いたりするショーウィンドウの照明は許されない。蛍光灯および他の光源は、眩しくならないように遮蔽しなければならない。 （「広告設備条例」）

 ショーケースと自動販売機は、それ自体が自己主張せず周囲と融和する限り設置が許される。ショーウィンドウは、窓への張り付けの厳しい制限と地味な照明のもとで許可されている。

5.3 ネオンサインに対する規制

 ネオンサインが許されるのは、§12に示すようにごく限られて地域である。ドイツにおいて集合住宅と店舗が同一建物に収容されている傾向を考えると、ネオンサインを目撃できるのは、降臨祭とクリスマスの時期のみであろう。

> §12 ネオンサイン
>   ネオンサインは、住宅市域、団地および文化財保護地域や文化財保護に指定された建物が影響を及ぼす地域にある建物においては許されない。
>   生存に必要な機能を持ち、夜間にも公示されなければならない場合、正当な理由のある個別事例において許可される場合がある（薬局、飲食店など）。
>   点滅したり動いたりする広告は許されない。
>   電線は見えないように張らなければならない。
>   信号機のある領域では、信号の色は許されない。
>   広告設備やファッサードから広告目標に光を照らすこと、また電飾は許されない（降臨祭とクリスマスの照明は例外とする）。 （「広告設備条例」）

5.4 ガソリンスタンドの広告に対する規制

 ガソリンスタンドについては、広告面積が限定され、また高さにも制限がある。

> §13　ガスリンスタンドにおける広告設備
> 　企業看板は地上2.00mを超えてはならない。
> 　一の燃料について、企業は2個の広告設備を設置もしくは立てることが許される。動力用燃料の価格看板は一ガソリンスタンドにつき、合計3m²の面積を超えてはならない。その際、個々の価格看板は1m²を超えないようにしなければならない。
> 　その他の業務（洗車、オイル交換、付属品など）は、最大1.50×1.00mの大きさで地上から最大でも1.50mを超えない範囲で、2個の宣伝設備もしくはひとつにまとめた枠を持った表示物で示さなければならない。
> 　花綵装飾、ペナント、旗は許されない。
> 　　　　　　　　　　　　　　　　　　　　　　　　　　（「広告設備条例」）

5.5　その他の景観規制

同条例§14は、例外的に認められる広告として、政治活動に係る広報、および季節限定もしくは機会限定の売り出し広告を挙げている。大売り出しについては、開店時間帯に「建物や通りの景観が妨げられ」ない限り認められることが、§11によって定められている。

> §11　広告設備におけるその他の追加的な要求事項
> 　1.　大売り出し商品および大売り出し看板は、法で定められた開店時間帯においてのみ、また、それによって建物や通りの景観が妨げられず損ねられない場合に、吊るしたり、立てたり、設置したりすることが許される。……
> 　2.　家屋の表示および事務所の表示ないしは集合住宅や商業ビルにおけるそれは、0.25平方メートルを超えてはならない。多数の同種の表示は、1カ所にまとめ、かつ大きさ、形状、色彩、構成において統一的なイメージでなければならない。
> 　　　　　　　　　　　　　　　　　　　　　　　　　　（「広告設備条例」）

> §14　免除
> 　1.　広告設備条例が適用されないのは、
> 　　a）選挙、住民投票、国民投票の動機による政党、有権者、請願者のためのもの
> 　　b）季節的な大売り出し、閉店セール、在庫一掃セール、棚卸しセールに際しての催し物あるいは建築中を示す看板のための一時的な広告　　（「広告設備条例」）

6　小括

　ミッテンヴァルトにおいては、伝統的なまちの景観を維持するために、条例によって規制がなされている。ファッサードは白もしくはそれに近い灰色と茶の色彩に統一された外観によって、空間的な統一観が提供されている。また建物の造形は曲線を排し方形のイメージを与え、屋根の勾配にも統一した景観を課している。

　建造物の素材は、垣根も含め、木製もしくはそれに類する素材によって、人工的な素材イメージ、近代的マテリアルを排除する姿勢を持つ。

　このような規制下にある建物の外観が目視できるように、垣根の高さを制限し、広告設備を目立たぬように厳しい設置要件を定めている。

1）　山田徹雄「国境を越えた観光空間──ツークシュピッツェ観光空間──」跡見学園女子大学『観光マネジメント学科紀要』第3号、2013年。
2）　山田徹雄「ガルミッシュ＝パルテンキルヘンと観光」跡見学園女子大学『マネジメント学部紀要』第15号、2013年。
3）　Sanfte Klänge am Karwendel, *Der Tagesspiegel*, 02. 06. 2014, in interrete sub: http://www.tagesspiegel.de/weltspiegel/reise/europa/deutschland/bayern-sanfte-klaenge-am-karwendel/9970774.html, 14. 07. 2015.　ミッテンヴァルトのフレスコ壁画の実例は、Rattelmüler, P. E., *Lüftlemalerei in Oberbayern*, München, 1981, pp. 42-64に掲載されている。
4）　野呂充／アンドレアス・シェラー「ドイツ連邦共和国フライブルク市の都市景観行政（一）・（二）」『広島法学』2号、2003年、同3号、2004年および上田貴雪「ヨーロッパの景観規制制度」農林総研『調査と情報』439号、2004年、5〜6頁。
5）　Mathias-Kloiz-Stiftung, *Mittenwald und Sein Geigenbau*, Mittenwald, 2001, p. 13.
6）　Mathias-Kloiz-Stiftung, *Mittenwald und Sein Geigenbau*, Mittenwald, 2001, p. 20.
　　　1683年をもって、ミッテンヴァルトにおけるバイオリン製作の発祥と目され、1983年には「バイオリン製作300年」（300 Jahre Geigenbau）および「バイオリン製作学校125周年」（125-Jähriges Bestehen der Geigenbauschule）が祝われた（Mathias-Kloiz-Stiftung, *Mittenwald und Sein Geigenbau*, Mittenwald, 2001, p. 20)。
7）　Mathias-Kloiz-Stiftung, *Mittenwald und Sein Geigenbau*, Mittenwald, 2001, p. 14.

8) Mathias-Kloiz-Stiftung, *Mittenwald und Sein Geigenbau*, Mittenwald, 2001, p. 14. ハインリッヒ・ノエについては、König Stefan, *Die Alpenwanderer: Forscher, Schwärmer, Visionäre. Große Fußreisen durch das Gebirge. Eine Wiederentdeckung*, Innsbruck, 2009参照。

9) Mathias-Kloiz-Stiftung, *Mittenwald und Sein Geigenbau*, Mittenwald, 2001, pp. 14-15. フリッツ・プレルスは、1925年にミッテンヴァルトから名誉市民の栄誉を与えられ、フリッツ・プレルス広場（Fritz-Prölß-Platz）という地名が残されている。2009年、ミッテンヴァルト博物館協会（Mittenwalder Museumsverein）は、ミュンヘンで行われたオークションにおいて、彼の作品を2,400ユーロで落札している（*Münchner Merkur*, 07. 07. 2009）。

10) Mathias-Kloiz-Stiftung, *Mittenwald und Sein Geigenbau*, Mittenwald, 2001, p. 15.

11) Mathias-Kloiz-Stiftung, *Mittenwald und Sein Geigenbau*, Mittenwald, 2001, pp. 13-16, 20-23, 27.

12) Mathias-Kloiz-Stiftung, *Mittenwald und Sein Geigenbau*, Mittenwald, 2001, p. 15.

13) Mathias-Kloiz-Stiftung, *Mittenwald und Sein Geigenbau*, Mittenwald, 2001, p. 29-. 30.

14) Città di Bolzano, La storia di Bolzano in breve, in interrete sub: http://www.comune.bolzano.it/cultura_context.jsp?hostmatch=true&area=48&ID_LINK=976, 27. 07. 2015 et Azienda di Soggiorno e Turismo Bolzano, Fiere a Bolzano … per tradizione, in interrete sub: http://www.bolzano-bozen.it/fiere-bolzano.htm, 27. 07. 2015.
　前述のように「ボーツェナー・マルクト」（Bozener Markt）と標準語表記される場合もあるが（Mathias-Kloiz-Stiftung, *Mittenwald und Sein Geigenbau*, Mittenwald, 2001）、ここではバイエルン・オーストリア語表記ボーツン（Bozn）を用いる。なお、ボルツァーノでは、イタリア語とドイツ語が併用されている。

15) Karwendelgebirge, Boznermarkt in Mittenwald, in interrete sub: http://www.mittenwald-aktiv.de/bozner-markt, 27. 07. 2015.

16) Grußwort des 1. Bürgermeister Markt Mittenwald in: *Die Bozner-Markt-Broschüre 2012*.

17) Rattelmüler, P. E., *Lüftlemalerei in Oberbayern*, München, 1981, p. 21 et Baedecker Redaktion, *Reiseführer Oberbayern*, pp. 345-346.

18) Alpenwelt Karwendel Mittenwald Krün Wallgau Tourismus GmbH, Impressum und Datenschutz, in interrete sub: http://www.alpenwelt-karwendel.de/impressum-und-datenschutz, 03. 08. 2015.

19) karwendelgebirge. net, Karwendel, in interrete sub: http://www.karwendelgebirge.net/karwendel/index.html, 03. 08. 2015.

20) Die Bundesregierung, G7 Gipfel ZU GAST IN OBERBAYERN, in interrete sub: https://www.g7germany.de/Webs/G7/DE/G7-Gipfel/Tagungsort/tagungsort_node.html, 08. 06. 2015. エルマウ城の歴史については、Schloss Elmau, Geschichte, in interrete sub: http://www.schloss-elmau.de/schloss/schloss/geschichte-von-schloss-elmau/, 08. 06. 2015.
21) Alpenwelt Karwendel Mittenwald Krün Wallgau Tourismus GmbH, G7-Gipfel 2015 in der Alpenwelt Karwendel, in interrete sub: http://www.alpenwelt-karwendel.de/g7-gipfel-2015, 03. 08. 2015.
22) Alpenwelt Karwendel Mittenwald Krün Wallgau Tourismus GmbH, US-Delegation in Mittenwald, in interrete sub: http://www.alpenwelt-karwendel.de/us-delegation-in-mittenwald, 03. 06. 2015.

　　同醸造所については、Brauerei Mittenwald – Johann Neuner GmbH und Co. KG, Bier und Wir, in interrete sub: http://www.brauerei-mittenwald.de/deutsch/bierundwir.php, 03. 08. 2015.
23) Alpenwelt Karwendel Mittenwald Krün Wallgau Tourisms GmbH, Pressetexte Sommer 2015.
24) HBW（Hellbezugswert）とは、物体の表面の色の反射について、絶対的な黒を０％、絶対的な白を100％とするドイツにおける明度基準をいう（Das Online Magazine für Mahler und Lakierer, Hellbezugswet, in interrete sub: http://www.farbelite.de/index.php/de/maler-glossar-a-z/h/231-hellbezugswert-hbw, Sonntag, 10. November 2013, 10. 11. 2013）。この点について、跡見学園女子大学文学部コミュニケーション文化学科教授、吉澤京子氏より貴重なアドバイスを頂戴した。
25) カラーベストとは、セメントとけい砂を原料にして繊維で補強した平型の化粧スレートをいう（和田勇「私の履歴書⑯」『日本経済新聞』2013年11月17日朝刊）。
26) 突き出し看板（Nasenschilder）とは、壁面上部から突き出された飾り看板の一種である。紀元前３世紀のエジプトにおいて存在した夢占い師の吊り看板にその起源を見る説がある（Hannmann, E., Zum Thema Werbeanlagen, in: *Denkmalpflege in Baden-Württemberg*, 3. Jahrgang, 1974, p. 31）。

第7章　ガルミッシュ＝パルテンキルヘン郡ファーハント村と観光

　バイエルン州オーバーバイエルン県ガルミッシュ＝パルテンキルヘン郡ファーハント村（Gemeinde Farchant）は[1]、海抜690 m、マルクト・ガルミッシュ＝パルテンキルヘンに接した人口3,750人、面積2,500 ha の村（Dorf）である[2]。
　本章は、地域の観光中心地、マルクト・ガルミッシュ＝パルテンキルヘンに接した小村の観光事情を考察する。

1　ファーハント村と交通

　2000年5月27日、連邦道路2号線（Bundesstraße 2）延長工事の一環として建設されていたファーハント・トンネル（Farchanter Tunnel）が開通した。これによって、ミュンヘン方面からガルミッシュ＝パルテンキルヘンに向かい（あるいは、それと逆の動きの）、村の中心を通過していた車両が迂回することになり、騒音と排気ガスから村民が解放されることになった[3]。
　村を通過する車両の1日あたり平均数は、1995年に2万8,398台であったが、2000年には7,119台へと激減したことが伝えられている[4]。
　幹線道路交通が村を迂回することとなったが、一方、鉄道においては、ファーハントへのアクセスを促す動きが見られた。
　鉄道のファーハント駅が、2010年12月12日、再開された。これは、同駅が設置されて以来、121年ぶり、駅が閉鎖されてから26年ぶりのことであった。同日の7時7分にガルミッシュ＝パルテンキルヘン発ミュンヘン行きの列車が、新装されたファーハント駅に停車した[5]。
　ドイツ鉄道のホームページは、ファーハント駅を始点・終点とする「ファーハント森林体験の小径」（Der Walderlebnispfad in Farchant）のキャンペーンを行

地図 5-7-1　ガルミッシュ＝パルテンキルヘン郡

典拠：Waldbesitzervereinigung Ammer Loisach e. V., Zahlen & Fakten rund um die WBV, in interrete sub: http://www.waldbesitzer.net/wbv-ammer/index.php/unsere-wbv/wbv-zahlen, 06. 12. 2014.

っている[6]）。

　古い駅舎は全面的に建て替えられ、駅前にパーク＆ライド設備（die Park & Ride Anlage）が設置された。これらの工事には、州政府による都市建設助成金、15万ユーロが投下された[7]）。

　2013年には、ガルミッシュ＝パルテンキルヘン自治体企業（Gemeindewerke Garmisch-Partenkirchen）、アイプ湖交通有限合資会社（Eibsee Verkehrsgesellschaft mbH & Co. KG）、オーバーバイエルン地域交通（Regionalverkehr Oberbayern）、以上 3 社のバス路線が共通の運賃体系で運行されることとなり、通勤者

表5-7-1 ファーハント村人口の長期的な推移

年度	人口	人口密度（km²あたり）
1840	360	14
1871	327	13
1900	442	17
1925	734	28
1939	1,237	48
1950	1,941	75
1961	2,105	81
1970	2,835	109
1987	3,220	124
2011	3,651	140

典拠：Bayerisches Landesamt für Statistik und Datenverarbeitung, *Statistik kommunal 2013: Eine Auswahl wichtiger statistischer Daten für die Gemeinde Farchant 09 180 116*, p. 6.

表5-7-2 ファーハント村の人口動態

年度	自然増減		転出入による増減	
	出生	死亡	転入	転出
1960	35	25	226	175
1970	41	30	423	315
1980	32	31	309	312
1990	49	42	374	260
2000	50	27	309	345
2008	27	32	258	305
2009	25	21	293	270
2010	26	28	272	275
2011	29	18	263	228
2012	26	37	269	267
2013	37	38	333	314

典拠：Bayerisches Landesamt für Statistik und Datenverarbeitung, *Statistik kommunal 2014: Eine Auswahl wichtiger statistischer Daten für die Gemeinde Farchant 09 180 116*, p. 7.

の便宜を向上させた[8]。

2　ファーハント村社会の解析

　表5-7-1は、ファーハント村の人口を、19世紀中葉以降について概観したものである。同村人口の長期的趨勢は、一貫して増加を示してきた。1840年と比較すると、現在の値はおよそ10倍となっている。

　1960年代以降の人口動態要因を表5-7-2で見る。人口変化の要因は出生・死亡に基づく自然増減ではなく、転出入による社会増減である。特に、ドイツ再統一直後の1990年には、著しい転入が見られた。

　年齢構成の変化を1987年と2012年でみると、高齢化が進行し、50歳以上の人口比が4割を超えるに至ったことがわかる（表5-7-3参照）。

　当地は伝統的に、ローマ・カトリックが優勢な地域である。この基本的傾向に変化はないが、近年では、ローマ・カトリックにもプロテスタントにも属さないも

表5-7-3 ファーハント村の年齢構成

	1987年（%）	2012年（%）
6歳未満	6.2	4.4
6～14歳	8.0	8.5
15～17歳	3.7	3.4
18～24歳	12.3	7.8
25～29歳	8.4	5.6
30～39歳	14.1	11.2
40～49歳	14.5	18.4
50～64歳	17.1	19.5
65歳以上	15.5	21.2

典拠：Bayerisches Landesamt für Statistik und Datenverarbeitung, *Statistik kommunal 2013: Eine Auswahl wichtiger statistischer Daten für die Gemeinde Farchant 09 180 116*, p. 6.

表5-7-4 宗派別人口構成

（単位：%）

	ローマ・カトリック (römisch-katholisch)	プロテスタント (evangelisch-lutherish)
1987	73.5	17.3
2011	63.7	13.8

典拠：Bayerisches Landesamt für Statistik und Datenverarbeitung, *Statistik kommunal 2013: Eine Auswahl wichtiger statistischer Daten für die Gemeinde Farchant 09 180 116*, p. 6.

表5-7-5 ファーハント村における州議会選挙投票結果

（単位：%）

投票実施年度	政党別得票率					
	CSU	SPD	FW	GRÜNE	FDP	その他
1986年	75.2	12.2		5.0	3.2	4.4
1990年	76.7	10.5		4.3	3.1	5.3
1994年	68.0	13.4		6.1	1.9	10.6
1998年	65.2	14.7	6.0	5.5	1.1	7.5
2003年	79.0	8.9	2.4	2.6	2.0	5.1
2008年	47.4	13.5	13.5	5.5	7.1	13.0
2013年	54.4	13.5	14.8	3.8	1.8	14.6

注：FW: FREIE WÄHLER Bayern.
典拠：Bayerisches Landesamt für Statistik und Datenverarbeitung, *Statistik kommunal 2013: Eine Auswahl wichtiger statistischer Daten für die Gemeinde Farchant 09 180 116*, p. 9.

のが増加している（表5-7-4参照）。

次に、村民の投票行動を見てゆこう。われわれはバイエルンの政党といえばCSUが頭に浮かぶ。2008年、2013年の州議会選挙結果を見ると、CSUが従来ほどの得票率を占めることはなくなっている。その受け皿はSPDではなく、バイエルン自由選挙人である（表5-7-5参照）。

CSUの影響力低下は、2009年、2013年の連邦議会選挙結果にも現れた。2009年にはFDPが、また2013年には「その他」と記された政党がCSUの票を奪っている（表5-7-6参照）。

これらの選挙結果をみると、ファーハント村住民の意識になんらかの変化が生じているのであろう。2014年に行われた村長選挙においては、SPD候補のマルティン・ヴォールケツェター（Martin Wohlketzetter）が選出された[9]。

表5-7-7で、土地利用形態をみると、森林がおよそ65％を占め、農業用地が18％弱となっている。農業用地の内訳では、2010年において総面積332haのうち、

表5-7-6　ファーハント村における連邦議会選挙投票結果

(単位：%)

投票実施年度	政党別得票率					
	CSU	SPD	GRÜNE	DIE LINKE	FDP	その他
1990年	68.5	12.9	2.5	0.0	7.8	8.2
1994年	68.1	14.1	4.8	0.2	6.8	5.9
1998年	63.7	19.8	4.4	0.4	6.0	5.7
2002年	75.3	14.1	4.2	0.3	4.4	1.8
2005年	63.5	14.8	4.8	2.2	11.1	3.5
2009年	54.7	11.5	6.5	3.0	16.2	8.3
2013年	58.8	11.3	5.5	2.9	4.9	16.6

典拠：Bayerisches Landesamt für Statistik und Datenverarbeitung, *Statistik kommunal 2013: Eine Auswahl wichtiger statistischer Daten für die Gemeinde Farchant 09 180 116*, p. 9.

表5-7-7　ファーハント村における土地利用形態（2012年）

利用形態（Nutzungsart）	(%)
建物用地・空き地（Gebäude- und Freifläche）	3.2
企業用地（Betriebsfläche）	0.0
保養地（Erholungsfläche）	0.2
交通用地（Verkehrsfläche）	1.7
農業用地（Landwirtschaftsfläche）	17.7
森林（Waldfläche）	64.7
河川・湖（Wasserfläche）	2.1
その他（Flächen anderer Nutzung）	10.3
合　計	100.0

典拠：Bayerisches Landesamt für Statistik und Datenverarbeitung, *Statistik kommunal 2013: Eine Auswahl wichtiger statistischer Daten für die Gemeinde Farchant 09 180 116*, p. 12.

表5-7-8　ファーハント村における家畜の所有状況（2010年）

	家畜所有農家	家畜総頭数
牛	18	336
うち、乳牛	13	124
羊	11	514
馬	5	22
にわとり	6	154

典拠：Bayerisches Landesamt für Statistik und Datenverarbeitung, *Statistik kommunal 2013: Eine Auswahl wichtiger statistischer Daten für die Gemeinde Farchant 09 180 116*, p. 13.

242haは採草地と放牧地（Wiesen und Weiden）であった。したがって、ファーハント村の大部分は、森林と牧草地・放牧地ということになる[10]。

　このことを踏まえて、家畜の所有状況を見たのが表5-7-8である。家畜所有農家数では牛所有が最大であるが、頭数では羊が多数を占めている。なお、牛所有農家は、そのほとんどが乳牛所有者であった。

　表5-7-9により、同村の雇用をみる。ファーハントにおける被用者数が1,337人であるが、村内において雇用されているものは730人であることから、残りの

表5-7-9　ファーハントにおける社会保険加入義務を伴う雇用
　　　　　（2012年度）

ファーハント内事業所における社会保険加入義務を伴う雇用数	730
ファーハント住民で社会保険加入義務を伴う被用者	1,337
うち	
農業	—
製造業	264
商業、交通、接客業	249
公共および民間サービス	145
ファーハント外への通勤者と推計される者	607

典拠：Bayerisches Landesamt für Statistik und Danteverarbeitung, *Statistik kommunal 2013: Eine Auswahl wichtiger statistischer Daten für die Gemeinde Farchant 09 180 116*, p. 9.

607人は、おそらくマルクト・ガルミッシュ゠パルテンキルヘンへの通勤者であると推察される。地域内における農業部門の被用者が存在しないことから、農業部門が家族経営によって成り立っているのであろう。

3　ファーハント村の観光

1957年から1967年にかけて、ファーハントは「州認定保養地」(Staatlich anerkannter Erholungsort) であった。1984年には、「州認定空気の良い保養地」(Staatlich anerkannter Luftkurort) となっている[11]。

伝統文化を継承する「ファーハント・アルペンローゼ゠エーデルヴァイス民俗衣装協会」VTV (Volkstrachtverein) Almenrausch und Edelweiß Farchan は、2013年に創立100周年を迎えた[12]。これを祝って、5月に100周年祝祭週間の催しが行われた[13]。

3.1　観光広報活動

ファーハント村が観光広報に積極的な取り組みをみせるのは、2010年以降である。同村では「接客業一覧」(Gastgeberverzeichnis) を更新して、2010～2011年冬季に開催された観光メッセ（ライプツィヒ、シュトゥットガルト、ベルリン、エッセン）に積極的に参加し、さらに、年後半の観光メッセ（ツヴィッカウ、カ

ッセル、ドルトムント、ギーセン）に
も参加するほか、6都市のイベント
（ニュルンベルク、ヴュルツブルク、
ハイルブロン、ボン、ゲッティンゲン、
シークブルク）において「接客業一覧」
を出展することとした[14]。

これらの広報活動は、ファーハント
に観光サービスセンターが置かれてい
る独立行政法人「ツークシュピッツ休
暇地域」（Ferienregion Zugspitzland）を通じて行われている[15]。

3.2　宿泊施設の格付け

表5-7-10　ファーハント村における宿泊施設の推移（各年度、6月）

年度	営業中の宿泊施設数（ベッド数9床以上）	ベッド供給数
2008	17	432
2009	16	417
2010	11	330
2011	9	245
2012	9	241
2013	8	237
2014	8	249

典拠：Bayerisches Landesamt für Statistik und Datenverarbeitung, *Statistik kommunal 2013: Eine Auswahl wichtiger statistischer Daten für die Gemeinde Farchant 09 180 116*, p. 15 et Bayerische Landesamt für Statistik und Datenverarbeitung, *Statistik kommunal 2014: Eine Auswahl wichtiger statistischer Daten für die Gemeinde Farchant 09 180 116*, p. 15.

ドイツにおける宿泊施設に対する格付けには、2種類ある。ひとつは、「ドイツ　ホテル＝レストラン連合」（der Deutsche Hotel- und Gaststättenverband：DEHOGA）によるホテル等に対する格付け[16]、もうひとつは、「ドイツ観光連合」（Deutscher Tourismusverband：DTV）によるベッド数10床以下の「休暇用貸アパート」（Ferienwohnungen）、「休暇用別荘」（Ferienhäuser）および「民宿」（Privatzimmer）に対する格付けである[17]。

ファーハント村では、2010年にDEHOGAによって「ホテル・ガストホフ　アルター・ヴィルト」（Hotel-Gasthof Alter Wirt）が3つ星の認定を受けた。同年、DTVによって4件の「休暇用貸アパート」が格付けを認められ、これをもって、同地の小規模宿泊施設の30％が格付けを与えられることとなった[18]。

2010年6月には、DTVの検査官、ヒーアガイスト夫人（Frau Hiergeist, Prüferin des Duetschen Tourismus Verbands）を招き、格付けに関する相談会を開催した。「星をつかもう」（Geifen Sie nach Sternen!）と称するこの相談会では、休暇用貸アパート、民宿の経営者に、新しい「接客業一覧」に格付けを掲載する好機と訴えた[19]。

2014年には、ライザー一家（Familie Reiser）が営む休暇用貸アパート「アル

表5-7-11 ファーハント村における宿泊者の推移（ベッド数9床以上の宿泊施設）

年度	宿泊者数			宿泊件数		
	合計	国内起点	国外起点	合計	国内起点	国外起点
2008	5,928	4,916	1,012	29,344	25,767	3,577
2009	6,655	5,340	1,315	28,062	24,181	3,881
2010	10,659	8,116	2,543	31,222	25,680	5,542
2011	8,860	7,118	1,742	32,228	26,625	5,603
2012	8,938	7,311	1,627	31,474	27,117	4,357
2013	9,599	7,595	2,004	35,366	29,698	5,668

典拠：Bayerisches Landesamt für Statistik und Datenverarbeitung, *Statistik kommunal 2013: Eine Auswahl wichtiger statistischer Daten für die Gemeinde Farchant 09 180 116*, p. 15.

表5-7-12 ファーハント村における平均宿泊数（ベッド数9床以上）

（単位：泊）

年度	平均宿泊数		
	全体	国内起点	国外起点
2008	5.0	5.2	3.5
2009	4.2	4.5	3.0
2010	2.9	3.2	2.2
2011	3.5	3.7	3.2
2012	3.5	3.7	2.7
2013	3.7	3.9	2.8

典拠：Bayerisches Landesamt für Statistik und Datenverarbeitung, *Statistik kommunal 2013: Eine Auswahl wichtiger statistischer Daten für die Gemeinde Farchant 09 180 116*, p. 15.

表5-7-13 ファーハント村の小規模施設（ベッド数9床未満）における宿泊者の推移

年度	宿泊者数	宿泊件数	平均宿泊数
2008	5,437	45,009	8.4
2009	5,484	46,968	8.6
2010	5,821	49,643	8.5
2011	5,783	48,154	8.3
2012	5,730	46,582	8.1
2013	5,593	45,631	8.2

典拠：Bayerisches Landesamt für Statistik und Datenverarbeitung, *Statistik kommunal 2013: Eine Auswahl wichtiger statistischer Daten für die Gemeinde Farchant 09 180 116*, p. 15.

ペンステルン」（Ferienwohnung Alpenstern）が、ファーハントのフェーリエンヴォーヌングとして初めて「ドイツ観光協会」（Deutscher Tourismusverband）から5つ星を獲得した[20]。

3.3　ファーハント村宿泊者の動向

　比較的規模の大きい宿泊施設は、2008年以降、その数が半減した。提供するベッド数においても、収容能力は明らかに低下している（表5-7-10参照）。

資料 5-7-1

> §1 静穏をかく乱する家事および庭仕事
> 1．公共の静穏をかく乱するに該当する家事および庭仕事は、平日の8時30分から12時まで、および14時30分から20時にのみ許される。
> 2．第1項の静穏をかく乱する仕事とは特に、カーペット、階段用絨毯、ソファー、衣類、ベッドなどを叩いて掃除すること、また薪割りや木挽きが、公共の道路上もしくは道路に面して、家屋敷の庭で、屋根の上で、バルコニーで、階段で、開けた窓やドアのそばで行われる場合、さらにはモーター付きの機械による草刈り、木の葉の掃除および牧草地の刈り取りをいう。

典拠：Gemeinde Farchant, Verordnung über die zeitlichen Bschränkung ruheströrenden Haus- und Gartenarbeiten in der Gemeinde Farchant, 15. 10. 2007.

　一方、宿泊者数の推移をみると、2010年の異常値を除けば、漸増してきた。特に、国外からの宿泊者は2008年対比で倍増している。2013年においては、国外からの宿泊者は、2,000人の大台を超えた。

　2013年における宿泊者数の増加について、その要因が外国人客の増加にあったことを『ファーハント村通信』第18号は、特記している[21]。

　なお、異常値を示した2010年は、オーバーアマーガウにおいて受難劇が上演された年であった。そのために、内外からの宿泊者が大幅な増加を示している（表5-7-11参照）。しかし同時に、この年は、平均宿泊数が減少を示した（表5-7-12参照）。

　小規模宿泊施設の動向を表5-7-13において確認すると、全般的に平均宿泊数は長期にわたり、どの年度においても8泊を超えている。

4　ファーハント村における「まち」の景観と静穏の維持

　「ゲマインデ・ファーハントにおける静穏をかく乱する家事および庭仕事の時間的な制限に関する通達」（Verordnung über die zeitlichen Beschränkung ruheströrenden Haus- und Gartenarbeiten in der Gemeinde Farchant）は、ファーハント全域に対して午前中の3時間半、午後の5時間半を除いて、具体的に騒音源を特定して厳しい規制を行っている。資料5-7-1の第1条第2項を参考にされ

資料5-7-2

> §2　ファサード
> 1. 外壁はモルタルを塗るか木張りにするか、もしくは木で仕上げなければならない。ファサードの彩色は基本的にホワイトトーンおよび自然なブラウントーンの木の素材でなければならない。
> 2. 窓とドアのガラス面は、0.70m^2を超える場合は、水平と垂直の桟で仕切らなければならない。窓とドアの素材は木およびホワイトトーン、ブラウントーンで仕上げなければならない。
> 3. サンルームは許されない。
> 4. バルコニーの手すりは木で仕上げなければならない。コンクリート製のバルコニーの床は、鮮明に木で覆わなければならない。
>
> §3　屋根の形状
> 1. 両切妻屋根のみ許される。付属建築物および母屋に密着して建築されたガレージは片流れ屋根で仕上げることも構わない。
> 2. 屋根のこう配は18度～26度とする。付属建築物およびガレージは12度～20度とする。
> 3. 屋根のつきだしは、最低0.70mとする。
> 4. 屋根の覆いは、ナチュラルレッドなし茶色の瓦の同一色もしくは木のこけら葺きとする。
>
> 9. 屋根窓は、屋根の面に平坦に取り付けいる場合のみ許される。最大面積は一窓あたり（框の外周）2m^2とする。屋根の表面の最大5％まで、屋根窓を設置できる。
>
> §5　盛土と切土
> 建築用地は、その自然な地形構造が維持されなければならない。盛土と切土が許されるのは、それが住居の一階の高さやテラスと一致する結果となり、かつ、その際、隣地との段差が生じないようにしなければならない。

典拠：Gemeinde Farchant, Satzung über die Außengestaltung der Gebäude in der Gemeinde Farchant für den Altort, 11. 11. 2004.

たい。

　景観規制は、特に古くからある街並み（Altort）に対して厳格な規制がなされている。

　「ゲマインデ・ファーハントにおける旧村落地に対する外壁および建物に関する条例」(Gemeinde Farchant, Satzung über die Außengestaltung der Gebäude in der Gemeinde Farchant für den Altort, 11. 11. 2004) によって、ファサードには木の外観を求め、屋根のこう配と配色に統一感を与え、さらに自然の地形を

維持することが定められている（資料5-7-2参照）。

5　小括

　ガルミッシュ゠パルテンキルヘン郡ファーハント村は、マルクト・ガルミッシュ゠パルテンキルヘンに隣接し、かつ雇用機会を依存する小村である。鉄道のファーハント駅が再開された2010年以降、観光広報を積極的に展開することによって、外国人訪問者の増加がみられるに至った。

1 ）　Farchant は標準語表記では、ファルヒャントとなるが、ガルミッシュ゠パルテンキルヘン郡において現に発音されている「ファーハント」と表記する。なお、同地はゲルマンのバヨウァリイ（Baajuware）——バイエルン族——によって、「赤松の荒野」（Föhrenheide）を意味する Forahaida と呼ばれていた（Joseph Brandner, Geschichte und Wappen, in: Gemeinde Farchant, Geschichte und Wappen, in interrete sub: http://www.gemeinde-farchant.de/buergerinfos/geschichte-und-wappen.html, 06. 11. 2014）。バヨウァリイの起源については、Weithmann, M. W., *Kleine Geschichte Oberbayerns*, Regensburg, 2010, p. 29参照。

2 ）　Gemeinde Farchant, Zahlen und Daten, in interrete sub: http://www.gemeinde-farchant.de/buergerinfos/zahlen-und-fakten.html, 06. 11. 2014.

3 ）　*Farchanter Dorfblatt*, Nummer 6, September/Oktober/November 2010, pp. 6-7.
　　連邦道路2号線は、ベルリンを起点にライプツィヒ、ニュルンベルク、ミュンヘンを経てガルミッシュ゠パルテンキルヘンおよびミッテンヴァルトを越えてオーストリアへと連絡することが企画されている（Autobahndirektion Südbayern, Informationen zu aktuellen Planungen: Bundesstraße B 2 München – Garmisch-Partenkirchen）。ファーハント・トンネルについては、Autobahndirektion Südbayern, Informationen zu aktuellen Planungen: Bundesstraße B2 neu: Eschenlohe – Garmisch-Partenkirchen および Der sicherste Tunnel steht bei Farhant, in: *Die Welt*, 27. 04. 2001参照。

4 ）　*Farchanter Dorfblatt*, Nummer 7, Dezember 2010, Januar/Februar 2011, p. 4.

5 ）　*Farchanter Dorfblatt*, Nummer 7, Dezember 2010, Januar/Februar 2011, p. 1.　また、19世紀におけるファーハント駅の開業については、Hofer, Manfred, *100 Jahre Eisenbahn Murnau – Garmisch-Partenkirchen 1889-1989*. Bundesbahndirektion München, 1989参照。

6 ）　Deutsche Bahn, Der Walderlebnispfad in Farchant, in interrete sub: http://www.

bahn.de/regional/view/regionen/bayern/erlebnis/aktiv/farchant_walderlebnispfad. shtml, 15. 11. 2014.

7) *Farchanter Dorfblatt*, Nummer 9, Juli/Augst/September 2011, p. 2.

8) *Farchanter Dorfblatt*, Nummer 17, Dezember 2013/Januar, Februar 2014, p. 3.

9) Bayerisches Landesamt für Statistik und Datenverarbeitung, *Statistik kommunal 2014: Eine Auswahl wichtiger statistischer Daten für die Gemeinde Farchant 09 180 116*, p. 9.

10) Bayerisches Landesamt für Statistik und Datenverarbeitung, *Statistik kommunal 2013: Eine Auswahl wichtiger statistischer Daten für die Gemeinde Farchant 09 180 116*, p. 12. 栽培牧草地である採草地（Wiese）と家畜を放牧する放牧地（Weide）の違いについては、藤田幸一郎『ヨーロッパ農村景観論』日本経済評論社、2014年、4～5頁参照。

11) *Farchanter Dorfblatt*, Nummer 1, Juni, 2009, p. 2. 「州認定保養地」、「州認定空気の良い保養地」の認定基準については、Bayerisches Staatsministerium des Inneren, Verordnung über die Errichtung des Bayerischer Fachausschusses für Kurorte, Erholungsorte und Heilbrunnen (Bayerische Anerkennungsverordnung – BayAnerkV) vom 17. September 1991参照。なお、日本温泉気候医療学会『温泉医学用語集』では、Luftkurort を「大気療養地」の訳語をあてている（http://www.onki.jp/upload/glossary_aiueo.pdf, 12. 06. 2014）。

12) *Farchanter Dorfblatt*, Nummer 15, März/April/Mai/Juni, 2013, p. 11.

13) *Farchanter Dorfblatt*, Nummer 16, Juli, Augsust, September, Oktober, November 2013, p. 1.

14) *Farchanter Dorfblatt*, Nummer 8, April/Mai/Juni 2011, p. 4.

15) 独立行政法人「ツークシュピッツ休暇地域」はファーハント、マルクト・ガルミッシュ＝パルテンキルヘン、グライナウ、オーバーアウ、エッシェンローエ等の自治体から構成されているが、行政単位ではなく、観光マーケティングのための組織であり（Zugspitzland, Impressum, in interrete sub: http://www.zugspitzland.de/index.php?id=142, 06. 12. 2014)、地域内の「休暇用貸別荘・貸アパート」を紹介している（Ferienwohnungen de. Zugspitzland, in interrete sub: http://www.ferienwohnungen.de/europa/deutschland/zugspitzland/, 06. 12. 2014）。

16) DEHOGA, Unsere Klassifizierungssysteme, in interrete sub: DEHOGA, Klassifizierung, in interrete sub: http://www.dehoga-bundesverband.de/klassifizierung/, 08. 12. 2014 et DEHOGA Deutsche Hotelklassifizierung, in interrete sub: http:// www.dehoga-bundesverband.de/klassifizierung/hotelklassifizierung/, 06. 12. 2014.

17) DTV, 20 JAHRE DTV-KLASSIFIZIERUNG, in interrete sub: DTV, Qualität –

Sterneunterkünfte, in interrete sub: http://www.deutschertourismusverband.de/qualitaet/sterneunterkuenfte. html, 06. 12. 2014.

18) *Farchanter Dorfblatt*, Nummer 4, März/April/Mai 2010, p. 5.
19) *Farchanter Dorfblatt*, Nummer 5, Juni/Juli/Augst 2010, p. 5.
20) *Farchanter Dorfblatt*, Nummer 18, März, April, Mai 2014, p. 5.
21) *Farchanter Dorfblatt*, Nummer 18, März, April, Mai 2014, p. 4.

第8章　ガルミッシュ＝パルテンキルヘン郡グライナウ村と観光

　グライナウ村は、オーバーバイエルン県ガルミッシュ＝パルテンキルヘン郡にある人口3,550人の小村であるが、宿泊者のためのベッド数は、人口を上回る4,000床および観光によって成り立っている。ドイツ最高峰、ツークシュピッツェの麓に存在することから「ツークシュピッツ村」(das Zugspitzdorf)と呼ばれている。マルクト・ガルミッシュ＝パルテンキルヘンから6kmの地点にあり、前者に対する交通、雇用の依存度は高い[1]。

　なお、ミュンヘン（100km）、ミッテンヴァルト（25km）、オーバーアマーガウ（25km）、フュッセン（57km）、インスブルック（63km）などオーバーバイエルン、ティロル州の各都市とも近距離にある（図5-8-1参照）。

1　グライナウの歴史

　グライナウ村は、ヴェルデンフェルズ伯領（Grafschaft Werdenfels）に属し、領主はフライジング（Freising）の領主司祭であった。グライナウは、1305年に、フライジングの教会土地台帳に「川に面した草原と森のある緑の平地」(grüne Au)を意味するGruenawaの名称で初めて登場した。この村は、オーバーグライナウ（Obergrainau）、ウンターグライナウ（Untergrainau）、ハンマーズバッハ（Hammersbach）、シュメルツ（Schmölz）、アイプゼー（Eibsee）の集落からなる。

　オーバーグライナウは、小河川アルプレバッハ（Alplebach）沿いに発展し、ウンターグライナウは小河川クレプバッハ（Krepbach）に面した塊村（Haufendorf）として発展した。

　17世紀の初頭には、この2つの集落に村長（Dorfmayer）が置かれた。この頃、ハンマーズバッハ、アイプゼーが、後にシュメルツがオーバーグライナウに併合

図 5-8-1

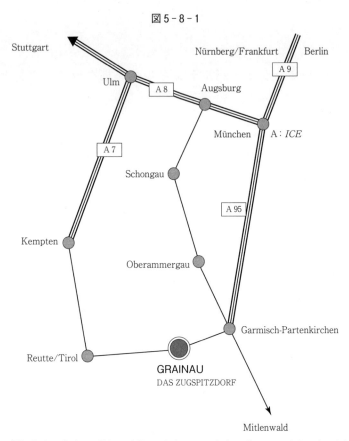

典拠：Grainau, Rathaus – Zalen und Daten-, in interrete sub: http://www.gemeinde-grainau.de/de/gemeinde/zahlen-daten, 17. 12. 2014.

された。ガルミッシュの古文書には、これらの集落をまとめて「デガーナウの背後の（複数の）ゲマインデ」（Gemeinden hinter der Degernau）と記載されている。デガーナウは、ガルミッシュとグライナウを結ぶ道路の境界に位置している。

　1812年にグライナウに村の教会が設置されるまで、村民は洗礼、結婚式、葬式にはガルミッシュの教会まで行かなければならなかった。

　1802年、バイエルンにおけるセクラリサチオ（Säkurarisation）によって、ヴェルデンフェルズ伯領は、バイエルン選帝侯国領に編入され、1806年にはバイエルン王国領となった。

1880年にはムールナウまで、1889年にはパルテンキルヘンまで延長された鉄道建設は、1912年にはグライナウを経てロイテまで伸び、観光客が増加した。

なお、2つの村が統合されグライナウとなったのは、1937年のことであった[2]。

1913年には、アイプゼー湖畔にベッド数60床からなるホテルが建設され、このアイプゼー・ホテルは、その3年後にミュンヘンの建築家、ツェラー（Zeller）のもとで、160室250床からなる近代的なホテルへと改築された。宿泊客の多くは、1カ月逗留し、リピーターとなったと伝えられている[3]。

第2次大戦後の10～12年間、ベルヒテスガーデンとガルミッシュ＝パルテンキルヘンはアメリカ兵のレクリエーション・センターであった。特に、悲惨であったのは、アイプゼー・ホテルで、1945～1972年の間、アメリカ占領軍に接収され、ドイツ人の利用は厳しく制限された[4]。

2 グライナウ村の人口

表5-8-1 グライナウ村人口の長期的な推移

年度	人口	人口密度（km²あたり）
1840	396	8
1871	414	8
1900	469	10
1925	1,151	23
1939	1,715	36
1950	2,969	61
1961	2,821	58
1970	3,032	62
1987	3,383	69
2011	3,433	70

典拠：Bayerisches Landesamt für Statistik und Datenverarbeitung, *Statistik kommunal 2013: Eine Auswahl wichtiger statistischer Daten für die Gemeinde Grainau 09 180 118*, p. 6.

表5-8-2 グライナウ村の人口動態

年度	自然増減		転出入による増減	
	出生	死亡	転入	転出
1960	31	23	438	373
1970	39	28	523	483
1980	29	39	464	386
1990	51	31	528	391
2000	37	31	401	404
2008	27	40	287	253
2009	30	30	264	293
2010	18	29	257	310
2011	23	20	295	289
2012	17	38	303	302

典拠：Bayerisches Landesamt für Statistik und Datenverarbeitung, *Statistik kommunal 2013: Eine Auswahl wichtiger statistischer Daten für die Gemeinde Grainau 09 180 118*, p. 7.

グライナウ村の人口は、19世紀中葉には400人に満たない水準であったが、20世紀以降、着実に増加し、人口密度が著しく増大したことを表5-8-1は伝えている。1960年以降の人口動態をみると、自然増減はわずかで、社会増が人口増加をもたらした。1990年における転入超過はドイツ再統一の影響であろう（表5-8-2参照）。1980年と2012年の年齢構成を比較すると、50歳以上の比率が

表5-8-3 グライナウ村の年齢構成

	1987年（%）	2012年（%）
6歳未満	5.2	3.8
6～14歳	8.3	7.4
15～17歳	3.4	2.9
18～24歳	13.0	7.8
25～29歳	6.7	5.6
30～39歳	13.3	10.1
40～49歳	15.8	16.1
50～64歳	17.8	20.7
65歳以上	16.5	25.6

典拠：Bayerisches Landesamt für Statistik und Datenverarbeitung, *Statistik kommunal 2013: Eine Auswahl wichtiger statistischer Daten für die Gemeinde Grainau 09 180 118*, p. 6.

表5-8-4 宗派別人口構成

（単位：%）

	ローマ・カトリック (römisch-katholisch)	プロテスタント (evangelisch-lutherish)
1987	71.1	20.3
2011	61.9	15.1

典拠：Bayerisches Landesamt für Statistik und Datenverarbeitung, *Statistik kommunal 2013: Eine Auswahl wichtiger statistischer Daten für die Gemeinde Grainau 09 180 118*, p. 6.

表5-8-5 グライナウ村における州議会選挙投票結果

（単位：%）

投票実施年度	政党別得票率（%）					
	CSU	SPD	FW	GRÜNE	FDP	その他
1986年	75.6	10.4		4.9	3.8	5.4
1990年	73.8	9.5		5.7	4.8	5.2
1994年	68.3	11.8		7.3	1.9	10.7
1998年	66.0	12.2	4.8	7.9	2.0	7.1
2003年	80.6	6.6	2.2	3.5	3.3	3.8
2008年	53.7	7.9	9.4	6.2	10.0	12.8
2013年	61.3	9.8	10.2	3.8	4.6	10.4

注：FW: FREIE WÄHLER Bayern.
典拠：Bayerisches Landesamt für Statistik und Datenverarbeitung, *Statistik kommunal 2013: Eine Auswahl wichtiger statistischer Daten für die Gemeinde Grainau 09 180 118*, p. 8.

34.3%から46.3%へと変化し、高齢化の進行がみられる（表5-8-3参照）。

　同村は、カトリックが優勢なバイエルン南部の風土を反映しているが、近年ではローマ・カトリックにもプロテスタントにも属さない層が増加していることを表5-8-4は示している。

3　グライナウ村と政治

　次に、村民の選挙における投票行動をみていこう。州議会選挙においてCSU

表5-8-6 グライナウ村における連邦議会選挙投票結果

(単位：%)

投票実施年度	政党別得票率（%）					
	CSU	SPD	GRÜNE	DIE LINKE	FDP	その他
1990年	69.1	11.1	3.1		8.9	7.8
1994年	67.3	12.6	5.1	0.2	8.8	5.9
1998年	63.6	17.2	4.6	0.5	7.3	6.8
2002年	75.9	12.4	4.1	0.3	5.4	1.9
2005年	66.6	12.6	3.8	1.6	12.4	2.9
2009年	56.7	7.7	5.6	2.8	19.4	7.8
2013年	63.5	9.1	4.6	1.9	7.7	13.2

典拠：Bayerisches Landesamt für Statistik und Datenverarbeitung, *Statistik kommunal 2013: Eine Auswahl wichtiger statistischer Daten für die Gemeinde Grainau 09 180 118*, p. 8.

は2003年に至るまで、圧倒的な強さを発揮し、一方、SPDは1998年の至るまで10％前後の支持率にすぎなかった。また、CSUが支持率を下げた2008年にはFDPが、2013年にはFWが、その受け皿となったが、SPDに対する支持は伸びることがない（表5-8-5参照）。

連邦議会選挙においても、基本的に州議会選挙の投票行動と大差なく、2013年においてもCSUが最大支持を獲得している（表5-8-6参照）。

また、いずれの選挙結果をみても、自然環境が豊かである地域には、環境保護を掲げる政党（GRÜNE）はなじまないことを示している。

2014年3月30日選出された村長、シュテファン・メルクル（Stephan Märkl）は、CSUの推す候補であった[5]。

これらの事情を総合すれば、この地域における政党支持がCSUを基盤とする伝統は揺るがない。

4　グライナウ村の経済

この地域では、中世以来、農耕がほとんど行われていなかったことが確認されている[6]。

土地利用形態を表5-8-7で確認すると、同村の5割以上が森林である。住民の雇用を表5-8-8でみると、社会保険義務を伴う被用者1,337人のうち、同村

表5-8-7 グライナウ村における土地利用形態（2012年）

利用形態（Nutzungsart）	(%)
建物用地・空き地（Gebäude- und Freifläche）	2.4
企業用地（Betriebsfläche）	0.0
保養地（Erholungsfläche）	—
交通用地（Verkehrsfläche）	1.1
農業用地（Landwirtschaftsfläche）	8.8
森林（Waldfläche）	52.6
河川・湖（Wasserfläche）	3.9
その他（Flächen anderer Nutzung）	31.0
合　　計	100.0

典拠：Bayerisches Landesamt für Statistik und Datenverarbeitung, *Statistik kommunal 2013: Eine Auswahl wichtiger statistischer Daten für die Gemeinde Grainau 09 180 118*, p. 12.

表5-8-8 グライナウにおける社会保険加入義務を伴う雇用（2012年度）

グライナウ内事業所における社会保険加入義務を伴う雇用数	675
グライナウ住民で社会保険加入義務を伴う被用者	1,337
うち	
農業	—
製造業	28
商業、交通、接客業	529
ビジネスサービス（Unternehmensdienstleister）	35
公共および民間サービス	83
グライナウ外への通勤者と推計される者	472

典拠：Bayerisches Landesamt für Statistik und Dantenverarbeitung, *Statistik kommunal 2013: Eine Auswahl wichtiger statistischer Daten für die Gemeinde Grainau 09 180 118*, p. 9.

における雇用は675人であり、472人はグライナウ外で雇用されている。その大部分は隣接するマルクト・ガルミッシュ＝パルテンキルヘンへの通勤者とみるのが妥当であろう。

5　グライナウ村と観光

　グライナウ村における宿泊者は、一時的に落ち込みをみせた2012年を除けば9万人前後で推移してきた。起点とする地域においては、国内が圧倒的に多数を占めている（表5-8-9参照）。ベッド数9床以上の宿泊施設における平均宿泊数

表5-8-9　グライナウ村における宿泊者の推移（ベッド数9床以上の宿泊施設）

年度	宿泊者数			宿泊件数		
	合計	国内起点	国外起点	合計	国内起点	国外起点
2008	88,605	75,261	13,344	364,405	319,054	45,351
2009	89,884	69,066	10,818	339,043	302,921	36,122
2010	85,802	74,368	11,434	354,254	313,353	40,901
2011	80,062	70,370	9,692	343,188	305,231	37,957
2012	77,879	69,707	8,172	325,448	294,344	31,104
2013	92,877	81,050	11,827	354,158	314,677	39,677

典拠：Bayerisches Landesamt für Statistik und Datenverarbeitung, *Statistik kommunal 2013: Eine Auswahl wichtiger statistischer Daten für die Gemeinde Grainau 09 180 116*, p. 15.

表5-8-10　グライナウ村における平均宿泊数（ベッド数9床以上）

(単位：泊)

年度	平均宿泊数（泊）		
	全体	国内起点	国外起点
2008	4.1	4.2	3.4
2009	4.2	4.4	3.3
2010	4.1	4.2	3.6
2011	4.3	4.3	3.9
2012	4.2	4.2	3.8
2013	3.8	3.9	3.3

典拠：Bayerisches Landesamt für Statistik und Datenverarbeitung, *Statistik kommunal 2013: Eine Auswahl wichtiger statistischer Daten für die Gemeinde Grainau 09 180 118*, p. 15.

表5-8-11　グライナウ村の小規模施設（ベッド数9床未満）における宿泊者の推移

年度	宿泊者数	宿泊件数	平均宿泊数
2008	23,068	138,437	6.0
2009	21,937	132,177	6.0
2010	20,798	130,117	6.3
2011	20,558	126,400	6.1
2012	21,569	131,536	6.1
2013	16,696	115,021	6.9

典拠：Bayerisches Landesamt für Statistik und Datenverarbeitung, *Statistik kommunal 2013: Eine Auswahl wichtiger statistischer Daten für die Gemeinde Grainau 09 180 118*, p. 15.

はほぼ4泊である。国内を起点とする者も国外を起点とする者も、大きな差はない（表5-8-10参照）。

　表5-8-11で小規模施設利用者をみると、平均宿泊数は6泊以上となっている。経営規模の大小による平均宿泊数は、同郡の他自治体と比べると比較的小さい[7]。

6 グライナウの景観規制

グライナウ村の掲示物については、「ゲマインデ・グライナウにおける掲示物と銘板の貼り付けに関する通達」(Verordnung über das Anbringen von Anschlägen und Plakaten in der Gemeinde Grainau vom 13. Mai 2003、以下、「掲示物通達」と略記)によって規制され、村中心部(オーバーグライナウ)における建築物については、「ゲマインデ・グライナウのまち中心部における建造物、庭および氷結に対する特別要求条件に関する条例——まち形成条例1——」(Satzung über besondere Anforderung an bauliche Anlagen, Gärten und Einfriedungen für den innerörtlichen Bereich in der Gemeinde Grainau–Ortsgestaltungssatzung 1–Grainau, 19. 12. 2008改定、2010年3月8日、2010年10月29日、2011年6月7日。以下、「まちの形成条例1」と略記)によって厳しい規制が実施されている。

6.1 「掲示物通達」

同通達は、

「まちと風景の景観を保護するため及び自然・芸術ないし文化遺産を保護するために、公共の場所における掲示物は、その目的でゲマインデによって掲示目的と定められ、かつ§3に記載された掲示板においてのみ取り付けが許される」[8]。

と、その趣旨を定めている。

ここでいう掲示物の定義は、

「公共の場所における掲示物とは、特に、建物、壁、垣根の柱など動かない対象物および台のような動く対象物に取り付けられ、かつ人数と構成が特定できない群衆から知覚しうる銘板、紙片ないし板をいう」[9]。

である。

ゲマインデによって指定されている掲示板の立地は

1. Unterer Dorfplatz, am Beginn der Waxensteinstraße

2. Waxensteinstraße, gegenüber der Abzweigung Gumpenau am Kurpark
3. Oberer Dorfplatz, zwischen den Anwesen Haus Nr. 3 und Rosenweg 1
4. Zugspitzstraße, am Haus Nr. 1
5. Zugspitzstraße, neben der Abzweigung am Gschwerdt
6. Höllentalstraße, gegenüber dem Anwesen Haus Nr. 8
7. Kreuzeckweg, in der Busumkehrschleife
8. Schmölzstraße, an der Abzweigung An der Wies
9. Lagerhausstraße, im Bereich des Anwesens Haus Nr. 2
10. Lärchwaldstraße, Nähe der Abzweigung von der Eibseestraße

以上、10カ所に限定されている[10]。

掲示期間について、

「掲示期間は、それぞれの主催者によって、催し物の経過後、遅滞なく撤去されなければ」ならない。掲示期間は合計して、10日を超えてはならない」[11]。

とされ、掲示物の大きさは、

「掲示物は最大、ドイツ工業規格A2（DIN A2）を超えてはならない」[12]。

と定め、取り付け方法は、

「掲示物は、画鋲によって留められなければならない。貼り付けやクリップ留めは禁止される」[13]。

と規定した。

6.2　「まちの形成条例1」

同条例は、その趣旨を

「グライナウはヴェッターシュタイン連山の北西のすそ野、ツークシュピッツェの直下にあり、バイエルン・アルプスの最も美しく整備されたまちの一つである。このゲマインデは上記の理由から、また多数の訪問者ゆえに、南部バイエルン空間において最も重要な観光地の一つであり、継承されてきた土着の（アルプス地域風の）建築様式によって特徴づけられている。田舎風の、土地固有の特徴は維持されなければならないし、場合によっては、復

元されなければならない。それゆえ、ゲマインデは計画的かつ形成的な方策を通じて、まち・通り・風景の景観の形成に対して、さらに影響を及ぼすつもりである。その際、ゲマインデは、建築様式の新たな発展を完全に意識したことから、まちの形成条例においては、さまざまな適用領域を通じて、その点に考慮した。

　建造物およびその他の土地の利用は、一貫してアルプス地方の特徴の景観を明確化しなければならない」[14]。

と謳っている。

　ここで、アルプス風の景観の維持を強調しつつも、それを継承する村の中心と、新たに開発された地域との差別化の姿勢を「適用領域」によって、明確化している。

　以下、「まちの形成条例１」が適用されるオーバーグライナウについての規制を記す。

　建築される建物・施設について、包括的に以下の要求をする。

　　「建築される施設は、形状、基準、建築サイズ、建築物の構成部分、材料、色彩が相互に調和し、土地固有の建築様式の指標に合致するように形成されなければならない。

　　建築される施設は、通り・まち・風景の景観ないし、それらに意図されている形成のなかに溶け込むように、周囲の施設と調和させなければならない。

　　境界上の建築は、相互に合わせるように造られなければならない。連棟および棟割住宅は基本的に同時に設置しなければならない。

　　ファサード絵画および窓の帯状装飾は周囲と調和し、建物に過剰となってはならない」[15]。

　ここに、景観に統一感を求め、かつ過度な装飾を抑制する姿勢がみられる。具体的な規制項目をみると、

　　「アンテナおよび送受信設備は、まちの景観を攪乱しない場所にのみ設置が許される。

　　特に、建物の上部もしくは建物に付着して屋根の表面から2.50ｍを超えて突き出るアンテナおよび送受信設備は許されない」[16]。

と定め、外壁およびファサードに関して、

「外壁については、漆喰（モルタル）を塗り、塗装する、および／もしくは板張りすることが想定される。木製の外壁は許される。外側の化粧張りや外側の被覆は木材による場合のみ許される」。

「土台の被覆は原則として許されない」。

「張出部分は建物の外周から90cm以上突き出てはならない」[17]。

と記した。

彩色については、

「漆喰は単一の白い色調で塗装されなければならない。

地色の白からの逸脱が例外的に許されるのは、それが通り・まち・風景の景観と調和している場合のみ、許される。建物のすべての面が同一の色彩で塗装されなければならない。

木製の面および木製の構造は、自然なままにしておくか、茶色もしくはこげ茶色で形成されなければならない」[18]。

とされ、白い漆喰と茶色の調和がまちの景観を醸し出すように定めた。

屋根の形状および屋根の傾斜は、

「母屋と離れおよびガレージについては、両面ともに18度〜24度の範囲の等しい傾斜をもった切妻で通常、中心に稜線がある場合のみ許される」[19]。

とし、

「屋根の覆いは、赤色、赤茶、こげ茶（rot, rotbraun, denkelbraun）に彩色した屋根瓦、もしくは陸屋根桟瓦で覆わなければならない」[20]

と定め、さらに煙突については

「煙突は目立たぬように形作られねばならないし、並はずれて大きな印象を与えてはならない。外部の煙突は直角に被覆され、色彩がファサードと調和していなければならない」[21]。

と定めた。

さらに、

「窓、ドアは、配置、形態、数、大きさによって、不調和なファサード形成の印象を与えてはならないし、土地固有の建築様式にふさわしくならなけ

ればならない。壁面が明確に優勢でなければならない。

外壁との釣り合いで、窓とドアの幅は、8分の5の比率を超えてはならない」[22]。

として、窓、ドアと大きさと外壁との比率まで定めている。

7 小括

　ガルミッシュ゠パルテンキルヘンとツークシュピッツェを結ぶツークシュピッツェ鉄道の途上、オーバーグライナウに「グライナウ駅」があり、一方、ガルミッシュ゠パルテンキルヘンからロイテ（ティロル）を経てケンプテン（アルゴイ）に向かうアウサーフェルン鉄道（Außerfernbahn）[23]の途上、ウンターグライナウに「ウンターグライナウ駅」がある。

　両鉄道に挟まれた村は、20世紀の初頭、アイプゼー・ホテルが開業して以降、観光地としての発展が始まった。村はアルプス風の景観を維持するために、「通達」および「条例」によって、厳しい規制を敷いている。そのコンセプトは、この地域の固有な白、茶、赤を基調とする色彩と統一的な屋根のこう配に体現されている。

1) Grainau, Rathaus-Zalen und Daten-, in interrete sub: http://www.gemeinde-grainau.de/de/gemeinde/zahlen-daten, 17. 12. 2015.
2) Grainau, Rathaus-Chronik-, in interrete sub: http://www.gemeinde-grainau.de/de/gemeinde/chronik, 17. 12. 2014 et Abée, Claus-Peter, *Der Eibsee im Werdenfelser Land*, 2014, Uffing am Staffelsee, pp. 28-30.
3) Abée, Claus-Peter, *Der Eibsee im Werdenfelser Land*, 2014, Uffing am Staffelsee, p. 41.
4) Abée, Claus-Peter, *Der Eibsee im Werdenfelser Land*, 2014, Uffing am Staffelsee, p. 48.
5) Bayerisches Landesamt für Statistik und Datenverarbeitung, *Statistik kommunal 2013: Eine Auswahl wichtiger statistischer Daten für die Gemeinde Grainau 09 180 118*, p. 9.
6) Abée, Claus-Peter, *Der Eibsee im Werdenfelser Land*, 2014, Uffing am Staffelsee.

7） 山田徹雄「ガルミッシュ゠パルテンキルヘンと観光」跡見学園女子大学『マネジメント学部紀要』第15号、2013年、同「オーバーアマーガウと観光」跡見学園女子大学『マネジメント学部紀要』第19号、2015年参照。
8） §1 Beschränkung von Anschlägen auf bestimmte Flächen und Nutzungsberechtigte in: Verordnung über das Anbringen von Anschlägen und Plakaten in der Gemeinde Grainau vom 13. Mai 2003.
9） §2 Begriffsbestimmung in: Verordnung über das Anbringen von Anschlägen und Plakaten in der Gemeinde Grainau vom 13. Mai 2003.
10） §3 Standorte der Anschlagtafeln in: Verordnung über das Anbringen von Anschlägen und Plakaten in der Gemeinde Grainau vom 13. Mai 2003.
11） §4 Anschlagdauer, Größe der Anschläge und Art des Anheftens, in: Verordnung über das Anbringen von Anschlägen und Plakaten in der Gemeinde Grainau vom 13. Mai 2003.
12） Verordnung über das Anbringen von Anschlägen und Plakaten in der Gemeinde Grainau vom 13. Mai 2003.
13） Verordnung über das Anbringen von Anschlägen und Plakaten in der Gemeinde Grainau vom 13. Mai 2003.
14） Satzung über besondere Anforderung an bauliche Anlagen, Gärten und Einfriedungen für den innerörtlichen Bereich in der Gemeinde Grainau－Ortsgestaltungssatzung 1－Grainau, 19. 12. 2008.
15） 2. Allgemeine Anforderungen an die Gestaltung, in: Satzung über besondere Anforderung an bauliche Anlagen, Gärten und Einfriedungen für den innerörtlichenBereich in der Gemeinde Grainau－Ortsgestaltungssatzung 1－Grainau, 19. 12. 2008.
16） 3. Antennen, Sende- und Empfangsanlagen, in: Satzung über besondere Anforderung an bauliche Anlagen, Gärten und Einfriedungen für den innerörtlichen Bereich in der Gemeinde Grainau－Ortsgestaltungssatzung 1－Grainau, 19. 12. 2008.
17） 6. Außenwände und Fassadengestaltung in: Satzung über besondere Anforderung an bauliche Anlagen, Gärten und Einfriedungen für den innerörtlichen Bereich in der Gemeinde Grainau－Ortsgestaltungssatzung 1－Grainau, 19. 12. 2008.
18） 7. Farbegebung in: Satzung über besondere Anforderung an bauliche Anlagen, Gärten und Einfriedungen für den innerörtlichenBereich in der Gemeinde Grainau－Ortsgestaltungssatzung 1－Grainau, 19. 12. 2008.
19） 8. Dachform und Dachneigung, in: Satzung über besondere Anforderung an bauliche Anlagen, Gärten und Einfriedungen für den innerörtlichen Bereich in der Gemeinde Grainau－Ortsgestaltungssatzung 1－Grainau, 19. 12. 2008.

20) 10. Dacheindeckung, Solar- und Photovoltaikanlagen, Kamine, in: Satzung über besondere Anforderung an bauliche Anlagen, Gärten und Einfriedungen für den innerörtlichen Bereich in der Gemeinde Grainau – Ortsgestaltungssatzung 1 – Grainau, 19. 12. 2008.
21) 10. Dacheindeckung, Solar- und Photovoltaikanlagen, Kamine, in: Satzung über besondere Anforderung an bauliche Anlagen, Gärten und Einfriedungen für den innerörtlichen Bereich in der Gemeinde Grainau – Ortsgestaltungssatzung 1 – Grainau, 19. 12. 2008.
22) 12. Fenster, Türen, Tore und Schaufenster, in: Satzung über besondere Anforderung an bauliche Anlagen, Gärten und Einfriedungen für den innerörtlichen Bereich in der Gemeinde Grainau – Ortsgestaltungssatzung 1 – Grainau, 19. 12. 2008.
23) アウサーフェルン鉄道の路線については、Außerfernbahn, Streckenbeschreibung, in interrete sub: http://www.erlebnisbahn.at/ausserfernbahn/infos/strecke.html, 22. 03. 2015、同鉄道の歴史については、Außerfernbahn, Geschichte der Außerfernbahn, in interrete sub: http://www.erlebnisbahn.at/ausserfernbahn/infos.geschichte.html, 22. 03. 2015参照。

第9章　国境を跨いだ観光地域
―― ツークシュピッツェ観光空間 ――

> 「ガルミッシュから二人はグライナウを経てバーダー湖までハイキングした。それからアイプ湖へ。……日曜日の朝、二人はさらに進んだ。エーアヴァルトへ。そしてレーアモースへ。ツークシュピッツェが白銀に輝いていた。農家の人たちが地元の服装をして教会から出てきた。……その後、ラズベリーの茂みとひらひら舞う蝶の間を抜けてアイプ湖へ下っていった。カウベルの音が午後の始まりを告げた。ツークシュピッツ鉄道が天に向かってのろのろと進むのが見えた」。
>
> （エーリッヒ・ケストナー『ふたりのロッテ』原典：Kästner, E., *Das doppelte Lottchen*, 160. Auflage, Hamburg, 2010, pp. 100-101、筆者訳）

ドイツのバイエルン州とオーストリアのティロル州の州堺領域には、ツークシュピッツェが聳え、その山頂にはかつてドイツとオーストリアの国境税関が存在していた。その山頂を見渡す地域には、スキー、登山などの観光空間が広がっている。この地域を「バイエルン・ティロル・ツークシュピッツェ観光空間」（Bayerischer und Tiroler Tourismusraum Zugspitze）と名付け、バイエルン州側とティロル州側のデータを分析し、国境を跨いだ地域の観光動向を明らかにする[1]。

バイエルン側では、地域自治体によって、ツークシュピッツ地域観光共同体（Tourismusgemeinschaft Zugspitz-region）が形成され、ティロル側には観光連合（Tourismusverband）としてティロル・ツークシュピッツ・アリーナ（Tiroler Zugspitzarena）が形成されている。

また、この地域は、エウレギオ・ツークシュピッツ＝ヴェッターシュタイン＝カルヴェンデル（Euregio Zugspitz-Wetterstein-Karwendel）と重なる部分が多い。

なお、Zugspitzeの表記は、単独で用いられる場合は、「ツークシュピッツェ」であるが、合成語では、例えば「ツークシュピッツ鉄道」（Zugspitzbahn）のように「ツークシュピッツ」となる[2]。

表5-9-1 ミュンヘン・オーバーバイエルンの観光地域（Tourismusregion）別宿泊客数（2011年度、キャンプ場を含む）

観光地域	宿泊客数	宿泊件数	平均宿泊数
Landeshauptstadt München	5,931,052	11,738,112	2.0
Münchner Umland	2,296,573	4,140,276	1.8
Oberbayerns Städte	397,853	743,235	1.9
Ammersee-Lech	114,065	264,106	2.3
Starnberger Fünf-See-Land	266,407	657,623	2.5
Pfaffenwinkel	156,549	537,962	3.4
Zugspitz-Region	744,236	2,734,172	3.7
Töltzer Land	339,468	1,036,981	3.1
Alpenregion Tegernsee Schliersee	600,212	1,993,198	3.3
Ebersberger Grünes Land	160,380	338,373	2.1
Inn-Salzach	187,526	406,058	2.2
Berchtesgadener Land	560,046	2,596,084	4.6
Chiemsee-Alpenland	729,962	2,305,550	3.2
Chiemgau	569,894	2,657,627	4.7
合　計	13,054,222	32,149,357	2.5

典拠：Bayerisches Landesamt für Statistik und Datenverarbeitung, *Statistische Berichte : Tourismus in Bayern Dezember und im Jahre 2011*, München, 2012/07/10, p. 7.

1　バイエルンのツークシュピッツェ観光空間

1.1　オーバーバイエルンにおける観光地域

　ミュンヘン・オーバーバイエルンには表5-9-1のような観光地域（Tourismusregion）がある。このなかでは、都市観光の中心である州都ミュンヘンおよびその周辺地域が最も多くの観光客を集め、ミュンヘン・オーバーバイエルン全体の宿泊者の半数以上を占める。この地域と「オーバーバイエルンの都市」（Oberbayerns Städte）は、平均宿泊期間が短く、都市型観光の特徴を有している[3]。

　これに対して、ツークシュピッツ地域（Zugspitz-Region）、ベルヒテスガーデナー・ラント（Berchtesgardener Land）、キムガウ（Chiemgau）、キムゼー＝アルペンラント（Chimsee-Alpenland）などの自然景勝地においては、平均宿泊日数がより多い[4]。

ツークシュピッツ地域は、年間74万4,236人の宿泊者を集め、宿泊件数は273万4,172件に上り、都市およびその周辺の観光以外で最も観光客を集めている。平均宿泊期間は都市観光地を大幅に上回る3.7泊に達している。

1.2　ツークシュピッツ地域観光共同体（Tourismusgemeinschaft Zugspitz-region）

ツークシュピッツ地域観光共同体は、ウーフィング、シュパーツェンハウゼン、リークゼーなどのミュンヘンの南方にある湖水地域であるダス・ブラウエ・ラント（Das Blaue Land）から南方向へ広がりを見せ、マルクト・ガルミッシュ＝パルテンキルヘン、マルクト・ミッテンヴァルトを経てオーストリアとの国境に至る地域である（図5－9－1参照）[5]。

ツークシュピッツ地域観光共同体は、ツークシュピッツ地帯休暇地域（Ferienregion Zugspitzland）、青い大地（Das Blaue Land）、アマーガウ・アルペン（Ammergauer Alpen）、カルヴェンデル・アルペン世界（Alpenwelt Karwendel）の各自治体から構成され、それらの自治体は、海抜600m以上1,000m未満の地域にあり、南下するにつれて海抜があがる。人口ではマルクト・ガルミッシュ＝パルテンキルヘンが最大であり、次いでマルクト・ムールナウ、マルクト・ミッテンヴァルト、オーバーアマーガウが多い（表5－9－2参照）。

収容ベッド数においては、マルクト・ガルミッシュ＝パルテンキルヘン、マルクト・ミッテンヴァルト、オーバーアマーガウなど比較的規模の大きい自治体の収容力が大きいなかで、規模の小さい自治体であるグライナウの収容力の高さは異色である。同自治体はマルクト・ガルミッシュ＝パルテンキルヘンとツークシュピッツェを結ぶ中間点に位置し、またツークシュピッツ村（Zugspitzdorf）という標語を掲げて観光広報活動を積極的に展開していることも影響しているであろう[6]。

1.3　ガルミッシュ＝パルテンキルヘン郡

これらの自治体のうち、ヴァイルハイム＝ションガウ郡（Lkr. Weilheim-Schongau）に属しているエグルフィングを除けば、そのほかは行政区域においてガルミッシ

図 5-9-1 ツークシュピッツ地域観光共同体地図

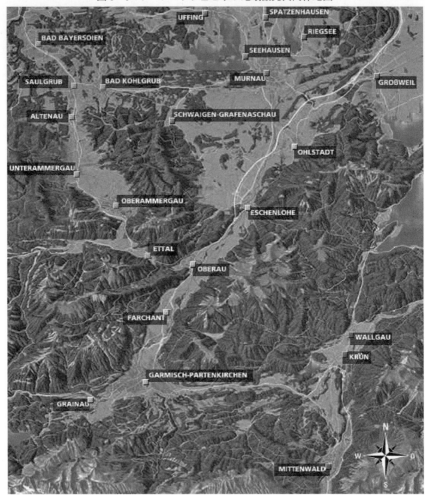

典拠：Tourismusgemeinshcaft Zugspitz-region, Die Zugspitz-Region im Üblick, in interrete sub: http://www.zugspitz-region.de/index.shtml?aufeineblick, 01. 10. 2012.

ュ＝パルテンキルヘン郡に属している。同郡における観光客の宿泊者数を表9-5-3に示した。

　これらの自治体のうちで、比較的規模の大きいのは、マルクト（Markt）であるガルミッシュ＝パルテンキルヘン、ムールナウ、ミッテンヴァルトである。宿

表9-5-2 ツークシュピッツ地域観光共同体の自治体

ツークシュピッツ地域観光共同体の地域 上記地域に属す自治体	人口	収容ベッド数	海抜（m）
Ferienregion Zugspitzland			
Garmisch-Partenkirchen	26,178	9,000	700
Grainau	3,544	4,000	750
Ohlstadt	3,188	560	670
Farchant	3,729	1,100	700
Eschenlohe	1,591	404	636
Oberau	3,004	405	660
Das Blaue Land			
Uffing	2,985	350	660
Riegsee	1,163	220	700
Seehausen	2,491	600	670
Schwaigen-Grafenaschau	603	87	670
Spatzenhausen	752	85	680
Großweil	1,463	112	630
Gemeinde Eglfing	1,005		
Murnau	12,395	1,459	688
Ammergauer Alpen			
Oberammergau	5,125	2,700	843
Ettal	794	550	900
Unterammergau	1,471	500	840
Bad Bayersoien	1,153	1,150	812
Bad Kohlgrub	2,551	522	850
Saulgrub-Altenau	1,630	?	838
Ammergauer Alpen			
Alpenwelt Karwendel			
Mittenwald	7,428	5,400	913
Wallgau	1,400	1,800	868
Krün	1,950	2,100	875

典拠：人口については、Bayerisches Landesamt für Statistik und Datenverarbeitung, *Einwohnerzahlen am 31. Dezember 2011*, 2012, München に依拠した。収容ベッド数、海抜は Tourismusgemeinschaft Zugspitzregion, Orte im Überblick, in interrete sub: http://www.zugspitz-region.de/index.shtml?orte&_printversion, 23. 08. 2012による。

泊者数では、ガルミッシュ＝パルテンキルヘンが年間28万4,000人に達し、他を引き離して大きな値を示す。次いでそれに隣接するグライナウ、近郊のクリューン、オーストリアとの国境に接するミッテンヴァルトが多数の宿泊者を集めている。そのほか、年間宿泊者が5万人を超えているのは、オーバーアマーガウであ

表 5-9-3 ガルミッシュ゠パルテンキルヘン郡における
観光客の内訳(宿泊者数2011年)

	ドイツ国内から宿泊者	国外からの宿泊者	合 計
Bad Bayersoien	11,829	923	12,752
Bad Kohlgrub	27,769	4,651	31,920
Eschenlohe	4,644	210	4,854
Ettal	22,790	5,290	28,080
Farchant	7,118	1,742	8,860
Garmisch-Partenkirchen M.	207,338	77,068	284,406
Grainau	70,370	9,692	80,062
Großweil			
Krün	67,481	8,311	75,792
Mittelwald, M.	47,951	5,675	53,626
Murnaua. Staffelsee, M.	34,784	5,288	40,072
Oberammergau	30,360	19,813	50,173
Oberau	7,013	3,909	10,922
Ohlstadt	16,135	550	16,685
Riegsee	1,254	120	1,374
Saulgrub	3,679	366	4,045
Seehausen a. Staffelsee	10,164	773	10,937
Spatzenhausen			
Uffing a. Staffelsee			
Unterammergau	5,880	30	5,910
Wallgau	13,282	1,667	14,950
合 計	597,090	147,235	744,235

典拠:Bayerisches Landesamt für Statistik und Datenverarbeitung, *Statistische Berichte: Tourismus in Bayern Dezmber und im Jahre 2011*, München, 2012/07/10, pp. 22-23.

る。国外からの観光客はオーバーアマーガウ(39.49%)、ガルミッシュ゠パルテンキルヘン(27.10%)が比較的多数を占めているが、全体としてはドイツ国内からの旅行者が圧倒的多数である。なお、当該年度は、オーバーアマルガウの受難劇(Passionspiele)の開催年度ではない。

観光客の宿泊件数を基準にみても、上記の傾向はほとんど変化が見られない(表5-9-4参照)。

次に各自治体における宿泊施設と宿泊期間を表9-5-5で確認する。営業中の宿泊施設数においては、マルクト・ガルミッシュ゠パルテンキルヘンが最も多いが、グライナウ、クリューン、マルクト・ミッテンヴァルト、オーバーアマルガ

表 5-9-4　ガルミッシュ゠パルテンキルヘン郡における観光客の宿泊件数

	ドイツ国内からの宿泊者による宿泊件数	国外からの宿泊者よる宿泊件数	合　計
Bad Bayersoien	57,805	2,724	60,529
Bad Kohlgrub	141,472	9,485	150,957
Eschenlohe	8,220	348	8,568
Ettal	62,385	13,129	75,524
Farchant	26,625	5,603	32,228
Garmisch-Partenkirchen M.	643,221	217,374	860,595
Grainau	305,231	37,957	343,188
Großweil			
Krün	326,012	31,182	357,194
Mittelwald, M.	209,099	19,944	229,043
Murnau a. Staffelsee, M.	133,685	13,908	147,593
Oberammergau	111,995	62,409	174,404
Oberau	16,073	7,674	23,747
Ohlstadt	84,482	1,173	85,655
Riegsee	4,448	343	4,791
Saulgrub	23,314	721	24,035
Seehausen a. Staffelsee	38,889	2,516	41,405
Spatzenhausen			
Uffing a. Staffelsee			
Unterammergau	10,556	113	10,669
Wallgau	66,904	5,108	72,012
合　計	2,299,449	434,723	2,734,172

典拠：Bayerisches Landesamt für Statistik und Datenverarbeitung, *Statistische Berichte: Tourismus in Bayern Dezmber und im Jahre 2011*, München, 2012/07/10, pp. 22-23.

ウもそれに次いで多い。ベッドの稼働率では小規模自治体であるオールシュタット、クリューンが非常に高い値を示している。平均宿泊期間においてもオールシュタット、クリューンまたザウルグルプなど小規模な自治体が長い傾向がある。

　このことは、自然の景観を有する自治体においても、都市としての特徴が希薄である自治体ほど、長期滞在者が多くなる傾向があると捉えることができるであろう。

表5-9-5 ガルミッシュ・パルテンキルヘン郡における宿泊施設と宿泊期間

	営業中の宿泊施設数	ベッドの稼働率	平均宿泊期間（泊）
Bad Bayersoien	23	27.2	4.7
Bad Kohlgrub	44	29.1	4.7
Eschenlohe	3	16.2	1.8
Ettal	9	37.0	2.7
Farchant	9	35.0	3.6
Garmisch-Partenkirchen M.	139	37.8	3.0
Grainau	84	33.7	4.3
Großweil	1		
Krün	64	48.2	4.7
Mittelwald, M.	70	31.1	4.3
Murnaua. Staffelsee, M.	21	39.9	3.7
Oberammergau	51	27.1	3.5
Oberau	6	26.0	2.2
Ohlstadt	5	60.9	5.1
Riegsee	3		3.5
Saulgrub	7	38.4	5.9
Seehausen a. Staffelsee	10	34.4	3.8
Spatzenhausen	1		
Uffing a. Staffelsee	1		
Unterammergau	4	22.9	1.8
Wallgau	30	24.6	4.8
合　計	585	35.0	3.7

典拠：Bayerisches Landesamt für Statistik und Datenverarbeitung, *Statistische Berichte: Tourismus in Bayern Dezember und im Jahre 2011*, München, 2012/07/10, pp. 22-23.

2　ティロルのツークシュピッツェ観光空間

2.1　ティロル州の観光

　オーストリアのティロル州は、古くから冬期のスキー客を吸引してきたが、近年では夏のリゾートとしての魅力もクローズアップされていることが指摘されている[7]。

　「ティロル経済会議所」の刊行する『ティロル観光』を手掛かりにティロル州

ツークシュピッツェ山頂のドイツ側から見たオーストリア国境（2013年8月撮影）。「ティロルへようこそ」と記されている。

観光を概観すると、
(1) 外国人観光客が9割以上を占めていること[8]、
(2) ティロル州において、住民1人あたりの宿泊件数が傑出しているのは、ランデック郡（Bezirk Landeck）、シュヴァッツ郡（Bezirk Schwaz）、ロイテ郡（Bezirk Reutte）、キッツビュール郡（Bezirk Kitzbühel）であること[9]、
(3) オーストリアにおける観光客の宿泊件数が最も多いのは、ティロル州であり、全体の34.3%を占めていること[10]、
(4) 観光部門において年間41億ユーロの付加価値生産が行われ、これはティロル州経済の18.4%に相当すること、また観光周辺産業も加えるとそれが24%に達すること[11]
が確認できる。

ティロル州の観光客の動向について、1985年以降、5年ごとに概観すると、表5-9-6のようになる。夏期、冬期を通じた観光客数は、着実な増加を示してき

表5-9-6 ティロル州における観光客の推移

年度	宿泊者数			宿泊件数		
	冬期	夏期	当該観光年度	冬期	夏期	当該観光年度
1985	2,847,587	3,608,112	6,455,699	19,404,510	19,648,663	39,053,173
1990	3,447,026	4,285,912	7,732,938	20,598,669	21,863,706	42,462,375
1995	3,701,182	3,678,620	7,379,802	21,405,740	19,124,420	40,530,160
2000	4,150,994	3,617,668	7,768,662	22,400,614	17,404,601	39,805,215
2005	4,718,812	3,756,231	8,475,043	25,047,404	17,292,843	42,340,247
2010	5,012,779	4,304,613	9,317,392	25,241,489	17,784,386	43,025,875

注:冬期(Wintersaison)とは、前年11月1日から当該年4月31日までの期間、夏期(Sommersaison)とは当該年5月1日から10月31日までの期間、当該観光年度(Tourismusjahr)とは前年11月1日から当該年10月31日までの期間を示す。(Amt der Tiroler Landesregierung, *Statistisches Handbuch Bundesland Tirol 2009*, Innsbruck, 2010, p. 184)。
典拠:Land Tirol, Tourismus in Tirol, in interrete sub: http://www.tirol.gv.at/themen/zahlen-und-fakten/statistil/ytourismus/, 11. 07. 2012.

表5-9-7 ティロル州における観光客平均宿泊数の推移

年度	冬期	夏期	当該観光年度
1985	6.81	5.45	6.05
1990	5.98	5.10	5.49
1995	5.78	5.20	5.49
2000	5.40	4.81	5.12
2005	5.31	4.60	5.00
2010	5.04	4.13	4.62

典拠:Land Tirol, Tourismus in Tirol, in interrete sub: http://www.tirol.gv.at/themen/zahlen-und-fakten/statistik/tourismus/, 11. 07. 2012より作成。

たが、宿泊件数については必ずしも単調増加を示しているわけではない。また、1990年までは、夏期宿泊者が冬期宿泊者を上回っていたが、1995年以降は逆転が生じ、この傾向は宿泊件数にも現れている。

表5-9-7をもとにティロル州における観光客の平均宿泊数をみると、1985年にはおよそ6泊であったが、以降漸減し、現在では4.6泊となっている。季節による傾向として、冬期滞在者のほうが夏期滞在者よりも長期間滞在している。

ティロル州に形成されている観光連合(Tourismusverband)のうち、年間宿泊件数が100万件以上に達しているものを表5-9-8にまとめた。これらの地域のほとんどが有数のスキー場を有している。

2011年度にティロル州全体では、4,289万件余りの延べ宿泊があった。特徴的であるのは、そのうち91.3%が外国人による宿泊であったことである。そのなかで、ティロル・ツークシュピッツ・アリーナ(Tiroler Zugspitz Arena)は、145万件の宿泊があり、そのうち95.8%が外国人であった[12]。

表 5-9-8 ティロル州における観光連合別年間宿泊件数（2011年度）

観光連合（Tourismusverband）	合計宿泊件数	オーストリア人による宿泊件数	外国人による宿泊件数
ティロル州合計	42,897,023	3,725,348	39,171,675
Ötztal Touriumus	3,506,964	199,279	3,315,685
Innsbruck/Feriendörfer	2,606,986	504,896	2,102,088
Paznau-Ischgl	2,451,392	113,575	2,337,817
Erste Ferienreg. im Zillertal	2,154,679	170,017	1,984,662
Mayrhofen	2,147,305	126,176	2,021,129
Serfaus-Fiss-Ladis	2,114,712	78,734	2,035,978
Osttirol	1,863,018	434,332	1,428,686
Seefeld	1,831,964	78,900	1,753,064
Wilder Kaiser	1,741,932	111,419	1,630,513
Stubai Tirol	1,706,161	68,551	1,637,610
Kitzbüherler Alpen-Brixental	1,523,432	165,273	1,358,159
Tiroler Oberland	1,449,157	60,470	1,388,687
Achsensee	1,440,442	111,622	1,328,820
St. Anton am Arlberg	1,361,092	115,559	1,245,533
Tiroler Zugspitz Arena	1,349,460	32,406	1,317,054
Tux-Finkenberg	1,306,914	79,278	1,227,636
Zell-Gerlos, Zillertal Arena	1,237,185	62,782	1,174,403
Kitzbühel Tourismus	1,019,175	194,418	824,757

注：ティロル州における観光連合のうち、年間宿泊件数が100万件以上の観光連合を抽出した。

典拠：Land Tirol, Tourismusjahr 2011 – Nächtigungen nach den wichtigsten Herkunftsländern in : *Landesstatistik Tirol, Tourismusstatistik*, Innsbruck, 2012.

2.2　ティロル・ツークシュピッツ・アリーナ（Tiroler Zugspitzarena）

ティロル・ツークシュピッツ・アリーナにおける外国人宿泊件数の内訳を示したのが表5-9-9である。ドイツからの宿泊者がその半数を占め、この地域はドイツ人のための観光空間を形成しているといえよう。

ティロル・ツークシュピッツ・アリーナに属している自治体は、すべてロイテ郡にあり、表5-9-10のようになっている。海抜が1,000m前後の高地にこれらの自治体は点在している。ドイツ側にあるツークシュピッツ地域観光共同体の自治体に類似した地形をなす。表5-9-2と表5-9-10をあわせてみることによって、バイエルンからティロルにかけて海抜が連続的に漸高していることがわかる。

表5-9-9 ティロル・ツークシュピッツ・アリーナにおける外国人宿泊件数

起点国	年間宿泊件数	外国からの宿泊者全体に占める占有率（％）
ドイツ	683,783	51.92
オランダ	333,381	25.31
スイス	89,838	6.82
ベルギー	87,833	6.67
フランス	31,080	2.36
イギリス	13,698	1.04
イタリア	13,306	1.01

典拠：Land Tirol, Tourismusjahr 2011－Nächtigungen nach den wichtigsten Herkunftsländern in: *Landesstatistik Tirol, Tourismusstatistik*, Innsbruck, 2012.

表5-9-10 ティロル・ツークシュピッツ・アリーナの自治体

	人口	海抜（m）
Berwang	675	1,070
Biberwier	638	989
Bichlbach	801	1,079
Ehrwald	2,658	994
Heiterwang	529	994
Lermoos	1,101	994
Namlos	95	1,225

典拠：Amt der Tiroler Landesregierung, *Statistisches Handbuch Bundesland Tirol 2009*, Innsbruck, 2010, pp. 36-37より作成。

3 エウレギオ

　1990年代にバイエルン州はティロル州と州際的に6つのエウレギオを形成してきた。

　表5-9-11に記したエウレギオのうちで、エウレギオ・バイエリッシャーヴァルト＝ベーマーヴァルト＝ウンテレット・インは、4つのチェコの郡（Okres）、4つのオーストリアの郡、7つのバイエルンの郡と2つの特別市から構成されている。他の5つのエウレギオはすべてオーストリアとドイツの国境沿いに編成されている。ここでは、1998年に設置されたエウレギオ・ツークシュピッツェ＝ヴェッターシュタイン＝カルヴェンデルに注目しよう。

　なお、欧州委員会（European Commision）は、2007年9月18日、2007～2013年に関わるバイエルン州とオーストリアの間の国境を跨いだ協力計画を承認した。この計画は予算総額7,210万ユーロに上り、そのうち5,410万ユーロがヨーロッパ地域開発基金（英語表記ERDF、ドイツ語表記EFRE、フランス語表記FEDER）から拠出される[13]。

第9章 国境を跨いだ観光地域　455

表 5-9-11　バイエルン州、ティロル州に関わるエウレギオ

エウレギオ	構　成	設置年
EUREGIO Bayerischer Wald-Böhmerwald-Unteret Inn	4 tschechischen Okres (Prachatice, Cesky Krumlov, Klatovy und Domazlice), 4 österreichische Bezirke (Rohrbach, Urfahr-Umgebung, Freistadt und Perg) 7 bayerische Landkreis (Dessendorf), Cham, Freyung-Grafenau, Passau, Regen, Straubing-Bogen und Rottal-Inn) und 2 kreisfreie Städte (Passau und Straubing)	1993/94
EUREGIO Inn-Salzach	Österreich: Bezirke Braunau, Ried im Innkreis, Grieskirchen und Schärding Bayern: Kommunen und Städte im Landkreis Altötting	1994
Euregio Salzburg-Berchtesgardener Land-Traunstein	Gemeinden aus dem Land Salzburg und den beiden Landkreis Berchtesgardener Land und Traunstein	
EUREGIO Inntal-Chiemsee-Kaisergebirge-Mangfalltal	Bayern: Landkreis Rosenheim, Kreisfreie Stadt Rosenheim, Landkreis Traunstein Tirol: Bezirk Kufstein, Bezirk Kitzbühl; sowie LEADER Region "Pillersee"	1998
EUREGIO Zugspitze-Wetterstein-Karwendel	Regio-Werdenfels, Regionalentwicklung Außerfern, Regio Seefelder Plateau (SEP)	1998
EUREGIO via salina	Regio Allgäu, ERA/Regio Ausserfern, Regio Kleiwalsertal/Bregenzerwald	1997

典拠：Interreg Bayern Österreich 2007-2013, Förderung, in interrete sub: http://www.interreg-bayaut.net/interreg_iv/foerderung.html, 23. 07. 2012.

3.1　エウレギオ・ツークシュピッツェ＝ヴェッターシュタイン＝カルヴェンデル（Euregio Zugspitze-Wetterstein-Karwendel）

　エウレギオ・ツークシュピッツェ＝ヴェッターシュタイン＝カルヴェンデルの国境を跨いだ自治体の共同体に対して、バイエルンの側では「社団法人レギオ・ヴェルデンフェルズ協会」（Verein Regio Werdenfels e. V.）が、ティロルの側では、「レギオ・ゼーフェルダー・高原協会」（Verein Regio Seefelder Plateau）および「REA アウサーフェルン地域開発協会」（REA Ausserfern）が責任を担っている[14]。

　エウレギオの最高決定機関であるエウレギオ評議会（Euregio-Rat）は、20名からなり、10名が「社団法人レギオ・ヴェルデンフェルズ協会」から選出され、各5名が「レギオ・ゼーフェルダー高原協会」と「REA アウサーフェルン地域開発協会」から選出されている[15]。その内訳を表 5-9-12に示す。ここで評議会委員の選出母体を基準にみると、バイエルン州から10名、ティロル州から10名が選出され、両者は均衡している。

　同様に、エウレギオ・ツークシュピッツェ＝ヴェッターシュタイン＝カルヴェンデル幹部会構成を表 5-9-13で確認すると代表がバイエルン州のガルミッシ

表5-9-12 エウレギオ・ツークシュピッツェ＝ヴェッターシュタイン＝カルヴェンデル評議会の構成

選出母体		エウレギオ評議会委員
「社団法人レギオ・ヴェルデンフェルズ協会」(Verein Regio Werdenfels e. V.)	ガルミッシュ＝パルテンキルヘン郡（Landkreis Garmisch-Partenkirchen）	郡長ハラルト・キューン (Landrat Harald Kühn)
	マルクト・ガルミッシュ・パルテンキルヘン (Markt Garmisch-Partenkirchen)	第1市長トーマス・シュミット (1. Bürgermeister Thomas Schmid)
	マルクト・ミッテンヴァルト (Markt Mittenwald)	第1市長アドルフ・ホルンシュタイナー (1. Bürgermeister Adolf Hornsteiner)
	マルクト・ムールナウ (Markt Murnau am Staffelsee)	第1市長ミヒャエル・ラップ博士 (1. Bürgermeister Dr. Michael Rapp)
	ゲマインデ・バート・コールグルプ (Gemeinde Bad Kohlgrub)	第1首長ゲラルト・トレットナー (1. Bürgermeister Gerald Trettner)
	ゲマインデ・ファーハント (Gemeinde Farchant)	第1首長マルティン・ヴォルケットツェター (1. Bürgermeister Martin Wolketzetter)
	ゲマインデ・グライナウ (Gemeinde Grainau)	第1首長アンドレアス・ヒルデブラント (1. Bürgermeister Andreas Hildebrandt)
	ゲマインデ・オーバーアマーガウ (Gemeinde Oberammergau)	第1首長アルノ・ヌン (1. Bürgermeister Arno Nunn)
	オーバーラント手工業者郡連合 (Kreishandwerkerschaft Oberland)	シュテファン・ツィルンギベル (Staefan Zirngibel)
	ガルミッシュ・パルテンキルヘン商工会議所委員会 (IHK－Gremium Garmisch-Partenkirchen)	ゲルハルト・ルーツ (Gerhard Lutz)
「レギオ・ゼーフェルダー高原協会」(Verein Regio Seefelder Plateau)	ゲマインデ・ロイタッシュ (Gemeinde Leutasch)	首長トーマス・メスマー (Bürgermeister Thomas Mößmer)
	ゲマインデ・ライト・バイ・ゼーフェルト (Gemeinde Reith bei Seefeld)	首長ハンス・マルテ (Bürgermeister Hannes Marthe)
	ゲマインデ・シャルニッツ (Gemeinde Scharnitz)	首長イザベラ・ブラーハ (Bürgermeisterin Isabella Blaha)
	ゲマインデ・ゼーフェルト (Gemeinde Seefeld)	首長ヴェルナー・フリーサー (Bürgermeister Mag. Ing. Werner Frießer)
	ゼーフェルトオリンピック地区観光連合 (Tourismusverband Olympiaregion Seefeld)	マルクス・グラーフ (Dir. Mag. Markus Graf)
「REAアウサーフェルン地域開発協会」(REA Ausserfern)	REAアウサーフェルン地域開発協会 (REA－Regionalentwicklung Ausserfern)	ヴィツェンツ・クナップ (Obmann Vizenz Knapp)
	ゲマインデ・ハイターヴァンク (Gemeinde Heiterwang)	首長ベアーテ・ライヒル (Bürgermeisterin Beate Reichl)
	ゲマインデ・エーアヴァルト (Gemeinde Ehrwald)	首長マルティン・ホーエネック (Bürgermeister Martin Hohenegg)
	ティロル・ツークシュピッツ・アリーナ観光連合 (Tourismusverband Tiroler Zugspitzarena)	ヘルマン・オーバーライター (Komm.-Rat Hermann Oberreiter)
	ティロル経済会議所 (Wirtschaftskammer Tirol)	グラツィエラ・ヘアツォーク (Graziella Herzog)

典拠：Interreg Bayern Österreich 2007-2013, Euregion Zugspitze-Wetterstein-Karwendel-Rat, in interrete sub: http://www.euregio-zwk.org/de/organisation/2/euregio-rat.html, 21.07.2012.

第9章 国境を跨いだ観光地域　457

表5-9-13　エウレギオ・ツークシュピッツェ＝ヴェッターシュタイン＝カルヴェンデル幹部会（Euregio Präsidium）

代表郡長ハラルト・キューン （Präsident Landrat Harald Kühn）	ガルミッシュ＝パルテンキルヘン郡郡長 （Landrat Landkreis Garmisch-Partenkirchen）
副代表ヴェルナー・フリーサー （Vizepräsident Mag. Ing. Werner Frießer）	ゲマインデ・ゼーフェルト首長 （Bürgermeister der Gemeinde Seefeld）
副代表マルティン・ホーエネック （Vizepräsident Martin Hohenegg）	ゲマインデ・エーアヴァルト首長 （Bürgermeister der Gemeinde Ehrwald）
トーマス・シュミット（Thomas Schmid）	マルクト・ガルミッシュ・パルテンキルヘン第1市長 （1. Bürgermeister der Marktgemeinde Garmisch-Partenkirchen）
アンドレアス・ヒルデブラント （Andreas Hildebrand）	ゲマインデ・グライナウ第1首長 （1. Bürgermeister der Gemeinde Grainau）
ゲルハルト・ルーツ（Gerhard Lutz）	ガルミッシュ・パルテンキルヘン商工会議所委員会第1議長（1. Vorsitzender IHK-Gremium Garmisch-Partenkirchen）
トーマス・メスマー（Thomas Mößmer）	ゲマインデ・ロイタッシュ首長 （Bürgermeister der Gemeinde Leutasch）
ヴィンツェンツ・クナップ （Vinzenz Knapp）	REA アウサーフェルン地域開発協会会長 （Obmann REA Regionalentwicklung Ausserfern）

典拠：Interreg Bayern Österreich 2007-2013, Euregion Zugspitze-Wetterstein-Karwendel-Rat, in interrete sub: http://www.euregio-zwk.org/de/organisation/3/euregio-praesidium.html, 21. 07. 2012.

ュ＝パルテンキルヘン郡から、副代表2名がティロル州の2つのゲマインデから選出されている。残りの構成員はバイエルンから3名、ティロルから2名が選ばれ、ここにおいても、2つの州に均衡が見られた。

　エウレギオ・ツークシュピッツェ＝ヴェッターシュタイン＝カルヴェンデル評議会と幹部会の構成は、地域の自治体、地域の経済団体によって構成され、国境を跨いで（むしろ州を跨いで）官民一体の地域開発計画が推進されていることがわかる。

3.2　エウレギオ・ツークシュピッツェ＝ヴェッターシュタイン＝カルヴェンデルのプロジェクトとヨーロッパ地域開発資金

　すでにヨーロッパ地域開発基金の援助が行われているエウレギオ・少額資金プロジェクトを表5-9-14に示した。これらの計画は地域の経済振興を目的としつつも、その手段が観光客誘致と関わりがあるものが多数を占める。

表 5-9-14 エウレギオ・ツークシュピッツェ゠ヴェッターシュタイン゠カルヴェンデル少額資金プロジェクト (Kleinprojektefonds Euregio Zugspitze-Wetterstein-Karwendel)

(Genehmigungen 2008-2011) (単位:€)

年度 (Jahr)	プロジェクト名 (Projekttitel)	プロジェクト代表機関 (Projektträger)	ヨーロッパ地域開発基金 (EFRE-Mittel)
2009	ヤコブの道準備計画 (Vorprojekt Jakobsweg)	Gemeinde Leutasch	5,760
2009	アルテンフィールファルトの祭り (Fest der Artenvielfalt)	Verein Plattform Artenvielfalt Österreich	11,903
2009	シュネー・エクスプレス (Schnee-Express)	TVB Tiroler Zugspitzarena	3,614
2009	夏期青年の祭典 (Jugendkult-Sommerakademie)	Markt Garmisch-Partenkirchen	10,902
2009	アルペン地域会議 (Alpenregionstreffen)	Gebirksschützenkompanie Ohlstadt	2,730
2009	シャモアオリンピック (Gamsbartolympiade)	Markt Mittenwald	3,759
2009	ロイテ・ガルミッシュ・ギャラリー計画 (Galarieprojekt Reutte Garmisch)	Künstlerbund GAP e. v.	592
2009	国境を跨いだ博物館ガイド (Grenzübergreifender Museumsführer)	Landkreis Garmisch-Partenkirchen	1,010
2009	木彫りシンポジューム (Holzbildhauersymposium)	Bad Bayersoien	12,086
2009	螺旋蝋燭 (Wachsstöck)	Museum Aschenbrenner	9,910
2010	第2回国境を跨いだ安全の日 (2. Grenzüberschreitende Sicherheitstage)	Kreisfeuerwehrverband Garmisch-Partenkirchen	19,456
2010	国境を跨いだ顧客雑誌 (Grenzüberschreitendes Gästemagazin)	TVB Tiroler Zugspitzarena	14,994
2011	ガルミッシュ゠パルテンキルヘン／ゼーフェルト体験博物館準備計画 (Vorprojekt Erlebens-Museen Garmisch-Partenkirchen/Seefeld)	Markt Garmisch-Partenkirchen	6,528
2011	カルヴェンデルにおける自然情報センターの国境を跨いだ協力 (Grenzüberschreitene Kooperation der Naturinformationszentren im Karwendel)	Karwendelbahn AG	5,855
2011	「ミッテンヴァルト鉄道100周年」マルティンスヴァント・ヴェッターシュタイン区間 (Zwischen Martinswand und Wetterstein "100 Jahre Mittenwaldbahn")	Markt Mittenwald	15,000

典拠:Euregio Zugspitze-Wetterstein-Karwendel, Kleinprojektefonds Euregio Zugspitze-Wetterstein-Karwendel, (Genehmigungen 2008-2011) 2/10.

　少額資金プロジェクト (Kleinprojektfonds) とは、最大2万5,000ユーロまでの企画に対して EFRE が最大60%までの資金援助を行うもので、計画地域の市民、組織、制度間の国境を跨いだ接触を改善すること目的とする[16]。

第 9 章 国境を跨いだ観光地域　459

表 5 - 9 -15　2010〜2012年度期新規助成計画（KPF-Periode 2010-2012）

Projektname	Leadpartner	Projektpartner
「アウサーフェルン・ヴィルトシャフツマイレ・メッセ」および「ヴェルデンフェルス・メッセ」における共同出展（Euregio Zelt "Wirtschftsmeile Außerfern"/"W. I. R. in Werdenfels"）	Werbe- und Ausstellungsverein Reuttener Bezirksmessen	Dt. Gewerbeverband Landesverband Bayern e. V. – OV Garmisch-Partenkrichen
テーマ道路・幽霊渓谷（ガイスタークラム）の拡張（Erweiterung Themenweg Geisterklamm）	Gemeinde Leutasch	Markt Mittenwald
ロイザッハ自転車専用道路における標識の設置（Loisach-Radweg: Beschilderung von der Quelle bei Lermoos bis Großweil）	Ferienregion Zugspitzland	Tourismusverband Tiroler Zugspitz Arena
アマーガウアー・アルペン自然公園のための枠組み条件の分析（Analyse der Rahmenbedingungen für einen Naturpark Ammergauer Alpen）	Ammergauer Alpen GmbH	Verein Naturpark Tiroler Lech
文化・音楽領域におけるシンポジューム（Grenzüberschreitende Klangwelten）	Gemeinde Bad Bayersoien	Schnitzschule Elbigenalp
ミッテンヴァルトバイオリン博物館およびアブザムバイオリン博物館の整備（Geigenbau in Bayern und Tirol – Koop. Der Museen Mittenwald/Absam）	Markt Mittenwald	Gemeinde Absam

典拠：Euregion Zugspitze-Wetterstein-Karwendel, KPF-Periode 2010-2012, in interrete sub: http://www.ruregio-zwk.org/de/projekte/kpf-periode-201202012.html, 20. 07. 2012より作成。訳語はプロジェクト内容を反映させたため、ドイツ語の表記とは一致しない場合もある。

2012年5月11日にレーアモース（Lermoos/Tirol）おいて開催されたエウレギオ・ツークシュピッツェ＝ヴェッターシュタイン＝カルヴェンデル幹部会は、2010-2012助成期間について、6件の新しいプロジェクトを決定した。プロジェクトの経費は総額14万ユーロであり、そのうち、60％が「ヨーロッパ地域開発基金」（Europäischer Fonds für Regionale Entwicklung：EFRE）から助成を受ける[17]。

これらの計画は、休暇を過ごす観光客のための仕掛けであり、それが地域開発を促すと考えられる。

4　バイエリッシェ・ツークシュピッツ鉄道

4．1　バイエルンからツークシュピッツェへの公共交通手段

バイエルン側からツークシュピッツェ山頂に至る交通手段は
　　a）　ガルミッシュ＝パルテンキルヘン（DBのガルミッシュ・パルテンキルヘン駅に隣接）からグライナウにいたる「粘着式鉄道」（Reibungsbahn）

表5-9-16 ツークシュピッツ鉄道および氷河鉄道における主要駅の標高

駅 名	標高 (m)
ガルミッシュ・パルテンキルヘン駅	705
グライナウ駅	751
アイプゼー駅	1,008
ツークシュピッツ高原駅	2,588
山頂駅	2,950

典拠：Bayerische Zugspitzbahn Bergbahn AG, Daten und Fakten, in interrete sub: http://www.zugspitze.de/de/service/ueber_uns/daten-fakten.htm, 29. 07. 2012.

b) グライナウからアイプゼーを経て山頂下にある氷河レストラン・ゾンアルピン（Gletscherrestaurant SonnAlpin）直下のツークシュピッツ高原（Zugspitzplatt）に至る「アプト式鉄道」（Zahnradbahn）

c) 氷河レストラン・ゾンアルピンと山頂を結ぶロープウェイ（Seilbahn）、――これを氷河鉄道（Gletscherbahn）と呼ぶ――

から成っている。さらに

d) アイプゼーと山頂を結ぶ「アイプゼー・ロープウェイ」（Eibsee-Seilbahn）

を利用するルートもあるが、これらの輸送手段はすべてバイエリッシェ・ツークシュピッツ鉄道・登山鉄道株式会社（Bayerische Zugspitzbahn Bergbahn Aktiengesellschaft Garmisch-Partenkirchen）が経営している[18]。これらの駅の標高を、表5-9-16に示した。

粘着式鉄道区間とアプト式鉄道区間の直通運行を可能にする併用駆動車両は、1987年に2編成、2006年にさらに2編成導入され、ガルミッシュ・パルテンキルヘンからツークシュピッツ高原まで車両交換なしに乗車できる[19]。

4.2 バイエルン・ツークシュピッツェ観光空間における山岳軌道建設の歴史

ツークシュピッツェに至る鉄道建設に関して、最初の認可申請の試みは、1899年に成されたが、バイエルン政府はこれを拒否した。その後もいくつかの計画が浮上したがいずれも実現には至っていない。

ティロル側からツークシュピッツェに至るロープウェイが完成した1926年には、クロイツェック鉄道（Kreuzeckbahn）が、バイエルン最初のロープウェイとして完成をみている。

表5-9-17 バイエリッシェ・ツークシュピッツ鉄道・登山鉄道株式会社の監査役会構成（2008年当時）

議長トーマス・シュミット (Vorsitzender Thomas Schmid)	Garmisch-Partenkirchen	1. Bürgermeister, Markt Garmisch-Partenkirchen
副議長ヴォーダン・リヒトメス (Stell. Vorstizender Wodan Lichtmeß)	Oberau	Werkleiter Gemeindewerke Garmisch-Partenkirchen
ヴァルター・エヒター (Walter Echter)	Garmisch-Partenkirchen	Förster, Forstamt Garmisch-Partenkirchen
ヤーコ・エディンガー博士 (Dr. Jako Edinger)	Innsbruck	Unternehmensberater, ETB Tourismusberatung Ges. m. b. H, Innsbruck
ジモーネ・エーアマン (Simone Ehrmann)	Garmisch-Partenkirchen	Arbeitnehmervertreterin, Verwaltungsangestellte
クラウス・フィッシャー (Klaus Fischer)	Farchant	Arbeitnehmer-Vertreter, Disponent
トーマス・グラセガー (Thomas Grasegger)	Garmisch-Partenkirchen	Textilbetriebswirt, Trachten & Modehaus GmbH & C. KG, Garmisch-Partenkirchen
アントン・ホーファー (Anton Hofer)	Oberammergau	Arbeitnehmer-Vertreter, Maschinist
アンドレアス・フッター (Andreas Hutter)	Garmisch-Partenkirchen	Studiendirektor, Freistaat Bayern, Werdenfels-Gymnasium, Garmisch-Partenkirchen
トニー・カメラー (Toni Kammerer)	Garmisch-Partenkirchen	Geschäftsfeldverantwortlicher Filmenkundenbank, Akademie Bay. Genossenschaft, München
クリスティアン・ノイロイター (Christian Neureuther)	Garmisch-Partenkirchen	Geschäftsführer, Mittermaier-Neureuther GmbH, Garmisch-Partenkirchen
アレクサンダー・ヴァグナー (Alexander Wagner)	Garmisch-Partenkirchen	Arbeitnehmer-Vertreter, Werkmeister

典拠：Unternehmensregister Bayerische Zugspitzbahn Bergbahn Aktiengesellschaft Garmisch-Partenkirchen, in: Elektorische Bundesanzeiger, 02. 12. 2008, 4/10.

　1928年、粘着式鉄道区間とアプト式鉄道区間とを組み合わせたツークシュピッツェに至る鉄道建設を建設する計画に対して認可が下りた。建設主体は、ベルリン・ローカル線・発電所総合株式会社（Allgemeine Lokalbahn- und Kraftwerke AG Berlin）、AEG（AEG Berlin）および南ドイツ信託株式会社（Süddeutsche Treuhandgesellschaft AG München）のコンソーシアムであり、このコンソーシアムによってバイエリッシェ・ツークシュピッツ鉄道株式会社（Bayerische Zug-

表5-9-18 登山電車、ロープウェイの利用者数（2007観光年度）

ツークシュピッツ地域 （Zugspitzgebiet）	冬期：2006年11月〜2007年4月	277,476
	夏期：2007年4月〜同年10月	197,912
	小計	475,388
	ティローラー・ツークシュピッツ鉄道からのスキー客	55,916
	合計	531,304
クラシック地域 （Classic-Gebiet−Hausberg, Kreuzeck, Osterfelder）	冬期：2006年11月〜2007年4月	247,644
	夏期：2007年4月〜同年10月	97,077
	合計	344,721
ヴァンク地域（Wankgebiet）	冬期：2006年11月〜2007年4月	15,884
	夏期：2007年4月〜同年10月	67,941
	合計	83,825

典拠：Unternehmensregister Bayerische Zugspitzbahn Bergbahn Aktiengesellschaft Garmisch-Partenkirchen, in: Elektorische Bundesanzeiger, 02. 12. 2008, 5/10, 6/10より作成。

spitzbahn AG）が設立された。

　この年、マルクト・パルテンキルヘンによって、資本金100万ライヒスマルクのヴァンク鉄道株式会社が設立され、翌年からロープウェイの営業が開始された（マルクト・パルテンキルヘンとマルクト・ガルミッシュの合併はまだ実現していない）[20]。

4.3　バイエリッシェ・ツークシュピッツ鉄道・登山鉄道株式会社（Bayerische Zugspitzbahn Bergbahn Aktiengesellschaft Garmisch-Partenkirchen）

　バイエリッシェ・ツークシュピッツ鉄道・登山鉄道株式会社の株式（額面1ユーロ）は、2007年以降、マルクト・ガルミッシュ＝パルテンキルヘンが100％の株式を所有している。そのうち、1,214万株が普通株、200万株が優先株である[21]。

　同社監査役会の構成は表5-9-17のようになっている。

　バイエリッシェ・ツークシュピッツ鉄道・登山鉄道株式会社は、ガルミッシュ＝パルテンキルヘンからツークシュピッツェにいたる地域の登山電車およびロープウェイ、マルクト・ガルミッシュ＝パルテンキルヘン内のロープウェイ、またそれらの登山電車とロープウェイに付属するレストラン、キオスクを経営している。

地域別の登山電車、ロープウェイ利用者数を表5-9-18に示した。ツークシュピッツ地域およびガルミッシュからグライナウに至るクラシック地域に観光客の流れが集中し、パルテンキルヘン側にあるヴァンク地域は利用者が比較的少ない。また、ツークシュピッツ地域およびクラシック地域においては冬期のスキー客が夏期の観光客を大幅に上回っている一方、ヴァンク地域は夏期の利用者が多数を占めている。

5　ティローラー・ツークシュピッツ鉄道

ティローラー・ツークシュピッツ鉄道は、時速35kmのゴンドラ式ロープウェイである。ティロル州エーアヴァルト（Ehrwald）の海抜1,225m地点（Talstation）からツークシュピッツェの2,950m地点（Bergstation）を結んでいる[22]。

オーストリアの側からツークシュピッツェに至る鉄道が完成し、開通式を祝ったのは1926年7月5日のことであった（当時は、2,805m地点を終点としていた）。しかし、1930年にバイエルン側において、アイプゼーから頂上直下にあるシュネーフェルナーハウスまでアプト式鉄道が開通し、1931年にシュネーフェルナーハウスから山頂に至るロープウェイが完成すると、オーストリア側のツークシュピッツ鉄道は経営困難に陥った。オーストリアのツークシュピッツ鉄道は1933年に株式をバイエリッシェ・ツークシュピッツ鉄道に売却することとなった。第2次大戦後、1945年に再び、ドイツ資産の凍結によってオーストリアの管理下に戻り、1952年には輸送能力の増加を、1954年には高速化を進めた。

1956年には、エーアヴァルト（Ehrwald）に本社を置くティローラー・ツークシュピッツ鉄道株式会社が設立された後、1958年にはティロル州がその51％の株式を取得し、設備の近代化を進めた。1962年には終着駅（Bergstation）にあったカムホテル（Kammhotel）が火災によって崩壊した。1990年、ティロル州は、財政的な理由から株式をツィラータラー氷河鉄道有限合資会社（Zillertaler Gletscherbahn GmbH & Co KG）に売却し、この状況は今も変わっていない。1991年にツークシュピッツェ山頂に直結する新しいロープウェイが完成したが、2003年には起点駅（Talstation）火災によって、ロープウェイが損壊した。2003年8月

13日、再建が完了し、現在に至っている。

現在、本社をヒンタートゥクス（Hintertux）に置くツィラータラー氷河鉄道グループに属しているロープウェイは、ティローラー・ツークシュピッツ鉄道のほか、ラストコーゲル鉄道（Rastkogel Bahnen）、フィンケンベルガー牧草地鉄道（Finkenberger Almbahnen）、エーアヴァルダー牧草地鉄道（Ehrwalder Almbahn）であるが、いずれもスキー客の運搬を主な目的とする。

6　小括

ツークシュピッツェ観光空間は、ドイツ、オーストリアの国境を跨いではいるが、むしろバイエルン州とティロル州に跨った州堺空間と言ったほうが適切であるかもしれない。

それは連続した地形によって同じ性格をもった観光空間を形成し、冬期のスキーと夏期の山岳・高原レジャーを提供している。ドイツ人が比較的長期に滞在するという意味においても州堺を超えた観光空間が形成されていると考えられる。エウレギオ・プロジェクトはこれを資金的に支える機能をもつ。

冒頭、引用したケストナー『ふたりのロッテ』は、バイエルン側にあるガルミッシュ、グライナウ、バーダー湖、アイプ湖に達し、さらにはティロル側のエーアヴァルト、レーアモースを経て再びアイプ湖、ガルミッシュへとハイキング（Wanderung）する場面である。

ガルミッシュもグライナウもエーアヴァルトもレーアモースもツークシュピッツェを眺望するひとつの空間である。

1）　ツークシュピッツェ初登頂については、諸説あるが厳密に確認されているのは、1820年8月27日、レヒャシャウ（Lechaschau）在住の測量技師であり陸軍少尉となったヨーゼフ・ナウス（Josef Naus）であった（Hiebeler, T., *Zugspitze – Von der Erstbesteigerung bis heute*, München, 1985 et Ritschel B. et al., *Faszinierende Zugspitze*, München, 2007）。
2）　筆者の造語である「ツークシュピッツェ観光空間」（Tourismusraum Zugspitze）と観光地域（Tourismusregion）のひとつとしての固有名詞ツークシュピッツ地域

(Zugspitz-Region) とは、表記が異なることを、あらかじめ指摘しておく。
3) ヨーロッパの都市観光については、山田徹雄「都市観光の定量比較」跡見学園女子大学『マネジメント学部紀要』第11号、2011年参照。
4) イタリアにおける観光客の動向においても、都市観光は滞在期間が短く、自然景勝地においては滞在期間が長いことが確認されている（山田徹雄「イタリアにおける外国人観光事情——ローマ観光を事例として——」跡見学園女子大学『マネジメント学部紀要』第13号、2012年）。
5) バイエルン州の地方自治体においては、シュタット（Stadt）と狭義のゲマインデ（Gemeinde）の中間に位置するマルクト（Markt あるいは Marktgemeinde）がある。本書では、Kreis Garmisch-Partenkirchen をガルミッシュ゠パルテンキルヘン郡と呼び、Markt Garmisch-Partenkirchen をマルクト・ガルミッシュ゠パルテンキルヘンと呼ぶ。
6) Das Zugspitzdorf Grainau, Urlaub in Grainau, in interrete sub: http:// www.grainau.de/de, 28. 08. 2012.
7) Scharr, E. et Steinicke, E., *Tourismus und Gletscherschigebiete in Tirol*: Eine vergleichende geographische Analyse, Innsbruck, 2011.
8) Wirtschftskammer Tirol, *Tourismus in Tirol*, 2. Auflage, Innsbruck, 2011, p. 4.
9) Wirtschftskammer Tirol, *Tourismus in Tirol*, 2. Auflage, Innsbruck, 2011, p. 5. 通常、オーストリアにおける Bezirk は郡と呼ばれている。
10) Wirtschftskammer Tirol, *Tourismus in Tirol*, 2. Auflage, Innsbruck, 2011, p. 6.
11) Wirtschftskammer Tirol, *Tourismus in Tirol*, 2. Auflage, Innsbruck, 2011, p. 11.
12) Arena は、ドイツ語では［are: na］（闘技場、舞台）であるが、わが国でしばしば用いられている英語表記の発音「アリーナ」をここでは用いる。
13) European Union, Regional Policy, Operatioinal Programme 'Germany (Bavaria)－Austria', in interrete sub: http://www.ec.europa.eu/regional_policy/index_en.htm, 28. 08. 2012.
14) Interreg Bayern Österreich 2007-2013, Euregio Zugspitze-Wetterstein-Karwendel, in interrete sub: http://www.euregio-zwk.org/de/zielsetzung/6/was-ist-euregio.html, 20. 07. 2012.
15) Interreg Bayern Österreich 2007-2013, Euregio-Rat, in interrete sub: http:// www.euregio-zwk.org/de/organisation/2/euregio-rat.html, 21. 07. 2012.
　　REA アウサーフェルン地域開発協会は、1995年に設立され、ロイテ県に属する37のゲマインデから構成され、ロイテ県の開発を促進し、共通のプラットホームを作ることを目的とする（Regionalentwicklung Ausserfern, Information zum Verein, in interrete sub: http://www.allesausserfern.at/rea/regionalentwicklung/regionalent-

wicklung, 01. 10. 2012)。
16) Die Euregio Zugspitze-Wetterstein-Karwendel, Kleinfonds, in interrete sub: http://www.euregio-zwk.org/de/foerderung/14/kleinprojektefonds, html, 22. 10. 2012.
17) Die Euregio Zugspitze-Wetterstein-Karwendel, KPF-Periode 2010-2012, in interrete sub: http://www.euregio-zwk.org/de/projekte/kpf-periode-2010-2012.html, 20. 07. 2012.
18) Bayerische Zugspitzbahn Bergbahn AG, Daten und Fakten, in interrete sub: http://www.zugspitze.de/de/service/ueber_und/daten-fakten. html, 29. 07. 2012. なお、日本語表記において Bahn はすべて鉄道と表記した。
19) Bayerische Zugspitzbahn Bergbahn AG, Daten und Fakten, in interrete sub: http://www.zugspitze.de/de/service/ueber_und/daten-fakten.html, 29. 07. 2012.
20) Bayerische Zugspitzbahn Bergbahn AG, Meilsteine, in interrete sub: http://www.zugspitze.de.static/cms/downloads/Meilensteine.pdf, 29. 07. 2012 et Bayerische Zugspitzbahn Bergbahn AG, Daten und Fakten, in interrete sub: http://www.zugspitze.de/de/service/ueber_und/daten-fakten.html, 29. 07. 2012.
21) Unternehmensregister Bayerische Zugspitzbahn Bergbahn Aktiengesellschaft Garmisch-Partenkirchen, in: Elektorische Bundesanzeiger, 02. 12. 2008, 3/10.
22) 以下の記述は Pizzini, M., *Wunder der Technik - Tiroler Zugspitzbahn*, Innsbruck, 2006, Tiroler Zugspitzbahn, Chronik+technische Daten, in interrete sub: http://www.zugspitze.at.zugspitzbahn/de/chronik-daten.html, 10. 06. 2012および Zillertaler Gretscherbahn GmbH, Unsere Seilbahnfamilie, in interrete sub: http://www.hi-tertuxergletscher.at/de/service-partner/54/Chronik+Geschichte.html, 30. 07. 2012による。

参考文献

ドイツ語文献資料：紙媒体

A

Abendzeitung, 20. 03. 2014.

ADAC, *Reisemonitor 2008: Das Reiseverhalten der Silver-Urlauber*, ADAC-Verlag.

ADAC, *Unterwegs auf Deutschlands Frienstrße*, Müchen, 1995.

Alpenforshungsinstitut et Regional Management Bayern, *Entwicklungskonzept für den Landkreis Garmisch-Partenkirchen*, 2009.

Alpenwelt Karwendel Mittenwalt Krün Wallgau Tourisms GmbH, Pressetexte Sommer 2015.

Amt der Tiroler Landesregierung, *Statistisches Handbuch Bundesland Tirol 2009*, Innsbruck, 2010.

Amt für Statistik Berlin Brandenburg, *Basisdaten*, 2009.

Amt für Statistik Berlin-Brandenburg, *Statistischer Bericht* G IV 1/GIV 2-m 12/06, Dezember 2006.

Amt für Statistik Berlin-Brandenburg, *Statistischer Bericht* G IV 1-m 12/09, Dezember 2009.

Amt für Statistik Berlin-Brandenburg, *Statistisches Jahrbuch*, Berlin 2009.

Autobahndirektion Südbayern, Informationen zu aktuellen Planungen: Bundesstraße B 2 München – Garmisch-Partenkirchen.

Autobahndirektion Südbayern, Informationen zu aktuellen Planungen: Bundesstraße B 2 neu: Eschenlohe – Garmisch-Partenkirchen.

B

Baedecker Redaktiion, *Reiseführer Oberbayern*.

Bayerische Staaatsregierung, *Europäische Territoriale Zusammenarbeit 2014-2020 INTEREG V im Freistaat Bayern*.

Bayerisches Landesamt für Statistik und Datenverarbeitung, *Bruttoinlandsprodukt und Bruttowertschöpfung in Bayern 1980, 1990 bis 2009*, 2011.

Bayerisches Landesamt für Statistik und Datenverarbeitung, *Einwohnerzahlen am 31. Dezemnber 2011*, 2012, München.

Bayerisches Landesamt für Statistik und Datenverarbeitung, *Kaufwerte für Bauland in*

Bayern seit 1990 nach Baulandarten.
Bayerisches Landesamt für Statistik und Datenverarbeitung, *Statistische Berichte Bruttoinlandsprodukt und Bruttowertschöpfung in Bayern 1980, 1990 bis 2009*.
Bayerisches Landesamt für Statistik und Datenverarbeitung, *Statistische Berichte: Tourismus in Bayern Dezember und im Jahre 2011*, München, 2012/07/10.
Bayerisches Landesamt für Statistik, *Statistische Berichte: Tourismus in Bayern im Dezember 2014 und im Jahre 2014*.
Bayerisches Staatsministerium der Finanzen, *Beteiligungsbericht des Freistaats Bayern 2009*.
Bayerisches Staatsministerium der Finanzen, für Landesentwicklung und Heimat, *Beteiligungsbericht des Freistaats Bayern 2014*.
Bayerisches Landesamt für Statistik und Datenverarbeitung, *Statistik kommunal 2011: Eine Auswahl wichtiger statistischer Daten Bayern 09*.
Bayerisches Landesamt für Statistik und Datenverarbeitung, *Statistik kommunal 2011: Eine Auswahl wichtiger statistischer Daten für den Landkreis Berchtesgardener Land 09 172*.
Bayerisches Landesamt für Statistik und Datenverarbeitung, *Statistik kommunal 2011: Eine Auswahl wichtiger statistischer Daten für den Landkreis Garmisch-Partenkirchen 09 180*.
Bayerisches Landesamt für Statistik und Datenverarbeitunt, *Statistik kommunal 2013, Eine Auswahl wichtiger statistischer Daten für den Landkreis Garmisch-Partenkirchen 09 180*.
Bayerisches Landesamt für Statistik und Datenverarbeitun, *Statistik kommunal 2012: Eine Auswahl wichtiger statistischer Daten für die Gemeinde Eglfing 09 190 121*.
Bayerische Landesamt für Statistik und Datenverarbeitung, *Statistik kommunal 2013: Eine Auswahl wichtiger statistischer Daten für die Gemeinde Farchant 09 180 116*.
Bayerische Landesamt für Statistik und Datenverarbeitung, *Statistik kommunal 2014: Eine Auswahl wichtiger statistischer Daten für die Gemeinde Farchant 09 180 116*.
Bayerisches Landesamt für Statistik und Datenverarbeitung, *Statistik kommunal 2013: Eine Auswahl wichtiger statistischer Daten für die Gemeinde Grainau 09 180 118*.
Bayerisches Landesamt für Statistik und Datenverarbeitun, *Statistik kommunal 2012: Eine Auswahl wichtiger statistischer Daten für die Gemeinde Großweil 09 180 119*.
Bayerisches Landesamt für Statistik und Datenverarbeitun, *Statistik kommunal 2012: Eine Auswahl wichtiger statistischer Daten für die Gemeinde Ohlstadt 09 180 127*.
Bayerisches Landesamt für Statistik und Datenverarbeitun, *Statistik kommunal 2012:*

参考文献 469

Eine Auswahl wichtiger statistischer Daten für die Gemeinde Schwaigen 09 180 131.

Bayerisches Landesamt für Statistik und Datenverarbeitun, *Statistik kommunal 2012: Eine Auswahl wichtiger statistischer Daten für die Gemeinde Seehausen a. Staffelsee 09 180 132.*

Bayerisches Landesamt für Statistik und Datenverarbeitun, *Statistik kommunal 2012: Eine Auswahl wichtiger statistischer Daten für die Gemeinde Spatzenhausen 09 180 133.*

Bayerisches Landesamt für Statistik und Datenverarbeitun, *Statistik kommunal 2012: Eine Auswahl wichtiger statistischer Daten für die Gemeinde Uffing a. Staffelsee 09 180 134.*

Bayerisches Landesamt für Statistik und Datenverarbeitung, *Statistik kommunal 2012: Eine Auswahl wichtiger statistischer Daten für die Gemeinde Oberammergau 09 180 125.*

Bayerisches Landesamt für Statistik und Datenverarbeitung, *Statistik kommunal 2011: Eine Auswahl wichtiger statistischer Daten für die Kreisfreie Stadt München 09 162.*

Bayerisches Landesamt für Statistik und Datenverarbeitung, *Statistik kommunal 2011: Eine Auswahl wichtiger statistischer Daten für die Kreisfreie Stadt Nürnberg 09 564.*

Bayerisches Landesamt für Statistik und Datenverarbeitung, *Statistik kommunal 2011: Eine Auswahl wichtiger statistischer Daten für den Markt Garmisch-Partenkirchen 09 180 117.*

Bayerisches Landesamt für Statistik und Datenverarbeitung, *Statistik kommunal 2013: Eine Auswahl wichtiger statistischer Daten für den Markt Garmisch-Partenkirchen 09 180 117.*

Bayerisches Landesamt für Statistik und Datenverarbeitung, *Statistik kommunal 2013: Eine Auswahl wichtiger statistischer Daten für den Markt Mittenwald 09 180 123.*

Bayerisches Landesamt für Statistik, *Statistik kommunal 2014 Markt Mittenwald 090 180 123 Eine Auswahl wichtiger statistischer Daten.*

Bayerisches Landesamt für Statistik und Datenverarbeitung, *Statistik kommunal 2012: Eine Auswahl wichtiger statistscher Daten für den Markt Murnau a. Staffelsee 09 180 124.*

Bayerisches Landesamt für Statistik und Datenverarbeitung, *Statistik kommunal 2013: Eine Auswahl wichtiger statistischer Daten für den Markt Murnau a. Staffelsee 09 180 124.*

Bayerisches Landesamt für Statistik und Datenverarbeitung, *Statistik kommunal 2011: Eine Auswahl wichtiger statistischer Daten für den Regierungsbezirk Oberbayern 09 01.*

Bayerisches Landesamt für Statistik und Datenverarbeitung, *Statistik kommunal 2013: Eine Auswahl wichtiger statistischer Daten für die Gemeinde Bad Kohlgrub 09 180 112*.

Bayerisches Landesamt für Statistik und Datenverarbeitung, *Statistik kommunal 2013: Eine Auswahl wichtiger statistischer Daten für die Gemeinde Farschant 09 180 116*.

Bayerisches Landesamt für Statistik und Datenverarbeitung, *Statistik kommunal 2013: Eine Auswahl wichtiger statistischer Daten für die Gemeinde Grainau 09 180 118*.

Bayerisches Landesamt für Statistik und Datenverarbeitung, *Statistik kommunal 2013: Eine Auswahl wichtiger statistischer Daten für die Gemeinde Krün 09 180 122*.

Bayerisches Landesamt für Statistik und Datenverarbeitung, *Statistik kommunal 2013: Eine Auswahl wichtiger statistischer Daten für die Gemeinde Oberammergau 09 180 125*.

Bayerisches Landesamt für Statistik und Datenverarbeitung, *Statistische Berichte: Wanderungen in Bayern 2010*, 2011.

Bayerisches Staatsministerium des Inneren, Verordnung über die Errichtung des Bayerischer Fachausschusses für Kurorte, Erholungsorte und Heilbrunnen (Bayerische Anerkennungsverordnung – BayAnerkV) vom 17. September 1991.

Bayerisches Staatsministerium für Wirrtschaft, Infrastruktur, Verkehr und Technologie, *Tourismus in Bayern*, Juni 2007.

Bayerisches Staatsministerium für Wirtschaft, Infrastruktur, Verkehr und Technologie, *Tourismuspolitisches Konzept der Bayerisches Staatsregierung*, München, 2010.

Bayern Tourismus Marketing GmbH, *Jahresbericht 2006/2007*.

Bayern Tourismus Marketing GmbH, *Tourismus in Bayern Januar bis Dezember 2009*.

Bayern Tourismus Marketing GmbH, *Jahresbericht 2010/2011/2012*.

D

Deutsche Zentrale für Tourismus e. V. (DZT), *Jahresbericht 2013*.

DZT, *Jahresbericht 2007*.

DZT, *Marketing und Vertrieb für das Reiseland Deutschland*, 2007.

Deutsche Zentrale für Tourismus e. V., *Marktinformation Incoming-Tourismus Deutschland 2014 Belgien*.

Deutsche Zentrale für Tourismus e. V., *Marktinformation Incoming-Tourismus Deutschland 2014 China/Hongkong*.

Deutsche Zentrale für Tourismus e. V., *Marktinformation Incoming-Tourismus Deutschland 2014 Dänemark*.

Deutsche Zentrale für Tourismus e. V., *Marktinformation Incoming-Tourismus Deutschland 2014 Frankreich.*

Deutsche Zentrale für Tourismus e. V., *Marktinformation Incoming-Tourismus Deutschland 2014 Italien.*

Deutsche Zentrale für Tourismus e. V., *Marktinformation Incoming-Tourismus Deutschland 2014 Japan.*

Deutsche Zentrale für Tourismus e. V., *Marktinformation Incoming-Tourismus Deutschland 2014 Niederlande.*

Deutsche Zentrale für Tourismus e. V., *Marktinformation Incoming-Tourismus Deutschland 2014 Österreich.*

Deutsche Zentrale für Tourismus e. V., *Marktinformation Incoming-Tourismus Deutschland 2014 Polen.*

Deutsche Zentrale für Tourismus e. V., *Marktinformation Incoming-Tourismus Deutschland 2014 Russland.*

Deutsche Zentrale für Tourismus e. V., *Marktinformation Incoming-Tourismus Deutschland 2014 Schweden.*

Deutsche Zentrale für Tourismus e. V., *Marktinformation Incoming-Tourismus Deutschland 2014 Schweiz.*

Deutsche Zentrale für Tourismus e. V., *Marktinformation Incoming-Tourismus Deutschland 2014 Spanien.*

Deutsche Zentrale für Tourismus e. V., *Marktinformation Incoming-Tourismus Deutschland 2014 USA.*

Deutsche Zentrale für Tourismus e. V., *Marktinformation Incoming-Tourismus Deutschland 2014 Vereinigtes Königreich.*

Deutsche Zentrale für Tourismus e. V., *Qualitätsmonitor: Deutschland-Tourismus, Ergebinisse 2011/2012.*

Deutscher Tourismusverband, *Zahlen, Daten, Fakten 2011.*

Der Deutsche Resieverband（略称 DRV）, *Fakten und Zahlen zum deutschen Reisemarkt 2005.*

Die Bozner-Markt-Broschüre 2012.

Die Welt, 27.04.2001.

DRV, *Fakten und Zahlen zum deutschen Reisemarkt 2005.*

DRV, *Fakten und Zahlen zum deutschen Reisemarkt 2006.*

DRV, *Fakten und Zahlen zum deutschen Reisemarkt 2008.*

DRV, *Fakten und Zahlen zum deutschen Reisemarkt 2009.*

DRV, *Fakten und Zahlen zum deutschen Reisemarkt 2013.*
Dwif, *Übernachtungszahlen europäischer Metropolen 2009.*

E

Euregio Zugspitze-Wetterstein-Karwendel, Kleinprojektefonds Euregio Zugspitze-Wetterstein-Karwendel, (Genehmigungen 2008-2011) 2/10.
Expedia. de., Pressemitteilungen, 08. 07. 2009.

F

Farchanter Dorfblatt, Nummer 4, März/April/Mai 2010.
Farchanter Dorfblatt, Nummer 5, Juni/Juli/Augst 2010.
Farchanter Dorfblatt, Nummer 6, September/Oktober/November 2010.
Farchanter Dorfblatt, Nummer 7, Dezember 2010, Januar/Februar 2011.
Farchanter Dorfblatt, Nummer 8, April/Mai/Juni 2011.
Farchanter Dorfblatt, Nummer 9, Juli/Augst/September 2011.
Farchanter Dorfblatt, Nummer 15, März/April/Mai/Juni, 2013.
Farchanter Dorfblatt, Nummer 16, Juli, Augsust, September, Oktober, November 2013.
Farchanter Dorfblatt, Nummer 17, Dezember 2013/Januar, Februar 2014.
Farchanter Dorfblatt, Nummer 18, März, April, Mai 2014.
Finanzministerium Baden-Württemberg, *Beteiligungsbericht 2009 des Landes Baden-Württemberg.*
Flughafen Nürnberg GmbH, *Geschäftsbericht 2013.*
Flughafen Wien, *Flugplan gültig 28. 03. 2010-30. 10. 2010.*
Fremdenverkehrsverein Garmisch-Partenkirchen e. V. Offizielle Stellungsnahme des Fremdenverkehrsvereins Garmisch-Partenkirchen e. V. zum Thema SB-Warenhaus-Center St.- Martin-Strasse.
Fremdenverkehrsverein Garmisch-Partenkirchen e. V. Positionspapier des Fremdenverkehrsvereins Garmisch-Partenkirchen e. V zum Thema Neubau des Kongresshauses.
Fremdenverkehrsverein Garmisch-Partenkirchen e. V. Projekt Qualitätsoffensive "Fit für die Zukunft" Klassifizierung der Gästehäuser und Ferienwohnungen in Garmisch-Partenkirchen: Eine Aktion von Fremdenverkehrsverein, Kreissparkasse und Volkshochschule Garmisch-Partenkirchen, 2007.

G

Gemeide Erl, *Unser Erl*, 2001.

Gemeinde Farchant, Satzung über die Außengestaltung der Gebäude in der Gemeinde Farchant für den Altort, 11. 11. 2004.

Gemeinde Farchant, Verordnung über die zeitlichen Bschränkung ruheströrenden Haus- und Gartenarbeiten in der Gemeinde Farchant, 15. 10. 2007.

Gemeinde Oberammergau, *Passionspiele Oberammergau 2000*.

Gemeindeordnung für den Freistaat Bayern in der Fassung des Bekanntmachung vom 22. Augsut 1998.

Geschäftsordnung für den Marktgemeinderat Garmisch-Partenkirchen, Markt Garmisch-Partenkirchen vom 8. Mai 2008.

Geschäftsordnung für den Marktgemeinderat Garmisch-Partenkirchen, Markt Garmisch-Partenkirchen, 14. Mai 2014.

H

Hauptbahnhof Wien, Pressemitteilung 13. 10. 2014.

Hofer, Manfred, *100 Jahre Eisenbahn Murnau – Garmisch-Partenkirchen 1889–1989*. Bundesbahndirektion München, 1989.

I

Institut für Gesundheitsökonomik/Kreisentwicklungsgesellschaft Garmisch-Partenkirchen, *Entwicklungskonzept für die Gesundheitsregion Landkreis Garmisch-Partenkirchen: Abschlussbericht für die Kreisentwicklungsgesellschaft Garmisch-Partenkirchen*, 2012.

K

Kästner, E., *Das doppelte Lottchen*, 160. Auflage, Hamburg, 2010.

Klinik Hochried, *Jahresbericht 2011*.

Kobschätzky, H., *Streckenatlas der deutschen Eisenbahnen 1835–1892*, Düsseldorf, 1971.

Kreisentwicklungsgesellschaft Garmisch-Partenkirchen, *Geschäftsbericht 01. 01. 2013–30. 06. 2014*.

L

Land Tirol, Tourismusjahr 2011 – Nächtigungen nach den wichtigsten Herkunftsländern in: *Landesstatistik Tirol, Tourismusstatistik*, Innsbruck, 2012.

Landeshauptstadt München, Referat für Arbeit und Wirtschaft, Fremdenverkehrsamt, *Jahresbericht 2002*.

Landeshauptstadt München, Referat für Arbeit und Wirtschaft, Tourismusamt München,

Ankünfte Januar mit Dezember 2009.
Landeshauptstadt München, Referat für Arbeit und Wirtschaft, Tourismusamt, *Jahresbericht 2009.*
Landeshauptstadt München Stadtkämmerei, *Finanzdaten- und Beteiligungsbericht 2008.*
Landeshauptstadt München Stadtkämmerei, *Finanzdaten- und Beteiligungsbericht 2008, Anlage 1: Eigenbetriebe und ausgewählte Regiebetriebe.*
Landeshauptstadt München Stadtkämmerei, *Finanzdaten- und Beteiligungsbericht 2008, Anlage 2: Beteiligungsgesellschaft und Stadtsparkasse München.*
Landeshauptstadt München, *Münchner Jahrebiricht 1999.*
Landkreis Garmisch-Partenkirchen, *Informationsbroschüre*: Vielfalt in vier Talschaft, 2008.
Landkreis Garmisch-Partenkirchen, *Landkreisentwicklungskonzept.*
Landkreis Garmisch-Partenkirchen, Mitglieder des Kreistags.
Landkreis Garmisch-Partenkirchen, *Wirtschftsraum Garmisch-Partenkirchen.*

M

MANOVA GmbH, *Gästeprofil Japan*, September 2008.
MANOVA GmbH, *Gästeprofil Deutschland*, Oktober 2008.
MANOVA GmbH, *Gästeprofil Frankreich*, September 2008.
MANOVA GmbH, *Gästeprofil Österreich*, Februar 2010.
MANOVA GmbH, *Gästeprofil Italien*, September 2008.
MANOVA GmbH, *Gästeprofil Grossbritanien*, September 2008.
MANOVA GmbH, *Gästeprofil Spanien*, Oktober 2008.
MANOVA GmbH, *Gästeprofil USA*, Oktober 2008.
Markt Garmisch-Partenkirchen, Geschäfsordnung für den Marktgemeinderat Garmisch-Partenkirchen.
Markt Garmisch-Partenkirchen, Informationen zur Zweitwohnungssteuer.
Markt Garmisch-Partenkirchen, Satzung für die Erhebung eines Fremdenverkehrsbeitrags.
Markt Garmisch-Partenkirchen, Satzung zur Regelung von Fragen des örtlichen Gemeindeverfassungsrechts.
Markt Garmisch-Partenkirchen Gästemeldeamt, Satzung für die Erhebung eines Kurbeitrages vom 17. 12. 2009.
Markt Garmisch-Partenkirchen, Satzung über die Erhebung einer Zweitwohnungssteuer.
Markt Garmisch-Partenkirchen, *Haushaltungssatzung mit Anlagen Haushaltsjahr 2012.*
Markt Murnau a. Staffelsee, *Informationen zur Bürgerversammlung am 23. 04. 2013.*

Marktarchiv Garmisch-Partenkirchen, *Repertorium Marktarchiv Garmisch* (*1339–1935*), 2006.

Marktarchiv Garmisch-Partenkirchen, *Repertorium Marktarchiv Partenkirchen* (*1400–1935*), 2006.

Mathias-Kloiz-Stiftung, *Mittenwald und sein Geigenbau*, Mittenwald, 2001.

Münchner Merkur, 07. 07. 2009.

Münchner Merkur Garmisch-Partenkirchen Ableger, 24. 02. 2014.

Münchner Merkur Garmisch-Partenkirchen Ableger, 31. 03. 2014.

Münchner Merkur, 21. 09. 2010.

Murnau am Staffelsee, *Kunstspaziergang in Murnau – Wassily Kandinsky und Gabriele Münter entdecken*.

N

NürnbergMesse, *Geschäfsbericht 2013*.

O

Organisationskomitee für die IV. Olympischen Winterspiele 1936 Garmisch-Partenkirchen E. V., *IV. Olympische Winterspiele 1936 Amtlicher Bericht*, Berlin, 1936.

Österreich Werbung, *Tourismus in Österreich 2009*.

R

Regierung von Oberbayern, Umnutzung der Kemmel-Kaserne in Murnau, in Tagung „Wege zur intelligenten Flächennutzung", 24. Mai 2007.

Richtlinien zur Förderung von öffentlichen touristischen Infrastruktureinrichtungen (RÖFE) Bekanntmachung des Bayerischen Staatsministerium für Wirtschaft und Medien, Energie und Technologie vom 27. Februar Az.: 52-3305/45/7.

S

Satzung des am 08. 05. 1972 gegründeten Fremdenverkehrsvereins Garmisch-Partenkirchen e. V.

Satzung des Marktes Mittenwald über die Gestaltung von Werbeanlagen.

Satzung über besondere Anforderung an bauliche Anlagen, Gärten und Einfriedungen für den innerörtlichenBereich in der Gemeinde Grainau – Ortsgestaltungssatzung 1 – Grainau, 19. 12. 2008.

Satzung über die Außengestaltung der Gebäude im Markt Mittenwald für den Ortsbe-

reich.
Satzung über örtliche Bauvorschriften und Stellplätze im Markt Murnau a. Staffelsee den 09. August 2007.
Staatliche Toto-Lotto GmbH, *Geschäftsbericht 2009*.
Stadt Nürnberg Finanzreferat, *Beteiligungsbericht Jahresabschluss 2007*.
Stadt Nürnberg Finanzreferat, *Beteiligungsbericht Jahresabschluss 2008*.
Stadt Nürnberg Finanzreferat, *Beteiligungsbericht Jahresabschluss 2010*.
StWN (Städtische Werke Nürnberg GmbH), *Geschäfsbericht 2013*.
StWN (Städtische Werke Nürnberg GmbH), *Geschäfsbericht 2013*.
Städtische Werke Nürnberg GmbH, *50 Jahre Städtische Werke Nürnberg*, 2009.
Statistisches Amt für Hamburg und Schleswig-Holstein, *Statistischer Bericht* G IV 2-j/09 S.
Statistiches Amt für Hamburg und Schleswig-Holstein, *Statistische Berichte* G IV 1-m 12/09 H, 4. März 2010.
Statistiches Amt für Hamburg und Schleswig-Holstein, *Statistische Berichte* G IV 1-m 12/04 H, 3. März 2002.
Statistisches Bundesamt, *Statistisches Jahrbuch 2009*.
Statistisches Bundesamt, *Statistisches Jahrbuch 2013*.
Statistisches Landesamt Baden-Württemberg, *Statistisches Bericht 2010*.
Statistisches Landesamt Baden-Württemberg, *Statistische Berichte Baden-Württemberg*, Artikel-Nr. 3552 09001 Handel und Gastgewerbe, 25. 02. 2010.
Statistisches Amt für Hamburg und Schleswig-Holstein, *Statistischer Bericht* G IV 1-m 4/10 H.
Süddeutsche Zeitung, 20. 03. 2014.

T
TUI Group, Press Release, 1. 04. 2015, Hannover.

U
Unternehmensregister Bayerische Zugspitzbahn Bergbahn Aktiengesellschaft Garmisch-Partenkirchen, in: Elektorische Bundesanzeiger, 02. 12. 2008, 3/10.
Unternehmensregister Bayerische Zugspitzbahn Bergbahn Aktiengesellschaft Garmisch-Partenkirchen, in: Elektorische Bundesanzeiger, 02. 12. 2008, 4/10.
Unternehmensregister Bayerische Zugspitzbahn Bergbahn Aktiengesellschaft Garmisch-Partenkirchen, in: Elektorische Bundesanzeiger, 02. 12. 2008, 5/10, 6/10.

V

VAG (Verkehrs-Aktiengesellschaft Nürnberg), *Geschäftsbericht 2008*.
VAG (Verkehrs-Aktiengesellschaft Nürnberg), *Geschäfsbericht 2013*.
Verband Internet Reisevertrieb e. V., *Daten & Fakten 2014 zum Online-Reisemarkt*, Oberhaching.
Verordnung über das Anbringen von Anschlägen und Plakaten in der Gemeinde Grainau vom 13. Mai 2003.
Vienna Convention Bureau, *Wiener Tagungsstatistik 2008*.
Verkehrsverbund Berlin-Brandenburg (VBB), Presseinformation, 17. März 2010.
Wiener Tourismusverband, *Wiener Gästebefragung 2004-2009*, Im Rahmen des Tourismus-Minitors Austria (T-MANA), Wien, 2009.

W

Wiener Tourismusverband, Fact Sheet, PR- und Marketingagentur für die Wiener Tourismusbranche, Juni 2010.
Wiener Tourismusverband, Fact Sheet, Die Wiener Tourismusindustrie und ihre wirtshcaftliche Bedeutung. Juni 2010 (WT, Fact Sheet 2).
Wiener Tourismusverband, *Tourismus-Bilanz 2003*.
Wiener Tourismusverband, *Tourismus-Bilanz 2003-2009*.
Wiener Tourismusverband, *Tourismus-Bilanz 2009*.
Wirtschftskammer Tirol, *Tourismus in Tirol*, 2. Auflage, Innsbruck, 2011.
Flughafen Wien AG, *Geschäftsbericht 2009*, "Alles, Was Zählt".
Wiener Linien GmbH & Co KG, *Jahresbericht 2009*.

ドイツ語：オンライン情報

A

Allgäu, Alpenwellness Allgäu – Von Natur aus gesund, in interrete sub: http://www.allgaeu.de/wellness, 01. 05. 2015.
Alpenwelt Karwendel Mittenwald Krün Wallgau Tourismus GmbH, Bürgerservice Mittenwald – Zusammensetzung des Marktgemeinderates, in interrete sub: http://www.alpenwelt-karwendel.de/gemeinderat, 14. 07. 2015.
Alpenwelt Karwendel Mittenwald Krün Wallgau Tourismus GmbH, G7-Gipfel 2015 in der Alpenwelt Karwendel, in interrete sub: http://www.alpenwelt-karwendel.de/g7-gipfel-2015, 03. 08. 2015.
Alpenwelt Karwendel Mittenwald Krün Wallgau Tourismus GmbH, Impressum und Da-

tenschutz, in interrete sub: http://www.alpenwelt-karwendel.de/impressum-und-datenschutz, 08. 07. 2015.

Alpenwelt Karwendel Mittenwald Krün Wallgau Tourismus GmbH, Impressum und Datenschutz, in interrete sub: http://www.alpenwelt-karwendel.de/impressum-und-datenschutz, 03. 08. 2015.

Alpenwelt Karwendel Mittenwald Krün Wallgau Tourismus GmbH, US-Delegation in Mittenwald, in interrete sub: http://www.alpenwelt-karwendel.de/us-delegation-in-mittenwald, 03. 06. 2015.

Alpin Ferienwohnungen Ganser, Home, in interrete sub: http://www.ferienwohnungen-ganser.de/, 26. 09. 2012.

Außerfernbahn, Geschichte der Außerfernbahn, in interrete sub: http://www.erlebnisbahn.at/ausserfernbahn/infos.geschichte.html, 22. 03. 2015.

Außerfernbahn, Streckenbeschreibung, in interrete sub: http://www.erlebnisbahn.at/ausserfernbahn/infos/strecke.html, 22. 03. 2015.

B

Bad Kohlgrub, Ortsgeschichte, in interrete sub: http://www.ammergauer-alpen.de/bad-kohlgrub/Entdecken-Sie-Bad-Kohlgrub/Kultur-Brauchtum/Ortsgeschichte, 11. 09. 2012.

Bad Kohlgrub, Über Bad Kohlgrub, in interrete sub: http://www.ammergauer-alpen.de/bad-kohlgrub/Entdecken-Sie-Bad-Kohlgrub/Ueber-Bad-Kohlgrub, 11. 09. 2012.

Baden-Württemberg – der 3-Löwen-Takt, wir ueben uns, in interrete sub: http://www.3-loewen-takt.de/wir-ueber-uns/nvbw/, 17. 09. 2011.

Baden-Württembergische Spielbanken GmbH & Co. KG, BW Spielbanken in interrete sub: http://www.bw-casinos.de/de/bw-spielbanken.html, 27. 10. 2011.

Baden-Württembergische Spielbanken GmbH & Co. KG, Baden-Württembergische Spielbanken, in interrete sub: http://www.bw-casinos.de/de/bw-spielbanken.html, 17. 09. 2011.

Baden-Württembergische Spielbanken GmbH & Co. KG, BW Spielbanken in interrete sub: http://www.bw-casinos.de/de/bw-spielbanken.html, 27. 10. 2011.

Bayerische Hofbräuhaus, Historie, in interrete sub: http://www.hofbrau-muenchen.de/brauerei/historie/, 29. 04. 2015.

Bayerische Zugspitzbahn Bergbahn AG, Daten und Fakten, in interrete sub: http://www.zugspitze.de/de/service/ueber_uns/daten-fakten. htm, 29. 07. 2012.

Bayerischer Wald, Entdecken, in interrete sub: http://www.bayerischer-wald.de/Erleben-Entdecken-Freizeit, 01. 05. 2015.

Bayerisches Staatsministerium für Wirtschaft und Medien, Energie und Technologie, Daten & Fakten, in interrete sub: http://www.stmwi.bayern.de/tourismus/daten-fakten/, 07. 05. 2015.

Benediktinerabtei Ettal, Geschichte-Gründung, in interrete sub: http://abtei.kloster-ettal.de/kloster/geschichte/gruendung/gruendung-weiterlesen/, 08. 09. 2014.

Benediktinerabtei Ettal, Geschichte-Von der Blüte zur Säkularisation, in interrete sub: http://abtei.kloster-ettal.de/kloster/geschichte/bluete-saekularisation/bluete-weiterlesen/, 08. 09. 2014.

Benediktinerabtei Ettal, Geschichte – Wiedererrichtung der Abtei, in interrete sub: http://abtei.kloster-ettal.de/kloster/geschichte/wiedererrichtung/wiedererrichtung-weiterlesen/, 08. 09. 2014.

Benediktinerabtei Ettal, Schule und Internat, in interrete sub: http://abtei.kloster-ettal.de/schule-internat/, 08. 09. 2014.

Benediktinerabtei Ettal, Schule und Internat – Gymnasium, in interrete sub: http://abtei.kloster-ettal.de/schule-internat/gymnasium/, 08. 09. 2014.

Benediktinerabtei Ettal, Schule und Internat – Internat, in interrete sub: http://abtei.kloster-ettal.de/schule-internat/internat/, 08. 09. 2014.

Berlin Hauptbahnhof, Bahnkonzept für Berlin, in interrete sub: http://www.hbf-berlin.de/site/berlin__hauptbahnhof/de/bahnkonzept__fuer__berlin/bahnkonzept__fuer__berlin.html, 15. 07. 2010.

Berlin Hauptbahnhof, Chronik, in interrete sub: http://www.hbf-berlin.de/site/berlin__hauptbahnhof/de/bauprojekt/chronik/chronik.html, 15. 07. 2010.

Berufsgenossehschaftliche Unfallklinik, Fachabteilungen, in interrete sub: http://www.bgu-murnau.de/de-DE/medizin/fachabteilungen/, 13. 02. 2014.

Berufsgenossehschaftliche Unfallklinik, Home, in interrete sub: http://www.bgu-murnau.de/de-DE/, 13. 02. 2014.

Berufsfachschule für Kranken- und Kinderkrankenpflege, Träger, in interrete sub: http://www.bildungszentrum-gap.de/index.php?id=322, 28. 06. 2015.

Blühendes Barock Gartenschau Ludwigsburg GmbH, Öffnungszeiten, Führung und Preise, in interrete sub: http://www.ludwigsburg.de/servlet/PB/menu/1237552_l1/index.html, 12. 12. 2011.

Brauerei Mittenwald – Johann Neuner GmbH und Co. KG, Bier und Wir, in interrete sub: http://www.brauerei-mittenwald.de/deutsch/bierundwir.php, 03. 08. 2015.

Bundesministerium für Verkehr und digitale Infrastruktur (MMVI), Interreg Alpenraum, in interrete sub: http://www.interreg.de/INTERREG2014/DE/Interreg/SechsProgrammraeume/Alpenraum/alpen-node.html, 10. 05. 2015.

Bundesverwaltungsgericht, Pressemeldung, Nr. 71, 2012, in interrete sub: http://www.bverwg.de/enid/4d95cafd55d23822ac2b563e359c3e35, a5e1107365617263685f646973706c-6179436f6e7461696e6572092d093134323734093a095f7472636964092d093133333430/Pressemitteilungen/Pressemitteilung_9d.html, 20. 08. 2012.

C

City Airport Mannheim, Historie, in interrete sub: http://flugplatz-mannheim.de/Ueber_uns/Historie.html, 29. 09. 2011.

City Airport Mannheim, Linienfluege, in interrete sub: http://flugplatz-mannheim.de/Information/Linienfluege.html, 29. 09. 2011.

Clubschiff-Prozente, Last-Minute-Begriff, in interrete sub: http://www.clubschiff-prozente.de/definition-aida-lastminute, 15. 04. 2015.

D

Das Kurhaus Casino, Unternehmen, in interrete sub: http://www.kurhauscasino.de/de/das-unternehmen, 21. 12. 2011.

Das Online Magazine für Mahler und Lakierer, Hellbezugswet, in interrete sub: http://www.farbelite.de/index.php/de/maler-glossar-a-z/h/231-hellbezugswert-hbw, Sonntag, 10. November 2013.

DB Oberbayernbus, Liniennetzplan Landkreis Garmisch-Partenkirchen, in interrete sub: https://www.rvo-bus.de/file/2343336/data/liniennetzplan_garmischpartenkirchen.pdf, 26. 06. 2014.

DEHOGA, Definition der Betriebsarten, in interrete sub: http://www.dehoga-bundesverband.de/daten-fakten-trends/betriebsarten/, 11. 12. 2014.

DEHOGA, Deutsche Hotelklassifizierung, in interrete sub: http://www.dehoga-bundesverband.de/klassifizierung/hotelklassifizierung/, 06. 12. 2014.

DEHOGA, Unsere Klassifizierungssysteme, in interrete sub: DEHOGA, Klassifizierung, in interrete sub: http://www.dehoga-bundesverband.de/klassifizierung/, 08. 12. 2014.

DER Touristik, Der Touristik, in interrete sub: http://www.dertouristik.com/de/gruppe/der-touristik/, 07. 04. 2015.

DER Touristik, Historie, in interrete sub: http://www.dertouristik.com/de/gruppe/historie/, 07. 04. 2015.

Deutsche Ordensmuseum, Adelsheim'sche Altertumssammlung, in interrete sub: http://

www.deutschordensmuseum.de/index.cfm?fuseaction=museum&rubrik=adelsheimsche-sammlung, 13. 12. 2011.

Deutsche Ordensmuseum Bad Mergentheim GmbH, Geschichte des Museums, in interrete sub: http://www.deutschordensmuseum.de/index.cfm?fuseaction=museum&rubrik=museumsgeschichte, 13. 12. 2011.

Deutsche Bahn, Der Walderlebnispfad in Farchant, in interrete sub: http://www.bahn.de/regional/view/regionen/bayern/erlebnis/aktiv/farchant_walderlebnispfad.shtml, 15. 11. 2014.

Deutsches Theater München Betriebs-GmbH, Die Geschichte des Deutsches Theaters, in interrete sub: http://www.deutsches-theater.de/_geschichte.html, 22. 01. 2010.

Deutsches Theater München Betriebs-GmbH, Impressum, in intereete sub: http://www.deutsches-theater.de/impressumagbs.html, 17. 05. 2015.

Die Bayerische Staatsbrauerei Weihenstephan, Historie, in interrete sub: http://weihenstephaner.de/de/history, 29. 04. 2015.

Die Bundesregierung, G7 Gipfel ZU GAST IN OBERBAYERN, in interrete sub: https://www.g7germany.de/Webs/G7/DE/G7-Gipfel/Tagungsort/tagungsort_node.html, 08. 06. 2015.

Die Zeit-online, Die teure Baufirma des Josef Schörghuber, in interrete sub: http://www.zeit.de/1981/31/die-teure-baufirma-des-josef-schoerghuber, 08. 05. 2015.

DRV, Marktforschung, in interrete sub: http://www.drv.de/fachthemen/statistik-und-marktforschung/detail/marktforschung.html, 15. 04. 2015.

DTV, 20 JAHRE DTV-KLASSIFIZIERUNG, in interrete sub: DTV, Qualität – Sterneunterkünfte, in interrete sub: http://www.deutschertourismusverband.de/qualitaet/sterneunterkuenfte.html, 06. 12. 2014.

DZT, Struktur der Deutschen Zentrale für Tourismus, in interrete sub: http://www.germany.travel/media/content/ueber_uns_1/DZT_Organigramm_Oktober2014.pdf, 21. 01. 2015.

DZT, Ueber Uns, in interete sub: http://www.deutschland-tourismus.de/DEU/ueber_uns/uber=uns.htm, 20. 05. 2009.

E

Environmental Studies, Einführung & Informationen zum Thema Lastminute Reisen, in interrete sub: http://www.environmental-studies.de/Last-minute/lastminute.html, 15. 04. 2015.

Ettaler Kloseter Betriebe, Home, in interrete sub: http://www.ettaler.info/index.php, 08.

09. 2014.

Ettaler Kloseter Betriebe, Impressum, in interrete sub: http://www.ettaler.info/impressum, 08. 09. 2014.

Euregio Zugspitze-Wetterstein-Karwendel, Kleinfonds, in interete sub: http://www.euregio-zwk.org/de/foerderung/14/kleinprojektefonds.html, 22. 10. 2012.

Euregion Zugspitze-Wetterstein-Karwendel, KPF-Periode 2010–2012, in interrete sub: http://www.ruregio-zwk.org/de/projekte/kpf-periode-201202012.html, 20. 07. 2012

F

Flughafen Berlin Brandenburg, Über uns – Historie – Flughafen Berlin-Tempelhof, in interrete sub: http://www.berlin-airport.de/de/unternehmen/ueber-uns/historie/flughafen-tempelhof/index.php, 28. 11. 2014.

Die dwif-Consulting GmbH, Das Unternehmen, in interrete sub: http://www.tourist.level9.de/de/netzwerk/dwif-consulting-gmbh.html, 06. 07. 2010.

Ferienwohnungen de. Zugspitzland, in interrete sub: http://www.ferienwohnungen.de/europa/deutschland/zugspitzland/, 06. 12. 2014.

Flughafen Berlin Brandenburg, Über uns – Historie-, in interrete sub: http://www.berlin-airport.de/de/unternehmen/ueber-uns/historie/index.php, 28. 11. 2014.

Flughafen Berlin Brandenburg, Über uns – Historie – Flughafen Flughafen Berlin-Schönefeld, in interrete sub: http://www.berlin-airport.de/de/unternehmen/ueber-uns/historie/flughafen-schoenefeld/index.php, 28. 11. 2014.

Flughafen Berlin Brandenburg, Über uns – Historie – Flughafen Berlin-Tegel, in interrete sub: http://www.berlin-airport.de/de/unternehmen/ueber-uns/historie/flughafen-tegel/index.php, 28. 11. 2014.

Flughafen Friedrichshafen GmbH, Chronik, in interrete sub: http://www.fly-away.de/de/unternehmen-flughafen/chronik/, 22. 09. 2011.

Flughafen Friedrichshafen GmbH, Unternehmenportrait, in interrete sub: http://www.fly-away.de/unternehmen-flughafen/portrait/, 22. 09. 2011.

Flughafen Nürnberg GmbH, Geschäftsführung der Flughafen Nürnberg GmbH, in interrete sub: http://www.airport-nuernberg.de/geschaetsfuerung, 31. 05. 2015.

Flughafen Nürnberg GmbH, Gesellschafter, in interrete sub: http://www.airport-nuernberg.de/gesellschafter, 31. 05. 2015.

Flughafen Wien, City Airport Train/CAT, in interrete sub: http://www.viennaairport.com/jart/prj3/va/main.jart?rel=de&content-id=1249344074245&reserve-mode=active, 30. 08. 2010.

Flughafen Wien, S-Bhan, in interrete sub: http://www.viennaairport.com/jart/prj3/va/ main.jart?rel=de&content-id=1260752528082&reserve-mode=active, 30. 08. 2010.

Fränkisches Weinland, DAS WEINLAND IN FRANKEN ENTDECKEN, in interrete sub: http://www.fraenkisches-weinland.de/entdecken/, 01. 05. 2015.

Freistadt Rust, Unsere Stadt, in interrete sub: http://www.rust.at/de/a_freistadt_rust/a_unsere_stadt/DFR_STD_unsere_stadt.jsp, 17. 05. 2011.

Fremdenverkehrsamt Garmisch-Partenkirchen, Fremdenverkehrsbüro Information, in interrete sub: http://www.fremdenverkehrsbuero.info/fremdenverkehrsamt-garmisch-partenkirchen.html, 07. 06. 2012.

Fremdenverkehrsverein Garmisch-Partenkirchen, Aktivität, in interrete sub: http://www.fremdenverkehrsverein-garmisch-partenkirchen.de/?VEREIN:Aktivit%C3%A4ten, 26. 06. 2015.

Fremdenverkehrsverein Garmisch-Partenkirchen e. V., Ferienwohnungen in Garmisch-Partenkirchen, in interrete sub: http://www.fremdenverkehrsverein-garmisch-partenkirchen.de/?UNTERK%C3%9CNFTE:Ferienwohnungen%2CApartements, 26. 06. 2015.

Fremdenverkehrsverein Garmisch-Partenkirchen e. V., Gästehäuser und Pensionen in Garmisch-Partenkirchen, in interrete sub: http://www.fremdenverkehrsverein-garmisch-partenkirchen.de/?UNTERK%C3%9CNFTE:G%C3%A4steh%C3%A4user%2C_Pemsionen, 27. 06. 2015.

Fremdenverkehrsverein Garmisch-Partenkirchen e. V. Home, in interrete sub: http://www.fremdenverkehrsverein-garmisch-partenkirchen.de/, 15. 09. 2012.

Fremdenverkehrsverein Garmisch-Partenkirchen e. V., Hotels in Garmisch-Partenkirchen, in interrete sub: http://www.fremdenverkehrsverein-garmisch-partenkirchen. de/?UNTERK%C3%9CNFTE:Hotels, 27. 06. 2015.

Fremdenverkehrsverein Garmisch-Partenkirchen e. V. Konzept des Fremdenverkehrsvereins für den Kurpark Partenkirchen, in interrete sub: http://www.fremdenverkehrsverein-garmisch-partenkirchen.de/html/aktivitaten2006.html, 15. 09. 2012.

Fremdenverkehrsverein Garmisch-Partenkirchen e. V. Lokale Agenda 21 und Fremdenverkehrsverein stellen weitere Infotafel am Wank auf, in interrete sub: http://www.fremdenverkehrsverein-garmisch-partenkirchen.de/html/aktivitaten2006.html, 15. 09. 2012.

Fremdenverkehrsverein Garmisch-Partenkirchen e. V. Unsere Aktivitäten bis 2009, in interrete sub: http://www.fremdenverkehrsverein-garmisch-partenkirchen.de/html/aktivitaten2006.html, 15. 09. 2012.

Fremdenverkehrsverein Garmisch-Partenkirchen e. V. Vorstand und Beiräte, in interrete sub: http://www.fremdenverkehrsverein-garmisch-partenkirchen.de/html/vorstand. html, 15. 09. 2012.

G

Garmisch-Partenkirchen, Aus der Geschichte, in interrete sub: http://buergerservice. gapa.de/de/cfb6d9ba-35bc-5ede-f43a-f6278651966b.html, 29. 08. 2012.

Garmisch-Partenkirchen, Zusammenlegung und das Wappen von Garmisch-Partenkirchen, in interrete sub: http://buergerservice.gapa.de/de/ab2c6e67-cc5f-36fb-90c9-cd27204ead8a.html, 29. 08. 2012.

Gasteig München GmbH, Das Gasteig – Geschichte-, in interrete sub: http://www.gasteig. de/der-gasteig/geschichte.html, 16. 01. 2010.

Gasteig München GmbH, Das Gasteig – Portrait-, in interrete sub: http://www.gasteig. de/der-gasteig/portrait.html, 16. 01. 2010.

Gasting München GmbH, Impressum, in interrete sub: http://www.de/service/impressum.html, 16. 05. 2015.

Gemeinde Farchant, Zahlen und Daten, in interrete sub: http://www.gemeinde-farchant. de/buergerinfos/zahlen-und-daten.html, 06. 11. 2014.

Gemeinde Oberammergau, die Fakten, in interrete sub: http://www.gemeinde-oberammergau.de/oberammergau.php, 31. 03. 2014.

Gemeinde Oberammergau, Geschichte, in interrete sub: http://www.gemeinde-oberammergau.de/die_geschichte.php, 31. 03. 2014.

Gemeinde Oberammergau, Unsere Heimat, in interrete sub: http://www.gemeinde-oberammergau.de/gemeinde.php, 31. 03. 2014.

Gemeinde Rust, Erholungsort Rust, in interrets sub: http://www.rust.de/ceasy/modules/cms/main.php5?cPageId=11, 17. 05. 2011.

Grainau, Rathaus – Chronik-, in interrete sub: http://www.gemeinde-grainau.de/de/gemeinde/chronik, 17. 12. 2014.

Grainau, Rathaus – Zalen und Daten –, in interrete sub: http://www.gemeinde-grainau. de/de/gemeinde/zahlen-daten, 17. 12. 2015.

H

Hamburg Tourismus, Hotelprojekte in Hamburg, in interrete sub: http://www.hamburg-tourism.de/business-presse/zahlen-fakten/tourismusstatistiken, 29. 06. 2010.

Hauptbahnhof Wien, Planungen, in interrete sub: http://www.hauptbahnhof-wien.at/de/Planungen/index.jsp, 11. 09. 2010.

Hauptbahnhof Wien, Planungen – Bahnkonzept – in interrete sub: http://www.hauptbahnhof-wien.at/de/Planungen/Bahnkonzept/index.jsp, 01. 12. 2014.

Historisches Lexikon Bayern, Fremdenverkehr, in interrete sub: http://www.historisches-lexikon-bayerns.de/artikel/artikel_44714, 30. 08. 2012.

Hochschule für Angewandte Wissenschaften München, Fakultät für Tourismus, in interrete sub: http://tr.fh-muenchen.de/die_fakultaet/ansprechpartner/professoren_tourismus/thomas_bausch.de.html, 29. 11. 2012.

Hohenzollerische Landesbahn AG, Zahlen & Fakten, in interrete sub: http://www.hzl-online.de/html/vorlagen/zahlen_fakten961.html, 21. 09. 2011.

I

IfG München, Univ.–Prof. Dr. Günter Neubauer–Curriculum Vitae-, in interrete sub: http://ifg-muenchen.com/Team_/Univ_-_Prof_Dr_Gunter_Neubau/univ_-_prof_dr_gunter_neubau.htm, 27. 11. 2012.

IHK Potsdam, Rechtliche Grundlage für Reisebüros und Reiseveranstalter, in interrete sub: http://www.potsdam.ihk24.de/produktmarken/starthilfe/existenzgruendung, 30. 09. 2010.

Innsbrucker Nachrichten, 248/1912, 28. 10. 1912, in: Österreichische Nationalbibliothek, Historische österreichische Zeitung und Zeitschriften, in interete sub, http://anno.onb.ac.at/cgi-content/anno?apm=0&aid=ibn&datum=19121028&seite=08, 07. 05. 2013.

Interreg Bayern Österreich 2007–2013, Euregio Zugspitze-Wetterstein-Karwendel, in interrete sub: http://www.euregio-zwk.org/de/zielsetzung/6/was-ist-euregio.html, 20. 07. 2012.

Interreg Bayern Österreich 2007–2013, Euregion Zugspitze-Wetterstein-Karwendel-Rat, in interrete sub: http://www.euregio-zwk.org/de/organisation/2/euregio-rat.html, 21. 07. 2012.

Interreg Bayern Österreich 2007–2013, Förderung, in interrete sub: http://www.interreg-bayaut.net/interreg_iv/foerderung.html, 23. 07. 2012.

Intersky, über uns, in interrete sub: http://www.intersky.biz/de/Ueber-uns/News/page24611.html, 31. 08. 2010.

J

Jahresrohmiete des Bewertungsgesetzes, in interrete sub: http://www.gesetze-im-internet.de/bewg/__79.html#Seitenanfang, 24. 09. 2012.

Joseph Brandner, Geschichte und Wappen, in: Gemeinde Farchant, Geschichte und Wappen, in interrete sub: http://www.gemeinde-farchant.de/buergerinfos/geschichte-und-wappen.html, 06. 11. 2014.

Josef Schörghuber-Stiftung für Kinder, Über das Ziel, in interrete sub: http://www.muenchnerkinder.de/ueber.html, 08. 05. 2015.

Jüdisches Museum München, Über das Museum, in interrete sub: http://www.juedisches-museum-muenchen.de/cms/index. php?id=39&L=0, 31. 01. 2010.

K

Karwendelgebirge, Boznermarkt in Mittenwald, in interrete sub: http://www.mittenwald-aktiv.de/bozner-markt, 27. 07. 2015.

karwendelgebirge. net, Karwendel, in interrete sub: http://www.karwendelgebirge.net/karwendel/index.html, 03. 08. 2015.

Kemmelpark, Historie, in interrete sub: http://kemmelpark-murnau.de/informationen/historie.html, 20. 02. 2014.

Klinikum Garmisch-Partenkirchen, Aufsichtsrat, in interrete sub: http://www.klinikum-gap.de/klinikum/aufsichtsrat/, 16. 06. 2015.

Klinikum Garmisch-Partenkirchen, Daten und Fakten, in interrete sub: http://www.klinikum-gap.de/klinikum/daten-fakten/, 29. 11. 2012.

Klinikum Garmisch-Partenkirchen, Daten & Fakten, in interrete sub: http://www.klinikum-gap.de/klinikum/daten-fakten/, 10. 06. 2015.

Klinikum Garmisch-Partenkirchen, Home, in interrete sub: http://www.klinikum-gap.de/home/, 29. 11. 2012.

Kreisentwicklungsgesellschaft Garmisch-Partenkirchen mbH, Gesellschafter, in interrete sub: http://www.kreisentwicklungsgesellschaft.de/de/gesellschaftler. html, 30. 10. 2012.

Kreisentwicklungsgesellschaft Garmisch-Partenkrichen mbH, Kreisentwicklungsgesellschaft – Idee-, in interrete sub: http://www.kreisentwicklungsgesellschaft.de/de/keg. html, 30. 10. 2012.

Kunstlerverbund Garmisch-Partenkirchen e. V., Rudolf Härtl, Malerei, in interreete sub: http://www.kuenstlerbund-gap.de/haertl/index.html, 31. 07. 2014.

L

Land Tirol, Tourismus in Tirol, in interrete sub: http://www.tirol.gv.at/themen/zahlen-und-fakten/statistik/tourismus/, 11. 07. 2012.

Landeshauptstadt München Das offiziere Stadtportal, Stadtratsfraktionen und – gruppierungen, in interrete sub: http://www.muenchen.de/rathaus/Stadtpolitik/Der-Muenchner-Stadtrat/Stadtratsmitglieder.html, 13. 05. 2015.

Landeshauptstadt München, Oberbürgermeister und Bürgermeister seit 1818, in interrete sub: http://www.meunchen.de/rathaus/Stadtpolitik/Stadtspitze/Oberbuergermeister-und-Buergermeister-seit-1818.html, 18. 05. 2015.

Landkreis Garmisch-Partenkirchen, Geschichte & Wappen, in interrete sub: http://www.lra-gap.de/de/geschichte.html, 10. 06. 2015.

Landkreis Garmisch-Partenkirchen, *Landkreisentwicklungskonzept*, in interrete sub: http://www.lra-gap.de/fileadmin/lkr/files/wirtschaft/lkrentwicklung/landkreisentwicklungskonzept.pdf, 19. 11. 2012.

Landkreis Garmisch-Partenkirchen, Wahlen, in interrete sub: http://www.lra-gap.de/media/files/wahlen/kommunal14/landrat/180000_000096/, 08. 06. 2015.

Landkreis München, Gemeinden und Städte des Landkreises München, in interrete sub: http://www.landkreis-muenchen.de/verwaltung-buergerservice-politik-wahlen/landkreis-muenchen/gemeinden-und-staedte/, 21. 04. 2015.

Landesmesse Stuttgart GmbH, Unternehmen – Daten und Fakten, in interrete sub: http://www.messe-stuttgart.de/cms/unternehmen-daten.0.html, 29. 11. 2011.

Landesmesse Stuttgart GmbH, Unternehmen – Portrait, in interrete sub: http://www.messe-stuttgart.de/cms/unternehmen-wir-ueber-uns-neuemesse.0.html, 29. 11. 2011.

Landesmesse Stuttgart GmbH, Unternehmen – Daten und Fakten, in interrete sub: http://www.messe-stuttgart.de/cms/unternehmen-daten.0.html, 29. 11. 2011.

Lastminute 4u. de, Wie definiert man Last Minute Reisen?, in interrete sub: http://www.lastminute4u.de/last-minute-reisen/last-minute-reisen.html, 15. 04. 2015.

Lebenslust e. V. Garmisch-Patenkirchen, Home, in interrete sub: http://www.lebenslust-gap.de/, 29. 11. 2012.

Linguee, Redaktionelles Wörterbuch, in interrete sub: http://www.linguee.de/deutsch-englisch/uebersetzung/l%C3%BCftlmalerei.html.

Ludwigsburg, Sehenswürdigkeiten, in interrete sub: http://www.ludwigsburg.de/servlet/PB/menu/1237547_l1/index.html, 12. 12. 2011.

Ludwigsburg, BLÜHENDES BAROCK, in interrete sub: http://www.ludwigsburg.de/servlet/PB/menu/1237553_l1/index.html, 12. 12. 2011.

Ludwigsburg, Märchengarten, in interrete sub: http://www.ludwigsburg.de/servlet/PB/menu/1237552_l1/index.html, 12. 12. 2011.

M

Markt Garmisch-Partenkirchen, Bürgermeister des Marktes Garmisch-Partenkirchen, in interrete sub: http://buergerservice.gapa.de/de/e9879e99-a5b8-c323-6d5e-9de2e0d2146f. html, 19. 06. 2015.

Markt Garmisch-Partenkirchen, Marktgemeinderat, in interrete sub: http://buergerservice.gapa.de/de/e9879e99-a5b8-c323-6d5e-9de2e0d2146f.html, 19. 08. 2012.

Markt Garmisch-Partenkirchen, Marktgemeinderat, in interrete sub: http://buergerservice.gapa.de/de/2f759e2a-3123-b36b-a9cd-b7e6c2cb9e6f.html, 19. 06. 2015.

Markt Garmisch-Partenkirchen, Zahlen und Fakten, in interrete sub: http://buergerservice.gapa.de/de/41fa49fb-b134-4b44-c132-f2c8dbb8cb34.html, 19. 08. 2012.

Markt Garmisch-Partenkirchen, Zahlen – Daten – Fakten, in interrete sub: http://buergerservice.gapa.de/de/41fa49fb-b134-4b44-c132-f2c8dbb8cb34.html, 19. 06. 2015.

Messe München GmbH, Unser Aufsichtsrat, in interrete sub: http://www.messe-muenchen.de/de/company/profil/management/management.php, 12. 05. 2015.

Museum Villa Stuck, Home, in interrete sub: http://www.villastuck.de/, 01. 02. 2010.

Museum Villa Stuck, Impressum, in interrete sub: http://www.villastuck.de/impressum.htm, 01. 02. 2010.

München Ticket GmbH, Wir über uns, in interrete sub: http://www.muenchenticket.de/Firmenportrait, 12. 05. 2015.

Münchner Kammerspiele, Geschichte, in interrete sub: http://www.muenchner-kammerspiele.de/index.php?URL=index.php%3F%26SeitenID%3Dhome, 31. 01. 2010.

Münchner Philharmoniker, Geschichte des Orchestras, in interrete sub: http://www.mphil.de/de/orchester/, 31. 01. 2010.

Münchner Tierpark Hellarbrunn AG, Geschäftsbericht 2013, in interrete sub: http://www.hellabrunn.de/ueber-hellarbrunn/geschaeftsbericht-und-satzung/, 17. 05. 2015.

Münchner Tierpark Hellabrunn AG, Münchner Zoohistorie, in interrete sub: http://www.tierpark-hellabrun.de/index.php?id=21, 22. 01. 2010.

Münchner Volksteater, Geschichte des Hauses 1983 bis heute, in interrets sub: http://www.muenchner-volksteater.de/Haus/geschichte.php, 22. 01. 2010.

Münchner Volkstheater GmbH, Impressum, in interrete sub: http://www.muencehner-volkstheater.de/kontakt/impressum, 17. 05. 2015.

Murnau am Staffelsee, Das Münter-Haus, in interrete sub: http://www.murnau.de/de/munterhaus_p2, 10. 02. 2014.

Murnau am Staffelsee, Murnauer Galerien, in interrete sub: http://www.murnau.de/de/murnauer-galerien-1_p2, 10. 02. 2014.

Murnau am Staffelsee, Schloßmuseum Murnau, in interrete sub: http://www.murnau.de/de/schlossmuseum_p2, 10. 02. 2014.

Murnau am Staffelsee, Zeittafel, in interrete sub: http://www.murnau.de/de/zeittafel_p2, 11. 02. 2014.

Murnauer Grundstücks-Verwaltungs-GmbH, Impressum – Kemmelpark, http://kemmelpark-murnau.de/impressum.html, 20. 02. 2014.

Murnauer Grundstücks-Verwaltungs-GmbH, Standort – Kemmelpark, in interrete sub: http://kemmelpark-murnau.de/standort.html, 20. 02. 2014.

N

Nürnberg online, Städtische Beteiligungen, in interrete sub: http://www.nuernberg.de/internet/referat2/beteiligungen.html, 21. 02. 2010.

NürnbergMesse, Daten Und Fakten, in interrete sub: http://www.nuernbergmesse.de/de/press/ars12/ars17/default, 06. 04. 2010.

NürnbergMesse, Der Aufsichtsrat der NürnbergMesse, in interrete sub: http://www.nuernbergmesse.de/de/unternehmen/konzernstruktur/aufsichtsrat/, 25. 05. 2015.

NünbergMesse, NürnbergMesse Brasil, in interrete sub: http://www.nuernbergmesse.de/de/international/tochtergesellschaften/brasil/default, 06. 04. 2010.

NürnbergMesse, NürnbergMesse China, in interrete sub: http://www.nuernbergmesse.de/de/international/tochtergesellschaften/china/default, 06. 04. 2010.

NürnbergMesse, NürnbergMesse Italia, in interrete sub: http://www.nuernbergmesse.de/de/internatioinal/tochtergesellschaften/italia/default, 06. 04. 2010.

NürnbergMesse, NürnbergMesse North America, in interrete sub: http://www.nuernbergmesse.de/de/international/tochtergesellschaften/north_america/default, 06. 04. 2010.

NürnbergMesse, NürnbergMesse India, in interrete sub: https://www.nuernbergmesse.de/de/international/tochtergesellschaften/india/, 03. 06. 2015.

NürnbergMesse, NürnbergMesse Japan, in interrete sub: http://www.nuernbergmesse.de/de/international/_vertretungen/japan/default, 06. 04. 2010.

NürnbergMesse GmbH, Unternehmen, in interrete sub: https://www.nuernbergmesse.de/de/unternehmen/, 03. 06. 2015.

O

Offizielle Tourismus-Website für Deutschland AT, in interrete sub: http://www.deutschland-tourismus.at/, 25. 08. 2009.

Offizielle Tourismus-Website für Deutschland CH, in interrete sub: http://www.deutschland-tourismus.ch/, 25. 08. 2009.

Olympiapark GmbH, Gesellschafter, Aufsichtsräte und Geschäftsführer, in interrete sub: http://www.olympiapark.de/de/home/der-olympiapark/olympiapark-muenchen-gmbh/gesellschafter/, 12. 05. 2015.

Olympiapark München GmbH, Über Uns, in interrete sub: http://www.olympiapark.de/home/der-olympiapark, 16. 01. 2010.

P

Parkraumgesellschaft Baden-Württemberg mbH, Unternehmen, in interrete sub: http://www.pbw.de/index.php?l1=20&PHPSESSID=d8147b0f897a46405ba560d2e45742fa, 24. 10. 2011.

P+R Park und Ride GmbH, Impressum, in interrete sub: http://www.parkundride.de/de/07direct/d/, 30. 01. 2010.

P+R Park und Ride GmbH, P+R Park und Ride GmbH Unternehmen, in interrete sub: http://www.parkundride.de/de/unternehmen/, 30. 01. 2010.

Passionspiele Erl 2019, Chronologie, in interrete sub: http://www.passionsspiele.at/php/chronologie_de_30.html, 23. 06. 2014.

Passionspiele Erl 2019, Geschichte, in interrete sub: http://www.passionsspiele.at/php/geschichte_de_4.html, 23. 06. 2014.

Passion Spiele Oberammergau, Chronik 17. Jh., in interrete sub: http://www.passionsspiele2010.de/index.php?id=105, 31. 03. 2014.

Passion Spiele Oberammergau, Chronik 18. Jh., in interrete sub: http://www.passionsspiele2010.de/index.php?id=106, 31. 07. 2014.

Passion Spiele Oberammergau, Chronik 19. Jh., in interrete sub: http://www.passionsspiele2010.de/index.php?id=107, 31. 07. 2014.

Passion Spiele Oberammergau, Chronik 20. Jh., in interrete sub: http://www.passionsspiele2010.de/index.php?id=108, 31. 07. 2014.

Passion Spiele Oberammergau, Chronik 21. Jh., in interrete sub: http://www.passionsspiele2010.de/index.php?id=109, 31. 07. 2014.

Postbus, Vienna Airport Lines, in interrete sub: http://www.postbus.at/de/Regionen/Wien_-_Niederoesterreich_-_Burgenland/Vienna_AirportLines/index.jsp, 30. 08. 2010.

R

Regionalentwicklung Ausserfern, Information zum Verein, in interrete sub: http://www.allesausserfern.at/rea/regionalentwicklung/regionalentwicklung, 01. 10. 2012.

Regierung Oberbayern, Regierungspräsident Lebenslauf, in interrete sub: https://www.

regierung.oberbayern.bayern.de/behoerde/rp/, 08. 05. 2015.

Regierung Oberpfalz, Präsidium Lebenslauf, in interrete sub: http://www.regierung.oberpfalz.bayern.de/regierung/praesidium/brunner_leblauf.htm, 08. 05. 2015.

Rhön, Home, in interrete sub: http://www.rhoen.de/, 01. 05. 2015.

Romantische Straße, Geschichte der Romantischen Straßen, in interrete sub: https://www.romantischestrasse.de, 26. 08. 2009.

Rostock, Home, in interrete sub: http://www.rostock.de/index.php?id=1, 15. 12. 2014.

Rothaus, Geschichte, in interrete sub: http://rothaus.de/de/geschichte, 01. 09. 2011.

Rostock, Tourismus, in interrete sub: http://www.rostock.de/tourismus/, 15. 12. 2014.

Rothaus, Geschichte, in interrete sub: http://rothaus.de/de/geschichte, 01. 09. 2011.

RTK, Home, in interrete sub: http://www.rtk.biz/, 14. 04. 2015.

RTK, Unternehmen, in interrete sub: http://www.rtk.biz/main/unternehmen.htm, 14. 04. 2015.

rtk-Reisen, Über uns, in interrete sub: http://www.rtkreisen.de/Wir_ueber_uns.htm, 14. 04. 2015.

S

Sanfte Klänge am Karwendel, *Der Tagesspiegel*, 02. 06. 2014, in interrete sub: http://www.tagesspiegel.de/weltspiegel/reise/europa/deutschland/bayern-sanfte-klaenge-am-karwendel/9970774.html, 14. 07. 2015.

Schloss Elmau, Geschichte, in interrete sub: http://www.schloss-elmau.de/schloss/schloss/geschichte-von-schloss-elmau/, 08. 06. 2015.

Skischule Thomas Sprenzel, Home, in interrete sub: http://www.sprenzel-sport.de/index.php, 15. 09. 2012.

Städtische Galerie im Lenbachhaus, Geschichte, Städtische Galerie im Lenbachhaus und Kunstbau, in interrete sub: http://www.lenbachhaus.de/cms/index.php?id=41, 31. 01. 2010.

SWEG Südwestdeutsche Verkehrs- AG, Wir üben uns, in interete sub: http://www.sweg.de/html/vorlagen/wir_ueber_uns.html, 22. 09. 2011.

SWEG Südwestdeutsche Verkehrs- AG, Wir üben uns, in interete sub: http://www.sweg.de/html/vorlagen/wir_ueber_uns.html, 22. 09. 2011.

SWEG Südwestdeutsche Verkehrs- AG, Infrastruktur, in interrete sub: http://www.sweg.de/html/vorlagen/infrastruktur.html, 22. 09. 2011.

Staatsregierung Bayern, Kabinett, in interrete sub: http://www.bayern.de/staatsregierung/kabinett/, 13. 05. 2015.

Schwarzmüller, A., Beiträge zur Geschichte des Marktes Garmisch-Partenkirchen im 20. Jahrhunder, in interrete sub: http://members.gaponline.de/alois.schwarzmueller/, 29. 08. 2012.

Stiftung Haus der Kunst GmbH, Gründung der Stiftung Haus der Kunst GmbH, in interreete sub: http://www.hausderkunst.de/forschen/geschichte/historische-dokumentation/stiftung-haus-der-kunst-gmbh/, 29. 04. 2015.

Stiftung Haus der Kunst GmbH, Leitbild, in interrete sub: http://www.hausderkunst.de/ueber-uns/, 29. 04. 2015.

T

Thomas Cook AG, Unternehmen, in interrete sub: http://www.thomascook.info/unternehmen/, 07. 04. 2015.

Tiroler Zugspitzbahn, Chronik+technische Daten, in interrete sub: http://www.zugspitze.at.zugspitzbahn/de/chronik-daten. html, 10. 06. 2012.

Tourismusgemeinschaft Das Blaue Land, Orte im Blauen Land, in interrete sub: http://www.dasblaueland.de/de/orte-im-blauen-land_p3, 17. 02. 2014.

Tourismusgemeinschaft Das Blaue Land, Eglfing, in interrete sub: http://www.dasblaueland.de/de/eglfing-1_p3, 18. 02. 2014.

Tourismusgemeinschaft Das Blaue Land, Grafenaschau, in interrete sub: http://www.dasblaueland.de/de/grafenaschau-2_p3, 18. 02. 2014.

Tourismusgemeinschaft Das Blaue Land, Großweil, in interrete sub http://www.dasblaueland.de/de/grossweil_p3, 18. 02. 2014.

Tourismusgemeinschaft Das Blaue Land, Ohlstadt, in interrete sub: http://www.dasblaueland.de/de/ohlstadt_p3, 18. 02. 2014.

Tourismusgemeinschaft Das Blaue Land, Riegsee, in interrete sub http://www.dasblaueland.de/de/riegsee-2_p3, 18. 02. 2014.

Tourismusgemeinschaft Das Blaue Land, Seehausen, in interrete sub: http://www.dasblaueland.de/de/seehausen-am-staffelsee-1_p3, 18. 02. 2014.

Tourismusgemeinschaft Das Blaue Land, Spazenhausen, in interrete sub: http://www.dasblaueland.de/de/spatzenhausen-1_p3, 18. 02. 2014.

Tourismusgemeinschaft Das Blaue Land, Uffing, in interrete sub: http://www.dasblaueland.de/de/uffing_p3, 18. 02. 2014.

Tourismusgemeinschaft Zugspitz-region, Die Zugspitz-Region im Üblick, in interrete sub: http://www.zugspitz-region.de/index.shtml?aufeineblick, 01. 10. 2012.

Tourismusgemeinschaft Zugspitzregion, Orte im Üblick, in interrete sub: http://www.

zugspitz-region.de/index.shtml?orte&_printversion, 23. 08. 2012.

Touristik-Boerse, Was bedeutet Last Minute?, in interrete sub: http://www.touristikboerse.de/service/hilfe/reise-allgemein/was-bedeutet-lastminute.php, 15. 04. 2015.

TUI Deutschland, Unternehmen, in interrete sub: http://unternehmen.tui.com/, 08. 04. 2015.

TUI Deutschland, Historie, in interrete sub: http://unternehmen.tui.com/de/ueber-tui/unsere-unternehmenswelt/tui-deutschland/historie, 08. 04. 2015.

U

Urlaub in Bad Hindelang im Allgäu, Unterjoch – Urlaub & Ferien auf dem Bauernhof, in interrete sub: http://www.badhindelang.de/urlaub-in-bad-hindelang/ferienregion-allgaeu-ortsteile/unterjoch-1013m.html, 18. 08. 2015.

V

VAG (VAG Verkehrs-Aktiengesellschaft), Geschfätsführung, in interrete sub: http://www.stwn.de/stwn-home/stwn-gmbh/geschaeftsfuehrung.html, 01. 06. 2015.

Vereinte Dienstleistungsgewerkschaft, Das ver. di-Konzept, in interrete sub: https://www.verdi.de/ueber-uns/idee-tradition/++co++f8a1b5f0-b90a-11e0-6fc7-00093d114afd, 31. 05. 2015.

VVS, Verkehrsunternehmen, in interrete sub: http://www.vvs.de/vvs/partnerdesvvs/verkehrsunternehmen/, 20. 09. 2011.

VVS, Presse – Ueber den VVS, in interrete sub: http://www.vvs.de/presse/ueber-den-vvs/, 20. 09. 2011.

VVS, Ueber VVS, in interrete sub: http://www.vvs.de/vvs/, 20. 09. 2011.

W

Waldbesitzervereinigung Ammer Loisach e. V., Zahlen & Fakten rund um die WBV, in interrete sub: http://www.waldbesitzer.net/wbv-ammer/index.php/unsere-wbv/wbv-zahlen, 06. 12. 2014.

Wehrgeschichtliches Museum Rastatt GmbH, Das Museum, in interrete sub: http://www.wgm-rastatt.de/, 27. 10. 2011.

Wehrgeschichtliches Museum Rastatt GmbH, Förderverein, in interrete sub: http://www.wgm-rastatt.de/foerderverein/, 27. 10. 2011.

wer-zu-wem GmbH, Firmenprofil BG Unfallklinik Murnau, in interrete sub: http://www.wer-zu-wem.de/firma/unfallklinik-murnau.html, 20. 02. 2014.

Wer zu Wem Firmenverzeichnis, Raiffeisen-Tour RT Reisen, in interrete sub: http://www.wer-zu-wem.de/firma/raiffeisen-tours.html, 15. 04. 2015.

Wiener Tourismus, Spanien Marktdatenblatt, in interrete sub: http://b2b.wien.info/media/files-b2b/marktdaten-spanien, 31. 08. 2010.

Wien Tourismus, Länderstudie der britischen Städte-, Kultur- und Bildungsreisenden – Executive Summary, in interrete aub: http://www.2.wien.info/b2b/data/ExecutiveSummaryGBStaedtereisende.pdf, 27. 08. 2010.

Wiener Tourismus, Frankreich Marktdatenblatt, in interrete sub: http://b2b.wien.info/media/files-b2b/marktdaten-frankreich, 31. 08. 2010.

Wien Tourismus, Großbritanien Marktdatenblatt, in interete sub: http://www.wientourismus.at/media/files-b2b/marktdaten-grossbritanien, 28. 08. 2010.

Wien Tourismus, Italien Marktdatenblatt, in interete sub: http://www.wien-tourismus.at/data/maerkte/italien.pdf, 10. 08. 2010.

Wiener Tourismus, Spanien Marktdatenblatt, in interrete sub: http://b2b.wien.info/media/files-b2b/marktdaten-spanien, 31. 08. 2010.

Wien Tourismus, Japan Marktdatenblatt, in interete sub: http://www.wien-tourismus.at/data/maerkte/japan.pdf, 27. 08. 2010.

Wien Tourismus, USA Marktdatenblatt, in interete sub: http://www.wien-tourismus.at/data/maerkte/usa.pdf, 10. 08. 2010.

www. meinreisedinders. d., Der Begriff Lastminute, in interrete sub: http://www.meinreisefinder.de/last-minute/, 15. 04. 2015.

Wörterbuch der deutschen Umgangssprache, Lüftl-Maler, in interrete sub: http://umgangssprache_de.deacademic.com/15754/L%C3%BCftl-Maler, 31. 07. 2014.

Z

Zillertaler Gletscherbahn GmbH, Unsere Seilbahnfamilie, in interrete sub: http://www.hitertuxergletscher.at/de/service-partner/54/Chronik+Geschichte.html, 30. 07. 2012.

Das Zugspitzdorf Grainau, Urlaub in Grainau, in interrete sub: http://www.grainau.de/de, 28. 08. 2012.

Zugspitzland, Impressum, in interrete sub: http://www.zugspitzland.de/index.php?id=142, 06. 12. 2014.

Zum Vereisen, Last Minute, in interrete sub: http://zum-verreisen.de/last-minute/, 15. 04. 2015.

ドイツ語研究書・研究論文

A

Abée, Claus-Peter, *Der Eibsee im Werdenfelser Land*, 2014, Uffing am Staffelsee.

Altenbockum, A. von, *Oberammergau: Kunst, Tradition & Passion*, München, 2010.

Andersen, Christoph et al., *Marktsituation ausgewählter kommunaler Dienstleistungen, Strukturen und Tendenzen*, Kommunalwissenschaftliches Institut — Projektbericht 4, Potsdam, 2004.

Arndt, H., Defenition des Begriffes "Fremdenverkehr" im Wandel der Zeit, in: *Jahrbuch für Fremdenverkehr*, Nr. 26/27, 1978.

B

Baumann, S., *Geschichte des Marktes Murnau in Oberbayern*, Murnau, 1855.

Bohlen, Friedrich, *Der XI. Olympischen Spiele Berlin 1936: Instrumente der innen- und außenpolitischen Propaganda und Systemsicherung des faschistischen Regiems*, Köln, 1979.

Bosl, K., Die »geminderte« Industrialisierung in Bayern, in: Grimm, C., *Aufbruch ins Industriezeitalter: Linien der Entwicklungsgeschichte*, München, 1985.

Bürnheim, H., *Localbahn-AG München*, Gifhorn, 1974.

D

Deutinger, S., *Vom Agarland zum High-Tech-Staat: Zur Geschichte des Forschungsstandorts Bayerns 1945–1980*, München.

Deutsches Weininstitut, *Die schönsten Rezepte aus der deutschen Küche. Mit Weinempfehlung zu jedem Gericht*, München, 2005.

F

Freyer, W., Tourismus, *Einführung in die Fremdenverkehrsökonomie*, 8. Auflage, München Wien, 2006.

H

Hannmann, E., Zum Thema Werbeanlagen, in: *Denkmalpflege in Baden-Württemberg*, 3. Jahrgang, 1974.

Härtl, R., *Heinrich Bickel: Der Freskenmaler von Werdenfels*, Garmisch-Partenkirchen, 1990.

Heim, M., Die Gründung des Klosters Ettal, in: Schmid, A. et Weigand K., *Bayern Nach Jahr und Tag*, München, 2007.

Heimerzheim, P., *Karl Ritter von Halt – Leben zwischen Sport und Politik*, Köln, 1999.

Hiebeler, T., *Zugspitze – Von der Erstbesteigerung bis heute*, München, 1985.

J

Job, Hubert und Mayer, Marius (Hrsg.), *Tourismus und Regionalentwicklung in Bayern*, Hannover, 2013.

K

Kuchinke, S., *Die Localbahn Actiengesellschaft – Eine bayerische Privatbahn und ihre Geschichte*, Stuttgart, 2000.

L

Linhos, Ramon, *Der Konzernstadt. Zum veränderten Bild der Kommunen und ihrer Beteiligungen*, Potsdam, 2006.

M

Meider, H., *Lüftmalerei an Isar, Partnach, Loisach und Ammer*, Hamburg, 2003.

P

Pizzini, M., *Wunder der Technik – Tiroler Zugspitzbahn*, Innsbruck, 2006.

Prigge, Rolf, Großstädte zwischen Hierarchie, Wettbewerb und Kooperation, Wiesbaden, 2006.

R

Rattelmüller, P. E., *Lüftlmalerei in Oberbayern*, München, 1981.

Rauch, C., *Blaues Land*, München, 2012.

Ritschel B. et al., *Faszinierende Zugspitze*, München, 2007.

Rössig, Wolfgang, *Ferienstraßen in Deutschland*, 2008, München.

Rürup, Reinhard, *1936 Die Olympische Spiele und der Nationalsozialismus*, Berlin, 1996.

S

Scharr, E. et Steinicke, E., *Tourismus und Gletscherschigebiete in Tirol*: Eine vergleichende geographische Analyse, Innsbruck, 2011.

Schneider, Karsten, Arbeitspolitik im "Konzern Stadt", Dissertation an der Universität Kassel, 2002.

König Stefan, *Die Alpenwanderer: Forscher, Schwärmer, Visionäre; große Fußreisen durch das Gebirge; eine Wiederentdeckung*, Innsbruck, 2009.

Steinhöfer, D., *Hans von Tschammer und Osten, Reichssportführer im Dritten Reich*, Berlin, 1973.

W

Weithmann, M. W., *Kleine Geschichte Oberbayerns*, Regensburg, 2010.

Z

Zeiger, G., *100 Jahre HzL: Geschichte der Hohenzollerischen Landesbahn AG 1899-1999*, Hechingen, 1999.

Zeiger, G. et Lutz, J., *50 Jahre Omnibusverkehr/Hohenzollerische Landesbahn AG*, Hechingen, 1997.

英語文献資料：紙媒体

E

European Commission, *Flash Eurobarometer 334: Attitudes of Europeans Towards Tourism*, 2012.

European Tourism Commission, *ETC Study on Japanese Outbound Tourism 2000*.

The World Tourism Organization, *Yearbook of Tourism, Data 2004-2008*, 2010 Edition, Madrid.

I

ICCA, ICCA publishes country and city rankings 2009 in: Press Release, 05 August 2010.

IOC, *The International Olympic Committee‒One Hundred Years, The Idea‒The Presidents‒The Achievements*, Volume 1, Lausanne, 1994（和訳、NPO法人日本オリンピック・アカデミー公式サイト http://www.olympic-academy.jp 掲載）.

英語：オンライン情報

A

Aer Ringus, About Us‒Company Profile-, in interrete sub: http://www.aerlingus.com/aboutus/aerlingusmedia/companyprofile/, 06. 09. 2010.

B

BBC News, Airline Collapse Hits Passengers, in interrete sub: http://news.bbc.co.uk/2/hi/business/8232362.stm, 01. 09. 2009.

bmi, about us, in interrete sub: http://www.flybmi.com/bmi/en-gb/about-us/about-bmi/about-bmi.aspx, 30. 08. 2010.

bmi, our history, in interrete sub: http://www.flybmi.com/bmi/en-gb/about-us/about-bmi/our-history.aspx, 30. 08. 2010.

E

European Union, Regional Policy, Operational Programme 'Germany (Bavaria) – Austria', in interrete sub: http://www.ec.europa.eu/regional_policy/index_en.htm, 28. 08. 2012.

M

Murnau Trauma Center, Home, in interrete sub: http://www.bgu-murnau.de/en-GB/, 13. 02. 2014.

R

Rosshiya, Russian Airlines – core airline of Saint-Petersburg, in interrete sub: http://eng.pulkovo/en/about/aboutus/strcrussia/, 30. 08. 2010.

T

Thomas Cook Group, History 2007-2008, in interrete sub: http://www.thomascookgroup.com/hidtory/history-2007-2008, 07. 04. 2015.

Thomas Cook Group, History 2008-2009, in interrete sub: http://www.thomascookgroup.com/history/history-2008-2009/, 07. 04. 2015.

Transaero Airlines, Company History, in interrete sub: http://www.transaero.ru/en/company/history, 04. 09. 2010.

U

Union of International Association, Press Release June 2009, International Meeting Statistics 2008, in interrete sub: http://www.uia.be/node/319227, 25. 08. 2010.

W

WTO, About us, in interrete sub: http://unwto.org/en/about/unwto, 28. 07. 2011.

Last minute. com, about us, in interrete sub: http://www.lastminute.com/site/help/

about_us/about-us.html, 09. 07. 2011.

World Weather Information Service, Weather Information for Vienna, in interrete sub: http://worldweather.wmo.int/006/c00017.htm, 30. 06. 2011.

World Weather Information Service, Weather Information for Rome, in interrete sub: http://worldweather.wmo.int/176/c00201.htm, 30. 06. 2011.

英語研究書・研究論文

Ashworth, G., Urban tourism: an imbalance in attention, in: Cooper, C. P. (ed.), *Hospitality in Tousim, Recreation and Hospitality Management*, London, 1989.

Ashworth & Tunbridge, *The Tourist-Historic City*, London, 1990.

BĂDITĂ, Amalia, Approaches to the Analysis and Evaluation of Urban Tourism System within Urban Destinations, *Journal of Tourism – Studies and Research in Tourism*, 16.

Baldry, A. L., *Modern Mural Decoration*, London, 1902.

Brownlow, Kevein, *Behind the Mask of Innocence*, New York, 1990.

Burtenshaw, D. et al, *The European City*, Filton, 1991.

Castells, M. et Halle, P., *Technopole of the World*, London et New York, 1994.

European Travel Commission, *City Tourism and Culture*, Brussels, 2005.

Garrod et al., Re-conceptualising rural resources as countryside capital: the case of tourism, *Journal of Rural Studies* 22, 2006.

Hamilton, C., Leaders and Personalities of the Third Reich, Vol. 2, James Bender Publishing (San Jose), 1996.

Law, C. M., *Urban Tourism: Attracting Visitors to Large Cities*, London, 1993.

Maitland, R., Introduction: National Capitals and City Tourism, in Maitland, R. & Ritchie, B. R. (ed.), *City Tourism: Natioinal Capital Perspective*, London, 2009.

Segreto, L. et al. (ed.), *Europe at the Seaside: The Economic History of Mass Tourism in the Mediterranean*, New York, 2009.

Shapiro, James, *Oberammergau: The troubling story of the world's most famous passion play*, New York, 2000.

Short, J. H., *Oberammergau*, New York, 1910.

イタリア語文献資料：紙媒体

EBTL (Ente Bilaterale Turismo del Lazio), *Rapporto annuale turisti alberghi 2009*.

EBTL (Ente Bilaterale Turismo del Lazio), *Vacanze Romane 2009*.

イタリア語:オンライン情報

Azienda di Soggiorno e Turismo Bolzano, Fiere a Bolzano … per tradizione, in interrete sub: http://www.bolzano-bozen.it/fiere-bolzano.htm, 27. 07. 2015.

Città di Bolzano, La storia di Bolzano in breve, in interrete sub: http://www.comune.bolzano.it/cultura_context.jsp?hostmatch=true&area=48&ID_LINK=976, 27. 07. 2015.

Enit, chi siamo, in interrete sub: http://www.enit.it/index.php?option=com_content&view=category&layout=blog&id=1&Itemid=7&lang=it, 26. 07. 2011.

ENIT, Il turismo internazionale in italia, in interrete sub: http://www.enit.it/index.php/it/studi-ricerche.html, 22. 06. 2011.

Last minute italiano, chi siamo, in interrete sub: http://www.it. lastminute.com/site/aiuto/chi_siamo.html, 09. 07. 2011.

フランス語文献資料:紙媒体

Conférence franco-germano-suisse du Rhin supérieur, Rhin Supérieur faits et chiffres, 2010.

Office du Tourisme et des Congrés de Pairs, *Observatoire économique du tourisme parisien, Le tourisme à paris: Chiffres clés 2006*.

Office du Tourisme et des Congrés de Pairs, *Observatoire économique du tourisme parisien: Le tourisme à paris: Chiffres clés 2006-2009*.

Office du Tourisme et des Congrés de Pairs, *Paris en chiffres*.

Office du Tourisme et des Congrés de Pairs, *Observatoire économique du tourisme parisien: Le tourisme à paris: Chiffres clés 2008*.

Office du Tourisme et des Congrés de Pairs, *Observatoire économique du tourisme parisien, Le tourisme à paris: Chiffres clés 2009*.

Paris Office du Tourisme et des Congrès, *Enquête sur les activités et les dépenses des tourists à Paris*, Juin-Juille 2008.

フランス語:オンライン情報

Site Internet officiel du tourisme en Allemagne BE, in interrete sub: http://www.vacances-en-allemagne.be/, 25. 08. 2009.

オランダ語:オンライン情報

Continu Vakantie Onderzoek, 2012, in interrete sub: http://www.itrovator.nl/artikel/download-jaarcijfers-continu-vakantie-onderzoek-2012, 23. 12. 2014.

Officiële webpagina toeristisch Duitsland BE, in interrete sub: http://www.duitsland-vakantieland.be/, 25. 08. 2009.

Officiële webpagina toeristisch Duitsland NL, in interete sub: http://www.duitsverkeersbureau.nl/, 25. 08. 2009.

スペイン語資料：紙媒体

Vueling Airlines, S. A., Informe Especial requerido por el Real Decreto 1362/2007, de 19 de Octubre.

スペイン語：オンライン情報

Spanair, Historia de Spanair, in interreete sub: http://www.spanair.com/web/es-es/Sobre-Spanair/Informacion-Corporativa/Historia-de-Spanair/, 07. 09. 2010.

デンマーク語：オンライン情報

Officielt turisme website for Tyskland, in interrete sub: http://www.tyskland.travel/, 25. 08. 2009.

スウェーデン語：オンライン情報

Den officiella hemsidan för resor till Tyskland, in interrete sub: http://www.tyskland-info.se/, 25. 08. 2009.

ノルウェー語：オンライン情報

Offisiell hjemmeside for Tysk Turistbyrå, in interrete sub: http://www.visitgermany.no/, 25. 08. 2009.

ロシア語：オンライン情報

Murnau Trauma Center, Home, in interrete sub: http://www.bgu-murnau.de/ru-RU/, 13. 02. 2014.

中国語：オンライン情報

京慕国际展览有限公司, 京慕简介, in interrete sub: http://www.jingmu.com.on/jingmu/contents/1105/5164.html, 11. 05. 2015.

ラテン語文献資料

Viktring, J. v., Liber certarum historiarum, liber quintus, in: Schneider, F., hrsg., *Liber certarum historiarum*, Bd. 2, Hannover, 1910.

日本語：オンライン情報

ABC ENTERPRISES INC, in interrete sub, http://www.abcentertprises.jp/, 06. 04. 2010.
ドイツ観光局公式サイト, in interrete sub: http://www.visit-germany.jp/, 25. 08. 2008.
日本ロマンチック街道協会, 日本ロマンチック街道, in interrete sub: http://www.jrs-roman.org/, 04. 02. 2015.
ルフトハンザ・ドイツ航空「コードシェア」, in interrte sub: http://www.ana.co.jp/int/airinfo/codeshare/lh.html, 27. 10. 2011.
日本温泉気候医療学会『温泉医学用語集』, in interrete sub: http://www.onki.jp/upload/glossary_aiueo.pdf, 12. 06. 2014.

日本語著書・論文

明石真和「第2次大戦期のドイツのサッカー」『駿河台大学論集』第32号、2006年。
石井研一「ドイツ連邦共和国における条件不利地域対策の系譜」『農村工学研究』第49号、1989年。
池田祐子「〈青騎手〉――年刊誌・展覧会――新たなる芸術総合の試み」、同「カンディンスキー 『芸術における精神的なもの』の探求」神林恒道編『ドイツ表現主義の世界』法律文化社、1995年。
池永正人「オーストリア・チロル州における山岳観光地の動向」『駒澤地理』第38号、2002年。
池永正人「スイスアルプスの自然環境保全と多様なアクティビティ」『地理空間』第7巻第2号、2014年。
井手雄太郎『オーバーアマガウ 受難劇感賞の旅』サンパウロ、2001年。
井上和衛編『欧州連合[EU]の農村開発政策』筑波書房、1999年。
上田貴雪「ヨーロッパの景観規制制度」農林総研『調査と情報』439号、2004年。
大橋昭一「ドイツ語圏における観光概念の形成過程」『大坂明浄大学紀要』第1号、2001年。
大橋昭一「第二次大戦後ドイツ語圏における観光概念の展開過程」『大坂明浄大学紀要』第2号2002年。
大橋昭一・渡辺朗『サービスと観光の経営学』同文舘、2001年。
小原規宏「ドイツバイエルン州における農村の再編とその持続性」『地学雑誌』第114巻第4号、2005年。
菊池俊夫、山本充「ドイツ・バイエルン州におけるルーラルツーリズムの発展と農村空間の商品化」『観光科学研究』第4号、2011年。
呉羽正昭「オーストリアアルプスにおけるスキーリゾートの継続的発展」『地理空間』第7

巻第 2 号、2014年、152頁。

古庄　信「オーバーアマガウ・キリスト受難劇の上演とその意味について——劇中の女性たちの役割を中心として——」『学習院女子大学紀要』第 3 号、2001年。

㈶自治体国際化協会『ドイツの地方自治』2003年。

鈴江惠治『ドイツ　グリーン・ツーリズム考』東京農業大学出版会、2008年。

谷口健治『バイエルン王国の誕生』山川出版社、2003年。

富川久美子「ドイツ・バイエルン州・南部バート・ヒンデラングにおける農家民宿の経営の文化」『地理学評論』第78巻14号、2005年。

富川久美子『ドイツの農村政策と農家民宿』農林統計協会、2007年。

富川久美子「ドイツの観光市場における島嶼の発展と観光形態の変遷」『地理科学』第68巻 4 号、2013年。

友原嘉彦「ドイツ新連邦州におけるバルト海沿岸地方の歴史観光都市とリゾート」『日本国際観光学会論文集』第20号、2013年。

中林吉幸「ドイツ連邦共和国に見る EC 共通農業政策の条件不利地域対策」『農村工学研究』第49号、1989年。

中林吉幸「バイエルン州に見る条件不利地域対策」『農村工学研究』第49号、1989年。

西村稔『文士と官僚——ドイツ教養官僚の淵源』木鐸社、1998年。

野呂充／アンドレアス・シェラー「ドイツ連邦共和国フライブルク市の都市景観行政（一）・（二）」『広島法学』 2 号、2003年、同 3 号、2004年。

藤田幸一郎『ヨーロッパ農村景観論』日本経済評論社、2014年。

古田雅雄「バイエルンにおける政治的カトリシズムの研究——19世紀国民国家形成期における『国家と宗教』の関係から」『社会科学雑誌』第 7 巻、2013年。

山﨑光博『グリーン・ツーリズムの現状と課題』筑摩書房ブックレット、2004年。

山﨑光博『ドイツのグリーンツーリズム』農林統計協会、2005年。

和田勇「私の履歴書⑯」『日本経済新聞』2013年11月17日朝刊。

渡邉尚「『ドイツ』資本主義と地帯構造」大野英二・住谷一彦・諸田實編『ドイツ資本主義の史的構造』有斐閣、1972年。

渡邉尚『ラインの産業革命——原経済圏の形成過程』東洋経済新報社、1987年。

渡邉尚「マイン - マイン - ドーナウ株式会社の成立と活動：連邦制度の下での「公益団体」」『経営史学』31（1）、1996年。

渡邉尚「ライン - ママイン - ドーナウ諸契約」『経済論叢別冊　調査と研究』1995年。

拙著『ドイツ資本主義と鉄道』日本経済評論社、2001年。

拙稿「ドイツ企業の空間的構成——上場企業の地域解析」跡見学園女子大学『文学部紀要』第36号、2003年。

拙稿「ミュンヘン経済の構造分析——EU、ドイツ、バイエルンとミュンヘン——」跡見学

園女子大学『文学部紀要』第37号、2004年。
拙稿「ニュルンベルク経済の基礎構造」跡見学園女子大学『文学部紀要』第41号、2008年。
拙著『ドイツ資本主義と空港』日本経済評論社、2009年。
拙稿「フランケン地方における観光事情」跡見学園女子大学『文学部紀要』第44号、2010年。
拙稿「バイエルンにおける観光事業助成」跡見学園女子大学『人文学フォーラム』2010年。
拙稿「コンツェルン都市ミュンヘンと観光事業」跡見学園女子大学『マネジメント学部紀要』第10号、2010年。
拙稿「コンツェルン都市ニュルンベルクと観光インフラストラクチャー」跡見学園女子大学『マネジメント学部紀要』第11号、2011年。
拙稿「ドイツ人にみる旅行行動の解析」跡見学園女子大学『コミュニケーション文化』第5号、2011年。
拙稿「都市観光の定量比較――パリ、ミュンヘン、ハンブルクとの比較におけるパリ――」跡見学園女子大学『マネジメント学部紀要』第11号、2011年。
拙稿「ウィーン観光事情」跡見学園女子大学『観光マネジメント学科紀要』第1号、2011年。
拙稿「イタリアにおける外国人観光事情――ローマ観光を事例として――」跡見学園女子大学『マネジメント学部紀要』第13号、2012年。
拙稿「国境を越えた観光地域」跡見学園女子大学『観光マネジメント学科紀要』第3号、2013年。
拙稿「農村地域における経済と観光――ガルミッシュ＝パルテンキルヘン郡の場合――」跡見学園女子大学『コミュニケーション文化』第7号、2013年。
拙稿「ガルミッシュ＝パルテンキルヘンと観光」跡見学園女子大学『マネジメント学部紀要』第15号、2013年参照。
拙稿「ドイツにおける「まち」の景観維持――マルクト・ミッテンヴァルトの事例――」跡見学園女子大学『観光マネジメント学科紀要』第4号、2014年。
拙稿「オーバーアマーガウと観光」跡見学園女子大学『マネジメント学部紀要』第19号、2015年。
拙稿「マルクト・ムールナウと観光」跡見学園女子大学『マネジメント学部紀要』第18号、2014年。

あとがき

　本書を出版するにあたり、「跡見学園女子大学出版助成費」を受けた。刊行にあたっては、日本経済評論社の栗原哲也社長、同社取締役谷口京延氏に格別のご配慮をいただいた。謝意を表したい。

　あとがきとして異例であるが、出版助成費と刊行受け入れへの謝辞を冒頭に掲げたのには、理由がある。

　私は、ドイツ資本主義と観光に関する研究を、あと1年かけて整理・醸造させて自費で刊行する予定であった。学内で出版助成の応募者が皆無であったことを知り、これを由々しき事態と認識した。短期間のうちに研究成果をまとめ、日本経済評論社に原稿を持ち込み、出版の承諾をいただき、助成費の再募集に応募した経緯があったからである。

　2010年に学長職に就き、その間に細切れの研究時間をつなぎ合わせた結果が、本書となった。

　私の勤務する跡見学園女子大学は、本年4月に観光コミュニティ学部を設置した。本年予定されている認証評価に向けた「自己点検報告書」の準備、また、大学設置50周年式典の準備、「大学50年史」の刊行、さらには、学校教育法の改正にあわせた学内諸規程の整備など、昨年度から大学運営の業務が山積していた。これらを大過なく実現することができたのは、有能で骨惜しみすることない教員・職員の協力があったからにほかならない。

　アンドリュー・カーネギーの墓碑銘に記された"Here lies a man who was able to surround himself with men far cleverer than himself"という言葉にあるように、私よりはるかに有能な人材が周囲にいることを幸せに思う。

　「研究できない言い訳」はいくらでも見つかるが、私は生涯、研究者として現役でいたいと思っている。ドイツ経済史研究の大家である諸田實先生、柳澤治先生、渡邉尚先生の衰えることのない研究意欲に頭が下がる。まさに研究者の鏡であり、先生方の姿勢に大いに啓発される。渡邉先生には、新学部設置の委員とし

て貴重なアドヴァイスを頂戴した。

　本書の研究対象地域の一つ、ガルミッシュ゠パルテンキルヘンは、1975年に初めて訪れて魅了され、以降夏期にUrlaubを過ごすのが恒例となった。定宿となったホテルのオーナーや従業員、馴染みのレストランやカフェの従業員、現地で知り合った友人とは、"bis zum nächsten Sommer!"と再会を約束している。数年前までは、ホテルで毎年フランス人の常連客と出会った。現在では、この状況は一変し、市内のホテルにはムスリムの家族が劇的に増加し、ツークシュピッツェに向かう登山電車には中国人観光客があふれている。

　オーバーバイエルンの古き良き「もてなし」(Gastlichkeit) が消滅することのないことを切に祈っている。

山 田 徹 雄

［追記］
　校正後、宮崎周子氏より、Rattelmüller, Lftlmalerei in Oberbayernの翻訳を頂戴した（宮崎周子訳、P. E. ラッテルミュラー著『オーバーバイエルンのリュフトル画』私家版、2011年）。

【著者略歴】

山田　徹雄（やまだ・てつお）

- 1947年　神奈川県茅ヶ崎市に生まれる
- 1975-77年　DAAD留学生としてエアランゲン・ニュルンベルク大学留学
- 1979年　早稲田大学大学院商学研究科博士課程単位修得退学、博士（商学）
  跡見学園女子大学専任講師就任
- 1982年　跡見学園女子大学助教授を経て
- 1988年　跡見学園女子大学教授就任
- 2010年　跡見学園女子大学学長就任、現在に至る

〔主要著作〕

『経済学のエッセンス』（共著、八千代出版、1992年）
『経済史・経営史研究の現状』（分担執筆、三嶺書房、1996年）
『EC経営史』（分担執筆、税務経理協会、2001年）
『ドイツ資本主義と鉄道』（日本経済評論社、2001年）
『ドイツ資本主義と空港』（日本経済評論社、2009年）

ドイツ資本主義と観光

2015年12月11日　第1刷発行　　定価（本体6500円＋税）

　　　　　　著　者　　山　田　徹　雄
　　　　　　発行者　　栗　原　哲　也
　　　　　　発行所　　株式会社　日本経済評論社
　　　〒101-0051　東京都千代田区神田神保町3-2
　　　　　電話　03-3230-1661　FAX　03-3265-2993
　　　　　　E-mail：info8188@nikkeihyo.co.jp
　　　　　　URL：http://www.nikkeihyo.co.jp/

装幀＊渡辺美知子　　　　印刷＊文昇堂・製本＊誠製本

乱丁落丁はお取替えいたします。　　　　　　Printed in Japan
ⓒ YAMADA Tetsuo 2015　　　　　　ISBN978-4-8188-2387-7

・本書の複製権・翻訳権・上映権・譲渡権・公衆送信権（送信可能化権を含む）は㈱日本経済評論社が保有します。
・JCOPY〈㈳出版者著作権管理機構　委託出版物〉
本書の無断複写は著作権法上での例外を除き禁じられています。複写される場合は、そのつど事前に、㈳出版者著作権管理機構（電話03-3513-6969、FAX03-3513-6979、e-mail: info@jcopy.or.jp）の許諾を得てください。

山田徹雄著
ドイツ資本主義と鉄道
A5判　四二〇〇円

私有鉄道から国有鉄道への移行過程、商品流通市場、資本調達の問題など様々な角度から検討し、ドイツ資本主義の発展構造を実証的に解明する。

山田徹雄著
ドイツ資本主義と空港
A5判　六〇〇〇円

都市、地域と空港を媒介とする空間的輸送関係および空港への投資を通じた連邦政府、州政府、自治体の空間的資本関係を本格的に分析する。『ドイツ資本主義と鉄道』の続編。

森　宜人著
ドイツ近代都市社会経済史
A5判　五六〇〇円

世界の「模範」となったドイツの都市。電力がもたらしたダイナミズムを軸に、都市の近代化の歩みを実証的に解明する。

小川　功著
虚構ビジネス・モデル
――観光・鉱業・金融の大正バブル史――
A5判　五六〇〇円

ハイリスクを選好する虚業家はいつの世にも存在した。本書は大正バブル期の泡沫会社の典型的事例を収録する。現下の金融危機での虚構とのあまりの酷似に驚かされよう。

雨宮昭彦／J・シュトレープ編著
管理された市場経済の生成
――介入的自由主義の比較経済史――
A5判　三八〇〇円

大恐慌、ファシズム、世界戦争のなかで資本主義は「管理された市場経済」へと進化する。経済的自由主義は〈統治のテクノロジー〉へと変容をとげる。比較経済史の可能性を追求する国際共同研究の成果。

（価格は税抜）　日本経済評論社